단번에
한자능력 검정시험 1급

단번에 한자능력검정시험 1급(최신 개정판)

지은이 넥서스사전편찬위원회
펴낸이 안용백
펴낸곳 (주)넥서스

초판 1쇄 발행 2005년 7월 15일
초판 7쇄 발행 2012년 6월 15일

2판 1쇄 발행 2014년 11월 10일
2판 2쇄 발행 2014년 11월 15일

출판신고 1992년 4월 3일 제311-2002-2호
121-893 서울시 마포구 양화로 8길 24
Tel (02)330-5500 Fax (02)330-5555

ISBN 979-11-5752-042-8 13710

저자와 출판사의 허락 없이 내용의 일부를 인용하거나
발췌하는 것을 금합니다.

가격은 뒤표지에 있습니다.
잘못 만들어진 책은 구입처에서 바꾸어 드립니다.

www.nexusbook.com

한 방에 한자능력 검정시험

1급

넥서스사전편찬위원회 지음

머리말

우리말의 70% 정도가 '한자어'로 이루어져 있습니다.
그래서 요즘 우리말의 정확한 의미를 파악하고 의사소통 능력을 키우기 위해서 한자 학습의 중요성이 강조되고 있습니다. 또한 다양한 분야(대학 수시, 입사 면접, 취업, 승진 등)에서 한자능력검정시험 자격을 높게 평가하고 있습니다.

그렇다면, 한자 공부 어떻게 하세요?
중요하다고 하니, 필요하니 무작정 외우시나요? 그리고는 어렵다고 금방 포기하지는 않는지요?
요즘 학습자들이 한자의 숲에서 헤매는 모습을 보면 참 안타깝습니다.

다들 한자는 외우는 수밖에 달리 왕도가 없다고들 하지만 그렇다고 무작정 외워서 될 일이 아닙니다. 하루만 지나면 기억이 가물가물하고, 일주일이 지나고 나면 한자가 다시 생소한 글자로 보이는 것은 요령없이 무작정 외우기만 하는 잘못된 학습 방법 때문입니다.

한자가 어떻게 만들어졌는지, 어떤 모양을 본떠서 만든 글자인지, 무엇과 무엇이 합쳐져 이런 뜻을 갖게 되었는지 원리를 알고 나면 훨씬 쉽게 한자를 배울 수 있습니다.

이 교재는 한국어문회에서 주관하는 한자능력검정시험의 급수를 따기 위한 교재로 개발한 시리즈물입니다. 쉽고, 정확하게, 단번에 한자를 익혀 급수를 딸 수 있는 것은 물론이고, 전반적인 한자의 기초 실력을 쌓는 데 최적의 교재로 활용할 수 있도록 구성하였습니다.

이제 차근차근 한 단계씩 한자 실력을 쌓아보세요.

목차

*부수를 알면 한자를 이해하기 쉽습니다.
*부수별로 한자를 정리하였습니다.

부수	뜻	쪽
一	한, 하나 일	34
丨	뚫을 곤	36
丶	점 주	37
丿	삐침 별	38
乙	새 을	39
亅	갈고리 궐	40
二	두 이	41
亠	돼지해머리 두	43
人(亻)	사람 인	44
儿	어진 사람 인	57
入	들 입	59
八	여덟 팔	60
冂	멀경몸	62
冖	위튼입구몸	63
冖	민갓머리	64
几	안석 궤	65
冫	이수변	66
刀(刂)	칼 도	68
力	힘 력	73
勹	쌀 포	76
卜	점 복	77
十	열 십	78
匕	비수 비	80
匚	터진입구몸	81
匸	감출혜몸	82
卩(㔾)	병부절	83
又	또 우	84
厂	민엄호	86
厶	마늘모	87
口	입 구	88
囗	큰입구몸	100
土	흙 토	102
士	선비 사	109
夕	저녁 석	110
夂	뒤져올 치	111
夊	천천히걸을쇠발	111
大	큰 대	112
女	계집 녀	115
子	아들 자	121
宀	갓머리	123
寸	마디 촌	129
小	작을 소	131
尢	절름발이 왕	132
尸	주검 시	133
山	뫼 산	135
屮	왼손 좌	137
巛(川)	개미허리(내 천)	138
工	장인 공	139
己	몸 기	140
巾	수건 건	141
干	방패 간	144
幺	작을 요	145
广	엄 호	146
廴	민책받침	149

廾	스물 입	150		水(氵)	물 수	236
弋	주살 익	151		火(灬)	불 화	254
弓	활 궁	152		爪(爫)	손톱 조	260
彐(彑)	터진가로왈	154		父	아비 부	261
彡	터럭 삼	155		爻	점괘 효	262
彳	두인변	156		爿	장수 장	262
心(忄)	마음 심	159		片	조각 편	263
戈	창 과	173		牙	어금니 아	264
戶	지게 호	175		牛	소 우	265
手(扌)	손 수	176		犬(犭)	개 견	267
攴(攵)	칠 복	191		玉(王)	구슬 옥	271
支	지탱할 지	194		玄	검을 현	274
文	글월 문	195		瓜	오이 과	275
斗	말 두	196		瓦	기와 와	276
斤	날 근	197		甘	달 감	277
方	모 방	198		生	날 생	278
无	이미기방	199		用	쓸 용	279
日	날 일	200		田	밭 전	280
曰	가로 왈	206		疋	짝 필	283
月	달 월	208		疒	병질엄	284
木	나무 목	210		癶	필발머리	289
欠	하품 흠	224		白	흰 백	290
止	그칠 지	226		皮	가죽 피	291
歹	죽을사변	228		皿	그릇 명	292
殳	갖은등글월문	230		目	눈 목	294
毋	말 무	231		矛	창 모	297
比	견줄 비	232		矢	화살 시	298
毛	털 모	233		石	돌 석	299
氏	각시 씨	234		示(礻)	보일 시	302
气	기운기엄	235		禸	짐승발자국 유	305

禾	벼 화	306		衣(衤)	옷 의	378
穴	구멍 혈	310		襾	덮을 아	382
立	설 립	312		見	볼 견	383
竹(⺮)	대 죽	314		角	뿔 각	385
米	쌀 미	319		言	말씀 언	386
糸(糹)	실 사	321		谷	골 곡	397
缶	장군 부	331		豆	콩 두	398
网(罒)	그물 망	332		豕	돼지 시	399
羊	양 양	334		豸	갖은돼지시변	400
羽	깃 우	335		貝	조개 패	401
老(耂)	늙을 로	337		赤	붉을 적	406
而	말이을 이	338		走	달아날 주	407
耒	가래 뢰	339		足(⻊)	발 족	408
耳	귀 이	340		身	몸 신	411
聿	붓 율	342		車	수레 거	412
肉(月)	고기 육	343		辛	매울 신	415
臣	신하 신	351		辰	별 진	416
自	스스로 자	352		辵(辶)	쉬엄쉬엄갈 착(갖은책받침)	417
至	이를 지	353		邑(阝)	고을 읍	424
臼	절구 구	354		酉	닭 유	426
舌	혀 설	355		釆	분별할 변	429
舛	어그러질 천	356		里	마을 리	430
舟	배 주	357		金	쇠 금	431
艮	괘이름 간	359		長	길 장	436
色	빛 색	360		門	문 문	437
艸(艹)	풀 초	361		阜(阝)	언덕 부	440
虍	범호엄	371		隶	미칠 이	444
虫	벌레 훼	372		隹	새 추	445
血	피 혈	375		雨	비 우	447
行	다닐 행	376		青	푸를 청	449

非	아닐 비	450		魚	물고기 어	474
面	낯 면	451		鳥	새 조	475
革	가죽 혁	452		鹵	소금 로(짠땅로)	477
韋	다룸가죽 위	453		鹿	사슴 록	478
韭	부추 구	453		麥	보리 맥	479
音	소리 음	454		麻	삼 마	480
頁	머리 혈	455		黃	누를 황	481
風	바람 풍	458		黍	기장 서	482
飛	날 비	459		黑	검을 흑	483
食(飠)	밥 식	460		黹	바느질할 치	484
首	머리 수	463		鼎	솥 정	484
香	향기 향	464		黽	맹꽁이 맹	484
馬	말 마	465		鼓	북 고	485
骨	뼈 골	468		鼠	쥐 서	486
高	높을 고	469		鼻	코 비	487
髟	터럭발	472		齊	가지런할 제	488
鬥	싸울 투	471		齒	이 치	489
鬯	울창주 창	472		龍	용 룡	490
鬲	다리굽은솥 력	472		龜	거북 귀	491
鬼	귀신 귀	473		龠	피리 약	491
				인·지명 350자		493

부록

01 한자 부수 명칭표	516		07 동의어	564
02 일자다음어	518		08 약자	569
03 동음이의어	521		09 장단음	574
04 반의자(상대자)	534		10 전의어	585
05 반의어	539		11 사자성어	591
06 동의자(유의자)	544		Index	619

이렇게 공부하세요

한자의 원리를 알면 한자를 이해하고 배우는 것이 훨씬 쉽습니다.

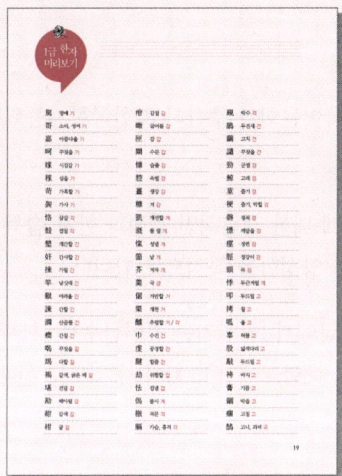

1급에서 새로 배우게 되는 한자입니다. 어떤 한자인지 한번 살펴보세요.

부수별 연상 한자 학습 비법으로 한자가 쉽고 오래 기억됩니다. (한자를 기억하기 쉽게 하는 것에 중점을 두어서 실제 자원과는 차이가 있을 수 있습니다.)

한자를 구성 요소인 훈음, 뜻, 획수, 한자 풀이, 예시 한자어 등으로 한자를 이해하는 데 도움이 되도록 하였습니다.

동 : 동의자(유사자)
반 : 반의자(상대자)
약 : 약자(속자)

해당 급수에 꼭 필요한 사자성어, 유의어, 반의어, 장·단음한자, 약자, 전의어 등으로 부록을 구성하였습니다.

1급에 해당하는 3,500개의 한자를 한눈에 쉽게 찾아 볼 수 있도록 훈음과 함께 정리하였습니다.

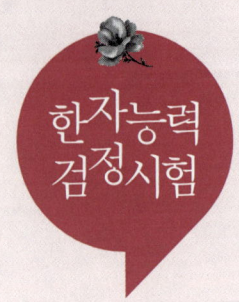

한자능력검정시험이란?

한자능력검정시험은 사단법인 한국어문회가 주관하고 한국한자능력검정회가 시행하는 한자 활용 능력 검정시험입니다.

이 시험은 개인별 한자 습득 정도에 대한 객관적인 검정과 한자 습득 의욕을 증진시켜 사회적으로 한자 활용 능력을 인정받는 우수한 인재를 양성함을 목적으로 합니다.

8급에서 4급까지는 교육급수로, 3급에서 1급까지는 공인급수로 구분하고 있으며, 대체적으로 초등학교에서 1000자, 중·고등학교에서 1000자, 대학교에서 1500여 자 정도로 전체 3500자의 한자를 배정하였습니다.

합격자 우대사항

합격자 우대사항은 추가·변경되는 단체 및 우대사항이 적용될 수 있으므로 항시 해당 단체에서 자세한 사항을 확인하시기 바랍니다.

- 초등·중·고등학생 생활기록부 등재

급수	효력	생활기록부	기재란 관련 규정
1~3급 국가공인자격증	국가공인자격증	'자격증'란	교육부 훈령 제616호 11조
4급~8급	민간자격증	'세부사항'란	교육부 훈령 제616호 18조

- 육군 간부 승진고과에 반영(부사관 5급, 위관장교 4급, 영관장교 3급 이상)

- 기업체의 입사, 승진, 인사고과 반영

- 2005학년도 대학수학능력시험부터 '漢文'이 선택과목으로 채택

- 전국한자능력검정시험의 급수 취득시 대입 면접 가산점, 학점, 졸업 인증에 반영

🔖 문제 유형

讀音 (독음)	한자의 소리를 묻는 문제입니다. 독음은 두음법칙, 속음현상, 장단음과도 관련이 있습니다.
訓音 (훈음)	한자의 뜻과 소리를 동시에 묻는 문제입니다. 특히 대표 훈음을 익히시기 바랍니다.
漢字 (한자 쓰기)	제시된 뜻, 소리, 단어 등에 해당하는 한자를 쓸 수 있는가를 확인하는 문제입니다.
部首 (부수)	한자의 부수를 묻는 문제입니다. 부수는 한자의 뜻을 짐작할 수 있는 중요한 부분입니다.
筆順 (필순)	한 획 한 획 쓰는 순서를 알고 있는가를 묻는 문제입니다. 글자를 바르게 쓰기 위해 필요합니다.
長短音 (장단음)	한자 단어의 첫소리 발음이 길고 짧음을 구분하고 있는가를 묻는 문제입니다. 4급 이상에서만 출제됩니다.
反義語 / 反意語 (반의어)·相對語 (상대어)	어떤 글자(단어)와 반대 또는 상대되는 글자(단어)를 알고 있는가를 묻는 문제입니다.
同義語 / 同意語 (동의어)·類義語 (유의어)	어떤 글자(단어)와 뜻이 같거나 유사한 글자(단어)를 알고 있는가를 묻는 문제입니다.
同音異義語 (동음이의어)	소리는 같고, 뜻은 다른 단어를 알고 있는가를 묻는 문제입니다.
뜻풀이	고사성어나 단어의 뜻을 제대로 알고 있는가를 묻는 문제입니다.
略字 (약자)	한자의 획을 줄여서 만든 약자(略字)를 알고 있는가를 묻는 문제입니다.
完成型 (완성형)	고사성어나 단어의 빈칸을 채우도록 하여 단어와 성어의 이해력 및 조어력을 묻는 문제입니다.

출제기준

구분	1급	2급	3급	3급Ⅱ	4급	4급Ⅱ	5급	5급Ⅱ	6급	6급Ⅱ	7급	7급Ⅱ	8급
독음	50	45	45	45	32	35	35	35	33	32	32	22	24
한자쓰기	40	30	30	30	20	20	20	20	20	10	0	0	0
훈음	32	27	27	27	22	22	23	23	22	29	30	30	24
완성형	15	10	10	10	5	5	4	4	3	2	2	2	0
반의어	10	10	10	10	3	3	3	3	3	2	2	2	0
뜻풀이	10	5	5	5	3	3	3	3	2	2	2	2	0
동음이의어	10	5	5	5	3	3	3	3	2	0	0	0	0
부수	10	5	5	5	3	3	0	0	0	0	0	0	0
동의어	10	5	5	5	3	3	3	3	2	0	0	0	0
장단음	10	5	5	5	3	0	0	0	0	0	0	0	0
약자/속자	3	3	3	3	3	3	3	3	0	0	0	0	0
필순	0	0	0	0	0	0	3	3	3	3	2	2	2
출제문항(계)	200	150	150	150	100	100	100	100	90	80	70	60	50

■ 출제기준표는 기본지침 자료로서, 출제자의 의도에 따라 차이가 있을 수 있습니다.

〉 한자능력검정시험 급수 배정

■ 전체 배정한자

구분	급수	읽기배정	쓰기배정	수준 및 특성
공인급수	1급	3,500	2,005	국한 혼용 고전을 불편없이 읽고, 공부할 수 있는 수준
	2급	2,355	1,817	일상 한자어를 구사할 수 있는 수준
	3급	1,817	1,000	신문 또는 일반 교양어를 읽을 수 있는 수준
	3급Ⅱ	1,500	750	4급과 3급의 격차를 해소하기 위한 급수
교육급수	4급	1,000	500	초급에서 중급으로 올라가는 급수
	4급Ⅱ	750	400	5급과 4급의 격차를 해소하기 위한 급수
	5급	500	300	학습용 한자쓰기를 시작하는 급수
	5급Ⅱ	400	225	6급과 5급의 격차를 해소하기 위한 급수
	6급	300	150	기초 한자쓰기를 시작하는 급수
	6급Ⅱ	225	50	한자쓰기를 시작하는 첫 급수
	7급	150	-	한자 공부를 시작하는 분을 위한 초급 단계
	7급Ⅱ	100	-	한자 공부를 시작하는 분을 위한 준비 단계
	8급	50	-	미취학생 또는 초등학생의 학습 동기 부여를 위한 급수

■ 상위급수 한자는 하위급수 한자를 모두 포함하고 있습니다.

■ 쓰기 배정한자는 한두 급수 아래의 읽기 배정한자이거나 그 범위 내에 있습니다.

■ 초등학생은 4급, 중·고등학생은 3급, 대학생은 2급과 1급 취득에 목표를 두고, 학습하길 권해 드립니다.

한자의 원리

> **육서(六書)란?**

한자는 일정한 모양과 뜻 그리고 소리로 이루어져 있습니다. 사용하고 있는 한자는 수도 많고, 모양도 복잡합니다. 하지만 아무리 수가 많고 복잡하다 하더라도 몇 가지 일정한 원칙 하에서 만들어진 것인데, 그것을 바로 '육서'라고 합니다.

1 상형문자(象形文字)

'상형'이란 사물의 모양을 있는 그대로 본뜬다는 의미로, '상형문자'란 바로 사물의 모양을 본떠 만든 글자입니다.

2 지사문자(指事文字)

특별한 형체가 없고 구체적인 모양으로 나타낼 수 없는 것들을 간단한 선이나 점 등의 기호로 나타낸 것을 '지사문자'라고 합니다.

3 회의문자(會意文字)

이미 만들어진 상형문자나 지사문자가 둘 이상 합쳐져 새로운 뜻을 나타내는 글자를 '회의문자'라고 합니다.

明   밝을 명   日(날 일) + 月(달 월)
해와 달이 있으면 밝기 때문에 '밝다'라는 의미

好   좋을 호   女(계집 녀) + 子(놈 자)
여자와 남자가 만나면 서로 기쁘다라는 의미에서 '좋다', '아름답다'는 의미

4 형성문자(形聲文字)

뜻을 나타내는 부분과 음을 나타내는 부분이 합쳐져서 만들어진 글자를 '형성문자'라고 합니다.

聞   들을 문   耳(귀 이) + 門(문 문)
'귀로 듣는다'는 의미와 소리 부분인 '門(문 문)'이 합쳐진 글자

請   청할 청   言(말씀 언) + 靑(푸를 청)
'말을 하다'는 의미와 소리 부분인 '靑(푸를 청)'이 합쳐진 글자

5 전주문자(轉注文字)

기존에 있는 글자를 다른 뜻으로 바꾸어 사용하는 것으로, 본래의 의미가 확대되어 다른 뜻과 음으로도 사용되는 글자를 '전주문자'라고 합니다.

樂   음악 악 (본래의 의미) → 즐거울 락 / 좋아할 요 (전주된 의미)

說   말씀 설 (본래의 의미) → 기쁠 열 / 달랠 세 (전주된 의미)

6 가차문자(假借文字)

본래의 뜻과는 상관없이 비슷한 음의 글자를 임시로 빌려쓰는 글자를 '가차문자'라고 합니다.

印度 인도 | 巴利 파리 | 亞細亞 아세아(아시아)

부수의 위치와 명칭

▶ 변

부수가 글자 왼쪽에 위치

亻 사람인변	: 仁 어질 인, 代 대신 대, 付 줄 부
冫 이수변	: 冷 찰 랭, 冬 얼 동, 凉 서늘할 량
示 보일시변	: 祖 조상 조, 祝 빌 축, 福 복 복
言 말씀언변	: 記 기록할 기, 訓 가르칠 훈, 訪 찾을 방

▶ 방

부수가 글자 오른쪽에 위치

刂 선칼도방	: 刊 책펴낼 간, 利 이로울 리, 別 나눌, 다를 별
卩 병부 절	: 卯 토끼 묘, 印 도장 인, 却 물리칠 각
欠 하품 흠	: 次 버금 차, 欲 하고자 할 욕, 歌 노래 가
頁 머리 혈	: 順 순할 순, 項 항목 항, 領 옷깃 령

▶ 머리

부수가 글자 윗부분에 위치

亠 돼지해머리	: 交 사귈 교, 亨 형통할 형, 京 서울 경
宀 갓머리	: 宇 집 우, 安 편안할 안, 官 벼슬 관
艹 초두머리	: 花 꽃 화, 苦 쓸 고, 英 꽃부리 영
竹 대 죽	: 笑 웃을 소, 答 대답할 답, 第 차례 제

▶ 발

부수가 글자 아랫부분에 위치

灬 연화발	: 無 없을 무, 烈 세찰 렬, 烏 까마귀 오
儿 어진사람인발	: 兄 맏 형, 光 빛 광, 元 으뜸 원
心 마음 심	: 忌 꺼릴 기, 忘 잊을 망, 忍 참을 인
皿 그릇 명	: 盜 훔칠 도, 益 더할 익, 盛 성할 성

▶ 엄

부수가 글자 위와 왼쪽을 덮고 있는 부분에 위치

厂 민엄호 : 厚 두터울 후, 原 근원 원, 厄 액 액
广 엄호 : 度 법도 도/헤아릴 탁, 序 차례 서, 府 마을 부
尸 주검시 : 屋 집 옥, 局 판 국, 居 살 거
虍 범호엄 : 虎 범 호, 處 곳 처, 虛 빌 허

▶ 받침

부수가 글자의 왼쪽과 밑을 싸고 있는 부분에 위치

辶 책받침 : 近 가까울 근, 逆 거스릴 역, 追 쫓을 추
廴 민책받침 : 建 세울 건, 廷 조정 정, 延 끌 연

▶ 몸

부수가 글자 둘레를 에워싸는 부분에 위치

凵 위튼입구몸 : 凹 오목할 요, 出 날 출, 凶 흉할 흉
匸 감출혜몸 : 區 지경 구, 匹 짝 필, 匿 숨길 닉
匚 튼입구몸 : 匠 장인 장, 匣 갑 갑, 匱 함 궤
囗 큰입구몸 : 四 넉 사, 國 나라 국, 困 곤할 곤

▶ 제부수

부수가 그대로 한 글자로 구성

行 갈 행
見 볼 견
金 쇠 금
高 높을 고

17

한자 필순

❯ 한자 필순의 기본 규칙

한자의 필순(筆順)이란 빠르면서도 맵시 있는 글자를 쓰기 위해서 만들어졌습니다. 그러므로 처음부터 글자를 익힐 때 순서에 맞게 익혀야 합니다. 아래의 필순은 기본 필순을 따른 것입니다. 예외의 경우도 있으니 주의하세요.

1. 왼쪽에서 오른쪽으로 씁니다.

    丿 丿丨 川

2. 위에서 아래로 씁니다.

    一 二 三

3. 가로획과 세로획이 교차될 때는 가로획을 먼저 쓰고 세로획을 씁니다.

    一 十 土 耂 寺 寺

4. 삐침과 파임이 만날 때는 삐침을 먼저 씁니다.

    ′ ′′ ⺈ 父

5. 서로 대칭인 경우, 가운데를 쓰고 좌우를 씁니다.

    亅 小 小

6. 안과 바깥쪽이 있을 때는 바깥쪽을 먼저 씁니다.

    丨 冂 冃 月 同 同

7. 글자 전체를 꿰뚫는 획은 나중에 씁니다.

    丨 口 口 中

8. 오른쪽 위의 점은 맨 나중에 찍습니다.

    丿 亻 亻 代 代

1급 한자 미리보기

駕	멍에 가	疳	감질 감	覡	박수 격
哥	소리, 성씨 가	瞰	굽어볼 감	鵑	두견새 견
嘉	아름다울 가	匣	갑 갑	繭	고치 견
呵	꾸짖을 가	閘	수문 갑	譴	꾸짖을 견
嫁	시집갈 가	慷	슬플 강	勁	굳셀 경
稼	심을 가	腔	속빌 강	鯨	고래 경
苛	가혹할 가	薑	생강 강	莖	줄기 경
袈	가사 가	糠	겨 강	梗	줄기, 막힐 경
恪	삼갈 각	凱	개선할 개	磬	경쇠 경
殼	껍질 각	漑	물 댈 개	憬	깨달을 경
墾	개간할 간	愾	성낼 개	痙	경련 경
奸	간사할 간	箇	낱 개	脛	정강이 경
揀	가릴 간	芥	겨자 개	頸	목 경
竿	낚싯대 간	羹	국 갱	悸	두근거릴 계
艱	어려울 간	倨	거만할 거	叩	두드릴 고
諫	간할 간	渠	개천 거	拷	칠 고
澗	산골물 간	醵	추렴할 거 / 갹	呱	울 고
癎	간질 간	巾	수건 건	辜	허물 고
喝	꾸짖을 갈	虔	공경할 건	股	넓적다리 고
竭	다할 갈	腱	힘줄 건	敲	두드릴 고
褐	갈색, 굵은 베 갈	劫	위협할 겁	袴	바지 고
堪	견딜 감	怯	겁낼 겁	膏	기름 고
勘	헤아릴 감	偈	불시 게	錮	막을 고
紺	감색 감	檄	격문 격	痼	고질 고
柑	귤 감	膈	가슴, 흉격 격	鵠	고니, 과녁 곡

19

梏	수갑 곡	喬	높을 교	毆	때릴 구
昆	맏 곤	皎	달 밝을, 흴 교	窘	군색할 군
袞	곤룡포 곤	咬	깨물, 새소리 교	躬	몸 궁
棍	몽둥이 곤	蛟	교룡 교	穹	하늘 궁
汨	골몰할 골 / 물 이름 멱	驕	교만할 교	倦	게으를 권
拱	팔짱 낄 공	攪	흔들 교	眷	돌볼 권
鞏	굳을 공	嬌	아리따울 교	捲	말 권
顆	낟알 과	轎	가마 교	蹶	넘어질, 일어설 궐
廓	둘레 곽 / 클 확	狡	교활할 교	几	안석 궤
藿	콩잎, 미역 곽	仇	원수 구	机	책상 궤
槨	외관, 덧널 곽	廐	마구간 구	櫃	궤짝 궤
顴	광대뼈 관	嘔	게울 구	潰	무너질 궤
灌	물 댈 관	垢	때 구	詭	속일 궤
棺	널 관	寇	도적 구	逵	길거리 규
刮	깎을 괄	嶇	험할 구	葵	해바라기 규
括	묶을 괄	駒	망아지 구	硅	규소 규
匡	바를 광	鳩	비둘기 구	窺	엿볼 규
壙	뫼 구덩이 광	軀	몸 구	橘	귤 귤
胱	오줌통 광	灸	뜸 구	剋	이길 극
曠	밝을, 빌 광	衢	네거리 구	戟	창 극
卦	점괘 괘	謳	노래할 구	隙	틈 극
罫	줄 괘	鉤	갈고리 구	棘	가시나무 극
乖	어그러질 괴	柩	관, 널 구	饉	주릴 근
魁	괴수 괴	臼	절구 구	覲	뵐 근
拐	후릴 괴	舅	시아비, 외삼촌 구	擒	사로잡을 금
宏	클 굉	枸	구기자 구	衾	이불 금
轟	울릴, 수레 소리 굉	溝	도랑 구	襟	옷깃 금
肱	팔뚝 굉	矩	모날, 법 구	扱	미칠 급 / 꽂을 삽 / 거둘 흡

汲	길을 급	弩	쇠뇌 노	萄	포도나무 도
亘	뻗칠 긍 / 베풀 선	膿	고름 농	鍍	도금할 도
矜	자랑할 긍	撓	휠 뇨	搗	찧을 도
伎	재간 기	訥	말 더듬거릴 눌	滔	물넘칠 도
嗜	즐길 기	紐	맺을 뉴	淘	쌀 일 도
妓	기생 기	匿	숨을 닉	睹	볼 도
崎	험할 기	簞	소쿠리 단	禱	빌 도
碁	돌 기	緞	비단 단	瀆	도랑, 더럽힐 독
杞	구기자 기	蛋	새알 단	禿	대머리 독
羈	굴레 기	撻	때릴 달	沌	엉길 돈
綺	비단 기	疸	황달 달	憧	그리워할 동
肌	살 기	憺	참담할 담	疼	아플 동
譏	비웃을 기	曇	흐릴 담	胴	큰창자, 몸통 동
畸	뙈기밭, 불구 기	痰	가래 담	瞳	눈동자 동
拮	일할 길	澹	맑을 담	兜	투구 두 / 도솔천 도
喫	먹을 끽	譚	클, 말씀 담	痘	역질 두
懦	나약할 나	遝	뒤섞일 답	臀	볼기 둔
拿	잡을 나	撞	칠 당	遁	숨을 둔
儺	푸닥거리 나	棠	아가위 당	橙	귤, 걸상 등
拏	잡을 나	螳	사마귀 당	懶	게으를 라
煖	더울 난	擡	들 대	邏	순라 라
捏	꾸밀 날	袋	자루 대	癩	문둥이 라
捺	누를 날	堵	담 도	螺	소라 라
衲	기울 납	屠	죽일, 잡을 도	駱	낙타 락
囊	주머니 낭	蹈	밟을 도	烙	지질 락
撚	비빌 년	濤	물결 도	酪	쇠젖 락
涅	개흙, 열반 녈	賭	내기 도	鸞	난새 란
駑	둔한 말 노	掉	흔들 도	瀾	물결 란

剌	어그러질, 발랄할 랄/수라 라	壟	밭두둑 롱	俚	속될 리
辣	매울 랄	瓏	옥 소리 롱	釐	다스릴 리
籃	바구니 람	聾	귀머거리 롱	罹	걸릴 리
臘	납향 랍	儡	꼭두각시 뢰	悧	영리할 리
蠟	밀 랍	牢	우리 뢰	痢	설사 리
狼	이리 랑	磊	돌 무더기 뢰	籬	울타리 리
倆	재주 량	賂	뇌물 뢰	裡	속 리
粱	기장 량	寮	동관 료	吝	아낄 린
侶	짝 려	寥	쓸쓸할 료	鱗	비늘 린
黎	검을 려	燎	횃불 료	燐	도깨비불 린
閭	마을 려	瞭	밝을 료	躪	짓밟을 린
戾	어그러질 려	聊	애오라지 료	淋	물뿌릴, 임질 림
濾	거를 려	壘	보루 루	笠	삿갓 립
瀝	스밀 력	陋	더러울 루	粒	낟알 립
礫	조약돌 력	瘤	혹 류	寞	고요할 막
輦	가마 련	溜	처마물 류	瞞	속일 만
斂	거둘 렴	琉	유리 류	卍	만자 만
簾	발 렴	戮	죽일 륙	彎	굽을 만
殮	염할 렴	淪	빠질 륜	饅	만두 만
齡	나이 령	綸	벼리 륜	鰻	뱀장어 만
囹	감옥 령	慄	떨릴 률	蔓	덩굴 만
鈴	방울 령	勒	굴레 륵	輓	끌, 애도할 만
逞	쾌할 령	肋	갈빗대 륵	挽	당길 만
擄	노략질 로	凜	찰 름	襪	버선 말
撈	건질 로	凌	업신여길 릉	抹	지울 말
虜	사로잡을 로	菱	마름 릉	沫	물거품 말
麓	산기슭 록	綾	비단 릉	芒	까끄라기 망
碌	푸른 돌 록	稜	모서리 릉	惘	멍할 망

罵	꾸짖을 매	蕪	거칠 무	攀	백반 반
邁	갈 매	誣	속일 무	蟠	서릴 반
呆	어리석을 매	拇	엄지손가락 무	頒	나눌 반
寐	잘 매	憮	어루만질 무	勃	노할 발
昧	어두울 매	毋	말 무	魃	가뭄 발
煤	그을음 매	畝	이랑 무/묘	撥	다스릴 발
萌	싹 맹	蚊	모기 문	潑	물뿌릴 발
眄	곁눈질할 면	媚	아첨할 미	跋	밟을 발
緬	멀 면	薇	장미 미	醱	술 괼 발
麵	국수 면	靡	쓰러질 미	榜	방 붙일 방
棉	목화 면	悶	답답할 민	坊	동네 방
螟	멸구 명	謐	고요할 밀	彷	헤맬 방
暝	저물 명	剝	벗길 박	枋	다목 방
皿	그릇 명	撲	칠 박	謗	헐뜯을 방
溟	바다 명	樸	순박할, 통나무 박	尨	삽살개 방
酩	술 취할 명	駁	논박할 박	幇	도울 방
袂	소매 몌	粕	지게미 박	昉	밝을 방
耗	소모할 모	縛	얽을 박	膀	오줌통 방
摸	더듬을 막 / 찾을 모	搏	두드릴 박	肪	기름 방
牡	수컷 모	珀	호박 박	陪	모실 배
模	모호할 모	箔	발 박	徘	어정거릴 배
歿	죽을 몰	膊	팔뚝 박	湃	물결칠 배
描	그릴 묘	槃	쟁반 반	胚	아이 밸 배
杳	어두울 묘	攀	더위잡을 반	帛	비단 백
渺	아득할 묘	畔	밭두둑 반	魄	넋 백
猫	고양이 묘	絆	얽어맬 반	藩	울타리 번
巫	무당 무	拌	버릴 반	蕃	우거질 번
撫	어루만질 무	斑	아롱질 반	帆	돛 범

泛	뜰 범	咐	분부할, 불 부	痺	저릴 비
梵	범어 범	斧	도끼 부	裨	도울 비
氾	넘칠 범	賻	부의 부	秕	쭉정이 비
劈	쪼갤 벽	腑	장부 부	緋	비단 비
擘	엄지손가락 벽	訃	부고 부	脾	지라 비
璧	구슬 벽	芙	부용 부	翡	물총새 비
闢	열 벽	吩	분부할 분	臂	팔 비
癖	버릇 벽	糞	똥 분	誹	헐뜯을 비
鼈	자라 별	扮	꾸밀 분	蜚	바퀴, 날 비
瞥	눈 깜짝할 별	噴	뿜을 분	嚬	찡그릴 빈
瓶	병 병	忿	성낼 분	濱	물가 빈
餠	떡 병	盆	동이 분	瀕	물가, 가까울 빈
堡	작은 성 보	焚	불사를 분	嬪	궁녀 벼슬 이름 빈
洑	보 보 / 스며흐를 복	雰	눈 날릴 분	殯	빈소 빈
菩	보살 보	彿	비슷할 불	憑	의지할 빙
僕	종 복	棚	사다리 붕	些	적을 사
鰒	전복 복	硼	붕사 붕	麝	사향노루 사
輻	바퀴살 복 / 폭	繃	묶을 붕	奢	사치할 사
匐	길 복	匕	비수 비	嗣	이을 사
捧	받들 봉	扉	사립문 비	娑	춤출 사
棒	막대 봉	鄙	더러울 비	徙	옮길 사
烽	봉화 봉	妣	죽은 어미 비	瀉	쏟을 사
鋒	칼날 봉	庇	덮을 비	獅	사자 사
剖	쪼갤 부	琵	비파 비	祠	사당 사
孵	알깔 부	憊	고달플 비	紗	비단 사
駙	부마 부	譬	비유할 비	簑	도롱이 사
俯	구부릴 부	砒	비상 비	刪	깎을 산
埠	부두 부	沸	끓을 비 / 용솟음칠 불	珊	산호 산

疝	산증 산		膳	반찬, 선물 선		狩	사냥할 수
撒	뿌릴 살		羨	부러워할 선 / 무덤길 연		穗	이삭 수
煞	죽일 살		腺	샘 선		瘦	여윌 수
薩	보살 살		屑	가루 설		粹	순수할 수
滲	스밀 삼		泄	샐 설		繡	수놓을 수
澁	떫을 삽		洩	샐 설 / 퍼질 예		竪	세울 수
孀	홀어미 상		渫	파낼 설		酬	갚을 수
爽	시원할 상		殲	다 죽일 섬		羞	부끄러울 수
觴	잔 상		閃	번쩍일 섬		蒐	모을 수
翔	날 상		醒	깰 성		讎	원수 수
璽	옥새 새		宵	밤 소		袖	소매 수
嗇	아낄 색		塑	흙 빚을 소		髓	골수 수
牲	희생 생		逍	노닐 소		夙	이를, 새벽 숙
甥	생질 생		搔	긁을 소		菽	콩 숙
黍	기장 서		梳	얼레빗 소		塾	글방 숙
胥	서로 서		甦	깨어날 소		馴	길들 순
鼠	쥐 서		疎	드물, 성길 소		筍	죽순 순
犀	무소 서		簫	통소 소		醇	전국술 순
壻	사위 서		蕭	쓸쓸할 소		膝	무릎 슬
嶼	섬 서		瘙	피부병 소		丞	정승 승
抒	풀 서		遡	거스를 소		匙	숟가락 시
曙	새벽 서		贖	속죄할 속		媤	시집 시
棲	깃들일 서		遜	겸손할 손		諡	시호 시
薯	감자 서		悚	두려워할 송		弒	윗사람 죽일 시
潟	개펄 석		灑	뿌릴 쇄		猜	시기할 시
扇	부채 선		碎	부술 쇄		豺	승냥이 시
煽	부채질할 선		嫂	형수 수		柿	감나무 시
銑	무쇠 선		戍	수자리 수		熄	불 꺼질 식

蝕	좀먹을 식	昂	밝을 앙	掩	가릴 엄
拭	씻을 식	秧	모 앙	繹	풀 역
宸	대궐 신	隘	좁을 애	鳶	솔개 연
薪	섶 신	靄	아지랑이 애	捐	버릴 연
迅	빠를 신	曖	희미할 애	筵	대자리 연
呻	끙끙거릴 신	崖	언덕 애	椽	서까래 연
娠	아이 밸 신	腋	겨드랑이 액	艶	고울 염
燼	불탄 끝 신	縊	목맬 액	焰	불꽃 염
訊	물을 신	扼	잡을 액	嬰	어린아이 영
蜃	큰조개 신	鶯	꾀꼬리 앵	曳	끌 예
悉	다 실	櫻	앵두나무 앵	裔	후손 예
什	열 사람 십 / 세간 집	冶	풀무 야	詣	이를 예
俄	아까 아	爺	아비 야	穢	더러울 예
訝	의심할 아	揶	야유할 야	伍	다섯 사람 오
啞	벙어리 아	葯	꽃밥 약	懊	한할 오
衙	마을 아	恙	병, 근심할 양	奧	깊을 오
愕	놀랄 악	攘	물리칠 양	寤	잠 깰 오
顎	턱 악	癢	가려울 양	蘊	쌓을 온
堊	흰흙 악	釀	물 빚을 양	壅	막을 옹
鞍	안장 안	瘍	헐 양	渦	소용돌이 와
晏	늦을 안	圄	옥 어	蝸	달팽이 와
按	누를 안	瘀	어혈질 어	訛	그릇될 와
斡	돌 알	禦	막을 어	婉	순할, 아름다울 완
軋	삐걱거릴 알	臆	가슴 억	阮	성씨, 나라 이름 완
闇	숨을 암	堰	둑 언	頑	완고할 완
庵	암자 암	諺	속담 언	腕	팔 완
鴦	원앙 앙	儼	엄연할 엄	宛	완연할 완
怏	원망할 앙	奄	문득 엄	枉	굽을 왕

矮	작을 왜	萎	시들 위	蚓	지렁이 인
猥	외람할 외	愉	즐거울 유	咽	목구멍 인 / 목멜 열 / 삼킬 연
巍	높고 클 외	鍮	놋쇠 유	湮	묻힐 인
夭	일찍 죽을 요	宥	너그러울 유	佚	편안할 일
凹	오목할 요	喻	깨우칠 유	溢	넘칠 일
僥	요행 요	揄	끌어당길 유	剩	남을 잉
拗	우길 요	蹂	밟을 유	孕	아이 밸 잉
邀	맞을 요	諛	아첨할 유	蔗	사탕수수 자
饒	넉넉할 요	諭	타이를 유	藉	깔 자
擾	시끄러울 요	柚	유자 유	仔	자세할 자
窈	고요할 요	癒	병 나을 유	瓷	사기그릇 자
窯	기왓가마 요	游	헤엄칠 유	疵	허물 자
涌	물 솟을 용	戎	되 융	炙	구울 자 / 적
茸	풀 날 용 / 버섯 이	絨	가는 베 융	煮	삶을 자
聳	솟을 용	蔭	그늘 음	炸	터질 작
蓉	연꽃 용	揖	읍할 읍	勺	구기 작
踊	뛸 용	膺	가슴 응	嚼	씹을 작
寓	부칠 우	擬	비길 의	綽	너그러울 작
隅	모퉁이 우	毅	굳셀 의	灼	불사를 작
虞	염려할 우	椅	의자 의	雀	참새 작
嵎	산굽이 우	誼	정, 옳을 의	鵲	까치 작
迂	에돌 우	姨	이모 이	芍	함박꽃 작
隕	떨어질 운	餌	미끼 이	盞	잔 잔
殞	죽을 운	爾	너 이	棧	사다리 잔
耘	김맬 운	弛	늦출 이	箴	경계 잠
冤	원통할 원	痍	상처 이	簪	비녀 잠
鴛	원앙 원	翌	다음날 익	仗	의장 장
猿	원숭이 원	靭	질길 인	匠	장인 장

漿	즙 장	栓	마개 전	凋	시들 조
薔	장미 장	廛	가게, 터 전	粗	거칠 조
醬	장 장	悛	고칠 전	肇	비롯할 조
杖	지팡이 장	煎	달일 전	繰	고치 켤 조
檣	돛대 장	篆	전자 전	眺	바라볼 조
齋	재계할, 집 재	癲	미칠 전	漕	배로 실어 나를 조
滓	찌끼 재	纏	얽을 전	阻	막힐 조
錚	쇳소리 쟁	顫	떨릴 전	棗	대추 조
咀	씹을 저	銓	사람 가릴 전	嘲	비웃을 조
邸	집 저	餞	보낼 전	稠	빽빽할 조
狙	원숭이, 엿볼 저	輾	돌아누울 전	曹	무리 조
豬	산돼지 저	截	끊을 절	糟	지게미 조
觝	닿을 저	粘	붙을 점	槽	구유 조
詛	저주할 저	霑	젖을 점	遭	만날 조
箸	젓가락 저	幀	그림 족자 정	爪	손톱 조
躇	머뭇거릴 저	釘	못 정	詔	조서 조
嫡	정실 적	穽	함정 정	藻	마름 조
謫	귀양갈 적	酊	술 취할 정	躁	조급할 조
狄	오랑캐 적	碇	닻 정	簇	모일 족
迹	자취 적	挺	빼어날 정	猝	갑자기 졸
剪	가위, 자를 전	町	밭두둑 정	慫	권할 종
箭	화살 전	睛	눈동자 정	腫	종기 종
箋	기록할 전	錠	덩이 정	踪	자취 종
塡	메울 전	靖	편안할 정	踵	발꿈치 종
顚	엎드러질, 이마 전	啼	울 제	挫	꺾을 좌
奠	정할, 제사 전	梯	사다리 제	做	지을 주
氈	모 전	悌	공손할 제	胄	자손 주
澱	앙금 전	蹄	굽 제	輳	몰려들 주

躊	머뭇거릴 주	朕	나 짐	猖	미쳐날뛸 창
呪	빌 주	斟	짐작할 짐	瘡	부스럼 창
嗾	부추길 주	澄	맑을 징	脹	부을 창
誅	벨 주	叉	깍지낄 차	寨	목책 채
註	글 뜻 풀 주	蹉	미끄러질 차	柵	울타리 책
紬	명주 주	嗟	탄식할 차	凄	쓸쓸할 처
紂	주임금 주	搾	짤 착	擲	던질 척
廚	부엌 주	窄	좁을 착	脊	등마루 척
樽	술통 준	鑿	뚫을 착	瘠	여윌 척
蠢	꾸물거릴 준	撰	지을 찬	滌	씻을 척
竣	마칠 준	簒	빼앗을 찬	闡	밝힐 천
櫛	빗 즐	饌	반찬 찬	喘	숨찰 천
汁	즙 즙	纂	모을 찬	擅	멋대로 할 천
葺	기울 즙	擦	문지를 찰	穿	뚫을 천
咫	길이, 여덟 치 지	站	역마을 참	凸	볼록할 철
肢	팔다리 지	僭	주제넘을 참	轍	바퀴 자국 철
摯	잡을 지	塹	구덩이 참	綴	엮을 철
枳	탱자 지 / 기	懺	뉘우칠 참	僉	다, 여러 첨
祉	복 지	讒	참소할 참	籤	제비 첨
嗔	성낼 진	讖	예언 참	諂	아첨할 첨
疹	마마 진	倡	광대 창	帖	문서 첩
叱	꾸짖을 질	娼	창녀 창	疊	거듭 첩
帙	책갑 질	艙	부두 창	貼	붙일 첩
嫉	미워할 질	廠	공장 창	捷	빠를 첩
桎	차꼬 질	漲	넘칠 창	牒	편지 첩
膣	음도 질	菖	창포 창	諦	살필 체
跌	거꾸러질 질	愴	슬플 창	涕	눈물 체
迭	갈마들 질	槍	창 창	憔	파리할 초

樵	땔나무 초	萃	모을 췌	憚	꺼릴 탄
炒	볶을 초	贅	혹 췌	吞	삼킬 탄
梢	나뭇가지 끝 초	娶	장가들 취	綻	터질 탄
硝	화약 초	翠	푸를, 비취빛 취	眈	노려볼 탐
礁	암초 초	脆	연할 취	搭	탈 탑
稍	점점 초	惻	슬퍼할 측	宕	호탕할 탕
醋	초 초	侈	사치할 치	蕩	방탕할 탕
蕉	파초 초	嗤	비웃을 치	汰	일 태
貂	담비 초	馳	달릴 치	笞	볼기칠 태
囑	부탁할 촉	幟	기 치	苔	이끼 태
忖	헤아릴 촌	痔	치질 치	跆	밟을 태
叢	모을, 떨기 총	緻	빽빽할 치	撐	버틸 탱
塚	무덤 총	熾	성할 치	攄	펼 터
寵	사랑할 총	癡	어리석을 치	慟	서러워할 통
撮	사진 찍을 촬	勅	칙서 칙	桶	통 통
鰍	미꾸라지 추	砧	다듬잇돌 침	筒	대통 통
墜	떨어질 추	鍼	침 침	堆	쌓을 퇴
椎	쇠몽치 추	蟄	숨을 칩	褪	바랠 퇴
錘	저울추 추	秤	저울 칭	腿	넓적다리 퇴
芻	꼴 추	唾	침 타	頹	무너질 퇴
酋	우두머리 추	舵	키 타	套	씌울 투
錐	송곳 추	駝	낙타 타	妬	샘낼 투
鎚	쇠망치 추	惰	게으를 타	慝	사특할 특
樞	지도리 추	楕	길고 둥글 타	婆	할미 파
槌	칠 추 / 망치 퇴	陀	비탈질, 부처 타	巴	꼬리 파
黜	내칠 출	擢	뽑을 탁	芭	파초 파
悴	파리할 췌	鐸	방울 탁	爬	긁을 파
膵	췌장 췌	坦	평탄할 탄	琶	비파 파

跛	절름발이 파 / 비스듬히 설 피	襃	기릴 포	檻	난간 함
辦	힘들일 판	曝	쪼일 폭 / 포	涵	젖을 함
佩	찰 패	瀑	폭포 폭 / 소나기 포	銜	재갈 함
唄	염불소리 패	剽	겁박할 표	蛤	조개 합
悖	거스를 패	慓	급할 표	盒	합 합
稗	피 패	豹	표범 표	缸	항아리 항
牌	패 패	飄	나부낄 표	肛	항문 항
沛	비 쏟아질 패	稟	여쭐 품	咳	기침 해
澎	물소리 팽	諷	풍자할 풍	駭	놀랄 해
膨	부풀 팽	披	헤칠 피	骸	뼈 해
愎	강퍅할 퍅	疋	짝, 필 필 / 발 소	偕	함께 해
騙	속일 편	乏	가난할 핍	諧	화할 해
鞭	채찍 편	逼	핍박할 핍	懈	게으를 해
貶	낮출 폄	遐	멀 하	楷	본보기 해
萍	개구리밥 평	霞	노을 하	邂	우연히 만날 해
斃	죽을 폐	瑕	허물 하	劾	꾸짖을 핵
陛	대궐 섬돌 폐	蝦	두꺼비, 새우 하	嚮	길잡을, 향할 향
咆	고함지를 포	謔	희롱할 학	饗	잔치할 향
哺	먹일 포	壑	구렁 학	噓	불 허
庖	부엌 포	瘧	학질 학	墟	터 허
圃	채마밭 포	悍	사나울 한	歇	쉴 헐
匍	길 포	澣	빨래할 한	眩	어지러울 현
疱	물집 포	罕	드물 한	衒	자랑할 현
脯	포 포	轄	다스릴 할	絢	무늬 현
蒲	부들 포	喊	소리칠 함	俠	의기로울 협
袍	솜옷 포	緘	봉할 함	狹	좁을 협
逋	도망갈 포	鹹	짤 함	頰	뺨 협
泡	거품 포	函	함 함	挾	낄 협

荊	가시나무 형	徨	헤맬 황	逅	만날 후
彗	살별 혜	凰	봉황새 황	暈	무리 훈
醯	식혜 혜	遑	급할 황	喧	지껄일 훤
弧	활 호	惶	두려울 황	喙	부리 훼
狐	여우 호	慌	어리둥절할 황	卉	풀 훼
琥	호박 호	煌	빛날 황	麾	기 휘
瑚	산호 호	徊	머뭇거릴 회	諱	꺼릴, 숨길 휘
糊	풀칠할 호	恢	넓을 회	彙	무리 휘
渾	흐릴 혼	晦	그믐 회	恤	불쌍할 휼
惚	황홀할 홀	膾	회 회	兇	흉악할 흉
笏	홀 홀	繪	그림 회	洶	용솟음칠 흉
虹	무지개 홍	蛔	회충 회	痕	흔적 흔
訌	어지러울 홍	賄	뇌물, 재물 회	欣	기뻐할 흔
哄	떠들썩할 홍	誨	가르칠 회	欠	하품 흠
喚	부를 환	哮	으르렁거릴 효	歆	흠향할 흠
宦	벼슬 환	酵	삭힐 효	恰	흡사할 흡
鰥	홀아비 환	嚆	울릴 효	洽	젖을 흡
驩	기뻐할 환	爻	사귈, 본받을 효	犧	희생 희
猾	교활할 활	嗅	냄새 맡을 후	詰	꾸짖을 힐
闊	넓을 활	吼	울부짖을 후		
恍	황홀할 황	朽	썩을 후		

一 한, 하나 일 | 부·1획

가로획 하나를 그어 '하나'를 뜻한다.

一 한 일
하나
8급 | 총획 1

선 하나를 그어 '하나'를 뜻한다.
千篇一律 천편일률 : 사물이 모두 판에 박은 듯 비슷함

一括 일괄　　一揆 일규　　一臘 일랍
一刻 일각　　一擊 일격　　一貫 일관
一便 일편　　一生 일생　　一任 일임
一切 일절, 일체

丁 고무래, 장정 정
고무래, 장정, 넷째 천간
4급 | 총획 2

'장정'이 사용하는 '고무래'의 모양을 본뜬 자.
丁年 정년 : 남자가 스무 살이 되는 나이
丁夜 정야 : 오야(五夜)의 넷째. 오전 1시에서 3시까지

丁寧 정녕　　丁憂 정우　　丁銀 정은
丁男 정남　　兵丁 병정　　壯丁 장정

七 일곱 칠
일곱, 7
8급 | 총획 2

하늘[一]을 나는 새[乚]가 '일곱'.
七去 칠거 : 아내를 내쫓는 이유의 일곱 가지. 칠거지악(七去之惡)

七寶 칠보　　七步詩 칠보시　　七夕 칠석
七十 칠십　　七言詩 칠언시　　七月 칠월
北斗七星 북두칠성

下 아래 하
아래, 밑
7II급 | 총획 3 | 통 降(강) 반 上(상)

하늘[一]을 기준으로 해서 밑[丨] 부분[丶]이니 '아래'.

下降 하강　　下校 하교　　下級 하급
下女 하녀　　下流 하류　　下命 하명
下直 하직　　下車 하차　　地下 지하

丈 어른 장:
어른, 길이의 단위, 지팡이
3II급 | 총획 3 | 통 長(장) 반 少(소)

한[一] 사람[人]의 도리를 다하는 '어른'.

丈母 장모　　丈人 장인　　丈尺 장척
老人丈 노인장　　大丈夫 대장부　　方丈 방장
聘丈 빙장　　春府丈, 椿府丈 춘부장

上 윗 상:
위, 임금
7II급 | 총획 3 | 반 下(하)

땅[一]을 기준으로 위[丨]를 향한[丶] '위'에 있는 '임금'.
雪上加霜 설상가상 : 어려운 일이 연이어 일어남

上京 상경　　上官 상관　　上級 상급
上納 상납　　上陸 상륙　　上席 상석
上訴 상소　　上層雲 상층운　　海上 해상

三 석 삼
셋, 3, 갖은자 參(삼)
8급 | 총획 3

하나[一]의 나무를 두[二] 번 자르니 '세' 토막이 되었다.
孟母三遷 맹모삼천 : 맹자의 어머니가 맹자를 교육시키기 위해 세 번 이사했다는 고사

三槐 삼괴　　三稜 삼릉　　三角形 삼각형
三流 삼류　　三伏 삼복

不 아닐 불/부
아니다
7II급 | 총획 4

하늘을 나는 한[一] 마리의 작은[小] 새가 다시 '아니' 돌아오다.

不良輩 불량배　　不眠 불면　　不察 불찰
不動産 부동산　　不貞 부정　　不振 부진

丑 소, 둘째 지지 축
소, 둘째 지지
3급 | 총획 4 | 동 牛(우)

손[ᄏ]으로 고삐[丿]를 잡고 '소'를 몰다.

丑年 축년 : 그 해 간지(干支)의 지지(地支)가 '丑'인 해
丑末 축말 : 축시(丑時)의 마지막으로 오전 3시경

丑方 축방   丑時 축시   黑丑 흑축
癸丑日記 계축일기

且 또 차
또한, 우선 장차
3급 | 총획 5 | 동 亦(역)

성[冂] 안에 세[三] 사람이 '또' 있다.

且說 차설 : 화제를 돌려 말할 때, 문두에 쓰는 말
苟且 구차 : 군색스럽고 구구함. 가난함

且置 차치   重且大 중차대

丙 남녘, 셋째 천간 병
남녘, 밝다, 셋째 천간
3Ⅱ급 | 총획 5

한[一] 사람[人]이 성[冂]으로 들어가 정치를 펴는 '남쪽' 나라.

丙科 병과   丙部 병부   丙夜 병야
 병좌   丙子胡亂 병자호란

世 인간, 세대 세 :
인간, 일생 한평생
7Ⅱ급 | 총획 5 | 동 界(계)

열[十]을 셋 합한 30년[十十十]이 '인간'의 일세[一世], 한 '세대'.

世界 세계   世紀 세기   世代 세대
世俗 세속   世習 세습   世子 세자
近世 근세   末世 말세   別世 별세

丘 언덕 구
언덕, 무덤, 산, 마을
3Ⅱ급 | 총획 5 | 동 陵(릉), 岸(안)

한[一] 근[斤] 무게가 나가는 '언덕'.

首丘初心 수구초심 : '여우는 죽을 때 자기가 살던 굴쪽으로 머리를 향한다'라는 뜻으로, 고향을 그리워하는 마음을 나타냄

丘軻 구가   丘墓 구묘   丘民 구민
丘墳 구분

丞 정승 승
정승
1급 | 총획 6

한[一] 마음으로 임금을 모시는 영의정[了], 좌의정[기], 우의정[ᄉ]을 일컬어 '정승'.

丞史 승사   丞相 승상   驛丞 역승
政丞 정승

丨 뚫을 곤 | 부·1획

위에서 아래로 그어 '뚫는다'라는 뜻을 나타낸다.

中 가운데 중
가운데
8급 | 총획 4 동 央(앙) 반 外(외)

원[O]의 중심을 뚫고 [丨] 지나가니 '가운데'가 되다.

中間 중간   中年 중년   中毒 중독
中媒 중매   中旬 중순   中心 중심
中湯 중탕   的中 적중   胸中 흉중
個中 개중   口中 구중

丶 점 주 | 부·1획

등불의 불꽃 모양을 본뜬 글자로 '점', '심지', '불꽃'의 뜻이다.

丸 둥글 환
둥글다, 알
3급 | 총획 3 | 동 團(단), 圓(원)

아홉[九] 명이 점[丶] 하나를 둘러싸고 **'둥글게'** 앉았다.

丸藥 환약　　蠟丸 납환　　淸心丸 청심환
彈丸 탄환　　砲丸 포환

主 임금, 주인 주
임금, 주인
7급 | 총획 5 | 동 君(군) 반 客(객), 賓(빈)

촛대[王]의 심지[丶]처럼 모든 중심이 되는 **'임금', '주인'**.

主幹 주간　　主客 주객　　主觀 주관
主導 주도　　主力 주력　　主婦 주부
主食 주식　　主要 주요　　主人 주인
主張 주장　　洑主 보주　　庵主 암주

丹 붉을 단
붉다, 단사
3Ⅱ급 | 총획 4

굴[冂] 속에서 불꽃[丶] 하나[一]가 **'붉게'** 타다.

一片丹心 일편단심 : 변치 않는 참된 마음

丹莖 단경　　丹木 단목　　丹砂 단사
丹誠 단성　　丹心 단심　　丹藥 단약
丹粧 단장　　丹靑 단청　　丹楓 단풍

丿 삐침 별 | 부·1획

오른쪽 위에서 왼쪽 아래로 삐쳐 나간 모양을 본뜬 글자이다.

久 오랠 구:
오래다, 변하지 않다
3Ⅱ급 | 총획 3

사람[人]이 등이 굽으니[勹] '오래' 살았다.

永久不變 영구불변 : 길고 오랫동안 변하지 않음

久錮 구고　　久闊 구활　　久遠 구원
久疾 구질　　長久 장구　　耐久性 내구성
持久力 지구력

乏 가난할 핍
가난하다, 다하다
1급 | 총획 5 | 동 困(곤)

'가난한' 사람이 삐딱하게[丿] 걸어가다[之].

窮乏 궁핍 : 곤궁하고 가난함

乏人 핍인　　乏少 핍소　　缺乏 결핍
耐乏 내핍

乃 이에 내:
이에
3급 | 총획 3

구부러[乃]져 있던 것에 삐침[丿]으로 받치니 '이에' 숨이 트이고 편하다.

乃祖 내조　　曩乃 애내　　人乃天 인내천

乖 어그러질 괴
어그러지다, 배반하다
1급 | 총획 8 | 동 戾(려)

천[千] 갈래로 등지고[北] 있는 상태이니 '어그러진' 것이다.

乖離 괴리 : 어그러져 동떨어짐

乖亂 괴란　　乖常 괴상　　乖反 괴반
乖愎 괴팍(괴퍅)

之 갈 지
가다, ~의
3Ⅱ급 | 총획 4 | 동 往(왕) 반 來(래)

술 취한 사람 하나[丶]가 이리저리[乙] '가다'.

結者解之 결자해지　　莫逆之友 막역지우
晩時之歎 만시지탄　　塞翁之馬 새옹지마

乘 탈 승
타다, 오르다
3Ⅱ급 | 총획 10 | 약 乗

나무[木]에 비스듬히[丿] 기대어 북쪽[北]을 향해 '올라' '타다'.

乘客 승객　　乘馬 승마　　乘法 승법
乘船 승선　　乘車 승차　　同乘 동승
分乘 분승　　便乘 편승　　合乘 합승
陪乘 배승　　搭乘 탑승

乎 어조사 호
어조사, 그런가, 인가, 아!
3급 | 총획 5

삐쳐서[丿] 뿔[丶]이 난 이유를 열[十] 번 생각한다고 알 수 '있는가'.

斷乎 단호　　確乎 확호

乙 새 을 | 부·1획
새의 앞가슴 모양, 또는 이른 봄 땅 속에서 구부리고 있는 싹의 모양을 본뜬 글자이다.

乙 새 을
새, 둘째 천간
3Ⅱ급 | 총획 1 | 동 鳥(조)

'새'의 앞가슴 모양.

乙巳條約 을사조약 : 한국의 외교권을 빼앗는 다섯 조문으로 된 한국과 일본 간에 맺은 조약

乙卯 을묘 乙夜 을야
甲男乙女 갑남을녀

九 아홉 구
아홉, 9
8급 | 총획 2

십[十]에 미치지 못하고 굽은 '아홉'.

九死一生 구사일생 : 여러 차례 죽을 고비를 겪고 겨우 살아남

九逵 구규   九月 구월   九節草 구절초
九井 구정   九州 구주   九泉 구천
九孔炭 구공탄 九官鳥 구관조

也 어조사 야 :
어조사, 또
3급 | 총획 3

'야'하고 말을 끝맺으니 단정 종결사의 '어조사'로 쓰인다.

也帶 야대   厥也 궐야   及其也 급기야

乞 빌 걸
빌다, 빌어먹다, 구하다
3급 | 총획 3 | 동 求(구)

새[乙]가 사람[人]에게 모이를 달라고 '빌다'.

哀乞伏乞 애걸복걸 : 애처롭게 빌고 굽실거리며 또 빎

乞巧 걸교   乞盟 걸맹   乞食 걸식
乞人 걸인   求乞 구걸

乳 젖 유
젖
4급 | 총획 8

아들[子]이 손[爫]으로 새[乚]를 만지듯 만지며 먹는 '젖'.

乳母 유모   乳房 유방   乳兒 유아
乳製品 유제품 乳臭 유취   母乳 모유
粉乳 분유   胚乳 배유   授乳 수유
牛乳 우유

乾 하늘, 마를 건
하늘, 마르다
3Ⅱ급 | 총획 11 | 동 燥(조) 반 坤(곤), 濕(습)

시월[十] 아침[早]에 사람[人]이 새[乙]를 '마른' '하늘'로 쫓다.

乾葛 건갈   乾坤 건곤   乾期 건기
乾達 건달   乾杯 건배   乾性 건성
乾材 건재   乾燥 건조   乾草 건초

亂 어지러울 란 :
어지럽다, 난리
4급 | 총획 13 | 동 攪(교) 약 乱

손톱[爫]을 버리고 [マ] 나[厶]를 둘러싼[冂] 모든 것을 또[又] 버리니, 새[乚]의 '어지러움'도 정겹다.

亂讀 난독   亂動 난동   亂世 난세
亂打 난타   亂鬪 난투   亂暴 난폭
散亂 산란   霍亂 곽란   攪亂 교란
撥亂 발란   搖亂 요란   淫亂 음란

갈고리 궐 | 부·1획
구부러진 갈고리의 모양을 본뜬 글자이다.

마칠 료 :
마치다, 깨닫다
3급 | 총획 2 | 동 終(종)

아이[子]의 팔[一]이 없어 더 이상 자라지 않으니, 성장을 '마쳤다'.

了勘 요감	了叉 요차	了解 요해
滿了 만료	明了 명료	修了 수료
完了 완료	終了 종료	

일 사 :
일, 섬기다
7Ⅱ급 | 총획 8 | 동 務(무), 業(업)

한[一] 식구[口]라도 더 먹여 살리기 위해 삽[彐]과 갈고리[亅]를 들고 '일'을 하다.

事件 사건	事端 사단	事大 사대
事例 사례	事理 사리	事物 사물
事實 사실	事緣 사연	家事 가사
農事 농사	昧事 매사	

나 여
나, 주다
3급 | 총획 4 | 동 我(아), 余(여) | 반 汝(여)

베틀의 북실을 손으로 주고받는 모습으로 '주는' 사람인 '나'.

予一人 여일인 : '나도 여느 사람과 다르지 않다'라는 뜻으로, 임금이 자기 자신을 겸손하게 이르는 말
予奪 여탈

二 두 이 | 부·2획

가로획 둘로 '둘'을 뜻한다. 위의 '一'은 '하늘'을, 아래의 '一'은 '땅의 기점'을 뜻하기도 한다.

二 두 이:
둘, 2
8급 | 총획 2

나무를 토막내니 '둘[二]'이 되었다.

一石二鳥 일석이조 : 한 가지 일로써 두 가지 이익을 얻음

二價 이가　　二年 이년　　二等 이등
二分 이분　　二心 이심　　二十 이십
二月 이월

五 다섯 오:
다섯, 5
8급 | 총획 4

하늘[一]과 땅[一]이 힘[力]을 겨루어 '다섯'행이 생겨났다.

五里霧中 오리무중 : 어디에 있는지 알 길이 없거나 갈피를 잡지 못함

五感 오감　　五穀 오곡　　五輪 오륜
五倫 오륜　　五萬相 오만상　五福 오복

于 어조사 우
어조사, 애, 탄식하다
3급 | 총획 3 | 동 也(야), 乎(호)

숨이 장애로 인해 막힘을 나타내며, 숨이 막히니 크게 '탄식하다'.

于歸 우귀 : 혼인한 신부가 처음으로 시집에 들어감

于勒 우륵　　于今 우금　　丁先 우선

互 서로 호:
서로, 갈마들다
3급 | 총획 4 | 동 相(상)

두[二] 개의 막대기가 맞물린[ㅂ] 모양으로, '서로' '갈마들다'.

互角之勢 호각지세 : 서로 비슷한 실력

互市 호시　　互惠 호혜　　互換 호환
相互 상호

云 이를 운
이르다, 말하다
3급 | 총획 4 | 동 謂(위)

두[二] 사람에게 내[厶]가 옛일을 '일러' '말하다'.

云爲 운위 : 말과 행동, 언행

云云 운운　　云謂 운위　　惑云 혹운

亘 뻗칠 긍:/베풀 선
뻗치다, 베풀다
1급 | 총획 6

하늘[一]에 태양[日]의 빛이 땅[一]까지 '뻗치도록' '베푼다'.

亘古 긍고 : 옛날까지 뻗쳐짐

井 우물 정(:)
우물, 마을
3Ⅱ급 | 총획 4

나무를 엇갈려 만든 우물틀 모양으로, '우물'이 있는 '마을'.

坐井觀天 좌정관천 : '우물 속에 앉아 하늘을 본다'라는 뜻으로, 견문이 좁음을 뜻함

井然 정연　　井田 정전　　井華水 정화수
藻井 조정

亞 버금 아(:)
버금, 누르다
3Ⅱ급 | 총획 8 | 동 副(부), 仲(중), 次(차) | 약 亜

두[二] 곱사등이[]가 마주 서서 '버금' 가는지 경쟁한다.

亞銓 아전　　亞樽 아준　　亞流 아류
亞麻 아마　　亞聖 아성　　亞細亞 아세아
亞鉛 아연

적을 사
적다. 어조사
1급 | 총획 8 | 동 微(미)

숫자에서 둘[二]이란 이[此] 수는 '적은' 것이다.

些少 사소 : 매우 적음. 하찮음

些略 사략   些末 사말   些事 사사

돼지해머리 두 | 부·2획

돼지해(亥)의 머리 부분과 같다고 하여 '돼지해머리'라는 이름이 붙었다.

亡 망할 망
망하다, 달아나다, 죽다
5급 | 총획 3 | 동 滅(멸), 敗(패) 반 興(흥)

가장, 한[丶] 사람이 숨어서[乚] **'도망가니'** **'망한'** 집안이다.

興亡盛衰 흥망성쇠 : 흥하고 망하고 성하고 쇠함

亡德 망덕	亡靈 망령	亡命 망명
亡失 망실	亡人 망인	亡者 망자
死亡 사망	敗亡 패망	

亨 형통할 형
형통하다, 제사
3급 | 총획 7

높은 제단 위[亠]에 음식을 차리고 입[口]으로 축원하는 것을 마치니[了] 만사가 **'형통하다'**.

萬事亨通 만사형통 : 모든 일이 뜻한 바대로 잘 이루어짐

| 亨嘉 형가 | 亨運 형운 | 亨國 형국 |

亦 또 역
또, 모두, 크게
3Ⅱ급 | 총획 6 | 동 又(우)

그 사람은 **'또'** **'크게'** 성공하리라.

| 亦是 역시 | 亦然 역연 | 其亦 기역 |

享 누릴 향 :
누리다, 드리다
3급 | 총획 8

제단 위[亠]에 아들[子]이 음식을 차리고 입[口]으로 축원하면 복을 **'누릴'** 수 있다.

享年 향년	享樂 향락	享福 향복
享祀 향사	享受 향수	享有 향유
臘享 납향		

亥 돼지 해
돼지, 열두째 지지
3급 | 총획 6 | 동 豚(돈), 豕(시)

돼지 모양으로 **'돼지'**는 **'열두째 지지'**를 뜻한다.

亥時 해시 : 십이시의 열두째 시로, 저녁 9시에서 11시까지

| 亥方 해방 | 亥生 해생 | 乙亥年 을해년 |

京 서울 경
서울
6급 | 총획 8 | 반 村(촌), 鄕(향)

갓[亠]을 쓴 입[口]이 작은[小] 선비가 **'서울'**에 왔다.

京坊 경방	京劇 경극	京畿 경기
京城 경성	京鄕 경향	北京 북경
上京 상경	入京 입경	在京 재경

交 사귈 교
사귀다
6급 | 총획 6

아버지[父]가 갓[亠]을 쓰고 나가 친구들과 **'사귀다'**.

交頸 교경	交道 교도	交觴 교상
交感 교감	交代 교대	交流 교류
交尾 교미	交付 교부	交戰 교전
交通 교통	交換 교환	國交 국교

亭 정자 정
정자
3Ⅱ급 | 총획 9

높게[高] 고무래[丁]로 지은 **'정자'**.

亭子 정자 : 경치 좋은 곳에 쉬기 위하여 지은 집

| 亭亭 정정 | 柯亭 가정 |

43

사람 인 | 부·2획
사람이 서 있는 모양을 본뜬 글자이다. 변형자는 '亻'이다.

人 사람 인
사람, 백성, 남
8급 | 총획 2

정신[丿]과 육체[乀]가 합쳐지니 '사람'이 되었다.

人格 인격	人權 인권	人道 인도
人力 인력	人倫 인륜	人生 인생
人心 인심	佳人 가인	個人 개인
凡人 범인	猥人 외인	哲人 철인

낄 개 :
끼다, 소개하다
3Ⅱ급 | 총획 4

사람[人]들을 두[川] 무리로 나누고 그 사이에 '껴' 있다.

介鱗 개린	介意 개의	介入 개입
介在 개재	媒介 매개	紹介 소개
仲介 중개		

이제 금
이제
6Ⅱ급 | 총획 4 | 凼 古(고), 昔(석)

사람[人]이 점점[丶] 많이 모여 줄이 기역자[ㄱ]로 되었으니, '이제' 시작하자.

今始初聞 금시초문 : 이제서야 처음으로 들음

| 今年 금년 | 今方 금방 | 今後 금후 |
| 今昔之感 금석지감 | 而今 이금 | |

令 하여금 령 (:)
하여금, 명령하다
5급 | 총획 5 | 동 使(사)

신하[人]들로 '하여금' 일[一]렬로 무릎[卩]을 꿇고 '명령'에 복종하게 한다.

令夫人 영부인	令愛 영애	口令 구령
待令 대령	命令 명령	發令 발령
法令 법령	司令官 사령관	設令 설령

以 써 이 :
써, 까닭
5Ⅱ급 | 총획 5

내[厶] 욕심이 사람[人]으로서의 한계를 넘으면 매로 '써' 다스린다.

以實直告 이실직고 : 사실 그대로 고함
以心傳心 이심전심 : 마음에서 마음으로 전함

| 以內 이내 | 以上 이상 | 以外 이외 |
| 以前 이전 | 以下 이하 | 所以 소이 |

企 꾀할 기
꾀하다, 발돋움하다
3Ⅱ급 | 총획 6 | 동 圖(도)

사람[人]이 발끝으로 서서[止] 먼 곳을 보며, 앞날을 '꾀하다'.

| 企圖 기도 | 企望 기망 | 企業 기업 |
| 企劃 기획 | 公企業 공기업 | 大企業 대기업 |

余 나 여
나, 나머지
3급 | 총획 7 | 동 我(아), 予(여) 凼 汝(여)

다른 사람[人]이 사방팔[八]방 소리치니, 이에[于] '나'는 '나머지' 일을 그만두었다.

余等 여등 : 우리들
余月 여월 : 음력 4월
殘余 잔여 : 나머지

來 올 래 (:)
오다
7급 | 총획 8 | 凼 去(거), 往(왕) 略 来

나무[木] 밑으로 두 사람[人人]이 '오다'.

來年 내년	來訪 내방	來世 내세
來往 내왕	來日 내일	來韓 내한
去來 거래	未來 미래	覓來 멱래
本來 본래	往來 왕래	爾來 이래

倉
곳집 **창**(:)
곳집, 슬퍼하다
3Ⅱ급 | 총획 10 | 통 庫(고)

사람[人]이 사는 집[戶] 하나[一]에 식구[口]들이 먹을 곡식을 쌓아두는 '곳집'.

傘
우산 **산**
우산, 양산
2급 | 총획 12

사람 다섯[人人人人人] 명이 열[十] 개의 '우산'을 팔다.

傘下 산하   落下傘 낙하산   陽傘 양산
洋傘 양산   雨傘 우산

僉
다, 여러 **첨**
다, 모두, 고르다
1급 | 총획 13

'여러' 사람들[人人]을 '다' 합친[合] 인구[口].

僉意 첨의 : 여러 사람의 의견
僉員 첨원   僉位 첨위   僉議 첨의
僉知 첨지

仁
어질 **인**
어질다, 인자하다
4급 | 총획 4 | 통 良(량), 賢(현)

두[二] 사람[亻]이 서로 대하는 마음이 '어질다'.
殺身成仁 살신성인 : 옳은 일을 위하여 자기 몸을 희생함
仁德 인덕   仁術 인술   仁勇 인용
仁慈 인자   仁政 인정   仁厚 인후

仇
원수 **구**
원수
1급 | 총획 4 | 통 敵(적)

아홉[九] 명의 사람[亻]들이 서로 화합하지 못하고 '원수' 같다.

仇怨 구원 : 원수
仇敵 구적

什
열 사람 **십**/세간 **집**
열, 세간
1급 | 총획 4

'열[十] 사람[人]'이 살아가는 집에 '세간'.

什長 십장   什具 집구   什物 집물
什器 집기

仕
섬길, 벼슬 **사**(:)
섬기다, 벼슬
5Ⅱ급 | 총획 5 | 통 奉(봉)

선비[士] 된 사람[亻]은 바른 글로써 임금을 '섬기고' '벼슬'을 하다.

仕宦 사환   仕路 사로   給仕 급사
奉仕 봉사   出仕 출사

仙
신선 **선**
신선
5Ⅱ급 | 총획 5

사람[亻]이 산[山] 속에 들어가 '신선'이 되다.

仙駕 선가   仙凡 선범   仙家 선가
仙境 선경   仙女 선녀   仙人 선인
仙人掌 선인장   詩仙 시선   神仙 신선
水仙花 수선화

代
대신할 **대** :
대신
6Ⅱ급 | 총획 5

하인[亻]이 주살[弋]을 들고 주인을 '대신하여' 전쟁에 나간다.

代價 대가   代金 대금   代理 대리
代名詞 대명사   代身 대신   代役 대역
代用 대용   代打 대타   代表 대표
代行 대행   古代 고대

他
다를 **타**
다르다, 남
5급 | 총획 5 | 통 別(별)

사람[亻]은 또한[也] '남'과 '다르다'.

他界 타계   他國 타국   他殺 타살
他姓 타성   他意 타의   他人 타인
他鄕 타향   出他 출타

仗
의장 장
의장, 무기, 병장기
1급 | 총획 5

어른[丈]이 된 사람[亻]이 '의장'이 된다.

仗器 장기　　　兵仗器 병장기　　　儀仗 의장

付
부칠 부:
부치다, 주다, 청하다
3Ⅱ급 | 총획 5 | 통 託(탁)

가까운 사람[人]인 삼촌[寸]에게 선물을 '부치다'.

申申當付 신신당부 : 남에게 의뢰함. 당부하여 맡김

付送 부송　　　付與 부여　　　付託 부탁
結付 결부　　　交付 교부　　　發付 발부
配付 배부　　　分付 분부　　　送付 송부

仔
자세할 자
자세하다
1급 | 총획 5 | 통 詳(상)

사람[亻]들은 특히 아들[子]에게는 '자세하게' 말해준다.

仔詳 자상　　　仔細 자세

伏
엎드릴 복
엎드리다, 따르다
4급 | 총획 6 | 통 屈(굴) 반 起(기)

사람[亻] 옆에 개[犬]가 '엎드려' 있다.

伏射 복사　　　伏兵 복병　　　伏線 복선
伏中 복중　　　屈伏 굴복　　　起伏 기복
三伏 삼복　　　潛伏 잠복　　　降伏 항복

任
맡길 임(:)
맡기다, 위임하다
5Ⅱ급 | 총획 6 | 통 擔(담), 委(위) 반 免(면)

사람[亻]에게 짐을 짊어지게[壬] '맡기다'.

任期 임기　　　任命 임명　　　任務 임무
任員 임원　　　任意 임의　　　兼任 겸임
擔任 담임　　　放任 방임　　　赴任 부임
委任 위임　　　齋任 재임

件
물건 건
물건, 사건
5급 | 총획 6 | 통 物(물)

사람[亻]이 소[牛]를 '물건' 취급하다.

件名 건명　　　件數 건수　　　事件 사건
案件 안건　　　與件 여건　　　要件 요건
用件 용건　　　條件 조건

仲
버금 중(:)
버금, 가운데, 둘째
3Ⅱ급 | 총획 6 | 통 副(부), 亞(아), 次(차)

세 형제 중에 가운데[中] 사람[亻]이니 '둘째(버금)'이다.

伯仲之勢 백중지세 : 서로 엇비슷하여 우열을 가리기 힘든 형세

仲介 중개　　　仲媒 중매　　　仲裁 중재
伯仲 백중

伐
칠 벌
치다
4Ⅱ급 | 총획 6 | 통 擊(격), 攻(공) 반 防(방)

사람[亻]이 창[戈]으로 '치다'.

伐木 벌목　　　伐採 벌채　　　伐草 벌초
北伐 북벌　　　殺伐 살벌　　　燮伐 섭벌
討伐 토벌

伎
재간 기
재간, 기량
1급 | 총획 6 | 통 倆(량), 藝(예)

사람[亻]들이 각자 지탱하고[支] 있는 '재간', '기량'.

伎倆 기량 : 기술. 솜씨
伎藝 기예

伍
다섯 사람 오:
다섯 사람, 대오
1급 | 총획 6

'다섯[五] 사람[亻]'씩 열 지어 있는 '대오'.

伍列 오열　　　軍伍 군오　　　落伍 낙오
隊伍 대오

休 쉴 휴
쉬다
7급 | 총획 6 | 동 息(식), 歇(헐)

사람[亻]이 나무[木]에 기대어 '쉬다'.

休止 휴지　　休暇 휴가　　休校 휴교
休業 휴업　　休日 휴일　　休戰 휴전
休紙 휴지　　休職 휴직　　無休 무휴

佚 편안할 일
편안하다, 숨다, 달아나다
1급 | 총획 7

사람[亻]이 욕심을 버리면[失] '편하다'.

佚民 일민 : ① 도망친 백성 ② 세상을 등진 사람

仰 우러를 앙:
우러르다, 믿다
3II급 | 총획 6 | 동 崇(숭), 信(신)

사람[亻]이 나[卬]를 '우러러보니' '믿는' 것이다.

仰望 앙망　　仰天 앙천　　俛仰 면앙
信仰 신앙　　推仰 추앙

但 다만 단:
다만, 오직, 그러나
3II급 | 총획 7 | 동 只(지)

사람[亻]이 아침[旦]부터 일터에 나가는 것은 '다만' 일하기 위해서다.

但書 단서　　但只 단지　　非但 비단

佛 부처 불
부처, 불교
4II급 | 총획 7 | 약 仏

사람[亻]이 아닌[弗] '부처'.

佛偈 불게　　佛家 불가　　佛經 불경
佛敎 불교　　佛國寺 불국사　　佛堂 불당
佛心 불심　　佛子 불자

何 어찌 하
어찌, 어느, 어떤
3II급 | 총획 7 | 동 那(나), 奚(해)

사람[亻]이거늘 옳은[可] 일을 '어찌' 못할까?

何等 하등　　何如間 하여간　　何處 하처
何必 하필　　幾何 기하　　如何 여하

位 자리 위
자리, 지위
5급 | 총획 7 | 동 席(석)

사람[亻]이 서[立] 있는 '자리'.

位牌 위패　　位階 위계　　位置 위치
高位 고위　　方位 방위　　本位 본위
水位 수위　　優位 우위　　卽位 즉위
地位 지위　　品位 품위

住 살 주:
살다, 머무르다, 거주하다
7급 | 총획 7 | 동 居(거)

사람[亻]이 주인[主]이 되어 한 곳에 머물러 '살다'.

住居 주거　　住民 주민　　住所 주소
住宅 주택　　安住 안주　　入住 입주

伯 맏 백
맏, 우두머리
3II급 | 총획 7 | 동 孟(맹), 兄(형)

흰[白] 옷을 입은 분[亻]이 집안의 '맏이'이다.

伯舅 백구　　伯母 백모　　伯父 백부
伯仲 백중　　伯兄 백형　　方伯 방백
畫伯 화백

佐 도울 좌:
돕다, 보좌하다
3급 | 총획 7 | 동 補(보), 援(원)

사람[亻]의 왼쪽[左]에서 '돕다'.

補佐 보좌　　補佐官 보좌관　　上佐 상좌

似 닮을 사 :
닮다, 같다
3급 | 총획 7 | 동 肖(초) | 반 異(이)

그 사람[亻]을 남자로써[以] '닮고' 싶다.

非夢似夢 비몽사몽 : 꿈속 같기도 하고 현실 같기도 함

似而非 사이비   近似 근사   類似 유사
恰似 흡사

低 낮을 저 :
낮다
4II급 | 총획 7 | 반 高(고)

사람[亻]의 성[氏]은 하나[一]로 같으나 서열은 '낮다'.

低級 저급   低廉 저렴   低利 저리
低俗 저속   低潮 저조   低地 저지
低質 저질   低下 저하   低血壓 저혈압
最低 최저

作 지을 작
짓다, 만들다
6II급 | 총획 7 | 동 著(저), 造(조), 創(창)

그 사람[亻]은 잠깐[乍] 만지기만 해도 훌륭한 작품을 '만들다'.

作心三日 작심삼일 : 결심이 견고하지 못함

作家 작가   作曲 작곡   作動 작동
作文 작문   作別 작별   作詞 작사
作成 작성   作業 작업

伴 짝 반 :
짝, 따르다
3급 | 총획 7 | 동 配(배), 偶(우)

내 인생 절반[半]이 되는 사람[亻]이니 '짝'.

伴侶者 반려자   伴奏 반주   同伴 동반
隨伴 수반

伸 펼 신
펴다, 펼치다
3급 | 총획 7 | 동 張(장)

밭에서 싹이 위아래로 뻗어[申] 가듯 사람[亻]이 몸을 쭉 '펴다'.

伸長 신장   伸縮 신축

依 의지할 의
의지하다
4급 | 총획 8 | 동 據(거), 憑(빙)

사람[亻]은 옷[衣]에 '의지할' 수밖에 없다.

舊態依然 구태의연 : 변하거나 발전하지 않고 옛 모습 그대로임

依憑 의빙   依據 의거   依舊 의구
依例 의례   依賴 의뢰   依存 의존
依支 의지   依他心 의타심

供 이바지할 공 :
이바지하다
3II급 | 총획 8

여러 사람[亻]들과 함께[共] 사회에 '이바지하다'.

供給 공급   供養 공양   供與 공여
供出 공출   供託 공탁   佛供 불공
提供 제공

侍 모실 시 :
모시다
3II급 | 총획 8 | 동 陪(배)

사람[亻]이 절[寺]에서 부처님을 '모시다'.

層層侍下 층층시하 : 부모와 조부모를 다 모시고 있는 처지

侍女 시녀   侍衛 시위   侍從 시종
近侍 근시   內侍 내시

佳 아름다울 가 :
아름답다, 좋다
3II급 | 총획 8 | 동 麗(려), 美(미) | 반 醜(추)

사람[亻]은 많은 흙[圭]에서 뒹굴어도 '아름답다'.

佳景 가경   佳期 가기   佳名 가명
佳詩 가시   佳約 가약   佳月 가월
佳人 가인   佳作 가작   佳節 가절
佳品 가품   佳話 가화

使 하여금, 부릴 사 :
하여금, 부리다, 사신
6급 | 총획 8 | 동 令(령)

군졸[亻]은 '사신' 어른[丈]의 입[口]에서 나오는 말로 '하여금' 따르게 된다.

使童 사동   使命 사명   使臣 사신
使用 사용   使節團 사절단   大使 대사
密使 밀사   天使 천사   特使 특사

例 법식 례:
법식, 규칙, 보기
6급 | 총획 8 | 통 法(법), 式(식)

사람[亻]이 한 줄[列]로 늘어 놓는 것은 좋은 '**법식(관습)**'이다.

例文 예문   例示 예시   例外 예외
例題 예제   事例 사례   用例 용례
月例 월례   前例 전례   次例 차례
判例 판례

侈 사치할 치
사치하다, 거만하다
1급 | 총획 8

액세서리를 많이[多] 걸친 사람[亻]은 '**사치스럽다**'.

奢侈 사치 : 의복·음식·거처 등을 지나치게 치레함

佩 찰 패:
차다, 지니다, 노리개
1급 | 총획 8

일하던 사람[亻]들이 머리를 덮었던[冖] 한[一] 개의 수건[巾]을 풀어 옆구리에 '**차다**'.

佩劍 패검   佩刀 패도   佩物 패물

保 지킬 보(:)
지키다, 보호하다
4Ⅱ급 | 총획 9 | 통 衛(위), 護(호)

사람[亻]이 자기 식구[口]를 위해 과일 나무[木]를 심고 잘 '**지키다**'.

保健 보건   保管 보관   保留 보류
保守 보수   保安 보안   保溫 보온
保全 보전   保存 보존   留保 유보

俊 준걸 준:
준걸, 뛰어나다
3급 | 총획 9 | 통 傑(걸), 秀(수)

사람[亻]을 믿고[允] 앞으로 가는[夂] '**뛰어난**' '**준걸**'.

俊傑 준걸   俊骨 준골   俊德 준덕
俊秀 준수   俊才 준재   英俊 영준

俗 풍속 속
풍속, 풍습
4Ⅱ급 | 총획 9

골짜기[谷]에 사는 사람[亻]의 독특한 '**풍속**'.

俗物 속물   俗世 속세   俗語 속어
俗謠 속요   俗字 속자   俗稱 속칭
民俗 민속   習俗 습속   巫俗 무속
野俗 야속   土俗 토속

信 믿을 신:
믿다, 편지
6Ⅱ급 | 총획 9 | 통 仰(앙)

사람[亻]이 하는 말[言]을 '**믿다**'.

信憑 신빙   信念 신념   信徒 신도
信賴 신뢰   信望 신망   信奉 신봉
信仰 신앙   信用 신용   信義 신의
信條 신조

侵 침노할 침
침노하다, 범하다
4Ⅱ급 | 총획 9 | 통 掠(략), 犯(범)

사람[亻]들이 손[⺕]에 수건을 덮고[冖] 또[又] '**침노하는**' 적과 싸운다.

侵蝕 침식   侵攻 침공   侵略 침략
侵犯 침범   侵入 침입   侵害 침해
南侵 남침   再侵 재침

便 편할 편(:)/똥오줌 변
편하다, 소식, 똥오줌
7급 | 총획 9 | 통 寧(녕), 安(안)

사람[亻]은 불편한 것을 고쳐서[更] '**편하게**' 할 줄 안다.

便安 편안   便紙 편지   便易 편이
簡便 간편   方便 방편   人便 인편
便器 변기   便祕 변비   便所 변소

促 재촉할 촉
재촉하다
3Ⅱ급 | 총획 9 | 통 急(급), 迫(박)

사람[亻]이 발[足]을 동동 구르며 '**재촉하다**'.

促求 촉구   促急 촉급   促迫 촉박
促進 촉진   督促 독촉   販促 판촉

侮 업신여길 모(ː)
업신여기다
3급 | 총획 9 | 반 敬(경), 恭(공)

사람[亻]이 매일[每] 구걸을 일삼으니 '업신여길' 만하다.

侮慢 모만　　侮笑 모소　　侮辱 모욕
凌侮 능모　　受侮 수모

俠 의기로울 협
의기롭다
1급 | 총획 9

약한 사람 사이에 끼어[夾] 사람[亻]을 도와주는 그 정신이 '의기롭다'.

俠氣 협기 : 남자다운 기상
俠骨 협골　　俠士 협사　　俠者 협자

侯 제후 후
제후, 과녁
3급 | 총획 9

화살[矢]을 잘 쏘는 사람[亻]인 그[厂]가 '제후'.

王侯將相 왕후장상 : 임금과 제후와 장군과 재상
王侯 왕후　　　諸侯 제후

俄 아까 아
아까, 갑자기, 별안간
1급 | 총획 9

'아까' 내[我] 옆에 있던 사람[亻]이 갑자기 나타났다.

俄然 아연 : 갑자기. 갑작스러운 모양

係 맬 계ː
매다, 잇다, 관계되다
4Ⅱ급 | 총획 9

사람[亻]과 사람을 이어[系] 준다 하여 '매거나', '잇다'.

係累 계루　　係數 계수　　係員 계원
係長 계장　　關係 관계

候 기후 후ː
기후, 기다리다, 때
4급 | 총획 10

과녁[侯]을 향해 활을 쏠[丨] 때는 '기후'를 잘 살펴야 한다.

候補 후보　　候風 후풍　　氣候 기후
問候 문후　　惡天候 악천후　　全天候 전천후
症候 증후　　徵候 징후

俚 속될 리
속되다, 부탁하다
1급 | 총획 9

마을[里]에 사는 사람[亻]들이 '속되다'.

俚言 이언 : 항간에 퍼져 있는 말. 속된말. 속어(俗語)

俱 함께 구
함께, 갖추다
3급 | 총획 10

사람[亻]이 덕을 갖추어[具] '함께' 사는 사회.

俱存 구존 : 부모님이 모두 살아 계심
俱沒 구몰 : 부모님이 모두 세상을 떠남
俱樂 구락　　俱現 구현　　俱備 구비

侶 짝 려ː
짝, 벗
1급 | 총획 9

등뼈[呂] 같은 사람[亻]이니 '짝'.

伴侶 반려 : 짝이 되는 친구

値 값 치
값, 가치
3Ⅱ급 | 총획 10 | 동 價(가)

사람[人]이 곧게[直] 마음을 쓰니 사람으로서 '값(가치)'이 있다.

價値 가치　　價値觀 가치관　　數値 수치
絶對値 절대치　　平均値 평균치

倫

인륜 륜
인륜
3Ⅱ급 | 총획 10

인간[亻]들과의 사이에서 지켜야 하는 것들을 생각하는[侖] 것이 '**인륜**'이다.

倫理 윤리   悖倫 패륜   人倫 인륜
天倫 천륜

倍

곱 배(:)
갑절, 곱
5급 | 총획 10

사람[亻]이 자꾸 모이니[立] 인구[口]가 '**곱**'이 되었다.
倍達民族 배달민족 : 우리 겨레를 이르는 말

倍加 배가   倍數 배수   倍勝 배승
倍額 배액   倍率 배율   倍前 배전
公倍數 공배수

個

낱 개(:)
낱, 낱개
4Ⅱ급 | 총획 10 | 약 个

사람[亻]이 딱딱한[固] 물건을 '**낱개**'로 세다.

個物 개물   個別 개별   個性 개성
個人 개인   個人技 개인기   個體 개체
別個 별개

修

닦을 수
닦다, 익히다
4Ⅱ급 | 총획 10 | 동 習(습)

사람[亻]이 앞과 동일하게 몸을 치고[攵] 머리[彡]를 하나[丨]로 묶고 열심히 학문을 '**닦다**'.

修交 수교   修女 수녀   修道 수도
修理 수리   修養 수양   修正 수정
修學 수학   嚴修 엄수   研修 연수

倣

본뜰 방
본뜨다, 흉내내다
3급 | 총획 10 | 동 模(모)

사람[亻]이 놓아둔[放] 것을 '**흉내내**' '**본뜨다**'.

倣似 방사   模倣 모방

倂

아우를 병
아우르다, 나란히 하다
2급 | 총획 10 | 약 併

사람[亻]들이 창과 방패를 들고 나란히[幷] '**아울러**' 서 있다.

倂用 병용   倂合 병합   合倂症 합병증

倒

넘어질 도:
넘어지다, 거꾸로
3Ⅱ급 | 총획 10 | 판 立(립)

사람[亻]이 빨리 도착하려[到] 서두르다 '**넘어지다**'.
倒影 도영 : 거꾸로 촬영한 것. 해질 무렵의 그림자. 거꾸로 비친 그림자

倒立 도립   倒産 도산   倒置 도치
卒倒 졸도   打倒 타도

俸

녹 봉:
녹, 봉급
2급 | 총획 10 | 동 祿(록)

사람[人]들에게 받든[奉] 대가로 주는 '**봉급**'.

俸給 봉급   減俸 감봉   祿俸 녹봉

俳

배우 배
배우, 광대
2급 | 총획 10 | 동 優(우)

탈을 쓰고 사람[亻] 같지 않은[非] 행동을 하는 '**광대**'.

俳優 배우

倆

재주 량
재주, 둘
1급 | 총획 10

사람[亻]들이 지니고 있는 두[兩] 가지 이상의 '**재주**'.

伎倆 기량

借
빌, 빌릴 **차** :
빌리다
3Ⅱ급 | 총획 10 | 반 貸(대)

옛날[昔]부터 알았던 사람[亻]에게 돈을 **'빌리다'**.

借名 차명 　　借邊 차변 　　借用 차용
借入 차입 　　假借 가차 　　賃借 임차
租借 조차

側
곁 **측**
곁, 옆
3Ⅱ급 | 총획 11 | 동 傍(방)

사람[亻]을 사귀는 법칙[則]은 늘 **'곁'**에 있는 것이다.

側近 측근 　　側面 측면 　　側目 측목
貴側 귀측 　　反側 반측 　　兩側 양측
外側 외측 　　右側 우측 　　左側 좌측

倡
광대 **창** :
광대, 배우, 미치다
1급 | 총획 10

노래부르며[唱 → 昌] 사는 사람[亻]이니 **'광대'**.

倡夫 창부 : 사내 광대
倡優 창우

偶
짝 **우** :
짝, 짝짓다
3Ⅱ급 | 총획 11 | 동 配(배), 匹(필)

원숭이[禺] 모양을 한 사람[亻] 같은 **'허수아비'**가 **'짝'**도 없이 홀로 서 있다.

偶發 우발 　　偶像 우상 　　偶然 우연
配偶 배우 　　配偶者 배우자

倨
거만할 **거** :
거만하다, 멍하다
1급 | 총획 10

부자로 사는[居] 사람[亻]은 행실이 거의 **'거만하다'**.

倨慢 거만 : 겸손하지 못하고 뽐냄. 잘난 체하고 남을 업신여김

做
지을 **주**
짓다, 만들다
1급 | 총획 11

옛날[故] 사람[亻]들은 시를 즐겨 **'짓다'**.

看做 간주 : 그러한 것으로 여김. 그렇다고 침

倦
게으를 **권** :
게으르다, 피로하다
1급 | 총획 10

항상 책[卷]만 읽는 사람[亻]이 **'게으름'**을 피운다.

倦厭 권염 : 게을러지고 염증이 남
倦怠 권태

偈
불시 **게** :
불시(佛寺), 중의 글귀, 쉬다
1급 | 총획 11

어찌[曷] 일반 사람[亻]의 글이라 할 수 있느냐 **'중의 글'**이라 할 수 있는 **'불시'**면 모를까.

偈句 게구 : 가타의 글귀
偈頌 게송 　　佛偈 불게

俯
구부릴 **부** :
구부리다, 숙이다, 숨다
1급 | 총획 10 | 반 仰(앙)

관청[府]에 들어갈 때 사람[亻]들은 허리를 **'구부린다'**.

俯伏 부복 : 고개를 숙이고 엎드림
俯仰 부앙

偕
함께 **해**
함께 두루, 어질다, 온화하다
1급 | 총획 11

사람[亻]들은 다[皆] 같이 **'함께'** 살아간다.

偕老 해로 : 부부가 일생을 함께 늙음

偵
염탐할 **정**
염탐하다, 묻다
2급 | 총획 11

사람[亻]들이 곧게[貞] 살고 있는지 '**염탐하다**'.

偵察 정찰　　偵探 정탐　　密偵 밀정
探偵 탐정

偏
치우칠 **편**
치우치다
3Ⅱ급 | 총획 11 | 동 僻(벽)

작은[扁] 이익에 사람[亻]들이 '**치우치다**'.

偏見 편견　　偏母 편모　　偏僻 편벽
偏食 편식　　偏愛 편애　　偏向 편향

假
거짓 **가 :**
거짓, 임시적인
4Ⅱ급 | 총획 11 | 동 僞(위) | 반 眞(진) | 약 仮

사람[亻]이 물건을 빌릴[叚] 때에는 '**거짓**'이 있어서는 안 된다.

假寐 가매　　假橋 가교　　假令 가령
假面 가면　　假名 가명　　假髮 가발
假想 가상　　假說 가설　　假作 가작
假定 가정

傑
뛰어날 **걸**
뛰어나다, 존중하다, 준걸
4급 | 총획 12 | 반 劣(렬), 拙(졸)

사람[亻]을 배반한[舛] 자를 나무[木]에 매달아 혼내는 '**뛰어난**' 영웅.

傑觀 걸관　　傑物 걸물　　傑作 걸작
傑出 걸출　　怪傑 괴걸　　女傑 여걸
英傑 영걸　　人傑 인걸　　豪傑 호걸

健
굳셀 **건 :**
굳세다, 건강하다
5급 | 총획 11 | 동 剛(강), 勁(경)

사람[亻]의 허리를 꼿꼿하게 세워야[建] '**건강하고**' '**굳세다**'.

健康 건강　　健忘症 건망증　　健勝 건승
健實 건실　　健兒 건아　　健全 건전
健鬪 건투　　保健 보건

備
갖출 **비 :**
준비하다, 갖추다
4Ⅱ급 | 총획 12 | 동 具(구), 該(해)

사람[亻]이 쓸[用] 때를 대비하여 풀[艹]을 바위[厂] 밑에 '**갖춰**' 놓다.

備考 비고　　備蓄 비축　　備品 비품
兼備 겸비　　具備 구비　　對備 대비
無防備 무방비　　未備 미비　　豫備 예비
準備 준비

停
머무를 **정**
머무르다
5급 | 총획 11 | 동 止(지), 駐(주)

사람[亻]이 정자[亭]에 잠시 '**머무르다**'.

停頓 정돈　　停刊 정간　　停車場 정거장
停年 정년　　停留場 정류장　　停止 정지
停車 정차　　停會 정회　　急停車 급정거

傍
곁 **방 :**
곁, 기대다
3급 | 총획 12 | 동 側(측)

사람[亻]들이 두루[旁] 알 수 있게 '**곁**'에 두다.

傍若無人 방약무인 : 곁에 아무도 없는 것처럼 함부로 행동함

傍系 방계　　傍觀 방관　　傍證 방증
傍聽客 방청객

偉
클 **위**
크다, 위대하다, 훌륭하다
5Ⅱ급 | 총획 11 | 동 大(대), 太(태) | 반 小(소)

가죽[韋] 옷을 입은 사람[亻]의 키가 참 '**크다**'.

偉擧 위거　　偉大 위대　　偉力 위력
偉業 위업　　偉容 위용　　偉人 위인

傀
허수아비 **괴 :**
허수아비, 꼭두각시
2급 | 총획 12

귀신[鬼] 같은 사람[亻]의 형상이니 '**허수아비**'.

傀奇 괴기　　傀儡 괴뢰　　傀然 괴연

傳 전할 전
전하다
5II급 | 총획 13 | 약 伝

오로지[專] 사람[亻]만이 마음을 '전할' 수 있다.

傳記 전기   傳達 전달   傳道 전도
傳來 전래   傳說 전설   傳送 전송
傳受 전수   傳統 전통   口傳 구전
列傳 열전

催 재촉할 최:
재촉하다
3II급 | 총획 13 | 동 促(촉)

사람[亻]이 산[山] 속의 새[隹]들이 알을 낳기를 '재촉하다'.

催告 최고   催淚彈 최루탄   催眠 최면
催促 최촉   主催 주최

傷 다칠 상
다치다, 상하다, 상처
4급 | 총획 13 | 동 害(해)

두 사람[人人]이 강한 햇빛[昜]에 피부를 '다쳤다'.

傷悴 상췌   傷心 상심   傷處 상처
傷害 상해   負傷 부상   損傷 손상
外傷 외상   銃傷 총상   破傷風 파상풍
火傷 화상

傾 기울 경
기울다, (마음을) 기울이다
4급 | 총획 13 | 동 斜(사)

나이가 들면 머리[頁]가 희게 변하고[化], 인생도 '기운다'.

傾國之色 경국지색 : 임금이 반하여 나라가 망해도 모를 정도로 뛰어난 미인

傾度 경도   傾斜 경사   傾聽 경청
傾向 경향   半傾 반경   左傾 좌경

僅 겨우 근:
겨우, 조금
3급 | 총획 13

사람[亻]이 진흙[堇] 밭에 빠지면 '겨우' '조금' 발을 뗄 수 있다.

僅僅得生 근근득생 : 겨우 살아감

僅僅 근근   僅少 근소

債 빚 채:
빚, 부채, 빌리다
3II급 | 총획 13

사람[亻]이 책임지고[責] 갚아야 하는 '빚'.

債權 채권   債務 채무   公債 공채
國債 국채   負債 부채   私債 사채
外債 외채

傭 품팔 용
품팔다
2급 | 총획 13

떳떳하게[庸] 살기 위해 다른 사람[亻]의 일을 해 주며 '품팔다'.

傭兵 용병   雇傭 고용   日傭 일용

僭 주제넘을 참:
주제넘다, 어긋나다
1급 | 총획 14 | 약 僣

일찍이[朁] 시험에 통과한 사람[亻]에게 가르치려하다니 '주제넘다'.

僭亂 참란   僭濫 참람   僭奢 참사

傲 거만할 오:
거만하다
3급 | 총획 13 | 동 慢(만)

사람[亻]이 돈푼이나 있다고 노는[敖] 것만 좋아하니 '거만할' 수 밖에 없다.

傲氣 오기   傲慢 오만   傲視 오시
傲霜孤節 오상고절

僥 요행 요
요행, 바라다, 구하다
1급 | 총획 14

사람[亻]들은 노력보다는 높은[堯] 학문이나 벼슬 자리에 오를 수 있는 '요행'을 '바라다'.

僥倖 요행 : 뜻밖에 얻는 행복

僕 종 복
종, 하인, 마부
1급 | 총획 14

남[亻]의 집에서 번거로운[菐] 일만 하는 '종'이나 마부.

奴僕 노복 : 사내 종

像 모양 상
모양, 형상, 닮다
3Ⅱ급 | 총획 14 | 동 態(태), 形(형)

사람[亻]의 형상[象]을 그린 '모양'.

假像 가상   銅像 동상   佛像 불상
石像 석상   映像 영상   偶像 우상
坐像 좌상   肖像 초상   虛像 허상

僞 거짓 위
거짓, 잘못
3Ⅱ급 | 총획 14 | 동 假(가) 반 眞(진) 약 偽

사람[亻]이 행하는[爲] 것에 '거짓'이 있어서는 안 된다.

僞善 위선   僞裝 위장   僞造 위조
僞證 위증   眞僞 진위   虛僞 허위

價 값 가
값
5Ⅱ급 | 총획 15 | 동 値(치) 약 価

그[亻]가 덮어서[襾] 보관한 재물[貝]은 '값'이 대단하다.

價格 가격   價値 가치   高價 고가
單價 단가   代價 대가   定價 정가
株價 주가   呼價 호가

僚 동료 료
동료, 예쁘다
3급 | 총획 14

매일 햇불[尞]을 놓는 사람[亻]은 나의 '동료'이다.

閣僚 각료   同僚 동료   官僚 관료

儀 거동 의
거동, 본받다
4급 | 총획 15

사람[亻]은 옳게[義] '거동'해야 한다.

儀禮 의례   儀範 의범   儀式 의식
儀仗 의장   儀表 의표   禮儀 예의
葬儀 장의

僧 중 승
중
3Ⅱ급 | 총획 14

사람[亻]이 일찍이[曾] 속세를 벗어나 출가한 '중'.

僧巾 승건   僧侶 승려   僧家 승가
僧軍 승군   僧舞 승무   僧門 승문
僧服 승복   高僧 고승   女僧 여승

僻 궁벽할 벽
궁벽하다, 처하다, 피하다, 치우치다
2급 | 총획 15

죽을[尸] 죄[辛]를 지은 식구[口]와 사람[亻]은 삶이 '궁벽하다'.

僻地 벽지   僻村 벽촌   僻巷 벽항
窮僻 궁벽

僑 더부살이 교
더부살이, 높다, 잠시 머물다
2급 | 총획 14 | 동 寓(우)

먹고 살기 위해 높은[喬] 사람[亻]의 집에서 '머물다'.

僑胞 교포   華僑 화교

億 억 억
억, 많은 수
5급 | 총획 15

사람[亻]들이 뜻[意]을 모아 수 '억'을 모으다.

億萬 억만   億丈 억장   數億 수억

儉 검소할 검 :
검소하다, 가난하다
4급 | 총획 15 | 약 俭

물건이 다[僉] 해질 때까지 쓰는 사람[亻]이니 '**검소하다**'.

儉年 검년 儉德 검덕 儉素 검소
儉約 검약 勤儉 근검

優 넉넉할 우
넉넉하다, 후하다, 뛰어나다
4급 | 총획 17 | 반 劣(렬)

사람[亻]은 근심[憂]이 없어야 마음이 '**넉넉하다**'.

優待 우대 優等 우등 優良 우량
優勢 우세 優秀 우수 優勝 우승
優雅 우아 優位 우위

儒 선비 유
선비, 유교
4급 | 총획 16 | 동 士(사)

쓰임[需]을 받은 사람[亻]은 '**선비**'.

儒家 유가 儒敎 유교 儒林 유림
儒生 유생 儒學 유학

儺 푸닥거리 나
푸닥거리, 절도 있게 걷다
1급 | 총획 21

어려운[難] 일이 닥쳐올까 하여 사람[亻]이 제사를 지내며 '**푸닥거리**'를 한다.

儺禮 나례

儡 꼭두각시 뢰 :
꼭두각시, 실패하다, 망치다
1급 | 총획 17

밭 사이[畾]에 꼼짝 않고 서 있는 사람[亻]이니 '**꼭두각시**'.

儡身 뇌신 : 실패하여 영락한 몸

儼 엄연할 엄
의젓하다, 엄연하다
1급 | 총획 22

사람[亻]이 위엄[嚴]이 있으니 '**의젓하다**'.

儼恪 엄각 : 공경하고 삼감

償 갚을 상
갚다, 보상
3Ⅱ급 | 총획 17 | 동 報(보)

다른 사람[亻]이 손해본 것을 상[賞]으로 '**갚다**'.

償還 상환 無償 무상 賠償 배상
辨償 변상 報償 보상 補償 보상
有償增資 유상증자

儿 | 어진 사람 인 | 부·2획

'人'자의 다른 형태이다. 글자 아래에 사용할 때에만 쓰인다.

元 | 으뜸 원
으뜸
5Ⅱ | 총획 4

하늘과 땅 둘[二]보다 사람[儿]이 '으뜸'이다.

元氣 원기　　元年 원년　　元旦 원단
元來 원래　　元老 원로　　元利 원리
元素 원소　　元祖 원조　　單元 단원
復元 복원

光 | 빛 광
빛, 빛나다
6Ⅱ급 | 총획 6 | 반 陰(음)

사람[儿]이 작은[小] 불로 '빛'을 내 주위를 밝히다.

光景 광경　　光度 광도　　光明 광명
光線 광선　　光速 광속　　光彩 광채
觀光 관광　　發光 발광　　夜光 야광
螢光燈 형광등

兄 | 형 형
맏, 형
8급 | 총획 5 | 동 伯(백) | 반 弟(제)

어진[儿] 말[口]로 타이르는 사람이니 '맏이'요, '형'이다.

呼兄呼弟 호형호제 : 친형제처럼 가깝게 지냄

兄夫 형부　　兄弟 형제　　老兄 노형
妹兄 매형　　雅兄 아형　　妻兄 처형
學兄 학형

凶 | 흉악할 흉
흉악하다, 두려워하다
1급 | 총획 6 | 동 惡(악)

흉악한[凶] 사람[儿]은 삶도 '흉악하다'.

凶漢 흉한 : 흉악하고 사나운 행동을 하는 사람

先 | 먼저 선
먼저, 미리, 앞서다
8급 | 총획 6 | 동 前(전) | 반 後(후)

소[牛]보다 한[一] 사람[儿]이 모든 면에서 '먼저' '앞서다'.

先覺 선각　　先決 선결　　先金 선금
先納 선납　　先導 선도　　先拂 선불
先山 선산　　先生 선생　　先約 선약
先人 선인

兆 | 억조 조
억조, 점괘, 조짐
3Ⅱ급 | 총획 6

거북이 등의 갈라진 모양을 보고 '억조'년 후의 '점괘'를 치다.

兆朕 조짐　　吉兆 길조　　前兆 전조
徵兆 징조　　凶兆 흉조

充 | 채울 충
가득하다, 채우다, 차다
5Ⅱ급 | 총획 6 | 동 滿(만), 塡(전)

내[厶] 머리[亠]에는 사람들[儿]과의 추억이 '가득' 채워져있다.

充塡 충전　　充當 충당　　充滿 충만
充分 충분　　充實 충실　　充員 충원
充足 충족　　充血 충혈　　補充 보충
擴充 확충

克 | 이길 극
이기다
3Ⅱ급 | 총획 7

열[十] 명의 형[兄]이 협력하면 '이기다'.

克己復禮 극기복례 : 지나친 욕심을 누르고 예의범절을 좇음

克己 극기　　克明 극명　　克服 극복

免	면할 면 : 면하다, 벗다 3Ⅱ급	총획 8

토끼[免] 꽁지[ㆍ]가 빠지게 도망가서 간신히 죽음을 **'면하다'**.

免稅 면세　　免疫 면역　　免除 면제
免罪 면죄　　免責 면책　　免許 면허
減免 감면　　謀免 모면　　放免 방면
罷免 파면

兒	아이 아 아이 5Ⅱ급	총획 8	동 童(동) 약 児

머리가 절구[臼]처럼 큰 사람[儿]은 **'아이'**.

兒女子 아녀자　　兒童 아동　　兒名 아명
健兒 건아　　　　優良兒 우량아　育兒 육아
幸運兒 행운아

兎	토끼 토 토끼 3Ⅱ급	총획 9	동 卯(묘) 약 兔

'토끼'의 모양을 본뜬 자.

兎影 토영　　兎月 토월　　家兎 가토

兜	투구 두 / 도솔천 도 투구, 두건, 도솔천 1급	총획 11

사람[儿]이 하얗고[白] 네모난[ ] **'투구'**를 쓰고 있다.

들 입 | 부·2획

사람이 머리를 숙이고 들어가는 모습과 비슷하다 하여, '들어가다'라는 뜻이다.

入 들 입
들다, 들이다, 빠지다
7급 | 총획 2 | (동) 納(납) (반) 出(출)

집안으로 허리를 구부리고 '**들어가다**'.

入口 입구　　入國 입국　　入金 입금
入力 입력　　入門 입문　　入社 입사
入室 입실　　入養 입양　　入學 입학
沒入 몰입

全 온전할 전
온전하다, 완전하다, 모두, 다
7Ⅱ급 | 총획 6 | (동) 完(완)

왕[王]이 제 자리로 들어가[入] 정치를 하니, 나라가 '**온전하다**'.

全國 전국　　全權 전권　　全力 전력
全面 전면　　全文 전문　　全般 전반
全勝 전승　　全員 전원　　保全 보전
完全 완전

안 내 :
안
7Ⅱ급 | 총획 4 | (반) 外(외)

성[冂] 문 밖에서 들어[入]갔으니 '**안**'이다.

內閣 내각　　內科 내과　　內陸 내륙
內面 내면　　內服 내복　　內部 내부
內紛 내분　　內心 내심　　內外 내외

兩 두 량 :
둘, 2
4Ⅱ급 | 총획 8 | (약) 両

수건[巾]을 하나[一]씩 들고 안으로 들어간[入] 사람이 '**둘**'.

兩者擇一 양자택일 : 둘 가운데서 하나를 택함

兩家 양가　　兩極 양극　　兩立 양립
兩面 양면　　兩班 양반　　兩分 양분

여덟 팔 | 부·2획

'여덟', '나누다'의 뜻이다.

八 여덟 팔
여덟, 8
8급 | 총획 2

네 손가락씩 양손을 구부리면 '여덟'.

八方美人 팔방미인 : 여러 방면에 능통한 사람

八道 팔도　　八等身 팔등신　　八面 팔면
八十 팔십　　八月 팔월

公 공평할 공
공평하다, 공변되다
6Ⅱ급 | 총획 4 | 반 私(사)

팔팔[八]하게 젊은 관리가 사사로운[厶] 이익은 생각하지 않고 '공평하게' 처리한다.

公開 공개　　公金 공금　　公論 공론
公法 공법　　公式 공식　　公約 공약
公言 공언　　公人 공인　　公正 공정

兮 어조사 혜
어조사
3급 | 총획 4

팔팔[八]하던 기운이 한낱 감기에 꺾이니[丂] 어찌 할까나!

※ 어조사 '兮'는 감동을 나타내는 어조사로, 소리의 가락을 돕거나 어세를 높이게 하는 구실을 한다.

六 여섯 륙
여섯, 6
8급 | 총획 4

갓[亠]을 쓴 팔팔[八]한 젊은이가 '여섯'.

三十六計 삼십육계 : 불리할 때 달아나는 것을 속되게 표현하는 말

六月 유월　　六甲 육갑　　六書 육서
六十 육십　　死六臣 사육신

共 한가지 공 :
한가지, 함께
6Ⅱ급 | 총획 6 | 동 同(동) | 반 異(이)

스물[卄]여덟[八] 명이 '한[一]가지' 목적으로 '함께' 하다.

共感 공감　　共同 공동　　共犯 공범
共生 공생　　共用 공용　　共有 공유
共著 공저　　共存 공존　　滅共 멸공
反共 반공

兵 병사 병
병사, 군사
5Ⅱ급 | 총획 7 | 동 軍(군), 卒(졸) | 반 帥(수)

언덕[丘] 아래에 있는 여덟[八] 명의 '병사'.

兵車 병거　　兵亂 병란　　兵法 병법
兵士 병사　　兵役 병역　　兵營 병영
兵卒 병졸　　憲兵 헌병

具 갖출 구(:)
갖추다, 구비하다
5Ⅱ급 | 총획 8 | 동 備(비)

한[一] 눈[目]에 볼 수 있게 여덟[八] 개의 연장을 '갖춰' 놓다.

具備 구비　　具色 구색　　具體 구체
具現 구현　　家具 가구　　器具 기구
道具 도구　　寢具 침구　　筆記具 필기구

典 법 전 :
법, 법전, 책
5Ⅱ급 | 총획 8 | 동 規(규), 法(법), 式(식), 則(칙)

굽지[曲] 않게 여덟[八] 권의 '법전'을 꽂았다.

典當 전당　　典例 전례　　典型 전형
經典 경전　　法典 법전　　字典 자전
出典 출전

그 기
그, 그것
3Ⅱ급 | 총획 8 | 부 是(시)

탁자 위의 키 모양으로, 말하지 않아도 '그'것인지 안다.

不知其數 부지기수 : 매우 많아서 그 수를 알지 못함

其實 기실　　其人 기인　　其他 기타
各其 각기

 겸할 겸
겸하다, 아우르다
3Ⅱ급 | 총획 10

한[一] 손에 삽[ヨ]과 벼[禾禾] 두 개를 나누어[八] 쥐고 장사와 농사 둘을 '겸하다'.

兼人之勇 겸인지용 : 혼자서 몇 명을 당해 낼 만한 용기

兼備 겸비　　兼床 겸상　　兼業 겸업
兼用 겸용　　兼任 겸임　　兼職 겸직

멀경몸 | 부·2획

'멀다'라는 뜻을 나타내며 멀리 떨어져 있는 성곽 모양이라고 보기도 한다. 한자로는 '멀 경'이라고 읽는다.

 책 책
책, 문서, 꾀, 계획
4급 | 총획 5

옛날에는 대나무로 '책[册]'을 만들었다.

册名 책명	册房 책방	册床 책상
册子 책자	册張 책장	空册 공책
別册 별책	分册 분책	書册 서책

무릅쓸 모
무릅쓰다, 덮다
3급 | 총획 9

말[日]로 타일러도 눈[目] 앞의 위험을 '무릅쓰고' 달려가다.

| 冒瀆 모독 | 冒頭 모두 | 冒犯 모범 |
| 冒稱 모칭 | 冒險 모험 | 僞冒 위모 |

 두 재:
두(둘), 거듭
5급 | 총획 6 | 동 兩(량)

성[冂] 하나[一]를 흙[土]으로 '두' 번씩 쌓아서 만들다.

再開發 재개발	再建 재건	再考 재고
再修 재수	再演 재연	再唱 재창
再湯 재탕	再版 재판	再活 재활
再會 재회		

위튼입구몸 | 부·2획

빈 그릇, 또는 입을 벌리고 있는 모양이다. 한자로는 '입 벌릴 감'이라고 읽는다.

 흉할 흉
흉하다, 흉악하다, 흉년들다
5Ⅱ급 | 총획 4 | 동 惡(악) 반 吉(길)

여기저기 금간[乂] 네모난[凵] 병이 보기에 '**흉하다**'.

凶家 흉가   凶計 흉계   凶器 흉기
凶年 흉년   凶物 흉물   凶惡 흉악
凶作 흉작   凶兆 흉조   吉凶 길흉
陰凶 음흉

 오목할 요
오목하다
1급 | 총획 5

그릇의 중앙이 아래로 폭 들어가 '**오목하다**'.

凹版 요판 : 다른 부분보다 낮은 인쇄판의 한 가지
凹面 요면

 날 출
나다, 나가다
7급 | 총획 5 | 동 生(생) 반 入(입)

싹[屮]이 입을 벌리고[凵] 흙 밖으로 '**나가다**'.

出家 출가   出刊 출간   出口 출구
出國 출국   出發 출발   出産 출산
出生 출생   出身 출신   日出 일출

 함 함
함, 상자, 편지
1급 | 총획 8

하나[一]의 물[氺]을 담을 수 있는 그릇[凵] 같은 '**함**'.

函蓋 함개   函數 함수   書函 서함

 볼록할 철
볼록하다
1급 | 총획 5

중앙이 볼록하게 모양이 '**볼록하다**'.

凸版 철판 : 찍히는 부분이 도드라진 인쇄판의 한 가지
凹凸 요철

민갓머리 | 부·2획

한자로는 '덮을 멱'이라고 읽는다. 보자기로 물건을 덮어 놓은 모양이다. '덮어 가린다'라는 의미이다.

갓 관
갓, 벼슬
3Ⅱ급 | 총획 9

으뜸[元]인 우두머리가 덮어[冖] 쓴 법도[寸] 있는 모자는 '갓'.

冠禮 관례   冠名 관명   冠絕 관절
金冠 금관   弱冠 약관   王冠 왕관
月桂冠 월계관   衣冠 의관

원통할 원(:)
원통하다, 억울하다
1급 | 총획 10 | 동 痛(통)

모자를 덮어[冖] 쓴 토끼[兔]가 '원통해' 보인다.

冤痛 원통   冤魂 원혼

어두울 명
어둡다
3급 | 총획 10 | 동 暗(암), 闇(암) | 반 朗(랑)

유[六]월의 태양[日]도 구름에 덮히면[冖] '어둡다'.

冥福 명복   冥府 명부   冥想 명상
冥王星 명왕성

几 안석 궤 | 부·2획
책상의 모양을 본뜬 글자이다.

几 안석 궤 :
안석, 책상
1급 | 총획 2

위가 평평하고[一], 그 밑에 발[儿]이 붙어 있는 '안석'.
几案 궤안 : ① 의자 ② 책상

凰 봉황새 황
봉황새
1급 | 총획 11

안석[几]에 앉아 있는 임금[皇]의 모양인 '봉황새'.
鳳凰 봉황

凡 무릇 범(ː)
무릇, 모두
3Ⅱ급 | 총획 3

책상[几] 위의 불꽃[丶]이 '무릇' 온 방을 비추다.
凡例 범례   凡夫 범부   凡常 범상
凡失 범실   凡人 범인   凡節 범절
大凡 대범   平凡 평범

凱 개선할 개 :
개선하다, 이기다
1급 | 총획 12

산[山]에서 콩[豆] 모양의 군모를 쓴 한[一] 사람[儿]이 기뻐하며 돌아오니 '개선하다'.
凱旋 개선 : 싸움에서 이기고 돌아옴

冫 이수변 | 부·2획

한자로는 '얼음 빙'이라고 읽는다. 물이 얼음이 된 모양이다. 이 부수가 붙은 글자는 '얼음'이나 '차다'라는 의미를 나타낸다.

冬 겨울 동(:)
겨울
7급 | 총획 5 | 반 夏(하)

사계절 중에서 가장 늦게[夂] 얼음[冫]이 어는 계절은 '겨울'.

嚴冬雪寒 엄동설한 : 몹시 심한 추위

冬季 동계 冬眠 동면 冬節 동절
冬至 동지 入冬 입동

凋 시들 조
시들다, 슬퍼하다
1급 | 총획 10 | 동 枯(고)

얼음[冫]이 녹아 없어지듯 주변[周]의 나뭇잎이 떨어지며 '시든다'.

凋傷 조상 : 시들어 상함

枯凋 고조 零凋 영조

冶 풀무 야:
풀무, 용광로, 대장장이, 쇠불리다
1급 | 총획 7

내[厶] 입[口]에서 얼음[冫]을 녹이듯 '쇠를 불리는' '풀무'.

冶遊 야유 : 주색에 빠져 방탕하게 놂
冶爐 야로

凌 업신여길 릉
업신여기다, 능가하다, 깔보다, 범하다
1급 | 총획 10

얼음[冫]이 단단하기가 언덕[夌]을 '능가하니' 이는 얼음을 '업신여기는' 것이다.

凌蔑 능멸 : 업신여겨 깔봄

冷 찰 랭:
차다, 얼다
5급 | 총획 7 | 동 寒(한) | 반 熱(열), 溫(온)

그의 명령[令]은 얼음[冫]처럼 '차다'.

冷却 냉각 冷氣 냉기 冷淡 냉담
冷待 냉대 冷冷 냉랭 冷戰 냉전
冷徹 냉철 冷湯 냉탕 冷血 냉혈

凄 쓸쓸할 처
쓸쓸하다, 처량하다, 차다
1급 | 총획 10 | 동 涼(량)

얼음[冫]처럼 '차게' 아내[妻]가 대하니 '쓸쓸하다'.

凄切 처절 : 몹시 처량함

凄凉 처량 凄然 처연

准 비준 준:
비준하다, 승인하다
2급 | 총획 10

얼음[冫]이 얼어야 새[隹]들이 남쪽으로 가는 것을 '비준하다'.

准將 준장 批准 비준 認准 인준

凍 얼 동:
얼다, 춥다
3Ⅱ급 | 총획 10 | 동 冷(랭)

동쪽[東] 마을은 벌써 얼음[冫]이 '얼었다'.

凍結 동결 凍死 동사 凍傷 동상
凍土 동토 凍破 동파 冷凍 냉동
解凍 해동

찰 름
차다, 품다, 차갑다, 늠름하다, 늠름한 모양
1급 | 총획 15

모르는 것을 어른께 여쭤보니[稟] 대답이 얼음[冫]처럼 '차다'.

凜烈 늠렬 : 추위가 아주 심함

엉길 응 :
엉기다, 머무르다, 얼다
3급 | 총획 16

얼음[冫]이 꽁꽁 얼었는지 의심[疑]이 되지만 물이 '엉겨' 있긴 하다.

凝結 응결 凝固 응고 凝視 응시
凝滯 응체 凝縮 응축 凝血 응혈

칼 도 | 부·2획

칼의 모양을 본뜬 글자이다. 변형자는 'ㅓ(선칼도방)'이다.

刀 칼 도
칼
3Ⅱ급 | 총획 2 | 통 劍(검)

'칼'모양을 본뜬 자.

單刀直入 단도직입 : 말을 하거나 글을 쓸 때, 군말이나 허두를 빼고 곧장 요지를 말함

刀劍 도검　　短刀 단도　　面刀 면도
銀粧刀 은장도　竹刀 죽도　　執刀 집도

刃 칼날 인:
칼날
2급 | 총획 3

칼[刀]에서 불똥[丶]처럼 빛나는 부분이 '칼날'.

刃傷 인상 : 칼날로 사람을 상하게 하거나 또는 그 상처

鋒刃 봉인　　　自刃 자인

分 나눌 분(:)
나누다
6Ⅱ급 | 총획 4 | 통 區(구) | 반 合(합)

여덟[八] 조각이 되도록 칼[刀]로 '나누다'.

分塊 분괴　　分家 분가　　分納 분납
分擔 분담　　分量 분량　　分析 분석
分裂 분열　　成分 성분

切 끊을 절/온통 체
끊다, 온통
5Ⅱ급 | 총획 4

일곱[七] 명의 의사가 칼[刀]을 들고 실을 '끊어' 수술을 하니 '온통' 피다.

切感 절감　　切開 절개　　切斷 절단
切望 절망　　切實 절실　　切除 절제
一切 일절, 일체　親切 친절　品切 품절

初 처음 초
처음
5급 | 총획 7 | 통 始(시) | 반 末(말)

옷[衤]을 만들기 위해 칼[刀]로 자르는 것이 '처음'이다.

初級 초급　　初期 초기　　初代 초대
初等 초등　　初面 초면　　初步 초보
初選 초선　　初版 초판　　始初 시초

券 문서 권
문서
4급 | 총획 8 | 통 籍(적)

사내[夫] 여덟[八] 명이 칼[刀]로 나무에 새겨 만든 '문서'.

福券 복권　　旅券 여권　　株券 주권
證券 증권　　債券 채권　　入場券 입장권
割引券 할인권

剪 가위, 자를 전(:)
가위, 자르다
1급 | 총획 11

앞[前]으로 내미는 것이 칼[刀]인 줄 알았는데 '가위'이다.

剪刀 전도 : 가위

剪裁 전재

劈 쪼갤 벽
쪼개다, 가르다
1급 | 총획 15

칼[刀]을 피하지[辟] 못해 '쪼개지다'.

劈頭 벽두 : ① 글의 첫머리 ② 일이 시작되는 맨 처음

劈破 벽파

刊 새길 간
새기다, 책을 펴내다, 깎다
3Ⅱ급 | 총획 5 | (동) 刻(각), 銘(명)

칼[刂]로 방패[干]에 이름을 '새기다'.

刊行 간행   發刊 발간   新刊 신간
月刊 월간   終刊 종간   週刊 주간
創刊 창간   出刊 출간   廢刊 폐간
休刊 휴간

列 벌일 렬
벌이다, 줄짓다, 늘어서다
4Ⅱ급 | 총획 6

뼈[歹]를 칼[刂]로 조각하여 작품을 '벌리다'.

列強 열강   列擧 열거   列島 열도
羅列 나열   配列 배열   分列 분열
序列 서열   行列 항렬(행렬)

刑 형벌 형
형벌
4급 | 총획 6 | (동) 罰(벌)

한[一] 사람을 두 손을 들게[开] 하고 칼[刂]로 위협하는 '형벌'.

刑務所 형무소   刑罰 형벌   刑法 형법
刑事 형사   減刑 감형   極刑 극형
死刑 사형   實刑 실형   重刑 중형

利 이로울 리 :
이롭다, 유익하다, 날카롭다
6Ⅱ급 | 총획 7 | (동) 銳(예)

벼[禾]를 날카로운 칼[刂]로 베니, 그 열매가 사람에게 '이롭다'.

利潤 이윤   利率 이율   利益 이익
利子 이자   公利 공리   謀利輩 모리배
勝利 승리

別 나눌, 다를 별
나누다, 다르다, 헤어지다
6급 | 총획 7 | (동) 離(리), 分(분)

입[口]이 작아서 음식을 칼[刂]로 '나누어' 먹다.

別居 별거   別名 별명   別味 별미
分別 분별   離別 이별   作別 작별
特別 특별

判 판단할 판
판단하다, 가르다
4급 | 총획 7

칼[刂]로 확실하게 반[半]을 쪼개야 신선한지 '판단할' 수 있다.

判決 판결   判斷 판단   判讀 판독
判例 판례   判明 판명   判事 판사
判書 판서   判定 판정   談判 담판

刪 깎을 산
깎다, 삭제하다, 정하다
1급 | 총획 7

책[冊]을 만들기 위해 칼[刂]로 대나무를 '깎다'.

刪削 산삭 : 필요 없는 글자나 구절을 지워버림
刪改 산개   刪略 산략

刺 찌를 자 : / 찌를 척 / 수라 라
찌르다, 가시
3Ⅱ급 | 총획 8

가시[朿] 같은 칼[刂]로 '찌르다'.

刺殺 척살 : 찔러 죽임
刺客 자객   亂刺 난자   水刺 수라

刻 새길 각
새기다, 심하다
4급 | 총획 8

돼지[亥]를 잡아 칼[刂]로 문양을 '새기다'.

刻骨難忘 각골난망 : 입은 은혜의 고마움이 뼈에 새겨져 잊혀지지 아니함

刻苦 각고   刻骨 각골   刻薄 각박
刻印 각인   時刻 시각   深刻 심각
正刻 정각

刷 인쇄할 쇄 :
인쇄하다, 박다
3Ⅱ급 | 총획 8

집[尸]에서 칼[刂]로 새긴 글자를 천[巾]에 '인쇄하다'.

刷新 쇄신   印刷 인쇄

到 이를 도 :
이르다, 다다르다, 도달하다
5Ⅱ급 | 총획 8 | 동 達(달), 至(지), 着(착)

칼[刂]을 던져 이른[至] 곳을 '도착할' 목적지로 정하다.
周到綿密 주도면밀 : 주의가 두루 미쳐 자세하고 빈틈이 없음
到來 도래　　　到處 도처　　　來到 내도
當到 당도　　　殺到 쇄도

制 절제할 제 :
절제하다, 마르다, 다스리다, 만들다, 짓다
4Ⅱ급 | 총획 8

이 수건[巾]은 칼[刂]로 소[牛]가죽을 적당히 잘라 '만들다'.
制度 제도　　　制服 제복　　　制定 제정
制止 제지　　　制限 제한　　　法制 법제

前 앞 전
앞, 먼저
7Ⅱ급 | 총획 9 | 반 後(후)

우두머리[首→丷]가 몸[月]에 칼[刂]로 무장을 하고 '앞'에 나서다.
前科 전과　　　前歷 전력　　　前面 전면
前方 전방　　　前生 전생　　　前夜 전야
前者 전자　　　前定 전정　　　前進 전진
前後 전후

刹 절 찰
절
2급 | 총획 8

칼[刂]로 나무[木]를 다섯 번[乂] 잘라 지은 '절'.
刹那 찰나　　　古刹 고찰　　　寺刹 사찰

刮 깎을 괄
깎다
1급 | 총획 8 | 동 削(삭)

칼[刂]을 혀[舌]처럼 움직여 '깎다'.
刮目相待 괄목상대 : 눈을 비비고 다시 봄. 다른 사람의 학식이나 업적이 크게 진보함

割 벨 할
베다, 나누다, 쪼개다
3Ⅱ급 | 총획 12 | 동 分(분)

칼[刂]로 해쳐서[害] '베다'.
割當 할당　　　割愛 할애　　　割引 할인
割增 할증　　　分割 분할

剌 어그러질, 발랄할 랄 / 수라 라
어그러지다, 발랄하다, 사물의 소리, 수라
1급 | 총획 9

묶어[束] 놓은 다발을 칼[刂]로 잘라 흐트러져 '어그러지다'.
潑剌 발랄　　　水剌 수라

則 법칙 칙 / 곧 즉
법칙, 곧
5급 | 총획 9 | 동 規(규), 度(도), 例(례)

재물[貝]을 칼[刂]로 나눈 듯 정확하게 나누려면 '법칙'이 있어야 한다.
校則 교칙　　　規則 규칙　　　反則 반칙
法則 법칙　　　附則 부칙　　　原則 원칙
鐵則 철칙　　　總則 총칙　　　然則 연즉

削 깎을 삭
깎다
3Ⅱ급 | 총획 9 | 동 減(감), 除(제) | 반 添(첨)

어떤 모양과 닮도록[肖] 칼[刂]로 '깎다'.
削減 삭감　　　削髮 삭발　　　削除 삭제
添削 첨삭

剋 이길 극
이기다, 참고 견디다, 해내다
1급 | 총획 9 | 동 勝(승)

칼[刂]싸움 할 때 오랫[古]동안 견디는 사람[儿]이 '이긴다'.
相剋 상극 : 둘 사이에 마음이 서로 화합하지 못하고 항상 충돌함
剋感 극감　　　剋勵 극려

剛 굳셀 강
굳세다, 굳다
3Ⅱ급 | 총획 10 | 동 強(강), 健(건) 반 弱(약)

산[岡] 속에서 칼[刂]로 적과 싸우니 그 힘이 '굳세다'.
外柔內剛 외유내강 : 겉으로는 부드럽고 순해 보이나 마음속은 단단하고 굳셈

剛勁 강경   剛戾 강려   剛愎 강퍅
剛健 강건   剛斷 강단   剛直 강직

創 비롯할 창:
비롯하다, 만들다, 다치다
4Ⅱ급 | 총획 12

칼[刂]로 창고[倉]를 '비롯한' 여러 물건을 '만든다'.

創刊 창간   創建 창건   創黨 창당
創立 창립   創設 창설   創業 창업
創意 창의   創作 창작   創造 창조
獨創 독창

剖 쪼갤 부:
쪼개다, 가르다, 다스리다
1급 | 총획 10

칼[刂]로 어떤 물건[口]을 세워[立] 놓고 '쪼개다'.
解剖 해부 : 사물의 조리를 자세히 분석하여 연구하는 일

剽 겁박할 표
겁박하다, 위협하다, 사납다
1급 | 총획 13

칼[刂]을 든 사람이 증표[票]를 달라고 '겁박하다'.
剽竊 표절 : 남의 시(詩)나 글을 훔쳐서 제 것으로 함

剝 벗길 박
벗기다, 괴롭히다, 벗겨지다
1급 | 총획 10

칼[刂]로 물[氺]이 나올 정도로 나무의 머리[彐] 부분을 '벗기다'.
剝奪 박탈 : 지위나 자격 따위를 권력이나 힘으로 빼앗음

劃 그을 획
긋다, 쪼개다
3Ⅱ급 | 총획 14

붓[聿]을 이용하여 밭[田]의 경계선[一]을 칼[刂]로 '긋다'.

劃期的 획기적   劃數 획수   劃一的 획일적
計劃 계획   區劃 구획   企劃 기획

副 버금 부:
버금
4Ⅱ급 | 총획 11

한[一] 식구[口]에게 밭[田]과 칼[刂]은 목숨에 '버금'가는 것이다.

副産物 부산물   副賞 부상   副業 부업
副作用 부작용   副長 부장   副題 부제

劍 칼 검:
칼, 검
3Ⅱ급 | 총획 15 | 약 剣

여럿[僉]을 치는 칼[刂]이니 병기로 쓰는 큰 '칼'.
刻舟求劍 각주구검 : 어리석고 미련하여 융통성이 없음을 비유하는 말

劍客 검객   劍道 검도   劍術 검술
短劍 단검   銃劍術 총검술

剩 남을 잉:
남다, 나머지
1급 | 총획 12

풍년이 들어 북쪽[北] 벼[禾]와 칼[刂]이 '남다'.
剩餘 잉여 : 쓰고 난 나머지

劇 심할 극
심하다, 연극
4급 | 총획 15 | 동 甚(심)

호랑이[虍]와 돼지[豕]를 칼[刂]로 '심하게' 공격하다.

劇團 극단   劇本 극본   劇藥 극약
劇場 극장   京劇 경극   悲劇 비극
演劇 연극   喜劇 희극

약제 제
약제, 약을 짓다
2급 | 총획 16 | 약 剂

칼[刂]로 약초를 가지런하게[齊] 잘라 만든 '약제'.

洗劑 세제   藥劑 약제   調劑 조제
湯劑 탕제

힘 력 | 부·2획

무거운 물건을 한 손으로 들고 있는 모양, 혹은 사람이 힘을 쓸 때 근육이 볼록해진 모양을 본뜬 글자이다.

力 힘 력
힘, 군사
7Ⅱ급 | 총획 2

몸[丿]의 오른[ㄱ]팔은 가장 '힘'이 세다.

力量 역량   力說 역설   力行 역행
國力 국력   能力 능력   兵力 병력
人力 인력   電力 전력   全力 전력
學力 학력

努 힘쓸 노
힘쓰다
4Ⅱ급 | 총획 7 | 통 勉(면)

종[奴]이 힘[力] 들여 '힘써' 일한다.

努肉 노육 : 궂은살
努力 노력

加 더할 가
더하다
5급 | 총획 5 | 통 增(증) | 반 削(삭), 省(생)

입[口]으로 응원하여, 힘[力]을 '더하다'.

加減 가감   加工 가공   加算 가산
加速 가속   加速度 가속도   加熱 가열
加恩 가은   加重 가중   加增 가증

助 도울 조:
돕다, 거들다
4Ⅱ급 | 총획 7 | 통 援(원)

남의 일 또한[且] 힘껏[力] '돕다'.

助力 조력   助手 조수   助言 조언
助長 조장   共助 공조   援助 원조
協助 협조

功 공 공
공
6Ⅱ급 | 총획 5 | 반 過(과)

힘써[力] 만든[工] '공'.

功過 공과   功德 공덕   功勞 공로
功名 공명   功臣 공신   成功 성공
恩功 은공   戰功 전공

劫 위협할 겁
위협하다, 빼앗다
1급 | 총획 7

약자한테 가서[去] 힘[力]으로 '위협하다'.

劫奪 겁탈 : 위협하여 탈취하는 일
劫年 겁년   劫迫 겁박

劣 못할 렬
못하다, 적다
3급 | 총획 6

힘[力]이 적으니[少] 너만 '못하다'.

劣等 열등   劣性 열성   劣勢 열세
劣惡 열악   卑劣 비열   庸劣 용렬
拙劣 졸렬

劾 꾸짖을 핵
꾸짖다, 캐묻다, 힘쓰다
1급 | 총획 8

돼지[亥] 같은 힘[力] 있는 사람의 비리를 '꾸짖다'.

劾論 핵론 : 허물을 들어서 논박함
劾狀 핵장   劾情 핵정   彈劾 탄핵

勇 날랠 용:
날래다, 날쌔다, 용감하다
6Ⅱ급 | 총획 9 | 동 猛(맹)

힘[力]이 솟으니[甬] 행동도 '날래다'.

勇敢 용감   勇氣 용기   勇力 용력
勇猛 용맹   勇名 용명   勇將 용장
勇退 용퇴   武勇談 무용담   義勇軍 의용군

動 움직일 동:
움직이다, 옮기다
7Ⅱ급 | 총획 11

무거운[重] 것을 힘[力]으로 '움직이다'.

動機 동기   動力 동력   自動 자동
出動 출동   波動 파동

勅 칙서 칙
칙서, 조서
1급 | 총획 9

모든 것을 묶어[束] 놓은 듯 힘[力] 있는 '칙서'.

勅書 칙서 : 임금의 말씀을 국민에게 알릴 목적으로 적은 글
勅令 칙령

勘 헤아릴 감
헤아리다, 생각하다
1급 | 총획 11

권력[力] 있는 사람이 더 심하게[甚] 이익을 '헤아리다'.

勘斷 감단 : 죄인을 조사하여 처단함
勘檢 감검   校勘 교감

勉 힘쓸 면:
힘쓰다
4급 | 총획 9 | 동 勵(려), 勞(로), 務(무)

어려운 일을 면하기[免] 위해 '힘[力] 쓰다'.

勉勵 면려   勉學 면학   勉行 면행
勸勉 권면   勤勉 근면

勒 굴레 륵
굴레, 재갈, 새기다
1급 | 총획 11

힘[力]을 쓸 수 있도록 마소의 목에 가죽[革]으로 얽어맨 '굴레'.

勒買 늑매 : 강압에 못 이겨 억지로 물건을 삼

勃 노할 발
노하다, 발끈하다, 우쩍 일어나다
1급 | 총획 9

열[十]흘 동안 이불에 덮고[冖] 있던 나약한 아들[子]이 갑자기 힘[力]을 내더니 '우쩍 일어났다'.

勃起 발기 : 별안간 불끈 일어남
勃發 발발   勃然 발연

務 힘쓸 무:
힘쓰다, 일
4Ⅱ급 | 총획 11

창[矛]으로 치니[攵] '힘[力]써' 막는다.

務望 무망   激務 격무   急先務 급선무
勞務 노무   服務 복무   實務 실무
業務 업무   用務 용무   義務 의무
任務 임무

勁 굳셀 경
굳세다, 강하다, 힘, 예리하다
1급 | 총획 9

힘[力]차게 흐르는 한[一] 줄기의 물[巛]처럼 장인[工]의 삶은 '굳세다'.

勁健 경건 : 굳세고 튼튼함
勁兵 경병   勁松 경송

勝 이길 승
이기다
6급 | 총획 12 | 반 敗(패)

기운이 팔팔[八]한 사내[夫]는 몸[月]에 힘[力]이 넘치니, 싸우기만 하면 '이긴다'.

勝利 승리   勝算 승산   勝者 승자
勝戰 승전   勝敗 승패   決勝 결승
完勝 완승   優勝 우승   全勝 전승

勞 일할 로
일하다, 수고하다
5Ⅱ급 | 총획 12 | 반 使(사) | 약 労

불길[火火]에 덮히자[冖] 힘써[力] 불을 끄며 '일하다'.

勞苦 노고 勞動 노동 勞動者 노동자
勞使 노사 勞役 노역 勞賃 노임
功勞 공로 勤勞 근로 疲勞 피로
勞動組合 노동조합

勳 공 훈
공, 공로
2급 | 총획 16 | 약 勲

힘써[力] 일하니 불길[熏]처럼 빛나는 '공'.

勳功 훈공 勳賞 훈상 勳章 훈장
功勳 공훈 武勳 무훈

勤 부지런할 근(:)
부지런하다
4급 | 총획 13

가죽[革] 옷이 흙[土]으로 뒤덮일 때까지 힘써[力] 일하니 '부지런하다'.

勤勞 근로 勤勞者 근로자 勤勉 근면
勤務 근무 缺勤 결근 轉勤 전근

勵 힘쓸 려:
힘쓰다, 권장하다
3Ⅱ급 | 총획 17 | 약 励

큰 바위[厂]도 만[萬] 명의 장정이 '힘쓰면[力]' 움직인다.

激勵 격려 督勵 독려 勉勵 면려
獎勵 장려

募 모을, 뽑을 모
모으다, 뽑다
3급 | 총획 13 | 동 拔(발)

어둠[莫] 속에서 힘껏[力] 희망을 '모으다'.

募金 모금 募集 모집 公募 공모
急募 급모 應募 응모

勸 권할 권:
권하다
4급 | 총획 20 | 동 勉(면) | 약 劝, 勧

새[隹]가 풀[艹]숲에서 구구[口口] 울며 힘써[力] 먹이를 구해 서로 '권한다'.

勸告 권고 勸勉 권면 勸善 권선
勸誘 권유 勸獎 권장 勸酒 권주
勸學 권학 強勸 강권

勢 형세 세:
형세, 기세, 세력
4Ⅱ급 | 총획 13 | 동 權(권)

재주[埶]를 힘써[力] 닦는 '형세'.

勢力 세력 加勢 가세 去勢 거세
氣勢 기세 得勢 득세 劣勢 열세
優勢 우세 威勢 위세 症勢 증세

力

勹 | 쌀 포 | 부·2획

사람이 앞으로 허리를 구부려 보따리 같은 것을 싸서 품고 있는 모양이다.

勺 구기 작
구기, 잔질하다
1급 | 총획 3

한[一] 방울씩 싸[勹]듯 작은 '구기'에 술을 부어 '잔질하다'.

勺水不入 작수불입 : '한 모금의 물도 마시지 못한다'라는 뜻으로, 음식을 전혀 먹지 못함을 이르는 말

勿 말 물
말다, 아니다
3Ⅱ급 | 총획 4 | 동 莫(막), 無(무)

천을 싼[勹] 것에 술[//]이 달린 깃발은 급한 일을 알리는 것이니 막지 '말라'.

勿驚 물경 : 엄청난 것을 말할 때 앞세워 이르는 말
勿禁 물금 : 관아에서 금한 것을 특별히 허가하여 줌
勿論 물론   勿忘草 물망초

包 쌀 포(:)
싸다, 꾸리다, 꾸러미
4Ⅱ급 | 총획 5 | 동 圍(위)

이미[己] 싸여진[勹] 물건은 다시 '쌀' 필요가 없다.

包攝 포섭   包容 포용   包裝 포장
包含 포함   內包 내포   小包 소포

匍 길 포
기다, 힘을 다하다
1급 | 총획 9

큰[甫] 물건을 보자기로 싸[勹]듯 몸을 웅크리고 '기다'.

匍匐 포복   匍行 포행

匐 길 복
기다
1급 | 총획 11

한[一] 식구[口]를 먹여 살리기 위해 밭[田]에서 수건으로 얼굴을 싸고[勹] 김매기 위해 '기어가다'.

匍匐 포복

점 복 | 부·2획

'葡'의 간체자로 거북이 모양을 본뜬 글자이다. 고대 사람들은 거북이의 등껍데기를 태워 갈라진 모양을 보고 길흉을 점쳤다고 한다.

卜 점 복
점, 점치다
3급 | 총획 2 | 동 占(점)

거북 등껍데기[丨]를 불로 지져서 금[、]이 가는 것을 보고 '점'을 쳤다.

卜債 복채 : 점을 쳐 준 값으로 점쟁이에게 주는 돈

巫卜 무복

占 점령할 점 : / 점칠 점
점령하다, 점치다
4급 | 총획 5

입[口]으로 점괘[卜]를 말하는데, 큰 땅을 '점령할' 것이라고 '점치다'.

占卦 점괘   占領 점령   占術 점술
占有 점유

卦 점괘 괘
점괘, 괘, 점치다
1급 | 총획 8 | 동 兆(조)

제후가 서옥[圭]을 받은 후 점[卜]을 쳐 뽑는 '점괘'.

占卦 점괘 : 점에 나오는 괘

吉卦 길괘

열 십 | 부·2획
모두 갖추었다는 의미를 나타내는 것으로 수에서의 '열'을 의미한다.

十 열 십
열, 10
8급 | 총획 2

하나[一], 둘, 셋 계속 위[ㅣ]로 늘어나 한 지점에 이른 숫자인 '**열**'.

十月 시월   十干 십간   十誡命 십계명
十分 십분   十二支 십이지   十日 십일
十長生 십장생   十進法 십진법   二十 이십

千 일천 천
일천
7급 | 총획 3

가로[一]로 사람[亻]이 늘어서니 그 수가 '**일천**'이다.

千里眼 천리안 : 천 리 밖의 것을 볼 수 있는 안력
千載一遇 천재일우 : 천 년에 한 번 만남. 좀처럼 얻기 어려운 기회

千金 천금   千秋 천추

되 승
되
2급 | 총획 4

곡식이나 액체의 분량을 재는 그릇인 '**되**'.

升斗之利 승두지리 : 대수롭지 않은 이익

升引 승인   斗升 두승

午 낮 오 :
낮, 일곱째 지지
7Ⅱ급 | 총획 4 | 반 夜(야)

음기가 솟아[一] 양기와 교차하는[十] 때인 '**낮**'.

午睡 오수   午前 오전   午餐 오찬
午後 오후   端午 단오   上午 상오
子午線 자오선   正午 정오   下午 하오

半 절반 반 :
절반, 반
6Ⅱ급 | 총획 5

부부였던 두[二] 사람[人]이 갈라[ㅣ] 서니, 재산도 '**절반**'이 되다.

半信半疑 반신반의 : 반쯤은 믿고 반쯤은 의심함

半球 반구   半年 반년   半島 반도
半生 반생   半信 반신   半月 반월
半折 반절

卉 풀 훼
풀, 초목
1급 | 총획 5

열[十] 포기의 풀[卄]과 '**초목**'.

卉服 훼복   嘉卉 가훼   花卉 화훼

만자 만 :
만자, 부처의 가슴에 있는 길상의 표지
1급 | 총획 6

불심[十]이 여기저기[口]서 나타나는 길상만덕을 표시하는 '**만자**'.

卍字 만자 : 불심(佛心)에 나타나는 길상만덕(吉祥萬德)

마칠 졸
마치다, 군사
5Ⅱ급 | 총획 8 | 동 兵(병) 반 始(시) 약 卆

머리[亠]에 갓을 쓴 두[人人] 명의 '**군사**'가 십[十]일 만에 훈련을 '**마쳤다**'.

卒倒 졸도   卒兵 졸병   卒業 졸업
高卒 고졸   軍卒 군졸   倉卒間 창졸간

卓 높을 탁
높다, 뛰어나다
5급 | 총획 8 | 동 高(고), 尙(상) | 반 低(저)

지평선[一] 위[丨]로 아침[早] 해가 '높게' 솟다.

卓上空論 탁상공론 : 실현성이 없는 헛된 이론

卓見 탁견	卓球 탁구	卓上 탁상
卓越 탁월	卓子 탁자	食卓 식탁
圓卓 원탁		

協 화할 협
화하다, 맞다, 화합하다
4 II 급 | 총획 8 | 동 和(화) | 반 爭(쟁), 鬪(투)

열[十] 사람 중 세 명의 힘[力力力]만 합해도 '화하다'.

協同 협동	協力 협력	協商 협상
協調 협조	協奏 협주	協會 협회
農協 농협		

卑 낮을 비 :
낮다, 천하다
3 II 급 | 총획 8 | 동 劣(렬), 賤(천) | 반 崇(숭)

밭[田]에서 일하는 열[十] 명의 사람은 신분이 '낮다'.

男尊女卑 남존여비 : 남성을 존중하고 여성을 비천하게 여김

卑屈 비굴	卑小 비소	卑俗 비속
卑劣 비열	卑賤 미천	卑下 비하
野卑 야비		

南 남녘 남
남녘, 남쪽
8급 | 총획 9

열[十]여덟[八] 명의 병사가 방패[干]를 들고 성[冂]을 지키는 '남녘(남쪽)' 나라.

南男北女 남남북녀 : 한반도에서 남쪽 지방은 남자가, 북쪽 지방은 여자가 아름답다는 말

| 南極 남극 | 南部 남부 | 南山 남산 |
| 南海 남해 | | |

博 넓을 박
넓다
4 II 급 | 총획 12 | 동 廣(광), 普(보)

열[十] 가지를 넓게[甫] 마디[寸]까지 자세히 아는 학식이 '넓은' 박사.

博愛主義 박애주의 : 인류는 모두 평등하며, 널리 서로 사랑해야 한다는 주의

| 博物館 박물관 | 博士 박사 | 博識 박식 |

匕 비수 비 | 부 · 2획
사람이 허리를 구부리고 앉아 있는 모양, 또는 숟가락이나 비수의 모양을 본뜬 글자이다.

匕 비수 비 :
비수, 숟가락
1급 | 총획 2

비수 또는 숟가락 모양으로 '비수', '숟가락'.
匕首 비수 : 날이 날카롭게 잘 드는 단도

北 북녘 북 / 달아날 배 :
북녘, 달아나다
8급 | 총획 5

두 사람이 서로 싫어해서 '북쪽'을 향해 등지고 앉으니 우정이 '달아날'까 두렵다.
北極 북극   北緯 북위   北韓 북한
南北 남북   敗北 패배

化 될 화(:)
되다, 변하다
5Ⅱ급 | 총획 4 | 동 變(변)

사람[亻]은 나이가 들면 허리가 구부러지게[匕] '된다'.
化石 화석   化粧 화장   化學 화학
化合 화합   敎化 교화   綠化 녹화
同化 동화   文化 문화   消化 소화

匙 숟가락 시 :
숟가락
1급 | 총획 11

이것[是]이 '숟가락[匕]'.
匙箸 시저 : 숟가락과 젓가락. 수저
飯匙 반시

ㄷ 터진입구몸 | 부·2획

한자로는 '상자 방'이라고 읽는다. 네모난 상자 또는 여물통의 모양을 본뜬 글자이다.

장인 장
장인, 기술자, 우두머리
1급 | 총획 6

상자[ㄷ] 속에 도끼[斤] 같은 연장을 넣어가지고 다니는 '장인'.

匠人 장인 : 물건 만드는 일을 업으로 삼는 사람
巨匠 거장

갑 갑
갑, 상자, 우리
1급 | 총획 7

갑옷[甲]을 담도록 만든 상자[ㄷ] '갑'.

鏡匣 경갑   紙匣 지갑

바를 광
바르다, 바루다, 바로잡다, 구제하다
1급 | 총획 6

왕[王]에게 바치려고 선물 상자[ㄷ]를 '바로 잡는다'.

匡困 광곤 : 가난한 사람을 도와줌
匡救 광구   匡正 광정

비적 비 :
비적, 도둑
2급 | 총획 10

그릇된[非] 행위로 상자[ㄷ] 속에 숨겨둔 보물을 훔친 '도둑'.

匪躬 비궁   匪賊 비적   共匪 공비

감출혜몸 | 부·2획

'감춘다'라는 의미로 쓰인다. 한자로는 '감출 혜'라고 읽는다.

匹 짝 필
짝, 필
3급 | 총획 4

음과 양을 감추듯이[匸] 묶어 놓은 것이니 한 쌍이요, '짝'이다.

匹馬單騎 필마단기 : 홀로 한 필의 말을 타고 감

匹馬 필마　　匹夫 필부　　匹敵 필적
配匹 배필

區 구분할, 지경 구
구분하다, 지경, 나누다
6급 | 총획 11 | 동 別(별) 약 区

감추듯이[匸] 물건[品]을 '구분하여' '나누어' 넣다.

區間 구간　　區內 구내　　區別 구별
區分 구분　　區域 구역　　區廳 구청
地區 지구

匿 숨길 닉
숨다, 숨기다, 도피하다
1급 | 총획 11

보석 같은[若] 중요한 것은 감춰서[匸] '숨긴다'.

匿名 익명 : 이름을 숨김

隱匿 은닉

卩(㔾) 병부절 | 부·2획

사람이 무릎을 꿇고 앉아 있는 모양이다. 옛날 천자가 관리를 임명할 때 증거로 준 신표, 즉 부절(符節)의 반쪽을 본뜬 것이기 때문에 '병부절'이라고 한다. 변형자는 '㔾'이다.

卯 토끼 묘:
토끼, 넷째 지지, 무성하다
3급 | 총획 5

'토끼'의 모양을 본뜬 자.

卯方 묘방 : 이십사 방위의 하나로 정동을 중심으로 한 방위
乙卯 을묘 : 육십갑자의 쉰 둘째

卯時 묘시　　　卯日 묘일

卽 곧 즉
곧, 가깝다
3Ⅱ급 | 총획 9

하얀[白] 쌀밥을 보고는 숟가락[匕]을 들고 무릎[卩]을 구부리고 앉자마자 '곧' 먹다.

一觸卽發 일촉즉발 : 금방이라도 일이 크게 터질 듯한 긴장 상태

卽刻 즉각　　卽死 즉사　　卽席 즉석
卽時 즉시　　卽位 즉위　　卽興 즉흥

印 도장 인
도장
4Ⅱ급 | 총획 6

무릎[卩] 꿇고 앉아 손[爪]으로 찍는 '도장'.

印象 인상　　印刷 인쇄　　印章 인장
印朱 인주　　刻印 각인　　職印 직인

危 위태할 위
위태하다, 위험
4급 | 총획 6 | 반 安(안)

바위[厂]에 칼[刂]이 잔뜩 있어[㔾] '위태하다'.

危急 위급　　危機 위기　　危重 위중
危害 위해　　危險 위험　　安危 안위

却 물리칠 각
물리치다, 물러나다
3급 | 총획 7 | 동 退(퇴)

적의 무릎[卩]을 꿇리고 제 나라로 가도록[去] '물리치다'.

却說 각설　　却下 각하　　棄却 기각
冷却 냉각　　忘却 망각　　賣却 매각
消却 소각　　燒却 소각　　退却 퇴각

卷 책 권(:)
책, 굽다
4급 | 총획 8 | 동 冊(책)

여덟[八] 명의 사내[夫]가 구부리고[㔾] 앉아 '책'을 읽는다.

卷頭 권두 : 책의 첫 머리
單卷 단권 : 한 권으로 완결된 책

卷帙 권질　　　壓卷 압권

卵 알 란:
알
4급 | 총획 7

토끼[卯] 두[丶] 마리가 '알'을 밴 것처럼 배가 불룩하다.

鷄卵有骨 계란유골 : 일이 잘 안 되는 사람은 좋은 기회를 만나도 역시 잘 안 됨을 비유

卵生 난생　　卵黃 난황　　鷄卵 계란
排卵 배란　　産卵 산란

卿 벼슬 경
벼슬
3급 | 총획 12 | 동 官(관), 爵(작)

흰[白] 토끼[卯] 두[二] 마리를 잡아 연회를 베푸는 '벼슬' 높은 사람.

卿相 경상 : 재상
卿尹 경윤

又 또 우 | 부·2획
오른손 모양을 본뜬 글자이다. 오른손은 자주 쓰니 '또'라는 의미로 쓰인다.

又 또 우:
또
3급 | 총획 2 | 동 亦(역), 且(차)

오른손은 자주자주 '또' 쓰인다.
又況 우황

友 벗 우:
벗
5Ⅱ급 | 총획 4 | 동 朋(붕)

한[一] 사람[ノ]씩 엇갈려 또[又] 손을 잡고 서로 악수하는 '벗'.
竹馬故友 죽마고우 : 어릴 때부터 같이 놀던 친구

友愛 우애   友人 우인   友情 우정
交友 교우   敎友 교우   朋友 붕우
戰友 전우   學友 학우

又 갈래 차
갈래, 깍지, 엇갈리다
1급 | 총획 3

또[又] 손과 손을 껴[、] '깍지' 끼다.
交叉路 교차로

受 받을 수(:)
받다
4Ⅱ급 | 총획 8 | 반 授(수)

손톱[⺥]으로 덮으니[冖] 또[又] '받을' 수 있다.

受講 수강   受難 수난   受諾 수락
受領 수령   受信 수신   受益 수익
受取 수취   受惠 수혜   甘受 감수
接受 접수

及 미칠 급
미치다, 미치게 하다
3Ⅱ급 | 총획 4

사람[人]은 또[又] 뒷사람에게 영향을 '미치다'.
後悔莫及 후회막급 : 일이 잘못된 뒤라 후회해도 어쩔 수 없음

及其也 급기야   及落 급락   及第 급제
可及的 가급적   未及 미급   普及 보급
言及 언급

取 가질 취:
가지다, 취하다
4Ⅱ급 | 총획 8

귀[耳]를 또[又] '가질' 필요가 있니?

取得 취득   取消 취소   取材 취재
受取 수취   採取 채취   奪取 탈취

反 돌이킬 반:
돌이키다, 돌아오다, 반대하다
6Ⅱ급 | 총획 4

바위[厂]를 또[又] 밀어 '돌이켜' 놓았다.

反感 반감   反擊 반격   反旗 반기
反對 반대   反論 반론   反面 반면
反復 반복   反省 반성   違反 위반

叔 아재비 숙
아재비, 작은아버지
4급 | 총획 8 | 반 姪(질)

나보다 윗[上]사람이고 또[又] 아버지보다 작은[小] 사람은 '아재비'.

叔母 숙모   叔父 숙부   叔姪 숙질
堂叔 당숙   外叔母 외숙모   外叔父 외숙부

叛

배반할 반 :
배반하다, 떨어지다
3급 | 총획 9

한 팀에서 반[半]이 반대하는[反] 것이니 '**배반하다**'.

叛軍 반군 叛起 반기 叛徒 반도
叛亂 반란 叛逆 반역

叢

모을, 떨기 총
모으다, 모이다, 많다, 떨기, 숲
1급 | 총획 18

양[羊]이 먹을 엉킨[业] 풀을 잡아[取] '**모으다**'.

叢林 총림 : 수목이 우거진 숲
叢樹 총수   叢說 총설

又

厂 민엄호 | 부·2획

바위가 튀어나와 그 밑에 사람이 살 수 있는 굴 모양을 본뜬 글자이다. 한자로는 '언덕 한'이라고 읽는다.

厄 액 액
액, 재앙, 불행, 어려움
3급 | 총획 4 | 동 殃(앙), 災(재) 반 福(복)

바위[厂] 아래 무릎을 꿇고[㔾] '재앙'이 없기를 기도한다.

厄運 액운 : 액을 당할 모질고 사나운 운수. 악운
橫來之厄 횡래지액 : 뜻밖에 닥쳐오는 모질고 사나운 일
厄年 액년   橫厄 횡액

厥 그 궐
그, 그것
3급 | 총획 12 | 동 其(기)

집[厂]에서 숨차게[欮] 뛰어다니는 '그' 이유가 뭐니?

厥女 궐녀 : 그 여자. 그녀
厥尾 궐미 : 짧은 꼬리
突厥 돌궐

厚 두터울 후 :
두텁다, 후하다
4급 | 총획 9

햇빛[日]을 받으며 자란 아들[子]은 피부가 바위[厂]처럼 '두텁다'.

厚待 후대   厚德 후덕   厚謝 후사
厚意 후의   濃厚 농후   淳厚 순후
重厚 중후

厭 싫어할 염 :
싫어하다, 미워하다
2급 | 총획 14 | 동 界(계)

햇[日]빛과 달[月]빛을 굴[厂] 속에 쳐박힌 개[犬]는 '싫어한다'.

厭忌 염기   厭世 염세   厭症 염증

原 언덕 원
언덕, 벌판, 근원
5급 | 총획 10 | 동 岸(안), 厓(애)

바위[厂] 아래 희고[白] 작은[小] 물이 솟는 '언덕'.

原告 원고   原動力 원동력   原本 원본
原來 원래   原料 원료   原理 원리
原色 원색   原書 원서   原音 원음
平原 평원

ム 마늘모 | 부·2획

'나', '사사롭다'라는 뜻이다. 한자로는 '사사 사', '아무 모'라고 읽는다.

갈 거:
가다, 예전, 과거
5급 | 총획 5 | 반 來(래)

나[ム]는 흙[土] 길을 따라 '간다'.

去年 거년	去來 거래	去勢 거세
去處 거처	去就 거취	過去 과거
拔去 발거	收去 수거	除去 제거
退去 퇴거		

참여할 참/석 삼
참여하다, 셋
5Ⅱ급 | 총획 11 | 동 三(삼), 與(여) 약 参

나[ム]는 예쁜 사람[人]으로 보이기 위해 머리[彡]를 잘 빗고 친구 '세' 명과 함께 행사에 '참여했다'.

參加 참가	參見 참견	參考 참고
參謀 참모	參拜 참배	參席 참석
參照 참조	不參 불참	持參 지참

口 입 구 | 부·3획

사람의 입 모양을 본뜬 글자로, '말하다', '먹다', '맛보다'라는 뜻이다.

口 입 구(:)
입
7급 | 총획 3

사람의 미소짓는 '입[口]'은 아름답다.

有口無言 유구무언 : '입은 있으나 할 말이 없다'라는 뜻으로, 변명할 말이 없음을 나타냄

口腔 구강 口頭 구두 口文 구문
口舌數 구설수 口實 구실 口語 구어
口傳 구전 人口 인구

可 옳을 가:
옳다
5급 | 총획 5 | 반 否(부)

장정[丁]은 하늘을 우러러 입[口]으로 '옳은' 말만 한다.

可矜 가긍 可決 가결 可觀 가관
可能 가능 可否 가부 可笑 가소
可用 가용 可憎 가증

司 맡을 사
맡다, 벼슬
3Ⅱ급 | 총획 5

궁중[フ]에서 한[一] 임금이 입[口]으로 정사를 '맡아' 한다.

司令官 사령관 司書 사서 司會 사회
司憲府 사헌부 上司 상사

句 글귀 구
글귀, 구절
4Ⅱ급 | 총획 5

입[口]으로 읽기 좋게 하나로 싼[勹] '글귀'.

美辭麗句 미사여구 : 듣기 좋게 아름답게 꾸민 말과 글

句管 구관 句文 구문 句節 구절
結句 결구 警句 경구 文句 문구
詩句 시구 語句 어구

史 사기 사:
사기, 역사, 기록하다
5Ⅱ급 | 총획 5

중립[中]을 지켜 붓으로 글을 써[乀] 기록한 '사기'.

史家 사가 史觀 사관 史記 사기
史料 사료 史實 사실 史蹟 사적
史學 사학 野史 야사 歷史 역사

叱 꾸짖을 질
꾸짖다, 욕하다
1급 | 총획 5 | 동 呵(가), 喝(갈), 責(책)

비수[匕]를 입[口]에 물고 '꾸짖는다'.

叱責 질책 : 꾸짖으며 나무람

只 다만 지
다만, 어조사
3급 | 총획 5

입[口]으로 여덟[八] 번이나 말해도 '다만' 말할 때 뿐이다.

只今 지금 : 이제. 현재. 바로 이 시각
但只 단지 : 다만. 한갓

古 예 고:
예(옛), 선조
6급 | 총획 5 | 동 舊(구), 久(구) | 반 今(금)

열[十] 사람의 입[口]으로 전해져 오는 '옛'스런 말.

古經 고경 古家 고가 古今 고금
古代 고대 古來 고래 古木 고목
古物 고물 古事 고사 古書 고서
復古 복고

叫 부르짖을 규
부르짖다, 부르다
3급 | 총획 5

입[口]으로 내는 소리가 사람의 귀에 얽히도록[丩] 애타게 '**부르짖다**'.

叫聲 규성　　　絕叫 절규

召 부를 소
부르다
3급 | 총획 5 | 동 喚(환)

칼[刀]을 파는 사람이 입[口]으로 가격을 '**부르다**'.

召見 소견 : 불러 만나 봄
召命 소명 : 임금이 신하를 부르는 명령
召喚 소환　　　召集令狀 소집 영장

叩 두드릴 고
두드리다, 묻다, 조아리다
1급 | 총획 5

무릎[卩]을 꿇고 앉아 출입구[口]를 열어달라고 '**두드린다**'.

叩頭 고두 : 머리를 조아림

右 오른쪽 우 :
오른쪽, 오른
7Ⅱ급 | 총획 5 | 반 左(좌)

무심코 또[又→ナ] 손을 들어 설명하다[口] 보니 '**오른쪽**'을 가리킨다.

右往左往 우왕좌왕 : 이리저리 왔다갔다 함. 갈팡질팡함
左之右之 좌지우지 : 제 마음대로 휘두름

右手 우수　　　右心房 우심방　　　右翼 우익
右側 우측　　　右便 우편

合 합할 합
합하다
6급 | 총획 6 | 반 分(분)

사람[人]들이 입[口]을 하나[一]로 '**합하여**' 외치다.

合格 합격　　　合當 합당　　　合同 합동
合本 합본　　　合理 합리　　　合作 합작
合算 합산　　　合席 합석　　　合心 합심
聚合 취합　　　廢合 폐합

同 한가지 동
한가지, 같다
7급 | 총획 6 | 동 共(공) 반 異(리) 약 仝

성[冂]은 출입구[口]가 하나[一]라 모두 같이 다니니 양반, 상놈이 다 '**한가지**'이다.

同苦同樂 동고동락 : 괴로움과 즐거움을 함께 함

同感 동감　　　同格 동격　　　同盟 동맹
同乘 동승　　　同時 동시　　　同業 동업
同年輩 동년배

向 향할 향 :
향하다
6급 | 총획 6

집[宀]의 입구[口]는 남쪽을 '**향해야**' 좋다.

向方 향방　　　向上 향상　　　傾向 경향
動向 동향　　　方向 방향　　　性向 성향
轉向 전향　　　指向 지향　　　偏向 편향
風向 풍향

各 각각 각
각각
6Ⅱ급 | 총획 6 | 반 共(공), 同(동), 合(합)

사람들이 뒤늦게[夂] 하는 말[口]이 '**각각**' 다르다.

各各 각각　　　各界 각계　　　各房 각방
各別 각별　　　各姓 각성　　　各樣 각양
各自 각자　　　各種 각종　　　各處 각처
各層 각층

吏 벼슬아치, 관리 리 :
벼슬아치, 관리, 다스리다
3Ⅱ급 | 총획 6

높은 상관[丈]이 되어 명령[口]을 하는 '**벼슬아치**', '**관리**'.

淸白吏 청백리 : 청렴한 관리. 조선 시대에 각 관아에서 천거하여 뽑힌 결백한 관리를 이르던 말

官吏 관리　　　稅吏 세리

名 이름 명
이름, 이름나다, 훌륭하다
7Ⅱ급 | 총획 6

어두운 저녁[夕]에 자식이 돌아오지 않아 입[口]으로 '**이름**'을 부르다.

名文 명문　　　名物 명물　　　名分 명분
名色 명색　　　名演 명연　　　名譽 명예
芳名錄 방명록　　　署名 서명　　　汚名 오명
有名 유명　　　人名 인명

吉 길할 길
길하다, 좋다
5급 | 총획 6 | 반 凶(흉)

선비[士] 입[口]에서 나온 말을 잘 따르면 앞날이 '길하다'.

立春大吉 입춘대길 : 입춘을 맞이하여 크게 길함

吉年 길년	吉夢 길몽	吉運 길운
吉月 길월	吉日 길일	吉兆 길조
吉鳥 길조	吉凶 길흉	不吉 불길

吐 토할 토(:)
토하다, 털어놓다
3II급 | 총획 6

입[口]을 땅[土]에 대고 '토하다'.

| 吐說 토설 | 吐血 토혈 | 實吐 실토 |

吸 마실 흡
마시다, 숨 들이쉬다
4II급 | 총획 7 | 동 飮(음)

입[口]에 닿은[及] 공기를 '마시다'.

吸氣 흡기	吸力 흡력	吸收 흡수
吸收力 흡수력	吸煙 흡연	吸引 흡인
吸入 흡입	吸着 흡착	呼吸 호흡

吟 읊을 음
읊다
3급 | 총획 7

입[口]으로 지금[今]의 상황을 보고 즉흥적으로 시를 '읊다'.

吟味 음미 : 시가(詩歌)를 읊조리며 그 깊은 뜻을 맛봄. 사물의 내용이나 속뜻을 깊이 새겨 맛봄

| 呻吟 신음 | 吟遊詩人 음유 시인 |

불 취:
불다, 부추기다
3II급 | 총획 7 | 동 噓(허)

하품[欠]하면 입[口]에서 바람이 '불다'.

吹雪 취설 : 눈보라
吹入 취입 : 입김을 불어 넣음. 음반이나 녹음 테이프에 소리나 목소리를 녹음함

| 吹噓 취허 | 鼓吹 고취 |

吼 울부짖을 후:
울부짖다, 울다, 아우성치다
1급 | 총획 7

입[口]을 크게 벌린 아들[子]은 새[乙]가 지저귀듯 '울부짖다'.

吩 분부할 분:
분부하다
1급 | 총획 7

입[口]으로 할 일을 하나씩 나누어[分] 내리는 명령이니 '분부하다'.

吩咐 분부 : 윗사람이 아랫사람에게 명령함

告 고할 고:
고하다, 알리다
5II급 | 총획 7

소[牛]를 신전에 바치고, 입[口]으로 축문을 읽어 '고하다'.

告發 고발	告白 고백	告別 고별
告訴 고소	告示 고시	警告 경고
廣告 광고	謹告 근고	原告 원고
被告 피고		

否 아닐 부:
아니다, 부정하다
4급 | 총획 7 | 동 未(미), 非(비) | 반 可(가)

아닌[不] 것은 입[口]으로 '아니'라고 한다.

| 否認 부인 | 否定 부정 | 拒否權 거부권 |
| 安否 안부 | 與否 여부 | |

含 머금을 함
머금다, 거두다
3II급 | 총획 7 | 동 抱(포), 懷(회)

지금[今] 입[口] 속에 음식을 '머금고' 있다.

| 含量 함량 | 含蓄 함축 | 含有 함유 |
| 包含 포함 | | |

君 임금 군
임금, 남편
4급 | 총획 7 | (동) 王(왕) (반) 民(민), 臣(신)

입[口]으로 백성을 다스리는[尹] '임금'.

君臣有義 군신유의 : 임금과 신하의 도리는 의리에 있음

君臨 군림　　君子 군자　　君主 군주
檀君 단군　　暴君 폭군

吾 나 오
나
3급 | 총획 7 | (동) 我(아), 予(여), 余(여)

다섯[五] 손가락으로 자기를 가리키며, 입[口]으로 말하는 '나'.

吾兄 오형 : 친구를 정답게 부르는 말
吾鼻三尺 오비삼척 : 내 사정이 급하여 남을 돌볼 겨를이 없음

吝 아낄 린
아끼다, 인색하다, 탐하다
1급 | 총획 7

글[文]만 읽는 선비가 식구[口]들에게 '아끼라고' 가르치다.

吝惜 인석 : 인색하게 아낌
吝嗇 인색

呈 드릴 정
드리다, 나타내다, 바치다
2급 | 총획 7

선비[士]가 하늘[一] 같은 임금에게 잘못된 것을 말[口]하여 '드리다'.

呈上 정상 : 물건을 보내어 드림. 정납(呈納)

牒呈 첩정　　贈呈 증정　　進呈 진정
獻呈 헌정

呆 어리석을 매
어리석다, 미련하다
1급 | 총획 7

입[口]이 나무[木] 토막처럼 둔하니 '어리석다'.

痴呆 치매

吞 삼킬 탄
삼키다, 경시하다
1급 | 총획 7

한[一]번에 크게[大] 입[口]을 벌리고 '삼킨다'.

吞吐 탄토 : 삼키거나 뱉는 일

呪 빌 주 :
빌다, 저주하다, 주술
1급 | 총획 8

형[兄]이 입[口]으로 하늘에 '빌다'.

詛呪 저주 : 남이 못되게 되기를 빌고 바람

咆 고함지를 포
고함지르다, 으르렁거리다, 성을 내다
1급 | 총획 8

상대를 제압하기 위해 자기 새끼를 싸서[包] 감싸 안고 입[口]으로 '으르렁거린다'.

咆哮 포효

命 목숨 명 :
목숨, 명령
7급 | 총획 8 | (동) 令(령), 壽(수)

입[口]으로 하여금[令] '명령'을 내리니, 신하는 '목숨'처럼 여기고 따른다.

命令 명령　　勅命 칙명　　救命 구명
亡命 망명　　致命傷 치명상　　革命 혁명
運命 운명　　生命 생명

呱 울 고
울다
1급 | 총획 8

오이[瓜] 밭에서 입[口]을 크게 벌리고 아이가 '울다'.

呱呱之聲 고고지성

味 맛 미:
맛
4Ⅱ급 | 총획 8

입[口]으로 아직 안[未] 익었나 '맛'을 보다.
山海珍味 산해진미 : 산과 바다의 온갖 산물로 만든 음식

味覺 미각　　加味 가미　　甘味 감미
妙味 묘미　　別味 별미　　吟味 음미
意味 의미　　趣味 취미

呻 끙끙거릴 신
끙끙거리다, 읊조리다
1급 | 총획 8

몸을 쭉 펴며[申] 입[口]으로 어이구 하며 '끙끙거린다'.
呻吟 신음 : 병으로 앓는 소리를 냄

咐 분부할, 불 부
분부하다
1급 | 총획 8

임금에게 입[口]을 열고 '불어서' 부탁하니[付], 임금이 신하에게 '분부한다'.
咐囑 부촉 : 분부하여 맡김
吩咐 분부

和 화할 화
화하다, 화목하다
6Ⅱ급 | 총획 8 | 통 睦(목) 반 戰(전)

벼[禾] 농사가 잘 되어 입[口]이 다물어지지 않으니, 집안도 '화목하고' '화하다'.

和睦 화목　　和音 화음　　和合 화합
和解 화해　　緩和 완화　　調和 조화
親和 친화　　平和 평화　　飽和 포화
違和感 위화감

周 두루 주
두루, 널리
4급 | 총획 8

성[冂]에는 흙[土]이 입구[口]부터 '두루' 퍼져 있다.

周到 주도　　周邊 주변　　周旋 주선
周易 주역　　周圍 주위　　周知 주지

咀 씹을 저:
씹다, 씹어서 맛을 보다
1급 | 총획 8 | 통 嚼(작)

입[口]에 있는 음식을 씹고 또[且] '씹다'.
咀嚼 저작

呼 부를 호
부르다, 숨을 내쉬다, 부르짖다
4Ⅱ급 | 총획 8 | 통 唱(창), 招(초)

입[口]으로 호[乎]하고 '숨을 내쉬다'.

呼價 호가　　呼名 호명　　呼應 호응
呼出 호출　　呼稱 호칭　　呼吸 호흡
嗚呼 오호　　喚呼 환호

呵 꾸짖을 가:
꾸짖다, 웃다, 어조사
1급 | 총획 8 | 통 喝(갈), 叱(질)

옳지[可] 않은 일이라고 입[口]으로 소리치며 '꾸짖다'.
呵責 가책 : 엄하게 꾸짖거나 책망함

咳 기침 해
기침
1급 | 총획 9 | 통 喘(천)

돼지[亥]가 꿀꿀거리듯 입[口]으로 콜록콜록 '기침'한다.
咳嗽 해수 : 기침
咳喘 해천

咽 목구멍 인/목멜 열/삼킬 연
목구멍, 목메다, 삼키다
1급 | 총획 9

음식물을 입[口]으로 '삼킴'으로 인해[因] '목구멍'이 '메이다'.
咽喉 인후　　　　哀咽 애열

哄 떠들썩할 홍
떠들썩하다, 떠들다
1급 | 총획 9

여러 사람들이 함께[共] 입[口]을 모아 큰 소리로 즐기니 '떠들썩하다'.

哄笑 홍소 : 입을 크게 벌려 웃음

哀 슬플 애
슬프다, 슬퍼하다
3Ⅱ급 | 총획 9 | 동 悲(비) 반 樂(락), 歡(환)

옷[衣]이 떨어져서 구멍[口]이 나 헐벗은 것을 보고 '슬퍼하다'.

哀歌 애가   哀憐 애련   哀惜 애석
哀愁 애수   哀願 애원   哀切 애절
哀調 애조   哀痛 애통   哀歡 애환
悲哀 비애

咬 깨물, 새소리 교
깨물다, 물다, 새소리
1급 | 총획 9

입[口]으로만 사귄다[交] 하고 실제로는 '물며' 싸운다.

咬咬 교교   咬傷 교상

咫 길이, 여덟 치 지
길이, 짧은 길이의 비유
1급 | 총획 9

다만[只] 한 자[尺] 정도의 '짧은' '여덟 치'.

咫尺 지척 : 매우 가까운 거리

哉 어조사 재
어조사
3급 | 총획 9

열[十] 개의 창[戈]으로 자르듯, 말[口]을 끊는데 쓰는 '어조사'.

嗚呼痛哉 오호통재 : '아이고 슬프구나'라는 뜻의 감탄사

品 물건 품 :
물건, 등급
5Ⅱ급 | 총획 9 | 동 件(건), 物(물)

세 사람이 입[口]을 모아 '물건'을 평하다.

品格 품격   品目 품목   品性 품성
品切 품절   品種 품종   品質 품질
納品 납품   名品 명품   部品 부품
備品 비품

咸 다 함
다, 두루 미치다
3급 | 총획 9 | 동 皆(개)

술[戌]은 음력 9월이니, 9월에 추수해서 입[口]으로 '다' '함께' 포식한다.

咸池 함지 : 옛날 해가 지는 곳이라 믿었던 서쪽의 못

哺 먹일 포 :
먹이다, 먹다
1급 | 총획 10

입[口]을 크게[甫] 벌리라 하고는 음식을 '먹인다'.

哺乳 포유 : 제 몸의 젖으로 새끼를 먹여 기름

哨 망볼 초
망보다
2급 | 총획 10

입[口]이 닮은[肖] 사람끼리 서로 '망보다'.

哨所 초소   步哨 보초   巡哨 순초

唆 부추길 사
부추기다
2급 | 총획 10

진실하다[允]고 하며 서서히[夊] 입[口]을 열어 넌지시 '부추긴다'.

示唆 시사 : 미리 암시하여 일러줌

哮 으르렁거릴 효
으르렁거리다
1급 | 총획 10

효도[孝]하라고 입[口]으로 소리치듯 짐승들이 '으르렁거린다'.

咆哮 포효 : 범 · 사자 등의 사나운 짐승이 울부짖음

員 인원 원
인원
4Ⅱ급 | 총획 10 | 얤 負

입[口]을 보배[貝]로 여기는 많은 '인원'.

減員 감원　　官員 관원　　教員 교원
團員 단원　　滿員 만원　　社員 사원
要員 요원　　人員 인원

唄 염불소리 패 :
염불소리, 찬불
1급 | 총획 10

입[口]으로 소리내어 부처의 공덕을 기리는 노래니 '염불 소리'.

梵唄 범패

哥 소리, 성(姓)씨 가
소리, 노래
1급 | 총획 10

옳고[可] 옳은[可] '소리'.

哥哥 가가

唐 당나라, 당황할 당 (:)
당나라, 당황하다
3Ⅱ급 | 총획 10

집[广]에서 손[ㅋ]만 움직이며 하늘을 뚫을듯[丨] 큰 소리[口]치니 '황당하다'.

唐詩 당시 : 당대의 시
唐突 당돌 : 꺼리거나 어려워함이 없이 올참
唐虞 당우　　荒唐 황당

啞 벙어리 아 (:)
벙어리
1급 | 총획 11

입[口]으로 아[亞] 소리를 못하는 '벙어리'.

聾啞 농아 : 청각 장애인과 언어 장애인을 이르는 말
啞然 아연

哭 울 곡
울다
3Ⅱ급 | 총획 10 | 동 鳴(명), 泣(읍) 반 笑(소)

개[犬]가 소리치며[口口] '울다'.

哭聲 곡성　　弔哭 조곡　　痛哭 통곡

唾 침 타 :
침, 침 뱉다
1급 | 총획 11

입[口]을 거의[垂] 벌리고 있을 때 흐르는 '침'.

唾液 타액 : 침

哲 밝을 철
밝다, 알다, 슬기롭다
3Ⅱ급 | 총획 10 | 동 晢(석) 반 冥(명), 暗(암)

말[口]을 꺾어버리듯[折] 옳고 그름을 판단하는 것이니 사리에 '밝다'.

哲理 철리　　哲夫 철부　　哲人 철인
哲學 철학　　明哲 명철　　賢哲 현철

唯 오직 유
오직
3급 | 총획 11 | 동 但(단), 只(지)

입[口]으로 말하는 새[隹]는 '오직' 하나뿐이다.

唯我獨尊 유아독존 : 세상에서 자기만이 잘났다고 뽐내는 일
唯物論 유물론　　唯心論 유심론　　唯一 유일

啓 열 계 :
열다
3Ⅱ급 | 총획 11

마음의 문[戶]이 '열리도록' 때리고[攵] 말[口]로 타일러 가르치다.

※ 정신적으로 여는 것은 '啓(계)', 형태적으로 여는 것은 '開(개)'

啓導 계도   啓蒙 계몽   啓發 계발
啓示 계시   謹啓 근계

唱 부를 창 :
부르다, 노래
5급 | 총획 11 | 동 歌(가)

입[口]으로 매일[日] 매일[日] 노래를 '부르다'.

唱歌 창가   唱劇 창극   唱法 창법
歌唱 가창   獨唱 독창   名唱 명창
復唱 복창   先唱 선창   酬唱 수창
主唱 주창

問 물을 문 :
묻다
7급 | 총획 11 | 반 答(답), 聞(문), 聽(청)

입[口]의 문[門]을 열어 '묻고' 말한다.

問答 문답   問病 문병   問安 문안
問議 문의   問題 문제   反問 반문
訪問 방문   設問 설문   審問 심문

商 장사 상
장사
5Ⅱ급 | 총획 11 | 동 量(량)

머리[亠]에 띠를 두르고, 여덟[八] 필의 비단을 성[冂] 앞에서 팔[八]고 사라고 입[口]으로 외치며 '장사' 하다.

商街 상가   商去來 상거래   商工業 상공업
商術 상술   商業 상업   商人 상인
商店 상점   商品 상품   商號 상호

善 착할 선 :
착하다, 좋다
5급 | 총획 12 | 반 惡(악)

입[口]으로 풀[卄]을 뜯는 양[羊]은 '착하다'.

善男善女 선남선녀 : 착하고 어진 사람들

善德 선덕   善導 선도   善良 선량
善心 선심   善惡 선악   改善 개선
次善策 차선책   最善 최선   親善 친선

喊 소리칠 함 :
소리치다, 크게 외치다, 입을 다물다
1급 | 총획 12

다[咸] 함께 입[口]을 모아 '소리친다'.

喊聲 함성 : 여러 사람이 함께 지르는 고함 소리
高喊 고함

喘 숨찰 천 :
숨차다, 헐떡이다, 천식
1급 | 총획 12

수염[而] 난 할아버지가 산[山]에 오르며 입[口]을 벌린 모습이 '숨차다'.

喘息 천식 : 숨이 차고 기침이 나는 병

喧 지껄일 훤
지껄이다, 시끄럽다, 떠들썩하다
1급 | 총획 12

입[口] 벌려 널리 퍼트리기[宣] 위해 '지껄이니' '시끄럽다'.

喧騷 훤소 : 떠들어 소란스러움

喚 부를 환
부르다, 부르짖다
1급 | 총획 12 | 동 叫(규)

입[口]을 크게[奐] 벌려 소리쳐 '부르다'.

喚起 환기 : 관심이나 기억을 불러일으킴
喚想 환상   喚呼 환호

喜 기쁠 희
기쁘다
4급 | 총획 12 | 동 樂(락), 歡(환) 반 怒(노)

십[十] 년만에 콩[豆]이 풍년이 들어 입[口]을 벌리고 '기뻐하다'.

喜怒哀樂 희로애락 : 기쁨과 노여움과 슬픔과 즐거움

喜劇 희극   喜報 희보   喜悲 희비
喜色 희색   喜消息 희소식   喜悅 희열
歡喜 환희

喝 꾸짖을 갈
꾸짖다, 으르다, 고함치다
1급 | 총획 12 | 동 呵(가), 責(책)

어찌하여[曷] 입[口]으로 크게 소리치며 '꾸짖을까!'

喝破 갈파 : 큰 소리로 꾸짖음

喫 먹을 끽
먹다, 마시다
1급 | 총획 12

입[口]으로 약속한[契] 듯 '마시고' '먹는다'.

喫怯 끽겁 : 몹시 겁을 냄

喙 부리 훼
부리, 주둥이
1급 | 총획 12

돼지[豕]의 머리[⺕] 부분에 붙어 있는 입[口]은 새의 '부리' 같다.

容喙 용훼 : ① 입을 놀림 ② 말참견을 함

喻 깨우칠 유
깨우치다, 고하다, 비유하다
1급 | 총획 12

입[口]을 통하여[俞] '깨우치다'.

比喻 비유 : 어떠한 사물이나 관념을 그와 비슷한 사물이나 관념을 끌어대어 설명하는 일

隱喻 은유

喉 목구멍 후
목구멍
2급 | 총획 12

입[口] 안에 과녁[侯]처럼 생긴 '목구멍'.

喉頭 후두   喉頭炎 후두염   喉音 후음
咽喉 인후

單 홑 단
홑, 외롭다
4Ⅱ급 | 총획 12 | 동 獨(독) 약 单

단 한[一] 벌의 갑옷[甲]을 입고 소리치며[口口] 싸우는 장수가 '홀로' '외롭다'.

單價 단가   單獨 단독   單色 단색
單純 단순   單語 단어   單子 단자
簡單 간단

喬 높을 교
높다, 창
1급 | 총획 12

젊은이[夭]의 뜻이 높고[高] '높다.'

喬木 교목 : 키가 큰 나무

喬幹 교간

喪 잃을 상(:)
잃다, 죽다
3Ⅱ급 | 총획 12 | 동 失(실)

죽은[亡] 사람을 생각하며 우는[哭] 것이니 사랑하는 이를 '잃었다'.

喪家 상가   喪禮 상례   喪服 상복
喪失 상실   喪中 상중   喪妻 상처
國喪 국상   弔喪 조상   初喪 초상

啼 울 제
울다, 울부짖다
1급 | 총획 12 | 동 哭(곡), 泣(읍)

입[口]으로 임금[帝]이 소리치듯 '울다'.

啼泣 제읍 : 소리를 높여 욺

啼哭 제곡

嗣 이을 사:
잇다, 계속하다
1급 | 총획 13

입[口]으로 책[冊]을 맡아[司] '이어간다'.

嗣子 사자 : 대를 잇는 아들

嗣續 사속   嗣纂 사찬

嗤 비웃을 치
비웃다, 웃음
1급 | 총획 13

입[口]을 삐죽거리며 산[山]에서 벌레[虫] 한[一] 마리 정도를 대하듯 '비웃다'.

嗤笑 치소 : 비웃음

嗜 즐길 기
즐기다, 좋아하다
1급 | 총획 13 | 동 慾(욕)

늙은이[耆]는 입[口]으로 이야기하는 걸 좋아하고 '즐긴다'.

嗜好 기호   嗜慾 기욕

嗚 슬플 오
슬프다, 탄식하다, 탄식 소리
3급 | 총획 13 | 동 悲(비), 哀(애)

까마귀[烏]가 입[口]으로 우는 '탄식 소리'가 '슬프다'.

嗚呼 오호 : 한문투의 문장에서, 슬픔을 나타낼 때 '아', '오'의 탄식의 뜻으로 쓰는 말

嗚咽 오열

嗔 성낼 진
성내다
1급 | 총획 13

입[口]으로 참된[眞] 일을 하라며 꾸짖어 '성낸다'.

嗔言 진언 : 성내며 꾸짖는 말

嗟 탄식할 차 :
탄식하다, 감탄하다
1급 | 총획 13

일이 어긋나[差] 입[口]을 벌려 '탄식한다'.

嗟惜 차석 : 애달파하고 아깝게 여김

傷嗟 상차

嗾 부추길 주
부추기다
1급 | 총획 14

민족[族] 운동을 입[口]을 통해 '부추긴다'.

嗾囑 주촉 : 남을 꾀어 부추겨서 시킴

嗅 냄새 맡을 후 :
냄새를 맡다
1급 | 총획 13

입[口]으로 먹기 전에 개[犬]가 코[自]로 '냄새 맡는다'.

嗅覺 후각 : 냄새에 대한 감각

嘗 맛볼 상
맛보다
3급 | 총획 14 | 약 甞

맛[旨]을 숭상하여[尙] '맛보다'.

嘗味 상미 : 천천히 맛을 봄
嘗試之計 상시지계 : 남의 뜻을 시험하여 알아내려는 꾀
未嘗不 미상불 : 아닌 게 아니라. 과연

嗇 아낄 색
아끼다, 인색하다
1급 | 총획 13

돌아[回]온[來] 돈을 쓰지 않고 '인색하게' '아낀다'.

吝嗇 인색

嘔 게울 구 (:)
게우다, 토하다, 노래하다
1급 | 총획 14

일정한 구역[區]으로 가서 입[口]을 벌려 '토한다'.

嘔吐 구토 : 토함. 게움

嘉
아름다울 가 :
아름답다, 뛰어나다
1급 | 총획 14

기쁜[喜] 일이 더해지니[加] '**아름답다**'.
嘉納 가납 : 권하는 말을 기꺼이 받아들임
嘉慶 가경   嘉納 가납   嘉謨 가모

噫
한숨 쉴 희/하품 애
한숨 쉬다, 하품, 트림하다
2급 | 총획 16

입[口]을 벌려 뜻[意]을 표시하며 '**한숨을 쉬다**'.
噫嗚 희오 : 탄식하는 모양
噫氣 애기

噓
불 허
불다, 울다
1급 | 총획 15 | 약 嘘

입[口]을 벌려 빈[虛] 입김을 '**불다**'.
吹噓 취허

嚆
울릴 효
울리다, 소리가 나다
1급 | 총획 17

풀[艹] 벌레들이 소리 높혀[高] 입[口]으로 '**울리다**'.
嚆矢 효시 : ① 우는 살 ② 일의 맨 처음. 시작

噴
뿜을 분
뿜다, 꾸짖다, 화내다
1급 | 총획 15

풀[艹]처럼 많은 돈[貝]을 쓰듯 입[口]으로도 '**뿜어낸다**'.
噴火 분화 : 불을 뿜어냄. 화산이 터져서 활동하는 현상

嚬
찡그릴 빈
찡그리다
1급 | 총획 19

입[口]을 삐죽거리며 미간을 자주[頻] '**찡그리다**'.
嚬蹙 빈축 : 남들로부터 받는 비난이나 미움

嘲
비웃을 조
비웃다, 새가 지저귀다
1급 | 총획 15

입[口]을 삐죽거리며 아침[朝]부터 '**비웃다**'.
嘲弄 조롱 : 비웃거나 깔보고 놀림

嚮
길잡을, 향할 향 :
향하다, 나아가다
1급 | 총획 19

고향[鄕]을 향해[向] 마음이 '**향하다**'.
嚮導 향도 : 길을 안내함. 또는 길을 인도하는 사람
嚮往 향왕

器
그릇 기
그릇
4Ⅱ급 | 총획 16

개[犬]의 물건[品] 중에서 입[口]을 즐겁게 해주는 것은 밥 '**그릇**'.
器官 기관   器具 기구   器量 기량
武器 무기   石器 석기   容器 용기
鐵器 철기

嚴
엄할 엄
엄하다
4급 | 총획 20 | 약 厳

바위[厂]가 흔들리듯 소리치고[口口] 용맹[敢]을 떨치니 참으로 '**엄하다**'.
嚴苛 엄가   嚴格 엄격   嚴禁 엄금
嚴選 엄선   嚴肅 엄숙   嚴重 엄중
嚴親 엄친   嚴寒 엄한

嚼
씹을 작
씹다
1급 | 총획 21 | 동 咀(저)

벼슬[爵]한 사람들의 식구[口]들은 음식을 충분히 '씹다'.

咀嚼 저작 : 음식을 씹음

囔
주머니 낭
주머니
1급 | 총획 22

옷[衣] 가운데[中] 이것저것[卄] 집어넣기 위해 덮개[一]를 달아 만든 '주머니[口口]'.

囊刀 낭도 : 주머니칼

背囊 배낭   **寢囊** 침낭

囑
부탁할 촉
부탁하다, 맡기다
1급 | 총획 24 | 동 託(탁)

어떤 사람한테 붙어[屬] 계속 입[口]으로 '부탁하다'.

囑望 촉망 : 잘 되기를 바라고 기대함

囑託 촉탁

큰입구몸 | 부·3획

사방을 둘러싸고 있는 경계선이나 울타리 모양으로, '둘러싸다', '에워싸다', '에운담', '울타리'라는 뜻이다. 한자로는 '에울 위', '나라 국'이라고 읽는다.

 넉 **사** :
넷, 4
8급 | 총획 5

사방[囗]을 나누니 '넷'이 되었다.

四君子 사군자 : 고결한 군자에 비유한 네 가지 식물. 매·란·국·죽

四苦 사고　　四角形 사각형　　四季 사계
四聖 사성　　四月 사월　　　四柱 사주
四寸 사촌

 가둘 **수**
가두다, 죄인
3급 | 총획 5 | ⓑ 放(방), 釋(석), 解(해)

사람[人]을 사방[囗]으로 '가두다'.

囚衣 수의　　拿囚 나수　　虜囚 노수
旣決囚 기결수　未決囚 미결수　良心囚 양심수
罪囚 죄수　　脫獄囚 탈옥수

 인할 **인**
인하다, 의거하다
5급 | 총획 6 | ⓑ 果(과)

큰[大] 울타리[囗]로 '인해' 안전하다.

因果 인과　　因習 인습　　因子 인자
起因 기인　　病因 병인　　死因 사인
要因 요인　　原因 원인　　主因 주인
敗因 패인

 돌아올 **회**
돌다, 돌아오다
4Ⅱ급 | 총획 6 | ⓢ 歸(귀), 還(환)

빙빙 돌아 다시 '돌아오다'.

回甲 회갑　　回顧 회고　　回答 회답
回覽 회람　　回復 회복　　回信 회신
回遊 회유　　回轉 회전　　回避 회피
旋回 선회

곤할 **곤** :
곤하다, 괴롭다
4급 | 총획 7 | ⓢ 窮(궁), 疲(피), 乏(핍)

나무[木]가 사방으로 에워싸서[囗] 나가기가 '곤란하다'.

困境 곤경　　困窮 곤궁　　困難 곤란
困惑 곤혹　　貧困 빈곤　　疲困 피곤
食困症 식곤증

감옥 **령**
감옥, 옥
1급 | 총획 8

임금의 명령[令]으로 죄수가 달아날 수 없도록 가둔 [囗] '감옥'.

囹圄 어령

 굳을 **고** (:)
굳다
5급 | 총획 8 | ⓢ 堅(견), 硬(경) ⓑ 軟(연)

사방으로 단단하게 둘러싸인[囗] 성이 오랫동안[古] '굳게' 닫혀 있다.

固諫 고간　　固陋 고루　　固辭 고사
固守 고수　　固有 고유　　固定 고정
固體 고체　　固形 고형

 옥 **어**
옥, 가두다, 지키다
1급 | 총획 10

나[吾]를 가둔[囗] '감옥'.

囹圄 영어 : 옥. 감옥. 교도소
圄囹 어령

채마밭 포
채마밭, 밭
1급 | 총획 10

에워싸듯[囗] 울타리를 크게[甫] 해 놓고 야채를 재배하는 **'채마밭'**.

藥圃 약포 : 약초를 심는 밭

圃田 포전   玄圃 현포

우리 권
우리, 동그라미
2급 | 총획 11 | 동 牢(뢰)

책[卷] 표지를 싸듯 동물을 가두기 위해 에워싸서[囗] 만든 **'우리'**.

圈內 권내 : 금을 그은 테두리 안

圈牢 권뢰   大氣圈 대기권   首都圈 수도권

나라 국
나라
8급 | 총획 11 | 약 国

일정한 영토[囗] 안에서 창[戈]을 들고 백성이 입[口]을 모아 한[一] 마음으로 지키는 **'나라'**.

國狀 국상	國家 국가	國慶日 국경일
國軍 국군	國旗 국기	國民 국민
國史 국사	國語 국어	國籍 국적
國土 국토	外國 외국	

에워쌀 위
에워싸다, 둘레
4급 | 총획 12 | 약 囲

가죽[韋]으로 사방을 크게[囗] **'에워싸다'**.

範圍 범위   周圍 주위   包圍 포위

동산 원
동산
6급 | 총획 13

입[口]을 다문 채 두 사람[人人]이 흙[土] 위에 울타리[囗]를 쳐서 **'동산'**을 꾸민다.

園頭幕 원두막	園藝 원예	公園 공원
果樹園 과수원	樂園 낙원	遊園地 유원지
田園 전원	學園 학원	花園 화원

둥글 원
둥글다
4Ⅱ급 | 총획 13 | 동 團(단)

많은 인원[員]이 크게 에워싸니[囗] **'둥글게'** 되다.

圓弧 원호	圓滿 원만	圓熟 원숙
圓柱 원주	圓卓 원탁	團圓 단원
一圓 일원	楕圓 타원	

둥글 단
둥글다, 모으다
5Ⅱ급 | 총획 14 | 약 団

에워싸[囗] 오로지[專] 한 뜻으로 **'둥글게'** 모였다.

團扇 단선	團結 단결	團束 단속
團長 단장	團體 단체	團合 단합
球團 구단	大團圓 대단원	入團 입단
集團 집단	合唱團 합창단	

그림 도
그림
6Ⅱ급 | 총획 14 | 동 畫(화) 약 図

우두머리[⺁]의 명령[口]으로 전국을 돌며[回] 나라의 큰 울타리[囗]를 그린 **'그림'**.

圖面 도면	圖式 도식	圖案 도안
圖表 도표	圖畫 도화	意圖 의도
製圖 제도	地圖 지도	風俗圖 풍속도

흙 토 | 부·3획

'一'과 '十'의 합자로 '一'은 '땅', '十'은 '초목'을 나타내며, 싹이 땅에서 나오는 모양을 본뜬 글자로, 초목을 길러내는 '흙'을 뜻한다.

土 흙 토
흙
8급 | 총획 3 | 동 壤(양), 地(지)

위의 [一]은 지면, 아래의 [一]은 땅 속, [ㅣ]은 땅 속에서 초목이 나오는 모양으로, 초목을 길러내 주는 '흙'.

土木 토목 　　土沙 토사 　　土星 토성
土壤 토양 　　土種 토종 　　土地 토지
國土 국토 　　腐葉土 부엽토 　風土 풍토

地 땅 지
땅
7급 | 총획 6 | 동 坤(곤) | 반 乾(건), 天(천)

흙[土] 또한[也] '땅'이다.

地球 지구 　　地圖 지도 　　地理 지리
地面 지면 　　地方 지방 　　地位 지위
地點 지점 　　地下 지하 　　天地 천지

在 있을 재 :
있다
6급 | 총획 6 | 동 有(유)

한[一] 사람[亻]이 흙[土] 위에 서 '있다'.

在京 재경 　　在庫 재고 　　在野 재야
在學 재학 　　健在 건재 　　所在地 소재지
存在 존재 　　現在 현재

均 고를 균
고르다
4급 | 총획 7 | 동 等(등), 調(조)

흙[土]을 두[二] 무더기로 싸서[勹] '고르게' 하다.

均等 균등 　　均配 균배 　　均一 균일
均霑 균점 　　均質 균질 　　均衡 균형

坊 동네 방
동네, 관청, 둑
1급 | 총획 7

사방[方]에 흙[土]으로 집을 짓고 살아가는 시골 '동네'.

坊民 방민 : 그 방 안에서 사는 백성

坊曲 방곡 　　坊村 방촌

坑 구덩이 갱
구덩이, 묻다, 갱도
2급 | 총획 7 | 동 塹(참)

흙[土]을 높게[亢] 쌓아 깊게 판 '구덩이'.

焚書坑儒 분서갱유 : 중국 진나라 시황제가 책을 불사르고 학자들을 산 채로 구덩이에 묻어 죽인 일

坑口 갱구 　　坑道 갱도

坐 앉을 좌 :
앉다, 지키다, 머무르다
3Ⅱ급 | 총획 7 | 반 立(립)

땅[土] 바닥에 두 사람[人人]이 마주 '앉아' 있다.

坐禪 좌선 : 불교에서 가부좌를 하고 조용히 앉아서 선정으로 들어가거나 또는 그렇게 하는 수행

坐像 좌상 　　坐視 좌시 　　坐藥 좌약
坐板 좌판 　　連坐 연좌 　　正坐 정좌

坪 들 평
들, 평, 평평하다
2급 | 총획 8

평평하게[平] 흙[土]을 펴 놓은 것이니 '들'.

坪數 평수 　　建坪 건평

坤 땅 곤
땅
3급 | 총획 8 | 동 地(지) 반 乾(건), 天(천)

흙[土]을 잘 펴[申] 평평한 '땅'.

坤方 곤방 : 이십사 방위의 하나. 남서(南西)를 중심으로 한 15도 범위 이내의 방위
坤殿 곤전 : 왕비
坤卦 곤괘　　　乾坤 건곤

坦 평탄할 탄 :
평탄하다, 평평하다
1급 | 총획 8

땅[土]이 아침[旦] 햇살처럼 '평탄하다'.

坦白 탄백 : 있는 그대로 솔직히 말함
坦途 탄도　　　坦路 탄로　　　順坦 순탄

垂 드리울 수
드리우다
3Ⅱ급 | 총획 8

천[千] 갈래로 풀[艹]이 흙[土]바닥에 늘어져 '드리우다'.

腦下垂體 뇌하수체 : 척추동물의 대뇌 아래쪽에 드리워 있는 콩만한 그기의 내분비샘

垂鉤 수구　　　垂楊 수양　　　垂直 수직
垂直線 수직선　　懸垂幕 현수막

垈 집터 대
집터, 터
2급 | 총획 8

흙[土]바닥에 밭 대신[代] '집터'를 만들다.

垈地 대지　　　落星垈 낙성대

型 모형 형
모형, 거푸집
2급 | 총획 9

흙[土]에 물을 부어 형[刑]틀의 '모형'을 만든 것이 '거푸집'.

型板 형판　　　捺型 날형　　　蠟型 납형
模型 모형　　　新型 신형　　　典型 전형

垢 때 구
때, 티끌, 때 묻다
1급 | 총획 9

왕후[后]의 옷에 묻어 있는 흙[土] 같은 '때'.

垢衣 구의 : 때묻은 옷
垢面 구면　　　垢穢 구예　　　垢濁 구탁

埋 묻을 매
묻다, 장사 지내다, 메우다
3급 | 총획 10

땅[土] 속에 마을[里]을 '묻기라도' 했니?

埋沒 매몰　　　埋伏 매복　　　埋藏 매장
生埋葬 생매장　　暗埋葬 암매장

城 재 성
재, 성, 도읍
4Ⅱ급 | 총획 10

흙[土]으로 이루어진[成] '성'.

城郭 성곽　　　城門 성문　　　城壁 성벽
土城 토성

培 북돋울 배 :
북돋우다, 불리다
3Ⅱ급 | 총획 11

흙[土]을 세워[立] 입으로[口] 기운을 '북돋우다'.

培養 배양　　　培土 배토　　　栽培 재배

域 지경 역
지경, 구역
4급 | 총획 11 | 동 境(경), 界(계)

혹시[或] 남의 땅[土]과 헷갈릴까봐 분명히 선을 그은 '지경'.

廣域 광역　　　區域 구역　　　墓域 묘역
聖域 성역　　　領域 영역　　　全域 전역
地域 지역

土

堆
쌓을 **퇴** :
쌓다, 언덕
1급 | 총획 11

새[隹]가 앉기 편하게 흙[土]을 '쌓다'.
堆肥 퇴비 : 풀이나 짚을 썩혀서 만든 거름
堆石 퇴석   堆積 퇴적

埠
부두 **부** :
부두, 선창
1급 | 총획 11

배를 대기 위해 언덕[阜]에 흙[土]을 부어 만든 '부두'.
埠頭 부두 : 배를 대어 사람과 짐이 뭍으로 오르내릴 수 있도록 만들어 놓은 곳
船埠 선부

基
터 **기**
터, 기초, 근본
5Ⅱ급 | 총획 11 | 통 址(지)

그[其] 흙[土]을 잘 골라 집 '터'를 잡다.
基金 기금   基督敎 기독교   基盤 기반
基本 기본   基數 기수   基業 기업
基因 기인   基調 기조   基礎 기초
國基 국기

堂
집 **당**
집, 당당하다
6Ⅱ급 | 총획 11 | 통 家(가), 閣(각), 室(실)

높은[尙] 토대[土] 위에 지은 '집'.
堂堂 당당   講堂 강당   內堂 내당
明堂 명당   法堂 법당   別堂 별당
本堂 본당   佛堂 불당   書堂 서당
食堂 식당

堅
굳을 **견**
굳다, 단단하게 하다
4급 | 총획 11 | 통 固(고), 確(확) 약 坚

신하[臣]들이 또[又] 땅[土]을 지키자고 '굳게' 뭉치다.
堅甲利兵 견갑이병 : 튼튼한 갑옷과 날카로운 병기를 갖춘 강한 병력
堅固 견고   堅實 견실   堅持 견지
堅剛 견강   中堅手 중견수

堊
흰흙 **악**
흰흙, 거칠다
1급 | 총획 11

흙[土] 중에서 버금[亞]은 '흰 흙'.
堊次 악차   白堊 백악

執
잡을 **집**
잡다, 가지다, 맡아 다스리다
3Ⅱ급 | 총획 11 | 통 拘(구), 握(악), 操(조), 捕(포)

다행히[幸] 환약[丸]을 구했으니 잘 '잡고' 있어라.
執權 집권   執念 집념   執刀 집도
執務 집무   執事 집사   執着 집착
執筆 집필   執行 집행   固執 고집
我執 아집

堪
견딜 **감**
견디다, 뛰어나다
1급 | 총획 12

땅[土]은 심히[甚] 삼라만상을 적재하고 '견디다'.
堪耐 감내 : 참고 견딤
堪當 감당   堪輿 감여

堤
둑 **제**
둑, 방죽
3급 | 총획 12

넘어지는 이[是] 곳을 흙[土]으로 막은 '둑'.
堤塘 제당   堤防 제방   防潮堤 방조제
防波堤 방파제

場
마당 **장**
마당
7Ⅱ급 | 총획 12

볕[昜]이 잘 드는 흙[土]이 있는 '마당'.
場面 장면   場所 장소   場外 장외
開場 개장   工場 공장   廣場 광장
球場 구장   當場 당장   牧場 목장
市場 시장

堵 담 도
담, 거처, 막다
1급 | 총획 12

도둑놈[者]이 들어오지 못하도록 흙[土]을 쌓아 만든 '담'.

堵列 도열 : 죽 늘어섬, 또는 늘어선 줄
堵墻 도장   安堵 안도

堰 둑 언
둑, 방죽, 막다
1급 | 총획 12

흙[土] 포대를 엎어[匽] 쌓아 놓은 '방죽'이나 '둑'.

堰堤 언제 : 둑, 방죽
堰塞 언색

堡 작은 성 보 :
작은 성, 둑
1급 | 총획 12

안전하게 보호하기[保] 위해 흙[土]을 쌓아 만든 '작은 성'.

堡壘 보루 : 적을 막기 위하여 만든 견고한 구축물
堡壁 보벽

報 갚을, 알릴 보 :
갚다, 알리다
4Ⅱ급 | 총획 12

영토[土]를 지키기 위해 여덟[八] 개의 방패[干]를 들고 모든 병부[卩]에게 거듭[又] '알리다'.

報告 보고   報答 보답   報復 보복
報償 보상   報恩 보은   悲報 비보
誤報 오보   通報 통보

塞 변방 새/막힐 색
변방, 사이가 뜨다, 막히다
3Ⅱ급 | 총획 13 | 통 壅(옹)

찬[寒] 바람을 막기 위해 흙[土]으로 '변방'의 틈을 '막다'.

塞翁之馬 새옹지마 : 인생의 길흉화복은 항상 바뀌어 미리 헤아릴 수가 없다는 말
拔本塞源 발본색원 : 폐단의 근본 원인을 아주 없앰
要塞 요새   窮塞 궁색   閉塞 폐색

塔 탑 탑
탑, 절
3Ⅱ급 | 총획 13

흙[土]을 합쳐[合] 풀[艹]밭에 쌓아 놓은 '탑'.

象牙塔 상아탑 : 대학 또는 연구실을 비유하여 이르는 말
金字塔 금자탑 : 후세까지 빛날 훌륭한 업적을 비유하여 이르는 말
管制塔 관제탑   佛塔 불탑   石塔 석탑

塗 칠할 도
칠하다, 진흙, 길
3급 | 총획 13 | 통 泥(니), 道(도)

나[余]는 흙[土]에 물[氵]을 섞어 벽을 '칠하다'.

塗料 도료 : 물건의 겉에 칠하여 썩지 않게 하거나 채색에 쓰는 물질
塗炭 도탄 : 생활이 몹시 곤궁하거나 비참한 경지
塗墨 도묵   塗壁 도벽   塗土 도토

塚 무덤 총
무덤, 산꼭대기
1급 | 총획 13

흙[土]을 덮어[冖] 돼지[豕] 배처럼 만든 '무덤'.

塚墓 총묘 : 무덤
古塚 고총   石塚 석총

塡 메울 전
메우다, 채우다
1급 | 총획 13

흙[土]으로 빈틈없이 참되게[眞] '메우다'.

塡補 전보 : 메워서 보충함
塡塞 전색   塡代 전대   塡充 전충

塊 흙덩이 괴
흙덩이, 흙, 덩어리
3급 | 총획 13

흙[土] 속에 묻혀 있는 귀신[鬼]이니 '흙덩이'.

塊狀 괴상   粘塊 점괴   金塊 금괴

塑
흙 빚을 **소**
흙 빚다, 토우
1급 | 총획 13

하룻날[朔] '**흙[土]을 빚어**' 만든 '**토우**'.
塑像 소상 : 찰흙으로 만든 사람의 형상
塑造 소조   **泥塑** 이소

墓
무덤 **묘**:
무덤
4급 | 총획 14

풀[艹] 위에 해[日]처럼 둥글고 크게[大] 흙[土]을 덮어 만든 '**무덤**'.
墓木 묘목   **墓碑** 묘비   **墓所** 묘소
墓域 묘역   **墓地** 묘지   **墳墓** 분묘
省墓 성묘

境
지경 **경**
지경, 경계
4Ⅱ급 | 총획 14 | 동 界(계), 域(역)

땅[土]의 끝[竟]에 '**지경**'이 있다.
境界 경계   **境地** 경지   **困境** 곤경
國境 국경   **邊境** 변경   **心境** 심경
逆境 역경   **越境** 월경   **接境** 접경
環境 환경

塾
글방 **숙**
글방, 방
1급 | 총획 14

누구나[孰] 공부할 수 있도록 흙[土]으로 지은 '**글방**'.
私塾 사숙 : 개인이 설립한 글방. 서당. 사립 학교
塾堂 숙당   **塾舍** 숙사

塵
티끌 **진**
티끌, 먼지
2급 | 총획 14

사슴[鹿]이 달려갈 때 흙[土] '**먼지**'가 휘날리다.
塵芥 진개 : 먼지와 쓰레기
塵土 진토   **塵事** 진사   **粉塵** 분진
灑塵 쇄진   **風塵** 풍진

塹
구덩이 **참**
구덩이, 파다
1급 | 총획 14

죄인을 죽여서[斬] 땅[土]에 묻기 위해 파놓은 '**구덩이**'.
塹壕 참호 : 성(城) 둘레에 파 놓은 구덩이
天塹 천참   **坑塹** 갱참

墜
떨어질 **추**
떨어지다
1급 | 총획 15

언덕[阝]에 여덟[八] 마리의 돼지[豕]가 뛰어가니 흙[土] 바닥에 돌 같은 것이 '**떨어지다**'.
墜落 추락   **墜下** 추하   **失墜** 실추

增
더할 **증**
더하다
4Ⅱ급 | 총획 15 | 동 加(가), 益(익) | 약 増

흙[土]으로 여덟[八] 개의 창[囗]을 만든다고 말하고 [曰] 재료를 '**더하다**'.
增加 증가   **增減** 증감   **增強** 증강
增產 증산   **增設** 증설   **增殖** 증식
增築 증축   **增便** 증편   **增幅** 증폭
急增 급증

墨
먹 **묵**
먹, 검다
3Ⅱ급 | 총획 15

검은[黑] 흙[土]으로 만든 '**먹**'.
墨香 묵향   **墨畫** 묵화   **墨守** 묵수
白墨 백묵   **水墨畫** 수묵화

墮
떨어질 **타**:
떨어지다, 무너뜨리다
3급 | 총획 15 | 동 落(락) | 약 堕

왼쪽[左] 몸[月]부터 언덕[阝]에서 땅[土]으로 '**떨어진다**'.
墮落 타락   **墮淚** 타루

墳 무덤 분
무덤, 언덕
3급 | 총획 15 | 동 墓(묘)

흙[土]을 모아 크게[賁] 쌓아 만든 '무덤'.
※ 풀에 쌓인 무덤은 '墓(묘)', 산처럼 높이 쌓은 무덤은 '陵(릉)'

墳墓 분묘 : 무덤
古墳 고분 : 옛무덤
墳衍 분연   雙墳 쌍분

墟 터 허
터, 언덕
1급 | 총획 15

흙[土] 바닥이 텅 비어있으니[虛] '빈터'.

墟墓 허묘 : 풀에 파묻혀 폐허가 된 무덤
殷墟 은허   廢墟 폐허   遺墟 유허

墾 개간할 간
개간하다, 김매다
1급 | 총획 16

사나운[豸] 짐승이 머물러[艮] 있던 쓸모없는 땅[土]을 '개간하다'.

墾田 간전 : 밭을 개간함, 또는 그 밭
墾植 간식   開墾 개간

壅 막을 옹
막다, 메이다
1급 | 총획 16

높은[亠] 곳에 뚫려 있는 작은[幺] 새[隹] 구멍을 흙[土]으로 '막다'.

壅塞 옹색 : ① 매우 비좁음 ② 생활이 군색함
壅拙 옹졸   壅蔽 옹폐

墻 담 장
담, 경계
3급 | 총획 16

흙[土]과 흙[土] 사이의 두 사람[人人]이 '담장'을 돌며 [回] 얘기하다.

路柳墻花 노류장화 : '아무나 쉽게 꺾을 수 있는 길가의 버들꽃'이라는 뜻으로, 기생을 의미함
墻壁 장벽   堵墻 도장

壁 벽 벽
벽
4Ⅱ급 | 총획 16

임금[辟]이 사는 곳에 흙[土]으로 '벽'을 만들다.

壁報 벽보   壁紙 벽지   壁畵 벽화
防音壁 방음벽   城壁 성벽   絕壁 절벽

壇 단 단
단, 제단
5급 | 총획 16

흙[土]을 높게[亶] 쌓은 '단'.

壇上 단상   講壇 강단   教壇 교단
登壇 등단   文壇 문단   樂壇 악단
演壇 연단   戎壇 융단   祭壇 제단
花壇 화단

壑 구렁 학
구렁, 골, 도랑
1급 | 총획 17

흙[土]이 또[又] 패어 높은[亠] 골짜기[谷]에 '구렁'이 생기다.

壑谷 학곡 : ① 구렁 ② 지하실의 비유
洞壑 동학   溪壑 계학

壓 누를 압
누르다, 억누르다
4Ⅱ급 | 총획 17 | 약 圧

흙[土]을 싫어해[厭] '누르다'.

壓搾 압착   壓卷 압권   壓力 압력
壓死 압사   壓縮 압축   制壓 제압
抑壓 억압   彈壓 탄압

壘 보루 루
보루, 진, 쌓다
1급 | 총획 18

밭이 모여[畾] 있듯 흙[土]을 모아 '쌓은' '보루'.

陷壘 함루   堡壘 보루   城壘 성루

壙 : 뫼 구덩이 광
뫼 구덩이
1급 | 총획 18 | 동 穴(혈)

넓게[廣] 흙[土]을 파서 만든 '뫼 구덩이'.
壙中 광중 : 무덤 속
壙穴 광혈   破壙 파광   穿壙 천광

壟 : 밭두둑 롱
밭두둑, 언덕, 무덤
1급 | 총획 19

용[龍]이 꿈틀거리듯 구불구불 흙[土]을 쌓아 만든 '밭두둑'.
壟斷 농단 : 깎아 세운 듯한 높은 언덕
壟畔 농반   丘壟 구롱

壞 : 무너질 괴
무너지다, 무너뜨리다
3Ⅱ급 | 총획 19 | 동 滅(멸), 崩(붕) | 약 壊

흙[土]을 품으면[裹] '무너진다'.
壞滅 괴멸   壞血病 괴혈병   崩壞 붕괴
損壞 손괴   破壞 파괴

壤 : 흙덩이 양
흙덩이, 땅
3Ⅱ급 | 총획 20 | 동 土(토) | 약 壌

부드러운[襄] 흙[土]이 뭉쳐 '흙덩이'가 되다.
天壤之差 천양지차 : 하늘과 땅처럼 큰 차이
糞壤 분양   擊壤歌 격양가   土壤 토양

선비 사 | 부·3획

하나(一)에서 열(十)까지 두루 안다하여 '벼슬', '벼슬하는 사람', '일'의 뜻을 나타낸다.

선비 사 :
선비, 관리
5Ⅱ급 | 총획 3 | 동 軍(군), 兵(병) 반 民(민)

하나[一]를 보면 열[十]을 깨닫는 '선비'.

士農工商 사농공상 : 선비 · 농민 · 장인 · 상인의 네 가지 신분

士官 사관　　士氣 사기　　士兵 사병
士大夫 사대부　建築士 건축사　辨理士 변리사
操縱士 조종사

북방 임 :
북방, 아홉째 천간
3Ⅱ급 | 총획 4

벼를 안은 모습을 본뜬 자. 비뚠[ノ] 선비[士]를 유배 보내는 곳이 '북방'.

壬年 임년 : 태세의 천간이 임으로 된 해. 임진년, 임자년 등

壬亂 임란　　壬方 임방

장할 장 :
장하다, 씩씩하다
4급 | 총획 7 | 약 壮

장수[爿]와 선비[士]는 '씩씩하고' '장하다'.

壯觀 장관　　壯談 장담　　壯烈 장렬
壯士 장사　　壯丁 장정　　健壯 건장
悲壯 비장　　天下壯士 천하장사　雄壯 웅장

한, 갖은한 일
하나, 一의 갖은자
2급 | 총획 12 | 약 壱

선비[士]가 갓을 덮어[冖] 쓰고 콩[豆] 밭에 서 있는 마음은 '한' 가지이다.

壹萬 일만　　壹意 일의

사위 서 :
사위, 남편, 사내
1급 | 총획 12 | 동 婿(서)

선비[士] 중에 서로[胥] 마음이 맞으면 '사위'로 삼는다.

壻郞 서랑　　壻屋 서옥

목숨 수
목숨, 장수
3Ⅱ급 | 총획 14 | 동 命(명) | 약 寿

선비[士]의 한[一] 마디 말[口]의 교훈과 장인[工]의 한[一] 자[寸]로 만든 물건은 '수명(목숨)'이 길다.

十年減壽 십년감수 : 몹시 놀라거나 위험한 고비를 겪었을 때 하는 말
無病長壽 무병장수 : 병 없이 오래 삶

壽命 수명　　壽衣 수의　　喜壽 희수

夕 저녁 석 | 부·3획

'月(달 월)'에서 한 획을 뺀 것이니 아직 밤이 되지 않은 '해질 무렵인 저녁'을 뜻한다.

夕 저녁 석
저녁
7급 | 총획 3 | 동 暮(모) 반 朝(조)

해가 지고, 달[月]이 산 위로 조금 올라오니 '저녁'이 되다.

夕陽 석양　　朝夕 조석　　秋夕 추석
七夕 칠석

夙 이를, 새벽 숙
이르다, 새벽
1급 | 총획 6

하루[一] 저녁[夕]이 지나고 안석[几]에 빛이 드는 '이른 새벽'.

夙夜 숙야 : 이른 아침과 늦은 밤. 밤낮
夙起 숙기

外 바깥 외 :
바깥, 겉
8급 | 총획 5 | 반 內(내)

저녁[夕]에 점[卜]을 보러 '바깥'으로 나가다.

外家 외가　　外界 외계　　外科 외과
外交 외교　　外國 외국　　外面 외면
外部 외부　　外信 외신　　外製 외제
郊外 교외

夜 밤 야 :
밤, 어두워지다
6급 | 총획 8 | 반 午(오), 晝(주)

갓[亠]을 쓴 나그네[亻]가 저녁[夕]에 홀로[乀] '밤'길을 걷다.

夜間 야간　　夜光 야광　　夜勤 야근
夜半 야반　　夜食 야식　　夜學 야학
白夜 백야　　深夜 심야　　初夜 초야
前夜祭 전야제

多 많을 다
많다
6급 | 총획 6

어제 저녁[夕]에도 옷을 사고 오늘 저녁[夕]에도 옷을 사니, 옷이 정말 '많다'.

多角 다각　　多感 다감　　多寡 다과
多量 다량　　多忙 다망　　多福 다복
多數 다수　　多樣 다양　　多才 다재

夢 꿈 몽
꿈, 꿈꾸다
3Ⅱ급 | 총획 14 | 약 梦

저녁[夕]에 사[四]방이 풀[艹]로 덮힌[冖] '꿈'을 꾸다.

夢想 몽상　　夢遊病 몽유병　　吉夢 길몽
迷夢 미몽　　白日夢 백일몽　　惡夢 악몽
解夢 해몽　　現夢 현몽

夂 뒤져올 치 | 부·3획

'뒤져 오다'라는 뜻을 나타낸다.

해당 한자 없음

夊 천천히걸을쇠발 | 부·3획

발을 끌 듯 천천히 걷는 모양을 본뜬 글자로, '천천히 걷다'라는 뜻을 나타낸다. 한자로는 '천천히 걸을 쇠'라고 읽는다.

夏 여름 하 :
여름
7급 | 총획 10 | 반 冬(동)

하늘[一] 아래 태양이 스스로[自] 서서히[夊] 뜨거워지는 '여름'.

夏雨 하우	夏季 하계	夏穀 하곡
夏期 하기	夏服 하복	夏節期 하절기
夏至 하지	立夏 입하	春夏 춘하

大 | 큰 대 | 부·3획

사람이 양팔을 벌리고 서 있는 모양을 본뜬 글자이다.

大 큰 대(:)
크다
8급 | 총획 3 | 동 巨(거), 太(태), 泰(태) 반 小(소)

한[一] 사람[人]이 팔과 다리를 벌리니 그 모양이 몹시 '크다'.

大概 대개 　　大規模 대규모 　　大量 대량
大望 대망 　　大門 대문 　　大賞 대상
大小 대소 　　大學 대학 　　大會 대회
寬大 관대

太 클 태
크다
6급 | 총획 4 | 동 巨(거), 泰(태) 반 微(미)

큰[大] 것에 점[丶]을 붙여 아주 '큰' 것이 되다.

太古 태고 　　太極旗 태극기 　　太半 태반
太陽 태양 　　太初 태초 　　太平 태평
太平洋 태평양

天 하늘 천
하늘, 운명
7급 | 총획 4 | 동 乾(건) 반 坤(곤), 地(지)

제일[一] 큰[大] 것이니 '하늘'.

天干 천간 　　天堂 천당 　　天倫 천륜
天罰 천벌 　　天性 천성 　　天地 천지
天下 천하 　　昇天 승천

夭 일찍 죽을 요
일찍 죽다, 어리다, 꺾다
1급 | 총획 4

목이 삐뚤어져[丿] 양쪽으로 팔을 벌리고[大] '일찍 죽다'.

夭折 요절 : 나이 젊어서 죽음
夭死 요사 　　夭殤 요상

夫 지아비 부
지아비, 남편, 사내
7급 | 총획 4 | 반 婦(부), 妻(처)

남녀 두[二] 사람[人]이 만나 부부가 되니, 그 중 아내를 책임지는 사람이 '지아비'.

夫婦 부부 　　夫人 부인 　　鑛夫 광부
農夫 농부 　　士大夫 사대부 　　漁夫 어부
令夫人 영부인 　　丈夫 장부

失 잃을 실
잃다
6급 | 총획 5 | 동 忘(망) 반 得(득)

화살[矢]을 잘못 쏴서 물병에 금[丶]이 가 아까운 물건을 '잃다'.

失格 실격 　　失手 실수 　　失言 실언
失業 실업 　　失意 실의 　　失足 실족
失職 실직 　　失敗 실패 　　紛失 분실
損失 손실

央 가운데 앙
가운데
3Ⅱ급 | 총획 5 | 동 中(중) 반 邊(변)

큰[大] 사람의 한 가운데인 목 부분에 한 일[一]을 붙인 것으로 '가운데'.

中央 중앙 　　震央 진앙

夷 오랑캐 이
오랑캐
3급 | 총획 6

큰[大] 활[弓]을 가지고 사냥하는 '오랑캐'.

東夷 동이 : '동쪽 오랑캐'라는 뜻으로, 지난날 중국에서 그들의 동쪽에 사는 이민족을 얕잡아 이르던 말

夷狄 이적 　　洋夷 양이

奇 기특할 기
기특하다, 기이하다
4급 | 총획 8 | 동 怪(괴)

큰[大] 일을 가히[可] 잘 처리하니 '기특하다'.

奇談 기담　　奇妙 기묘　　奇拔 기발
奇襲 기습　　奇人 기인　　奇跡 기적
新奇 신기　　好奇心 호기심

奈 어찌 나/내
어찌, 나락
3급 | 총획 8 | 동 豈(기), 那(나), 何(하)

크게[大] 보이니[示] '어찌' 속일까?

奈落 나락 : 'naraka'의 음역. 불교에서 지옥을 이르는 말. 어려운 절망적인 상황을 비유적으로 이르는 말
奈何 내하 : 어찌
莫無可奈 막무가내 : 어찌할 수 없음. 굳게 고집하여 융통성이 없음

奔 달릴 분
달리다, 달아나다
3Ⅱ급 | 총획 8 | 동 走(주)

큰[大] 죄를 지은 사람이 삼십[十十十]육계 줄행랑으로 '달리다'.

東奔西走 동분서주 : 여기저기 분주하게 다님
奔忙 분망　　奔放 분방　　奔走 분주

奉 받들 봉 :
받들다
5Ⅱ급 | 총획 8 | 동 仕(사)

위대한[大] 임금은 두[二] 손[扌→ㅑ]으로 '받들어야' 한다.

奉命 봉명　　奉仕 봉사　　奉養 봉양
奉祝 봉축　　奉行 봉행　　信奉 신봉

奄 문득 엄 :
문득, 갑자기, 가리다, 어루만지다
1급 | 총획 8

큰[大] 번개[电]가 '갑자기' 치다.

奄奄 엄엄 : 숨이 곧 끊어지려고 하는 모양
奄然 엄연　　奄忽 엄홀

契 맺을 계 :
맺다, 약속
3Ⅱ급 | 총획 9

큰[大]일을 위해 세 개의 사선[彡]을 긋고 칼[刀]을 이용하여 세로[丨]로 쪼개 '맺은' '약속'.

契機 계기　　契約 계약　　契員 계원
假契約 가계약　　默契 묵계

奏 아뢸 주(:)
아뢰다, 상소, 연주하다
3Ⅱ급 | 총획 9

큰[大] 사람 둘[二]이 하늘[天]에 '아뢰다'.

奏請 주청　　獨奏 독주　　伴奏 반주
變奏 변주　　二重奏 이중주　　吹奏 취주
合奏 합주

套 씌울 투
씌우다, 덮개
1급 | 총획 10

큰[大] 물건을 덮기 위해 긴[長] 헝겊을 '씌우다'.

封套 봉투 : 편지를 넣는 봉지
套語 투어　　外套 외투　　常套的 상투적

奚 어찌 해
어찌, 어느
3급 | 총획 10 | 동 那(나), 何(하)

손톱[爫]이 작았는데[幺] '어찌' 크게[大] 되었느냐?

奚暇 해가 : 어느 겨를
奚琴 해금 : 민속 악기의 한 가지. 둥근 나무통에 긴 나무를 박고 두 가닥의 명주실을 매어 활로 비벼서 켬

奢 사치할 사
사치하다, 지나치다
1급 | 총획 12

큰[大] 물건과 비싼 것만 쓰는 사람[者]이니 '사치하다'.

豪奢 호사 : 호화롭게 사치하는 것
奢欲 사욕　　奢侈 사치

奠	정할, 제사 전 : 정하다, 제사, 제사 지내다 1급	총획 12	동 定(정)

여덟[八] 개의 술[酉]잔을 큰[大] 상에 올려 좋은 날을 '정하여' '제사를 지내다'.

奠居 전거 : 있을 곳을 정함

奠物 전물   奠定 전정

奪	빼앗을 탈 빼앗다, 잃다 3Ⅱ급	총획 14	동 掠(략)

손목[寸]만한 새[隹]가 날개를 크게[大] 펼치고는 물건을 '빼앗아' 날아가다.

奪取 탈취   奪胎 탈태   奪還 탈환
強奪 강탈   收奪 수탈   掠奪 약탈
爭奪 쟁탈

奧	깊을 오(:) 깊다, 속 1급	총획 13

큰[大] 손님이 오면 쓰기 위해 쌀[米]을 집[宀] 안[一] '깊은' 곳에 저장해 두다.

奧妙 오묘 : 심오하고 미묘함

奧地 오지   奧室 오실

奮	떨칠 분 : 떨치다, 흔들리다 3Ⅱ급	총획 16

밭[田]에 있던 새[隹]가 날개를 크게[大] '떨쳐' 날아가다.

孤軍奮鬪 고군분투 : 수가 적고 후원이 없는 외로운 군대가 힘에 겨운 적과 용감하게 싸움

奮起 분기   奮發 분발   奮戰 분전
激奮 격분   興奮 흥분

女 계집 녀 | 부·3획

두 손을 얌전히 모으고 앉아 있는 여자의 모양을 본뜬 글자이다.

女 계집 녀
계집, 여자, 딸
8급 | 총획 3 | 동 娘(낭) | 반 男(남), 郎(랑)

두 손을 모으고 앉아 있는 '여자'의 모습을 본뜬 자.

女傑 여걸　　女息 여식　　女兒 여아
女王 여왕　　女人 여인　　修女 수녀
淑女 숙녀　　侍女 시녀　　姪女 질녀

奴 종 노
종, 놈
3Ⅱ급 | 총획 5 | 동 婢(비)

손[又]으로 일만 하는 계집[女]인 '종'.

奴婢 노비　　賣國奴 매국노　　守錢奴 수전노

妃 왕비 비
왕비, 아내, 여신
3Ⅱ급 | 총획 6 | 반 王(왕)

여자[女]의 몸[己]으로 임금의 짝이 된 '왕비'.

※ 왕의 본처는 '后(후), 그 다음 처는 '妃(비), 그 다음 처는 '嬪(빈)'

王妃 왕비　　楊貴妃 양귀비

如 같을 여
같다
4Ⅱ급 | 총획 6 | 동 若(약), 肖(초) | 반 異(이), 他(타)

여자[女]가 입[口]으로 '같은' 말을 하다.

如干 여간　　如今 여금　　如反掌 여반장
如前 여전　　如此 여차　　如何 여하
缺如 결여　　何如間 하여간

好 좋을 호:
좋다, 좋아하다
4Ⅱ급 | 총획 6 | 동 良(량) | 반 惡(오)

여자[女]와 남자[子]가 함께 있으니 '좋다'.

好感 호감　　好機 호기　　好奇心 호기심
好意 호의　　好戰 호전　　好評 호평
好況 호황　　選好 선호

奸 간사할 간
간사하다
1급 | 총획 6

방패[干] 들고 적진에 쳐들어가는 여자[女]는 '간사하다'.

奸邪 간사　　奸慝 간특　　奸臣 간신

妄 망령될 망:
망령되다, 허망하다
3Ⅱ급 | 총획 6

여자[女]로 인해 이성을 잃었으니[亡] '망령되고' '허망하다'.

妄覺 망각　　妄靈 망령　　妄發 망발
妄言 망언　　輕妄 경망　　虛妄 허망

妨 방해할 방
방해하다, 장애
4급 | 총획 7

여자[女]의 웃음소리가 사방[方]에서 들려 공부에 '방해되다'.

妨害 방해　　妨害罪 방해죄　　無妨 무방

妊 아이 밸 임 :
아이를 배다
2급 | 총획 7 | 통 娠(신)

남자의 정충을 여자[女]에게 맡겨주니[任 → 壬] '아이를 배다'.

妊産婦 임산부   妊娠 임신   不妊 불임
避妊 피임   懷妊 회임

妣 죽은 어미 비
죽은 어미
1급 | 총획 7

여자[女]가 세월이 흘러 구부러지고[匕] 구부러지면서[匕] 세상을 떠나니 '죽은 어미'.

先妣 선비   考妣 고비   顯妣 현비

妥 온당할 타 :
온당하다, 편히 앉다
3급 | 총획 7 | 통 當(당)

여자[女]가 손톱[爫]을 기르는 것은 '온당하다'.

妥結 타결   妥當 타당   妥協 타협

妙 묘할 묘 :
묘하다, 예쁘다
4급 | 총획 7

여자[女]가 젊으니[少] '묘하고' '예쁘다'.

妙計 묘계   妙技 묘기   妙略 묘략
妙味 묘미   妙手 묘수   妙案 묘안
巧妙 교묘   奇妙 기묘   絕妙 절묘

妖 요사스러울 요
요사스럽다
2급 | 총획 7

목을 갸우뚱거리며 [丿] 큰[大] 소리치는 여자[女]의 행실이 '요사스럽다'.

妖鬼 요귀   妖氣 요기   妖妄 요망
妖艶 요염   妖精 요정

妓 기생 기 :
기생, 창녀
1급 | 총획 7

여자[女]의 정조를 지탱하지[支] 못한 '기생'.

娼妓 창기 : 노래와 춤과 몸을 파는 기생

妓生 기생   官妓 관기

妻 아내 처
아내, 시집보내다
3Ⅱ급 | 총획 8 | 반 夫(부)

한[一] 손[크]으로 베를 짜는 여자[女]는 '아내'.

賢母良妻 현모양처 : 자식에게는 어진 어머니이고, 남편에게는 착한 아내

妻家 처가   妻男 처남   恐妻家 공처가
喪妻 상처   惡妻 악처   疑妻症 의처증

姉 손위 누이 자
손위 누이
4급 | 총획 8

시장[市]에서 장을 보는 여자[女]는 '손위 누이'.

姉妹 자매   姉母會 자모회   姉兄 자형
姉妹結緣 자매결연   兄弟姉妹 형제자매

妾 첩 첩
첩
3급 | 총획 8

서서[立] 남자의 시중을 드는 여자[女]는 '첩'.

妾室 첩실   小妾 소첩   愛妾 애첩
妻妾 처첩

妬 샘낼 투
샘내다, 투기하다
1급 | 총획 8

여자[女]가 돌[石]을 던지며 '샘내다'.

妬忌 투기 : 질투

妬心 투심   嫉妬 질투

妹 누이 매
누이
4급 | 총획 8

아직 결혼을 안[未] 한 여자[女] '누이'.

妹夫 매부　　妹弟 매제　　妹兄 매형
男妹 남매　　姉妹 자매

姬 계집 희
계집, 아가씨
2급 | 총획 9

임금 밑에 신하[臣] 같은 여자[女]니 첩이요, '계집'이다.

舞姬 무희　　美姬 미희

姓 성(姓)씨 성:
성(姓)씨, 백성
7Ⅱ급 | 총획 8

여자[女]인 어머니가 자식을 낳으니[生] 그 '성씨'를 따르다.

姓名 성명　　姓氏 성씨　　百姓 백성
他姓 타성　　通姓名 통성명　　稀姓 희성

姪 조카 질
조카
3급 | 총획 9 | 통 叔(숙) 반 甥(생)

한 여자[女]가 이르러[至] 보니 '조카'가 생기다.

姪女 질녀　　姪婦 질부　　姪兒 질아
叔姪 숙질　　堂姪 당질

始 비로소 시:
비로소, 처음
6Ⅱ급 | 총획 8

여자[女]가 다소곳이 앉아 듣고자 하니, 내[厶] 입[口]이 '비로소' 열리다.

始動 시동　　始業 시업　　始作 시작
始祖 시조　　始終 시종　　開始 개시
原始 원시　　爲始 위시　　創始 창시

姨 이모 이
이모
1급 | 총획 9

여자[女]가 출가하면 오랑캐[夷]처럼 남 같은 '이모'.

姨母 이모 : 어머니의 자매

姑 시어미 고
시어미, 고모
3Ⅱ급 | 총획 8 | 반 婦(부)

여자[女]가 오랜[古] 세월을 살았으니 나이 많고 늙은 여자라는 뜻에서 '시어미', '고모'.

姑母 고모　　姑母夫 고모부　　姑婦 고부

姻 혼인 인
혼인
3급 | 총획 9 | 통 婚(혼)

여자[女]가 남자와 인연[因]이 된 것이니 '혼인'.

姻戚 인척 : 혈연 관계가 없으나 혼인으로 맺어진 친족
婚姻 혼인

委 맡길 위
맡기다
4급 | 총획 8 | 통 任(임)

벼[禾]농사를 지어 여자[女]에게 음식을 '맡기다'.

委細 위세　　委員會 위원회　　委任 위임
委任狀 위임장　　教委 교위

姦 간음할 간:
간음하다, 간사하다, 옳지 않다
3급 | 총획 9

세 여자[姦]가 한 남자를 쟁탈하니 '간음하다'.

姦兇 간흉　　姦婦 간부　　姦夫 간부
姦淫 간음　　姦淫犯 간음범　　姦通罪 간통죄
強姦 강간

姿	모양 자 : 모양, 맵시, 자태 4급	총획 9	동 樣(양), 態(태)

여자[女]에게 마음 다음[次]은 '모양'.

姿色 자색   姿勢 자세   姿質 자질
姿態 자태   高姿勢 고자세   艶姿 염자

娩	낳을 만 : 낳다, 해산하다 2급	총획 10

여자[女]가 고통을 면하고[免] '낳다'.

分娩 분만

威	위엄 위 위엄, 권위 4급	총획 9	동 嚴(엄)

개[戌]를 다스리는 여자[女]의 '위엄'.
威風堂堂 위풍당당 : 풍채가 의젓하고 떳떳함

威信 위신   威嚴 위엄   威容 위용
威脅 위협   神威 신위   權威 권위

娑	춤출 사 춤추다, 사바세상 1급	총획 10

여자[女]가 모래[沙]사장 위에서 '춤추다'.

娑婆 사파→사바 : 괴로움이 많은 인간 세계

娠	아이 밸 신 아이를 배다 1급	총획 10	동 妊(임)

여자[女]가 별[辰]처럼 빛이 날 때는 '아이 밸' 때.

妊娠 임신 : 아이를 뱀

婆	할미 파 할미, 늙은 여자 1급	총획 11

물결[波]처럼 주름살이 생긴 여자[女]니 '할미'.

老婆心 노파심   産婆 산파

娛	즐길 오 : 즐기다, 즐거워하다, 안정되다 3급	총획 10	동 樂(락)

여자[女]에게 큰 소리[吳]로 희롱하며 '즐기다'.

娛樂 오락   娛樂室 오락실   娛遊 오유
娛嬉 오희   電子娛樂 전자오락

娶	장가들 취 : 장가들다, 아내를 맞다 1급	총획 11

남자가 여자[女]를 취해[取] 가진 것이니 '장가들다'.

娶妻 취처 : 아내를 얻음
娶嫁 취가   婚娶 혼취

娘	계집 낭 여자, 아가씨, 어머니 3Ⅱ급	총획 10	동 女(녀) 반 男(남), 郎(랑)

마음이 착한[良] 젊은 여자[女]를 부를 때 '아가씨'.

娘子 낭자 : 처녀, 소녀

婚	혼인할 혼 혼인하다 4급	총획 11

어두운[昏] 저녁에 여자[女]와 '혼인하다'.

婚談 혼담   婚禮 혼례   婚材 혼재
婚處 혼처   結婚 결혼   新婚 신혼
約婚 약혼   離婚 이혼   再婚 재혼
初婚 초혼

婉
순할, 아름다울 완 :
순하다, 아름답다, 은근하다
1급 | 총획 11

집[宀] 안에서 저녁[夕]이면 무릎[㔾] 꿇고 앉아 일하는 여자[女]가 '**아름답다**'.

婉淑 완숙 : 아름답고 겸손함
婉順 완순　　　**婉麗** 완려

媤
시집 시
시집
1급 | 총획 12

생각하고[思] 있던 남자에게 여자[女]가 '**시집가다**'.

媤家 시가 : 시집
媤宅 시댁　　　**媤叔** 시숙

婦
며느리 부
며느리, 아내
4Ⅱ급 | 총획 11 | 반 夫(부)

비[帚]를 들고 청소하는 여자[女]는 '**며느리**'.

婦德 부덕　　　**夫婦** 부부　　　**新婦** 신부
子婦 자부　　　**主婦** 주부　　　**孝婦** 효부

媒
중매 매
중매, 매개
3Ⅱ급 | 총획 12

어떤[某] 여자[女]를 '**중매**'할까요?

媒介 매개　　　**媒介物** 매개물　　　**中媒** 중매
中媒人 중매인　　**觸媒** 촉매

婢
계집 종 비 :
계집 종
3Ⅱ급 | 총획 11 | 동 奴(노)

신분이 낮은[卑] 계집[女]이니 '**계집 종**'.

※ 여자 종은 '婢(비)', 남자 종은 '奴(노)'

婢子 비자 : 조선 시대에 문안 편지를 전달하던 계집 종
奴婢 노비 : 사내 종과 계집 종을 아울러 이르는 말

嫌
싫어할 혐
싫어하다, 의심하다
3급 | 총획 13 | 동 忌(기), 疑(의) 반 好(호)

여러 가지를 겸하지[兼] 못한 여자[女]를 '**싫어하다**'.

嫌忌 혐기　　　**嫌惡** 혐오　　　**嫌疑** 혐의
嫌疑者 혐의자

娼
창녀 창 (:)
창녀
1급 | 총획 11

몸을 팔아 창성하게[昌] 된 여자[女]이니 '**창녀**'.

娼女 창녀 : 몸을 파는 것을 업으로 삼는 여자
娼妓 창기　　　**娼婦** 창부

嫂
형수 수
형수
1급 | 총획 13

절구[臼]공이[丨]를 손[又]에 들고 집안일 하는 여자[女]가 '**형수**'.

兄嫂 형수 : 형의 아내
弟嫂 제수

媚
아첨할 미
아첨하다, 예쁘다, 아름답다
1급 | 총획 12

여자[女]의 눈썹[眉]이 '**예쁘다**'고 '**아첨하다**'.

媚笑 미소 : 아첨하며 아양부리는 웃음
阿媚 아미

嫉
미워할 질
미워하다, 시샘하다, 투기하다
1급 | 총획 13

여자[女]에게 병[疾]처럼 나타나는 '**미워하는**' 마음.

嫉妬 질투 : 우월한 사람을 시기하고 증오하는 감정
憎嫉 증질

嫁 시집갈 가
시집가다
1급 | 총획 13

여자[女]가 남자의 집[家]에 가서 사는 것이니 '**시집간**' 것이다.

出嫁 출가 : 시집 감
嫁娶 가취   改嫁 개가

嬰 어린아이 영
어린아이, 지니다
1급 | 총획 17

조개를 엮어[賏] 목에 걸고 노는 여자[女]는 '**어린아이**'.

嬰兒 영아 : 젖먹이
嬰孩 영해

嫡 정실 적
정실, 본처, 본처가 낳은 아들
1급 | 총획 14

한 곳에 서[立] 있듯 오래[古] 거느리고 사는 여자[女]니 '**정실**'.

嫡庶 적서 : 본부인이 낳은 아들과 첩이 낳은 아들
嫡孫 적손   嫡子 적자   世嫡 세적

孃 아가씨 양
아가씨, 여자 아이
2급 | 총획 20 | 약 嬢

여자[女] 중 예쁜 옷을 입은 성숙한[襄] '**아가씨**'.

令孃 영양

嬌 아리따울 교
아리땁다, 미녀
1급 | 총획 15

높은[喬] 곳에 서 있는 것처럼 키 큰 여자[女]의 자태는 '**아리땁다**'.

嬌態 교태 : 아양을 부리는 태도
愛嬌 애교

孀 홀어미 상
홀어미
1급 | 총획 20

서리[霜] 맞은 듯 힘빠진 여자[女]가 나의 '**홀어미**'.

靑孀 청상 : 나이 젊은 과부. 20세 전후의 과부

嬪 궁녀 벼슬 이름 빈
궁녀 벼슬 이름, 궁녀
1급 | 총획 17

손님[賓]을 모시듯 임금을 모시는 여자[女]는 '**궁녀**'.

嬪宮 빈궁 : 왕의 자리를 이어받을 왕자의 비(妃)

子 아들 자 | 부·3획
양팔을 벌리고 누워 있는 어린아이의 모습을 본뜬 글자이다.

子 아들 자
아들
7Ⅱ급 | 총획 3 | 반 女(녀)

양팔을 벌리고 누워 있는 나의 '**아들**'.

子宮 자궁   子女 자녀   子孫 자손
子息 자식   男子 남자   遺腹子 유복자
種子 종자

存 있을 존
있다, 보존하다
4급 | 총획 6 | 동 有(유), 在(재)

나에게는 아들[子] 한[一] 사람[亻]이 '**있다**'.

存立 존립   存命 존명   存否 존부
存續 존속   存在 존재   共存 공존
保存 보존   生存 생존   實存 실존

孔 구멍 공:
구멍, 공자(孔子)의 약칭
4급 | 총획 4 | 동 穴(혈)

새끼[子] 새[乚]가 알을 뚫고 나온 '**구멍**'.

孔穴 공혈: 구멍
孔子 공자   九孔炭 구공탄   氣孔 기공

孝 효도 효:
효도
7Ⅱ급 | 총획 7

아들[子]이 늙은[耂] 부모를 업고 가니 '**효도**'를 다하다.

孝女 효녀   孝道 효도   孝婦 효부
孝誠 효성   孝心 효심   孝子 효자
孝行 효행   不孝 불효   忠孝 충효

孕 아이 밸 잉:
아이 배다, 임신하다, 품다
1급 | 총획 5

곧[乃] 아들[子]을 낳으려는 욕심에 '**아이를 배다**'.

孕胎 잉태: 아이를 뱀
孕婦 잉부

季 계절 계:
계절, 끝, 막내
4급 | 총획 8

벼[禾]의 열매[子]가 익어가는 '**계절**'.

季刊 계간   季節 계절   冬季 동계
四季節 사계절   秋季 추계   春季 춘계
夏季 하계

字 글자 자
글자
7급 | 총획 6

집[宀]에서 부모가 아들[子]에게 '**글자**'를 가르치다.

字句 자구   字幕 자막   字源 자원
字典 자전   字形 자형   字解 자해
文字 문자   十字架 십자가   英字 영자
誤字 오자

孟 맏 맹(:)
맏, 첫
3Ⅱ급 | 총획 8

좋은 그릇[皿]에 음식을 먹는 아들[子]이 '**맏이**'.

孟冬 맹동: 초겨울. '음력 10월'의 딴 이름
孟秋 맹추: 초가을. '음력 7월'의 딴 이름

孟浪 맹랑   孟子 맹자   孟春 맹춘
孟夏 맹하

외로울 **고**
외롭다, 고아
4급 | 총획 8 | 동 獨(독), 寂(적) | 반 群(군)

땅에 떨어진 오이[瓜]처럼 돌봐주는 부모가 없는 자식[子]은 '외롭다'.

孤立無援 고립무원 : 고립되어 도움을 받을 데가 없음

| 孤客 고객 | 孤高 고고 | 孤島 고도 |
| 孤獨 고독 | 孤立 고립 | 孤兒 고아 |

 알 깔 **부**
알을 까다
1급 | 총획 14

알[卵]을 낳아 품어 기르니[孚] 새끼 스스로 '알을 까다'.

孵化 부화 : 달걀을 까서 병아리가 되게 함

孫 손자 **손**(:)
손자
6급 | 총획 10 | 반 祖(조)

아들[子]의 아들로 이어지니[系] '손자'.

孫子 손자	世孫 세손	王孫 왕손
子孫 자손	宗孫 종손	曾孫 증손
後孫 후손		

學 배울 **학**
배우다
8급 | 총획 16 | 반 敎(교), 訓(훈) | 약 学

아이[子]들이 두 손을 마주 잡고[臼] 좋은 점을 본받고자[爻] 글을 '배우다'.

學界 학계	學科 학과	學校 학교
學究 학구	學級 학급	學期 학기
學年 학년	學問 학문	學閥 학벌
學術 학술		

孰 누구 **숙**
누구, 어느
3급 | 총획 11 | 동 誰(수)

행복을 누리기[享] 위해 환약[丸] 먹기를 '누구'나 원하다.

宀 갓머리 | 부·3획

옛날 움집 모양을 본뜬 글자이다.

宇 집 우:
집, 지붕
3Ⅱ급 | 총획 6 | 동 家(가), 閣(각), 館(관)

지붕[宀]이 있는 장소[于]는 '집'.

宇宙 우주　　宇宙船 우주선　　宇宙人 우주인

宏 클 굉
크다, 넓다, 두루
1급 | 총획 7

내[厶] 손[ナ]을 쫙 펴도 닿지 않을 정도로 집[宀]이 '크다'.

宏大 굉대 : 어마어마하게 큼
宏壯 굉장 : 아주 크고 훌륭함
宏傑 굉걸　　宏闊 굉활

守 지킬 수
지키다, 거두다
4Ⅱ급 | 총획 6 | 동 防(방), 衛(위) | 반 擊(격), 攻(공)

집[宀]안의 질서는 촌수[寸]를 따져 '지키다'.

守門將 수문장　　守備 수비　　守勢 수세
守節 수절　　守則 수칙　　守護 수호
固守 고수　　保守 보수　　死守 사수
嚴守 엄수

完 완전할 완
완전하다
5급 | 총획 7 | 동 全(전)

집[宀]을 세상에서 으뜸[元]으로 지었으니 '완전하다'.

完結 완결　　完決 완결　　完工 완공
完成 완성　　完全 완전　　完製品 완제품
完治 완치　　完敗 완패　　未完 미완
不完全 불완전

宅 집 택/댁
집
5Ⅱ급 | 총획 6

천[千]금을 들여 집[宀]을 지었으니 얼마나 좋은 '집'인가.

宅號 택호 : 주인의 벼슬 이름이나 주부의 친정 고장의 이름을 따서 그 사람의 집을 부르는 이름

宅地 택지　　住宅 주택　　宅內 댁내

定 정할 정:
정하다
6급 | 총획 8

지붕[宀] 아래[下] 사람[人]이 모여 할 일을 '정하다'.

定量 정량　　定立 정립　　定石 정석
定說 정설　　定義 정의　　定着 정착
假定 가정　　改定 개정　　安定 안정

安 편안 안
편안, 편안하다
7Ⅱ급 | 총획 6 | 동 寧(녕), 便(편)

여자[女]가 집[宀]을 잘 다스리니 '편안하다'.

國泰民安 국태민안 : 나라가 태평하고 국민이 살기 편함

安寧 안녕　　安息 안식　　安危 안위
安全 안전　　安靜 안정　　安着 안착
問安 문안　　未安 미안　　治安 치안

宛 완연할 완
완연하다
1급 | 총획 8

저녁[夕]에 집[宀]에 들어와 무릎[卩] 꿇고 '완연한' 자세로 앉다.

宛然 완연　　宛轉 완전

宕 호탕할 탕 :
호탕하다, 방탕하다
1급 | 총획 8

집[宀]안일도 돌보지 않는 목석[石] 같은 사람이 '호탕하게' 웃다.

豪宕 호탕 : 호기가 많고 걸걸함

宜 마땅 의
마땅하다, 마땅히, 알맞다
3급 | 총획 8 | 동 當(당)

집[宀]에는 가족이나 또[且] 재산이 많은 것이 '마땅한' 것.

宜當 의당 : 마땅히. 으레
宜稻 의도   便宜 편의

宙 집 주
집, 하늘
3Ⅱ급 | 총획 8 | 동 家(가), 堂(당), 屋(옥), 宅(택)

지붕[宀]으로 말미암아[由] 완성되는 '집'.

宇宙 우주   宇宙船 우주선   宇宙人 우주인

官 벼슬 관
벼슬
4Ⅱ급 | 총획 8 | 동 爵(작) | 반 民(민), 私(사)

갓[宀]을 쓰고 말에 깃발 두[㠯] 개를 꽂았으니 '벼슬'이 높은 사람.

官家 관가   官公署 관공서   官吏 관리
官署 관서   官職 관직   官廳 관청
官許 관허   警官 경관   器官 기관

宗 마루 종
마루, 종가
4Ⅱ급 | 총획 8 | 동 廟(묘)

집[宀]에 신[示]을 모시는 '종가'댁 '마루'.

宗家 종가   宗敎 종교   宗廟 종묘
宗主國 종주국   宗親會 종친회   宗派 종파

宦 벼슬 환 :
벼슬, 내시
1급 | 총획 9

궁궐[宀] 안에서 신하[臣]가 하는 '벼슬'.

宦官 환관 : 내시(內侍)

客 손 객
손님, 나그네
5Ⅱ급 | 총획 9 | 동 旅(려) | 반 主(주)

집[宀]으로 각각[各] 다른 사연을 가진 '손님'이 찾아오다.

客觀 객관   客氣 객기   客談 객담
客死 객사   觀客 관객   顧客 고객

宥 너그러울 유
너그럽다, 용서하다, 돕다
1급 | 총획 9

집[宀]에 있는[有] 사람을 '너그럽게' '용서하다'.

宥罪 유죄 : 죄를 너그럽게 용서함
宥恕 유서   寬宥 관유

室 집 실
집, 방
8급 | 총획 9 | 동 家(가), 館(관), 屋(옥), 宅(택)

지붕[宀]으로 덮여 있는 깊숙한 곳에 이르러[至] 있는 '집'.

室內 실내   室長 실장   居室 거실
敎室 교실   企劃室 기획실   密室 밀실
別室 별실   病室 병실   寢室 침실

宣 베풀 선
베풀다
4급 | 총획 9 | 동 設(설), 張(장)

집[宀]안일을 하나[一]씩 아침[旦]마다 살피는 것이 사랑을 '베푸는' 것이다.

宣告 선고   宣敎 선교   宣敎師 선교사
宣言 선언   宣言文 선언문   宣戰 선전
宣布 선포

害 해할 해 :
해하다, 해롭다, 손해
5Ⅱ급 | 총획 10 | (반) 利(리)

남의 집[宀] 일은 세[三] 번 참고 또 한[|] 번 참아 입[口]을 다물어야 '해'가 없다.

害毒 해독	害蟲 해충	加害 가해
公害 공해	冷害 냉해	殺害 살해
水害 수해	陰害 음해	利害 이해
自害 자해		

容 얼굴 용
얼굴, 용서하다, 담다
4Ⅱ급 | 총획 10 | (동) 面(면)

골짜기[谷]의 집[宀]에 사는 사람의 '얼굴'이 아주 예쁘다.

容器 용기	容納 용납	容量 용량
容貌 용모	容易 용이	內容 내용
美容 미용	受容 수용	許容 허용

宴 잔치 연 :
잔치, 잔치하다
3Ⅱ급 | 총획 10

집[宀]에서 일요일[日]에 여자[女]가 여는 '잔치'.

| 宴席 연석 | 宴息 연식 | 壽宴 수연 |
| 祝賀宴 축하연 | 回甲宴 회갑연 | |

宰 재상 재 :
재상, 벼슬아치, 주관하다
3급 | 총획 10

집[宀]에서 고생하며[辛] 일하는 '재상'.

主宰 주재 : 어떤 일을 주장하여 맡음

| 宰臣 재신 | 宰相 재상 | 冢宰 총재 |

宸 대궐 신
대궐, 집
1급 | 총획 10

별[辰] 같은 집[宀]은 '대궐'.

宸襟 신금 : 임금의 마음

| 宸闕 신궐 | 宸衷 신충 |

宵 밤 소
밤
1급 | 총획 10

집[宀] 안에서 작은[小] 달[月]을 볼 수 있는 '밤'.

| 宵行 소행 | 宵火 소화 | 元宵 원소 |

家 집 가
집
7Ⅱ급 | 총획 10 | (통) 堂(당), 屋(옥), 宇(우)

돼지[豕]가 사는 집[宀]이란 뜻으로, 자기의 '집'을 겸손히 이르다.

家計 가계	家門 가문	家寶 가보
家庭 가정	媤家 시가	閭家 여가
宗家 종가	畫家 화가	

宮 집 궁
집, 궁전
4Ⅱ급 | 총획 10 | (동) 家(가), 戶(호)

지붕[宀]이 등뼈[呂] 같은 기둥으로 잘 받쳐진 '집', '궁전'.

宮闕 궁궐	宮女 궁녀	宮合 궁합
古宮 고궁	王宮 왕궁	龍宮 용궁
子宮 자궁	合宮 합궁	後宮 후궁

密 빽빽할 밀
빽빽하다, 비밀
4Ⅱ급 | 총획 11

집[宀]이 산[山] 속에 있다면 반드시[必] '빽빽할' 것이다.

密談 밀담	密度 밀도	密林 밀림
密使 밀사	密室 밀실	密接 밀접
密集 밀집	密閉 밀폐	親密 친밀

寅 범, 동방 인
범, 동방, 셋째 지지
3급 | 총획 11 | (동) 虎(호)

집[宀]의 한[一] 팔팔[八]한 젊은이로 말미암아[由] '범'을 잡다.

寅念 인념 : 삼가 생각함
寅時 인시 : 24시의 다섯 번째 시. 오전 3시 30분에서 4시 30분까지

| 寅方 인방 | 甲寅年 갑인년 |

寂 고요할 적
고요하다, 한가롭다
3Ⅱ급 | 총획 11 | 동 靜(정), 閑(한) | 반 忙(망)

삼촌[叔]이 안 계시니 집[宀]이 '고요하다'.

寂寞 적막　　寂滅 적멸　　寂寂 적적
孤寂 고적　　閑寂 한적

富 부자 부:
부자, 부유하다
4Ⅱ급 | 총획 12 | 동 裕(유) | 반 貧(빈)

집[宀]이 제일[一] 크고 식구[口]들 모두 밭[田]이 있으니 '부자'다.

富強 부강　　富貴 부귀　　富農 부농
富者 부자　　甲富 갑부　　貧富 빈부
豊富 풍부

寄 부칠 기
부치다, 붙여 살다
4급 | 총획 11 | 동 附(부)

집[宀]으로 큰[大] 물건을 들고 가는 것이 가능하지[可] 않아 짐을 '부치다'.

寄附 기부　　寄生 기생　　寄生蟲 기생충
寄宿舍 기숙사　　寄與 기여　　寄託 기탁
寄贈 기증

寒 찰 한
차다, 가난하다
5급 | 총획 12 | 동 冷(랭) | 반 熱(열), 溫(온)

집[宀]에 우물[井]이 하나[一] 있는데, 얼음[冫] 여덟[八] 개가 떠 있으니 몹시 '차다'.

寒氣 한기　　寒冷 한랭　　寒流 한류
寒心 한심　　寒波 한파　　寒害 한해
大寒 대한　　惡寒 오한

宿 잘 숙/별자리 수:
자다, 묵다, 별자리
5Ⅱ급 | 총획 11 | 동 眠(면), 睡(수), 寢(침)

그 집[宀]은 커서 백[百] 명의 사람[亻]이 '별자리'를 보며 '잘' 수 있다.

宿命 숙명　　宿泊 숙박　　宿病 숙병
宿所 숙소　　宿食 숙식　　宿怨 숙원
宿直 숙직　　寄宿舍 기숙사　　投宿 투숙
下宿 하숙

寓 부칠 우:
부치다, 맡기다, 기대어 살다
1급 | 총획 12

사람이든 원숭이[禺]든 집[宀]을 짓고 그 속에 '부치며' '기대어 살다'.

寓居 우거 : 남의 집에 임시로 삶, 또는 그 집
寓宿 우숙

寇 도적 구
도적, 원수, 난리
1급 | 총획 11

집[宀] 벽을 후려쳐[攴] 두[二] 개의 구멍을 뚫고 들어간 사람[儿]이 '도적'.

寇掠 구략 : 다른 나라를 공격하여 약탈함
寇讐 구수　　寇賊 구적　　寇盜 구도

寢 잘 침:
자다
4급 | 총획 14 | 동 宿(숙) | 반 起(기)

집[宀]에서 나무 조각[爿]으로 만든 침대에 누워 손[彐]으로 이불을 덮고[一] 또[又] '자다'.

寢具 침구　　寢食 침식　　寢室 침실
起寢 기침　　同寢 동침　　就寢 취침

寐 잘 매:
잠자다, 죽다
1급 | 총획 12

집[宀] 안에 있는 침대[爿]에서 아직[未] '자고' 있다.

寤寐不忘 오매불망 : 자나깨나 잊지 못함
夢寐 몽매

寡 적을 과:
적다
3Ⅱ급 | 총획 14 | 동 少(소) | 반 多(다)

집[宀]의 재산을 머릿[頁]수대로 칼[刀]로 자르듯 나누니 남은 것이 '적다'.

寡默 과묵　　寡少 과소　　寡慾 과욕
寡人 과인　　獨寡占 독과점　　多寡 다과

寤 잠 깰 오
잠 깨다, 깨닫다
1급 | 총획 14

집[宀] 안 침대[爿]에서 방금 내[吾]가 '**잠에서 깨다**'.

寤寐 오매 : 깨어 있을 때나 잘 때
覺寤 각오

寥 쓸쓸할 료
쓸쓸하다, 공허하다
1급 | 총획 14

집[宀] 없는 산속에 깃[羽]털 달린 새나 털[彡] 달린 짐승만 살고 사람[人]이 없으니 '**쓸쓸하다**'.

寥闊 요활   寂廖 적요

實 열매 실
열매
5Ⅱ급 | 총획 14 | 동 果(과) 반 虛(허) 약 実

집[宀]에 재물[貝]이 없어[毋] '**열매**'를 직접 따서 먹다.

實感 실감   實果 실과   實力 실력
實錄 실록   實利 실리   實務 실무
實物 실물   實事 실사   實狀 실상

寧 편안할 녕
편안하다, 문안하다
3Ⅱ급 | 총획 14 | 동 康(강), 安(안) 약 寍, 寧

집[宀]에 그릇[皿]도 많고, 마음[心]이 흡족하고, 살림이 왕성[丁]하니 '**편안하다**'.

寧日 영일   康寧 강녕   安寧 안녕

寞 고요할 막
고요하다, 쓸쓸하다
1급 | 총획 14

집[宀]에 아무도 없으니[莫] '**고요하다**'.

寂寞 적막 : 고요하고 쓸쓸함
寞寞 막막   索寞 삭막

寫 베낄 사
베끼다, 그리다
5급 | 총획 15 | 약 写

집[宀] 안의 절구[臼]가 불[灬]에 휩싸인[勹] 모습을 '**베껴**' '**그리다**'.

寫本 사본   寫生 사생   寫書 사서
寫實 사실   寫眞 사진   複寫 복사
映寫機 영사기   靑寫眞 청사진

察 살필 찰
살피다
4Ⅱ급 | 총획 14 | 동 省(성)

집[宀]에서 제사지낼[祭] 때 부정한 것이 없는지 '**살피다**'.

察覽 찰람   監察 감찰   考察 고찰
觀察 관찰   査察 사찰   視察 시찰
診察 진찰   洞察 통찰

寮 동관 료
동관, 벼슬아치
1급 | 총획 15

큰[大] 집[宀]을 짓고 사는 '**동관**'.

學寮 학료

寨 목책 채
목책, 울타리
1급 | 총획 14

집[宀]을 우물[井]틀처럼 큰[大] 나무[木]로 에워싼 '**목책**'.

審 살필 심(ː)
살피다
3Ⅱ급 | 총획 15 | 동 察(찰)

집[宀]안일을 차례차례[番] '**살피다**'.

審理 심리   審問 심문   審査 심사
審議 심의   審判 심판   結審 결심
豫審 예심   誤審 오심   再審 재심
主審 주심

너그러울 관
너그럽다, 넓다
3Ⅱ급 | 총획 15

집[宀]에서 시키지 않아도 풀밭[艹]에서 노는 아이를 보살피니[見] 그 점[丶]이 '너그럽다'.

寬大 관대   寬容 관용

 보배 보 :
보배, 보물
4Ⅱ급 | 총획 20 | 동 珍(진) 약 宝

왕[王]의 집[宀]에서 항아리[缶] 속에 있는 조개[貝]가 가장 값진 '보배'다.

寶物 보물   寶石 보석   寶座 보좌
寶貨 보화   家寶 가보   國寶 국보

 사랑할 총 :
사랑하다, 영화
1급 | 총획 19

집[宀]안 어른들은 용[龍] 같은 훌륭한 사람을 '사랑하다'.

寵愛 총애 : 특별히 귀엽게 여겨 사랑함
恩寵 은총

寸 마디 촌 | 부·3획

'마디', '손가락 하나 정도 굵기의 폭', '촌수' 등을 뜻한다.

寸 마디 촌 :
마디, 촌수
8급 | 총획 3

손끝에서 맥박이 뛰는 곳까지를 '마디'라 한다.

寸數 촌수 : 친족 사이의 멀고 가까운 정도를 나타내는 숫자 체계
寸陰 촌음 : 아주 짧은 시각

尉 벼슬 위
벼슬
2급 | 총획 11

죽은[尸] 귀신[示]을 손[寸]으로 염하는 '벼슬'.

尉官 위관 　　大尉 대위 　　少尉 소위
准尉 준위 　　中尉 중위

寺 절 사
절, 관청, 내시
4Ⅱ급 | 총획 6

가까운 촌수[寸]의 사람들이 흙[土]으로 지은 '절'.

寺院 사원 　　寺刹 사찰 　　山寺 산사

專 오로지 전
오로지, 홀로
4급 | 총획 11

대나무 마디[寸]로 연결해서 가는 차[車]는 '오로지' 나만 만들 수 있다.

專攻 전공 　　專念 전념 　　專門 전문
專門家 전문가 　　專門醫 전문의 　　專修 전수
專用 전용 　　專任 전임

封 봉할 봉
봉하다
3Ⅱ급 | 총획 9

영토[土]를 법도[寸] 있게 다스리라고 제후를 '봉하다'.

封印 봉인 　　封合 봉합 　　封鎖 봉쇄
開封 개봉 　　金一封 금일봉

將 장수 장(:)
장수, 장차
4Ⅱ급 | 총획 11 | 〔반〕軍(군), 兵(병) 〔약〕将

몸[月]에 한 뼘[寸]의 천 조각[爿]만 장식해도 '장수'는 멋졌다.

獨不將軍 독불장군 : 남의 의견은 묵살하고 혼자 일을 처리하는 사람을 이르는 말

將軍 장군 　　將來 장래 　　將帥 장수
老將 노장 　　名將 명장

射 쏠 사(:)
쏘다, 궁술
4급 | 총획 10 | 〔동〕發(발)

삼촌[寸]이 몸[身] 가까이 화살을 대고 '쏘다'.

射擊 사격 　　射殺 사살 　　射手 사수
亂射 난사 　　反射 반사 　　發射 발사
放射線 방사선 　　熱射病 열사병 　　注射 주사

尋 찾을 심
찾다, 탐구하다, 생각하다
3급 | 총획 12 | 〔동〕訪(방), 探(탐)

손[彐]과 입[口]으로 공[工]들여 삼촌[寸]을 '찾다'.

尋訪 심방 　　尋常 심상 　　尋問 심문
推尋 추심

尊 높을 존
높다, 높이다
4Ⅱ급 | 총획 12 | 동 高(고), 崇(숭)

서쪽[西]에서 여덟[八] 명이 와서 한[一] 사람에게 법도[寸]에 맞게 대접하니 '높은' 사람이다.

尊敬 존경 尊貴 존귀 尊待 존대
尊嚴 존엄 尊重 존중 自尊心 자존심

導 인도할 도 :
인도하다, 이끌다, 소통하게 하다
4Ⅱ급 | 총획 16 | 동 引(인)

인간으로서의 도리[道]를 한 마디[寸]씩 해주며 '인도하다'.

導達 도달 導入 도입 導出 도출
導火線 도화선 引導 인도 主導 주도

對 대할 대 :
대하다, 대답하다
6Ⅱ급 | 총획 14 | 약 対

양[羊]도 울타리[业] 안에서는 서로 촌수[寸]를 따져가며 '대하다'.

對價 대가 對角線 대각선 對決 대결
對局 대국 對答 대답 對立 대립
對應 대응 對敵 대적 反對 반대

작을 소 | 小부·3획

땅속에서 풀이 겨우 돋아나온 모양을 본뜬 글자로, '아직 작고 여리다'라는 뜻이다.

小 작을 소 :
작다
8급 | 총획 3 | 동 微(미) 반 巨(거), 大(대)

겨우 돋아나온 새싹이 '**작다**'.

- 小賣 소매
- 小生 소생
- 小說 소설
- 小數 소수
- 小食 소식
- 小心 소심
- 小兒 소아
- 小人國 소인국
- 小銃 소총

尖 뾰족할 첨
뾰족하다, 거칠다
3급 | 총획 6 | 동 端(단), 銳(예)

아래는 큰[大]데, 위로 올라갈수록 작아지니[小] '**뾰족하다**'.

- 尖端 첨단
- 尖兵 첨병
- 尖銳 첨예
- 鋒尖 봉첨

적을 소 :
적다, 젊다
7급 | 총획 4 | 동 寡(과) 반 多(다), 老(로)

작은[小] 것이 또 나누어진[ノ] 것이니, 그 수량이 '**적다**'.

- 少女 소녀
- 少年 소년
- 少量 소량
- 少額 소액
- 靑少年 청소년

尙 오히려 상(ː)
오히려, 높다
3Ⅱ급 | 총획 8 | 동 崇(숭)

작은[小] 성[冂]의 인구[口] 비율이 '**오히려**' '**높다**'.

時機尙早 시기상조 : 아직 때가 이름

- 尙宮 상궁
- 高尙 고상
- 崇尙 숭상

절름발이 왕 | 부·3획

'大'의 변형으로 한 다리는 곧고 한 다리는 굽은 모양을 본뜬 글자로, '정강이가 굽은 절름발이'라는 뜻이다.

더욱 우
더욱, 허물
3급 | 총획 4

한쪽 다리가 굽은 개[犬]를 탓하다니, 그것이 '더욱' 큰 '허물'이다.

尤妙 우묘 : 더욱 묘함
尤甚 우심 : 더욱 심함

나아갈 취 :
나아가다, 이루다
4급 | 총획 12 | 동 進(진) 반 退(퇴)

서울[京]이 점점[丶] 크게[大] 발전해 '나아가다'.

就業 취업   就任 취임   就任辭 취임사
就職 취직   就學 취학   成就 성취

삽살개 방
삽살개, (색이) 섞이다
1급 | 총획 7

개[犬] 중에서 털[彡]이 많은 '삽살개'.

尨眉皓髮 방미호발 : '반백의 눈썹과 흰 머리'라는 뜻으로, 노인을 나타냄
尨服 방복 : 여러 가지 색이 섞인 의복

尸 주검 시 | 부·3획
사람이 죽어 관 속에 있는 모양을 본뜬 글자로, '시체'를 뜻한다. 관은 시체의 집이니 '집', '지붕'의 의미도 있다.

尺 자 척
자, 길이, 법
3Ⅱ급 | 총획 4 | 동 度(도)

죽을[尸] 때 차지한 한[乀] '자' 크기의 관.

九尺長身 구척장신 : 아홉 척이나 되는 큰 키

尺度 척도　　越尺 월척　　咫尺 지척
縮尺 축척

尿 오줌 뇨
오줌
2급 | 총획 7

죽은[尸] 물[水]이 '오줌'.

尿道 요도　　糖尿 당뇨　　糞尿 분뇨
泌尿器 비뇨기

여승 니
여승
2급 | 총획 5

죽은[尸] 듯이 절에서 구부리고[匕] 앉아 있는 '여승'.

比丘尼 비구니　　釋迦牟尼 석가모니

屈 굽힐 굴
굽히다, 쇠하다
4급 | 총획 8 | 동 曲(곡), 折(절) 반 直(직)

시체[尸]를 들고 나가기[出] 위해 허리를 '굽히다'.

百折不掘 백절불굴 : 어떠한 어려움에도 굽히지 않음

屈曲 굴곡　　屈服 굴복　　屈辱 굴욕
屈折 굴절　　屈指 굴지

꼬리 미:
꼬리, 끝, 뒤
3Ⅱ급 | 총획 7 | 동 末(말) 반 頭(두), 首(수)

죽으면[尸] 털[毛]도 '꼬리'를 내린다.

魚頭肉尾 어두육미 : '물고기는 머리쪽이 맛있고, 고기는 꼬리쪽이 맛있다'라는 뜻
龍頭蛇尾 용두사미 : '머리는 용이고 꼬리는 뱀'이라는 뜻으로, 갈수록 일이 흐지부지해짐

尾行 미행　　末尾 말미

居 살 거
살다
4급 | 총획 8 | 동 住(주), 活(활)

죽을[尸] 때까지 오랫[古]동안 행복하게 '살다'.

居留 거류　　居室 거실　　居住 거주
居處 거처　　住居 주거

판 국
판, 방
5Ⅱ급 | 총획 7

시신[尸]을 보니 인생이 가히[可] 한 '판' 놀이에 불과하구나.

局面 국면　　局番 국번　　局地 국지
局限 국한　　開國 개국　　當局 당국
對局 대국　　放送局 방송국　　藥局 약국
電話局 전화국　　形局 형국

屋 집 옥
집
5급 | 총획 9 | 동 室(실), 宙(주), 宅(택)

시체[尸]가 영원히 머무는[至] 관도 '집'이다.

屋內 옥내　　屋上 옥상　　家屋 가옥
社屋 사옥　　洋屋 양옥

屍 주검 시:
주검
2급 | 총획 9

죽어[死] 있는 시체[尸]니 '**주검**'.

屍身 시신　　屍體 시체　　檢屍 검시

屢 여러 루:
여러, 자주
3급 | 총획 14 | 동 累(루)

집[尸]에 아무 것도 없으면[婁] '**여러**' 물건을 '**자주**' 구하게 되다.

屢代 누대　　屢世 누세　　屢次 누차

屑 가루 설
가루, 부수다
1급 | 총획 10

죽은[尸] 동물에 살[月]을 조금씩[小] 잘라 '**가루**' 내다.

屑鐵 설철 : 쇠 부스러기
屑塵 설진　　碎屑 쇄설

層 층 층
층, 겹
4급 | 총획 15 | 동 階(계), 段(단)

집[尸]에 여덟[八] 개의 창[囗]으로 비추는 해[日]가 오늘은 한 '**층**' 더 밝다.

層階 층계　　階層 계층　　高層 고층
單層 단층　　上流層 상류층　　深層 심층
中産層 중산층　　知識層 지식층

展 펼 전:
펴다, 늘이다, 나아가다
5Ⅱ급 | 총획 10 | 동 伸(신)

시체[尸]에 옷[衣]을 입히고 화초[卄]로 장식하여 유리관에 잘 '**펴**' '**전시하다**'.

展開 전개　　展覽 전람　　展望 전망
展示 전시　　展采 전채　　發展 발전
進展 진전

履 밟을 리:
밟다, 신, 신다
3Ⅱ급 | 총획 15 | 동 踏(답)

시체[尸]가 다시 회복하여[復] '**신**'을 '**신고**' 땅을 '**밟다**'.

履歷書 이력서　　履修 이수　　履行 이행

屛 병풍 병(:)
병풍, 울
3급 | 총획 11 | 약 屛

집[尸]으로 들어오는 바람을 막기 위해 합하여[幷] 치는 '**병풍**'.

屛居 병거 : 세상을 등지고 집에만 있음
屛風 병풍 : 바람을 막기도 하고 무언가를 가리기 위해 만든 둘러치는 물건
屛黜 병출

屬 붙일 속
붙다, 무리, 붙어살다
4급 | 총획 21 | 동 着(착) 약 属

시체[尸]에 빗물[氺]이 고여 나방[蜀] '**무리**'가 '**붙어살다**'.

屬國 속국　　屬文 속문　　貴金屬 귀금속
金屬 금속　　附屬 부속　　所屬 소속

屠 죽일, 잡을 도
죽이다, 잡다
1급 | 총획 12

사람[者]이 짐승을 '**죽여[尸]**' '**잡는다**'.

屠殺 도살 : 짐승을 죽임
屠割 도할　　屠場 도장

山 메 산 | 부·3획

산봉우리가 뾰족하게 솟은 모양을 본뜬 글자이다.

山 메 산
메, 산
8급 | 총획 3 | 반 江(강), 川(천)

지평선 위에 솟아 있는 '산'.

山家 산가 山間 산간 山水 산수
山行 산행 登山 등산 西山 서산
野山 야산 入山 입산 火山 화산

岸 언덕 안 :
언덕, 낭떠러지
3Ⅱ급 | 총획 8 | 동 丘(구), 阿(아), 厓(애)

바람을 방패[干]처럼 막아주는 산[山] 바위[厂]가 '언덕'.

沿岸 연안 彼岸 피안 海岸 해안

岳 큰 산 악
큰 산
3급 | 총획 8

산[山] 위에 언덕[丘]이 있으니 '큰 산'.

岳母 악모 岳丈 악장 山岳 산악
雉岳山 치악산

島 섬 도
섬
5급 | 총획 10

새[鳥]가 물 가운데 있는 산[山]으로 모이니 새가 많은 '섬'.

島民 도민 落島 낙도 半島 반도
列島 열도

峽 골짜기 협
골짜기
2급 | 총획 10 | 동 谷(곡) 약 峡

산[山]과 산 사이에 끼여[夾] 있는 '골짜기'.

峽谷 협곡 地峽 지협 海峽 해협

峯 봉우리 봉
봉우리
3Ⅱ급 | 총획 10

산[山]이 솟아오른[夆] 것이니 '봉우리'.

主峯 주봉 峻峯 준봉 最高峯 최고봉

崩 무너질 붕
무너지다, 무너뜨리다, 훼손되다
3급 | 총획 11 | 동 壞(괴), 潰(궤)

산[山]이 갈라지듯 친구[朋] 사이가 '무너지다'.

土崩瓦解 토붕와해 : '산이 무너지고 기와가 깨진다'라는 뜻으로, 사물이 여지없이 무너져 손을 댈 수 없음

崩壞 붕괴 崩御 붕어

崇 높을 숭
높다, 존중하다
4급 | 총획 11 | 동 高(고)

산[山] 위에 집[宀]을 지어 신[示]을 '높이' 받들다.

崇高 숭고 崇拜 숭배 崇尙 숭상

崖 언덕 애
언덕, 벼랑, 낭떠러지
1급 | 총획 11

산[山] 밑에 굴바위[厂]처럼 흙덩이[圭]가 붙어 있는 '언덕'이 '낭떠러지'.

斷崖 단애 : 낭떠러지
崖脚 애각

崎 험할 기
험하다
1급 | 총획 11

산[山]이 높을 뿐만 아니라 기이한[奇] 절벽까지 있어 '험하다'.

崎嶇 기구 : ① 산길이 험함 ② 사람의 세상살이가 순탄하지 못하고 탈이 많음

嵎 산굽이 우
산굽이, 산모퉁이
1급 | 총획 12

원숭이[禺]들이 '산[山]굽이' 굽이마다 모여들다.

嵎夷 우이 : 해가 돋는 곳

嶇 험할 구
험하다
1급 | 총획 14

산[山] 속은 구역[區]이 '험하다'.

崎嶇 기구

嶺 고개 령
고개, 산봉우리
3Ⅱ급 | 총획 17

산[山]에서 우두머리[領] 같이 우뚝 솟은 '고개'.

嶺東 영동　　**高嶺土** 고령토　　**大關嶺** 대관령
分水嶺 분수령

嶼 섬 서(ː)
섬
1급 | 총획 17

산[山]과 더불어[與] 바다 가운데 있는 '섬'.

島嶼 도서　　**洲嶼** 주서

巍 높고 클 외
높다, 높고 큰 모양
1급 | 총획 21

산[山]에 벼[禾]도 있고 여자[女]도 있고 귀신[鬼]도 있으니 참 '높고 크다'.

巍然 외연 : 높게 솟아 있음
巍勳 외훈 : 뛰어난 공훈

巖 바위 암
바위, 언덕, 굴
3Ⅱ급 | 총획 23 | ㉿ 岩

산[山] 속에서 위엄[嚴] 있게 버티고 있는 '바위'.

奇巖怪石 기암괴석 : 기묘하게 생긴 바위와 괴상하게 생긴 돌
巖盤 암반　　**巖壁** 암벽

屮 왼손 좌 | 부·3획
왼손의 모양을 본뜬 글자이다.

진칠 둔
진치다, 진
3급 | 총획 4 | 동 陣(진)

싹[屮] 하나[一]가 벌써부터 '진을 치다'

屯兵 둔병 : 예리하지 못한 무기. 둔하고 약한 병사

屯戍 둔수　　駐屯 주둔

개미허리(내 천) | 부·3획
냇물이 흐르는 모양을 본뜬 글자로, 변형자는 '川'이다.

川 내 천
내
7급 | 총획 3 | 동 河(하) 반 山(산)

작은 물줄기[丨]가 여러 개 합쳐지니[川] '내'가 되었다.

山川草木 산천초목 : 산과 내와 풀과 나무. 자연

大川 대천　　山川 산천　　河川 하천

巡 돌, 순행할 순
돌다, 순행하다, 어루만지다
3Ⅱ급 | 총획 7 | 동 循(순)

시냇물[巛]이 쉬엄쉬엄[辶] 산을 안고 '돌아' '순행하다'.

巡警 순경　　巡訪 순방　　巡視 순시
巡察 순찰　　巡航 순항　　巡行 순행

州 고을 주
고을
5Ⅱ급 | 총획 6 | 동 郡(군), 洞(동), 邑(읍)

냇물[川] 중간중간에 점[丶]처럼 '고을'이 있다.

州郡 주군 : 주와 군
九州 구주 : 9개의 주

公州 공주　　坡州 파주

工 | 장인 공 | 부·3획

옛날 사람들의 도구를 본뜬 글자이다.

工 장인 공
장인, 솜씨, 만들다
7Ⅱ급 | 총획 3 | 동 作(작), 造(조)

곡자[ㄱ]와 곧은 자[一]를 가지고 물건을 '**만드는**' '**장인**'.

工高 공고   工具 공구   工團 공단
工産品 공산품   工業 공업   工藝 공예
工場 공장   工程 공정   木工 목공
手工業 수공업

左 왼 좌:
왼, 왼쪽
7Ⅱ급 | 총획 5 | 반 右(우)

일[工]할 때 오른손을 도와주는 손[ナ]은 '**왼**'손.

左手 좌수   左心房 좌심방   左右 좌우
左翼手 좌익수   左遷 좌천   左便 좌편

巨 클 거:
크다
4급 | 총획 5 | 동 大(대), 太(태) | 반 小(소)

밖의 상자[匚]가 안의 상자[ㄱ]보다 '**크고**' 아름답다.

巨大 거대   巨頭 거두   巨物 거물
巨富 거부   巨額 거액   巨人 거인
巨匠 거장

巫 무당 무:
무당, 산 이름
1급 | 총획 7 | 반 覡(격)

하늘[一]과 땅[一] 사이에 서서[丨] 사람들[人人]의 악귀를 쫓아주는 '**무당**'.

巫堂 무당   巫覡 무격   巫俗 무속

巧 공교할 교
공교하다, 예쁘다
3Ⅱ급 | 총획 5 | 반 拙(졸)

꼬불꼬불[丂] 장인이 만든[工] 물건이 '**공교하다**'.

巧妙 교묘   計巧 계교   技巧 기교
精巧 정교

差 다를 차
다르다, 어긋나다
4급 | 총획 10 | 동 異(이), 他(타) | 반 共(공), 同(동)

장인[工]이 만든 양[羊] 조각은 모양이 각기 '**다르다**'.

千差萬別 천차만별: 여러 가지 사물이 모두 차이와 구별이 있음

差減 차감   差別 차별   差額 차액
差異 차이   人種差別 인종차별

己 | 몸 기 | 부·3획
사람이 허리를 굽히고 공손히 무릎을 꿇고 앉아 있는 모양으로, '몸' 또는 '자기'를 뜻한다.

몸 기
몸, 자기, 여섯째 천간
5Ⅱ급 | 총획 3 | 통 身(신), 自(자)

허리를 굽히고 공손히 무릎을 꿇고 앉아 있는 '내' '몸'.
利己主義 이기주의 : 자기의 이익만을 추구하는 방식이나 태도
利己 이기　　自己 자기　　知己 지기

이미 이 :
이미, 말다
3Ⅱ급 | 총획 3 | 통 旣(기)

쟁기의 모양을 본뜬 글자로 밭갈이가 다 끝나 과거인 '이미'.
已決 이결　　已往 이왕　　不得已 부득이

뱀 사 :
뱀, 여섯째 지지
3급 | 총획 3 | 통 蛇(사)

'뱀'의 모양을 본뜬 자.
巳時 사시 : 열 두시의 여섯째 시. 오전 9시에서 11시까지
巳進申退 사진신퇴 : 벼슬아치가 아침 사시(巳時)에 출근하고 저녁 신시(申時)에 퇴근함

巴 꼬리 파
꼬리, 땅 이름
1급 | 총획 4

뱀[巳] 한 [|] 마리의 '꼬리'가 보이다.
巴人 파인

巷 거리 항 :
거리, 마을
3급 | 총획 9 | 통 街(가)

뱀[巳]을 모두[共] '거리'로 몰아내자.
巷間 항간 : 일반 사람들 사이
巷談 항담　　巷說 항설

巾 수건 건 | 부·3획

나무에 수건이 걸려 있는 모양을 본뜬 글자이다.

巾 수건 건
수건, 헝겊, 덮다
1급 | 총획 3

빨랫줄에 걸려 있는 '**수건**'의 모양.

網巾 망건 : 상투를 튼 사람이 머리에 두르는 그물 모양의 물건

巾冠 건관   巾布 건포

希 바랄 희
바라다
4Ⅱ급 | 총획 7 | 툉 望(망), 願(원)

열[十] 갈래로 찢어진[乂] 수건[巾]을 버리고 새것 갖기를 '**바라다**'.

希冀 희기   希求 희구   希望 희망
希願 희원

市 저자 시 :
저자, 시장, 장사
7Ⅱ급 | 총획 5

머리[亠]에 쓰는 모자나 수건[巾]을 살 수 있는 '**시장**'.

市街地 시가지   市內 시내   市立 시립
市民 시민   市勢 시세   市場 시장
市政 시정   都市 도시

帛 비단 백
비단
1급 | 총획 8

명주실로 짠 흰[白] 헝겊[巾]이 '**비단**'.

帛書 백서 : 비단에 쓴 글, 또는 글이 쓰인 비단

布帛 포백   幣帛 폐백

布 베, 펼 포(:) / 보시 보 :
베, 보시, 펴다
4Ⅱ급 | 총획 5

이리[一]저리[丿] 얽어서 짠 헝겊[巾]인 '**베**'.

布告 포고   布敎 포교   公布 공포
配布 배포   分布 분포   宣布 선포
流布 유포

帖 문서 첩
문서, 표제
1급 | 총획 8

많은 글을 써 헝겊[巾]을 완전히 차지한[占] '**문서**'.

書帖 서첩   手帖 수첩

帆 돛 범 :
돛, 돛단배
1급 | 총획 6

짐을 모두[凡] 배에 싣고 헝겊[巾]으로 '**돛**'을 달다.

帆影 범영   歸帆 귀범   出帆 출범

帙 책갑 질
책갑, 여러 권으로 된 책 한 벌
1급 | 총획 8

수건[巾]을 잃어버리지[失] 않게 '**책갑**'에 잘 보관하다.

帙冊 질책 : 여러 권으로 된 한 벌의 책

卷帙 권질   書帙 서질

帝 임금 제 :
임금
4급 | 총획 9 | 동 君(군), 王(왕) | 반 民(민), 臣(신)

머리[亠]에 수건[巾]을 덮어[冖] 쓴 여덟[八] 명의 신하가 받드는 '임금'.

帝國 제국	帝國主義 제국주의	帝王 제왕
帝政 제정	女帝 여제	日帝 일제
皇帝 황제	武帝 무제	

帥 장수 수
장수, 통솔자
3Ⅱ급 | 총획 9 | 동 將(장) | 반 軍(군), 兵(병), 卒(졸)

천[巾]으로 만든 깃발[自] 아래 많은 군사를 거느린 '장수'.

| 元帥 원수 | 總帥 총수 | 統帥權 통수권 |

席 자리 석
자리
6급 | 총획 10 | 동 座(좌)

집[广] 안에 수건[巾]을 펼치니 스물[卄]한[一] 명이 앉을 수 있는 '자리'가 생기다.

| 席卷 석권 | 席次 석차 | 病席 병석 |
| 首席 수석 | 立席 입석 | 出席 출석 |

師 스승 사
스승
4Ⅱ급 | 총획 10 | 반 弟(제) | 약 师

장수[帥]에게는 오직 한[一] 분의 '스승'이 있다.

師團 사단	師道 사도	師範 사범
師父 사부	師弟 사제	講師 강사
牧師 목사	恩師 은사	

常 떳떳할, 항상 상
떳떳하다, 항상
4Ⅱ급 | 총획 11 | 반 班(반)

높은[尙] 곳에 수건[巾]이 '항상' 걸려 있다.

| 常勤 상근 | 常民 상민 | 常習 상습 |
| 常識 상식 | 常用 상용 | 非常 비상 |

帶 띠 대(:)
띠
4Ⅱ급 | 총획 11 | 약 帯

헝겊[巾]으로 덮어서[冖] 허리[㠯]에 하나[一]로 묶은 '띠'.

| 帶劍 대검 | 帶同 대동 | 熱帶 열대 |
| 熱帶林 열대림 | 寒帶 한대 | 革帶 혁대 |

帳 장막 장
장막, 천막
4급 | 총획 11 | 동 幕(막)

헝겊[巾]을 길게[長] 해서 만든 '장막'.

| 帳幕 장막 | 帳簿 장부 | 日記帳 일기장 |
| 通帳 통장 | 揮帳 휘장 | |

幅 폭 폭
폭, 넓이
3급 | 총획 12

한[一] 식구[口]의 밭[田]을 가릴 수 있는 헝겊[巾]의 '폭'.

巾幅 건폭	大幅 대폭	步幅 보폭
小幅 소폭	全幅的 전폭적	增幅 증폭
振幅 진폭		

帽 모자 모
모자
2급 | 총획 12

헝겊[巾]으로 머리를 가리는[冒] '모자'.

| 帽帶 모대 | 帽子 모자 | 着帽 착모 |

幇 도울 방
돕다, 보좌하다
1급 | 총획 12

흙[土土]을 한 마디[寸]씩 쌓아두고 수건[巾]으로 땀을 닦으며 서로 '돕다'.

幇助 방조 : 거들어서 도와 줌
助幇 조방

幀

그림 족자 **정**
그림 족자
1급 | 총획 12

그림을 보관하기 위해 헝겊[巾]을 곧게[貞] 붙여 만든 **'그림 족자'**.

影幀 영정 : 그림으로 나타낸 어떤 사람의 얼굴 모습이나 용태

幣

화폐 **폐** :
화폐, 비단
3급 | 총획 15

그 시대의 해진[敝] 천[巾] 조각도 **'화폐'**로 구하기 힘들 정도로 귀하다.

幣物 폐물   紙幣 지폐   貨幣 화폐

幕

장막 **막**
장막, 진
3Ⅱ급 | 총획 14 | 동 帳(장)

풀[艹]도 해[日]도 가릴 수 있는 큰[大] 수건[巾]으로 만든 **'장막'**.

幕間 막간   幕下 막하   開幕式 개막식
內幕 내막   序幕 서막   煙幕 연막
銀幕 은막   酒幕 주막   天幕 천막
閉幕 폐막

幟

기 **치**
기, 표지, 표기
1급 | 총획 15

수건[巾]으로 알기[戠] 쉽게 표시한 **'기'**.

旗幟 기치 : 군중(軍中)에서 쓰는 기
標幟 표치

방패 간 | 부·3획
고대 중국에서 사용하던 방패의 모양을 본뜬 글자이다.

干 방패 간
방패
4급 | 총획 3 | 동 盾(순) 반 戈(과), 矛(모)

고대 중국에서 사용하던 '방패' 모양.

干戈 간과   干滿 간만   干潮 간조
干支 간지   若干 약간

幸 다행 행 :
다행
6Ⅱ급 | 총획 8

국토[土]를 여덟[八] 명의 병사가 방패[干]로 지켜냈으니 '다행'이다.

幸福 행복   幸運 행운   幸運兒 행운아
多幸 다행   不幸 불행

平 평평할 평
평평하다, 평화
7Ⅱ급 | 총획 5 | 동 均(균)

방패[干] 여덟[八] 개를 쫙 펼치니 '평평하다'.

平面 평면   平民 평민   平生 평생
平安 평안   平地 평지

幹 줄기 간
줄기, 몸, 본체
3Ⅱ급 | 총획 13 | 반 根(근), 枝(지)

십[十]일 동안 아침[早]마다 사람[人]이 방패[干]를 들고 '줄기'를 지키다.

幹部 간부   幹事 간사   幹線 간선
根幹 근간   才幹 재간   主幹 주간

年 해 년
해, 나이, 때
8급 | 총획 6 | 동 歲(세)

낮[午]이 가고 밤이 오면 숨듯이[匸] '해'가 없어지다.

年金 연금   年少 연소   年例 연례
今年 금년   老年 노년   末年 말년
成年 성년   成年式 성년식   靑年 청년

幺 작을 요 | 부·3획

'작다', '어리다'라는 뜻이다.

幻 헛보일 환 :
헛보이다, 미혹하다
2급 | 총획 4

힘[力]이 빠지니 아주 작은[幺] 물체들이 '헛보이다'.

幻覺 환각　　幻滅 환멸　　幻想 환상
幻生 환생　　幻影 환영　　幻聽 환청

幽 그윽할 유
그윽하다, 숨다
3Ⅱ급 | 총획 9

작고[幺] 작은[幺] 것이 산[山] 속에 '그윽하게' '숨다'.

幽玄 유현 : 사물의 이치가 헤아리기 어려울 만큼 깊음
幽靈 유령

幼 어릴 유
어리다, 어린아이
3Ⅱ급 | 총획5 | 동 兒(아), 稚(치) 반 老(로), 長(장)

힘[力]이 작은[幺] '어린이'.

長幼有序 장유유서 : 오륜의 하나로, 어른과 어린이는 서로 질서가 있어야 함

幼年 유년　　幼兒 유아　　幼稚園 유치원

幾 몇 기
몇, 그, 거의
3급 | 총획 12

사람[人]이 들고 있는 작은[幺] 창[戈]이 '몇' 개인가?

幾百 기백 : 몇 백
幾日 기일

广 | 엄 호 | 부·3획

'厂'에 점을 하나 더 찍어 언덕이나 바위를 지붕으로 삼아 지은 바위집 모양이다.

床 상 상
상, 평상
4Ⅱ급 | 총획 7 | ⑧ 案(안)

집[广]에 있는 나무[木]로 만든 '상'.

起床 기상   溫床 온상

庚 별 경
별
3급 | 총획 8

사람[人]이 집[广]에서 '별'을 볼 수 있는 밤까지 손[크]으로 곡식을 찧다.

庚辰 경진 : 육십갑자의 열일곱째
同庚 동경 : 같은 나이
庚癸 경계

庇 덮을 비 :
덮다, 감싸다
1급 | 총획 7

굴바위[广] 속에 비수 두 개[比]를 '덮어' 숨겨 놓다.

庇護 비호 : 감싸서 보호함
庇佑 비우

府 마을 부 (:)
마을, 관청
4Ⅱ급 | 총획 8 | ⑧ 廳(청), 村(촌)

집[广]을 지어 촌수[寸]가 가까운 사람[亻]끼리 모여 사는 '마을'.

政府 정부   政府案 정부안   立法府 입법부
行政府 행정부

序 차례 서 :
차례
5급 | 총획 7 | ⑧ 秩(질)

집[广]에서 나[予]의 '차례'를 기다리다.

序頭 서두   序論 서론   序文 서문
序詩 서시   順序 순서   秩序 질서

底 밑 저 :
밑, 바닥
4급 | 총획 8

집[广]안이 굳건한 것은 성씨[氏]가 하나[一]로 같은 사람들이 '밑'을 받치고 있기 때문이다.

底力 저력   底流 저류   底邊 저변
底意 저의   基底 기저   海底 해저

店 가게 점 :
가게
5Ⅱ급 | 총획 8

집[广]에서 점[占]을 쳐 '가게'를 열다.

店房 점방   店員 점원   店主 점주
店鋪 점포   開店 개점   分店 분점

庖 부엌 포
부엌, 요리사
1급 | 총획 8 | ⑧ 廚(주)

집[广] 안에 흙을 싸서[包] 만든 '부엌'.

庖廚 포주 : 부엌, 주방
庖丁 포정

度
법도 도(ː)/헤아릴 탁
법도, 헤아리다
6급 | 총획 9

집[广]에 있는 쌀을 스물[十十]한[一] 번이나 세고 또[又] 세며 '법도'에 맞게 '헤아리다'.

度量 도량   度數 도수   加速度 가속도
角度 각도   強度 강도   經度 경도
高度 고도   速度 속도   制度 제도

座
자리 좌ː
자리
4급 | 총획 10 | 동 席(석), 位(위)

집[广]은 땅[土]에 사람들[人人]이 앉기 위해 만든 '자리'이다.

座談 좌담   座席 좌석   座右銘 좌우명
座中 좌중   講座 강좌   計座 계좌
星座 성좌   聖座 성좌   王座 왕좌

庫
곳집 고
곳집, 창고
4급 | 총획 10 | 동 倉(창)

마차[車]나 농기구를 넣어 두는 집[广]은 '창고'.

國庫 국고   金庫 금고   寶庫 보고
書庫 서고   車庫 차고   倉庫 창고

庭
뜰 정
뜰, 집안
6Ⅱ급 | 총획 10

큰 집[广]도 조정[廷]에 비교하면 '뜰'에 불과하다.

庭園 정원   家庭 가정   校庭 교정
親庭 친정

庵
암자 암
암자, 초막
1급 | 총획 11

지붕[广]이 바위로 덮혀[奄] 있는 '암자'.

庵子 암자 : 큰 절에 딸린 작은 절
草庵 초암

康
편안 강
편안하다
4Ⅱ급 | 총획 11 | 동 安(안)

집[广]에 이르니[隶] 비로소 '편안하게' 쉴 수 있다.

康健 강건   健康 건강   小康 소강
平康 평강

庸
떳떳할 용
떳떳하다, 쓰다, 공
3급 | 총획 11 | 동 常(상) 반 劣(렬), 拙(졸)

집[广]에서 다른 사람의 손[⺕]을 쓰지[用] 않고 사니 '떳떳하다'.

庸拙 용졸 : 용렬하고 졸렬함
中庸 중용 : 치우침이나 과부족이 없이 떳떳함. 알맞은 상태나 정도
庸劣 용렬

庶
여러 서ː
여러, 많다
3급 | 총획 11

집[广]에 불[灬]이 나 스무[廿] 명도 넘게 모여든 '여러' 사람.

庶務 서무   庶民 서민   庶子 서자
庶出 서출

廉
청렴할 렴
청렴하다, 검소하다, 싸다
3급 | 총획 13 | 동 儉(검)

여러 사람이 함께[兼] 지은 집[广]에서 사니 '청렴하다'.

廉恥 염치   廉探 염탐   廉價 염가
低廉 저렴   破廉恥 파렴치

廊
사랑채, 행랑 랑
사랑채, 행랑, 복도
3Ⅱ급 | 총획 13

사내[郞]들이 거처하는 집[广]이니 '행랑'이요, '사랑채'.

廊下 낭하   行廊 행랑   畫廊 화랑
舍廊 사랑

廏 마구간 구
마구간, 모이다
1급 | 총획 14 | 약 厩

집[广] 안에 이미[旣] '마구간'이 생기다.

廏舍 구사 : 마구간

馬廏 마구

廓 둘레 곽 / 클 확
둘레, 크다, 외성
1급 | 총획 14

집[广]이 외곽의 성[郭]처럼 '둘레'가 넓고 '크다'.

城廓 성곽   外廓 외곽   廓淸 확청

廟 사당 묘:
사당, 묘당
3급 | 총획 15 | 약 庙

조정[朝]에서 제사 지내는 집[广]이니 '사당'.

宗廟 종묘 : 조선 시대 역대 임금과 왕비의 위패를 모시던 왕실의 사당

四廟 사묘   東廟 동묘

廣 넓을 광:
넓다
5Ⅱ급 | 총획 15 | 반 狹(협) 약 広

노란[黃] 색으로 집[广]을 칠하니 더 '넓어' 보이다.

廣告 광고   廣大 광대   廣範圍 광범위
廣野 광야   廣域 광역   廣場 광장

廢 폐할, 버릴 폐:
폐하다, 버리다, 그치다
3Ⅱ급 | 총획 15 | 동 棄(기), 抛(포) 약 廃

집[广]을 향해 총을 쏘니[發] '못 쓰게 되고' '버리게' 되다.

廢鑛 폐광   廢校 폐교   廢棄 폐기
廢物 폐물   廢業 폐업   廢品 폐품
老廢物 노폐물   存廢 존폐   荒廢 황폐

廛 가게, 터 전:
가게, 터
1급 | 총획 15

집[广]을 짓기 위해 마을[里] 사람[人]들이 흙[土]을 다져 놓은 '터'를 잡아 '가게'를 짓다.

廛房 전방 : 가게

廠 공장 창
공장, 헛간
1급 | 총획 15

높은[尙] 곳에 연장과 무기[攵]를 보관하기 위해 굴바위집[广]처럼 지어 놓은 '공장'.

基地廠 기지창   工廠 공창

廚 부엌 주
부엌, 요리사
1급 | 총획 15 | 약 厨

집[广] 안에서 삼촌[寸]이 열[十] 개의 콩[豆]으로 요리하는 '부엌'.

廚房 주방 : 음식을 만드는 곳
廚夫 주부

廳 관청 청
관청
4급 | 총획 25 | 동 署(서) 약 庁

백성의 소리를 듣는[聽] 집[广]이니 '관청'.

廳長 청장   檢察廳 검찰청   官廳 관청
區廳 구청   大廳 대청   道廳 도청
市廳 시청

민책받침 | 부·3획

구불구불한 길을 '다리를 끌며 걷는다'라는 뜻으로, 한자로는 '길게 걸을 인'이라고 읽는다.

延 늘일 연
늘이다, 끌다
4급 | 총획 7 | 동 遲(지) 반 急(급), 速(속)

옳은[正] 일은 오래 끌면[廴] '끌'수록 손해다.

延期 연기 延命 연명 延長 연장
延着 연착 蔓延 만연

建 세울 건 :
세우다
5급 | 총획 9 | 반 壞(괴), 崩(붕)

붓[聿]을 끌어[廴] 글을 써 규칙을 '세우다'.

建國 건국 建立 건립 建設 건설
建議 건의 建制 건제 建築 건축
建興 건흥 假建物 가건물 再建 재건

廷 조정 정
조정, 관아
3Ⅱ급 | 총획 7

책임을 짊어지고[壬] 국민을 끄는[廴] 곳이니 '조정'.

開廷 개정 宮廷 궁정 法廷 법정
朝廷 조정 出廷 출정 退廷 퇴정

廻 돌 회
돌다, 돌리다, 대하다
2급 | 총획 9 | 동 迂(우), 斡(알)

다리를 끌며[廴] 돌고[回] '돌다'.

廻向 회향 廻旋 회선 巡廻 순회
迂廻 우회 輪廻 윤회

廾 스물 입 | 부·3획
양손으로 공손하게 물건을 받쳐들고 있는 모양이다.

弄 희롱할 롱 :
희롱하다, 가지고 놀다
3Ⅱ급 | 총획 7 | 동 戲(희), 玩(완)

옥[王]을 받쳐 들고[廾] '희롱하며' '가지고 놀다'.

弄談 농담　　愚弄 우롱　　才弄 재롱
嘲弄 조롱　　戲弄 희롱

弊 폐단 폐 :
폐단, 폐해, 나쁘다
3Ⅱ급 | 총획 15

해진[敝] 옷을 또 들고[廾]와 꿰매주길 바라니 '폐(폐단)'이다.

弊端 폐단　　弊習 폐습　　民弊 민폐
惡弊 악폐　　疲弊 피폐

주살 익 | 부·3획

'주살'(오늬에 줄을 매어 쏘는 화살)을 뜻한다.

式 법 식
법
6급 | 총획 6 | 동 規(규), 律(률), 法(법), 則(칙)

훌륭한 장인[工]은 주살[弋]을 만드는 '법'이 따로 있다.

式辭 식사   式場 식장   公式 공식
新式 신식   舊式 구식   形式 형식

弑 윗사람 죽일 시 :
죽이다
1급 | 총획 12

법[式]에서 벗어나 나무[木]를 베어[乂] '윗사람을 죽이다'.

弑害 시해   弑殺 시살

弓 | 활 궁 | 부·3획

활의 모양을 본뜬 글자이다.

弓 활 궁
활, 궁술
3Ⅱ급 | 총획 3

'활'의 모양.

弓道 궁도 　　弓術 궁술 　　弓矢 궁시
名弓 명궁 　　洋弓 양궁

弗 아닐 불
아니다
2급 | 총획 5

활[弓]의 줄이 늘어져 쏠 수 없다하여 '아니다'.

弗素 불소 　　弗貨 불화

弔 조상할 조 :
조상하다, 문안하다
3급 | 총획 4 | 圖 喪(상) 圖 慶(경)

까마귀 떼가 시체 파 먹는 것을 막기 위해 활[弓]을 잡고 [丨] '조상하다'.

弔文 조문 　　弔喪 조상 　　弔意 조의
謹弔 근조 　　慶弔事 경조사

弛 늦출 이 :
늦추다, 활 부리다
1급 | 총획 6

활[弓]시위가 팽팽하여 또[也] 다시 느슨하게 '늦추다'.

解弛 해이 : 마음이나 규율이 풀려 느슨함

弛緩 이완

引 끌 인
끌다, 당기다
4Ⅱ급 | 총획 4 | 圖 導(도), 提(제) 圖 推(추)

활[弓]에 화살[丨]을 대고 앞으로 힘껏 '끌어당기다'.

引繼 인계 　　引導 인도 　　引上 인상
引率 인솔 　　引揚 인양 　　引用 인용
引出 인출

弟 아우 제 :
아우
8급 | 총획 7 | 圖 兄(형)

머리[首→ヽヽ]를 땋고 활[弓]과 화살[丨]을 손[手→丿]에 들고 노는 나의 '아우'.

弟子 제자 　　師弟 사제 　　首弟子 수제자
子弟 자제 　　兄弟 형제

弘 클 홍
크다, 넓다
3급 | 총획 5 | 圖 巨(거), 大(대), 太(태) 圖 微(미), 小(소)

내[厶] 몸을 구부려 활[弓]을 잡아당기니 '크게' 늘어나다.

弘益人間 홍익인간 : '널리 인간 세계를 이롭게 한다'라는 뜻으로, 우리나라의 건국 시조인 단군의 건국 이념

弘報 홍보 　　宏弘 굉홍

弦 시위 현
활시위, 시위
2급 | 총획 8

활[弓]을 쏠 때 떨며 가물가물하는 것이니 '활시위'.

弦樂 현악 　　上弦 상현 　　下弦 하현
弓弦 궁현

弩 쇠뇌 노
쇠뇌
1급 | 총획 8

종[奴]이 쏘는 활[弓]처럼 화살이 잇달아 나아가게 만든 '쇠뇌'.

弩砲 노포 　　強弩 강노 　　伏弩 복노

弧 활 호
활
1급 | 총획 8

활[弓]은 활인데 오이[瓜]처럼 약간 휜 '활'.

弧矢 호시 : 나무로 만든 활과 화살
弧形 호형 　　括弧 괄호

弱 약할 약
약하다
6Ⅱ급 | 총획 10 | 반 強(강)

활[弓]의 줄을 크게 두[二] 번씩 잡아당기니, 줄이 '약해지다'.

弱勢 약세 　　弱小 약소 　　弱點 약점
弱體 약체 　　弱冠 약관 　　心弱 심약

強 강할 강(ː)
강하다
6급 | 총획 11 | 동 健(건) 반 弱(약) 약 强

등이 딱딱하고 넓은[弘] 벌레[虫]는 생명력이 '강하다'.

強權 강권 　　強度 강도 　　強力 강력
強烈 강렬 　　強賣 강매 　　強盛 강성
強速球 강속구 　強弱 강약 　　強調 강조

張 베풀 장
베풀다, 넓히다
4급 | 총획 11 | 동 設(설), 施(시) 반 縮(축)

긴[長] 활[弓]을 선물로 '베풀다'.

誇張 과장 　　主張 주장 　　冊張 책장
出張 출장 　　擴張 확장

彈 탄알 탄ː
탄알, 쏘다
4급 | 총획 15 | 약 弹

갑옷[甲] 입은 장수가 소리치며[口] 활[弓]을 쏘아도 한[一] 발의 '탄알'을 당할 수 없다.

彈道 탄도 　　彈力 탄력 　　彈壓 탄압
彈丸 탄환 　　防彈 방탄 　　實彈 실탄

彎 굽을 만
굽다, 당기다
1급 | 총획 22

실[糸]로 여러 번 묶어[糸] 놓은 물건이 말[言] 한 마디에 활[弓]처럼 '굽다'.

彎月 만월 : 활 모양의 달
彎曲 만곡 　　彎弓 만궁

터진가로 왈 | 부·3획
돼지의 머리 모양을 본뜬 글자이다.

| 彗 | 살별 혜 :
살별, 빗자루
1급 | 총획 11 |

가지 많은 싸리나무를 묶어[丰丰] 손[크]에 잡고 쓰는 '살별'.

彗星 혜성 : 별 이름

彗芒 혜망   **彗掃** 혜소

| | 무리 휘
무리, 모으다, 성하다
1급 | 총획 13 |

여기저기 열려 있는 과일[果]처럼 돼지 머리[彑]를 덮고[冖] 있는 털 '무리'.

語彙 어휘 : 낱말의 수효

터럭 삼 | 부·3획
머리털이 가지런히 나 있는 모양을 본뜬 글자이다.

形 모양 형
모양, 형상
6Ⅱ급 | 총획 7 | ⑧ 像(상), 樣(양), 態(태)

머리카락[彡]을 하나[一]씩 손으로 들어[廾] 올려 '모양'을 내다.

形象 형상   形成 형성   形式 형식
形迹 형적   形便 형편

彰 드러날 창
드러나다, 밝다
2급 | 총획 14

머리[彡]결이 빛나듯 문장[章]의 내용이 '밝게 드러나다'.

彰德 창덕   彰善 창선   表彰 표창

彫 새길 조
새기다, 조각하다, 꾸미다
2급 | 총획 11 | ⑧ 刻(각)

섬세한 조각을 위해 두루두루[周] 머리카락[彡]까지 '새기다'.

彫刻 조각   彫像 소상   彫琢 조탁
木彫 목조

影 그림자 영 :
그림자, 형상, 자태
3Ⅱ급 | 총획 15

햇볕[景]에 의해 머리털[彡]이 '그림자'로 나타나다.

影像 영상   影響 영향   近影 근영
暗影 암영   投影 투영

彩 채색 채 :
채색, 무늬
3Ⅱ급 | 총획 11

꾸미기[采] 위해 털[彡] 붓으로 '채색'한 '무늬'.

彩色 채색   光彩 광채   文彩 문채
水彩畫 수채화   異彩 이채

두인변 | 부·3획

'行'의 왼쪽 부분으로 '가다', '이동하다'라는 뜻으로, 한자로는 '조금 걸을 척'이라고 읽는다.

役 부릴 역
부리다, 일하다, 일
3Ⅱ급 | 총획 7 | 동 使(사), 事(사)

창[殳]을 들고 가서[彳] 국경을 지키는 '일'이 자발적이 아니니 '부림'을 당하는 것이다.

端役 단역   配役 배역   兵役 병역
服役 복역   兒役 아역   用役 용역
雜役 잡역   主役 주역   重役 중역
退役 퇴역

彷 헤맬 방(:)
헤매다, 거닐다, 비슷하다
1급 | 총획 7

걸어서[彳] 사방[方]을 왔다갔다하며 '헤매다'.

彷徨 방황 : 오락가락하며 거닒
彷彿 방불

佛 비슷할 불
비슷하다
1급 | 총획 8

걸어가는[彳] 것이 아는 사람은 아니지만[弗] 모습이 '비슷하다'.

征 칠 정
치다, 정벌하다, 취하다
3Ⅱ급 | 총획 8 | 동 拍(박), 伐(벌), 打(타), 討(토)

정의[正]를 위해 가서[彳] '정벌하다'.
※ 무기로 치는 것은 '伐(벌)', 법도에 따라 치는 것은 '討(토)'

征途 정도   征伐 정벌   征服 정복
遠征競技 원정경기 遠征隊 원정대   長征 장정

彼 저 피:
저, 그
3Ⅱ급 | 총획 8 | 반 是(시), 我(아), 此(차)

짐승을 잡아 가죽[皮]을 벗겨 간[彳] '저' 사냥꾼.

彼我 피아   彼岸 피안   彼此 피차
於此彼 어차피

往 갈 왕:
가다, 향하다
4Ⅱ급 | 총획 8 | 동 去(거) | 반 來(래)

걸어서[彳] 주인[主]이 집으로 '가다'.

說往說來 설왕설래 : 서로 변론을 주고 받으며 옥신각신

往年 왕년   往來 왕래   往復 왕복
往往 왕왕   旣往 기왕   已往 이왕

後 뒤 후:
뒤
7Ⅱ급 | 총획 9 | 반 先(선), 前(전)

걸을[彳] 때 어린이[幺]는 천천히[夊] 어른 '뒤'를 따르다.

後覺 후각   後見 후견   後光 후광
後記 후기   後面 후면   後門 후문
後佛 후불   後事 후사   後食 후식
後援 후원

律 법칙 률
법
4Ⅱ급 | 총획 9 | 동 規(규), 法(법)

붓[聿]을 놀리는[彳] '법칙'을 만들다.

律動 율동   律法 율법   戒律 계율
規律 규율   法律 법률   音律 음률
自律 자율   調律 조율   他律 타율

待 기다릴 대 :
기다리다
6급 | 총획 9

절[寺]에 가서[彳] 참배 차례를 '기다리다'.

待機 대기　　　待令 대령　　　待望 대망
待遇 대우　　　待合室 대합실　　苦待 고대
冷待 냉대　　　期待 기대　　　接待 접대
下待 하대

徊 머뭇거릴 회
머뭇거리다, 노닐다
1급 | 총획 9

걸어서[彳] 빙빙 돌[回]아 '머뭇거리며' '노닐다'.

徘徊 배회 : 일정한 목표가 없이 이리저리 거닒

徒 무리 도
무리
4급 | 총획 10 | 동 群(군), 黨(당), 衆(중) 반 孤(고), 獨(독)

조금씩 걸으면서[彳] 달아나는[走] '무리'.

徒勞 도로 : 보람없이 애씀
無爲徒食 무위도식 : 아무 하는 일 없이 먹기만 함. 게으르거나 능력이 없는 사람을 이르는 말

徒黨 도당　　　徒步 도보　　　敎徒 교도
生徒 생도　　　信徒 신도　　　學徒 학도

徐 천천할 서 (ː)
천천하다, 평온하다
3Ⅱ급 | 총획 10 | 반 急(급), 速(속)

걸을[彳] 때 나[余]는 '천천히' 간다.

徐緩 서완　　　徐行 서행

徑 지름길, 길 경
지름길, 길
3Ⅱ급 | 총획 10 | 동 道(도), 路(로) 약 径

물줄기[巠]처럼 곧바로 가는[彳] 길이니 '지름길'.

口徑 구경　　　半徑 반경　　　直徑 직경

從 좇을 종 (ː)
좇다, 따르다
4급 | 총획 11 | 동 遵(준), 追(추) 약 従, 从

걸어서[彳] 아랫사람둘[人人]이 점[卜]치는 사람[人]을 '따르다'.

從事 종사　　　從屬 종속　　　從心 종심
服從 복종　　　順從 순종

御 거느릴 어 :
거느리다, 다스리다, 짐승을 길들이다
3Ⅱ급 | 총획 11 | 동 率(솔), 統(통)

가서[彳] 무릎 꿇고[卩] 술잔[缶]을 바치는 부하를 '거느리다'.

御命 어명　　　御使 어사　　　御用 어용
制御 제어

得 얻을 득
얻다, 손에 넣다
4Ⅱ급 | 총획 11 | 동 獲(획) 반 失(실)

해[日]가 뜨면 일[一]촌[寸]에게 가서[彳] 식량을 '얻다'.

得道 득도　　　得勢 득세　　　得失 득실
得點 득점　　　得票 득표　　　習得 습득
利得 이득

徘 어정거릴 배
어정거리다, 노닐다
1급 | 총획 11

걸어서[彳] 앞으로 나아가지 않으니[非] '어정거리며' '노닐다'.

徘徊 배회

徙 옮길 사 :
옮기다, 넘기다
1급 | 총획 11

짐을 들고 가다가[彳] 무거워 머무르고[止] 다시 머무르며[止] 겨우 '옮기다'.

移徙 이사

復 회복할 복/다시 부 :
회복하다, 다시
4Ⅱ급 | 총획 12

사람[人]들은 해[日]가 지면 서서히[夊] 걸어서[彳] 집으로 '다시' 오다.

復古 복고   復舊 복구   復歸 복귀
復習 복습   復原 복원   反復 반복
復活 부활   復興 부흥

徨 헤맬 황
헤매다, 노닐다
1급 | 총획 12

느린 걸음[彳]으로 임금[皇]이 이리저리 '헤매다'.

彷徨 방황

循 돌 순
돌다, 좇다
3급 | 총획 12 | 동 旋(선), 巡(순)

적을 지키기 위해 방패[盾]를 들고 걸어서[彳] 순찰을 '돌다'.

因循姑息 인순고식 : 낡은 관습이나 폐단에서 벗어나지 못하고 눈앞의 편안함만을 취하려 함

循行 순행   循環 순환

微 작을 미
작다, 적다
3Ⅱ급 | 총획 13 | 동 小(소) | 반 大(대), 太(태)

큰 산[山]에 가서[彳] 책상[几] 하나[一]를 쳐도[夊] 그 효과는 '작고' '적다'.

微量 미량   微妙 미묘   微分 미분
微細 미세   微笑 미소   微弱 미약
微熱 미열   微風 미풍   輕微 경미

徹 통할 철
통하다
3Ⅱ급 | 총획 15 | 동 貫(관), 達(달), 透(투)

매를 치면서[夊] 길러[育] 나아가니[彳] 목적하는 사리에 '통하다'.

徹頭徹尾 철두철미 : 처음부터 끝까지 방침을 바꾸지 않고 생각을 철저히 관철함

徹夜 철야   貫徹 관철   冷徹 냉철
透徹 투철

徵 부를 징
부르다, 구하다
3Ⅱ급 | 총획 15 | 동 召(소), 招(초) | 약 徴

가서[彳] 산[山]에 숨겨둔 구슬[王] 하나[一]를 돌멩이로 치니[夊] 메아리가 '부르다'.

徵兵 징병   徵收 징수   徵用 징용
徵兆 징조   徵表 징표   徵候 징후
象徵 상징   性徵 성징   特徵 특징

德 큰, 덕 덕
크다, 덕
5Ⅱ급 | 총획 15 | 약 徳

친구 집에 가니[彳], 창[罒]이 열[十] 개나 되는 집을 가진 부자가 되었음에도 마음[心]은 한결[一]같으니 역시 '큰' 사람이다.

德望 덕망   德目 덕목   德性 덕성
德行 덕행   功德 공덕   美德 미덕
變德 변덕   婦德 부덕   盛德 성덕

心(忄) 마음 심 | 부·4획

사람의 심장 모양을 본뜬 글자로, 옛날 사람들은 정신이 가슴에 있다고 생각했기 때문에 '마음'이라는 뜻이 되었다. 변형자는 '忄'이다.

心 마음 심
마음
7급 | 총획 4 | 반 身(신), 體(체)

사람의 심장[心]이 곧 '마음'이다.

- 心境 심경
- 心氣 심기
- 心理 심리
- 心臟 심장
- 關心 관심
- 內心 내심
- 童心 동심
- 人心 인심
- 中心 중심
- 核心 핵심

忍 참을 인
참다, 용서하다
3Ⅱ급 | 총획 7 | 동 耐(내)

칼날[刃] 밑에 마음[心]이 눌려 있으니, 꼼짝 못하고 '참다'.

- 目不忍見 목불인견 : 차마 눈을 뜨고 볼 수 없을 정도의 상황
- 隱忍自重 은인자중 : 마음속으로 참고 몸가짐을 신중히 함
- 忍苦 인고
- 忍耐 인내
- 忍辱 인욕
- 殘忍 잔인

必 반드시 필
반드시
5Ⅱ급 | 총획 5 | 동 須(수)

마음[心]이 비뚠[丿] 성격은 '반드시' 고쳐야 한다.

- 必讀 필독
- 必死 필사
- 必須 필수
- 必勝 필승
- 必要 필요

忌 꺼릴 기
꺼리다, 미워하다
3급 | 총획 7 | 동 避(피)

자기[己]만 생각하는 마음[心]은 다른 사람이 '꺼리다'.

- 忌日 기일
- 忌避 기피
- 禁忌 금기

志 뜻 지
뜻
4Ⅱ급 | 총획 7 | 동 意(의), 情(정)

선비[士]가 마음[心]속 깊이 품은 큰 '뜻'.

- 志望 지망
- 志願 지원
- 志操 지조
- 同志 동지
- 意志 의지
- 立志 입지

念 생각 념:
생각
5Ⅱ급 | 총획 8 | 동 慮(려), 思(사), 想(상)

지금[今] 그는 마음[心]속으로 무슨 '생각'을 할까?

- 念頭 염두
- 念慮 염려
- 念力 염력
- 念願 염원
- 記念 기념
- 斷念 단념
- 留念 유념
- 理念 이념
- 一念 일념
- 專念 전념

忘 잊을 망
잊다, 건망증
3급 | 총획 7

마음[心]속에서 죽은[亡] 것이니 '잊다'.

- 刻骨難忘 각골난망 : 입은 은혜의 고마움을 잊지 않음
- 背恩忘德 배은망덕 : 입은 덕을 잊고 배신함
- 忘却 망각
- 健忘 건망
- 備忘錄 비망록

忿 성낼 분:
성내다, 분하다
1급 | 총획 8

요구하는 마음[心]과 반대로 나누어져[分] 가니 '성나다', '분하다'.

- 忿怒 분노 : 분하여 몹시 성냄
- 激忿 격분
- 痛忿 통분

忽 갑자기 홀
갑자기, 소홀히 하다
3Ⅱ급 | 총획 8 | 통 突(돌)

관심이 없어진[勿] 마음[心]이 '갑자기' 나타날까?

忽待 홀대　　忽然 홀연　　疏忽 소홀

怨 원망할 원(:)
원망하다
4급 | 총획 9 | 통 恨(한)

저녁[夕]마다 무릎[已]을 꿇고 마음[心]속으로 원수를 '원망하다'.

怨望 원망　　怨聲 원성　　怨恨 원한
民怨 민원　　宿怨 숙원

忠 충성 충
충성
4Ⅱ급 | 총획 8

마음[心] 가운데[中] 있는 '충성'하는 마음.

忠告 충고　　忠誠 충성　　忠臣 충신
忠實 충실　　忠言 충언　　忠直 충직
忠孝 충효　　不忠 불충

急 급할 급
급하다, 중요하다
6Ⅱ급 | 총획 9 | 통 速(속) 반 緩(완)

마음[心]이 몸보다 빨리 이르니[及→刍] 얼마나 '급한지' 알겠다.

急求 급구　　急落 급락　　急變 급변
急性 급성　　急所 급소　　急速 급속
急造 급조　　急行 급행　　時急 시급
特急 특급

思 생각 사(:)
생각, 생각하다
5급 | 총획 9 | 통 考(고), 念(념), 慮(려), 想(상)

밭[田]에 무엇을 심을지 마음[心]속으로 '생각하다'.

思考 사고　　思念 사념　　思慕 사모
思想 사상　　思春期 사춘기　　相思病 상사병

恩 은혜 은
은혜
4Ⅱ급 | 총획 10 | 통 惠(혜) 반 怨(원)

착한 마음[心]으로 인해[因] 큰 '은혜'를 받다.

恩功 은공　　恩德 은덕　　恩人 은인
恩惠 은혜　　報恩 보은

怠 게으를 태
게으르다, 업신여기다
3급 | 총획 9

별[台]을 보려는 마음[心]이 사람을 '게으르게 하다'.

怠慢 태만 : 해야 할 일을 하지 않고 게으름을 피움
勤怠 근태 : 부지런함과 게으름

倦怠 권태

恣 마음대로, 방자할 자:
마음대로, 방자하다
3급 | 총획 10

본마음[心]에서 벗어난 다음[次]의 행동이니 '방자하다'.

恣行 자행　　放恣 방자

怒 성낼 노:
성내다, 화내다
4Ⅱ급 | 총획 9

종[奴]의 마음[心]은 '성낼' 줄 모르다.

怒發大發 노발대발 : 펄펄 뛸 듯이 몹시 성을 냄
天人共怒 천인공노 : 누구나 분노할 만큼 증오스러움

怒色 노색　　怒號 노호　　激怒 격노

恐 두려울 공(:)
두려워하다
3Ⅱ급 | 총획 10

무릇[凡] 훌륭한 장인[工]도 마음[心]으로는 '두려워한다'.

恐龍 공룡　　恐水病 공수병　　恐妻家 공처가
可恐 가공

恕 용서할 서:
용서하다, 동정하다
3Ⅱ급 | 총획 10

잘못한 사람을 내 마음[心]과 같이[如] 생각해서 '용서하다'.

寬恕 관서　　　容恕 용서

悠 멀 유
멀다, 근심하다
3Ⅱ급 | 총획 11 | 동 遙(요), 遠(원) 반 近(근)

아득하게[攸] 마음[心]속에서 떠나간 것이니 '멀어진' 것이다.

悠悠自適 유유자적 : 속박이 없이 자기가 하고 싶은 대로 마음 편히 지냄

悠久 유구　　　悠然 유연

恥 부끄러울 치:
부끄러워하다, 부끄럼
3Ⅱ급 | 총획 10 | 동 愧(괴), 辱(욕), 慙(참) 약 耻

자신의 잘못을 귀[耳]로 듣고 마음[心]속으로 '부끄러워'하다.

厚顔無恥 후안무치 : 뻔뻔하고 부끄러워할 줄 모름

恥部 치부　　　恥事 치사　　　恥辱 치욕
廉恥 염치　　　破廉恥 파렴치

悉 다 실
다, 모두, 다하다
1급 | 총획 11

분별[釆]없이 마음[心]을 '다' 쓰다.

悉心 실심　　　明悉 명실　　　知悉 지실

恙 병, 근심할 양:
병, 근심하다
1급 | 총획 10

양[羊]들이 '병'에 걸려 마음[心]속으로 '근심하다'.

恙憂 양우 : 염려되는 일

惡 악할 악/미워할 오
악하다, 미워하다
5Ⅱ급 | 총획 12 | 동 憎(증) 반 善(선) 약 悪

산적에 버금[亞]가는 마음[心]은 '악하고' '미워하는' 마음.

惡氣 악기　　　惡談 악담　　　惡德 악덕
惡漢 악한　　　善惡 선악　　　惡寒 오한

息 쉴 식
쉬다, 숨 쉬다, 자식
4Ⅱ급 | 총획 10 | 동 休(휴)

자기[自]의 심장[心]으로 '숨 쉬다'.

自強不息 자강불식 : 스스로 힘쓰며 쉬지 않음

息婦 식부　　　安息 안식　　　女息 여식
子息 자식　　　歎息 탄식　　　休息 휴식

惠 은혜 혜:
은혜
4Ⅱ급 | 총획 12 | 동 恩(은)

차[車] 한[、] 대를 사준 사람의 마음[心]을 생각하며 '은혜'를 잊지 않다.

惠澤 혜택　　　施惠 시혜　　　恩惠 은혜
特惠 특혜　　　受惠 수혜

患 근심 환:
근심
5급 | 총획 11

나무판 두 장[口口]을 송곳으로 뚫은[|] 듯, 마음[心]속에 '근심'으로 가득 차다.

患部 환부　　　患者 환자　　　老患 노환
後患 후환

悶 답답할 민
답답하다
1급 | 총획 12

마음[心]의 문[門]을 닫으니 '답답하다'.

苦悶 고민　　　煩悶 번민

悲 슬플 비 :
슬프다
4Ⅱ급 | 총획 12 | 만 歡(환), 喜(희)

마음[心]대로 아니[非] 되어 '슬프다'.

悲歌 비가 悲劇 비극 悲鳴 비명
悲憤 비분 悲運 비운 悲壯 비장
悲痛 비통 喜悲 희비

惑 미혹할 혹
미혹하다, 의심하다
3Ⅱ급 | 총획 12 | 동 迷(미)

혹시[或]나 하는 마음[心]으로 결단하지 못하고 의심하니 '미혹하다'.
※ 행동이 미혹함은 '迷(미)'

困惑 곤혹 當惑 당혹 不惑 불혹
誘惑 유혹 疑惑 의혹

愈 나을 유
낫다, 더욱
3급 | 총획 13

마음[心]이 점점[兪] 통하게 되면 '더욱' '나아질' 것이다.

愈出愈怪 유출유괴 : 갈수록 더욱 괴상해짐

愁 근심 수
근심, 시름, 시름겹다
3Ⅱ급 | 총획 13 | 동 哀(애), 憂(우) | 만 歡(환)

가을[秋]의 낙엽처럼 마음[心]속에 떨어지는 '근심'.

愁心 수심 哀愁 애수 憂愁 우수
鄕愁 향수

意 뜻 의 :
뜻, 생각하다
6Ⅱ급 | 총획 13

마음[心]의 소리[音]를 들어 그 '뜻'을 따르다.

意見 의견 意外 의외 意中 의중
意合 의합 同意 동의

慈 사랑할 자
사랑, 사랑하다
3Ⅱ급 | 총획 13 | 동 愛(애), 仁(인)

검은[玄] 마음[心]도 '사랑'으로 치유되다.
※ 연인과의 사랑은 '愛(애)'

慈悲 자비 慈善 자선 慈愛 자애
無慈悲 무자비 仁慈 인자

想 생각 상 :
생각, 생각하다
4Ⅱ급 | 총획 13 | 동 思(사)

서로[相] 마음[心]속으로 '생각하다'.

想起 상기 想念 상념 感想 감상
感想文 감상문 空想 공상 發想 발상
豫想 예상 着想 착상 回想 회상

愛 사랑 애 (:)
사랑
6급 | 총획 13 | 동 戀(련), 慕(모), 慈(자) | 만 惡(오), 憎(증)

손[爪]으로 덮어[冖] 어루만지고, 자꾸 마음[心]이 가니[夂], 이것이 어머니의 '사랑'이다.

愛國 애국 愛用 애용 愛人 애인
愛情 애정

惹 이끌 야 :
이끌다, 끌어당기다
2급 | 총획 13

내 마음[心]과 같은[若] 뜻을 가진 사람에게 마음이 '끌리다'.

惹起 야기 惹端 야단

感 느낄 감 :
느끼다
6급 | 총획 13

무슨 일이든 다[咸] 마음[心]으로 '느끼는' 것이다.

感慨 감개 感激 감격 感動 감동
感銘 감명 感謝 감사 感想 감상
感性 감성 感電 감전 感懷 감회
同感 동감

愚 어리석을 우
어리석다
3Ⅱ급 | 총획 13 | 빤 良(량), 仁(인), 賢(현)

원숭이[禺]의 마음[心]에는 지혜가 적으니 '어리석다'.

愚見 우견　　　愚鈍 우둔　　　愚弄 우롱
愚惡 우악　　　愚劣 우열　　　愚直 우직

慮 생각할 려:
생각하다
4급 | 총획 15 | 동 念(념), 思(사)

호랑이[虍]가 나타날까 생각하니[思] 두렵게 '생각되다'.

考慮 고려　　　配慮 배려　　　思慮 사려
心慮 심려　　　念慮 염려

態 모습 태:
모습, 모양
4Ⅱ급 | 총획 14 | 동 樣(양), 姿(자)

능력[能]을 마음[心]껏 나타내는 '모습'.

態度 태도　　　事態 사태　　　狀態 상태
世態 세태　　　實態 실태　　　樣態 양태

慧 슬기로울 혜:
슬기롭다, 슬기
3Ⅱ급 | 총획 15 | 동 智(지)

비[彗]로 쓴 듯 맑은 마음[心]에서 나오는 '슬기로움'.

慧眼 혜안 : 사물을 밝게 보는 슬기로운 눈
智慧 지혜

慙 부끄러울 참
부끄러워하다
3급 | 총획 15 | 동 愧(괴), 羞(수)

마음[忄]이 베여[斬] 용기를 잃고 '부끄러워하다'.

慙愧 참괴　　　慙伏 참복　　　慙色 참색
慙悔 참회

慫 권할 종
권하다, 놀라다
1급 | 총획 15

마음[心]이 쫓아[從]오도록 '권하다'.

慫慂 종용 : 잘 설명하고 달래어 권함

慰 위로할 위
위로하다
4급 | 총획 15

시체[尸]를 보고[示] 마음[心]으로 한 마디[寸] '위로하다'.

慰勞 위로　　　慰問 위문　　　慰安 위안

憂 근심 우
근심, 근심하다
3Ⅱ급 | 총획 15 | 동 慮(려), 愁(수), 患(환)

얼굴[頁]에 서서히[夊] 마음[心]의 '근심'이 나타나다.

內憂外患 내우외환 : 내부에서 일어나는 근심과 외부로부터 받는 근심
識字憂患 식자우환 : 알기는 알아도 똑바로 알지 못하기 때문에 그 지식이 오히려 걱정거리가 됨

憂慮 우려　　　憂愁 우수　　　憂患 우환

慝 사특할 특
사특하다, 악하다
1급 | 총획 15

숨겨진[匿] 마음[心]이 '사특하다'.

慝惡 특악 : 드러나지 아니한 악. 숨은 악
邪慝 사특　　　奸慝 간특

慾 욕심 욕
욕심
3Ⅱ급 | 총획 15 | 동 貪(탐)

하고자[欲] 하거나 갖고 싶어하는 마음[心]이니 '욕심'.

私利私慾 사리사욕 : 사사로운 이익과 욕심

慾心 욕심　　　禁慾 금욕　　　食慾 식욕
愛慾 애욕　　　野慾 야욕　　　意慾 의욕
虛慾 허욕

慶 경사 경 :
경사
4Ⅱ급 | 총획 15 | 凹 弔(조)

사슴[鹿] 한[一] 마리를 잡아 마음[心]을 다해 바치니 서서히[夊] 집안에 '경사'가 생기다.

慶事 경사 慶弔 경조 慶祝 경축
慶賀 경하 國慶日 국경일

應 응할 응 :
응하다
4Ⅱ급 | 총획 17 | 동 諾(락) 약 応

집[广]에서 기르는 새[隹]는 마음[心]으로 사람[亻]에게 '응하다'.

因果應報 인과응보 : 과거나 전생의 인연에 따라 뒤에 그 상벌을 받음

應答 응답 應對 응대 應試 응시
應援 응원 適應 적응 呼應 호응

憑 의지할 빙
의지하다
1급 | 총획 16

얼음[冫] 위도 잘 달리는 말[馬]에 내 마음[心]을 '의지하다'.

憑據 빙거 : 어떤 사실을 증명할 만한 근거

憑依 빙의

懇 간절할 간 :
간절하다, 정성
3Ⅱ급 | 총획 17

돼지가 음식을 먹고자[豸] 하는 마음[心]이 '간절하다'.

懇曲 간곡 懇求 간구 懇談會 간담회
懇切 간절 懇請 간청

憩 쉴 게 :
쉬다, 휴식하다
2급 | 총획 16

혀[舌]를 움직여 떠들고 지쳐 '쉬다[息]'.
※ 숨으로 쉬는 것은 '息(식)', 일하다가 그늘에서 쉬는 것은 '休(휴)'

休憩室 휴게실

懲 징계할 징
징계하다, 징계
3급 | 총획 19 | 동 戒(계)

죄지은 자를 불러[徵] 마음[心]을 좋게 하라고 꾸짖으며 '징계하다'.

勸善懲惡 권선징악 : 착한 행실을 권장하고 악한 행실을 징계함

懲戒 징계 懲罰 징벌 懲役 징역

憲 법 헌 :
법
4급 | 총획 16 | 동 規(규), 律(률), 法(법), 式(식)

세[三] 명, 네[四] 명이 한[一] 집[宀]에 살아도 마음[心]이 편한 것은 '법'이 있기 때문이다.

憲法 헌법 憲兵 헌병 憲章 헌장
憲政 헌정 改憲 개헌 立憲 입헌
制憲 제헌

懸 달 현 :
달다, 매달다, 매달리다
3Ⅱ급 | 총획 20

고을[縣] 행정에 내 마음[心]을 '달아' 열심히 일하다.

懸賞手配 현상수배 懸案 현안 懸板 현판
懸垂幕 현수막

憊 고달플 비 :
고달프다
1급 | 총획 16

미리미리 준비[備]를 하려 하니 마음[心]이 '고달프다'.

憊色 비색 : 피곤한 기색

憊臥 비와 憊困 비곤

戀 그리워할, 그릴 련 :
그리워하다, 사모하다, 그리움
3Ⅱ급 | 총획 23 | 동 慕(모) 약 恋

말[言]이 오고가며 얽매인[絲] 마음[心]이니 '그리워하다'.

戀歌 연가 戀愛 연애 戀人 연인
戀情 연정 悲戀 비련 失戀 실연

忙 바쁠 망
바쁘다, 조급하다
3급 | 총획 6 | 통 奔(분) 반 閑(한)

마음[忄]속으로 생각할 겨를이 없을 만큼[亡] '바쁘다' 바빠.

忙中閑 망중한 : 바쁜 가운데에서도 한가로운 때
奔忙 분망 : 매우 바쁨

忖 헤아릴 촌 :
헤아리다, 쪼개다
1급 | 총획 6

마음[忄]속으로 항상 촌수[寸] 가까운 사람의 삶을 '헤아리다'.

忖度 촌탁 : 미루어 남의 마음을 헤아림

快 쾌할 쾌
쾌하다, 상쾌하다, 시원하다
4Ⅱ급 | 총획 7

마음[忄]을 정하니[夬] '상쾌하다'.

快感 쾌감   快擧 쾌거   快樂 쾌락
快速 쾌속   快適 쾌적   輕快 경쾌
明快 명쾌   不快 불쾌   爽快 상쾌
欣快 흔쾌

怯 겁낼 겁
겁내다, 약하다
1급 | 총획 8

소심한 사람은 마음[忄]이 나가는[去] 것을 '겁내다'.

卑怯 비겁 : 비열하고 겁이 많음
怯弱 겁약   怯心 겁심   食怯 식겁

怖 두려워할 포
두려워하다, 두렵다
2급 | 총획 8

인간은 마음[忄]속으로 죽어서 베옷[布] 입을 것을 '두려워하다'.

恐怖 공포   恐怖心 공포심

怪 괴이할 괴 (:)
괴이하다, 기이하다
3Ⅱ급 | 총획 8 | 통 奇(기)

또[又] 흙[土]을 파고 열심히 농사를 지어도 마음[忄]대로 안 되니 '괴이하다'.

怪常罔測 괴상망측 : 괴상하고 망측함
奇巖怪石 기암괴석 : 기이한 바위와 과상한 돌
怪談 괴담   怪力 괴력   怪物 괴물
怪異 괴이

怏 원망할 앙
원망하다, 불만스럽다
1급 | 총획 8

마음[忄] 가운데[央] 품고 있는 '원망'.

怏心 앙심 : 원한을 품은 마음
怏宿 앙숙

性 성품 성 :
성품, 바탕
5Ⅱ급 | 총획 8

사람이 태어날[生] 때 가지고 나온 마음[忄]이 곧 '성품'.

性格 성격   性急 성급   性別 성별
性徵 성징   性品 성품   乾性 건성
耐性 내성   習慣性 습관성   柔軟性 유연성
含蓄性 함축성

恤 불쌍할 휼
불쌍하다, 구휼하다
1급 | 총획 9

마음[忄]속으로 피[血]눈물을 흘리며 '불쌍히' 여기다.

矜恤 긍휼 : 가엾게 여겨서 돕는 것
救恤 구휼

恢 넓을 회
넓다, 넓히다
1급 | 총획 9

마음[忄]이 썩어 재[灰]가 되어도 참는 것은 마음이 '넓은' 것이다.

恢復 회복 : 원래의 상태로 돌이키거나 원래의 상태를 되찾음
恢廣 회광   恢弘 회홍

恍 황홀할 황
황홀하다
1급 | 총획 9

마음[忄]속에 빛[光]이 나니 '황홀하다'.
恍惚 황홀 : 아름다운 물건 따위에 마음이 팔려 멍하니 있는 모양

恪 삼갈 각
삼가다
1급 | 총획 9

마음[忄]이 각각[各] 다 다르니 친할수록 조심하고 '삼가야' 한다.
恪固 각고 : 삼가 굳게 지킴
恪謹 각근

恰 흡사할 흡
흡사하다, 마치
1급 | 총획 9

두 사람의 마음[忄]이 합쳐진[合] 것은 뜻이 '흡사하기' 때문이다.
恰似 흡사 : 거의 같음

恨 한 한 :
한, 원한, 한탄하다
4급 | 총획 9 | 동 怨(원), 悔(회)

마음[忄]에 머물러[艮] 있는 '한'.
恨歎 한탄   怨恨 원한   痛恨 통한
悔恨 회한

恒 항상 항
항상, 늘
3Ⅱ급 | 총획 9 | 동 常(상)

마음[忄] 통하는[亘] 것이 '항상' 같다.
恒久的 항구적   恒常 항상   恒星 항성
恒溫 항온

恭 공손할 공
공손하다, 삼가다
3Ⅱ급 | 총획 10 | 동 敬(경)

모든 사람이 함께[共] 떠받드는 마음[心]이니, '공손하고' '공경하는' 것이다.
恭敬 공경   恭待 공대   恭遜 공손
不恭 불공

悍 사나울 한 :
사납다, 성급하다
1급 | 총획 10

마음[忄]이 매일[日] 방패[干]를 들고 적을 치는 군사처럼 '사납다'.
悍婦 한부 : 사나운 여자
猛悍 맹한

悌 공손할 제 :
공손하다, 공경하다
1급 | 총획 10

형을 대하는 아우[弟]의 마음[忄]이 '공손하다'.
孝悌 효제 : 부모에 대한 효도와 형제에 대한 우애

悖 거스를 패 :
거스르다
1급 | 총획 10

십자[十]가에 자식[子]을 맡기려 했으나 마음[忄]을 잡지 못하고 '거스르다'.
悖戾 패려 : 말이나 행동이 도리에 어긋나고 사나움
悖倫 패륜 : 사람으로서 마땅히 지켜야 할 도리에 어긋남

悅 기쁠 열
기쁘다
3Ⅱ급 | 총획 10 | 동 樂(락), 歡(환), 喜(희) 반 悲(비)

여덟[八] 명의 형[兄]이 모두 돌아와 마음[忄]이 '기쁘다'.
悅樂 열락   喜悅 희열

悛 고칠 전 :
고치다
1급 | 총획 10

마음[忄]이 간[夋]게 잘못됐다면 즉시 '**고치다**'.
悛心 전심 : 전에 저지른 잘못을 뉘우쳐 고침
改悛 개전

情 뜻 정
뜻, 사랑하다
5Ⅱ급 | 총획 11 | 동 意(의), 志(지) | 약 情

푸른[青] 청춘들이 마음[忄]을 모으니 '**뜻**'이 통한다.
情談 정담　　情報 정보　　情事 정사
情緖 정서　　情況 정황　　感情 감정
冷情 냉정　　多情 다정　　同情 동정

悧 영리할 리
영리하다
1급 | 총획 10

마음[忄]을 이롭게[利] 다스리는 사람은 '**영리한**' 사람이다.
怜悧 영리

惟 생각할 유
생각하다, 도모하다
3급 | 총획 11

어미 새[隹]의 마음[忄]으로 '**생각하다**'.
惟獨 유독　　思惟 사유

悚 두려워할 송 :
두려워하다, 당황하다
1급 | 총획 10

마음[忄]을 꽉 묶어[束] 놓고 어쩔 줄 모르며 '**두려워하다**'.
罪悚 죄송 : 죄스럽고 황송함
悚懼 송구

悼 슬퍼할 도
슬퍼하다, 떨다
2급 | 총획 11

마음[忄]에 감정이 높게[卓] 북받쳐 '**슬퍼하다**'.
哀悼 애도　　追悼 추도

悔 뉘우칠 회 :
뉘우치다
3Ⅱ급 | 총획 10 | 동 恨(한)

매일[每] 마음[忄]속으로 잘못된 과오를 반성하며 '**뉘우치다**'.
悔改 회개　　悔心 회심　　悔恨 회한

悽 슬퍼할 처 :
슬퍼하다, 차갑다
2급 | 총획 11

아내[妻]를 잃고 마음[忄]속으로 '**슬퍼하다**'.
悽然 처연　　悽絶 처절　　悽慘 처참

悟 깨달을 오 :
깨닫다, 깨달음
3Ⅱ급 | 총획 10 | 동 覺(각)

내[吾]가 마음[忄]으로 크게 '**깨닫다**'.
覺悟 각오　　悔悟 회오

惘 멍할 망
멍하다, 멍한 모양
1급 | 총획 11

마음[忄]속에 진실이 없고[罔] 빈 것 같아 정신이 '**멍하다**'.
惘惘 민망　　悵惘 창망

悴
파리할 췌 :
파리하다, 근심하다
1급 | 총획 11

마음[忄]이 졸병[卒] 같으니 얼굴 색도 '파리하다'.
悴顔 췌안 : 파리한 얼굴
憔悴 초췌

惰
게으를 타 :
게으르다, 나태하다
1급 | 총획 12

왼쪽[左] 손과 같이 몸[月]과 마음[忄]이 '게으르다'.
惰性 타성 : 지금까지의 굳어진 좋지 않은 버릇
惰怠 타태

惚
황홀할 홀 :
황홀하다, 흐릿하다
1급 | 총획 11

인간만사 다 잊고 홀연히[忽] 멀리 떠나면 마음[忄]이 '황홀하다'.
恍惚 황홀 : 눈이 부셔 어릿어릿할 정도로 찬란하거나 화려함

惻
슬퍼할 측
슬퍼하다
1급 | 총획 12

마음[忄]속으로 측[則]은하게 생각하며 '슬퍼하다'.
惻隱 측은 : 가엾게 여김
惻憫 측민   惻然 측연

悸
두근거릴 계 :
두근거리다, 두려워하다
1급 | 총획 11

벼[禾] 농사가 잘못되어 아들[子]의 마음[忄]이 상할까 '두려워하다'.
悸慄 계율 : 부들부들 떨며 두려워함
驚悸 경계

惶
두려울 황
두려워하다, 당황하다
1급 | 총획 12

임금[皇] 곁에 있을 때는 마음[忄]이 항상 '두렵다'.
惶感 황감 : 황송하고 감격함
惶悚 황송   恐惶 공황

惜
아낄 석
아끼다, 아까워하다
3Ⅱ급 | 총획 11

옛날[昔]에 쓰던 물건을 마음[忄]속으로 '아까워하며' '아끼다'.
惜別 석별   惜敗 석패   愛惜 애석

愎
강퍅할 퍅
강퍅하다, 괴팍하다
1급 | 총획 12

마음[忄]을 다스리지 못하고 다시[復→复] 터져나오는 '강퍅함'.
剛愎 강퍅   乖愎 괴퍅(괴팍)

愉
즐거울 유
즐겁다, 기뻐하다
1급 | 총획 12

내 마음[忄]과 통하는[俞] 사람을 만나니 '즐겁다'.
愉快 유쾌 : 마음이 상쾌하고 즐거움
愉樂 유락

惱
번뇌할 뇌
번뇌하다, 괴로워하다, 괴롭다
3급 | 총획 12 | 동 煩(번) 약 悩

마음[忄]과 머리[腦]를 쓰면서 '번뇌하다'.
百八煩惱 백팔번뇌 : 불교에서 이르는 108가지의 사람의 번뇌
惱殺 뇌살   苦惱 고뇌

愕 놀랄 악
놀라다
1급 | 총획 12

입을 벌리고 소리치는[口口] 두 사람을 보고 마음[忄]이 크게[亏] '놀라다'.

驚愕 경악 : 깜짝 놀람

慄 떨릴 률
떨리다, 두려워하다
1급 | 총획 13

마음[忄]이 따가운 밤[栗]송이에 찔리는 것처럼 '떨리다'.

戰慄 전율 : 몹시 두려워 몸이 떨리는 것
震慄 진률

愧 부끄러울 괴 :
부끄러워하다
3급 | 총획 13

귀신[鬼]에게 홀려 마음[忄]속으로 '부끄러워하다'.

愧色 괴색   自愧 자괴   慙愧 참괴

愾 성낼 개 :
성내다, 분개하다
1급 | 총획 13

기운[氣]이 없어 마음[忄]속으로 '성을 내다'.

憤愾 분개   敵愾心 적개심

愼 삼갈 신 :
삼가다
3Ⅱ급 | 총획 13 | 동 謹(근)

조심하는 마음[忄]으로 참되게[眞] '삼가' 행동하다.

※ 말을 삼가는 것은 '謹(근)'

愼重 신중   謹愼 근신

慢 거만할 만 :
거만하다, 게으르다
3급 | 총획 14 | 동 傲(오)

마음[忄]이 길게 늘어져[曼] 있으니 '게으르고' '거만하다'.

慢性 만성   傲慢 오만   緩慢 완만
自慢 자만   怠慢 태만

愴 슬플 창 :
슬프다, 슬퍼하다, 차다
1급 | 총획 13

마음[忄]을 창고[倉]에 넣은 듯 말없이 '슬퍼하다'.

愴冥 창명   悲愴 비창

慓 급할 표
급하다, 날래다
1급 | 총획 14

나부끼는 쪽지[票]처럼 마음[忄]이 '급하다'.

慓毒 표독 : 사납고 독살스러움

慌 어리둥절할 황
어리둥절하다, 다급하다
1급 | 총획 13

마음[忄]이 거칠어지니[荒] '어리둥절하다'.

唐慌 당황 : 다급하여 정신이 어리둥절함
慌忙 황망

慣 익숙할 관
익숙하다, 버릇, 버릇이 되다
3Ⅱ급 | 총획 14 | 동 習(습)

초지일관[貫]하는 마음[忄]으로 행동이 이어지는 것이니 '버릇', 나아가서 '익숙하다'.

慣例 관례   慣性 관성   慣習 관습
慣用 관용   慣行 관행

慷 슬플 강 :
슬프다, 강개하다
1급 | 총획 14

편치[康] 못한 난세를 보니 마음[↑]이 '슬프다'.
慷慨 강개 : 의분이 북받쳐서 슬퍼하고 한탄함

慕 그릴 모 :
그리다, 생각하다
3Ⅱ급 | 총획 15 | 동 戀(련)

밤이 되면 없어진[莫] 사람들을 마음[心]속으로 '그리다'.
慕情 모정　　**思慕** 사모　　**愛慕** 애모
戀慕 연모　　**追慕** 추모

慨 슬퍼할 개 :
슬퍼하다, 분개하다
3급 | 총획 14 | 통 憤(분), 哀(애) 반 歡(환), 喜(희)

마음[↑]의 양심이 이미[旣] '슬퍼하며' '분개하다'.
感慨無量 감개무량 : 마음속에 사무치는 느낌
慨歎 개탄　　**憤慨** 분개

憚 꺼릴 탄
꺼리다
1급 | 총획 15

홀로[單] 있기만 하려는 마음[↑]은 무엇을 '꺼리는' 것이다.
憚服 탄복 : 두려워서 복종함
忌憚 기탄

慘 참혹할 참
참혹하다, 비참하다
3급 | 총획 14 | 약 惨

마음[↑]에 좋지 않은 일이 세[參] 개나 겹쳐 '참혹하다'.
慘劇 참극　　**慘變** 참변　　**慘事** 참사
慘狀 참상　　**慘敗** 참패

憔 파리할 초
파리하다, 수척하다
1급 | 총획 15

마음[↑]이 타[焦] 들어가니 얼굴이 '파리해' 보이다.
憔悴 초췌 : 파리함. 여위어 쇠약함

慟 서러워할 통 :
서러워하다, 애통하다
1급 | 총획 14

마음[↑]을 짓누르는 무거운[重] 힘[力]으로 '서러워하다'.
慟哭 통곡 : 슬퍼서 큰 소리로 욺
哀慟 애통

憫 민망할 민
민망하다, 불쌍히 여기다, 근심하다
3급 | 총획 15 | 동 憐(련)

마음[↑]으로 '민망히 여겨[閔]' '불쌍히 여기다'.
憐憫 연민 : 불쌍하고 딱하게 여김

憐 불쌍히 여길 련
불쌍히 여기다, 어여삐 여기다
3급 | 총획 15 | 동 憫(민)

도깨비불[粦]처럼 마음[↑]속에 홀연히 '불쌍히 여기는' 마음이 일어나다.
同病相憐 동병상련 : 어려운 처지에 놓인 사람들끼리 서로를 위로해 줌
憐憫 연민　　**可憐** 가련　　**哀憐** 애련

撫 어루만질 무 :
어루만지다
1급 | 총획 15

마음[↑]에 분함을 없애고[無] 죄인을 '어루만지다'.
憮然 무연 : 낙담하는 모양
懷憮 회무

憎
미울 증
밉다, 미워하다, 미움
3Ⅱ급 | 총획 15 | 동 惡(오) 반 愛(애)

마음[忄]속에 일찍[曾] 자리잡고 있는 '미움'.

憎惡 증오　　可憎 가증　　愛憎 애증

憾
섭섭할 감 :
섭섭하다
2급 | 총획 16

마음[忄]을 그 사람에게 다 [咸] 주었는데 내 마음[心]을 알아주지 않으니 '섭섭하다'.

憾情 감정　　遺憾 유감

憧
그리워할 동
그리워하다
1급 | 총획 15

마음[忄]속으로 아이[童]를 생각하며 '그리워하다'.

憧憧 동동 : ① 마음이 정해지지 않는 모양 ② 끊임없이 오가는 모양

憧憬 동경

憺
참담할 담
참담하다
1급 | 총획 16

속세를 떠나 사람[人]이 없는 자연 속에서 바위[广]와 같이 말[言]없이 살아가는 팔[八]자니 마음[忄]이 '참담하다'.

慘憺 참담

憤
성낼 분 :
성내다, 분하다
4급 | 총획 15 | 동 愾(개), 怒(노)

열[十] 포기의 풀[卄]을 버리듯 재물[貝]을 버려 마음[忄]으로 '성내다'.

憤慨 분개　　憤氣 분기　　憤怒 분노
憤痛 분통　　激憤 격분

憶
생각할 억
생각하다, 생각
3Ⅱ급 | 총획 16 | 동 考(고), 念(념), 思(사), 想(상)

뜻[意] 가운데 있는 마음[忄]이니 '생각하다'.

記憶 기억　　追憶 추억

憬
깨달을 경 :
깨닫다
1급 | 총획 15

마음[忄]속에 볕[景]이 들어 이치를 밝게 '깨닫다'.

憧憬 동경 : 어떤 것을 간절히 그리워하여 그것만을 생각함

懈
게으를 해 :
게으르다
1급 | 총획 16

긴장된 마음[忄]을 풀고[解] '게으름'을 피우다.

懈慢 해만 : 게으름. 게으르고 느림
懈怠 해태　　勞懈 노해

懊
한할 오 :
한하다, 괴로워하다
1급 | 총획 16

마음[忄]속으로 집[宀]의 식량[丿]인 쌀[米]이 크게 [大] 떨어진 것을 보고 '괴로워하다'.

懊恨 오한 : 뉘우치고 한탄함
懊嘆 오탄

懦
나약할 나 :
나약하다, 무기력하다
1급 | 총획 17

마음[忄]에 필요한 것을 구하고자[需] 하는 것은 '나약한' 것이다.

懦弱 나약 : 뜻이 굳세지 못하고 약함

懷 품을 회
품다, 생각하다, 마음
3Ⅱ급 | 총획 19 | 동 抱(포) 약 懐

마음[忄]속에 안아[褱] '생각하고' '품은' '마음'.
懷古 회고   感懷 감회

懺 뉘우칠 참
뉘우치다
1급 | 총획 20

마음[忄]을 섬세하게[韱] 쓰지 못한 것을 '뉘우치다'.
懺悔 참회

懶 게으를 라 :
게으르다, 의욕이 없다
1급 | 총획 19

칼[刀]로 분류해 묶어[束] 놓은 돈[貝]을 믿으니 마음[忄]이 '게을러지다'.
懶慢 나만   懶怠 나태

懼 두려워할 구
두려워하다
3급 | 총획 21

뜻밖의 일로 두 눈[目目]을 두리번거리는 새[隹]처럼 마음[忄]이 놀라 '두려워하다'.
疑懼心 의구심

창 과 | 부·4획

싸움터에서 쓰는 긴 창 모양을 본뜬 글자이다.

창 과
창, 전쟁
2급 | 총획 4

가로 날이 달린 '창'의 모양.

干戈 간과

다섯째 천간 무:
다섯째 천간, 창
3급 | 총획 5

'다섯째 천간'.
※ 天干 천간 : 甲(갑) 乙(을) 丙(병) 丁(정) 戊(무) 己(기) 庚(경) 辛(신) 壬(임) 癸(계)
戊夜 무야 : 오경. 오전 3시에서 5시까지

개 술
개, 열한째 지지
3급 | 총획 6

십이지에서 '개'에 해당한다.
※ 地支 지지 : 子(자) 丑(축) 寅(인) 卯(묘) 辰(진) 巳(사) 午(오) 未(미) 申(신) 酉(유) 戌(술) 亥(해)
戌時 술시 : 오후 7시에서 9시까지

되 융
되, 오랑캐, 병기
1급 | 총획 6

이 열[十] 개의 창[戈]은 전쟁에 쓰는 '병기'.

戎器 융기　　戎夷 융이

수자리 수
수자리, 지키다
1급 | 총획 6

사람[人]들이 창[戈]을 들고 변방에서 '수자리'를 사다.

戍樓 수루 : 적군의 동정을 살피기 위하여 성 위에 세운 망루
戍衛 수위　　戍將 수장

이룰 성
이루다
6Ⅱ급 | 총획 7 | 동 達(달), 就(취) 반 敗(패)

창[戈]을 든 장정[丁]들이 많으니 무슨 일이든 다 '이룰' 수 있다.

成功 성공　　成果 성과　　成立 성립
成事 성사　　成長 성장　　成績 성적
成就 성취　　達成 달성　　生成 생성
養成 양성

나 아:
나
3Ⅱ급 | 총획 7 | 동 余(여), 予(여), 吾(오) 반 彼(피)

손[手]에 창[戈]을 들고 적을 막는 '나'.

物我一體 물아일체 : 자연과 자아가 하나가 된 상태. 대상물에 완전히 몰입된 경지
唯我獨尊 유아독존 : 세상에서 자기만이 잘났다고 뽐냄
我執 아집　　無我 무아　　自我 자아

경계할 계:
경계하다
4급 | 총획 7 | 동 警(경)

나라를 지키기 위해 창[戈]을 들고[廾] '경계하다'.

戒告 계고　　戒名 계명　　戒嚴令 계엄령
戒律 계율　　戒責 계책　　警戒 경계
十戒 십계

或 혹 혹
혹, 있다
4급 | 총획 8

식구[口]들이 하나[一]같이 창[戈]을 들고 있으니 '혹' 전쟁이 났나?

或是 혹시 或者 혹자 或如 혹여

戮 죽일 륙
죽이다, 살해하다
1급 | 총획 15

깃털[羽]처럼 가볍게 사람[人]의 머리[彡]를 창[戈]으로 찔러 '죽이다'.

殺戮 살륙 : 사람을 마구 죽임
屠戮 도륙

戚 친척 척
친척, 겨레
3Ⅱ급 | 총획 11

작은[小] 개[戌] 한[一] 마리도 '친척'이 있다.

戚臣 척신 外戚 외척 親戚 친척

戰 싸움 전:
싸움, 싸우다
6Ⅱ급 | 총획 16 | 동 競(경), 鬪(투) 반 和(화) 약 戦, 战

혼자[單] 창[戈]을 들고 '싸움'에 나가다.

戰功 전공 戰果 전과 戰局 전국
戰法 전법 戰士 전사 戰術 전술
戰勝 전승 戰爭 전쟁 戰車 전차
戰後 전후

戟 창 극
창, 찌르다
1급 | 총획 12

열흘[十]간 아침[早]저녁 '창[戈]'으로 적을 '찌르다'.

戟盾 극순 : 창과 방패
劍戟 검극

戲 놀이 희
놀이, 희롱하다
3Ⅱ급 | 총획 17 | 동 遊(유) 약 戯

호랑이[虍] 탈을 쓰고, 콩[豆]깍지 같은 투구를 쓴 무인이 창[戈]을 들고 춤을 추는 '놀이'.

戲曲 희곡 戲弄 희롱 戲畫 희화
遊戲 유희

截 끊을 절
끊다, 절단하다
1급 | 총획 14

열[十] 토막으로 나누기 위해 창[戈]으로 새[隹]를 묶은 밧줄을 '끊다'.

截斷 절단 : 자름. 끊어버림
截頭 절두

戴 일 대:
이다, 받들다
2급 | 총획 17

열[十] 개의 창[戈]으로 밭[田]에서 거둔 곡식을 여자들이 함께[共] 머리에 '이다'.

男負女戴 남부여대 : 가난한 사람이나 재난을 당한 사람들이 살 곳을 찾아 이리저리 떠돌아다님
不俱戴天 불구대천 : 같은 하늘에서 살 수 없을 정도로 원한이 사무침

지게 호 | 부·4획

외짝문의 모양을 본뜬 글자이다. 참고로 '門'은 대문의 모양을 본뜬 글자이다.

문 호 :
문, 지게문, 집
4Ⅱ급 | 총획 4 | 동 家(가), 堂(당)

마루나 밖에서 방으로 드나드는 곳에 문종이로 안팎을 바른 외짝 '문' 모양을 본뜬 자.

戶籍 호적 : 호수 및 인구를 기록한 장부. 호주(戶主)를 중심으로 하여 그 가족의 본적지·가족관계·생년월일 등을 기입한 공문서

戶口 호구   戶主 호주   門戶 문호

바, 곳 소 :
바, 곳
7급 | 총획 8

문[戶]을 열고 도끼[斤]를 안전하게 보관하는 '곳'은 대장간이다.

所感 소감   所望 소망   所屬 소속
所願 소원   所有 소유   所定 소정
所重 소중   名所 명소   住所 주소

房

방 방
방
4Ⅱ급 | 총획 8

문[戶]을 열면 사방[方]에서 바람이 들어와 시원한 '방'.

文房四友 문방사우 : 종이·붓·먹·벼루를 가리킴

房門 방문   房貰 방세   監房 감방
獨房 독방   藥房 약방   冊房 책방

부채 선
부채, 부채질하다
1급 | 총획 10

문[戶]살처럼 깃[羽]털로 엮어 만든 '부채'.

扇風器 선풍기   羅扇 나선

어그러질 려 :
어그러지다, 사납다
1급 | 총획 8

집[戶] 안에 묶여 있는 개[犬]는 뭐가 '어그러졌는지' '사납다'.

返戾 반려 : 도로 돌려줌. 반환(返還)

悖戾 패려

사립문 비
사립문, 문짝
1급 | 총획 12

문[戶]에 사람이 다니지 않으니[非] 버려진 '사립문'.

柴扉 시비 : 사립문

竹扉 죽비

手(扌) 손 수 | 부·4획

사람의 다섯 손가락과 손바닥의 모양을 본뜬 글자로, 변형자는 '扌'이다.

手 손 수(:)
손
7Ⅱ급 | 총획 4 | 반 足(족)

다섯 손가락[手]을 모두 편 '손' 모양.

手工 수공　　手術 수술　　手話 수화
歌手 가수　　名手 명수　　助手 조수

拿 잡을 나:
잡다, 붙잡다
1급 | 총획 10

여러 사람이 단합하자며[合] 손[手]을 '잡다'.

拿入 나입 : 죄인을 법정으로 잡아들임
拿致 나치　　拿罷 나파

承 이을 승
잇다, 받들다
4Ⅱ급 | 총획 8 | 통 繼(계), 連(련) | 반 斷(단), 絶(절)

아들[子] 둘[二]이 양[八] 집안의 대를 '잇다'.

承諾 승낙　　承服 승복　　承認 승인
傳承 전승

拳 주먹 권:
주먹
3Ⅱ급 | 총획 10

여덟[八] 명의 장부[夫]가 손[手]으로 '주먹' 다툼을 하다.

拳法 권법　　拳銃 권총　　拳鬪 권투

拏 잡을 나:
잡다, 붙잡다
1급 | 총획 9

종[奴]이 주인의 손[手]을 꼭 '잡다'.

漢拏山 한라산(한나산)

掌 손바닥 장:
손바닥
3Ⅱ급 | 총획 12

지위가 높은[尙] 사람이 아랫사람의 손[手]을 들어 '손바닥'을 살피다.

拍掌大笑 박장대소 : 손뼉을 치며 크게 호탕하게 웃음
如反掌 여반장 : 손바닥을 뒤집듯 쉬운 일을 말함
分掌 분장　　車掌 차장　　合掌 합장

拜 절 배:
절, 삼가고 공경하다
4Ⅱ급 | 총획 9 | 약 拝

두 손[手手]을 하나[一]로 모으고 '절'하다.

拜伏 배복　　拜上 배상　　拜謁 배알
敬拜 경배　　歲拜 세배　　崇拜 숭배
禮拜 예배　　參拜 참배

摩 문지를 마
문지르다, 갈다, 비비다
2급 | 총획 15

삼[麻] 껍질을 벗기기 위해 손[手]으로 '문지르고' '갈다'.

摩擦 마찰　　摩天樓 마천루　　撫摩 무마
按摩 안마

摯 잡을 지
잡다
1급 | 총획 15

잡고[執] 있는데 다른 손[手]으로 다시 더 굳게 '잡다'.

眞摯 진지 : 말이나 태도가 참되고 착실함

才 재주 재
재주
6Ⅱ급 | 총획 3 | 동 技(기), 術(술), 藝(예)

사람의 손[扌]은 '재주'가 뛰어나다.

才幹 재간   才能 재능   才量 재량
才色 재색   多才 다재   天才 천재

擊 칠 격
치다
4급 | 총획 17 | 동 攻(공), 打(타) 반 防(방), 守(수)

산[山]에서 창[殳]에 부딪친 듯 차[車]의 손[手]잡이에 '친' 자국이 있다.

擊鼓 격고   擊沈 격침   擊退 격퇴
擊破 격파   攻擊 공격   目擊 목격
射擊 사격

打 칠 타:
치다
5급 | 총획 5 | 동 擊(격)

손[扌]으로 갈고리[亅] 하나[一]를 '치다'.

打擊 타격   打算 타산   打殺 타살
打手 타수   打率 타율   打者 타자
打破 타파   強打 강타   亂打 난타
代打 대타

擘 엄지손가락 벽
엄지손가락, 쪼개다
1급 | 총획 17

임금[辟]에게 올라온 잘못된 문서를 손[手]에 있는 '엄지손가락'으로 눌러 '쪼개' 버리다.

巨擘 거벽 : 학식이 뛰어난 사람

擘指 벽지

托 맡길 탁
맡기다, 받침
3급 | 총획 6 | 동 任(임)

손[扌]에 가진 것이 없어 한[丿] 집에 일곱[七] 남매를 '맡기다'.

托生 탁생 : 남에게 의탁하여 생활함

擧 들 거:
들다
5급 | 총획 18 | 약 挙

그 사람과 더불어[與] 두 손[手]으로 '들다'.

擧國 거국   擧動 거동   擧論 거론
擧事 거사   檢擧 검거   列擧 열거

技 재주 기
재주
5급 | 총획 7 | 동 術(술), 藝(예), 才(재)

나뭇가지[支]처럼 갈라진 손[扌]으로 물건을 만드는 '재주'.

技巧 기교   技能 기능   技法 기법
技術 기술   技藝 기예   競技 경기
妙技 묘기   實技 실기

攀 더위잡을 반
더위잡다, 매달리다, 의지하다
1급 | 총획 19

숲[林]이 우거진 큰[大] 산을 오르기 위해 손[扌]으로 이리저리 '더위잡다'.

登攀 등반

批 비평할 비:
비평하다, 치다
4급 | 총획 7 | 동 評(평)

나란히[比] 앉혀 놓고 손[扌]으로 가리키며 '비평하다'.

批判 비판   批評 비평   批難 비난

抑 누를 억
누르다
3Ⅱ급 | 총획 7 | 동 壓(압), 押(압)

손[扌]으로 자신[卬]의 마음을 '누르다'.

抑留 억류   抑壓 억압   抑揚 억양
抑止 억지

抗 겨룰 항 :
겨루다, 대항
4급 | 총획 7 | 동 競(경), 爭(쟁), 戰(전), 鬪(투)

손[扌]과 머리[亠]를 써서 책상[几]을 쌓아 '겨루다'.

抗拒 항거   抗命 항명   抗辯 항변
抗議 항의   抗爭 항쟁   對抗 대항
反抗 반항

折 꺾을 절
꺾다
4급 | 총획 7 | 동 曲(곡), 屈(굴)

손[扌]에 도끼[斤]를 들고 잘라 '꺾다'.

折骨之痛 절골지통 : '뼈가 부서지는 아픔'이라는 뜻으로, 매우 견디기 어려운 고통
百折不掘 백절불굴 : 어떠한 난관에도 결코 굽히지 않음

折價 절가   折半 절반   曲折 곡절
骨折 골절   斷折 단절   挫折 좌절

把 잡을 파 :
잡다
3급 | 총획 7 | 동 拘(구), 操(조), 持(지), 執(집)

손[扌]으로 뱀[巴] 한[丨] 마리를 '잡다'.

把守 파수   把握 파악   把持 파지
把筆 파필

投 던질 투
던지다
4급 | 총획 7

손[扌]에 든 창[殳]을 힘껏 '던지다'.

投稿 투고   投球 투구   投機 투기
投命 투명   投手 투수   投宿 투숙
投身 투신   投資 투자   投票 투표

抛 던질 포 :
던지다, 버리다
2급 | 총획 7

손[扌]에 잡은 돌 아홉[九] 개를 힘[力]껏 집어 '던지다'.

抛棄 포기   抛物線 포물선

抄 뽑을 초
뽑다, 베끼다
3급 | 총획 7 | 동 拔(발), 選(선)

필요한 부분만 조금[少] 손[扌]으로 '뽑아' '베끼다'.

抄錄 초록   抄本 초본   抄譯 초역

扱 미칠 급 / 꽂을 삽 / 거둘 흡
미치다, 꽂다, 거두다
1급 | 총획 7

손[扌]에 어떠한 무기가 '미쳐도[及]' 능수능란하게 '거두다'.

取扱 취급 : 사물을 다룸

扶 도울 부
돕다, 지원하다
3Ⅱ급 | 총획 7 | 동 助(조), 護(호)

힘센 지아비[夫]의 손[扌]으로 약한 아내를 '돕다'.

相扶相助 상부상조 : 서로 서로 도움

扶助 부조

扮 꾸밀 분
꾸미다
1급 | 총획 7

손[扌]으로 여러 부분[分]을 예쁘게 '꾸미다'.

扮裝 분장 : 배우가 배역에 맞게 매만져 꾸밈
扮飾 분식

扼
잡을 액
잡다
1급 | 총획 7

굴[厂] 밑에서 무릎[已]을 꿇리고 꼼짝 못하게 손[扌]으로 '**잡고**' 있다.

扼喉 액후 : 목을 누름. 급소를 눌러 사활(死活)을 잡음

拓
넓힐 척
넓히다, 개척하다
3Ⅱ급 | 총획 8 | 동 擴(확)

황무지를 개간하기 위해 손[扌]으로 돌[石]을 주워 땅을 '**넓히다**'.

干拓 간척　　　干拓地 간척지　　　開拓 개척

抒
풀 서 :
푸다, 펴다
1급 | 총획 7

손[扌]에 들고있는 나[予]의 모든 물건을 '**풀다**'.

抒情 서정 : 사물을 보고 자기가 느낀 감정을 나타냄

抽
뽑을 추
뽑다, 빼다
3급 | 총획 8 | 동 拔(발)

손[扌]으로 말미암아[由] '**뽑을**' 수 있다.

抽象化 추상화　　　抽出 추출　　　抽籤 추첨

抵
막을 저 :
막다, 거스르다
3Ⅱ급 | 총획 8 | 동 抗(항)

손[扌]으로 낮은[氐] 곳을 향해 밀어 '**막다**'.

抵當 저당　　　抵觸 저촉　　　抵抗 저항
根抵當 근저당　　　大抵 대저

抱
안을 포 :
안다, 품다
3급 | 총획 8

두 손[扌]으로 싸서[包] 포옹하여 '**안다**'.

抱腹絶倒 포복절도 : 배를 안고 웃을 정도로 몹시 웃김
抱負 포부　　　抱擁 포옹　　　懷抱 회포

拒
막을 거 :
막다, 물리치다
4급 | 총획 8 | 동 障(장), 抗(항)

손[扌]으로 큰[巨] 물건이 날아오는 것을 '**막다**'.

拒否 거부　　　拒否權 거부권　　　拒逆 거역
拒絶 거절　　　抗拒 항거

拔
뽑을 발
뽑다, 빼다
3Ⅱ급 | 총획 8 | 동 選(선), 抽(추), 擇(택)

사람이 떨[犮] 때 손[扌]을 뒤로 쭉 '**뽑아**' '**빼다**'.

拔本塞源 발본색원 : 폐단의 근원을 찾아서 뿌리 뽑음
拔群 발군　　　選拔 선발　　　卓拔 탁발
海拔 해발

拍
칠 박
치다, 박자
4급 | 총획 8 | 동 擊(격), 打(타)

하얀[白] 손[扌]으로 박수를 '**치다**'.

拍掌大笑 박장대소 : 손뼉을 치며 소리 내어 크게 웃음
拍手 박수　　　拍子 박자　　　拍車 박차

拘
잡을 구
잡다, 체포하다
3Ⅱ급 | 총획 8 | 동 執(집), 捕(포), 獲(획)

손[扌]과 입[口]을 가지고 범인을 체포해[勹] '**잡다**'.

拘禁 구금　　　拘留 구류　　　拘束 구속
拘置所 구치소　　　不拘 불구

招 부를 초
부르다
4급 | 총획 8 | 통 召(소), 呼(호)

손[扌]에 칼[刀]을 들고 입[口]으로 노래를 '부르다'.

招待 초대 招來 초래 招請 초청
自招 자초

披 헤칠 피
헤치다, 나누다, 폭로하다
1급 | 총획 8

손[扌]으로 가죽[皮]을 '파헤치다'.

披瀝 피력 : 마음속의 생각을 숨김없이 말함
披露 피로 : 문서 따위를 펴 보임. 일반에게 널리 알림

拙 못날, 졸할 졸
못나다, 졸하다, 서툴다
3급 | 총획 8 | 통 劣(렬) 반 秀(수), 優(우)

손[扌]재주가 나가고[出] 없어 능력이 없는 것이니 '못나다'.

拙劣 졸렬 拙作 졸작 拙丈夫 졸장부
拙筆 졸필 稚拙 치졸

拉 끌고갈 랍
끌고가다, 끌다
2급 | 총획 8

손[扌]을 비틀어 서[立] 있는 죄인을 잡아 '끌고 가다'.

拉北 납북 拉致 납치 被拉 피랍

拂 떨칠 불
떨치다, 먼지 털다, 치르다
3Ⅱ급 | 총획 8 | 약 払

손[扌]으로 좋지 않은[弗] 것을 '떨다'.

拂下 불하 假拂 가불 過拂 과불
未拂 미불 先拂 선불 完拂 완불
一時拂 일시불 支拂 지불 後拂 후불

押 누를 압
누르다, 관리하다
3급 | 총획 8 | 통 壓(압), 抑(억)

손[扌]으로 갑옷[甲]을 '누르다'.

押留 압류 押送 압송 押收 압수
差押 차압

抹 지울 말
지우다
1급 | 총획 8

손[扌] 끝[末]에 물감이 묻어 '지우다'.

抹殺 말살 : 있는 것을 아주 없애버림
抹消 말소

拐 후릴 괴
후리다, 유인하다
1급 | 총획 8

손[扌]을 비틀며 입[口]을 틀어막고 완력[力]으로 '속여' '유인하다'.

誘拐 유괴 : 사람을 속여 꾀어냄

拇 엄지손가락 무 :
엄지손가락
1급 | 총획 8

손[扌]가락 중 어미[母]가 되는 '엄지손가락'.

拇指 무지 : 엄지손가락

拗 우길 요
우기다, 꺾다
1급 | 총획 8

손[扌]으로 어린[幼] 나뭇가지를 '꺾는게' 좋다고 '우기다'.

執拗 집요 : 자기의 의견을 우겨대며 고집이 셈

拌 버릴 반
버리다, 쪼개다, 가르다
1급 | 총획 8

손[扌]으로 잘못된 부분 반[半]을 잘라 '버리다'.

攪拌 교반 : 휘저어 한데 섞음

拾 주울 습/열 십
줍다, 열
3Ⅱ급 | 총획 9

여러 사람의 손[扌]을 합해[合] '줍다'.

拾得 습득   拾得物 습득물   收拾 수습

拷 칠 고
치다, 빼앗다
1급 | 총획 9

생각[考] 없는 아이라며 손[扌]에 회초리를 들고 '치다'.

拷問 고문 : 죄상을 자백시키기 위하여 육체적인 고통을 줌

指 손가락 지
손가락, 가리키다
4Ⅱ급 | 총획 9

손[扌]으로 매일[日] 비수[匕]를 만져서 '손가락'이 상처투성이다.

指紋 지문   指示 지시   指章 지장
指定 지정   指針 지침   指稱 지칭
指向 지향

持 가질 지
가지다, 지니다, 지키다
4급 | 총획 9

땅[土]을 한 뼘[寸]도 잃지 않기 위해 손[扌]으로 문서를 '쥐고' '가지다'.

持久 지구   持病 지병   持續 지속
持參 지참

括 묶을 괄
묶다, 담다, 감독하다
1급 | 총획 9

입안에 혀[舌]가 갇혀 있듯 손[扌]으로 꼼짝 못하도록 '묶다'.

槪括 개괄 : 대충 추려 한데 뭉뚱그림
一括 일괄   包括 포괄

挑 돋울 도
돋우다
3급 | 총획 9

조짐[兆]이 안 좋을 때 손[扌]으로 건드려 화를 '돋우다'.

挑發 도발   挑戰 도전   挑出 도출

按 누를 안(:)
누르다, 어루만지다
1급 | 총획 9

지친 손[扌]을 편안하게[安] 하기 위해 '누르다'.

按摩 안마

拱 팔짱 낄 공:
팔짱 끼다, 껴안다
1급 | 총획 9

손[扌]으로 함께[共] '팔짱을 끼다'.

拱木 공목 : 한 아름이나 되는 큰 나무
拱手 공수 : 두 손을 겹쳐 모아 행하는 절

拭 씻을 식
씻다, 닦다
1급 | 총획 9

손[扌]은 항상 법식[式]에 따라 잘 '씻고' '닦아야' 한다.

拂拭 불식 : 말끔하게 치워 없앰
拭淨 식정   掃拭 소식

拮
일할 길
일하다, 맞서다
1급 | 총획 9

손[扌]을 움직여 좋은[吉] 일을 하기 위해 '**일하다**'.
拮据 길거 : ① 쉴 사이 없이 일하는 모양 ② 곤란을 당함
拮抗 길항 : 서로 버티고 대항함

振
떨칠 진 :
떨치다, 떨쳐 일어나다
3Ⅱ급 | 총획 10

손[扌]을 들고 별[辰]처럼 큰 위용을 '**떨치다**'.
振動 진동   振作 진작   振幅 진폭
振興 진흥   不振 부진

捉
잡을 착
잡다
3급 | 총획 10 | 통 執(집), 捕(포)

달아나는 발[足]을 손[扌]으로 '**잡다**'.
捕捉 포착 : 일의 요점이나 중요한 사항을 꽉 잡음
捉囚 착수

捕
잡을 포 :
사로잡다
3Ⅱ급 | 총획 10 | 통 拘(구), 操(조), 獲(획)

손[扌]을 크게 펼쳐서[甫] 범인을 '**잡다**'.
捕手 포수   捕卒 포졸   捕獲 포획
生捕 생포   逮捕 체포

挽
당길 만 :
당기다, 끌다, 말다
1급 | 총획 10

손[扌]으로 죽음을 면하기[免] 위해 달아나는 놈을 끌어 '**당기다**'.
挽留 만류 : 붙잡고 말림
挽引 만인

捐
버릴 연 :
버리다
1급 | 총획 10

비린내가 난다며 손[扌]으로 입[口]에서 고기[月]를 꺼내 '**버리다**'.
捐棄 연기 : 옳은 일에 보태어서 버림
義捐金 의연금 : 자선이나 공익을 위하여 내는 돈

挺
빼어날 정
빼어나다
1급 | 총획 10

손[扌]재주가 '**빼어난**' 사람을 조정[廷]에서 뽑다.
挺立 정립 : 뛰어나게 높이 솟음

挫
꺾을 좌 :
꺾다, 창피를 주다
1급 | 총획 10

손[扌]으로 때리며 앉혀[坐] 놓고 기세를 '**꺾다**'.
挫氣 좌기 : 기세가 꺾임
挫傷 좌상 : 기운이 꺾이고 마음이 상함
挫辱 좌욕 : 기세가 꺾여 굴복함
挫折 좌절

挾
낄 협
끼다, 끼우다, 몸에 지니다
1급 | 총획 10

손[扌]이 큰[大] 두 사람[人人]이 팔짱을 '**끼다**'.
挾勢 협세 : 남의 위세를 믿고 위지함
挾藏 협장

捏
꾸밀 날
꾸미다
1급 | 총획 10

집을 짓기 위해 손[扌]으로 해[日]만 뜨면 흙[土]에 물을 부어 '**꾸미다**'.
捏造 날조 : 사실이 아닌 것을 조작함

掩 가릴 엄 :
가리다
1급 | 총획 11

손[扌]으로 덮어[奄] '가리다'.

掩襲 엄습 : 갑자기 습격함. 갑자기 들이닥침
掩蔽 엄폐 : 가려서 숨김
掩匿 엄닉

掠 노략질할 략
노략질하다
3급 | 총획 11 | 동 奪(탈)

손[扌]으로 서울[京]에서 '노략질하다'.

掠奪 약탈   侵掠 침략

推 밀 추
밀다
4급 | 총획 11 | 반 導(도), 引(인)

손[扌]으로 새[隹]가 날아가도록 '밀다'.

推考 추고   推論 추론   推算 추산
推想 추상   推移 추이   推定 추정
推進 추진   推薦 추천   推測 추측
類推 유추

排 밀칠 배
밀치다
3Ⅱ급 | 총획 11 | 동 斥(척)

그렇지 않다고[非] 손[扌]으로 '밀치다'.

排擊 배격   排氣 배기   排卵 배란
排列 배열   排除 배제   排斥 배척
排他的 배타적

採 캘 채 :
캐다
4급 | 총획 11 | 동 取(취), 擇(택)

손[扌]과 손톱[爫]으로 나무[木] 밑을 '캐다'.

採鑛 채광   採掘 채굴   採用 채용
採點 채점   採集 채집   採取 채취
採血 채혈   公採 공채   特採 특채

掃 쓸 소(ː)
쓸다, 제거하다
4Ⅱ급 | 총획 11

손[扌]에 비[帚]를 들고 마당을 '쓸다'.

掃滅 소멸   掃除 소제   掃地 소지
掃蕩 소탕   一掃 일소   淸掃 청소

探 찾을 탐
찾다, 염탐하다
4급 | 총획 11 | 동 訪(방), 索(색), 尋(심)

손[扌]으로 더듬어 덮여[冖] 있는 여덟[八] 그루의 나무[木]를 '찾다'.

探究 탐구   探聞 탐문   探問 탐문
探訪 탐방   探査 탐사   探索 탐색
探偵 탐정   探知 탐지   探險 탐험

措 둘 조
두다, 놓다, 베풀다
2급 | 총획 11

손[扌]으로 옛날[昔] 물건을 잘 보관하기 위해 안전한 곳에 놓아 '두다'.

措處 조처 : 일을 잘 정돈하여 처리함
措置 조치   擧措 거조

掛 걸 괘
걸다
3급 | 총획 11

점괘[卦]를 본다고 손[扌]가락 '걸고' 약속하다.

掛念 괘념   掛圖 괘도   掛鍾 괘종

掘 팔 굴
파다, 파내다
2급 | 총획 11

손[扌]에 삽을 들고 구부리고[屈] 앉아 굴을 '파다'.

盜掘 도굴   發掘 발굴   採掘 채굴

捨 버릴 사 :
버리다
3급 | 총획 11 | 반 取(취)

손[扌]으로 직접 지은 집[舍]이라 차마 '버릴' 수 없다.

捨小取大 사소취대 : 작은 것을 버리고 큰 것을 취함
四捨五入 사사오입 : 반올림

掉 흔들 도
흔들다, 흔들리다
1급 | 총획 11

손[扌] 들어 높은[卓] 곳을 향해 '흔들다'.

掉頭 도두   掉尾 도미

捲 거둘, 말 권
거두다, 말다
1급 | 총획 11

손[扌]으로 책[卷]을 둘둘 '말다'.

捲簾 권렴 : 발을 말아 올림

接 이을 접
잇다, 대접하다
4Ⅱ급 | 총획 11

여자[女]가 서서[立] 손[扌]으로 '대접하다'.

接見 접견   接近 접근   接續 접속
接受 접수   接合 접합   間接 간접
密接 밀접   鄰接 인접   直接 직접

捺 누를 날
누르다, 파임
1급 | 총획 11

손[扌]에 도장을 들고 위대한[大] 신[示] 앞에 약속한다는 뜻으로 도장을 '눌러' 찍다.

捺染 날염   捺印 날인

授 줄 수
주다, 수여하다
4Ⅱ급 | 총획 11 | 반 受(수)

받으려고[受] 손[扌]을 내미니 '줄' 수밖에 없다.

授受 수수   授業 수업   授與 수여
敎授 교수   傳授 전수

捷 빠를 첩
빠르다, 이기다
1급 | 총획 11

베를 짤 때 발로 밟고[辶] 손[扌]으로 북을 넣는 동작이 '빠르다'.

捷徑 첩경 : 지름길
敏捷 민첩

揭 걸 게 :
걸다, 높이 들다
2급 | 총획 12

손[扌]으로 태극기를 어찌[曷] '높이 들어' '걸었는가'.

揭示板 게시판   揭載 게재   揭揚 게양

捧 받들 봉
받들다
1급 | 총획 11

윗사람을 두 손[扌]으로 받들고[奉] '받들다'.

捧腹絕倒 봉복절도 : 배를 움켜쥐고 참을 수 없을 만큼 웃음(= 抱腹絕倒)

握 잡을 악
잡다, 쥐다
2급 | 총획 12

집[屋]에 찾아온 사람을 반가워서 손[扌]을 '잡다'.

握手 악수   掌握 장악   把握 파악

揮 휘두를 휘
휘두르다
4급 | 총획 12

군인[軍]이 손[扌]을 '휘두르며' 싸우다.

揮却 휘각
揮發油 휘발유
發揮 발휘
指揮 지휘
指揮官 지휘관

揶 야유할 야:
야유하다, 놀리다
1급 | 총획 12

손[扌]으로 야[耶] 하면서 '야유하다'.

揶揄 야유

揀 가릴 간:
가리다, 구별하다
1급 | 총획 12

손[扌]으로 묶여[束] 있는 썩은 곡식을 하나[一] 하나[一] '가려내다'.

揀擇 간택 : 분간하여 가림
揀選 간선
分揀 분간

提 끌 제
끌다
4Ⅱ급 | 총획 12 | 동 引(인)

손[扌]으로 옳게[是] 사는 방법을 알려준다며 '끌다'.

提供 제공
提起 제기
提示 제시
提案 제안
提出 제출
提携 제휴
前提 전제

描 그릴 묘:
그리다
1급 | 총획 12

손[扌]에 붓을 들고 초목[艹]과 밭[田]의 형상을 '그리다'.

描寫 묘사 : 사물을 있는 그대로 그려냄
素描 소묘

揷 꽂을 삽
꽂다, 끼우다
2급 | 총획 12 | 약 挿

손[扌]으로 절구[臼] 같은 빈통에 삽 같은 연장을 '꽂아두다'.

揷入 삽입
揷畫 삽화

揄 끌어당길 유
끌어당기다, 야유하다
1급 | 총획 12

대답[兪]하지 않은 사람을 손[扌]으로 '끌어당기다'.

揶揄 야유 : 남을 빈정거려 놀림

援 도울 원:
돕다
4급 | 총획 12 | 동 救(구), 扶(부), 助(조), 護(호)

손[扌]과 손톱[爫]으로 한[一] 친구[友]를 '돕다'.

援用 원용
援助 원조
救援 구원
應援 응원
增援 증원
支援 지원
請援 청원

揖 읍할 읍
읍하다, 읍
1급 | 총획 12

두 손[扌]을 모아 입[口]과 귀[耳]까지 올리고 머리를 구부려 '읍하다'.

揖讓 읍양 : 예를 다하여 사양함
拜揖 배읍

換 바꿀 환:
바꾸다, 교체하다
3Ⅱ급 | 총획 12 | 동 替(체)

손[扌]으로 포목을 크게[奐] 펴서 곡식과 '바꾸다'.

換骨奪胎 환골탈태 : 얼굴이나 모습이 전보다 좋아짐
換氣 환기
換言 환언
換率 환율
換錢 환전
換節期 환절기
交換 교환
外換 외환
轉換 전환
互換 호환

揚
날릴 양
날리다, 알려지다
3Ⅱ급 | 총획 12

손[扌]에 든 깃발이 볕[昜]에서 '날리다'.
意氣揚揚 의기양양 : 매우 자랑스럽게 여겨 뽐내며 자랑하는 일
立身揚名 입신양명 : 출세하여 이름을 세상에 떨침
高揚 고양　　引揚 인양　　讚揚 찬양

搔
긁을 소
긁다
1급 | 총획 13

손[扌]으로 벌레[虫]가 문 곳을 긁고[丶丶] 또[又] '긁는다'.
搔癢 소양

搾
짤 착
짜다
1급 | 총획 13

손[扌]으로 구멍[穴]이 작은[乍] 비단주머니에 약재를 넣고 '짜다'.
壓搾 압착 : 눌러서 짜냄
搾取 착취

搭
탈 탑
타다, 태우다
1급 | 총획 13

손[扌]으로 벤 풀[艹]을 마차에 합쳐[合] 싣고 올라 '타다'.
搭乘 탑승　　搭載 탑재

搖
흔들 요
흔들리다, 움직이다
3급 | 총획 13 | 약 揺

손[扌]으로 고기[月]가 든 그릇[缶]을 '흔들다'.
搖之不動 요지부동 : 흔들어도 조금의 움직임이 없음
搖動 요동　　搖亂 요란　　搖籃 요람
動搖 동요

攜
이끌 휴
이끌다, 가지다
3급 | 총획 13 | 통 引(인), 提(제)

손[扌]으로 잡은 새[隹]는 이에[乃] 내가 '이끌다'.
携帶 휴대　　扶携 부휴　　提携 제휴

損
덜 손 :
덜다, 잃다, 손해를 보다
4급 | 총획 13 | 통 減(감), 害(해) 반 益(익)

손[扌]으로 식구[口]가 쓸 돈[貝]을 벌었으니 근심을 '덜다'.
損傷 손상　　損失 손실　　損害 손해
缺損 결손　　破損 파손

搗
찧을 도
찧다, 두드리다
1급 | 총획 13

손[扌]에 절구공이를 들고 섬[島] 사람들이 곡식을 '찧다'.
搗精 도정 : 곡식을 찧거나 쓿는 일

搜
찾을 수
찾다
3급 | 총획 13 | 통 訪(방), 索(색)

늙은이[叟]가 손[扌]을 더듬어 물건을 '찾다'.
搜査 수사　　搜索 수색　　搜所聞 수소문

搬
옮길 반
옮기다, 운반하다
2급 | 총획 13

일반[般]적으로 손[扌]을 써서 물건을 '옮기다'.
搬入 반입　　搬出 반출　　運搬 운반

搏 두드릴 박
두드리다, 치다
1급 | 총획 13

손[扌]을 크게 펴서[尃] '두드리다'.
搏殺 박살 : 손으로 쳐서 죽임
搏擊 박격　　**脈搏** 맥박

摸 더듬을 막 / 찾을 모
더듬다, 찾다
1급 | 총획 14

없어진[莫] 물건을 손[扌]으로 '더듬어' '찾다'.
摸倣 모방　　**摸索** 모색

摘 딸 적
따다, 요점만을 가려서 쓰다
3Ⅱ급 | 총획 14

물방울[商] 같은 앵두를 손[扌]으로 '따다'.
摘發 적발　　**摘要** 적요　　**指摘** 지적

撞 칠 당
치다
1급 | 총획 15

손[扌]으로 아이[童]들이 공을 서로 '치다'.
自家撞着 자가당착 : 언행의 앞뒤가 맞지 않음
撞球 당구　　**撞突** 당돌

撈 건질 로
건지다, 잡다
1급 | 총획 15

어부들이 손[扌]으로 그물을 수고롭게[勞] '건져내며', 고기를 '잡다'.
漁撈 어로 : 고기잡이
板撈 판로

撫 어루만질 무(ː)
어루만지다, 누르다
1급 | 총획 15

손[扌]으로 더듬거리며 없어진[無] 물건을 찾듯 '어루만지다'.
撫摩 무마　　**愛撫** 애무　　**慰撫** 위무

撮 사진 찍을 촬
사진을 찍다, 취하다
1급 | 총획 15

손[扌]에는 사진기를 들고 햇빛[日] 앞에서 예쁜 꽃을 가지고[取] '사진을 찍어' 잘 나온 사진을 '취하다'.
盜撮 도촬 : 어떤 사람의 모습이나 행동 등을 몰래 촬영함
撮影 촬영

撤 거둘 철
거두다, 제거하다
2급 | 총획 15

손[扌]버릇이 나쁜 아이를 기를[育] 때 엄하게 때리면 [攵] '거둬' 치울 것이다.
不撤晝夜 불철주야 : 밤낮을 가리지 않음
撤去 철거　　**撤廢** 철폐　　**撤回** 철회

撲 칠 박
치다, 때리다, 넘어지다
1급 | 총획 15

손[扌]으로 무성하게[業], 힘차게 '때리거나' '치다'.
撲滅 박멸 : 때려서 없애 버림
相撲 상박　　**打撲** 타박

撒 뿌릴 살
뿌리다
1급 | 총획 15

손[扌]으로 씨앗을 흩어지게[散] '뿌리다'.
撒布 살포 : 액체, 가루 등을 흩어 뿌림
撒水 살수

撥
다스릴 발
다스리다, 퉁기다
1급 | 총획 15

활을 쏘기[發] 위해 손[扌]으로 활시위를 '다스려' '퉁기다'.

反撥 반발 : 되받아 퉁김

播
뿌릴 파(:)
뿌리다, 퍼뜨리다
3급 | 총획 15

손[扌]으로 밭[田]에 종류를 나눈[釆] 씨를 '뿌리다'.

播種 파종　　傳播 전파　　直播 직파

撓
휠 뇨:
휘다, 어지럽다, 꺾이다
1급 | 총획 15

손[扌]으로 높은[堯] 곳을 오르기 위해 '휘어지게' 잡다.

百折不撓 백절불요 : 아무리 억눌러도 뜻을 굽히지 않음
撓屈 요굴

擇
가릴 택
가리다
4급 | 총획 16 | 통 拔(발), 選(선) | 약 択

손[扌]으로 네[四]평의 땅[土]에 여덟[八] 개의 방패[干]를 놓고 '가려' 나누다.

擇日 택일　　選擇 선택　　採擇 채택

撰
지을 찬:
짓다, 가지다
1급 | 총획 15

손[扌]에 붓을 잡고 여러 사람이 함께[共] 글을 '짓다'.

撰集 찬집 : 지은 글을 모음
撰錄 찬록　　撰述 찬술

操
잡을 조(:)
잡다, 지조
5급 | 총획 16 | 통 拘(구), 捉(착), 捕(포)

손[扌]으로 나무[木]의 질이 좋은 상품[品]을 냉큼 '잡다'.

操身 조신　　操心 조심　　操作 조작
操縱 조종　　志操 지조

撑
버틸 탱
버티다, 버팀목
1급 | 총획 15

손[扌]으로 버팀목[牚]을 꽉 잡고 '버티다'.

撑中 탱중 : 화가 치밀어 오르거나 어떤 욕심이 가슴 속에 가득참
支撑 지탱

擅
멋대로 할 천:
멋대로 하다
1급 | 총획 16

손[扌] 재주만 믿고[亶] '멋대로 하다'.

擅權 천권 : 권력을 제멋대로 부림
擅許 천허 : 제 마음대로 허락함

撚
비빌 년
비비다, 꼬다
1급 | 총획 15

손[扌]으로 새끼를 그릴[然]듯하게 '비비다'.

撚絲 연사　　撚紙 연지

擔
멜 담
메다
4Ⅱ급 | 총획 16 | 약 担

말하기[言]를 손[扌]으로 산을 덮은[一] 바위[厂] 여덟[八] 개를 '멜' 수 있다고 한다.

擔當 담당　　擔保 담보　　擔任 담임
加擔 가담　　負擔 부담　　全擔 전담

據 근거 거 :
근거, 의거하다
4급 | 총획 16 | 동 依(의) 약 拠

손[扌]으로 호랑이[虍]와 돼지[豕]를 잡는 '근거'가 뭐니?

據點 거점　　根據 근거　　論據 논거
依據 의거　　占據 점거　　證據 증거

擦 문지를 찰
문지르다, 비비다
1급 | 총획 17

이곳저곳 살펴[察] 보고 때가 있는 곳을 손[扌]으로 '문지르다'.

擦傷 찰상 : 쓸리거나 문질러서 생긴 상처
摩擦 마찰

擒 사로잡을 금
사로잡다
1급 | 총획 16

손[扌]으로 날짐승[禽]을 '사로잡다'.

生擒 생금 : 산 채로 잡음

擢 뽑을 탁
뽑다
1급 | 총획 17

손[扌]으로 새[隹]의 깃털[羽]을 '뽑다'.

拔擢 발탁

擁 안을 옹 :
안다, 들다, 싸다, 끌어안다
3급 | 총획 16

손[扌]으로 고향[乡]을 향해 머리[亠]를 둔 채 죽은 새[隹]를 '알다'.

擁立 옹립　　擁衛 옹위　　擁護 옹호
抱擁 포옹

擬 비길 의 :
비기다, 헤아리다, 의심하다
1급 | 총획 17

손[扌]으로 직접 '헤아려' 눈으로 본 것을 '의심하며[疑]' '비교하다'.

模擬 모의

撻 때릴 달
때리다, 매질하다
1급 | 총획 16

손[扌]에 회초리를 들고 빨리 통달하도록[達] '때리다'.

撻笞 달태 : 볼기를 때림
鞭撻 편달

擡 들 대
들다
1급 | 총획 17 | 약 抬

손[扌]으로 세간을 집[臺]에 들여 놓기 위해 '들다'.

擡頭 대두

擄 노략질 로
노략질하다
1급 | 총획 16

손[扌]으로 꽉 잡고[虜] '노략질하다'.

擄掠 노략　　侵擄 침노

擲 던질 척
던지다, 내버리다
1급 | 총획 18

손[扌]으로 정중히[鄭] '던지다'.

投擲 투척 : 던짐

擄 펼 터 :
펴다, 늘어놓다
1급 | 총획 18

범[虍]을 잡을 생각[思]으로 손[扌]을 쫙 '**펴다**'.

擄得 터득   擄抱 터포

攝 다스릴, 잡을 섭
다스리다, 잡다, 당기다
3급 | 총획 21 | 통 理(리) 약 摂

손[扌]으로 행하기 전에 귀[耳]로 세 번은 들어야 잘 '**다스릴**' 수 있다.

攝理 섭리   攝政 섭정   攝取 섭취
包攝 포섭

擴 넓힐 확
넓히다
3급 | 총획 18 | 약 拡

손[扌]으로 넓게[廣] '**넓히다**'.

擴大 확대   擴散 확산   擴聲器 확성기
擴張 확장   擴充 확충

攪 흔들 교
흔들다, 어지럽다
1급 | 총획 23

손[扌]수 해야 할 일을 깨닫지[覺] 못한 백성들의 마음을 '**흔들다**'.

攪亂 교란 : 뒤흔들어 어지럽게 함

擾 시끄러울 요
시끄럽다, 어지럽다
1급 | 총획 18

근심[憂]거리가 생기니 손[扌]이 떨리고 마음이 '**시끄럽다**'.

擾亂 요란 : 어지럽도록 시끄럽고 떠들썩함

攘 물리칠 양 :
물리치다, 물러나다, 사양하다
1급 | 총획 20

손[扌]으로 밀어 사양하며[讓 → 襄] '**물리치다**'.

攘夷 양이 : 외국 사람을 오랑캐로 얕보고 배척함
攘伐 양벌

攴(攵) 칠 복 | 부·4획

'손으로 무엇을 하다', '치다'라는 뜻이다. 변형자는 '攵(등글월문)'이다.

收 거둘 수
거두다
4Ⅱ급 | 총획 6 | 약 収

넝쿨[니]에 달린 곡식을 쳐서[攵] '거두다'.

收監 수감　　收納 수납　　收錄 수록
收入 수입　　收集 수집　　秋收 추수
回收 회수

故 연고 고(:)
연고, 예(옛)
4Ⅱ급 | 총획 9 | 반 숙(금), 新(신)

죄인을 오래[古] 쳐서[攵] '연고'를 묻다.

故意 고의　　故人 고인　　故障 고장
故鄕 고향　　緣故 연고

改 고칠 개(:)
고치다
5급 | 총획 7 | 통 更(경)

자기[己]의 허물을 알고 매로 쳐서[攵] 잘못을 '고치다'.

改過 개과　　改良 개량　　改正 개정
改造 개조　　改築 개축　　改革 개혁

政 정사 정
정사
4Ⅱ급 | 총획 9

바르게[正] 살라고 때리기도[攵] 하며 '정사'를 돌보다.

政見 정견　　政堂 정당　　政治 정치
王政 왕정　　行政 행정　　憲政 헌정

攻 칠 공:
치다
4급 | 총획 7 | 통 擊(격) | 반 防(방), 守(수)

장인[工]이 물건을 만들기 위해 두드리며[攵] '치다'.

攻擊 공격　　攻略 공략　　攻勢 공세
攻守 공수　　速攻 속공　　專攻 전공

效 본받을 효:
본받다
5Ⅱ급 | 총획 10

매로 치며[攵] 착한 사람과 사귀어[交] '본받으라'고 가르치다.

效果 효과　　效能 효능　　效用 효용
效則 효칙　　效驗 효험　　有效 유효

放 놓을 방(:)
놓다, 내쫓다
6Ⅱ급 | 총획 8

회초리로 쳐서[攵] 아이들을 한 방향[方]으로 '쫓아' '놓다'.

放免 방면　　放生 방생　　放置 방치
放學 방학　　放火 방화

敍 펼 서:
펴다, 차례
3급 | 총획 11 | 약 叙, 敘

내[余]가 잘못한 것을 쳐서[攴] 바로 '펴다'.

敍事 서사　　敍述 서술　　追敍 추서
自敍傳 자서전

敗

패할 패 :
패하다
5급 | 총획 11 | 동 負(부) 반 勝(승)

조개[貝]를 쳐서[攵] 깨지면 시합에서 '패한다'.

敗亡 패망   敗北 패배   敗戰 패전
腐敗 부패   不敗 불패   勝敗 승패
連敗 연패   完敗 완패

敦

도타울 돈
도탑다
3급 | 총획 12 | 동 篤(독), 厚(후)

행복을 누리지[亨] 않고 치고[攵] 싸우는 동안 정이 '도 탑게' 들다.

敦篤 돈독   敦睦 돈목

救

구원할 구 :
구원하다, 건지다
5급 | 총획 11 | 동 濟(제), 護(호)

악당을 물리치고[攵] 약자를 구하여[求] '구원하다'.

救國 구국   救急 구급   救命 구명
救援 구원   救助 구조   救出 구출

敢

감히, 구태여 감 :
감히, 구태여, 용맹스럽다
4급 | 총획 12

때려서[攵] 귀[耳]를 자르니 '구태여' '감히' 그럴 필요 가 있나?

敢言之地 감언지지 : 기탄없이 말할 만한 자리

敢鬪 감투   敢行 감행   果敢 과감
勇敢 용감

敏

민첩할 민
민첩하다, 자세하다
3급 | 총획 11 | 반 鈍(둔)

매양[每] 독촉해 매로 치니[攵] '민첩해지다'.

敏感 민감   過敏 과민   機敏 기민
不敏 불민

敬

공경 경 :
공경하다
5Ⅱ급 | 총획 13 | 동 恭(공)

초야[艹]에서 글[句]을 읽는 아버지는 아이를 훈계해서 [攵] 아이가 아버지를 '공경하다'.

敬老 경로   敬愛 경애   敬語 경어
恭敬 공경

教

가르칠 교 :
가르치다
8급 | 총획 11 | 동 訓(훈) 반 學(학) 약 教

좋은 일만 본받기[爻]를 원하는 부모가 자식[子]을 때려[攵] '가르치다'.

教生 교생   教室 교실   教正 교정
教訓 교훈   宗教 종교

敲

두드릴 고
두드리다
1급 | 총획 14 | 동 擊(격)

높은[高] 곳에 올라 문을 치고[攵] '두드리다'.

敲擊 고격 : 손발로 치고 때림
推敲 퇴고

散

흩어질 산 :
흩어지다, 흩다
4급 | 총획 12 | 동 離(리), 分(분), 解(해) 반 集(집), 會(회)

몸[月]을 스무[廾] 번 치고[攵] 한[一] 번 더 치니, 살이 다 '흩어지다'.

散漫 산만   散文 산문   散發 산발
散步 산보   散在 산재   散策 산책
閑散 한산   解散 해산

數

셈 수 :
셈, 세다
7급 | 총획 15 | 동 計(계), 算(산) 약 数

쌀 가마니 가운데[中] 없어진[毋] 것이 있나 하고 여 자[女]가 툭툭 치면서[攵] '세다'.

數式 수식   數學 수학   數字 숫자
算數 산수   運數 운수

敵 대적할 적
대적하다, 원수
4Ⅱ급 | 총획 15

산머리[亠] 꼭대기에 있는 여덟[八] 개의 오래된[古] 성[冂]을 치며[攵] '원수'와 '대적하다'.

敵手 적수　　敵意 적의　　敵陳 적진
強敵 강적　　對敵 대적　　無敵 무적
宿敵 숙적　　匹敵 필적

敷 펼 부(:)
펴다, 퍼지다, 나누다
2급 | 총획 15 | 약 尃

크게[甫] 사방[方]으로 쳐서[攵] '펴다'.

敷設 부설　　敷衍 부연

整 가지런할 정:
가지런하다
4급 | 총획 16 | 동 齊(제)

튀어나온 것은 쳐서[攵] 바르세[正] 하나로 묶으니[束] '가지런하다'.

整頓 정돈　　整列 정렬　　整理 정리
整備 정비　　整然 정연　　整形 정형

斂 거둘 렴:
거두다
1급 | 총획 17

모두 다[僉] 적을 치듯[攵] 협박하여 세금을 '거두다'.

斂衽 염금 : 옷깃을 바로잡고 정숙히 함

收斂 수렴

斃 죽을 폐:
죽다, 넘어지다
1급 | 총획 18

찢기고 찢기어[敝] '죽거나[死]' '넘어지다'.

斃死 폐사 : 쓰러져 죽음

攵

支 | 지탱할 지 | 부·4획

대나무 가지를 손으로 잡고 있는 모양을 본뜬 글자로, 가지를 잡고 넘어지지 않도록 '지탱하다'라는 뜻을 나타낸다.

支 지탱할 지
지탱하다, 가르다
4Ⅱ급 | 총획 4 | 동 撑(탱)

십[十]년을 또[又] '지탱해야' 한다.

支撑 지탱   支佛 지불   支援 지원
支店 지점   支出 지출   干支 간지

글월 문 | 부·4획

글자의 획이 이리저리 엇갈린 모양을 본뜬 글자이다.

文 글월 문
글월
7급 | 총획 4 | 동 章(장)

머리[亠]로 생각한 뜻을 음[丿]양[乀]의 획으로 기록한 것이 '글월'이다.

文書 문서　　文人 문인　　文字 문자
文學 문학　　名文 명문

斑 아롱질 반
아롱지다, 얼룩
1급 | 총획 12

구슬[王王]에 글자[文] 무늬처럼 희끗희끗하게 '아롱지다'.

斑點 반점

말 두 | 부·4획

자루가 달린 용량을 재는 그릇의 모양을 본뜬 글자이다.

斗 말 두
말
4Ⅱ급 | 총획 4

자루가 달린 용량을 재는 '**말**'의 모양을 본뜬 자.

斗酒不辭 두주불사 : '말술도 사양하지 않는다'라는 뜻으로, 주량이 매우 큼을 나타냄
北**斗**七星 북두칠성 : 큰곰자리에서 가장 뚜렷하게 보이는 일곱 개의 별

斗起 두기　　斗牛 두우

料 헤아릴 료(:)
헤아리다, 되질하다, 값
5급 | 총획 10 | 동 量(량)

쌀[米]을 말[斗]로 '**헤아리다**'.

料金 요금　　料理 요리　　給料 급료
材料 재료　　香料 향료

斜 비낄 사
비끼다, 비스듬하다
3Ⅱ급 | 총획 11 | 동 傾(경)

내[余] 곡식을 말[斗]로 되기 위해 '**기울여**' '**비끼다**'.

斜面 사면　　斜線 사선　　斜視 사시
傾斜 경사

斟 짐작할 짐
짐작하다, 술 따르다
1급 | 총획 13

심히[甚] 말[斗]로 술의 양을 '**짐작하다**'.

斟酌 짐작 : 어림잡아 헤아림

斡 돌 알
돌다, 돌리다
1급 | 총획 14

십[十] 일 아침[부]이 되면 사람[人]들은 말[斗]과 연장을 가지고 '**돌며**' 일을 보다.

斡旋 알선 : 남의 일을 주선하여 줌

斤 날 근 | 부·4획

도끼의 모양을 본뜬 글자이다.

斤 근, 도끼 근
근, 도끼
3급 | 총획 4

'도끼' 모양을 본뜬 자.

斤量 근량 斤兩 근량 千斤 천근

斥 물리칠 척
물리치다
3급 | 총획 5 | 동 排(배), 黜(출)

도끼[斤]를 잡고 달려드는 적 하나[丶]를 '물리치다'.

斥黜 척출 斥和 척화 斥候 척후
排斥 배척

斧 도끼 부
도끼, 도끼의 무늬, 베다
1급 | 총획 8

아버지[父]가 들고 계신 연장[斤]은 '도끼'.

斧柯 부가 : ① 도끼 자루 ② 정권(政權)을 비유한 말
斧石 부석

斬 벨 참(ː)
베다
2급 | 총획 11

극형에 처하기 위해 마차[車]에 싣고 가서 도끼[斤]로 목을 '베다'.

斬首 참수 斬新 참신 斬刑 참형

斯 이 사
이
3급 | 총획 12

그[其] 물건과 합쳐 있는 것을 도끼[斤]로 자른 한 부분이니 '이' 것.

斯界 사계 : 지금 말하고 있는 이 계통의 방면
斯文 사문 : 유교의 도나 문화를 일컫는 말
斯文亂賊 사문난적 : 유교 사상에 어긋나는 언행을 하는 사람

新 새 신
새, 새롭다
6Ⅱ급 | 총획 13 | 반 舊(구), 古(고), 故(고)

우뚝 선[立] 나무[木]를 도끼[斤]로 베어 '새' 물건으로 만들다.

新曲 신곡 新規 신규 新年 신년
新聞 신문 新婦 신부 新生 신생
新設 신설 新人 신인 新作 신작

斷 끊을 단ː
끊다, 결단하다
4Ⅱ급 | 총획 18 | 동 絕(절) 반 繼(계), 連(련) 약 断

기둥[ ]을 에워싼[匚] 작은[幺幺幺] 나무들을 도끼[斤]로 '끊다'.

斷念 단념 斷食 단식 斷言 단언
斷腸 단장 斷絕 단절 斷定 단정
中斷 중단

方 모 방 | 부·4획
돛을 단 작은 배의 모양을 본뜬 글자이다.

方 모 방
모, 사방, 방위, 곳, 방법
7Ⅱ급 | 총획 4

배의 '**사방**'이 '**모**'나 보이다.

方今 방금   方案 방안   方便 방편
方針 방침   方途 방도   處方 처방
四方 사방   地方 지방

族 겨레 족
겨레, 일가, 친족
6급 | 총획 11

사방[方]에서 사람[人]들이 화살[矢]을 들고 '**겨레**'를 지키다.

族譜 족보   族屬 족속   族長 족장
家族 가족   同族 동족   民族 민족
遺族 유족   親族 친족   核家族 핵가족
血族 혈족

於 어조사 어 / 탄식할 오
어조사, 탄식하다
3급 | 총획 8

두[二] 사람[人]이 사방[方]에서 '**탄식하며**' 울다.

於焉間 어언간   於中間 어중간   於此彼 어차피
甚至於 심지어

旋 돌 선
돌다, 회전하다
3Ⅱ급 | 총획 11 | 동 回(회)

사방[方]으로 사람[人]들이 짝[疋]을 찾아 '**돌아**' 다닌다.

旋盤 선반   旋律 선율   旋風 선풍
旋回 선회   周旋 주선   斡旋 알선

施 베풀 시 :
베풀다, 실시하다, 드러내다
4Ⅱ급 | 총획 9 | 동 設(설)

사람[人]은 또[也] 사방[方]으로 '**베풀어야**' 한다.

施賞 시상   施設 시설   施政 시정
施行 시행   施惠 시혜   實施 실시

旗 기 기
기, 깃발
7급 | 총획 14

그[其] 사람[人]이 가지고 있는 사방[方]으로 펄럭이는 '**기**'.

旗手 기수   旗幅 기폭   旗幟 기치
國旗 국기   軍旗 군기

旅 나그네 려
나그네, 무리
5Ⅱ급 | 총획 10 | 동 客(객), 賓(빈)

김씨[氏] 성을 가진 사람[人]이 '**나그네**'처럼 사방[方]으로 여행하다.

旅券 여권   旅路 여로   旅費 여비
旅情 여정   旅行 여행   客旅 객려

이미기방 | 부·4획

'없다'라는 뜻의 '无'자가 한자의 구성에서 '방'으로 쓰일 때는 '旡'로 모양이 바뀌고 '이미기방'이라고 읽는다.

旣 이미 **기**
이미, 벌써, 이전에
3급 | 총획 11 | 동 已(이) 약 既

흰[白] 칼[匕]은 '이미[旡]' 다 닦았다.

旣定事實 기정사실 : 이미 정해져 있는 사실

旣成服 기성복 旣往 기왕 旣存 기존
旣婚 기혼 旣決 기결 蝕旣 식기

日 날 일 | 부·4획
해의 모양을 본뜬 글자이다.

日 날 일
날, 해, 기한
8급 | 총획 4

'해'의 모양을 본떠 만들었다. 이에 해가 뜨고지는 것에 따라 정한 것이 '날'이다.

日課 일과   日氣 일기   日記 일기
日當 일당   日常 일상   日收 일수
日時 일시   日食 일식   日夜 일야
生日 생일

旬 열흘 순
열흘, 십 년, 두루
3Ⅱ급 | 총획 6

갑(甲)에서 계(癸)까지의 날[日]을 싸서[勹] 단위를 '열흘'로 하다.

※ 天干 천간: 甲, 乙, 丙, 丁, 戊, 己, 庚, 辛, 壬, 癸(=十干(십간))

旬刊 순간   旬報 순보   四旬節 사순절
上旬 상순   中旬 중순   七旬 칠순
下旬 하순

旦 아침 단
아침
3Ⅱ급 | 총획 5 | 동 朝(조)

해[日]가 지평선[一] 위로 솟아 오르니 '아침'.

元旦 원단: 설날 아침
一旦 일단: 한번. 우선. 먼저

旦暮 단모   旦明 단명

旱 가물 한:
가물다
3급 | 총획 7

햇빛[日]에 의해 창에 찍힌 방패[干]처럼 땅이 갈라지니 '가물다'.

旱暑 한서   旱熱 한열   旱災 한재
旱害 한해   耐旱 내한

早 이를 조:
이르다, 서두르다, 일찍, 새벽
4Ⅱ급 | 총획 6 | 반 晩(만)

해[日]가 지평선[一] 위[丨]로 막 떠오른 '이른' 시각.

早急 조급   早期 조기   早達 조달
早晩間 조만간   早熟 조숙   早退 조퇴

明 밝을 명
밝다, 깨끗하다
6Ⅱ급 | 총획 8 | 동 昭(소), 哲(철) 반 冥(명), 暗(암)

해[日]와 달[月]이 번갈아 지구를 '밝게' 비추다.

明度 명도   明朗 명랑   明白 명백
明示 명시   明日 명일   明快 명쾌
明確 명확   公明 공명   光明 광명
透明 투명

旨 뜻 지
뜻, 생각, 맛
2급 | 총획 6

비수[匕]를 매일[日] 가는 이유는 그 속에 깊은 '뜻'이 있어서다.

旨甘 지감   論旨 논지   要旨 요지
主旨 주지   趣旨 취지

昆 맏 곤
맏, 형, 벌레, 많다
1급 | 총획 8

매일[日] 비수 두 개[比]를 '맏이'에게 전하다.

昆弟 곤제: 형과 아우
昆蟲 곤충   昆布 곤포   後昆 후곤

昂 밝을 앙
밝다, 높다, 오르다
1급 | 총획 8

엎드려[卬] 해[日]를 바라보니 '밝고' '높다'.

昉 밝을 방
밝다
1급 | 총획 8획

해[日]가 사방[方]으로 비추니 '밝다'.

神昉 신방

昇 오를 승
오르다, 올리다
3Ⅱ급 | 총획 8 | 동 登(등) 반 降(강)

해[日]가 뜨는[升] 깃은 태양이 '오르는' 것이다.

※ 목적지에 오르는 것은 '登(등)'

昇降機 승강기   昇格 승격   昇級 승급
昇段 승단   昇天 승천   昇華 승화
昇進 승진   上昇 상승

易 바꿀 역 / 쉬울 이 :
바꾸다, 쉽다
4급 | 총획 8 | 반 難(난)

해[日]가 없어지면[勿] '쉽게' 어둠으로 '바뀌다'.

交易 교역   貿易 무역   易學 역학
周易 주역   簡易 간이   容易 용이

昏 어두울 혼
어둡다, 날이 저물다, 요절하다
3급 | 총획 8 | 동 暗(암) 朗(랑), 明(명)

나무 뿌리[氐] 밑으로 해[日]가 들어가니 '어둡다'.

昏定晨省 혼정신성 : '저녁에는 잠자리를 보고 아침에는 자리를 돌아본다'라는 뜻으로 자식이 아침저녁으로 부모의 안부를 살핌

昏迷 혼미   昏亂 혼란   昏睡 혼수
昏絕 혼절   黃昏 황혼

昔 옛 석
옛, 오래다, 어제
3급 | 총획 8 | 동 古(고), 舊(구) 반 今(금)

풀[艹]이 난 지평선[一] 아래로 해[日]가 들어간 시간이니 '옛날'.

今昔之感 금석지감 : 지금과 옛날을 비교할 때 그 차이가 매우 심하여 보고 느껴지는 감정
宿昔 숙석 : 그렇게 멀지 않은 옛날
昔時 석시   昔日 석일

昌 창성할 창 (:)
창성하다, 번성하다
3Ⅱ급 | 총획 8 | 동 繁(번), 盛(성)

해[日]처럼 희망찬 말[曰]만 하니 '창성하다'.

昌盛 창성   昌言 창언   繁昌 번창
碧昌牛 벽창우   隆昌 융창

昭 밝을 소
밝다, 밝히다
3급 | 총획 9 | 동 明(명) 반 暗(암)

해[日]를 부르니[召] 세상이 '밝다'.

昭光 소광   昭明 소명   昭詳 소상
光昭 광소

映 비출 영 (:)
비추다, 비치다
4급 | 총획 9

해[日]가 하늘 중앙[央]에서 세상을 '비추다'.

映寫 영사   映像 영상   映畫 영화
反映 반영   上映 상영   終映 종영
放映 방영

昨 어제 작
어제
6Ⅱ급 | 총획 9

태양[日]이 잠깐[乍] 사이에 산으로 넘어가니 오늘은 이제 '어제'가 되었다.

昨今 작금   昨年 작년   昨日 작일
再昨 재작

昧 어두울 매
어둡다, 새벽
1급 | 총획 9

해[日]가 아직[未] 뜨지 않았으니 '어둡다'.
愚昧 우매 : 어리석고 몽매함

| 昧臣 매신 | 昧事 매사 | 昧者 매자 |
| 蒙昧 몽매 | 曖昧 애매 | |

春 봄 춘
봄
7급 | 총획 9 | 반 秋(추)

하늘[一]과 땅[一] 사이에 큰[大] 태양[日]이 떠오르는 '봄'.

春眠 춘면	春府丈 춘부장	春分 춘분
春風 춘풍	春夏 춘하	賣春 매춘
思春期 사춘기	靑春 청춘	回春 회춘

是 이, 옳을 시:
이, 옳다
4Ⅱ급 | 총획 9 | 반 非(비), 彼(피)

태양[日]을 우러러 바르게[正] 사니 '이'것이 '옳다'.
是是非非 시시비비 : 옳은 것은 옳고 그른 것은 그르다고 하는 것

是非 시비	是認 시인	是日 시일
是正 시정	必是 필시	或是 혹시
亦是 역시		

星 별 성
별, 세월
4Ⅱ급 | 총획 9 | 동 辰(진)

태양[日]처럼 반짝반짝 빛이 나는[生] '별'.

星霜 성상	星雲 성운	星座 성좌
星宿 성수	北極星 북극성	流星 유성
將星 장성	占星術 점성술	惑星 혹성
彗星 혜성		

時 때 시
때
7Ⅱ급 | 총획 10

절[寺]에서는 해[日]를 보고 '때'를 안다.

時間 시간	時局 시국	時急 시급
時代 시대	時期 시기	同時 동시
隨時 수시	日時 일시	臨時 임시
暫時 잠시	卽時 즉시	

晏 늦을 안:
늦다, 편안하다, 맑다
1급 | 총획 10

해[日]가 중천에 떠올랐는데 편히[安] 자고 있으니 '늦다'.
晏眠 안면 : 아침 늦게까지 잠

| 晏駕 안가 | 晏如 안여 | 晏然 안연 |

晝 낮 주
낮, 정오
6급 | 총획 11 | 동 午(오) | 반 夜(야) | 약 昼

붓[聿]으로 해[日]가 지평선[一] 위에 떠오른 '낮'을 그리다.
晝耕夜讀 주경야독 : '낮에는 농사 짓고 밤에는 독서한다'라는 말로, 바쁜 틈을 타서 어렵게 공부함

| 晝間 주간 | 晝夜 주야 | 晝餐 주찬 |
| 晝食 주식 | 白晝 백주 | |

晨 새벽 신
새벽, 때
3급 | 총획 11 | 동 曉(효) | 반 暮(모), 昏(혼)

햇빛[日]보다 별[辰]이 많은 '새벽'.
晨明 신명 : 새벽녘
昏定晨省 혼정신성 : 아침저녁으로 부모의 안부를 물어서 살핌

| 晨星 신성 | 晨光 신광 | 淸晨 청신 |

晦 그믐 회
그믐, 희미하다, 어둠
1급 | 총획 11

해[日]가 진 듯 매일[每] 어둠침침한 '그믐'.
晦盲 회맹 : 어두워 보이지 않음. 사람에게 알려지지 않음

| 晦明 회명 | 晦迹 회적 | |

普 넓을 보:
넓다, 널리
4급 | 총획 12 | 동 博(박)

햇빛[日]이 나란히[竝] '넓은' 세상을 비추다.

| 普及 보급 | 普通 보통 | 普遍 보편 |
| 高普 고보 | | |

晚

늦을 만 :
늦다, 저물다, 끝
3Ⅱ급 | 총획 12 | 동 遲(지) 반 早(조)

검사받는 날[日]을 피하기[免]에는 이미 '늦다'.

晚年 만년 晚成 만성 晚秋 만추
晚學 만학 晚婚 만혼 早晚間 조만간
秋晚 추만

景

볕 경(:)
볕, 경치
5급 | 총획 12

해[日]가 서울[京]을 비추니 '볕'이 따뜻하고, '경치'가 좋다.

景觀 경관 景氣 경기 景福宮 경복궁
景致 경치 景品 경품 光景 광경
不景氣 불경기 雪景 설경 夜景 야경

晴

갤 청
개다, 맑다, 개운하다
3급 | 총획 12

푸른[靑] 하늘에 해[日]가 뜨니 날이 '개다'.

晴雨 청우 晴天 청천 晴空 청공
快晴 쾌청

智

슬기, 지혜 지
슬기, 지혜
4급 | 총획 12 | 동 慧(혜)

아는[知] 것을 매일[日] 확인하니 '슬기'와 '지혜'가 자라다.

智能 지능 智德體 지덕체 智略 지략
智謀 지모 智慧 지혜

暗

어두울 암 :
어둡다, 숨기다, 남몰래
4Ⅱ급 | 총획 13 | 동 冥(명) 반 朗(랑), 明(명)

해[日]가 져서 모습은 안 보이고 소리[音]만 들릴 정도로 '어둡다'.

暗記 암기 暗算 암산 暗殺 암살
暗示 암시 暗室 암실 暗黑 암흑
明暗 명암 夜暗 야암

暈

무리 훈
무리, 달무리, 어지럽다
1급 | 총획 13

태양[日] 아래 많은 군사[軍] '무리'.

暈色 훈색 : 선이 분명하지 아니하고 보일 듯 말 듯 희미하고 엷은 무지개 같은 빛깔

暈光 훈광 暈影 훈영 月暈 월훈

暇

겨를, 틈 가 :
겨를, 틈
4급 | 총획 13

날[日]이 바빠 돈을 빌릴[叚] '틈'과 '겨를'이 없다.

暇日 가일 病暇 병가 餘暇 여가
閑暇 한가 休暇 휴가

暖

따뜻할 난 :
따뜻하다
4Ⅱ급 | 총획 13 | 동 溫(온) 반 冷(랭), 寒(한)

손[爫]으로 어루만지는 한[一] 친구[友]의 사랑이 해[日]처럼 '따뜻하다'.

暖帶 난대 暖冬 난동 暖流 난류
暖房 난방 暖草 난초 溫暖 온난

暑

더울 서 :
덥다, 더위
3급 | 총획 13 | 동 溫(온) 반 冷(랭), 寒(한)

해[日]라는 것[者]은 '더운' 것이다.

暑夏 서하 暑炎 서염 大暑 대서
小暑 소서 暴暑 폭서 處暑 처서
避暑 피서 寒暑 한서

暝

저물 명
저물다, 어둡다
1급 | 총획 14

해[日]가 있어도 어둠[冥]이 가시지 않고 '저물다'.

暝想 명상

暢 화창할 창 :
화창하다, 통쾌하다, 펴다, 막힘이 없다
3급 | 총획 14 | 통 和(화)

햇살[昜]이 활짝 펴[申] 생기가 통하니 '**화창하다**'.

暢達 창달 : 의견이나 주장을 막힘없이 표현하고 전달함
流暢 유창 : 거침없이 미끈함

暢快 창쾌 　　　和暢 화창

暴 사나울 폭 / 모질 포 :
사납다, 드러내다
4Ⅱ급 | 총획 15 | 통 猛(맹)

매일[日] 물[水]과 함께[共] '**사납고**' '**모질게**' 살다.

暴君 폭군　　暴動 폭동　　暴落 폭락
暴利 폭리　　暴雪 폭설　　暴風 폭풍
亂暴 난폭　　暴惡 포악　　暴棄 포기
橫暴 횡포　　自暴 자포

暮 저물 모 :
저물다, 밤, 늦다
3급 | 총획 15

해[日]가 없으니[莫] 날이 '**저물다**'.

暮秋 모추 : 늦가을
一暮 일모 : 하루의 해 질 무렵
朝令暮改 조령모개 : '아침에 명령을 내리고 저녁에 다시 고친다'라는 뜻으로, 법령을 자주 고쳐서 갈피를 잡기가 어려움을 이르는 말

暫 잠깐 잠 (:)
잠깐, 갑자기
3Ⅱ급 | 총획 15

수레[車]에 도끼[斤]를 싣고 매일[日] 나가 '**잠깐**' 사이에 다 팔다.

暫間 잠간(잠깐)　　暫時 잠시　　暫定的 잠정적
暫別 잠별　　　　　暫逢 잠봉

曉 새벽 효 :
새벽, 밝다, 환히 알다
3급 | 총획 16 | 통 晨(신) 반 昏(혼)

해[日]가 높은[堯] 곳에서 비춰 날이 새는 '**새벽**'.

曉得 효득 : 깨달아 앎
曉星 효성 : 새벽 하늘의 별

曉光 효광　　曉氣 효기　　曉旦 효단
曉天 효천　　曉然 효연

曆 책력 력 :
책력, 역법, 연대
3Ⅱ급 | 총획 16

벼[禾]농사를 잘하기 위해 매일[日] 언덕[厂]에 올라 기록한 '**책력**'.

冊曆 책력 : 천체를 관측하고 해와 달의 운행과 절기를 적은 책

曆法 역법　　西曆 서력　　陰曆 음력
太陽曆 태양력　　太陰曆 태음력

曇 흐릴 담 :
흐리다, 구름이 끼다
1급 | 총획 16

해[日]를 구름[雲]이 가리고 있으니 날이 '**흐리다**'.

曇天 담천　　晴曇 청담　　微曇 미담

曖 희미할 애 :
희미하다
1급 | 총획 17

날[日]이 갈수록 사랑[愛]은 '**희미해지다**'.

曖昧 애매 : 희미하여 분명하지 않음

曖然 애연　　曖昧模糊 애매모호

曙 새벽 서 :
새벽, 날이 밝다
1급 | 총획 18

해[日]가 떠오르는 순간 네[四] 명의 사람[者]이 '**새벽**'을 알리다.

曙鐘 서종 : 새벽 종소리

曙光 서광　　曙天 서천　　拂曙 불서

曜 빛날 요 :
빛나다, 빛
5급 | 총획 18 | 통 輝(휘)

햇빛[日]에 새[隹]의 깃털[羽]이 '**빛나다**'.

曜靈 요령 : 태양

曜日 요일　　月曜日 월요일　　曜魄 요백

曠 밝을, 빌 광:
밝다, 비다
1급 | 총획 19

태양[日]이 넓은[廣] 세상을 비추니 '밝다'.

曠古 광고 : 전례가 없음

曠劫 광겁　　曠朗 광랑　　曠懷 광회
曠前 광전　　高曠 고광

曝 쪼일 폭/포
쪼이다, 볕 쪼이다, 사납다
1급 | 총획 19

여름의 태양[日]이 '사납게[暴]'도 '쪼이다'.

曝陽 폭양 : 뜨겁게 내리 쬐는 볕

曝書 폭서　　曝白 포백　　曝氣 포기

日 가로 왈 | 부·4획
입을 벌리고 있는 모양을 본뜬 글자로, '말하다'라는 뜻을 나타낸다.

日 가로 왈
말하기를, 말하다, 이르다, 일컫다
3급 | 총획 4

입[口] 안의 혀[一]로 '**말하다**'.

日可日否 왈가왈부 : '옳다느니 그르다느니 말한다'라는 뜻으로, 이러쿵저러쿵 말함을 이름

孔子曰 공자왈　　孟子曰 맹자왈

書 글 서
글, 책, 문장, 기록, 서류
6Ⅱ급 | 총획 10

붓[聿]으로 말한[日] 것을 적으니 '**글**'이 되다.

書堂 서당　　書類 서류　　書式 서식
書信 서신　　書藝 서예　　書店 서점
書體 서체　　文書 문서　　譯書 역서
著書 저서

曲 굽을 곡
굽다, 노래, 바르지 않다
5급 | 총획 6 | 통 屈(굴) 반 直(직)

임금에게 잘못을 아뢸[日] 때는 두 손을 뻗고[| |] 허리를 '**굽힌다**'.

不問曲直 불문곡직 : 옳고 그름을 묻지 않음

曲流 곡류　　曲線 곡선　　曲藝 곡예
曲節 곡절　　曲調 곡조　　曲筆 곡필
歌曲 가곡　　別曲 별곡　　編曲 편곡

曹 무리 조
무리, 마을, 조나라
1급 | 총획 11

말할[日] 수 없이 많은 굽은[曲] 잡초[十]들의 '**무리**'.

曹郞 조랑　　法曹界 법조계

曳 끌 예 :
끌다, 끌리다
1급 | 총획 6

말[日]없이 손[丿]으로 끈[丶]을 '**끌다**'.

曳光彈 예광탄 : 탄도를 알 수 있도록 빛을 내며 나가는 탄환

曳網 예망　　曳引 예인　　牽曳 견예

最 가장 최 :
가장, 최상, 요점
5급 | 총획 12

그는 귀[耳]로 들은 것을 또[又] 말[日]로 정확하게 전하는 것이 '**가장**' '**최고**'다.

最高 최고　　最近 최근　　最多 최다
最大 최대　　最善 최선　　最新 최신
最惡 최악　　最終 최종　　最尖端 최첨단
最後 최후

更 고칠 경/다시 갱 :
다시, 고치다
4급 | 총획 7 | 통 改(개), 復(부)

사람[人]이 한[一] 번 잘못 내뱉은 말[日]은 '**다시**' '**고치기**' 어렵다.

更迭 경질　　變更 변경　　更生 갱생
更年期 갱년기　更新 갱신　　更紙 갱지

替 바꿀 체
바꾸다, 번갈다
3급 | 총획 12 | 통 換(환)

두 남자[夫夫]가 서로 말[日]을 주고받으며 내용을 '**바꾸다**'.

替換 체환　　交替 교체　　代替 대체
隆替 융체　　移替 이체　　立替 입체

일찍 증
일찍, 곧, 이전에
3Ⅱ급 | 총획 12 | ㉡ 曽

팔팔[八]한 젊은이들이 마음의 창[囧]을 열고 말하는
[曰] 사이는 '일찍'부터 통하는 사이

未曾有 미증유 : 아직까지 한 번도 있어 본 적이 없음. 전대미문

曾孫 증손　　　曾祖父 증조부

 모일 회 :
모이다, 만나다, 모임
6Ⅱ급 | 총획 13 | ㉤ 社(사), 集(집) ㉥ 散(산) ㉡ 会

사람[人]들이 하나[一]같이 입[口]을 열고 작은[小]
소리로 말하며[曰] '모여서' 회의하다.

會計 회계　　　會談 회담　　　會食 회식
會合 회합　　　會話 회화　　　交會 교회
國會 국회　　　大會 대회　　　面會 면회
密會 밀회

달 월 | 부·4획
반달의 모양을 본뜬 글자이다. '肉'의 변형 부수인 '月(육달월)'과 모양이 같으므로 잘 구별해야 한다.

月 달 월
달, 달빛, 세월
8급 | 총획 4

캄캄한 밤에 '달'과 구름이 함께 흘러간다.

月刊 월간　　月桂冠 월계관　　月例 월례
月末 월말　　月次 월차　　　歲月 세월

朕 나 짐:
나, 조짐
1급 | 총획 10

팔[八]자에 하늘[天]이 내려준 달[月]을 부릴 수 있는 '나'.

兆朕 조짐

有 있을 유:
있다, 가지다, 알다
7급 | 총획 6 | 반 無(무)

그 밤에 없던 달[月]이 십[十]일 후면 '있다'.

有感 유감　　有能 유능　　有力 유력
有望 유망　　有名 유명　　有勢 유세
有識 유식　　有益 유익　　有罪 유죄
保有 보유　　含有 함유

朔 초하루 삭
초하루
3급 | 총획 10

한 달[月]이 지나고 다시 거슬러[屰] 올라 '초하루'.

朔望 삭망 : 음력 초하루와 보름

朔風 삭풍　　朔月 삭월　　滿朔 만삭

服 옷 복
옷, 먹다
6급 | 총획 8 | 동 衣(의)

달[月]빛이 없는 밤에 외출할 때는 또[又] 신표[卩]를 '옷' 속에 잘 보관해야 한다.

服務 복무　　服役 복역　　服用 복용
服從 복종　　校服 교복　　旣成服 기성복
內服 내복　　冬服 동복　　喪服 상복
素服 소복

望 바랄 망:
바라다, 바라보다
5Ⅱ급 | 총획 11 | 동 希(희)

죽어가는[亡] 임금[王]을 살려달라고 달[月]을 보며 '바란다'.

望夫石 망부석　　望月 망월　　可望 가망
渴望 갈망　　　 待望 대망　　所望 소망
失望 실망　　　 野望 야망　　有望株 유망주
希望 희망

朋 벗 붕
벗, 무리
3급 | 총획 8 | 동 友(우)

달[月]이 가도 변치 않는 내 '벗'.

朋友有信 붕우유신 : 벗과의 사귐에 있어 그 도리는 믿음에 있음

朋黨 붕당　　朋知 붕지　　同朋 동붕

朗 밝을 랑:
밝다, 맑다
5Ⅱ급 | 총획 11

달[月]빛이 보기 좋게[良] '밝다'.

朗讀 낭독　　朗朗 낭랑　　朗報 낭보
朗誦 낭송　　明朗 명랑　　晴朗 청랑

朝 아침 조
아침, 조정, 왕조
6급 | 총획 12 | 반 暮(모), 夕(석)

열[十] 번의 해[日]와 열[十] 번의 달[月]이 왔으니, 이제 또 '아침'이 온다.

朝刊 조간　　　朝夕 조석　　　朝鮮 조선
朝廷 조정　　　朝會 조회　　　王朝 왕조

朞 돌 기
돌, 만 하루나 만 한 달, 만 일주년
1급 | 총획 12

주기적으로 그[其] 달[月]이 지구를 돌아 만 한 달이 되니 '돌'.

朞年服 기년복　　　大朞 대기　　　小朞 소기

期 기약할 기
기약하다, 정하다, 기간
5급 | 총획 12

그[其] 달[月]의 모양을 보고 시간을 알아 다음을 '기약하다'.

期間 기간　　　期待 기대　　　期約 기약
期限 기한　　　短期 단기　　　早期 조기
週期 주기　　　初期 초기　　　學期 학기

木 나무 목 | 부·4획
땅 속에 뿌리를 내리고 있는 '나무'의 모양을 본뜬 글자이다.

木 나무 목
나무
8급 | 총획 4 | 동 樹(수)

땅 속에 뿌리를 내리고 있는 '나무'.

- 木工 목공
- 木馬 목마
- 木手 목수
- 木材 목재
- 古木 고목
- 苗木 묘목
- 伐木 벌목
- 樹木 수목
- 原木 원목

札 편지 찰
편지, 패
2급 | 총획 5

옛날에는 대나무[木]를 구부려[乚] '편지'를 썼다.

- 札翰 찰한
- 札記 찰기
- 鑑札 감찰
- 落札 낙찰
- 名札 명찰
- 書札 서찰
- 現札 현찰
- 鄕札 향찰

末 끝 말
끝, 마지막
5급 | 총획 5 | 동 端(단), 終(종) | 반 始(시), 初(초)

나무[木] 한[一] 그루가 '끝'까지 잘 자란다.

- 末期 말기
- 末年 말년
- 末端 말단
- 末路 말로
- 末尾 말미
- 末世 말세
- 結末 결말
- 綠末 녹말
- 本末 본말
- 年末 연말

朱 붉을 주
붉다
4급 | 총획 6 | 동 丹(단), 赤(적), 紅(홍)

사람[人]이 나무[木]에 '붉은' 색으로 표시하다.

朱門 주문 : 붉은 칠을 한 문. 지위가 높은 사람의 집

- 朱色 주색
- 朱紅 주홍
- 朱黃 주황
- 印朱 인주
- 紫朱 자주

本 근본 본
근본, 밑
6급 | 총획 5

나무[木]는 한[一] 뿌리를 '근본'으로 한다.

- 本貫 본관
- 本能 본능
- 本文 본문
- 本人 본인
- 根本 근본

朴 성(姓)씨, 순박할 박
성(姓)씨의 하나, 순박하다
6급 | 총획 6

나무[木] 껍질이나 거북이 등으로 점[卜]을 보는 '성'이 박씨인 '순박한' 시골 사람.

朴素 박소 : 질박하고 검소함

- 素朴 소박
- 淳朴 순박
- 質朴 질박
- 厚朴 후박

未 아닐 미(:)
아니다
4Ⅱ급 | 총획 5 | 동 不(부)

심은 지 하루[一]밖에 안 된 나무[木]라, 다 큰 것이 '아니다'.

- 未納 미납
- 未達 미달
- 未來 미래
- 未滿 미만
- 未完成 미완성
- 未婚 미혼
- 未婚母 미혼모
- 未洽 미흡

朽 썩을 후 :
썩다, 쇠하다
1급 | 총획 6

나무[木] 하나[一]가 땅 속에 묻혀[丂] '썩다'.

老朽 노후 : 낡아서 소용이 없음

- 朽落 후락
- 朽骨 후골
- 不朽 불후

机

책상 궤:
책상
1급 | 총획 6

나무[木]로 만든 안석[几]이 '**책상**'.

机案 궤안 : 책상

机上 궤상　　　　木机 목궤

李

오얏, 성(姓)씨 리:
오얏, 성(姓)씨의 하나
6급 | 총획 7

나무[木]의 자식[子]인 열매 중에서 '**오얏**'이 제일 맛있다.

張三李四 장삼이사 : 평범한 사람들을 일컫는 말
行李 행리 : 여행할 때 쓰는 물건

桃李 도리

材

재목 재:
재목, 재료, 자질
5Ⅱ급 | 총획 7

나무[木]에 재주[才]를 부려 '**재목**'으로 만들다.

材料 재료　　　材木 재목　　　材質 재질
教材 교재　　　木材 목재　　　素材 소재
藥材 약재　　　人材 인재　　　取材 취재

杞

구기자 기:
구기자
1급 | 총획 7

나무[木]는 나무인데 기[己]자 들어가는 '**구기자**'.

杞憂 기우 : 장래의 일에 대한 쓸데없는 걱정

枸杞子 구기자　　　杞柳 기류

杖

지팡이 장(:):
지팡이, 짚다
1급 | 총획 7

늬믓가지[木]로 어른[丈]들이 '**지팡이**'를 만들다.

杖刑 장형 : 곤장으로 볼기를 치는 형벌

杖竹 장죽　　　杖匙 장시　　　棍杖 곤장

杯

잔 배:
잔
3급 | 총획 8

나무[木]로 만든 하나[一]의 작은[小] '**술잔**'.

乾杯 건배　　　苦杯 고배　　　毒杯 독배
祝杯 축배

村

마을 촌:
마을
7급 | 총획 7 | 동 里(리)

큰 나무[木] 옆에서 법도 있게 촌수[寸]를 따지며 사는 '**마을**'.

村落 촌락　　　江村 강촌　　　農村 농촌
富村 부촌　　　漁村 어촌　　　基地村 기지촌
地球村 지구촌

林

수풀 림:
수풀
7급 | 총획 8

나무[木] 옆에 나무[木]가 무수히 많아 '**수풀**'을 이루다.

竹林七賢 죽림칠현 : 중국 진나라 때 노장의 사상을 숭상하여 죽림에 묻혀 산 일곱 선비

林木 임목　　　林野 임야　　　林業 임업
農林 농림　　　密林 밀림　　　山林 산림

束

묶을 속:
묶다
5Ⅱ급 | 총획 7 | 반 釋(석), 解(해)

나무[木]를 사방으로[口] 에워싸 움직이지 못하게 '**묶다**'.

束縛 속박　　　束手 속수　　　結束 결속
團束 단속　　　約束 약속　　　拘束 구속

東

동녘 동:
동녘
8급 | 총획 8 | 반 西(서)

태양[日]이 막 떠올라 나무[木] 사이에 걸려 있는 '**동녘**'.

東問西答 동문서답 : 물음에 대하여 엉뚱한 대답을 함
東奔西走 동분서주 : 이리저리 바쁘게 다님

東北 동북　　　東學 동학　　　東海 동해
關東 관동　　　極東 극동　　　中東 중동

果
열매 과 :
열매, 실과, 결과, 마침내
6Ⅱ급 | 총획 8 | ⑤ 實(실) ⑪ 因(인)

밭[田]에 심은 나무[木]에서 '열매'가 열리다.

果樹 과수   果汁 과즙   結果 결과
成果 성과   實果 실과   藥果 약과
戰果 전과   靑果 청과   效果 효과

析
쪼갤 석
쪼개다, 가르다, 나누어지다
3급 | 총획 8 | ⑤ 分(분)

나무[木]를 도끼[斤]로 '쪼개다'.

析出 석출 : 분석하여 냄

分析 분석   解析 해석   透析 투석

枕
베개, 말뚝 침 :
베개, 말뚝, 베다
3급 | 총획 8

나무[木]로 만든, 사람[人]들이 머리[冖]에 베는 '베개'.

枕頭 침두 : 베갯머리
木枕 목침 : 나무토막으로 만든 베개

枕上 침상   枕席 침석   衾枕 금침

枝
가지 지
가지, 가지치다
3Ⅱ급 | 총획 8 | ⑤ 條(조)

나무[木] 줄기에 지탱하고[支] 있는 '가지'.

枝葉 지엽 : 가지와 잎. 중요하지 않은 부분
金枝玉葉 금지옥엽 : 임금의 자손이나 집안. 귀여운 자손

枝顙 지간   枝根 지근   幹枝 간지
楊枝 양지

板
널조각 판
널조각, 널
5급 | 총획 8

나무[木]를 자르니 반대[反] 편으로 벌어지는 '널조각'.

板木 판목   板本 판본   板書 판서
板子 판자   板權 판권   氷板 빙판
鐵板 철판   合板 합판

枋
다목 방
다목
1급 | 총획 8

나무[木]들의 사방[方]에 서 있는 '다목'.

中引枋 중인방 : 벽의 중간에 가로 지르는 인방

枋底 방저   蘇枋 소방   引枋 인방

枚
낱 매
낱, 낱낱이
2급 | 총획 8

나뭇[木]가지로 툭툭 치며[攵] '낱'낱이 센다.

枚擧 매거 : 낱낱이 들어서 말함

枚數 매수   枚擧 매거   枚移 매이

枉
굽을 왕 :
굽다, 굽히다
1급 | 총획 8

큰 나무[木] 밑에서는 왕[王]도 허리를 '굽힌다'.

枉法 왕법 : 법을 왜곡함. 법을 악용함

枉駕 왕가   枉死 왕사   枉臨 왕림
屈枉 굴왕

松
소나무 송
소나무
4급 | 총획 8

내[厶] 위에 있는 여덟[八] 그루의 나무[木]는 '소나무'.

松葉 송엽   松竹梅 송죽매   松花 송화
松津 송진   老松 노송   靑松 청송

杳
아득할 묘
아득하다, 어둡다
1급 | 총획 8

나무[木] 꼭대기에 떠 있던 태양[日]이 넘어가니 '아득하다'.

杳冥 묘명 : 어두침침하고 아득함

杳然 묘연

查 조사할 사
조사하다, 살피다
5급 | 총획 9

나무[木]를 심고, 또[且] 잘 자라는지 '조사하다'.

査家 사가　　　査問 사문　　　査正 사정
査察 사찰　　　監査 감사　　　檢査 검사
期末考査 기말고사　搜査 수사　調査 조사

柔 부드러울 유
부드럽다, 약하다
3Ⅱ급 | 총획 9 | 동 軟(연) 반 堅(견), 固(고)

창[矛]으로 나무[木]를 치면 푹 들어가니 '부드럽다'.

外柔內剛 외유내강 : 겉으로는 순하고 부드럽게 보이나 속은 굳셈

柔弱 유약　　　柔軟 유연　　　溫柔 온유
懷柔 회유

柏 측백 백
측백, 측백나무
2급 | 총획 9

소나무와 비슷하면서 나무[木] 겉표면과 잎이 흰[白] '측백나무'.

柏木 백목　　　冬柏 동백　　　松柏 송백

某 아무 모
아무, 어느
3급 | 총획 9

단[甘] 맛이 나지 않는 나무[木] 열매는 '아무'도 원하지 않는다.

某某 모모　　　某氏 모씨　　　某種 모종
某處 모처　　　某樣 모양　　　誰某 수모

架 시렁 가
시렁, 받침, 건너지르다
3Ⅱ급 | 총획 9

나무[木]를 더해[加] 만든 '시렁'.

架空 가공　　　架橋 가교　　　架設 가설
架版 가판　　　書架 서가

柳 버들 류(:)
버들, 버드나무
4급 | 총획 9 | 동 楊(양)

나무[木]는 나무인데 토끼[卯] 귀처럼 길게 늘어진 '버드나무'.

柳京 유경 : 평양을 달리 이르는 말
柳眉 유미 : 미인의 눈썹

柳葉 유엽　　　花柳界 화류계　　　楊柳 양류

染 물들 염:
물들다, 옮다, 더럽히다
3Ⅱ급 | 총획 9

치자나무[木]에서 추출한 물[氵]에 아홉[九] 번 담가 '물들이다'.

染料 염료　　　染色 염색　　　感染 감염
汚染 오염　　　傳染 전염

枯 마를 고
마르다, 마른 나무
3급 | 총획 9 | 동 乾(건), 燥(조)

나무[木]나 풀이 오랜[古] 세월이 흘러 '말라' 죽다.

枯渴 고갈　　　枯木 고목　　　枯死 고사
枯葉 고엽　　　乾枯 건고

柱 기둥 주
기둥, 버티다
3Ⅱ급 | 총획 9

집을 서 있게 하는 나무[木]로서 주인[主] 노릇하는 '기둥'.

柱石 주석　　　柱心 주심　　　柱礎 주초
四柱 사주　　　支柱 지주

柩 관, 널 구
관, 널
1급 | 총획 9

나무[木]로 만든 오래[久] 머무를 수 있는 상자[匚]로 만든 '관'.

靈柩 영구 : 시체를 넣은 관

柩衣 구의　　　運柩 운구　　　棺柩 관구

木

柑 귤 감
귤
1급 | 총획 9

단[甘] 열매가 열리는 나무[木]에서 난 '귤'.

蜜柑 밀감 : 귤의 한 가지

柑子 감자   柑橘 감귤   柑皮 감피

柿 감나무 시:
감나무, 감
1급 | 총획 9

나무[木] 중에 시장[市] 한복판에 있는 나무는 '감나무'.

軟柿 연시 : 흠뻑 익은 감. 연감

紅柿 홍시   乾柿 건시   澁柿 삽시

柚 유자 유
유자
1급 | 총획 9

나무[木] 중 유[由]자 들어가는 나무는 '유자'.

柚子 유자 : 유자나무의 열매
柚子茶 유자차

枳 탱자 지/기
탱자
1급 | 총획 9

이 나무[木]는 단지[只] 열리는 것이 '탱자'.

南橘北枳 남귤북지 : '남쪽 땅의 귤나무를 북쪽에 옮겨 심으면 탱자 나무로 변한다'라는 뜻으로, 사람도 그 처해 있는 곳에 따라 선하게도 되고 악하게도 됨을 이르는 말

枳殼 기각 : 탱자를 썰어서 말린 약재

枸 구기자 구
구기자, 호깨나무
1급 | 총획 9

나무[木] 중에 구[句]자 들어가는 나무는 '구기자'.

枸橘 구귤 : 탱자나무

柵 울타리 책
울타리, 목책
1급 | 총획 9

책[冊]은 책인데 나무[木]로 엮어 만든 것이니 '울타리'.

柵門 책문 : 말뚝으로 만든 우리나 울타리의 문

木柵 목책   防柵 방책

栽 심을 재:
심다, 분재
3Ⅱ급 | 총획 10 | 동 植(식)

흙[土] 구덩이를 파서 나무[木]의 싹을 창[戈]으로 잘라 '심다'.

栽培 재배   盆栽 분재   植栽 식재

栓 마개 전
마개
1급 | 총획 10

온전한[全] 나무[木]를 베서 '마개'를 만들다.

給水栓 급수전   消火栓 소화전   血栓 혈전

校 학교 교:
학교
8급 | 총획 10

나무[木]로 만든 책상에서 공부하고 친구도 사귀는[交] '학교'.

校門 교문   校舍 교사   校長 교장
校則 교칙   校風 교풍   校訓 교훈
開校 개교   母校 모교   復校 복교
休校 휴교

格 격식 격
격식
5Ⅱ급 | 총획 10 | 동 式(식)

나무[木]가 각각[各] '격식'에 따라 자란다.

格物致知 격물치지 : 실제적인 사물을 통하여 이치를 연구하여 온전한 지식에 다다름

格式 격식   格言 격언   格致 격치
格下 격하   規格 규격   人格 인격
破格 파격   品格 품격   合格 합격

株 그루 주
그루, 근본, 뿌리
3Ⅱ급 | 총획 10 | 동 根(근)

나무[木]에서 붉은[朱] 색을 띠는 '그루'.

守株待兔 수주대토 : 어리석게 하나만을 고집함을 비유하는 말

株價 주가　　株式 주식　　株主 주주
株總 주총　　優良株 우량주　　有望株 유망주

桎 차꼬 질
차꼬, 족쇄, 차꼬를 채우다
1급 | 총획 10

형구의 하나인 나무[木]틀로 꼼짝 못하도록[至] 만든 '차꼬'.

桎梏 질곡 : ① 차꼬와 수갑 ② 자유를 몹시 속박함

桎檻 질함

案 책상 안 :
책상, 생각, 안건
5급 | 총획 10

편안하게[安] 글을 읽을 수 있도록 만든 나무[木] '책상'.

案件 안건　　案內 안내　　考案 고안
起案 기안　　答案 답안　　代案 대안
方案 방안　　法案 법안　　妥協案 타협안
懸案 현안

桃 복숭아 도
복숭아, 복숭아나무
3Ⅱ급 | 총획 10

귀신을 쫓는 조짐[兆]이 있는 나무[木] 열매는 '복숭아'.

武陵桃源 무릉도원 : 도연명(陶淵明)의 글에 나오는 세속을 떠난 별천지

桃園 도원　　桃花 도화　　白桃 백도
天桃 천도　　黃桃 황도

桑 뽕나무 상
뽕나무
3Ⅱ급 | 총획 10 | 약 桒

손으로 잎을 따고 또[又] 따는 나무[木]는 '뽕나무'.

桑根白皮 상근백피 : 뽕나무 뿌리의 속껍질
桑田碧海 상전벽해 : '뽕나무밭이 변하여 푸른 바다가 되다'라는 뜻으로, 세월의 변함이 심함을 비유함

農桑 농상　　滄桑 창상　　扶桑 부상

桂 계수나무 계 :
계수나무
3Ⅱ급 | 총획 10

흙[土土]과 함께 자라는 나무[木]인 '계수나무'.

桂林 계림　　桂樹 계수　　桂皮 계피
桂花 계화　　月桂冠 월계관

根 뿌리 근
뿌리
6급 | 총획 10

나무[木]가 한 곳에 계속 머물러[艮] 있으니 '뿌리'를 내린 것이다.

根本 근본　　根性 근성　　根源 근원
根絶 근절　　根據 근거　　齒根 치근
禍根 화근　　葛根 갈근

核 씨 핵
씨, 알맹이
4급 | 총획 10 | 동 種(종)

돼지[亥]처럼 통통한 나무[木]니 '씨'도 '알맹이'도 튼튼하다

核果 핵과　　核武器 핵무기　　核分裂 핵분열
核心 핵심　　核子 핵자　　結核 결핵
原子核 원자핵　　肺結核 폐결핵

栗 밤 률
밤나무, 떨다
3Ⅱ급 | 총획 10

서[西]쪽에서 잘 자라는 나무[木]는 '밤나무'.

栗園 율원 : 밤나무가 많은 동산

栗谷 율곡　　生栗 생률　　棗栗 조률

桐 오동나무 동
오동나무
2급 | 총획 10 | 동 梧(오)

나무[木] 속이 위 아래가 같이[同] 빈 '오동나무'.

桐油 동유　　碧梧桐 벽오동　　梧桐 오동

215

條 가지 조
가지, 조목
4급 | 총획 11 | 동 枝(지) 약 条

사람[亻]이 몽둥이[丨]로 나무[木]를 치니[攴] '가지'만 남다.

條件 조건　　條例 조례　　條理 조리
條目 조목　　條約 조약　　條項 조항
法條 법조　　信條 신조

梢 나뭇가지 끝 초
나뭇가지 끝, 끝
1급 | 총획 11

나무[木]에서 작은[小] 몸[月]과 같이 가느다란 것은 '나뭇가지 끝'.

梢頭 초두 : 잔 나뭇가지의 끝
梢魚 초어　　梢殺材 초살재　　末梢 말초

梗 줄기, 막힐 경
곧다, 대개
1급 | 총획 11

나뭇[木]가지를 다시[更] 바로 잡아주니 '줄기'가 생기다.

梗槪 경개　　梗塞 경색　　梗正 경정

桶 통 통
통
1급 | 총획 11

나무[木]로 만든 사용하는[用] 물건을 넣는 '통'.

木桶 목통　　休紙桶 휴지통　　鐵桶 철통

械 기계 계 :
기계, 기구, 틀
3Ⅱ급 | 총획 11 | 동 機(기)

나무[木]로 죄인을 벌하기[戒] 위해 만든 '기계'.

械鬪 계투　　器械 기계　　農機械 농기계

梏 수갑 곡
수갑
1급 | 총획 11

죄인을 꼼짝 못하도록 고하기[告] 위해 나무[木]틀로 엮어 만든 '수갑'.

桎梏 질곡 : 자유를 속박함

梵 범어 범 :
범어
1급 | 총획 11

자연의 숲[林]에서 다[凡] 버리고 중의 글을 읽으니 '범어'.

梵刹 범찰 : 절
梵殿 범전　　梵鐘 범종　　梵語 범어

梯 사다리 제
사다리
1급 | 총획 11

높은 데 올라가기 위해 아우[弟]가 나무[木]로 만든 '사다리'.

梯隊 제대　　梯索 제삭

梨 배나무 리
배나무, 배
3급 | 총획 11

약으로 쓰여 이로움[利]을 주는 나무[木]는 '배나무'.

梨花 이화 : 배나무 꽃
烏飛梨落 오비이락 : '까마귀 날자 배 떨어진다'라는 뜻으로, 우연의 일치로 타인의 의심을 받게 됨

梳 얼레빗 소
빗
1급 | 총획 11

냇물[川]에 머리[亠]를 나무[木]로 만든 '얼레빗'으로 빗다.

梧 오동나무 오(:)
오동나무
2급 | 총획 11 | 동 桐(동)

나무[木]는 나무인데 오[五]월쯤이면 입술[口] 모양의 꽃이 피는 '오동나무'.

碧梧桐 벽오동   梧桐 오동   梧葉 오엽

梅 매화 매
매화, 매화나무
3Ⅱ급 | 총획 11

나무[木] 중에 매번[每] 추위를 견디고 봄에 피는 '매화'.

梅毒 매독   梅實 매실   梅雨 매우
梅香 매향   梅花 매화   松竹梅 송죽매
紅梅 홍매   探梅 탐매

梁 들보, 돌다리 량
들보, 돌다리, 다리
3Ⅱ급 | 총획 11 | 동 橋(교)

물[氵] 위에 칼[刀]로 나무[木]를 잘라 걸쳐 놓은 '다리'.
梁上君子 양상군자 : '대들보 위의 군자'라는 뜻으로, 도둑을 점잖게 이르는 말

橋梁 교량   木梁 목량

棋 바둑 기
바둑
2급 | 총획 12

나무[木]판에 그[其] 선을 그어 검은돌과 흰돌을 놓고 놀이 하는 '바둑'.

棋譜 기보 : 바둑 두는 법을 여러 가지로 모아서 적은 책
棋士 기사   棋院 기원

棚 사다리 붕
선반
1급 | 총획 12

나무[木]토막으로 벗[朋]의 방에 책을 올려 두기 위해 만든 '사다리'.

棠 아가위 당
아가위, 아가위나무
1급 | 총획 12

높은[尙] 곳에 서 있는 나무[木]는 '아가위'.

棠梨 당리   棠軒 당헌   甘棠 감당

植 심을 식
심다, 세우다, 번식하다
7급 | 총획 12 | 동 栽(재)

나무[木]는 기울지 않게 곧게[直] 세워 '심는다'.

植木 식목   植木日 식목일   植物 식물
植民 식민   植樹 식수   植栽 식재
移植 이식

棟 마룻대 동
마룻대, 용마루
2급 | 총획 12

나무[木]로 기둥 위에 동[東]서로 연결한 '마룻대'.
棟宇 동우 : 집의 마룻대와 추녀 끝. 집채의 총칭

棄 버릴 기
버리다, 그만두다
3급 | 총획 12 | 약 弃

나무[木]로 만든 쓰레받기에 담아 없애[亡] '버리다'.
自暴自棄 자포자기 : 스스로 자기를 파괴하고 돌보지 않음

棄却 기각   棄權 기권   棄世 기세
棄物 기물   遺棄 유기   破棄 파기
廢棄 폐기   抛棄 포기

棍 몽둥이 곤
몽둥이
1급 | 총획 12

나무[木] 여러 개를 매일[日] 나란히[比] 묶어 만든 '몽둥이'.
棍杖 곤장 : 옛날에 죄인의 볼기를 치던 몽둥이

棍棒 곤봉   棍刑 곤형   嚴棍 엄곤

棗 대추 조
대추
1급 | 총획 12

나무[木] 몸[冂]에 위 아래로 삐쭉삐쭉한 것이 있는 '**대추나무**'.

棗栗 조율 : 대추와 밤

棗木 조목　　　　乾棗 건조　　　　蜜棗 밀조

棺 널 관
널, 관, 입관하다
1급 | 총획 12

나무[木]로 만든 관[官]이니 '**널**'.

棺柩 관구 : 널 관

棺材 관재　　　　棺殮 관렴

棘 가시나무 극
가시나무, 가시
1급 | 총획 12

가시가 붙은[朿] 나무들[林]인 '**가시나무**'.

棘人 극인 : 상제, 부모나 조부모가 세상을 떠나서 거상 중에 있는 사람

棘皮 극피　　　　荊棘 형극

棒 막대 봉
막대, 몽둥이, 치다
1급 | 총획 12

나무[木]로 만든 곤봉[奉]이나 '**막대**'.

棍棒 곤봉 : 운동 기구의 한 가지

木棒 목봉　　　　綿棒 면봉　　　　平行棒 평행봉

棉 목화 면
목화,
1급 | 총획 12

나무[木] 중 흰[白] 헝겊[巾]을 만들 수 있는 '**목화**'.

棉作 면작 : 목화 농사

棉花 면화　　　　棉實 면실　　　　木棉 목면

棲 깃들일 서 :
깃들이다, 집, 보금자리
1급 | 총획 12

아내[妻]가 되어 남자 집에 들어가 살 듯, 새들은 나무[木] 숲 속에 '**깃든다**'.

棲息 서식 : 생물 따위가 일정한 곳에 자리를 잡고 삶

棲宿 서숙　　　　棲穴 서혈　　　　隱棲 은서

椅 의자 의
의자
1급 | 총획 12

나무[木]로 기이하게[奇] 만든 '**의자**'.

交椅 교의 : ① 의자 ② 신주(神主)를 모시는 의자같이 생긴 것

椅子 의자

森 수풀 삼
수풀, 나무가 빽빽하다
3Ⅱ급 | 총획 12 | 동 林(림)

수풀[林] 속에 나무[木]가 또 있으니 '**나무가 빽빽한**' '**수풀**'.

森羅萬象 삼라만상 : 우주 안에 있는 온갖 사물, 또는 현상

森林 삼림　　　　森林浴 삼림욕　　　　森嚴 삼엄
森列 삼렬　　　　陰森 음삼

椎 쇠몽치 추
쇠몽치
1급 | 총획 12

나무[木]로 꽁지 짧은 새[隹]처럼 짤막하게 만든 '**쇠몽치**'.

脊椎 척추 : 서로 잇닿아 등마루를 이루고 있는 많은 뼈. 등뼈

椎骨 추골　　　　頸椎 경추

棧 사다리 잔
사다리
1급 | 총획 12 | 약 桟

나무[木]를 창[戋]으로 잘라 계곡을 가로질러 걸쳐 놓은 '**사다리**'.

棧橋 잔교 : 절벽과 절벽 사이에 높이 걸쳐 놓은 다리

棧道 잔도　　　　棧板 잔판　　　　虹棧 홍잔

椽 서까래 연
서까래, 사다리
1급 | 총획 13

튼튼한 나무[木]로 단단하게[彖] 연결한 '서까래'.

椽木 연목 : 서까래

椽端 연단   椽大 연대

楓 단풍 풍
단풍, 단풍나무
3Ⅱ급 | 총획 13

나무[木] 중에 바람[風]에 잘 흔들리고 서리를 맞으면 잎이 붉어지는 '단풍나무'.

楓菊 풍국   楓林 풍림   丹楓 단풍
觀楓 관풍   霜楓 상풍

楊 버들 양
버들, 버드나무
3급 | 총획 13 | 동 柳(류)

나무[木] 중에 햇살[昜]을 향해 가늘게 늘어지는 '버드나무'.

楊柳 양류 : 버드나무

楊枝 양지   楊貴妃 양귀비   垂楊 수양

楕 길고 둥글 타ː
길고 둥글다
1급 | 총획 13

왼쪽[左]으로 뻗은 나뭇가지[木]의 몸[月]통이 '길고 둥글다'.

楕圓形 타원형

業 업 업
업
6Ⅱ급 | 총획 13

울타리[业] 안에서 양[羊] 여덟[八] 마리를 키우는 것이 나의 '업'이다.

業界 업계   業務 업무   業種 업종
業體 업체   家業 가업   開業 개업
課業 과업   農業 농업   生業 생업
職業 직업

楷 본보기 해
본보기, 해서
1급 | 총획 13

나무[木]가 다[皆] 곧게 자라듯 바르게 쓴 글씨가 '해서'요, 해서는 글씨의 '본보기'.

楷書 해서 : 한자 서체의 하나

楷體 해체   楷字 해자   模楷 모해

極 극진할, 다할 극
극진하다, 다하다, 이르다
4Ⅱ급 | 총획 13 | 동 端(단), 盡(진)

나무[木] 아래에 누워 글[句]을 한[一] 번 또[又] 한[一] 번 '다할' 때까지 읽었다.

極端 극단   極大 극대   極度 극도
極祕 극비   極貧 극빈   極盡 극진
極讚 극찬   極致 극치   極寒 극한
積極 적극   至極 지극   南極 남극

構 얽을 구
얽다, 맺다
4급 | 총획 14 | 동 造(조), 築(축)

나무[木]로 우물[井] 지붕을 두[再] 번 '얽어' 묶었다.

構圖 구도   構想 구상   構成 구성
構造 구조   構築 구축   構禍 구화
機構 기구   虛構 허구

槌 칠 추/망치 퇴
치다, 망치
1급 | 총획 14

목수를 쫓아가서[追] 못을 박기 위해 나무[木] '망치'로 '치다'.

槌骨 추골   槌擊 퇴격   鐵槌 철퇴

榮 영화 영
영화, 명예, 번영하다
4Ⅱ급 | 총획 14 | 동 繁(번) 약 栄

나무[木] 조각을 덮은[冖] 불꽃[火火]처럼 빛난다하여 '영화'.

榮光 영광   榮樂 영락   榮譽 영예
榮華 영화   榮辱 영욕   虛榮 허영

槃 쟁반 반
쟁반, 소반
1급 | 총획 14

일반[般]적으로 그릇을 옮기기 위해 만들어진 나무[木]로 만든 '소반' 또는 '쟁반'.

涅槃 열반

榜 방 붙일 방 :
방을 붙이다
1급 | 총획 14

과거 급제한 자의 성명을 공시하기 위해 나무[木]를 넓게[旁] 하여 '방 붙이다'.

落榜 낙방 : 과거에서 떨어짐

榜示 방시　　　榜聲 방성　　　標榜 표방

槍 창 창
창
1급 | 총획 14

나무[木]로 창고[倉]를 지키기 위해 만든 '창'.

竹槍 죽창 : 대로 만든 창

槍劍 창검　　　槍軍 창군　　　槍棒 창봉
抱槍 포창

標 표할 표
표하다, 기록하다, 가지
4급 | 총획 15

나무[木]에 쪽지[票]를 달아 '표하다'.

標本 표본　　　標語 표어　　　標的 표적
標題 표제　　　標識 표지　　　目標 목표
商標 상표　　　座標 좌표　　　指標 지표

樂 즐길 락/노래 악/좋아할 요
즐기다, 노래, 좋아하다, 악기
6Ⅱ급 | 총획 15 | 동 喜(희) 반 悲(비) 약 楽

어린[幺]아이 두명이 흰[白] 나뭇[木]가지를 들고 '즐겁게' '노래부르며', '좋아하다'.

樂園 낙원　　　娛樂 오락　　　快樂 쾌락
享樂 향락　　　樂劇 악극　　　樂曲 악곡
樂器 악기　　　樂譜 악보　　　音樂 음악
愛樂 애요　　　樂山樂水 요산요수

樣 모양 양
모양, 본보기
4급 | 총획 15 | 동 姿(자), 形(형)

나뭇[木]가지처럼 길게[永] 자란 양[羊]털 '모양'이 예쁘다.

各樣各色 각양각색 : 여러 가지, 가지각색

樣相 양상　　　樣式 양식　　　樣態 양태
多樣 다양　　　模樣 모양　　　外樣 외양

模 본뜰 모
본뜨다, 본보기
4급 | 총획 15

나무[木]로 없는[莫] 물건을 만들기 위해 모형을 '본뜨다'.

模倣 모방　　　模範 모범　　　模寫 모사
模樣 모양　　　模擬 모의　　　模造 모조
模唱 모창　　　模糊 모호　　　規模 규모

槪 대개 개 :
대개, 절개
3Ⅱ급 | 총획 15

나무[木]들이 이미[旣] 다 자라 '대개' 추위를 이겨낼 수 있다.

槪觀 개관　　　槪念 개념　　　槪論 개론
槪說 개설　　　槪要 개요　　　氣槪 기개
大槪 대개　　　節槪 절개

槨 외관, 덧널 곽
외관, 덧널
1급 | 총획 15

나무[木]로 성[郭]을 만들 듯 튼튼하게 만든 '외관'.

副槨 부곽

樓 다락 루
다락, 망루
3Ⅱ급 | 총획 15 | 약 楼

나무[木]를 거듭[婁] 쌓아 세운 '다락'.

樓閣 누각　　　樓臺 누대　　　慶會樓 경회루
望樓 망루

槽 구유 조
구유[마소의 먹이를 담는 통]
1급 | 총획 15

나무[木] 여러[曹] 개로 만든 '구유'.

水槽 수조 : 물을 담아 두는 구유같이 생긴 큰 통

浴槽 욕조

橋 다리 교
다리
5급 | 총획 16

냇가에 높이[喬] 나무[木]를 걸쳐 만든 '다리'.

橋脚 교각   橋梁 교량   橋臺 교대
木橋 목교   陸橋 육교   鐵橋 철교

樞 지도리 추
지도리, 근원, 가장 중요한 부분
1급 | 총획 15

나무[木]로 일정한 구역[區]에 문을 달기 위해 만든 '지도리'.

中樞 중추 : 사물의 중심이 되는 중요한 자리

樞軸 추축   樞管 추관   樞路 추로

樸 순박할, 통나무 박
순박하다, 통나무
1급 | 총획 16

나무[木]를 네[业] 토막으로 자른 아름답고[美] '순박한' '통나무'.

淳樸 순박   質樸 질박

樹 나무 수
나무, 심다
6급 | 총획 16 | 통 木(목)

큰 나무[木]는 십[十] 년을 생각하고 심으나, 콩[豆]은 마디[寸]가 짧아 일 년 계획으로 심으니 '나무'만 못하다.

樹林 수림   樹立 수립   樹木 수목
樹液 수액   樹藝 수예   街路樹 가로수
果樹園 과수원 常綠樹 상록수 植樹 식수

樽 술통 준
술통, 술그릇
1급 | 총획 16

나무[木]로 술[酉]을 빚어 담아 두기 위해 만든 '술통'.

樽酒 준주   金樽 금준

橘 귤 귤
귤
1급 | 총획 16

나무[木] 중에 창[矛] 같은 가시 있고 둥근[冏] 열매가 열리는 '귤나무'.

橘化爲枳 귤화위지 : '강남의 귤을 강북에 심으면 탱자가 된다'는 뜻으로, 사람도 환경에 따라 기질이 변한다는 말

樵 땔나무 초
땔나무, 나무하다, 나무꾼
1급 | 총획 16

숲[木]에서 새[隹] 같은 동물을 불[灬]에 굽기 위해 '땔나무'로 '나무한다'.

樵歌 초가 : 나무꾼들이 부르는 노래

樵逕 초경   樵採 초채   薪樵 신초

橙 귤, 걸상 등
귤, 걸상
1급 | 총획 16

나무[木]를 자세히 보기 위해 '걸상'에 올라가[登] 보니 '귤'나무이다.

橙子 등자 : 등자나무의 열매

橙色 등색   橙皮油 등피유

機 틀 기
틀, 베틀, 기계
4급 | 총획 16 | 통 械(계)

나무[木] 몇[幾] 개로 만든 '베틀'.

機構 기구   機能 기능   機敏 기민
機業 기업   機種 기종   機智 기지
機會 기회   動機 동기   危機 위기
契機 계기

橫 가로 횡
가로, 가로지르다
3Ⅱ급 | 총획 16

누른[黃] 색의 나무[木]가 '가로'로 놓여 있다.

橫斷 횡단　　**橫列** 횡렬　　**橫領** 횡령
橫流 횡류　　**橫書** 횡서　　**橫財** 횡재
橫暴 횡포　　**縱橫** 종횡

檣 돛대 장
돛대
1급 | 총획 17

나무[木]를 베어 와서[來] 돌리고 돌려[回] 만든 '돛대'.

檣竿 장간 : 돛대
檣燈 장등　　**檣樓** 장루　　**帆檣** 범장

檀 박달나무 단
박달나무
4Ⅱ급 | 총획 17

나무[木] 주위를 돌며[回] 머리[亠]에 좋은 것을 또[且] 찾으니 '박달나무'.

檀君 단군　　**檀紀** 단기　　**檀木** 단목
檀香 단향　　**震檀** 진단

檄 격문 격
격문
1급 | 총획 17

흰[白] 몽둥이로 치며[攴] 선동하기 위하여 나무[木]마다 사방[方]에 붙여 놓은 '격문'.

檄文 격문　　**檄召** 격소　　**飛檄** 비격

檢 검사할 검 :
검사하다
4Ⅱ급 | 총획 17 | 약 検

나무[木]의 상태를 다[僉] '검사하다'.

檢擧 검거　　**檢問** 검문　　**檢査** 검사
檢索 검색　　**檢印** 검인　　**檢證** 검증
檢察 검찰　　**檢討** 검토　　**點檢** 점검

櫃 궤짝 궤 :
궤짝
1급 | 총획 18

귀한[貴] 물건을 넣어두기 위해 나무[木]로 만든 상자[匚] '궤짝'.

金櫃 금궤 : 금으로 만든 궤
書櫃 서궤

檻 난간 함 :
난간, 우리
1급 | 총획 18

죄인이 달아나지 못하도록 나무[木] 판자로 감옥[監]처럼 두른 '난간'.

檻車 함거　　**檻穽** 함정　　**欄檻** 난함

櫛 빗 즐
빗, 빗다, 긁다
1급 | 총획 19

나무[木]를 마디마디[節] 잘라 만든 '빗'.

櫛比 즐비 : 빗살처럼 가지런하고 빽빽이 늘어서 있음
櫛齒 즐치 : 빗살. 빗의 가늘게 갈라진 낱낱의 살
櫛麟 즐린　　**櫛雨** 즐우　　**梳櫛** 소즐

欄 난간 란
난간
3Ⅱ급 | 총획 21

나무[木]로 문[門]짝처럼 묶어[束] 팔[八]방으로 세운 '난간'.

欄干 난간　　**空欄** 공란　　**備考欄** 비고란
消息欄 소식란　　**記入欄** 기입란

櫻 앵두나무 앵
앵두나무, 앵두
1급 | 총획 21

나무[木] 중에 돈[貝]이 없는 여자[女]가 좋아하는 '앵두나무'.

櫻桃 앵도 : 앵두
櫻脣 앵순　　**櫻實** 앵실　　**櫻花** 앵화

權 권세 권

권세
4Ⅱ급 | 총획 22 | ㉱ 権, 权

나무[木]와 풀[艹] 숲에서 새[隹]들이 구구[口口] 울며 '권세' 다툼을 하다.

權力 권력	權利 권리	權勢 권세
權威 권위	權益 권익	權座 권좌
權限 권한	人權 인권	投票權 투표권
政權 정권	執權 집권	霸權 패권

欠 하품 흠 | 부·4획

입을 벌려 하품하고 있는 모양을 본뜬 글자이다.

欠 하품 흠 :
하품, 하품하다, 흠, 결함, 모자라다
1급 | 총획 4

팔을 뒤로 젖히고 '하품'하는 모양을 본뜬 자.

欠事 흠사 : 흠이 있는 일

欠缺 흠결   欠伸 흠신   欠點 흠점
欠乏 흠핍   無欠 무흠

次 다음 차
다음, 버금
4Ⅱ급 | 총획 6 | 동 副(부), 亞(아), 仲(중)

피곤하여 하품[欠]을 하며 두[冫] 번 '다음'으로 미룬다.

次官 차관   次期 차기   次席 차석
次善 차선   次例 차례   次序 차서
目次 목차   席次 석차   月次 월차
將次 장차

欣 기뻐할 흔
기뻐하다, 기쁨
1급 | 총획 8

좋은 도끼[斤]라며 입 벌리고[欠] '기뻐하다'.

欣快 흔쾌 : 마음이 기쁘고 시원함

欣然 흔연   欣感 흔감   欣悅 흔열

欲 하고자 할 욕
하고자 하다, 탐내다
3Ⅱ급 | 총획 11

골짜기[谷]에서 하품[欠]을 '하고자 하다'.

欲速不達 욕속부달 : 너무 빨리 하려고 서두르면 오히려 일을 이루지 못함
欲吐未吐 욕토미토 : 말을 할 듯하면서 하지 않음

欲求 욕구   欲望 욕망   欲情 욕정
情欲 정욕   意欲 의욕

欺 속일 기
속이다, 업신여기다
3급 | 총획 12 | 동 詐(사)

그[其]것은 하품[欠]이 아니라고 '속이다'.

欺瞞 기만   欺弄 기롱   欺笑 기소
詐欺 사기

款 항목, 정성 관 :
항목, 정성
2급 | 총획 12

선비[士]들에게 보이는[示] 흠[欠]을 하나하나 '항목'으로 매기다.

落款 낙관   約款 약관   借款 차관

歇 쉴 헐
쉬다, 없다, 다하다
1급 | 총획 13

힘이 다 없어져[曷] 입 벌리고[欠] '쉬다'.

歇價 헐가 : 싼 값

歇邊 헐변   歇福 헐복   歇息 헐식
間歇 간헐

歆 흠향할 흠
누리다, 받다
1급 | 총획 13

노래[音]도 부르고, 하품[欠]하며, 편안히 복을 받고 누리는 것이니 '흠향하다'.

歆格 흠격   歆饗 흠향

歌 노래 가
노래, 노래하다
7급 | 총획 14 | 동 謠(요)

형[哥]이 하품[欠]하듯 입을 크게 벌려 시조를 읊으니 바로 '**노래**'가 되었다.

歌曲 가곡　　歌舞 가무　　歌手 가수
歌唱 가창　　歌豪 가호　　校歌 교가
悲歌 비가　　聖歌 성가　　愛國歌 애국가
祝歌 축가

歐 토할 구
토하다, 구라파, 치다
2급 | 총획 15

정해진 구역[區]으로 가서 입을 벌려[欠] '**토하다**'.

歐美 구미　　歐羅巴 구라파　　西歐 서구

歎 탄식할 탄:
탄식하다, 한탄하다
4급 | 총획 15

가죽[革] 옷을 입고 온 것을 크게[大] 하품[欠]하듯 '**탄식하다**'.

歎服 탄복　　歎辭 탄사　　歎息 탄식
歎願 탄원　　感歎 감탄　　自歎 자탄
痛歎 통탄　　恨歎 한탄

歡 기쁠 환
기쁘다, 기쁨
4급 | 총획 22 | 동 樂(락), 喜(희) 반 怒(노), 悲(비) 약 欢

풀속[艹]에서 입 벌리고[口口] 하품[欠]하는 새[隹]를 보고 '**기뻐하다**'.

歡談 환담　　歡待 환대　　歡樂 환락
歡聲 환성　　歡心 환심　　歡呼 환호

欠

止 그칠 지 | 부·4획

사람의 발목 아랫부분을 본뜬 글자이다.

止 그칠 지
그치다
5급 | 총획 4 | 동 停(정)

발뒤꿈치를 땅에 대고 있는 모양에서 '그치다'.
行動擧止 행동거지 : 몸을 움직여서 하는 모든 것

止血 지혈	禁止 금지	防止 방지
停止 정지	中止 중지	廢止 폐지
解止 해지		

武 군사, 굳셀 무:
군사, 호반, 굳세다
4Ⅱ급 | 총획 8 | 반 文(문)

한 가지 정의[正]를 위해 주살[戈]을 들고 싸우는 '호반'이 '굳세다'.

武功 무공	武器 무기	武力 무력
武士 무사	武術 무술	武勇談 무용담
非武裝 비무장	文武 문무	忠武 충무

正 바를 정(:)
바르다, 정당하다
7Ⅱ급 | 총획 5

한[一] 줄로 발을 모으고 머물러[止] 있는 모습이 '바르다'.

正規 정규	正當 정당	正面 정면
正常 정상	正直 정직	正初 정초
正統 정통	正確 정확	公正 공정
不正 부정		

歪 기울 왜/외
기울다, 비뚤다, 바르지 않다
2급 | 총획 9

바르지[正] 않은[不] 삐뚤어진 행위가 '기울다'.

| 歪曲 왜곡 | 歪力 왜력 |

此 이 차
이, 이곳
3Ⅱ급 | 총획 6 | 동 是(시) 반 彼(피)

비수[匕]를 가지고 머물러 그친[止] 곳이 '이곳'.

| 此後 차후 | 此事 차사 | 於此彼 어차피 |
| 如此 여차 | 彼此 피차 | |

歲 해 세:
해, 나이, 세월
5Ⅱ급 | 총획 13 | 동 年(년)

작은[小] 개[戌]는 출입을 금지하니[止], 몇 '해' 더 기다리세요.

歲拜 세배	歲月 세월	歲入 세입
歲出 세출	歲旦 세단	過歲 과세
萬歲 만세	年歲 연세	

步 걸을 보:
걷다, 걸음
4Ⅱ급 | 총획 7

조금씩[小] 가다 그치다[止] 하며 '걷다'.

步道 보도	步行 보행	步調 보조
步哨 보초	步脚 보각	競步 경보
徒步 도보	散步 산보	進步 진보
初步 초보	退步 퇴보	

歷 지낼 력
지내다, 지나다, 책력
5Ⅱ급 | 총획 16 | 약 歴

집[厂]에서 일을 멈추고[止] 수확한 벼[禾禾]로 겨울을 '지내다'.

歷代 역대	歷史 역사	歷程 역정
經歷 경력	病歷 병력	前歷 전력
學歷 학력	遍歷 편력	

돌아갈 귀:
돌아가다
4급 | 총획 18 | 약 帰

언덕[自]에 쓰레기를 쌓아 놓고[止], 비[帚]를 가지러 다시 '**돌아가다**'.

歸家 귀가	歸京 귀경	歸國 귀국
歸農 귀농	歸省 귀성	歸屬 귀속
歸鄕 귀향	歸還 귀환	回歸 회귀
復歸 복귀	錦歸 금귀	

止

歹 죽을사변 | 부·4획

뼈만 앙상하게 남은 모양을 본뜬 글자로, 한자로는 '부서진 뼈 알'이라고 읽는다.

死 죽을 사:
죽다
6급 | 총획 6 | 동 殺(살) 반 生(생), 活(활)

비수[匕]에 찔려 앙상한 뼈[歹]만 남은 '죽은' 시체.
九死一生 구사일생 : 죽을 고비를 여러 번 겪고 겨우 살아남

死亡 사망　　死別 사별　　死色 사색
死守 사수　　凍死 동사　　沒死 몰사
飢死 기사　　慘死 참사

殉 따라 죽을 순
따라 죽다, 목숨을 바치다
3급 | 총획 10

열흘[旬] 뒤에 죽은[歹] 남편을 '따라 죽다'.
殉敎 순교　　殉國 순국　　殉死 순사
殉葬 순장　　殉職 순직

歿 죽을 몰
죽다
1급 | 총획 8

힘[力] 없는 사람들이 또[又] '죽다[歹]'.
歿後 몰후　　戰歿 전몰　　盡歿 진몰

殊 다를 수
다르다, 특히, 유달리
3Ⅱ급 | 총획 10 | 동 別(별)

죽을[歹] 때 붉은[朱] 피를 흘리는 것은 남과 '다를' 수 없다.
殊狀 수상　　殊勳 수훈　　特殊 특수

殃 재앙 앙
재앙
3급 | 총획 9 | 동 災(재), 禍(화) 반 福(복)

죽음[歹]의 가운데[央] 있는 것이니 '재앙'.
※ 물과 불에 의한 재앙은 '災(재)', 무너져서 당하는 재앙은 '厄(액)'
殃慶 앙경 : 재앙과 경사
殃禍 앙화　　殃害 앙해　　災殃 재앙

殖 번식할 식
번식하다, 불리다
2급 | 총획 12

죽기[歹] 직[直]전에 모든 생물은 종족을 '번식시킨다'.
殖民 식민　　繁殖 번식　　養殖 양식
利殖 이식　　增殖 증식

殆 거의 태
거의, 위태하다
3Ⅱ급 | 총획 9 | 동 危(위)

죽음[歹]에 이르는 별[台]이니 '거의' '위태롭다'.
殆半 태반 : 거의 절반
殆無 태무 : 거의 없음
危殆 위태　　困殆 곤태

殘 잔인할 잔
잔인하다, 남다, 해치다
4급 | 총획 12 | 동 餘(여) 약 残

죽은[歹] 사람을 창 두 개[戔]로 찌르니 얼마나 '잔인한'가.
同族相殘 동족상잔 : 같은 겨레끼리 서로 싸우고 죽이는 일
殘高 잔고　　殘金 잔금　　殘毒 잔독
殘額 잔액　　殘業 잔업　　殘忍 잔인
殘在 잔재　　殘亡 잔망　　衰殘 쇠잔

殞 죽을 운 :
죽다, 떨어지다
1급 | 총획 14

재물[貝]이 문[口]으로 나가니 '죽음[歹]'에 이르게 될 운명이다.

殞命 운명 : 목숨이 끊어져 죽음
殞石 운석　　　**殞泣** 운읍

殯 빈소 빈
빈소, 염하다
1급 | 총획 18

죽은이[歹]를 손님[賓]처럼 잘 모시는 곳이니 '빈소'.

殯所 빈소 : 발인 때까지 관을 두는 곳
殯宮 빈궁　　　**殯禮** 빈례　　　**破殯** 파빈

殮 염할 렴 :
염하다
1급 | 총획 17

죽으면[歹] 다[僉] '염하다'.

殮襲 염습 : 죽은 이의 몸을 씻긴 후에 수의를 입히는 일
殮布 염포　　　**襲殮** 습렴　　　**改殮** 개렴

殲 다 죽일 섬
다 죽이다, 몰살하다, 멸하다
1급 | 총획 21

사람들[人人]이 전쟁[戈]터에서 죽는[歹] 일이 비[非]일[一]비재하니 '다죽여', '멸하다'.

殲滅 섬멸 : 남김없이 모두 무찔러 멸망시킴
殲撲 섬박　　　**殄殲** 진섬

殳

갖은등글월문 | 부·4획

막대기를 손에 들고 있는 모양을 본뜬 글자로, '치다', '때리다'의 의미가 있다. 한자로는 '창수'라고 읽는다.

段 층계 단
층계, 구분
4급 | 총획 9 | 동 階(계), 層(층)

높게[|] 솟은 비탈길을 창[殳]을 이용해 넷[彐]으로 갈라 만든 '층계'.

段階 단계 　　段落 단락 　　階段 계단
三段論法 삼단논법 　手段 수단

殿 전각 전 :
전각, 큰 집
3Ⅱ급 | 총획 13

넓고 큰 집[尸] 주위를 모두[共]가 창[殳]을 들고 지키는 '전각'.

殿閣 전각

殺 죽일 살 / 덜 쇄 :
죽이다, 덜다
4Ⅱ급 | 총획 11 | 동 死(사) 반 生(생), 活(활)

나무[木]로 이리저리[乂] 쳐서[殳] 피를 점[丶]처럼 흘리며 '죽이다'.

殺氣 살기 　　殺伐 살벌 　　殺生 살생
殺害 살해 　　毒殺 독살 　　抹殺 말살
自殺 자살 　　他殺 타살 　　殺到 쇄도
減殺 감쇄

毅 굳셀 의
굳세다, 강인하다
1급 | 총획 15

서[立] 있는 돼지[豕]를 쳐도[殳] 끄떡 안 하니 '굳세다'.

毅然 의연 : 지조가 굳고 태도가 엄한 모양

嚴毅 엄의 　　猛毅 맹의 　　雄毅 웅의

殼 껍질 각
껍질, 씨
1급 | 총획 12

곡식[穀]을 쳐서[殳] 벗긴 '껍질'.

殼族 각족 : 조개류, 패류

殼果 각과 　　殼膜 각막 　　甲殼 갑각

毆 때릴 구
때리다, 치다
1급 | 총획 15 | 약 殴

일정 구역[區]에서는 마음껏 '때리고[殳]' '쳐도' 된다.

毆打 구타 　　毆縛 구박 　　毆殺 구살
毆傷 구상 　　毆擊 구격 　　鬪毆 투구

毀 헐 훼 :
헐다, 무너지다, 상처를 입히다
3급 | 총획 13 | 동 壞(괴) 반 建(건)

절구[臼]를 공[工]들여 치지[殳] 않으면 곡식이 '허물어지고' '무너지다'.

名譽毀損 명예 훼손 : 남의 명예에 손상을 입히는 일

毀慕 훼모 　　毀傷 훼상 　　毀謗 훼방
貶毀 폄훼

母 | 말 무 | 부·4획

'~하지 마라'라는 뜻이다.

母 말 무
말다, 없다
1급 | 총획 4

어머니[母]에게 함부로 하지 '**마라**'.

母論 무론 : 말할 것도 없음

每 매양 매(:)
매양, 늘, 마다
7Ⅱ급 | 총획 7

머리에 비녀[ㅗ]를 꽂은 어머니[母]의 '**매양**' 변치 않는 사랑.

每年 매년	每番 매번	每事 매사
每樣 매양	每月 매월	每人 매인
每日 매일	每週 매주	每回 매회

母 어머니 모:
어머니
8급 | 총획 5 | 部 父(부)

여자[女]가 아이에게 젖[ㆍㆍ]을 먹이니 '**어머니**'가 된 것이다.

賢母良妻 현모양처 : 자식에게는 어진 어머니이고, 남편에게는 착한 아내

| 母校 모교 | 母國 모국 | 母女 모녀 |
| 母乳 모유 | 母情 모정 | 母體 모체 |

毒 독 독
독, 독하다
4Ⅱ급 | 총획 9

마음을 꿰뚫어 [ㅣ] 세[三] 번이나 하지 말라고[母] 해도 '**독**'하게 한다.

毒氣 독기	毒殺 독살	毒舌 독설
毒性 독성	毒蟲 독충	消毒 소독
旅毒 여독	解毒 해독	酷毒 혹독

比

견줄 비 | 부·4획

두 사람을 나란히 두고 '견주어 보다'라는 뜻으로 쓰인다.

| 比 | 견줄 비 : 견주다, 나란히 하다
5급 | 총획 4 | 동 較(교) |

비수 두[匕匕] 개를 나란히 놓고 서로 **'견주다'**.

比較 비교   比等 비등   比例 비례
比率 비율   比重 비중   對比 대비
反比例 반비례   櫛比 즐비

毛 털 모 | 부·4획
짐승의 털을 본뜬 글자이다.

毛 털 모
털, 터럭
4Ⅱ급 | 총획 4 | 동 髮(발)

'털' 모양을 본뜬 자.

毛骨 모골   毛根 모근   毛髮 모발
毛絲 모사   毛織 모직   毛布 모포
純毛 순모   不毛地 불모지

氈 모 전 :
모전(털로 짠 모직물), 담
1급 | 총획 17

도탑게[亶] '솜털로 짠 모직물'이 '담'.

氈帽 전모 : 조선시대에 여자들이 나들이 할 때 쓰던 모자
氈笠 전립   氈衣 전의   洋氈 양전
毛氈 모전   靑氈 청전

毫 터럭 호
터럭, 가는 털, 조금
3급 | 총획 11 | 동 毛(모), 髮(발)

털[毛]이 높이[高] 자란 '터럭', 털을 모아 만든 '붓'.

毫髮 호발 : 아주 잔 털
秋毫 추호 : 조금, 또는 몹시 작음
毫端 호단   揮毫 휘호

氏 각시 씨 | 부·4획
나무 뿌리가 땅 위로 올라온 모양을 본뜬 글자이다.

氏 각시, 성(姓)씨 씨
각시, 성(姓)씨
4급 | 총획 4 | 동 姓(성)

나무 뿌리가 땅 위로 올라온 모양을 본뜬 자로, 뿌리가 뻗어가듯 혈족으로 퍼져 나가는 **'성씨'**.

氏族 씨족 姓氏 성씨 宗氏 종씨
創氏改名 창씨개명

民 백성 민
백성
8급 | 총획 5 | 반 君(군), 王(왕)

여러 성씨[氏]를 하나로 덮어[一] 합치니 **'백성'**이 되다.

民家 민가 民間 민간 民權 민권
民法 민법 民心 민심 民意 민의
國民 국민 庶民 서민 賤民 천민

기운기엄 | 부·4획
구름이나 수증기가 떠돌아 다니는 모양을 본뜬 글자로, 한자로는 '기운 기'라고 읽는다.

氣 기운 **기**
기운, 숨
7Ⅱ급 | 총획 10 | 약

기[氣]가 모자라던 차에, 쌀[米]밥을 먹고 나니 '**기운**'이 솟는다.

浩然之氣 호연지기 : 하늘과 땅 사이에 가득 찬 넓고 큰 정기

氣概 기개	氣孔 기공	氣量 기량
氣力 기력	氣壓 기압	氣運 기운
濕氣 습기	傲氣 오기	

水(氵) 물 수 | 부·4획

물이 흘러가는 모양을 본뜬 글자이다. 변형자는 '氵'이다.

水 물 수
물
8급 | 총획 4 | 반 火(화)

'물'이 여러 갈래로 나뉘어 흘러가는 모양을 본뜬 자.

水禽 수금   水道 수도   水路 수로
水門 수문   水分 수분   水仙花 수선화
水壓 수압   汚水 오수   潛水 잠수
淨水機 정수기

氷 얼음 빙 / 엉킬 응
얼음
5급 | 총획 5

물[水]이 얼어[冫] 응결된 것은 '얼음'.

氷庫 빙고   氷山 빙산   氷水 빙수
氷點 빙점   氷板 빙판   氷河 빙하
結氷 결빙   解氷 해빙

永 길 영 :
길다
6급 | 총획 5 | 통 久(구), 長(장) | 반 短(단)

한 점[丶]에서 시작된 물[水]줄기가 '길게' 이어져 흐르다.

永久 영구   永生 영생   永世 영세
永續 영속   永永 영영   永遠 영원
永住權 영주권

求 구할 구
구하다, 찾다
4Ⅱ급 | 총획 7

한[一] 방울[丶]의 물[水]도 '구할' 수 없다.

求愛 구애   求人 구인   求職 구직
求刑 구형   求婚 구혼   要求 요구
請求 청구   促求 촉구   探求 탐구

泉 샘 천
샘
4급 | 총획 9

흰[白] 물[水]이 솟는 '샘'.

泉脈 천맥   泉河 천하   泉水 천수
鑛泉 광천   九泉 구천   冷泉 냉천
溫泉 온천   源泉 원천   黃泉 황천

泰 클 태
크다
3Ⅱ급 | 총획 10 | 통 巨(거), 太(태) | 반 微(미)

첫째[一]로 큰[大] 물[水]이니, '클' 수밖에 없다.

泰然自若 태연자약 : 마음에 충격을 받아도 동요하지 않고 천연스러움

泰山 태산   泰然 태연   泰平 태평

漿 즙 장
즙, 미음
1급 | 총획 15

쌀을 끓이면 장차[將] 물[水] 같은 '즙'이 되니 '미음'.

漿果 장과 : 다육과(多肉果)의 한 가지, 감·포도·귤 등을 일컬음

漿液 장액   漿劑 장제   血漿 혈장

汁 즙 즙
즙, 진액
1급 | 총획 5

수[氵]분이 많은 채소를 여러[十] 번 찧으니 나오는 것이 '즙'.

汁滓 즙재 : 즙을 짜내고 난 찌끼

汁液 즙액   膽汁 담즙   果實汁 과실즙

氾 넘칠 범 :
넘치다, 물로 씻다, 넓다
1급 | 총획 5

물[氵]통에 들어가 무릎[딘]을 꿇고 앉으니 물이 '넘치다'.

氾濫 범람 : 물이 넘쳐 흐름

氾溢 범일

汗 땀 한 :
땀, 땀이 흐르다
3Ⅱ급 | 총획 6

물[氵]을 뿌리고 방패[干]로 태양을 막아도 더워서 '땀'이 나다.

汗馬 한마   汗蒸 한증   發汗 발한
不汗黨 불한당

汚 더러울 오 :
더럽다, 나쁘다, 치욕
3급 | 총획 6 | 동 辱(욕)

오물[氵]을 부어 놓은 장소[于]이니 '더럽다'.

貪官汚吏 탐관오리 : 탐욕이 많고 행실이 바르지 못한 벼슬아치

汚名 오명   汚物 오물   汚水 오수
汚辱 오욕   汚點 오점   汚濁 오탁

江 강 강
강, 물
7Ⅱ급 | 총획 6 | 반 山(산)

물[氵]이 위[一]에서 아래[一], 수직[丨]으로 흐르니 '강'이 되다.

江南 강남   江邊 강변   江山 강산
江村 강촌   江幅 강폭   江湖 강호
洛東江 낙동강   漢江 한강   蟾津江 섬진강

汝 너 여 :
너
3급 | 총획 6 | 반 我(아), 余(여)

물[氵]가에 앉아 있는 여자[女]인 '너'.

汝等 여등 : 너희들
汝輩 여배 : 너희들

池 못 지
못
3Ⅱ급 | 총획 6 | 동 沼(소), 澤(택)

물[氵]이니[也] '못'.

酒池肉林 주지육림 : '술은 못을 이루고 고기는 숲을 이룬다'는 뜻으로, 호사스러운 술잔치를 나타냄

池湖 지호   水源池 수원지   蓮池 연지
貯水池 저수지   天池 천지

汎 넓을 범 :
넓다, 뜨다
2급 | 총획 6

물[氵] 위에 무릇[凡] 모든 물건이 '넓게' '뜨다'.

汎國民的 범국민적   汎濫 범람   汎神論 범신론
汎溢 범일

沈 잠길 침 (:) / 성(姓)씨 심 :
잠기다, 성(姓)씨, 가라앉다, 빠지다
3Ⅱ급 | 총획 7 | 동 潛(잠), 浸(침) | 반 浮(부) | 약 沉

물[氵]에서 사람[人]이 덮혀[冖] 허우적대다 이내 '잠기다'.

沈降 침강   沈沒 침몰   沈默 침묵
沈水 침수   沈潛 침잠   沈着 침착
沈痛 침통   沈滯 침체   浮沈 부침
擊沈 격침

沌 엉길 돈
엉기다
1급 | 총획 7

물[氵]이 깊은 곳에 진을 친[屯] 듯 고여 있는 모양이 '엉겨 있다'.

混沌 혼돈 : 천지가 아직 나누어지지 않은 상태

汽 물 끓는 김 기
물 끓는 김
5급 | 총획 7

물[氵]이 끓으면 구름처럼 피어오르는[气] '김'.

汽力 기력   汽船 기선   汽笛 기적
汽車 기차

決 결단할 결
결단하다, 결정하다
5Ⅱ급 | 총획 7

물[氵]꼬를 갈라서[夬] 논에 물을 대기로 '**결단하다**'.

決斷 결단   決死 결사   決算 결산
決勝 결승   決意 결의   決戰 결전
決鬪 결투   對決 대결   卽決 즉결
判決 판결   解決 해결

沐 머리감을 목
머리감다, 씻다
2급 | 총획 7

물[氵]을 나무[木] 그릇에 담아놓고 '**머리 감고**' 목욕하다.

沐浴 목욕   沐浴湯 목욕탕

沛 비 쏟아질 패:
비가 쏟아지다
1급 | 총획 7

'**비가 쏟아져**' 시장[市]에 물[氵]이 사방으로 튀다.

沛然 패연 : 쏟아지는 모양이 매우 새참
沛澤 패택

汰 일 태
일다, 씻다
1급 | 총획 7

큰[太] 그릇에 물[氵]을 담아 흔들어 '**씻어서**' '**일다**'.

汰沙 태사   淘汰 도태   沙汰 사태

沙 모래 사
모래
3Ⅱ급 | 총획 7

돌이 물[氵]에 의해 잘게[少] 부서지니 '**모래**'가 되다.

沙工 사공   沙漠 사막   沙果 사과
沙丘 사구   白沙場 백사장   黃沙 황사

汲 길을 급
물을 긷다, 당기다
1급 | 총획 7

물[氵]이 있는 우물가에 미쳐[及] '**물을 긷다**'.

汲汲 급급 : 어떤 일에 마음을 쏟아 쉴 사이가 없는 모양
汲路 급로   汲水 급수   汲引 급인

汨 골몰할 골 / 물 이름 멱
골몰하다, 물 이름
1급 | 총획 7

마당에 빗물[氵]이 매일[日] 고여 '**골몰히**' 생각하다.

汨沒 골몰 : 다른 생각을 일절하지 않고 한 가지 일에만 온 정신을 쏟음
渴汨 갈골

沒 빠질 몰
빠지다, 가라앉다, 지나치다
3Ⅱ급 | 총획 7 | 동 沈(침), 陷(함)

물[氵]에 덮혀[冖] 또[又] 손을 허우적대며 '**빠지다**'.

沒頭 몰두   沒落 몰락   沒殺 몰살
沒入 몰입   沒知覺 몰지각   水沒 수몰
日沒 일몰   出沒 출몰   陷沒 함몰
汨沒 골몰   埋沒 매몰

波 물결 파
물결
4Ⅱ급 | 총획 8 | 동 浪(랑)

강[氵] 표면[皮]에 돌을 던지니 '**물결**'이 일다.

波及 파급   波濤 파도   波動 파동
波紋 파문   波長 파장   餘波 여파
電波 전파   秋波 추파   風波 풍파
寒波 한파

治 다스릴 치
다스리다
4Ⅱ급 | 총획 8 | 동 理(리)

물[氵]을 내[厶] 입[口]처럼 잘 '**다스려야**' 한다.

治世 치세   治安 치안   治粧 치장
自治 자치   主治醫 주치의   統治 통치
政治 정치

法 법 법
법, 방법
5Ⅱ급 | 총획 8 | 통 規(규), 律(률), 範(범), 式(식)

물[氵]이 흘러 가는[去] 순리처럼, 모두에게 공평해야 하는 '법'.

法科 법과	法規 법규	法度 법도
法令 법령	法例 법례	法律 법률
法案 법안	憲法 헌법	

況 상황 황:
모양, 상황, 하물며
4급 | 총획 8 | 통 狀(상)

물[氵]속에 빠진 형[兄]의 '모양'을 보니 '상황'이 어떤지 알겠다.

| 況且 황차 | 近況 근황 | 狀況 상황 |
| 盛況 성황 | 情況 정황 | 現況 현황 |

泳 헤엄칠 영:
헤엄치다
3급 | 총획 8

물[氵] 위에서 길게[永] 오래오래 떠서 '헤엄치다'.

泳法 영법	泳路 영로	背永 배영
水泳 수영	遠泳 원영	游泳 유영
蝶泳 접영	混泳 혼영	

泊 배 댈 박
배 대다, 머무르다
3급 | 총획 8

물[氵]이 희게[白] 보이는 얕은 곳에 '배를 대고' '머물다'.

| 淡泊 담박 | 民泊 민박 | 宿泊 숙박 |
| 外泊 외박 | 漂泊 표박 | |

泥 진흙 니
진흙
3Ⅱ급 | 총획 8

비구니[尼]가 물[氵]에서 노니 '진흙'이 묻다.

泥田鬪狗 이전투구 : '진창에서 싸우는 개'라는 뜻으로, 강인한 성격을 이르는 말

泥土 이토 : 진흙

| 沙泥 사니 | 印泥 인니 | 雲泥 운니 |

泣 울 읍
울다, 근심
3급 | 총획 8 | 통 哭(곡) 반 笑(소)

서서[立] 눈물[氵]만 흘리며 '(소리 없이) 울다'.

※ 소리 내서 우는 것은 '哭(곡)', 소리로 울리는 것은 '鳴(명)'

泣訴 읍소 : 울며 간절히 하소연함

| 泣哭 읍곡 | 泣涕 읍체 | 感泣 감읍 |

沿 물 따라갈 연(:)
물 따라가다
3Ⅱ급 | 총획 8

물[氵]이 산 갈라진[八] 입구[口]를 통해서 양측으로 '물 따라가다'.

| 沿道 연도 | 沿邊 연변 | 沿岸 연안 |
| 沿海 연해 | 沿革 연혁 | |

沮 막을 저:
막다, 그치다
2급 | 총획 8

물[氵]을 모으기 위해 또[且] 둑을 쌓아 '막다'.

| 沮止 저지 | 沮害 저해 | 沮抑 저억 |

沫 물거품 말
물거품, 침방울, 말다
1급 | 총획 8

물[氵]방울의 끝[末]에서 부글부글 일어나는 '물거품'.

| 飛沫 비말 | 泡沫 포말 | 浮沫 부말 |
| 噴沫 분말 | | |

泛 뜰 범:
뜨다, 넓다
1급 | 총획 8

물[氵] 위에 가난한[乏] 물건, 즉 가벼운 물건이 '뜨다'.

泛過 범과 : 정신을 가다듬지 않고 데면데면하게 지나감

| 泛看 범간 | 泛然 범연 | 泛舟 범주 |
| 大泛 대범 | | |

水

沸 끓을 비 : / 용솟음칠 불
끓다, 용솟음치다
1급 | 총획 8

물[氵] 아닌[弗] 것으로 증발되는 것이니 '**끓는**' 물.

沸騰 비등 : 액체가 끓어 오름. 물 끓듯 떠들썩하여 짐

沸流 비류　　沸點 비점　　沸湯 비탕
煮沸 자비　　沸波 불파

泡 거품 포
거품.
1급 | 총획 8

물[氵]과 비누를 하나로 싸니[包] '**거품**'이 뽀글뽀글 일어나다.

水泡 수포 : 물거품. 헛된 결과

氣泡 기포

泄 샐 설
새다, 싸다, 일어나다, 업신여기다
1급 | 총획 8

물[氵]은 온 세상[世]으로 흘러가듯 '**새다**'.

泄露 설로　　泄瀉 설사　　漏泄 누설
排泄 배설

河 물 하
물, 강
5급 | 총획 8 | 동 江(강), 水(수) 반 山(산)

깨끗한 마을에 가니 가히[可] 물[氵] 중의 최고의 '**물**'이다.

河口 하구　　河流 하류　　河心 하심
河川 하천　　河海 하해　　氷河 빙하
運河 운하　　銀河水 은하수

注 부을 주 :
붓다, 물대다, 정신을 쏟다
6Ⅱ급 | 총획 8

주인[主]이 논에 물[氵]을 '**붓다**'.

注目 주목　　注視 주시　　注油 주유
注意 주의　　注入 주입　　注文 주문
脚注 각주　　傾注 경주

油 기름 유
기름
6급 | 총획 8 | 동 脂(지)

물[氵]로 말미암아[由] '**기름**'이 분리되다.

油松 유송　　油田 유전　　油畫 유화
石油 석유　　原油 원유　　注油 주유
香油 향유

洑 보 보 / 스며흐를 복
보, 스며흐르다
1급 | 총획 9

엎드려[伏] 가듯 물[氵]이 땅 속으로 '**스며들다**'.

洑稅 보세

洛 강 이름 락
강 이름, 물 이름
2급 | 총획 9

물[氵]이 사방에서 각각[各] 모여들어 이루어진 황하니 '**강 이름**'.

上洛 상락

洽 젖을 흡
젖다
1급 | 총획 9

물[氵]과 합하여[合] 졌으니 '**젖다**'.

洽足 흡족 : 넉넉하여 조금도 모자람이 없음

洽滿 흡만　　洽然 흡연　　未洽 미흡

派 물갈래 파
물갈래, 물결
4급 | 총획 9

바위[厂] 밑으로 뿌리[氐]처럼 뻗어가는 '**물[氵]갈래**'.

派遣 파견　　派動 파동　　派閥 파벌
派出所 파출소　　派濤 파도　　急派 급파
黨派 당파　　特派員 특파원　　學派 학파
餘派 여파

洪 넓을 홍
넓다, 크다, 큰 물
3Ⅱ급 | 총획 9 | 동 廣(광), 博(박), 浩(홍) 반 狹(협)

물[氵]이 함께[共] 다 모여드니 '넓은' '큰 물'이 되었다.

洪福 홍복   洪水 홍수   洪範 홍범

洩 샐 설/퍼질 예
새다, 비밀이 흘러나오다, 폭포
1급 | 총획 9

물[氵]이 끌려[曳] 나가듯 '새다'.

漏洩 누설 : 비밀이 새어나감
露洩 노설

洲 물가 주
물가, 대륙
3Ⅱ급 | 총획 9

물[氵]이 흐르는 마을[州]의 '물가'.

洲島 주도   滿洲 만주   美洲 미주
三角洲 삼각주   六大洲 육대주   濠洲 호주

津 나루 진(ː)
나루, 포구
2급 | 총획 9

물[氵]이 붓[聿] 끝처럼 가는 곳, 즉 강이나 바다에 배가 건너다니는 '나루'.

津口 진구 : 나루터
津岸 진안   津河 진하   港津 항진

洶 용솟음칠 흉
용솟음치다, 물살이 세차다
1급 | 총획 9

물[氵]이 싸고[勹] 있는 그릇[凶]을 뚫고 나오려 하니 '용솟음치다'.

洶急 흉급   洶湧 흉용   洶洶 흉흉

洗 씻을 세ː
씻다
5Ⅱ급 | 총획 9 | 동 濯(탁)

일어나면 먼저[先] 물[氵]로 '씻다'.

洗腦 세뇌   洗面 세면   洗手 세수
洗心 세심   洗顔 세안   洗車 세차
洗濯 세탁   水洗式 수세식

活 살 활
살다
7Ⅱ급 | 총획 9 | 동 生(생) 반 死(사)

물[氵]이나 혀[舌]처럼 움직이는 것은 '살아있는' 것이다.

活氣 활기   活力 활력   活動 활동
活潑 활발   活躍 활약   活用 활용
復活 부활   生活 생활   自活 자활

洞 마을 동ː/통할 통ː
마을, 통하다
7급 | 총획 9

여러 골짜기 물[氵]이 한[同] 곳으로 모인 곳에 '마을'이 생기고, 마을과 마을이 서로 '통해' 있다.

洞口 동구   洞里 동리   洞長 동장
洞察 통찰   洞燭 통촉

洋 큰바다 양
큰바다, 서양
6급 | 총획 9

양[羊]이 떼를 지어 물[氵]을 마시는 '큰 바다'.

洋服 양복   洋食 양식   洋藥 양약
洋裝 양장   洋行 양행   輕洋食 경양식
大洋 대양   東洋 동양   海洋 해양

海 바다 해ː
바다
7Ⅱ급 | 총획 10 | 동 洋(양) 반 陸(륙)

강물[氵]이 한결같이[每] 모이는 '바다'.

桑田碧海 상전벽해 : 세상의 모든 일이 엄청나게 변함

海軍 해군   海流 해류   海水 해수
海岸 해안   海洋 해양   海外 해외
海底 해저   海賊 해적   碧海 벽해

浩 넓을 호 :
넓다, 크다
3급 | 총획 10 | 동 廣(광), 博(박), 洪(홍) 반 狹(협)

홍수[氵]가 났음을 고하니[告], 그 범위가 '크고' '넓다'.
浩然之氣 호연지기 : 하늘과 땅 사이에 가득 찬 넓고 큰 정기
浩大 호대   浩然 호연   浩瀚 호한

浪 물결 랑(:)
물결, 파도, 함부로, 떠돌아다니다
3II급 | 총획 10 | 동 波(파)

바람이 불면 수[氵]면 위에 보기 좋게[良] 일어나는 '물결'.
虛無孟浪 허무맹랑 : 거짓되고 터무니없음
浪漫 낭만   浪費 낭비   浪說 낭설
孟浪 맹랑   放浪 방랑   流浪 유랑
風浪 풍랑

消 사라질 소
사라지다, 없애다
6II급 | 총획 10 | 동 滅(멸) 반 顯(현)

물[氵]의 양이 점점 작아져[小] 그 달[月]처럼 '사라지다'.
消滅 소멸   消防 소방   消音 소음
消風 소풍   消火 소화   消化 소화
解消 해소   取消 취소

流 흐를 류
흐르다
5II급 | 총획 10

내[厶]가 갓[亠]을 쓰고 가다가 냇물[川-氵]이 '흐르는' 곳에서 멈췄다.
流動 유동   流浪 유랑   流産 유산
流出 유출   流布 유포   流行 유행
交流 교류   亞流 아류   韓流 한류

浴 목욕할 욕
목욕하다
5급 | 총획 10

계곡[谷] 물[氵]에 들어가 '목욕하다'.
浴室 욕실   浴槽 욕조   沐浴 목욕
溫浴 온욕   日光浴 일광욕   入浴 입욕
海水浴 해수욕

浦 물가 포
물가, 개
3II급 | 총획 10 | 동 津(진)

물[氵]이 넓고 크니[甫] '물가'에 앉아 놀다.
浦口 포구   浦村 포촌

涉 건널 섭
건너다
3급 | 총획 10 | 동 渡(도)

물[氵]이 얕은 곳을 찾아 걸어서[步] '건너다'.
涉獵 섭렵   涉外 섭외   涉險 섭험
交涉 교섭   干涉 간섭

浮 뜰 부
뜨다, 떠다니다
3II급 | 총획 10 | 반 沈(침)

아이[子]의 손톱[爫]은 물[氵]에 '뜬다'.
浮力 부력   浮上 부상   浮揚 부양
浮沈 부침   浮漂 부표   浮黃 부황

浸 잠길 침 :/ 적실 침
잠기다, 적시다, 담그다, 스며들다
3II급 | 총획 10 | 동 潛(잠), 沈(침)

물[氵]에 삽[크]을 놓으면 또[又] 물에 '잠기다'.
浸水 침수   浸蝕 침식   浸染 침염
浸透 침투   浸入 침입   巨浸 거침

涅 개흙, 열반 녈
개흙, 열반
1급 | 총획 10

물[氵]이 스며들어 해[日]가 나온 흙이 진 '개흙'.
涅槃 열반

涌 물 솟을 용:
물이 솟다, 나오다, 떠오르다
1급 | 총획 10

물[氵]이 솟아오르니[甬] '물 솟다'.

涌沫 용말　　　涌泉 용천　　　涌出 용출
涌泄 용설　　　涌溢 용일

液 진 액
진 즙
4Ⅱ급 | 총획 11

물[氵]이 밤[夜]에는 더 '진'하게 보이다.

液體 액체　　　液化 액화　　　液晶 액정
不凍液 부동액　唾液 타액　　　水液 수액
血液 혈액

涕 눈물 체
눈물, 울다
1급 | 총획 10

물[氵]이 동생[弟] 눈에서 나오니 '눈물'.

涕淚 체루 : 슬프거나 감동하여 흐르는 눈물

涕泣 체읍　　　流涕 유체

深 깊을 심
깊다
4Ⅱ급 | 총획 11 | 반 淺(천)

물[氵]에 덮여[冖] 여덟[八] 그루의 나무[木]가 안 보이니, 물이 참 '깊다'.

深思熟考 심사숙고 : 깊이 생각함

深刻 심각　　　深耕 심경　　　深奧 심오
深層 심층　　　深海 심해　　　深化 심화
水深 수심

淚 눈물 루:
눈물, 울다
3급 | 총획 11

문[戶]에 앉아 있는 개[犬]가 흘리는 물[氵] 같은 '눈물'.

落淚 낙루 : 눈물을 흘리거나 또는 그 눈물
血淚 혈루 : 피눈물

感淚 감루　　　玉淚 옥루

淨 깨끗할 정
깨끗하다
3Ⅱ급 | 총획 11 | 동 潔(결) 반 汚(오)

물[氵]이 다투어[爭] 흘러 정화되니 '깨끗하다'.

淨潔 정결　　　淨水 정수　　　淨化 정화
不淨 부정　　　淸淨 청정

涼 서늘할 량
서늘하다, 쓸쓸하다
3급 | 총획 11 | 동 冷(랭), 寒(한) 반 溫(온)

서울[京]의 물[氵]은 '서늘하다'.

涼風 양풍　　　涼爐 양로　　　納涼 납량
凄涼 처량　　　淸涼飮料 청량음료　荒涼 황량

淑 맑을 숙
맑다, 착하다, 얌전하다
3Ⅱ급 | 총획 11 | 동 淸(청) 반 濁(탁)

물[氵]은 물인데 삼촌[叔]에게 드리는 '맑은' 물.

淑女 숙녀　　　淑德 숙덕　　　淑淸 숙청
淑明 숙명　　　私淑 사숙　　　靜淑 정숙
賢淑 현숙

淸 맑을 청
맑다, 깨끗하다, 탐욕이 없다
6Ⅱ급 | 총획 11 | 동 淡(담), 雅(아)

물[氵]이 푸른[靑] 색을 띠니 참으로 '맑다'.

淸談 청담　　　淸明 청명　　　淸算 청산
淸純 청순　　　淸楚 청초　　　淸濁 청탁
淸風 청풍　　　血淸 혈청　　　肅淸 숙청

淺 얕을 천:
얕다
3Ⅱ급 | 총획 11 | 동 薄(박) 반 深(심) 약 浅

물[氵] 속에 창 두 개[戈戈]를 찔러 닿는 곳이니 '얕다'.

淺慮 천려　　　淺薄 천박　　　淺學 천학
淺識 천식　　　深淺 심천　　　日淺 일천
鄙淺 비천

淫 음란할 음
음란하다, 탐하다, 어지럽다
3Ⅱ급 | 총획 11

물[氵]가에 있는 손톱[爫]이 긴 아첨하는[壬] 사람은 '음란하다'.

淫亂 음란   淫行 음행   淫蕩 음탕
姦淫 간음   賣淫 매음

涯 물가 애
물가, 가
3급 | 총획 11

물[氵]이 덮힌 언덕[厓]이니 '물가'.

涯角 애각   涯岸 애안   境涯 경애
生涯 생애   水涯 수애   天涯 천애

添 더할 첨
더하다, 맛을 내다
3급 | 총획 11 | 통 加(가) 반 減(감), 削(삭)

물[氵]로 큰 점[丶]을 찍고 작은[小] 점을 또 찍어 '더하다'.

錦上添花 금상첨화 : '비단 위에 꽃을 보탠다'라는 뜻으로, 좋은 일에 또 좋은 일이 더함

添加 첨가   添附 첨부   添削 첨삭
添入 첨입   別添 별첨

混 섞을 혼 :
섞다, 흐리다
4급 | 총획 11 | 통 雜(잡)

물[氵]로 매일[日] 비수[匕]와 다른 비수[匕]를 '섞어' 닦는다.

混同 혼동   混亂 혼란   混聲 혼성
混用 혼용   混雜 혼잡   混戰 혼전
混合 혼합   混血 혼혈

淡 맑을 담
맑다, 묽다
3Ⅱ급 | 총획 11 | 통 淑(숙), 淸(청)

물[氵]이 불꽃[炎]처럼 '맑다'.

淡淡 담담   淡泊 담박   淡白 담백
淡水 담수   冷淡 냉담   弄談 농담

淪 빠질 륜
빠지다, 빠져들다, 망하다
1급 | 총획 11

질서[侖] 없이 놀다 물[氵]에 '빠지다'.

淪落 윤락 : 영락하여 타향으로 떠돌아 다님

淪漪 윤의   沈淪 침륜   隱淪 은륜

淘 쌀 일 도
쌀을 일다, 씻다, 흐르다
1급 | 총획 11

쌀을 질그릇[匋]에 담아 물[氵]에 쌀을 '일다'.

淘金 도금 : 금을 골라서 가림

淘淸 도청   淘汰 도태

淋 물뿌릴, 임질 림
물을 뿌리다, 임질
1급 | 총획 11

수풀[林]이 잘 자라도록 하늘에서 물[氵]을 '뿌리다'.

淋漓 임리 : 물이나 피가 흠뻑 젖어서 뚝뚝 떨어지거나 흥건함

淋疾 임질

涵 젖을 함
젖다, 적시다, 담그다
1급 | 총획 11

실에 물[氵]을 들이기 위해 함[函] 같은 그릇에 물을 부어 '적시다'.

涵養 함양 : 학문과 식견을 넓혀 심성(心性)을 닦음

涵育 함육   涵泳 함영

港 항구 항 :
항구
4Ⅱ급 | 총획 12

물[氵]이 이미[巳] 함께[共] 고여 있으니 '항구'.

港口 항구   港內 항내   港津 항진
開港 개항   空港 공항   歸港 귀항
漁港 어항   入港 입항   出港 출항

渴 목마를 갈
목마르다, 갈증
3급 | 총획 12

수분[氵]이 다[曷] 빠져나가니 갈증이 나며 '목마르다'.

渴求 갈구 渴望 갈망 渴症 갈증
枯渴 고갈 飢渴 기갈 解渴 해갈

湖 호수 호
호수
5급 | 총획 12

옛날[古]부터 오랜 세월[月] 한 곳에 머물러 있는 물[氵]이 '호수'.

湖南 호남 湖畔 호반 湖水 호수
江湖 강호

渡 건널 도
건너다, 지나가다
3Ⅱ급 | 총획 12 | 동 濟(제)

물[氵] 깊이를 헤아려[度] 조심조심 '건너다'.

渡美 도미 渡河 도하 渡航 도항
過渡期 과도기 賣渡 매도 不渡 부도
言渡 언도 前渡 전도

渾 흐릴 혼
흐리다
1급 | 총획 12

군인[軍]들이 떼지어 지나간 곳은 물[氵]이 '흐리다'.

渾身 혼신 渾然 혼연 渾沌 혼돈
渾濁 혼탁

湯 끓을 탕
끓다, 끓인 물, 탕약
3Ⅱ급 | 총획 12

물[氵]이 햇살[昜]의 열에 의해 '끓다'.

湯藥 탕약 冷湯 냉탕 沐浴湯 목욕탕
補身湯 보신탕 蔘鷄湯 삼계탕 熱湯 열탕
再湯 재탕 重湯 중탕

測 헤아릴 측
헤아리다, 측량하다
4Ⅱ급 | 총획 12 | 동 量(량), 料(료)

물[氵]과 재물[貝]과 칼[刂]을 사용할 때는 잘 '헤아리고' '측량해야' 한다.

測量 측량 測雨器 측우기 測定 측정
實測 실측 豫測 예측 推測 추측
凶測 흉측

減 덜 감
덜다
4Ⅱ급 | 총획 12 | 동 削(삭) 반 加(가), 增(증), 添(첨)

물[氵]을 조금씩 다[咸] '덜다'.

減量 감량 減少 감소 減員 감원
減點 감점 減縮 감축 削減 삭감
節減 절감 增減 증감 蕩減 탕감

渠 개천 거
개천, 도랑, 어찌
1급 | 총획 12

물[氵]이 흘러가도록 큰[巨] 나무[木] 말뚝을 박아 만든 '개천'.

渠輩 거배 渠壁 거벽 溝渠 구거

渺 아득할 묘
아득하다, 아주 작다
1급 | 총획 12

물결[氵]이 세고 눈[目]에 보일 듯 말 듯 아주 적은[少] 섬에 가려니 '아득하다'.

渺然 묘연 : 아득히 멂
渺茫 묘망 渺漠 묘막 渺遠 묘원
浩渺 호묘

渫 파낼 설
파내다
1급 | 총획 12

물[氵] 밑의 토사를 온전한 세상[世]을 위해 나무[木] 삽으로 '파내다'.

浚渫 준설 : 막힌 개천을 파냄

湃 물결칠 배
물결치다
1급 | 총획 12

물[氵]이 절하듯[拜] 출렁출렁 '물결치다'.
彭湃 팽배 : 물결이 서로 부딪쳐서 솟구침

滑 미끄러울 활
미끄럽다
2급 | 총획 13

윤활유 같은 물[氵]과 뼈[骨]가 '미끄럽다'.
滑降 활강   滑氷 활빙   滑走路 활주로
圓滑 원활   潤滑油 윤활유

渦 소용돌이 와
소용돌이, 보조개
1급 | 총획 12

물[氵]은 삐뚤어진[咼] 계곡을 흘러갈 때 '소용돌이치다'.
渦中 와중 : 분란한 사건의 가운데
渦流 와류   渦線 와선   旋渦 선와

溺 빠질 닉
빠지다
2급 | 총획 13

약한[弱] 사람이 물[氵]에 '빠졌다'.
溺死 익사   耽溺 탐닉   沒溺 몰닉
陷溺 함닉   沈溺 침닉

湮 묻힐 인
묻히다, 잠기다, 막히다
1급 | 총획 12

많은 물[氵]이 흘러 서쪽[西] 영토[土]가 완전히 '잠겨' '묻히다'.
湮滅 인멸 : 오래되어서 자취가 묻혀 없어짐
湮沒 인몰   湮沈 인침

溪 시내 계
시내
3Ⅱ급 | 총획 13 | 동 川(천)

어찌[奚] 물[氵]이냐고 할 만큼 작은 '시내'.
溪谷 계곡   溪流 계류   溪壑 계학
淸溪川 청계천

游 헤엄칠 유
헤엄치다, 놀다, 놀리다, 뜨다
1급 | 총획 12

물[氵]가에서 사방[方]으로 떠다니며 사람[人]들과 아이[子]들이 '헤엄치다'.
游禽 유금 : 물새. 물 위를 헤엄쳐 다니는 새
游泳 유영   游閑 유한   浮游 부유
汎游 범유   回游 회유

源 근원 원
근원
4급 | 총획 13 | 동 根(근)

바위[厂] 아래 작고[小] 흰[白] 물[氵]이 솟는 '근원'.
源泉 원천   根源 근원   起源 기원
發源 발원   語源 어원   資源 자원

溫 따뜻할 온
따뜻하다
6급 | 총획 13 | 동 暖(난) 반 凍(동), 冷(랭) 약 温

물[氵]을 그릇[皿]에 담아[囚] '따뜻하게' 데운다.
溫氣 온기   溫度 온도   溫床 온상
溫水 온수   溫順 온순   溫情 온정
溫風 온풍   溫和 온화   氣溫 기온

滅 멸할, 꺼질 멸
멸하다, 꺼지다, 죽다
3Ⅱ급 | 총획 13 | 동 亡(망)

물[氵]과 불[火]에 의해 개[戌]가 '죽어' '멸하다'.
滅菌 멸균   滅亡 멸망   滅種 멸종
滅殺 멸살   壞滅 괴멸   不滅 불멸
消滅 소멸   自滅 자멸   全滅 전멸
破滅 파멸   湮滅 인멸

準 준할, 법도 준 :
준하다, 법도, 평평하다
4Ⅱ급 | 총획 13 | ⑧ 平(평)

물[氵]가에 새[隹] 열[十] 마리가 '법도'에 '준하게' 앉아 있다.

準據 준거   準備 준비   準用 준용
準則 준칙   基準 기준   水準 수준
照準 조준   標準 표준

溟 바다 명
바다, 어둡다, 아득하다
1급 | 총획 13

물[氵] 속이 깊고 어둡다[冥]하여 '바다'라고 한다.

溟洲 명주 : 큰 바다 가운데 있는 섬

溟海 명해   鴻溟 홍명   滄溟 창명

滄 큰 바다 창
큰 바다, 푸르다, 차다
2급 | 총획 13

물[氵]을 창고[倉]처럼 저장하고 있는 것이니 '큰 바다'.

滄海一粟 창해일속 : '넓고 큰 바닷속의 좁쌀 한 알'이라는 뜻으로, 매우 작거나 보잘것없는 존재를 이름

滄桑 창상

溢 넘칠 일
넘치다
1급 | 총획 13

가득찬 물[氵]그릇에 물을 더하니[益] '넘치다'.

溢喜 일희 : 더 이상 없는 기쁨

溢水 일수   溢出 일출   海溢 해일
漲溢 창일

溝 도랑 구
도랑, 하수도, 시내
1급 | 총획 13

물[氵]이 흘러가도록 우물[井]틀처럼 나무를 겹쳐[再] 만든 '도랑'.

溝池 구지 : 도랑과 못

溝橋 구교   溝壑 구학   排水溝 배수구

滓 찌끼 재
찌끼, 앙금, 흐리다, 때
1급 | 총획 13

물[氵] 속에 재상[宰]이 잠겨 있듯 아래 깔려 있는 '찌끼'.

殘滓 잔재 : 다 골라 쓰고 남은 못 쓸 것

滓炭 재탄   壓滓 압재   沈滓 침재

溜 처마물 류
처마물
1급 | 총획 13

물[氵]이 토끼[卯] 눈[目 → 田]처럼 생겨서 떨어지는 '처마물'.

溜槽 유조   蒸溜 증류   殘溜 잔류

漠 넓을, 사막 막
넓다, 사막, 쓸쓸하다
3Ⅱ급 | 총획 14 | ⑧ 廣(광)

물[氵] 없는[莫] 모래밭은 '넓은' '사막'.

漠漠 막막   漠然 막연   茫漠 망막
沙漠 사막   索漠 삭연   渺漠 묘막

滔 물넘칠 도
물이 넘치다, 넓다, 차다
1급 | 총획 13

물[氵]을 손[爫]으로 막을 수 없을 정도로 절구[臼]에서 '넘치다'.

滔滔 도도 : 넓게 자리를 잡고 흐르는 물이 막힘이 없고 세찬 모양

滔蕩 도탕

漕 배로 실어 나를 조
배로 실어 나르다
1급 | 총획 14

많은 무리[曹]가 물[氵] 위에 배를 띄워 '배로 실어 나르다'.

漕船 조선   漕艇 조정   漕運 조운

漂 떠다닐 표
떠다니다, 유랑하다, 빨래하다
3급 | 총획 14 | 동 浮(부) 留(류), 停(정)

물[氵] 위에 쪽지[票]가 '떠다니다'.

漂流 표류   漂白 표백   漂着 표착
漂浪 표랑   浮漂 부표

漆 옻 칠
옻, 검은 칠, 옻칠하다
3Ⅱ급 | 총획 14 | 동 黑(흑) 약 柒

사람[人]이 나무[木]를 물[氺]로 닦고 또 물[氵]로 닦아 '옻'칠하다.

漆器 칠기   漆夜 칠야   漆板 칠판
漆黑 칠흑   改漆 개칠

漫 흩어질 만 : / 질펀할 만
흩어지다, 질펀하다, 함부로
3급 | 총획 14 | 동 散(산) 반 集(집)

물[氵]이 가볍게[曼] '흩어지다'.

漫談 만담   漫然 만연   漫畫 만화
放漫 방만   散漫 산만

滿 찰 만 (ː)
차다, 가득하다
4Ⅱ급 | 총획 14 | 동 充(충) 약 満

물[氵]이 그릇[凵] 두[兩] 개에 가득 '차다'.

滿開 만개   滿期 만기   滿船 만선
滿員 만원   滿點 만점   滿潮 만조
滿喫 만끽   不滿 불만   充滿 충만
飽滿 포만

漢 한나라 한 :
한나라, 한수, 놈
7Ⅱ급 | 총획 14

물[氵]이 흐르고 진흙[堇]이 많은 곳에 세워진 '한나라'.

漢文 한문   漢水 한수   漢詩 한시
漢陽 한양   漢字 한자   門外漢 문외한
惡漢 악한   好色漢 호색한

滯 막힐 체
막히다, 빠지다, 머무르다
3Ⅱ급 | 총획 14 | 동 塞(색)

물[氵]에 더러운 수건[巾] 하나[一]가 빠져 하수구가 지저분하게[卌] '막히다'.

滯納 체납   滯留 체류   滯拂 체불
滯在 체재   滯症 체증   延滯 연체
停滯 정체   遲滯 지체   沈滯 침체

漏 샐 루 :
새다, 틈으로 새다
3Ⅱ급 | 총획 14

물[氵]방울이 집[尸]에 비[雨]만 오면 떨어져 '새다'.

漏落 누락   漏水 누수   漏電 누전
漏出 누출   脫漏 탈루   洩漏 설루

漁 고기 잡을 어
고기 잡다
5급 | 총획 14

물[氵] 속에서 물고기[魚]를 건져 올리는 '고기 잡는' 어부.

漁具 어구   漁夫 어부   漁船 어선
漁場 어장   漁村 어촌   農漁民 농어민
出漁 출어

演 펼 연 :
펴다, 멀리, 흐르다
4Ⅱ급 | 총획 14

물[氵]가에서 범[寅]이 재주를 '펼치다'.

演劇 연극   演技 연기   演說 연설
演習 연습   演題 연제   講演 강연
公演 공연   熱演 열연   協演 협연

滴 물방울 적
물방울, 떨어지다
3급 | 총획 14

물[氵]이 한 방울[商]씩 떨어지는 '물방울'.

餘滴 여적 : 어떤 일이 끝난 다음의 남은 이야기
點滴 점적 : 낱낱의 물방울

滴露 적로

漸 점점 점(:)
점점
3Ⅱ급 | 총획 14

바닷물[氵]이 해안선을 베어내듯[斬] '점점' 깎아낸다.
漸入佳境 점입가경 : 일이 점점 더 재미있는 지경으로 돌아감
漸增 점증　　　漸進 점진　　　漸次 점차
漸漸 점점

漲 넘칠 창:
넘치다, 물이 붇다
1급 | 총획 14

물[氵]이 활[弓]처럼 굽이굽이 흘러 길게[長] '넘치다'.
漲水 창수 : 불어서 넘치는 물
漲流 창류

漑 물 댈 개:
물 대다, 씻다, 이미
1급 | 총획 14

농사철에 물[氵]을 이미[旣] 농수로에 보내 '물대다'.
灌漑 관개 : 농사에 필요한 물을 논밭에 댐
漑糞 개분

滲 스밀 삼
스미다, 배다, 흐르다
1급 | 총획 14 | 약 渗

물[氵]이 아래로 세[參] 겹이나 되는 솜에 '스며들다'.
滲水 삼수 : 물이 스며듦, 또는 스며드는 물
滲透 삼투　　　滲入 삼입　　　滲出 삼출

滌 씻을 척
씻다, 청소하다
1급 | 총획 14

빗물[氵]이 나뭇가지[條]를 '씻어주다'.
洗滌 세척 : 깨끗이 씻음
澣滌 한척　　　掃滌 소척

潤 불을, 윤택할 윤:
붇다, 윤택하다, 젖다, 이익
3Ⅱ급 | 총획 15

윤달[閏]에 물[氵]이 '불어' '윤택해지다'.
潤氣 윤기　　　潤澤 윤택　　　潤筆 윤필
潤飾 윤식　　　利潤 이윤　　　浸潤 침윤
霑潤 점윤　　　濕潤 습윤

潛 잠길 잠
잠기다, 몰래
3Ⅱ급 | 총획 15 | 통 沒(몰), 沈(침)

물[氵]속은 이미[旡] 해[日]가 지고 어둠에 '잠기다'.
潛伏 잠복　　　潛入 잠입　　　潛跡 잠적
潛行 잠행　　　潛在力 잠재력　　　沈潛 침잠

潮 조수 조
조수, 밀물
4급 | 총획 15 | 반 干(간)

아침[朝]에 밀려 들어왔다가 나가는 바닷물[氵] '조수'.
潮流 조류　　　潮水 조수　　　潮浪 조랑
干潮 간조　　　落潮 낙조　　　滿潮 만조
思潮 사조　　　風潮 풍조

潔 깨끗할 결
깨끗하다, 맑다
4Ⅱ급 | 총획 15 | 통 淨(정), 淸(청) 반 醜(추)

예쁜[丰] 칼[刀]을 물[氵]로 씻고 실[糸]로 감싸니 '깨끗하다'.
潔白 결백　　　潔淨 결정　　　潔癖 결벽
簡潔 간결　　　高潔 고결　　　純潔 순결
淨潔 정결　　　淸潔 청결

潭 못, 깊을 담
못, 깊다
2급 | 총획 15 | 통 池(지), 澤(택)

물[氵]이 깊어[覃] 마르지 않는 '못'.
潭水 담수　　　潭深 담심　　　靑潭 청담

水

潟 개펄 석
개펄, 염밭
1급 | 총획 15

절구[臼]를 싸고[勹] 있는 불[灬]길처럼, 물[氵]기가 있는 곳이 '개펄'.

潟湖 석호　　　干潟地 간석지

澄 맑을 징
맑다
1급 | 총획 15

물[氵]이 높은 산 위로 올라[登] 갈수록 '맑다'.

澄明 징명 : 맑고 똑똑함
澄水 징수　　　清澄 청징

澗 산골물 간 :
산골물, 산골짜기, 강 이름
1급 | 총획 15

물[氵]이 산골짜기 사이[間]에서 흘러내려 온 것이니 '산골물'.

澗壑 간학 : 물이 흐르는 골짜기
溪澗 계간　　　谷澗 곡간　　　碧澗 벽간

澎 물소리 팽
물소리
1급 | 총획 15

물[氵]에 의해 북소리[彭]처럼 들려오는 '물소리'.

澎湃 팽배 : 큰 물결이 부딪쳐 솟구침

潰 무너질 궤 :
무너지다, 흩어지다
1급 | 총획 15

물[氵] 속에 오래 있으면 귀한[貴] 물건도 깨지고 '무너진다'.

潰決 궤결 : 무너져 갈라짐
潰滅 궤멸　　　潰裂 궤열　　　潰瘍 궤양
崩潰 붕궤

濃 짙을 농 :
짙다, 깊다
2급 | 총획 16

물[氵]이 농사[農]가 잘 되는 것과 연관이 '깊거나' 또는 '짙다'.

濃度 농도　　　濃霧 농무　　　濃縮 농축
濃厚 농후　　　濃淡 농담

潑 물뿌릴 발
물을 뿌리다, 솟아나다, 활발하다
1급 | 총획 15

물[氵]을 사방으로 쏘며[發] '물뿌리다'.

潑剌 발랄 : 표정이나 행동이 밝고 활기가 있음
活潑 활발

澱 앙금 전 :
앙금, 찌끼
1급 | 총획 16

깊고 깊은 대궐[殿] 같은 물[氵] 속에 가라앉은 '찌끼'나 '앙금'.

沈澱 침전 : 액체 속에 섞여 있는 물체가 밑바닥에 가라앉음
澱粉 전분

澁 떫을 삽
떫다, 껄끄럽다, 더듬다
1급 | 총획 15

물[氵]이 흐르지 못하고 한곳에 머무르고[止] 고여 있으니 '껄끄럽고' '떫은' 맛이 난다.

澁味 삽미 : 떫은 맛
澁滯 삽체　　　澁柿 삽시　　　訥澁 눌삽

澹 맑을 담
맑다
1급 | 총획 16

바위[厂] 갈라진[八] 부분에서 나오는 물[氵]이 청아한 말[言]과 같다 하여 '맑다'.

澹泊 담박　　　澹艷 담염　　　澹月 담월
暗澹 암담　　　慘澹 참담

澤 못 택
못, 윤, 풀다
3Ⅱ급 | 총획 16 | 통 潭(담), 沼(소), 池(지) | 약 沢

물[氵]로 사[四]방을 행운으로[幸] 가득 채우는 '못(연못)'.

澤雨 택우 : 만물을 적셔 주는 좋은 비
德澤 덕택 : 남에게 미치는 은덕의 혜택
光澤 광택　　　潤澤 윤택　　　惠澤 혜택

激 격할 격
격하다, 물결이 부딪쳐 흐르다
4급 | 총획 16 | 통 憤(분)

흰[白] 물결[氵]이 솟구쳐 사방[方]을 치며[攵] '격하게' 흐르다.

激減 격감　　　激怒 격노　　　激動 격동
激烈 격렬　　　激變 격변　　　激鬪 격투
激化 격화　　　感激 감격　　　過激 과격
急激 급격

濁 흐릴 탁
흐리다, 혼탁하다, 더럽다
3급 | 총획 16 | 반 淨(정), 淸(청)

촉나라[蜀]의 물[氵]은 '혼탁하고' '흐리다'.

濁流 탁류　　　濁音 탁음　　　濁酒 탁주
淸濁 청탁　　　混濁 혼탁　　　鈍濁 둔탁

빨래할 한
빨래하다, 빨다, 발을 씻다
1급 | 총획 16

흘러가는 물[氵] 줄기[幹]에 앉아 '빨래하다'.

澣滌 한척 : 옷을 빨거나 그릇을 씻음
三澣 삼한　　　下澣 하한

濯 씻을 탁
씻다, 결백하다
3급 | 총획 17 | 통 洗(세)

물[氵]에 새[隹]의 깃[羽]털을 담가 '씻다'.

濯足 탁족 : 세속을 떠남
洗濯 세탁 : 빨래
濯征 탁정

濠 해자, 호주 호
해자, 호주
2급 | 총획 17

성을 지키기 위해 영웅 호걸[豪]들이 성을 빙 둘러 파는 물[氵]구덩이가 '해자'.

外濠 외호 : 성의 둘레에 파 놓은 못
濠洲 호주　　　塹濠 참호

濫 넘칠 람:
넘치다, 퍼지다, 함부로하다
3급 | 총획 17 | 약 滥

물[氵]이 위험해 보일[監] 정도로 위에서 아래로 흘러 '넘치다'.

濫發 남발　　　濫用 남용　　　濫獲 남획
汎濫 범람　　　危濫 위람

濕 젖을 습
젖다, 습기
3Ⅱ급 | 총획 17 | 반 乾(건), 燥(조) | 약 湿

작고[幺] 작은[幺] 물방울[氵]이지만, 해[日]와 불[灬]이 없다면 '젖을' 수 있다.

濕度 습도　　　濕地 습지　　　濕潤 습윤
乾濕 건습　　　高溫多濕 고온다습　　陰濕 음습

濟 건널 제:
건너다, 돕다, 이루다
4Ⅱ급 | 총획 17 | 통 渡(도) | 약 済

물[氵]이 잠잠해지면[齊] '건너다'.

濟世安民 제세안민 : 세상을 구제하여 백성을 편안하게 함
濟化 제화 : 가르쳐서 이끌어 잘하게 함
決濟 결제　　　經濟 경제　　　救濟 구제

물결 도
물결, 물결치다, 비추다
1급 | 총획 17

물[氵]에도 목숨[壽]이 있는 듯 움직이며 출렁이는 '물결'.

波濤 파도 : 큰 물결
濤聲 도성

濱
물가 빈
물가
1급 | 총획 17

물[氵] 흐르는 강에 손님[賓]처럼 곁에 가만히 있는 '**물가**'.

水濱 수빈   砂濱 사빈

瀕
물가, 가까울 빈
물가, 가깝다, 임박하다
1급 | 총획 19

물[氵]이 자주[頻] '**물가**'로 밀려나오다.

瀕死 빈사   瀕海 빈해

瀆
도랑, 더러힐 독
도랑, 더럽히다
1급 | 총획 18

물[氵]을 팔기[賣] 위해 '**도랑**'에서 퍼오니 '**더럽다**'.

冒瀆 모독 : 침범하여 욕되게 함
瀆汚 독오

瀝
스밀 력
스미다, 쏟다, 흘려보내다
1급 | 총획 19

체에 받쳐 물[氵]을 흘려 지내는[歷] 것이니 '**스미다**'.

瀝血 역혈 : 방울져서 떨어지는 피
瀝瀝 역력   瀝靑 역청   披瀝 피력
餘瀝 여력

濾
거를 려 :
거르다
1급 | 총획 18

불순물이 있을까 염려되어[慮] 체에 받쳐 국물[氵]을 짜내며 '**거르다**'.

濾過 여과 : 액체 따위를 걸러냄

瀾
물결 란
물결, 물결이 일다, 뜨물
1급 | 총획 20

물[氵]이 가득한 문[門]을 묶어[束] 놓았다가 여니 쏟아지는 '**물결**'.

瀾汗 난한 : 큰 물결
碧瀾 벽란   波瀾 파란   濤瀾 도란

瀑
폭포 폭 / 소나기 포
폭포, 소나기, 용솟음치다
1급 | 총획 18

빗물[氵]이 사납게[暴] 쏟아지는 것이니 '**소나기**'.

瀑布 폭포

灌
물 댈 관
물 대다, 흘러들다
1급 | 총획 21

물[氵]을 화초[艹]에 주듯 새[隹]들에게도 준다하여 '**물 대다**'.

灌木 관목 : 떨기나무
灌漑 관개

瀉
쏟을 사 (:)
쏟다, 설사하다
1급 | 총획 18

물[氵]로 그림을 그리듯[寫] '**설사**'를 '**쏟다**'.

瀉出 사출 : 쏟아져 나옴
吐瀉 토사   泄瀉 설사

灑
뿌릴 쇄 :
뿌리다, 떨어지다, 불다, 던지다
1급 | 총획 22

집안을 곱게[麗] 꾸미기 위해 쓸고 물[氵] '**뿌리다**'.

灑塵 쇄진 : 물로 먼지를 씻어 내림
灑落 쇄락   灑脫 쇄탈   掃灑 소쇄

물굽이 만
물굽이
2급 | 총획 25 | 약 湾

물[氵]이 활처럼 굽어[彎] 흐르는 '물굽이'.

灣入 만입　　　臺灣 대만　　　港灣 항만

火(灬) 불 화 | 부·4획
불길이 타오르는 모양을 본뜬 글자이다. 변형자는 '灬'이다.

火 불 화(ː)
불
8급 | 총획 4 | 반 水(수)

나무에 '불'을 붙이니 불길이 타오르다.
火力 화력　　火山 화산　　火藥 화약
火炎 화염　　火田 화전　　導火線 도화선
防火 방화　　消火 소화　　砲火 포화

灼 불사를 작
불 사르다, 태우다, 굽다
1급 | 총획 7

불[火]로 싸서[勹] 하나[一]씩 '불사르다'.
灼然 작연 : 빛나는 모양
灼熱 작열　　　　灼鐵 작철

灰 재 회
재, 석회, 먼지
4급 | 총획 6

열[十] 개의 나무가지를 불[火]에 태우니 남은 것은 '재'.
灰色分子 회색분자 : 소속이나 주의가 뚜렷하지 못한 사람
灰壁 회벽　　灰心 회심　　灰燼 회신
石灰 석회

炎 불꽃 염/아름다울 담
불꽃, 아름답다
3Ⅱ급 | 총획 8

불[火]이 위로 거듭 타오르는 '불꽃'이 '아름답다'.
炎症 염증　　炎天 염천　　炎凉 염량
腦炎 뇌염　　胃腸炎 위장염　　喉頭炎 후두염

災 재앙 재
재앙
5급 | 총획 7 | 통 禍(화), 殃(앙), 厄(액) | 약 灾

냇물[巛]이 넘치고 불[火]이 나는 무서운 '재앙'.
天災地變 천재지변 : 자연 현상으로 일어나는 재앙이나 괴변
災難 재난　　災民 재민　　災厄 재액
災害 재해　　三災 삼재　　火災 화재
橫災 횡재

炊 불 땔 취ː
불을 때다, 밥을 짓다
2급 | 총획 8

아궁이에 불[火]이 잘 타도록 입 벌려[欠] 불면서 '불 때다'.
炊事 취사　　　　自炊 자취

灸 뜸 구ː
뜸, 뜸을 뜨다
1급 | 총획 7

오래오래[久] 불[火]에 '뜸질하다'.
灸點 구점 : 뜸뜰 자리에 먹으로 물들인 점
灸治 구치　　灸穴 구혈

炒 볶을 초
볶다, 떠들다
1급 | 총획 8

불[火] 석판에 조금[少]씩 곡식을 넣어가며 '볶다'.
炒麵 초면 : 기름에 볶은 밀국수
炒黑 초흑

炙 구울 자/적
굽다, 고기를 굽다, 고기 구이
1급 | 총획 8

고기[月]를 불[火]에 '굽다'.

炙鐵 적철 : 석쇠
膾炙 회자 : '회와 구운 고기'라는 뜻으로, 칭찬을 받으며 사람의 입에 자주 오르내림을 이르는 말

炭 숯 탄
숯
5급 | 총획 9 | 반 冰(빙)

산[山] 밑 바위[厂]에서 불[火]로 구워낸 '숯'.

炭鑛 탄광   炭素 탄소   炭田 탄전
炭車 탄차   炭火 탄화   木炭 목탄
無煙炭 무연탄   石炭 석탄

炸 터질 작
터지다, 폭발하다
1급 | 총획 9

불[火] 같은 화약은 잠깐[乍] 사이에 '터지다'.

炸裂 작렬 : 폭발물이 산산이 터져서 퍼짐
炸彈 작탄

烙 지질 락
지지다
1급 | 총획 10

각각[各] 형태에 따라 불[火]로 '지지다'.

烙印 낙인 : 씻기 어려운 불명예스러운 이름

烽 봉화 봉
봉화, 봉화대
1급 | 총획 11

병란을 알리는 산봉우리[峯→夆]의 불[火]이니 '봉화'.

烽火 봉화 : 옛날에 신호용으로 사용했던 횃불
烽軍 봉군   間烽 간봉

焚 불사를 분
불사르다, 타다, 넘어지다
1급 | 총획 12

숲[林]을 태우기 위해 '불[火]사르다'.

焚書坑儒 분서갱유 : 중국의 진나라 시황제가 정치에 대한 비판을 금하려고 책을 불사르고 학자들을 산 채로 구덩이에 묻어 죽인 일
焚身 분신   焚刑 분형

焰 불꽃 염
불꽃, 불빛
1급 | 총획 12

절구[臼]에서 꼭대기[刀]로 타오르는 '불[火]꽃'.

焰硝 염초   火焰瓶 화염병

煙 연기 연
연기, 담배, 그을음
4Ⅱ급 | 총획 13

흙[土]에 불[火]을 지르니 서쪽[西]에서 '연기'가 나다.

煙幕 연막   煙竹 연죽   煙草 연초
煙霧 연무   禁煙 금연   愛煙 애연
吸煙 흡연

煩 번거로울 번
번거롭다, 괴로워하다
3급 | 총획 13

일이 잘 풀리지 않아 머리[頁]에 불[火] 같은 열이 나니, 만사가 '번거롭다'.

煩惱 번뇌   煩悶 번민   煩忙 번망
煩雜 번잡

煉 달굴 련
달구다, 단련하다
2급 | 총획 13

불[火] 속에 여덟[八] 개의 쇳덩이를 묶어[束] 넣고 '달구다'.

煉瓦 연와   煉炭 연탄

火

煖 더울 난:
덥다, 따뜻하다
1급 | 총획 13

불[火]을 땐 난로를 당기니[爰] '덥다'.

煖爐 난로 煖房 난방 寒煖 한난

煤 그을음 매
그을음, 먹, 석탄
1급 | 총획 13

불[火] 속에 연기가 아무[某] 것에나 스쳐가면 생기는 '그을음'.

煤煙 매연 : 그을음이 섞인 검은 연기
煤炭 매탄

煌 빛날 황
빛나다
1급 | 총획 13

불[火]빛 황제[皇]의 황금빛 용포가 '빛나다'.

輝煌燦爛 휘황찬란 : 광채가 빛나서 눈이 부시게 번쩍임
炫煌 현황 煌煌 황황

熔 녹을 용
녹다
2급 | 총획 14 | 鎔과 同字

불[火]을 수용하면[容] '녹일' 수 있다.

熔解 용해

熄 불 꺼질 식
불이 꺼지다, 없어지다
1급 | 총획 14

타던 불[火]이 쉬고[息] 있으니 '불이 꺼지다'.

終熄 종식 : 한때 매우 성하던 것이 주저앉아서 그침
熄滅 식멸

煽 부채질할 선
부채질하다, 부추기다
1급 | 총획 14

불[火]이 잘 타도록 부채[扇]로 '부채질한다'하여 '부추기다'.

煽動 선동 : 어떤 행동에 나서도록 남을 부추김
煽亂 선란

燎 횃불 료
횃불, 불을 놓다
1급 | 총획 16

불[火]이 크게[大] 태양[日]처럼 타오르게, 사방[八]으로 소량[小]의 석유를 바른 '횃불'.

燎亂 요란 : 불이 붙어서 어지러움
燭燎 촉료

燐 도깨비불 린
도깨비불, 반딧불
1급 | 총획 16

쌀톨[米] 같은 불덩이[火]가 왔다갔다[夅] 하는 것이니 '도깨비불'.

燐火 인화 鬼燐 귀린

熾 성할 치
성하다, 불을 피우다
1급 | 총획 16

불[火] 타는 소리[音]와 창[戈] 부딪치는 소리가 '성하다'.

熾烈 치열 : 세력이 불길같이 맹렬함
熾盛 치성 熾憤 치분

燈 등 등
등, 등잔 초
4Ⅱ급 | 총획 16 | 약 灯

불[火]이 올려져[登] 있는 것은 '등잔'.

燈下不明 등하불명 : '등잔 밑이 어둡다'라는 뜻으로, 가까이에 있는 것을 오히려 잘 모름
燈火可親 등화가친 : 등불을 가까이하여 글 읽기에 좋은 시절

街路燈 가로등 白熱燈 백열등 電燈 전등
照明燈 조명등 螢光燈 형광등

燒 사를 소(:)
사르다, 불사르다, 타다
3Ⅱ급 | 총획 16 | 동 燃(연)

불[火] 기둥이 높이[堯] 솟으며 '타다'.

燒却 소각   燒滅 소멸   燒失 소실
燒酒 소주   燒盡 소진   燃燒 연소

燼 불탄 끝 신:
불탄 끝
1급 | 총획 18

불[火]이 다한[盡] 후이니 '불탄 끝'.

燼滅 신멸 : 몽땅 없애 버림

燼灰 신회   煙燼 연신   輝燼 휘신
燒燼 소신

燃 탈 연
타다, 불사르다
4급 | 총획 16 | 동 燒(소)

모든 물건은 불[火]을 지르면 자연히[然] '타게' 되다.

燃燈 연등   燃料 연료   燃燒 연소
燃費 연비   可燃 가연   內燃 내연

爆 불 터질 폭
불 터지다, 폭발하다
4급 | 총획 19

불[火]이 사나운[暴] 기세로 타니 장작이 '터지다'.

爆擊 폭격   爆發 폭발   爆笑 폭소
爆音 폭음   爆竹 폭죽   爆彈 폭탄
爆破 폭파   原爆 원폭   自爆 자폭

燭 촛불 촉
촛불, 등불
3급 | 총획 17

촉[蜀]나라는 어두워 불[火]을 밝혀야 하니 '촛불'이 필요하다.

燭光 촉광   燭臺 촉대   燭淚 촉루
洞燭 통촉   華燭 화촉

爐 화로 로
화로, 향로
3Ⅱ급 | 총획 20 | 약 炉

불[火]을 담아 놓은 큰 그릇[盧]이 '화로'.

香爐 향로   火爐 화로   鎔爐 용로

燥 마를 조
마르다, 말리다
3급 | 총획 17 | 동 渴(갈), 乾(건) 반 濕(습)

불[火]과 같이 뜨거운 열에 모든 물건[品]과 나무[木]들이 '마르다'.

燥渴症 조갈증   乾燥 건조

爛 빛날 란:
빛나다, 화려하다
2급 | 총획 21

난간[欄→闌]에 켜 놓은 불[火]이 환하게 '빛나다'.

天眞爛漫 천진난만 : 말이나 행동이 꾸밈이 없이 순진함

燦爛 찬란   絢爛 현란

경영할 영
경영하다, 일하다, 다스리다
4급 | 총획 17 | 약 営

집이 불꽃[火火]에 덮여도[冖] 모를 만큼 등뼈[呂]가 휘도록 회사를 '경영하다'.

營利 영리   營養 영양   營業 영업
經營 경영   國營 국영   兵營 병영
運營 운영   直營 직영

烈 매울, 세찰 렬
맵다, 사납다, 세차다
4급 | 총획 10

열[列]을 지어 타는 불[灬]길이 '세차고' '맵다'.

烈女 열녀   烈火 열화   烈夫 열부
烈士 열사   熱烈 열렬   强烈 강렬
激烈 격렬   先烈 선열   壯烈 장렬

烏 까마귀 오
까마귀
3Ⅱ급 | 총획 10

눈까지 검은 새[鳥]라 점[、]을 빼도 티가 안 난다 하여 '**까마귀**'.
烏飛梨落 오비이락 : '까마귀 날자 배 떨어진다'라는 뜻으로, 공교롭게도 어떤 일이 같은 때에 일어나 남의 의심을 받게 됨을 이르는 말
烏合之卒 오합지졸 : 아무 규율도 없이 몰려 있는 무리

焉 어찌 언
어찌
3급 | 총획 11 | 동 那(나), 何(하)

정의로운[正] 새[鳥]가 '**어찌**' 말세에 나타날까?
焉敢生心 언감생심 : 어찌 감히 그런 마음을 먹을 수 있으랴
於焉間 어언간   終焉 종언

焦 탈 초
타다, 그을리다
2급 | 총획 12

새[隹]가 불[灬]에 '**타다**'.
勞心焦思 노심초사 : 몹시 애를 태움
焦燥 초조   焦土 초토

無 없을 무
없다, 아니다, 말다
5급 | 총획 12 | 동 莫(막) 반 有(유) 약 无

사람[人]이 나무 네[卌] 개를 두[二] 줄로 쌓아 불[灬]을 피우니 추위가 금세 '**없어지다**'.
虛無孟浪 허무맹랑 : 거짓되어 터무니없음
無價 무가   無給 무급   無念 무념
無聊 무료   無償 무상   無顔 무안
無慈悲 무자비   無酌定 무작정   虛無 허무

然 그러할 연
그러하다, 명백하다, 그러나
7급 | 총획 12

개[犬]고기[月]를 익히기 위해 불[灬]을 피우는 '**그러한**' 행위.
然後 연후   當然 당연   突然 돌연
漠然 막연   未然 미연   偶然 우연
自然 자연   天然 천연   忽然 홀연

煎 달일 전(:)
달이다, 졸이다
1급 | 총획 13

불[灬] 앞[前]에 앉아 약을 '**달이다**'.
煎茶 전다 : 차를 달임
煎悶 전민   花煎 화전

煞 죽일 살
죽이다
1급 | 총획 13

급히[急] 쳐서[攵] '**죽이다**'.
凶煞 흉살 : 불길한 운수
毒煞 독살

煮 삶을 자(:)
삶다, 끓이다
1급 | 총획 13

이것저것[者] 솥에 넣고 불[灬]을 때서 고기를 '**삶다**'.
煮沸 자비 : 부글부글 끓음
煮乾 자건

照 비칠 조:
비치다, 대조하다
3Ⅱ급 | 총획 13 | 동 映(영)

밝게[昭] 하기 위해서 불[灬]로 '**비치다**'.
照明 조명   照準 조준   觀照 관조
對照 대조   參照 참조

熙 빛날 희
빛나다
2급 | 총획 14

신하[臣]의 슬기가 때로는 뱀[巳] 같고, 불[灬]처럼 '**빛나다**'.
慶熙宮 경희궁   朴正熙 박정희   康熙 강희

熱 더울 열
덥다, 뜨겁다
5급 | 총획 15 | 동 暑(서) 반 冷(랭), 寒(한)

여덟[八] 개의 흙덩이[土土]로 둥글게[丸] 만든 아궁이 앞은 불[灬]이 있어 '덥다'.

熱氣 열기   熱望 열망   熱變 열변
熱意 열의   熱中 열중   熱湯 열탕
過熱 과열   加熱 가열

熟 익을 숙
익다, 익숙하다
3Ⅱ급 | 총획 15

무엇[孰]이든 불[灬]을 때면 '익다'.

熟考 숙고   熟達 숙달   熟練 숙련
熟眠 숙면   熟成 숙성   熟知 숙지
能熟 능숙   未熟兒 미숙아   圓熟 원숙

燕 제비 연(:)
제비, 나라이름
3Ⅱ급 | 총획 16

입[口]을 북[北]으로 향해 마른[灬] 풀[艹]을 찾는 '제비'.

燕京 연경   燕尾服 연미복   燕雀 연작

火

爪(爫) 손톱 조 | 부·4획
물건을 긁어 당기는 손톱의 모양을 본뜬 글자이다. 변형자는 '爫'이다.

爪 손톱 조
손톱, 긁다, 할퀴다, 자르다
1급 | 총획 4

손톱[爪]으로 '할퀴고', '긁다'.

爪甲 조갑 : 손톱이나 발톱

爪牙 조아   爪痕 조흔   手爪 수조

爲 할 위(:)
하다, 위하다
4Ⅱ급 | 총획 12 | 약 為

손톱[爫]을 물고 집[尸]이 불[灬]에 휩싸인[勹] 것을 보고도 어찌 '할' 바를 모르겠다.

爲國 위국   爲人 위인   爲政者 위정자
爲主 위주   當爲 당위   無作爲 무작위
營爲 영위   行爲 행위   人爲 인위

爬 긁을 파

손톱으로 긁다, 잡다
1급 | 총획 8

손톱[爪]으로 뱀[巴] 같은 살갗을 '긁다'.

爬癢 파양 : 가려운 데를 긁음

爬行 파행   爬蟲 파충

爵 벼슬 작
벼슬
3급 | 총획 18 | 동 官(관), 吏(리)

손잡이[爫]가 있는 잔[皿]을 법도[寸]에 따라 신전 앞에 머물러[艮] 제사 지내는 '벼슬아치'.

爵位 작위   爵號 작호   公爵 공작
伯爵 백작   子爵 자작

爭 다툴 쟁
다투다, 논쟁하다, 경쟁하다
5급 | 총획 8 | 동 競(경), 鬪(투) 반 和(화) 약 争

손톱[爫]으로 할퀴고 갈고리[亅]와 삽[ヨ]을 들고 '다투다'.

爭名 쟁명   爭取 쟁취   爭奪 쟁탈
競爭 경쟁   論爭 논쟁   紛爭 분쟁
言爭 언쟁   戰爭 전쟁   鬪爭 투쟁

아비 부 | 부·4획

회초리를 들고 때리며 가르친다하여, '아버지가 가르치다'라는 것을 뜻한다.

아버지 부
아버지
8급 | 총획 4 | 반 母(모)

손에 회초리를 들고 자식을 때리는 '아버지'.

父傳子傳 부전자전 : 대대로 아버지가 아들에게 전함

父系 부계 父母 부모 父親 부친
家父長 가부장 伯父 백부 神父 신부
義父 의부 祖父母 조부모

아비 야
아비, 아버지, 남자의 존칭
1급 | 총획 13

마을[阝]에서 모두 귀[耳]를 기울이니 아버지[父] 말씀에 '아비'가 존경받다.

爺爺 야야 好好爺 호호야

爻 | 점괘 효 | 부·4획

교차하는 'χ'를 겹쳐 '사귐'을 뜻하며 사귀어 좋은 점을 '본받다'라는 뜻을 나타낸다.

爻 사귈, 본받을 효
사귀다, 본받다
1급 | 총획 4

교차하는 표[χ]를 겹쳐, '**사귀면서**' 좋은 점을 '**본받다**'.

爻象 효상 : 좋지 못한 상태나 몰골

卦爻 괘효 初爻 초효

爾 너 이:
너, 그, 이
1급 | 총획 14

일[一]률적으로 여덟[八] 개의 수건[巾]에 무늬를 본 뜨고[爻] 본뜬[爻] 것이 '**너**'의 것.

爾時 이시 : 그때

爾來 이래 爾汝 이여

爽 시원할 상:
시원하다, 밝다
1급 | 총획 11

대인[大]의 큰 뜻을 본받고[爻] 본받으니[爻] 상쾌하고 '**시원하다**'.

爽凉 상량 爽明 상명 爽快 상쾌
爽闊 상활

爿 | 장수 장 | 부·4획

통나무를 둘로 나눈 후, 왼쪽 부분의 모양으로 '조각' 또는 '장수'의 뜻이다.

해당 한자 없음

조각 편 | 부·4획
통나무를 둘로 나눈 것 중에서 오른쪽 부분의 조각 모양을 본뜬 글자이다.

片 조각 편(:)
조각, 한쪽
3Ⅱ급 | 총획 4

나무를 둘로 나누어 오른쪽 '조각'을 본뜬 자.

一葉片舟 일엽편주 : 한 척의 조각배

片紙 편지   片層雲 편층운   片肉 편육
破片 파편   阿片 아편

牌 패 패
패, 간판, 포고문
1급 | 총획 12

나무 조각[片]으로 납작하게[卑] 만든 '패'.

牌號 패호   防牌 방패   門牌 문패
位牌 위패

版 판목, 널판 판
판목, 널판
3Ⅱ급 | 총획 8 | 동 板(판)

반대[反]로 뒤집어 꺼낸 조각[片]인 '판목', '널판'.

版權 판권   絶版 절판   製版 제판
出版 출판

牒 편지 첩
편지, 문서, 명부
1급 | 총획 13

작은 나무[木] 조각[片]에 세상[世] 사람들이 글을 써 소식을 전하는 '편지'.

家牒 가첩 : 한 집안의 족보

牒紙 첩지   牒報 첩보   通牒 통첩
請牒 청첩

牙 어금니 아 | 부·4획
어금니의 모양을 본뜬 글자이다.

牙	어금니 아
	어금니
	3Ⅱ급	총획 4

'**어금니**'의 모양을 본뜬 자.

※ 어금니는 '牙(아)', 앞니는 '齒(치)'

牙城 아성　　　象牙 상아　　　象牙塔 상아탑
齒牙 치아

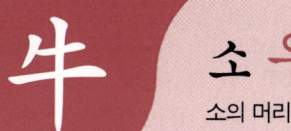
牛 소 우 | 부·4획
소의 머리부분을 본뜬 글자이다.

牛 소 우
소
5급 | 총획 4 | 통 丑(축)

'소'의 머리 부분을 본뜬 자.

牛角 우각　　牛乳 우유　　牛車 우차
牛黃 우황　　碧昌牛 벽창우

物 물건 물
물건, 만물, 사물
7Ⅱ급 | 총획 8

가축 중 소[牛] 만한 것이 없다[勿] 하니 소가 최고의 '물건'.

物質 물질　　物價 물가　　物資 물자
萬物 만물　　事物 사물　　人物 인물
膳物 선물

牢 우리 뢰
우리, 에워싸다, 희생
1급 | 총획 7

집[宀]은 집인데 소[牛]가 사는 곳은 '우리'.

牢拒 뇌거 : 굳이 거절함
牢却 뇌각　　牲牢 생뢰

牲 희생 생
희생, 제사에 쓰거나 먹는 가축의 통칭
1급 | 총획 9

제물로 쓰기 위해 살아[生] 있는 소[牛]를 죽여 '희생'으로 삼다.

犧牲 희생

牡 수컷 모
수컷, 양, 언덕
1급 | 총획 7

소[牛] 중에서 흙[土] 바닥에 서 있는 놈이 '수컷'.

牡丹 모란

特 특별할 특
특별하다
6급 | 총획 10 | 반 普(보), 遍(편)

절[寺]에서 제물로 바치는 소[牛]이니 '특별하다'.

特講 특강　　特級 특급　　特別 특별
特色 특색　　特選 특선　　特有 특유
特定 특정　　特進 특진　　特出 특출
英特 영특　　獨特 독특

牧 칠 목
치다, 목장, 기르다
4Ⅱ급 | 총획 8

손에 막대기를 들고 소[牛]를 '치다[攵]'.

牧歌 목가　　牧童 목동　　牧師 목사
牧者 목자　　牧場 목장　　牧草 목초
牧畜 목축　　放牧 방목

牽 끌 견
끌다, 이끌다
3급 | 총획 11 | 통 引(인) 반 推(추)

검은[玄] 천으로 덮힌[冖] 소[牛]를 '끌고' 오다.

牽強附會 견강부회 : 당치도 않은 말을 억지로 갖다 대며 자신에게 유리하게 함

牽牛 견우　　牽引 견인　　牽制 견제
牽伸 견신　　牽合 견합

犀	**무소 서:** 무소, 무소뿔, 날카롭다 1급	총획 12

꼬리[尾→尸]를 질질 끌며 느릿느릿 걸어가는 소[牛]가 '무소'.

犀角 서각 : 무소의 뿔

犀牛 서우

犧	**희생 희** 희생, 짐승, 술그릇 1급	총획 20

종묘 제사에 쓰는 의로운[義] 소[牛]는 '희생'.

犧牲 희생 : 재물로 쓰는 소·양·돼지 등의 짐승

犧樽 희준

犬(犭) 개 견 | 부·4획

개가 양다리를 벌리고 서 있는 모양을 본뜬 글자로, 변형자는 '犭(개사슴록변)'이다.

犬 개 견
개
4급 | 총획 4 | 동 狗(구)

코[丶]가 큰[大] '개'.

犬馬之勞 견마지로 : 임금이나 나라에 충성을 다하는 노력. 자기의 노력을 겸손하게 일컫는 말

猛犬 맹견 名犬 명견 愛犬 애견
忠犬 충견 鬪犬 투견

狀 형상 상 / 문서 장 :
형상, 문서
4Ⅱ급 | 총획 8 | 동 券(권) | 약 状

개[犬]가 '문서'를 물고 장수[爿]에게 전하는 기이한 '형상'.

狀貌 상모 狀態 상태 狀況 상황
賞狀 상장 形狀 형상 答狀 답장
案內狀 안내장 招待狀 초대장

獄 옥 옥
옥, 감옥
3Ⅱ급 | 총획 14

두 마리의 개[犭-犬]가 물고 뜯으며 싸우는 것처럼 사람을 말[言]로 심판하여 가둬두는 '감옥'.

獄苦 옥고 獄死 옥사 獄中 옥중
監獄 감옥 地獄 지옥 脫獄 탈옥
投獄 투옥

獎 장려할 장 (:)
장려하다, 권면하다, 칭찬하다
4급 | 총획 14 | 동 勸(권), 勵(려) | 약 奬, 獎

개[犬]를 날쌔게 훈련시키듯, 훌륭한 장수[將]가 되도록 '장려해야' 한다.

獎勵 장려 獎學金 장학금 勸獎 권장

獸 짐승 수
짐승
3Ⅱ급 | 총획 19 | 동 禽(금) | 약 獣

밭[田]에서 두 눈[吅]을 번뜩이며 입[口] 하나[一]를 벌리고 있는 개[犬]는 '짐승'.

人面獸心 인면수심 : 짐승과 같은 마음. 남의 은혜를 모름

獸心 수심 獸醫 수의 禽獸 금수
猛獸 맹수 野獸 야수

獻 드릴 헌 :
드리다, 바치다, 공헌하다
3Ⅱ급 | 총획 20 | 동 貢(공) | 약 献

개[犬]를 솥[鬳]에 삶아 신전에 '바치다'.

獻金 헌금 獻身 헌신 獻血 헌혈
貢獻 공헌 文獻 문헌 奉獻 봉헌

犯 범할 범 :
범하다, 죄인
4급 | 총획 5

개[犭]가 무릎[㔾]을 꿇고 앉아 있으니 큰 죄를 '범한' 것이다.

犯法 범법 犯人 범인 犯罪 범죄
共犯 공범 殺人犯 살인범 眞犯 진범
初犯 초범 侵犯 침범 現行犯 현행범

狂 미칠 광
미치다, 사납다
3Ⅱ급 | 총획 7

개[犭]의 왕[王]이 '미친' 듯이 짖어대다.

狂言妄說 광언망설 : 이치에 맞지 않고 도리에 어긋나는 말

狂犬 광견 狂氣 광기 狂亂 광란
狂人 광인 狂態 광태 狂風 광풍
發狂 발광 熱狂 열광

狄 오랑캐 적
오랑캐, 낮은 관리, 사악하다
1급 | 총획 7

개[犭]처럼 불[火]같이 공격해 오는 북방 '**오랑캐**'.
北狄 북적 : 북쪽의 야만족
狄人 적인　　**戎狄** 융적

狙 원숭이, 엿볼 저:
원숭이, 엿보다, 노리다
1급 | 총획 8

개[犭]처럼 생긴 또[且] 하나의 '**원숭이**'.
狙擊 저격 : 노려 쏘거나 침
狙公 저공　　**狙害** 저해

狗 개 구
개, 강아지
3급 | 총획 8 | 동 犬(견)

개[犭]는 개인데 구[句]부러진 작은 '**개**'.
羊頭狗肉 양두구육 : '양의 머리를 걸어 놓고 실제로는 개고기를 판다'라는 뜻으로, 선전은 그럴싸하지만 속은 쓸모없음을 이름
走狗 주구　　**黃狗** 황구

狐 여우 호
여우
1급 | 총획 8

개[犭]처럼 생긴 놈이 오이[瓜]를 탐하며 홀로 어슬렁어슬렁 다니는 '**여우**'.
狐狸 호리 : 여우와 살쾡이
狐臭 호취　　**九尾狐** 구미호　　**豺狐** 시호

狡 교활할 교
교활하다, 시기하다, 빠르다
1급 | 총획 9

개[犭]와 사귀고자[交] '**교활한**' 술책을 쓰다.
狡猾 교활 : 간사한 꾀가 많음
狡吏 교리　　**狡惡** 교악　　**狡智** 교지

狩 사냥할 수
사냥하다, 사냥
1급 | 총획 9

개[犭]는 집도 지키고[守] '**사냥도 하다**'.
狩獵 수렵 : 사냥
狩人 수인

狼 이리 랑:
이리
1급 | 총획 10

개[犭]같이 생긴 어질지[良] 못한 '**이리**'.
狼狽 낭패 : 일이 뜻대로 되지 않아 몹시 딱하게 됨
豺狼 시랑

狹 좁을 협
좁다, 좁아지다
1급 | 총획 10

개[犭]가 끼어[夾] 있는 그 장소는 '**좁다**'.
狹義 협의 : 좁은 범위의 의의
狹小 협소　　**狹心** 협심　　**偏狹** 편협

猝 갑자기 졸
갑자기, 갑작스럽다
1급 | 총획 11

개[犭]처럼 병사[卒]들이 적을 '**갑자기**' 공격하다.
猝富 졸부 : 별안간에 된 부자
猝然 졸연　　**猝地** 졸지

猖 미쳐날뛸 창
미쳐 날뛰다, 어지럽다
1급 | 총획 11

개[犭]처럼 창성하게[昌] '**미쳐 날뛰는**' 놈.
猖披 창피 : 체면이 깎이는 일을 당하여 부끄러움
猖狂 창광

猜 시기할 시
시기하다
1급 | 총획 11

얼굴을 시퍼렇게[青] 하고 개[犭]처럼 달려들며 '시기하다'.

猜忌 시기   猜妬 시투   猜嫌 시혐

猛 사나울 맹:
사납다, 굳세고 용맹스럽다
3Ⅱ급 | 총획 11 | 동 烈(렬), 勇(용)

개[犭] 중에 힘이 첫째[孟] 가는 맹견은 아주 '사납다'.

猛毒 맹독   猛獸 맹수   猛將 맹장
猛打 맹타   猛虎 맹호   猛活躍 맹활약
猛烈 맹렬   勇猛 용맹

猫 고양이 묘:
고양이
1급 | 총획 12

개[犭]처럼 생긴 새싹[苗] 같은 작은 놈이니 '고양이'.

猫頭懸鈴 묘두현령 : '쥐가 고양이 목에 방울을 달다'라는 뜻으로, 실행할 수 없는 헛된 논의를 이르는 말

猶 오히려 유
오히려, 가히, 망설이다, 머뭇거리다, 주저하다
3Ⅱ급 | 총획 12

개[犭]의 우두머리[酋]가 '오히려' 사람보다 낫다.

猶父猶子 유부유자 : 삼촌과 조카 사이
起訴猶豫 기소유예   執行猶豫 집행유예

猥 외람할 외:
외람하다
1급 | 총획 12

개[犭]처럼 두려움[畏] 없이 '외람하다'.

猥濫 외람 : 분수에 넘침
猥褻 외설   猥雜 외잡   淫猥 음외

猿 원숭이 원
원숭이
1급 | 총획 13

개[犭]처럼 생긴 '원[袁]숭이'.

猿皮 원피   猿猴 원후   犬猿 견원

猾 교활할 활
교활하다, 어지럽다
1급 | 총획 13

개[犭]가 뼈[骨]를 물어뜯기 위해 '교활하다'.

狡猾 교활 : 간사한 꾀가 많음
猾賊 활적   猾智 활지

獅 사자 사(:)
사자
1급 | 총획 13

개[犭] 스승[師] 같은 놈은 '사자'.

獅子吼 사자후

獨 홀로 독
홀로
5Ⅱ급 | 총획 16 | 동 孤(고) 반 徒(도) 약 独

창문[罒] 아래 개[犭]가 벌레[虫]에 둘러싸여[勹] '홀로' 끙끙댄다.

唯我獨尊 유아독존 : 세상에서 자기만이 잘났다고 뽐내는 일

獨斷 독단   獨立 독립   獨白 독백
獨步的 독보적   獨善 독선   獨身 독신
獨走 독주   獨裁 독재   獨唱 독창

獲 얻을 획
얻다, 얻어지다, 잡다
3Ⅱ급 | 총획 17 | 동 得(득) 반 失(실)

개[犭]가 풀[艹] 속에서 새[隹] 한 마리를 또[又] '얻다'.

獲得 획득   漁獲 어획   捕獲 포획

사냥 렵
사냥, 사냥하다, 사로잡다
3급 | 총획 18 | 약 猟

개[犭]들이 물가[巛]의 쥐[鼠]를 일제히 쫓으며 '사냥'하다.

獵犬 엽견   獵奇 엽기   獵銃 엽총
密獵 밀렵   涉獵 섭렵

玉(王) 구슬 옥 | 부·5획

세 개의 구슬을 꿴 모양이다. 부수로 쓸 때에는 '王'으로 쓴다.

王 임금 왕
임금
8급 | 총획 4 | 동 君(군), 帝(제) 반 民(민), 臣(신)

위[一]는 하늘, 아래[一]는 땅, 중간[一]은 사람으로, 이 셋을 뚫고[丨] 지나가는 통치자 '임금'.

王家 왕가　　王冠 왕관　　王國 왕국
王道 왕도　　王子 왕자　　王朝 왕조
王座 왕좌　　國王 국왕　　大王 대왕

玉 구슬 옥
구슬
4Ⅱ급 | 총획 5 | 동 珠(주)

'구슬'을 한 줄에 꿴 모양을 본뜬 자.

玉器 옥기　　玉童子 옥동자　　玉石 옥석
玉水 옥수　　玉體 옥체　　　　白玉 백옥

玩 즐길 완:
즐기다, 놀다, 희롱하다, 장난하다
1급 | 총획 8 | 동 樂(락), 耽(탐), 娛(오)

우두머리[元]가 구슬[王]을 가지고 '놀다'.

玩具 완구　　玩味 완미　　玩賞 완상
愛玩 애완

珍 보배 진
보배
4급 | 총획 9 | 동 寶(보) 약 珎

구슬[王]이 사람[人] 머릿[彡]결 같이 반짝이니 '보배'다.

山海珍味 산해진미 : 산과 바다의 온갖 산물로 차린 음식

珍客 진객　　珍奇 진기　　珍味 진미
珍本 진본　　珍重 진중　　珍風景 진풍경

珊 산호 산
산호, 패옥 소리, 비틀거리는 모양
1급 | 총획 9

책[冊]을 엮어 놓은 듯 석회질이 가라앉아 구슬[王]처럼 빛이 고운 '산호'.

珊瑚 산호

珀 호박 박
호박
1급 | 총획 9

구슬[王]처럼 황색 투명한[白] 송진이 굳어서 된 '호박'.

琥珀 호박 · 화석의 일종

班 나눌 반
나누다, 양반
6Ⅱ급 | 총획 10 | 동 分(분)

구슬[王] 같이 둥근 사과를 칼[刂]로 '나누다'.

班給 반급　　班常 반상　　班長 반장
兩班 양반

珠 구슬 주
구슬
3Ⅱ급 | 총획 10 | 동 玉(옥)

구슬[王] 중에 붉은[朱] '구슬'이 가장 비싸다.

珠玉 주옥　　淚珠 누주　　如意珠 여의주
念珠 염주　　眞珠 진주

現 나타날 현:
나타나다, 지금
6Ⅱ급 | 총획 11 | 동 顯(현) 반 消(소), 隱(은)

구슬[王]을 잘 닦은 후 보면[見] 광채가 '**나타난다**'.

現金 현금   現代 현대   現狀 현상
現役 현역   現場 현장   現職 현직
現在 현재   出現 출현

琉 유리 류
유리, 나라 이름
1급 | 총획 11

구슬[王]처럼 투명하고 조밀한[流→㐬] '**유리**'.

琉璃 유리

球 공 구
공, 구슬
6Ⅱ급 | 총획 11

구슬[王]을 구해[求] '**공**'처럼 차고 놀다.

球技 구기   球速 구속   球心 구심
排球 배구   眼球 안구   野球 야구
電球 전구   地球 지구

理 다스릴 리:
다스리다
6Ⅱ급 | 총획 11 | 동 治(치)

이 구슬[王]은 마을[里]을 잘 '**다스릴**' 수 있는 사람이 누구인지 알려주다.

理念 이념   理髮 이발   理事 이사
理由 이유   理致 이치   敎理 교리
道理 도리   非理 비리   倫理 윤리
合理 합리

琥 호박 호:
호박
1급 | 총획 12

호랑이[虎]가 무서워하는 구슬[王]은 '**호박**'.

琥珀 호박

琶 비파 파
비파
1급 | 총획 12

구슬과 구슬[王王]이 붙어 있듯 뱀[巴]처럼 길게 줄로 연결하여 만든 '**비파**'.

琵琶 비파 : 현악기의 한 가지

琵 비파 비
비파
1급 | 총획 12

구슬과 구슬[王王]을 나란히[比] 연결하듯 줄을 매어 만든 '**비파**'.

琵琶 비파

琴 거문고 금
거문고
3Ⅱ급 | 총획 12

두 개의 옥[王王]이 지금[今] 부딪치는 소리 나는 악기이니 '**거문고**'.

心琴 심금   風琴 풍금

琢 쫄 탁
쪼다, 다듬다
2급 | 총획 12

돼지[豖]가 구슬[王]을 탁탁 '**쪼다**'.

琢磨 탁마

瑚 산호 호
산호
1급 | 총획 13

오랑캐[胡]가 좋아하는 구슬[王]은 '**산호**'.

珊瑚 산호

瑞 상서 서:
상서롭다
2급 | 총획 13

구슬[王]과 산[山]과 같이 말을 이어[而] 나감이 '상서롭다'.

瑞光 서광　　祥瑞 상서

璧 구슬 벽
구슬, 옥
1급 | 총획 18

임금[辟]이 소유한 '구슬[玉]' 중 가장 아름다운 '옥'.
完璧 완벽 : 결점이 없이 훌륭함
寶璧 보벽　　雙璧 쌍벽

瑕 허물 하
허물
1급 | 총획 13

구슬[王] 중에 여기저기 뚫어진[叚]가 '허물'이다.
瑕疵 하자 : 흠. 결점

璽 옥새 새
옥새, 인장, 도장
1급 | 총획 19

귀한 구슬[玉]로 네[爾]가 만든 것이 '옥새'니라.
玉璽 옥새 : 임금의 도장
國璽 국새

環 고리 환(:)
고리, 옥, 둥글다
4급 | 총획 17

구슬[王] 네[四] 개가 한[一] 입구[口]로 들어가게 두 사람[人人]이 만든 '둥근' '고리'.
環境 환경　　環攻 환공　　環形 환형
連環 연환　　花環 화환

瓏 옥 소리 롱
옥 소리, 바람 소리, 환한 모양
1급 | 총획 20

용[龍] 같은 구슬[玉]에서 나는 '옥 소리'.
玲瓏 영롱 · 광채가 찬란함
瓏瓏 농롱

玉

玄 검을 현 | 부·5획

'검다'라는 뜻이다.

玄 검을 현
검다, 고요하다
3Ⅱ급 | 총획 5 | 동 黑(흑) 반 白(백)

작은[幺] 것이 머리[亠] 위에 높이 있으니 '검게' 보인다.

玄關 현관　　玄妙 현묘　　玄武 현무
玄米 현미　　玄孫 현손　　幽玄 유현

率 비율 률/거느릴 솔
비율, 거느리다
3Ⅱ급 | 총획 11 | 동 領(령)

우두머리[亠] 아래 작은[幺] 것들이 딸려 있는 수가 열[十]이니, 즉 윗사람이 아랫사람을 '거느리는' 것이다.

能率 능률　　倍率 배율　　確率 확률
換率 환율　　效率 효율　　率直 솔직
輕率 경솔　　統率 통솔

茲 이, 검을 자
이, 검다
3급 | 총획 10 | 동 斯(사) 반 彼(피)

검고[玄] 검어[玄] '이'보다 '검을' 수 없다.

龜茲 구자　　今茲 금자

오이 과 | 부·5획

오이 넝쿨에 오이가 걸려 있는 모양을 본뜬 글자이다.

 오이 과
오이
2급 | 총획 5

넝쿨에 '오이' 하나가 매달려 있는 모양.

瓜年 과년　　　甘瓜 감과　　　木瓜 모과

瓦 기와 와 | 부·5획

기와가 겹쳐 있는 모양을 본뜬 글자이다.

瓦 기와 와:
기와, 질그릇
3Ⅱ급 | 총획 5

'기와' 모양을 본뜬 자.

瓦器 와기   瓦全 와전   瓦解 와해

瓶 병 병
병, 단지
1급 | 총획 13

기와[瓦]처럼 흙을 빚어 만든 '병[并]'.

花瓶 화병

瓷 사기그릇 자
사기그릇, 오지그릇
1급 | 총획 11

기와[瓦] 버금[次]가는 '사기그릇'.

瓷器 자기   紫瓷 자자   花瓷 화자

甘 달 감 | 부·5획
'달다'라는 뜻을 나타낸다.

甘 달 감
달다, 달게 여기다
4급 | 총획 5 | 반 苦(고)

혀[廿] 앞 부분[丶]은 단맛을 느끼니 맛이 '달다'.

甘言利說 감언이설 : 귀가 솔깃하도록 남의 비위를 맞추거나 이로운 조건을 내세워 꾀는 말
苦盡甘來 고진감래 : 고생 끝에 낙이 옴

甘受 감수   甘雨 감우   甘酒 감주
甘草 감초

甚 심할 심 :
심하다, 깊고 두텁다
3Ⅱ급 | 총획 9 | 동 酷(혹)

짝[匹]과 달콤한[甘] 시간을 보내니 '심히' 즐겁다.

甚至於 심지어 : 더욱 심하다 못하여 나중에는

甚難 심난   激甚 격심   極甚 극심

生 날 생 | 부·5획
흙 위에 싹이 나오는 모양을 본뜬 글자이다.

生 날 생
나다, 낳다, 살다
8급 | 총획 5

싹[屮]이 땅[土]에서 '**나다**'.

生家 생가   生果 생과   生命 생명
生産 생산   生色 생색   生後 생후
發生 발생   蘇生 소생   幻生 환생

甥 생질 생
생질, 사위, 외손자
1급 | 총획 12

누이가 낳은[生] 사내[男] 아이가 '**생질**'.

甥姪 생질 : 누이의 아들

舅甥 구생

産 낳을 산 :
낳다, 태어나다
5Ⅱ급 | 총획 11

집[厂]에서 머리[亠]와 두 팔[八]이 생생한[生] 아이를 '**낳다**'.

産氣 산기   産母 산모   産物 산물
産室 산실   産業 산업   産地 산지
國産 국산   難産 난산

甦 깨어날 소
깨어나다, 잠이 깨다
1급 | 총획 12

다시[更] 살아[生] '**깨어나다**'.

甦生 소생   甦息 소식

用 쓸 용 | 부·5획

'쓰다', '사용하다', '도구'라는 뜻이다.

用 쓸 용:
쓰다, 부리다
6Ⅱ급 | 총획 5 | 동 費(비)

옛날에는 점을 칠 때 거북이의 등 껍데기를 **'썼다[用]'**.

無用之物 무용지물 : 쓸모없는 사람이나 사물

用度 용도   用量 용량   用務 용무
用法 용법   用便 용변   用語 용어
公用 공용

田 밭 전 | 부·5획

사방에 경계가 난 밭이나 논의 모양을 본뜬 글자이다.

밭 전
밭, 경작지
4Ⅱ급 | 총획 5

네모난[口] 땅에 열[十] 식구가 열심히 일해 일군 '밭'.

田家 전가   田園 전원   田地 전지
鹽田 염전   火田民 화전민

男

사내 남
사내, 아들, 남자
7Ⅱ급 | 총획 7

밭[田]에서 힘[力]써 농작물을 생산하는 '남자'.

男系 남계   男女 남녀   男妹 남매
男兒 남아   男裝 남장   男便 남편
得男 득남   美男 미남

말미암을 유
말미암다, 까닭
6급 | 총획 5

옛 사람이 말하기[曰]를, 윗사람의 잘못을 꿰뚫고[丨] 충고하는 사람이 '말미암아' 나라의 정의가 선다.

由來 유래   由緒 유서   經由 경유
事由 사유   理由 이유   自由 자유

町

밭두둑 정
밭두둑, 경계
1급 | 총획 7

밭[田]에서 고무래[丁]로 흙을 파서 쌓아 놓은 것이 '밭두둑'.

町步 정보 : 땅 넓이의 단위
町米 정미   町步 정보

갑옷 갑
갑옷, 첫째 천간
4급 | 총획 5

열[十]번씩 몸을 싸서[口] 껴입은 '갑옷'.

甲男乙女 갑남을녀 : 평범한 사람들을 이르는 말

甲骨 갑골   甲富 갑부   甲板 갑판
同甲 동갑   裝甲車 장갑차   鐵甲 철갑
回甲 회갑

지경 계 :
지경, 경계, 둘레
6Ⅱ급 | 총획 9 | 동 境(경)

밭[田]을 여덟[八] 개로 나누고 길[川]을 내니 '지경'이 되다.

境界 경계   郡界 군계   世界 세계
外界 외계   學界 학계

펼 신
펴다, 납, 아홉째 지지
4Ⅱ급 | 총획 5

말[曰]을 꿰뚫어 [ ] 뜻을 '펴다'.

申告 신고   申請 신청   內申 내신

두려워할 외 :
두려워하다, 꺼리다, 조심하다
3급 | 총획 9 | 동 懼(구)

밭[田]에서 옷[衣]을 입은 귀신이 나타날까 '두려워하다'.

敬畏 경외 : 공경하며 두려워함
畏伏 외복   猜畏 시외   怖畏 포외

畓 논 답
논
3급 | 총획 9 | 동 田(전)

물[水]이 많은 밭[田]은 '논'.

田畓 전답 : 밭과 논

畓農 답농　　畓穀 답곡

畔 밭두둑 반
밭두둑, 물가, 배반하다, 떨어지다
1급 | 총획 10

밭[田]의 반[半]을 갈라 흙을 쌓아 막아놓은 '밭두둑'.

畔路 반로 : 논두렁길

橋畔 교반　　河畔 하반

畝 이랑 무 : /묘 :
이랑, 전답의 면적 단위
1급 | 총획 10

높은[亠] 곳에 밭[田]을 일구어 오랜[久] 시간에 걸쳐 만든 '밭이랑'.

畝溝 묘구　　隴畝 농묘　　甽畝 선묘

留 머무를 류
머무르다, 지체하다
4Ⅱ급 | 총획 10

토끼[卯]가 풀을 먹기 위해 밭[田]에 '머무르다'.

留客 유객　　留級 유급　　留念 유념
留宿 유숙　　留意 유의　　留學 유학
留學生 유학생　保留 보류　　殘留 잔류

畜 짐승 축
짐승, 가축, 기르다
3Ⅱ급 | 총획 10

검은[玄] 밭[田]에 '가축'을 풀어 '기르다'.

畜産 축산　　畜生 축생　　畜牛 축우
家畜 가축　　牧畜 목축

畢 마칠 필
마치다, 모두
3Ⅱ급 | 총획 11 | 동 了(료)

밭[田]의 반[半]에 거름주는 일을 한[一] 차례 '마치다'.

畢竟 필경　　畢納 필납　　畢業 필업
畢力 필력　　畢世 필세　　檢査畢 검사필

異 다를 이 :
다르다
4급 | 총획 11

밭[田]에서 함께[共] 농사를 지어도, 수확량은 다 '다르다'.

同床異夢 동상이몽 : 겉으로는 같은 행동을 하지만 속으로는 각각 딴생각을 함

異見 이견　　異國 이국　　異變 이변
異常 이상　　異性 이성　　怪異 괴이

略 간략할, 줄일 략
간략하다, 줄이다, 생략하다
4급 | 총획 11

밭[田]에 각각[各] 선을 그어 '간략하게' 한다.

略圖 약도　　略歷 약력　　略述 약술
略式 약식　　略字 약자　　略稱 약칭
簡略 간략　　武略 무략　　省略 생략
智略 지략

番 차례 번
차례, 갈마들다
6급 | 총획 12 | 동 第(제)

밭[田]의 벼[禾]가 잘 익었는지 한 번[丶] 한 번[丶] '차례'대로 확인하다.

番地 번지　　番號 번호　　軍番 군번
當番 당번　　每番 매번　　週番 주번

畫 그림 화 : /그을 획
그림, 그리다, 긋다
6급 | 총획 12 | 동 圖(도) | 약 画

붓[聿]으로 밭[田]에 마지막 한[一] 줄을 '그으니' '그림'이 완성되다.

畫餠 화병　　畫家 화가　　畫面 화면
畫室 화실　　名畫 명화　　映畫 영화
繪畫 회화　　畫順 획순

當 마땅 당
마땅, 마땅하다, 당하다
5Ⅱ급 | 총획 13 | 약 当

밭[田]을 숭상함[尙]이 '마땅하다'.

當局 당국   當代 당대   當面 당면
當選 당선   當然 당연   當惑 당혹
妥當 타당   割當 할당

畸 뙈기밭, 불구 기
뙈기밭, 불구
1급 | 총획 13

밭[田]의 모양이 기이한[奇] '뙈기밭'.

畸人 기인   畸形 기형   畸兒 기아

畿 경기 기
경기, 지경
3Ⅱ급 | 총획 15

거의[幾] 서울 가까이에 있는 밭[田]과 땅을 가리켜 '경기'라 하다.

畿內 기내 : 서울을 중심으로 사방에 있는 가까운 행정 구역을 포괄한 지역

京畿道 경기도

疊 거듭 첩
거듭, 겹쳐지다, 포개다, 접다
1급 | 총획 22 | 동 重(중) 약 畳

밭뙈기[畾]마다 흙을 또[且.] 덮어[冖] 쌓는다하여 '거듭', 또는 '포개지다'.

疊嶺 첩령 : 잇따라 겹쳐 있는 재나 산봉우리

疊疊 첩첩   疊字 첩자   重疊 중첩

疋 | 짝 필 | 부·5획
다리의 모양을 본뜬 글자이다.

疋 | 짝, 필필/발소
짝, 필, 발
1급 | 총획 5

발의 모양으로 '발'을 뜻한다.

疋緞 필단 : 필로 된 비단

疋練 필련　　疋帛 필백

疏 | 드물, 성길 소
드물다, 성기다
1급 | 총획 12 | 동 隔(격) 반 密(밀)

발[疋]을 하나로 묶는[束] 것은 '드문' 일이다.

疎薄 소박　　疎密 소밀　　疎外 소외
疎忽 소홀　　親疎 친소

疏 | 소통할 소
소통하다, 멀다, 멀리하다
3Ⅱ급 | 총획 12 | 동 註(주)

짝[疋]과 충분히[充] 의견을 '소통하다'.

疏遠 소원　　疏忽 소홀　　疏通 소통
奏疏 주소　　生疏 생소

疑 | 의심할 의
의심하다, 미혹되다
4급 | 총획 14 | 동 惑(혹)

비수[匕], 화살[矢], 창[矛→マ]을 몸에 숨기고 짝[疋]을 대하니 '의심할' 수 밖에 없다.

疑懼 의구　　疑念 이념　　疑問 의문
疑心 의심　　疑妻症 의처증　　疑惑 의혹
被疑者 피의자　　懷疑 회의

疒 병질엄 | 부·5획

병으로 누워 있는 모양을 본뜬 글자이다. 한자로는 '병들어 기댈 녁'이라고 읽는다.

疝 산증 산
산증
1급 | 총획 8

병[疒] 중에 허리 또는 아랫배가 아픈 '산[山]증'.

疝氣 산기　　疝症 산증　　疝痛 산통

病 병 병:
병, 병들다
6급 | 총획 10 | 동 疾(질)

질병[疒]이 만연한 남녘[丙]에 가서 '병'이 걸리다.

病菌 병균　　病名 병명　　病勢 병세
病院 병원　　病占 병점　　病弊 병폐
病患 병환　　問病 문병　　傳染病 전염병
疾病 질병

疫 전염병 역
전염병
3Ⅱ급 | 총획 9 | 동 疾(질)

병균[疒]이 치고[殳] 들어오는 '전염병'.

疫疾 역질　　檢疫 검역　　免疫 면역
防疫 방역　　紅疫 홍역

疾 병 질
병, 질병
3Ⅱ급 | 총획10 | 동 病(병)

병균[疒]이 화살[矢]처럼 빨리 '병'을 옮긴다.

疾病 질병　　疾視 질시　　疾走 질주
疾患 질환　　痼疾 고질　　惡疾 악질

症 증세 증(:)
증세, 증상
3Ⅱ급 | 총획 10

병[疒]을 바로[正] 다스리려면 '증세'를 잘 알아야 한다.

症勢 증세　　症候 증후　　不感症 불감증
不眠症 불면증　　食困症 식곤증　　後遺症 후유증

疳 감질 감
감질
1급 | 총획 10

병[疒] 중에 어린아이의 배가 불러지는 '감[甘]질'.
疳勞 감로 : 어린아이의 폐결핵·만성기관지 카타르 등의 병
疳疾 감질　　疳瀉 감사　　疳腫 감종

疲 피곤할 피
피곤하다, 고달프다
4급 | 총획 10 | 동 困(곤)

병든[疒] 사람 피부[皮]처럼 '피곤하고' '고달프다'.

疲困 피곤　　疲勞 피로　　疲弊 피폐

疼 아플 동:
아프다
1급 | 총획 10

동상 같은 병[疒]에 걸려 겨울[冬]이면 '아프다'.

疼痛 동통 : 몸이 아픔

疸
황달 달
황달, 달병
1급 | 총획 10

병[疒] 중에 담즙의 색소가 혈액에 들어가서 생기는 '**황달**'.

黃疸 황달

疱
물집 포 :
천연두
1급 | 총획 10

살가죽이 부르터 올라 물을 감싸는[包] 병[疒]인 '**물집**'.

水疱 수포

疹
마마 진
마마(천연두), 홍역, 앓다
1급 | 총획 10

병[疒] 중에 머리털[彡]이 나오듯 온몸에 좁쌀 같은 꽃이 돋고 기침이 나는 어린아이[人]의 전염병인 '**마마(천연두)**'.

發疹 발진   濕疹 습진

疵
허물 자
허물, 흠
1급 | 총획 11

종기 같은 병[疒]이 나오면 이[此] 자리에 생기는 '**흉터**'.

疵痕 자흔   瑕疵 하자

痍
상처 이
상처, 상처 입다
1급 | 총획 11

병[疒] 중에 큰[大] 활[弓]에 맞아 생긴 '**상처**'.

傷痍 상이 : 부상을 당함

痕
흔적 흔
흔적, 흉터
1급 | 총획 11

종기 같은 피부병[疒]이 머물렀던[艮] 곳에 생기는 '**흉터**'.

痕跡 흔적

痔
치질 치
치질
1급 | 총획 11

병[疒] 중에 관청[寺]의 귀족들이 육식만을 하여 항문에서 출혈하는 '**치질**'.

痔疾 치질   痔漏 치루   痔核 치핵

痘
역질 두
역질 마마(천연두)
1급 | 총획 12

병[疒] 중에 콩[豆] 같이 발진이 온몸에 생기며 얼굴이 얽게 되는 전염병인 '**역질**'.

痘瘡 두창 : 천연두

痘疫 두역   水痘 수두   天然痘 천연두

痙
경련 경
경련, 경련을 일으키다
1급 | 총획 12

병[疒]에 걸려 물줄기[巠]처럼 근육이 수축하며 '**경련을 일으키다**'.

痙攣 경련 : 근육이 별다른 이유 없이 갑자기 수축하거나 떨게 되는 현상

痙症 경증   痙風 경풍

痢
설사 리 :
설사, 이질
1급 | 총획 12

병[疒] 중에 뒤가 잦고 곱똥이 나오며 항문 둘레가 당기는 이[利]자 들어가는 '**이질**'이니 '**설사**'.

痢疾 이질

痛	아플 **통** :
	아프다
	4급 | 총획 12

성[冂]을 지키다 창[矛]에 맞고 병[疒]이 들어 '아프다'.

痛感 통감　　痛哭 통곡　　痛症 통증
痛歎 통탄　　痛恨 통한　　苦痛 고통
腹痛 복통　　陣痛 진통　　齒痛 치통

痺	저릴 **비**
	저리다, 마비되다
	1급 | 총획 13

병[疒]에 걸려 혈압이 낮고[卑] 피가 잘 통하지 않아 '저리다'.

痲痺 마비　　風痺 풍비

痲	저릴 **마**
	저리다, 마비되다
	2급 | 총획 13

삼[麻]껍질처럼 피부가 벗겨지는 병[疒]에 걸려 '저리다'.

痲痺 마비　　痲藥 마약　　痲醉 마취

痰	가래 **담** :
	가래, 담, 천식
	1급 | 총획 13

병[疒]에 걸리고 침이 불덩어리[炎]처럼 뭉쳐 삼킬 수도 뱉을 수도 없는 '가래'가 되다.

痰厥 담궐　　痰喘 담천　　痰唾 담타

痼	고질 **고**
	고질, 어린아이의 입병
	1급 | 총획 13

병[疒]이 굳어[固]버렸다 함이니, 오래도록 낫지 않아 고치기 어려운 '고질병'.

痼疾 고질 : 오랫동안 앓고 있어 고치기 어려운 병

瘀	어혈질 **어** :
	어혈지다, 앓다
	1급 | 총획 13

어떤 물건에 부딪혀서 살 속에 피가 맺혀 생긴 병[疒]인 '어혈질'.

瘀血 어혈 : 타박상 따위로 살 속에 피가 맺힘

瘍	헐 **양**
	헐다, 종기
	1급 | 총획 14

햇살[昜]에 탄 것처럼 피부나 점막이 '허는' 병[疒].

潰瘍 궤양　　瘡瘍 창양

瘧	학질 **학**
	학질, 말라리아
	1급 | 총획 14

병[疒] 중에 지독하고 사나운[虐] '학질'.

瘧疾 학질 : 말라리아

瘡	부스럼 **창**
	부스럼, 종기
	1급 | 총획 15

병[疒]균을 담아 가지고 있는 창고[倉]가 '부스럼'.

頭瘡 두창 : 머리에 나는 부스럼의 총칭
瘡氣 창기

瘦	여윌 **수**
	여위다, 파리하다, 마르다
	1급 | 총획 15

늙은이[叟]가 병[疒]에 걸려 더욱 '여위었다'.

瘦瘠 수척 : 몸이 몹시 야위고 마름
瘦削 수삭　　瘦容 수용

瘙 피부병 소
피부병, 종기
1급 | 총획 15

병[疒] 중에 벼룩[蚤]에 물려 생긴 '**피부병**'.

瘠 여윌 척
여위다, 파리하다
1급 | 총획 15

병[疒]이 척추[脊]에 들어 메마르고 '**여위다**'.
瘠土 척토 : 메마른 땅
瘠薄 척박   **瘠沓** 척답   **瘠骨** 척골

瘤 혹 류:
혹
1급 | 총획 15

그 병[疒]처럼 머물러[留] 있는 '**혹**'.
昔瘤 서류   **贅瘤** 췌류

療 병 고칠 료
병을 고치다
2급 | 총획 17

햇불[尞]이 밝은 것처럼 밝은 방향으로 병[疒]을 '**고치다**'.
療養 요양   **醫療** 의료   **診療** 진료
治療 치료

癌 암 암:
암
2급 | 총획 17

산속 바위덩이[嵒]처럼 딱딱하게 굳어버리는 종기 병[疒]은 '**암**'.
癌腫 암종   **發癌** 발암   **胃癌** 위암
肺癌 폐암   **抗癌** 항암

癇 간질 간(:)
간질
1급 | 총획 17

병[疒] 중에 사이사이[間]에 발작하는 '**간질**'.
癇病 간병 : 어린아이가 경련을 일으키는 병
癇疾 간질

癒 병 나을 유
병이 낫다
1급 | 총획 18

병[疒]이 나은[愈] 것이니 '**병 낫다**'.
快癒 쾌유 : 병이 완전히 나음
治癒 치유

癖 버릇 벽
버릇, 습관
1급 | 총획 18

고질병[疒] 같이 피할[避→辟] 수 없는 '**버릇**'.
潔癖 결벽   **病癖** 병벽

癡 어리석을 치
어리석다, 미치광이
1급 | 총획 19

병[疒] 치료는 하지 않고 의심[疑]만 하니 '**어리석다**'.
白癡 백치 : 뇌에 장애나 질환이 있어 지능이 아주 낮은 상태
癡呆 치매   **音癡** 음치

癢 가려울 양
가렵다
1급 | 총획 20

기르던[養] 양을 살펴보니 '**가려움**' 병[疒]에 걸리다.
搔癢 소양 : 가려운 데를 긁음

문둥이 라 :
문둥이, 문둥병
1급 | 총획 21

병[疒] 중에 사람들이 책망하는[賴] **'문둥이'**.

癩病 나병 : 문둥병

 미칠 전 :
미치다, 지랄병
1급 | 총획 24

병[疒] 중에 참[眞]인지 거짓인지 알 수 없을 정도로 머리[頁]가 돌아버린 **'미친'** 병.

癲狂 전광 : 정신에 이상이 생겨 일어나는 미친 증세

癲疾 전질

필발머리 | 부·5획

발을 좌우로 벌리고 걸어가는 모양을 본뜬 글자로, '등질 발'이라고 읽는다.

북방, 천간 계:
북방, 열째 천간
3급 | 총획 9

하늘[天]에서 밝은 것을 등진[癶] 쪽이니 '**북방**'.

癸未 계미 : 육십갑자의 스무째

癸丑日記 계축일기

필 발
피다, 쏘다
6Ⅱ급 | 총획 12 | ㉭ 発

달아나는[癶] 도둑을 잡기 위해 창[殳]을 던지고 활[弓]을 '**쏘다**'.

一觸卽發 일촉즉발 : 금방 일이 터질 듯한 긴박한 상태

發刊 발간   發光 발광   發達 발달
發動 발동   發明 발명   發芽 발아
挑發 도발   妄發 망발   奮發 분발

오를 등
오르다, 나가다
7급 | 총획 12 | ⑧ 昇(승) ⑪ 降(강)

사람이 콩[豆] 밭으로 걸어[癶] '**올라가다**'.

登校 등교   登壇 등단   登山 등산
登用 등용   登場 등장   登載 등재
登板 등판

白 | 흰 백 | 부·5획

햇빛이 위로 비추고 있는 형태, 또는 저녁의 어스레한 물색(物色)을 희다고 해서 '희다'라는 뜻을 나타낸다.

白 흰 백
희다
8급 | 총획 5 | 반 黑(흑)

햇빛[日]이 위[丿]로 비추니 '밝고', '희다'.

白軍 백군   白米 백미   白髮 백발
白書 백서   白雪 백설   潔白 결백
餘白 여백   蒼白 창백

百 일백 백
일백
7급 | 총획 6

하나[一]씩 세는데 너무 많아 희게[白] 보이니, 아마 '일백' 개는 되겠다.

百發百中 백발백중 : 쏘기만 하면 어김없이 맞음. 계획이나 예상 등이 꼭꼭 들어맞음
百八煩惱 백팔번뇌 : 불교에서 말하는 108가지 번뇌

百家 백가   百方 백방   百姓 백성

的 과녁 적
과녁
5Ⅱ급 | 총획 8

흰[白] 판의 둥근 원에 싸여[勹] 있는 점[丶]이 맞혀야 할 '과녁'이다.

的當 적당   的實 적실   的中 적중
公的 공적   盲目的 맹목적   目的 목적
物的 물적   病的 병적   組織的 조직적
劃期的 획기적

皇 임금 황
임금
3Ⅱ급 | 총획 9 | 동 王(왕) 반 民(민)

흰[白] 하늘 아래 있는 임금[王]이 천하의 '임금'.

皇宮 황궁   皇女 황녀   皇室 황실
皇帝 황제   敎皇 교황   張皇 장황

皆 다, 모두 개
다, 모두
3급 | 총획 9 | 동 咸(함)

비교하니[比] 희다고[白] '모두' '다' 말하다.

皆骨山 개골산 : 겨울철의 금강산을 달리 이르는 말
皆勤 개근   皆旣日蝕 개기일식

皎 달 밝을, 흴 교
달이 밝다, 희다
1급 | 총획 11

'달이 밝음[白]'으로 서로[交]를 비추니 '희게' 보인다.

皎潔 교결 : 마음씨가 깨끗하고 맑음

가죽 피 | 부·5획

피부나 가죽과 관련되는 의미로 쓰인다.

皮 가죽 피
가죽, 겉
3Ⅱ급 | 총획 5 | 동 革(혁)

짐승의 '가죽'.

皮骨 피골   皮膚 피부   桂皮 계피
毛皮 모피   羊皮 양피   牛皮 우피
鐵面皮 철면피

皿 그릇 명 | 부·5획

제사 지낼 때 쓰는 제기의 모양을 본뜬 글자이다.

皿 그릇 명:
그릇, 그릇 덮개
1급 | 총획 5

제사 지낼 때 쓰는 '그릇' 모양.
器皿 기명 : 살림살이에 쓰는 그릇을 통틀어 이르는 말

盛 성할 성:
성하다, 성대하다
4Ⅱ급 | 총획 12 | 반 衰(쇠)

다 완성한[成] 음식을 그릇[皿]에 담으니 '성대하다'.

盛大 성대   盛德 성덕   盛裝 성장
盛行 성행   茂盛 무성   隆盛 융성
全盛 전성   豊盛 풍성

盆 동이 분
동이
1급 | 총획 9

나무토막을 쪼개서[分] 만든 물·술 같은 것을 담는 그릇[皿]인 '동이'.

盆地 분지   花盆 화분

盜 도둑 도(:)
도둑
4급 | 총획 12 | 동 賊(적)

물[氵] 속에 잘 숨겨둔 보물 그릇[皿]을 하품[欠]하며 졸다가 '도둑'에게 빼앗겼다.

盜難 도난   盜癖 도벽   盜用 도용
盜賊 도적   盜聽 도청   強盜 강도
大盜 대도

益 더할 익
더하다, 이롭다
4Ⅱ급 | 총획 10 | 동 增(증) 반 損(손)

그릇[皿]에 물[氺]을 부어 '더하다'.
百害無益 백해무익 : 해롭기만 하고 이로운 것이 없음

益甚 익심   益鳥 익조   權益 권익
損益 손익   有益 유익   利益 이익
便益 편익   弘益人間 홍익인간

盞 잔 잔
잔, 술잔
1급 | 총획 13

창 두 개[戔]를 녹여 만든 작은 그릇[皿]을 '술잔'으로 쓰다.

金盞 금잔   燈盞 등잔   茶盞 찻잔

盒 합 합
합
1급 | 총획 11

여러 그릇[皿]을 합쳐[合] 올려 놓을 수 있는 '합'.

茶盒 차합   饌盒 찬합   香盒 향합

盟 맹세 맹
맹세, 약속
3Ⅱ급 | 총획 13 | 동 誓(서)

제후들이 모여 희생의 피를 그릇[皿]에 담아 신명[明] 앞에 '맹세'하다.

盟邦 맹방   盟誓 맹서   盟約 맹약
加盟 가맹   聯盟 연맹   血盟 혈맹

監 볼 감
보다, 살피다
4Ⅱ급 | 총획 14 | 동 觀(관), 見(견)

신하[臣] 된 사람[人]은 피[血]땀 흘려 백성을 '**보고**' '**살펴야**' 한다.

監禁 감금　　監督 감독　　監房 감방
監査 감사　　監修 감수　　監視 감시
監察 감찰　　收監 수감　　令監 영감

盤 소반 반
소반, 쟁반, 받침
3Ⅱ급 | 총획 15

음식을 담아 옮기는[般] 그릇[皿]이니 '**소반**'.

盤石 반석　　骨盤 골반　　基盤 기반
小盤 소반　　中盤 중반　　初盤 초반
胎盤 태반

盡 다할 진:
다하다, 완수하다, 모든
4급 | 총획 14 | 동 窮(궁) 약 尽

또[⺕] 우두머리[亠]에게 바칠 그릇[皿]을 불[灬]에 구우며 정성을 '**다한다**'.

氣盡脈盡 기진맥진 : 기력이 다하고 맥이 풀림

盡力 진력　　盡心 진심　　極盡 극진
賣盡 매진　　無盡藏 무진장　　燒盡 소진
脫盡 탈진

目 눈 목 | 부·5획

눈의 모양을 본뜬 글자이다.

目 눈 목
눈
6급 | 총획 5 | 동 眼(안)

'눈'의 모양을 본뜬 자.

目擊 목격   目錄 목록   目的 목적
目次 목차   目標 목표   面目 면목
眼目 안목   題目 제목   品目 품목

看 볼 간
보다
4급 | 총획 9

손[手]으로 만지고 눈[目]으로 '보다'.

走馬看山 주마간산 : '달리는 말 위에서 구경하다'라는 뜻으로, 자세히 살피지 않고 대충대충 보고 지나감을 이르는 말

看過 간과   看病 간병   看守 간수
看破 간파   看護師 간호사

盲 소경, 눈 멀 맹
소경, 눈이 멀다
3Ⅱ급 | 총획 8

눈[目]이 없는[亡] '소경'.

盲目 맹목   盲信 맹신   盲兒 맹아
盲人 맹인   盲腸 맹장   文盲 문맹
色盲 색맹   夜盲症 야맹증

省 살필 성 / 덜 생
살피다, 덜다
6Ⅱ급 | 총획 9 | 동 略(략), 察(찰)

양이 적으니[少] 눈[目]을 부릅뜨고 '덜어진' 곳이 없는지 '살피다'.

昏定晨省 혼정신성 : 부모를 잘 섬기고 효성을 다함

省墓 성묘   歸省 귀성   反省 반성
自省 자성   省略 생략

直 곧을 직
곧다, 바르다, 옳다
7Ⅱ급 | 총획 8 | 동 貞(정)

감추려[匚→ㄴ] 해도 열[十] 사람의 눈[目]이 보고 있으니 '곧게' 살아야 한다.

直感 직감   直告 직고   直面 직면
直線 직선   直言 직언   直前 직전
直接 직접   直後 직후   強直 강직
率直 솔직

眄 곁눈질할 면 :
곁눈질하다
1급 | 총획 9

눈[目]을 한[一]쪽으로 몰아[丏] '곁눈질하다'.

眄視 면시

眈 노려볼 탐
노려보다
1급 | 총획 9

눈[目]을 부릅뜨고 망설이며[冘] 기회를 '노리다'.

虎視眈眈 호시탐탐 : 남의 것을 빼앗기 위하여 형세를 살피어 가만히 기회를 엿봄

盾 방패 순
방패
2급 | 총획 9

방패[干]로 눈[目]을 막고[丿] 있는 모양으로 몸 전체를 숨기는 '방패'.

矛盾 모순   戟盾 극순

眉 눈썹 미
눈썹
3급 | 총획 9

눈[目] 위에 있는 지붕[尸]은 '눈썹'.

眉間 미간　　白眉 백미　　焦眉 초미

相 서로 상
서로
5Ⅱ급 | 총획 9 | 동 互(호)

나무[木] 양쪽에 서서 눈[目]으로 '서로'를 보다.

同病相憐 동병상련 : 어려운 사람끼리 동정함을 이름

相談 상담　　相逢 상봉　　相續 상속
相乘 상승　　相通 상통　　相互 상호
觀相 관상　　色相 색상　　皮相的 피상적

眩 어지러울 현
어지럽다, 아찔하다
1급 | 총획 10

눈[目] 앞이 갑자기 캄캄[玄]해지니 '어지럽다'.

眩氣症 현기증　　眩惑 현혹　　眩亂 현란
眩慌 현황

眞 참 진
참, 진실하다
4Ⅱ급 | 총획 10 | 약 真

비수[匕]를 들고 [卄] 눈[目]으로 확인하니 '참'이다.

眞假 진가　　眞可 진가　　眞骨 진골
眞理 진리　　眞面目 진면목　　眞實 진실
眞僞 진위　　眞情 진정　　純眞 순진

眠 잘 면
잠자다
3Ⅱ급 | 총획 10 | 동 睡(수)

눈[目]으로 백성[民]들을 잘 살피니 편하게 '잠을 자다'.

冬眠 동면　　不眠症 불면증　　睡眠 수면
熟眠 숙면　　安眠 안면　　休眠 휴면

眺 바라볼 조 :
바라보다
1급 | 총획 11

눈[目]을 크게 뜨고 앞날의 조짐[兆]을 '바라보다'.

眺望 조망 : 먼 곳을 바라봄

眺覽 조람　　眺臨 조림

眷 돌볼 권
돌보다, 보살피다
1급 | 총획 11

여덟[八] 명의 사내[夫]들이 눈[目]으로 지켜보며 '돌보다'.

眷念 권념 : 돌보아 생각함. 염려함

眼 눈 안 :
눈
4Ⅱ급 | 총획 11 | 동 目(목)

눈[目]에 보이는 것에만 신경이 머무는[艮] '눈'.

眼鏡 안경　　眼目 안목　　眼藥 안약
開眼 개안　　色眼鏡 색안경　　審美眼 심미안
肉眼 육안　　主眼 주안　　血眼 혈안

着 붙을 착
붙다, 입다
5Ⅱ급 | 총획 12 | 동 附(부)

양[羊]이 서로 눈[目]을 마주치며 의좋게 '붙어' 살다.

着工 착공　　着陸 착륙　　着席 착석
着眼 착안　　着用 착용　　到着 도착
逢着 봉착　　終着驛 종착역　　執着 집착

睛 눈동자 정
눈동자, 싫어하는 눈빛
1급 | 총획 13

눈[目]에 푸른[靑] 빛을 띄는 '눈동자'.

眼睛 안정 : 눈동자

睛眸 정모　　點睛 점정

睡 졸음 수
졸음, 자다, 졸다
3급 | 총획 13 | 동 眠(면), 宿(숙), 寢(침)

눈[目]꺼풀이 아래로 드리워[垂] '졸음'이 쏟아지다.

睡眠 수면   午睡 오수   昏睡 혼수

瞥 눈 깜짝할 별
눈 깜짝하다, 얼핏 보다
1급 | 총획 17

찢어진[敝] 눈[目]으로 '눈 깜짝할' 사이에 보다.

瞥眼間 별안간

睦 화목할 목
화목하다, 가깝다
3Ⅱ급 | 총획 13 | 동 和(화)

땅[土]과 땅[土] 사이의 팔팔[八]한 개구리들을 눈[目]으로 보니 '화목해' 보인다.

親睦 친목   親睦契 친목계   和睦 화목

瞬 눈깜짝일 순
눈을 깜작이다, 잠깐
3Ⅱ급 | 총획 17

순[舜]임금은 눈[目]을 자주 '깜짝이다'.

瞬間 순간 : 아주 짧은 동안
一瞬 일순 : 한순간
瞬息間 순식간   瞬發力 순발력

督 감독할 독
감독하다
4Ⅱ급 | 총획 13 | 동 監(감)

웃[上]어른이 어린[小]아이들을 눈[目]으로 살피며 또[又] '감독하다'.

督過 독과   督勵 독려   督促 독촉
監督 감독   提督 제독   總督 총독

瞳 눈동자 동 :
눈동자, 어리석은 모양
1급 | 총획 17

눈[目]이 큰 아이[童]의 '눈동자'.

瞳孔 동공 : 눈동자

睹 볼 도
보다, 가리다, 분별하다
1급 | 총획 14

눈[目]을 크게 뜨고 이것저것[者] '보다'.

睹聞 도문 : 보고 듣는 것

瞰 굽어볼 감
굽어보다, 내려다보다
1급 | 총획 17

눈[目]을 부릅뜨고 감히[敢] '굽어보다'.

鳥瞰圖 조감도 : 높은 곳에서 내려다 본 상태의 그림이나 지도
瞰臨 감림

瞞 속일 만
속이다, 게슴츠레하다
1급 | 총획 16

눈[目]을 살살거리며 사람을 '속이다'.

瞞過 만과   瞞報 만보   瞞着 만착
欺瞞 기만

瞭 밝을 료
밝다, 아득하다
1급 | 총획 17

눈[目]이 불빛[尞]처럼 '밝다'.

明瞭 명료 : 또렷하고 분명함

창 모 | 부·5획

옛날 전쟁터에서 쓰던 세모진 창의 모양을 본뜬 글자이다.

 창 모
창
2급 | 총획 5

장식이 달린 긴 '창'의 모양.
矛盾 모순

 자랑할 긍 :
자랑하다, 불쌍히 여기다, 공경하다
1급 | 총획 9

창[矛]을 들고 지금[今]의 실력을 '자랑하다'.
矜持 긍지 : 자신의 능력을 믿음으로써 가지는 당당함
矜恤 긍휼   自矜 자긍

矢 화살 시 | 부·5획

입을 벌려 하품하고 있는 모양을 본뜬 글자이다.

矢 화살 시:
화살
3급 | 총획 5

'**화살**'의 모양을 본뜬 자.

弓矢 궁시 : 활과 화살

短 짧을 단(:)
짧다, 단점
6Ⅱ급 | 총획 12

화살[矢]의 길이가 콩[豆]과 비슷하니 참 '**짧다**'.

短劍 단검   短命 단명   短信 단신
短點 단점   短縮 단축   短篇 단편
長短 장단

矣 어조사 의
어조사
3급 | 총획 7

화살[矢]이 날아가서 나[厶]의 말을 끊으니, 말이 가다가 그치는 '**어조사**'.

萬事休矣 만사휴의 : 모든 것이 헛수고로 돌아감
汝矣島 여의도

矮 작을 왜
작다, 난쟁이
1급 | 총획 13

화살[矢]과 벼[禾]처럼 여자[女]가 '**작다**'.

矮小 왜소

知 알 지
알다
5Ⅱ급 | 총획 8 | 동 識(식), 認(인)

이미 날아간 화살[矢]처럼, 한 번 입[口]으로 내뱉은 말은 돌이킬 수 없음을 '**알다**'.

知己 지기   知能 지능   知識 지식
知的 지적   無知 무지   認知 인지
周知 주지   探知 탐지

矯 바로잡을 교:
바로잡다
3급 | 총획 17

높이[喬] 쏘기 위하여 화살[矢]을 '**바로잡는다**'.

矯角殺牛 교각살우 : '소의 뿔을 바로잡으려다가 소를 죽인다' 라는 뜻으로, 결점이나 흠을 고치려다가 수단이 지나쳐서 도리어 일을 그르침

矯導 교도   矯正 교정

矩 모날, 법 구
모나다, 법, 곱자, 네모
1급 | 총획 10 | 동 度(도)

화살[矢] 중에 큰[巨] 것은 '**법**'에 따라 쓴다.

矩度 구도 : 법
矩步 구보   矩尺 구척

石 | 돌 석 | 부·5획
바위 아래의 돌 모양을 본뜬 글자이다.

石 | 돌 석
돌
6급 | 총획 5 | 동 巖(암)

바위[厂] 아래 떨어져 있는 네모[口]난 **'돌'**.

他山之石 타산지석 : 다른 사람의 하찮은 말과 행동도 자신에게 도움이 될 수 있음

石刻 석각	石工 석공	石山 석산
石油 석유	石炭 석탄	石花 석화
舊石器 구석기	木石 목석	寶石 보석

砒 | 비상 비
비상, 비소
1급 | 총획 9

독 있는 광석[石]으로 만든 **'비[比]상'**.

砒霜 비상 : 비석에 열을 가해 승화시켜 얻은 결정체로 무서운 독이 있음

砒石 비석   砒素 비소

砲 | 대포 포
대포
4Ⅱ급 | 총획 10

돌[石]과 유황을 싸서[包] 만든 **'대포'**.

砲擊 포격	砲兵 포병	砲聲 포성
砲手 포수	砲彈 포탄	銃砲 총포
祝砲 축포		

砧 | 다듬잇돌 침
다듬잇돌
1급 | 총획 10

돌[石] 밭에서 점[占]쳐 보고 만든 **'다듬잇돌'**.

砧石 침석 : 다듬잇돌

破 | 깨뜨릴 파
깨뜨리다, 깨다
4Ⅱ급 | 총획 10 | 동 碎(쇄)

가죽[皮]도 돌[石]로 치면 **'찢어질(깨뜨릴)'** 수 있다.

| 破綻 파탄 | 破局 파국 | 破産 파산 |
| 破損 파손 | | |

硅 | 규소 규
규소
1급 | 총획 11

암석[石]의 주성분인 **규[圭]소**.

硅素 규소 : 비금속 탄소족 원소의 하나

硏 | 갈 연
갈다
4Ⅱ급 | 총획 11 | 동 究(구)

방패 두 개[干干]를 돌[石]에 대고 **'갈다'**.

| 硏究 연구 | 硏究員 연구원 | 硏磨 연마 |
| 硏武 연무 | 硏修 연수 | |

硫 | 유황 류
유황
2급 | 총획 12

흐르는 내[川] 같은데 파삭파삭한 결정체인 비금속[石] **'유황'**.

硫黃 유황

硝 화약 초
초석
1급 | 총획 12

광물질[石]의 폭발 물질 원료인 초[肖]석으로 '화약'을 만들다.

硝煙 초연 : 화약의 연기

硝藥 초약

硬 굳을 경
굳다, 단단하다, 강하다
3Ⅱ급 | 총획 12 | ⑧ 堅(견) ⑪ 軟(연), 柔(유)

돌[石]로 변하여 다시[更] '단단하게' '굳다'.

硬度 경도   硬直 경직   硬化 경화
强硬 강경   動脈硬化 동맥경화   生硬 생경

硯 벼루 연 :
벼루
2급 | 총획 12

글을 써서 보이게[見] 하는 먹을 가는 돌[石]인 '벼루'.

硯滴 연적   筆硯 필연

硼 붕사 붕
붕사, 돌 이름
1급 | 총획 13

비금속[石]의 하나인 의약품으로 쓰이는 '붕[朋사]'.

硼砂 붕사

碎 부술 쇄 :
부수다, 부서지다, 깨뜨리다
1급 | 총획 13

돌[石]이 다 없어져 마칠[卒] 때까지 '부수다'.

粉碎 분쇄 : 가루처럼 잘게 부스러뜨림

碇 닻 정
닻, 닻을 내리다
1급 | 총획 13

배가 멈출 수 있도록 큰 돌[石]을 안정된[定] 곳에 놓아두고 내리는 '닻'.

碇泊 정박 : 배가 닻을 내리고 머무름

碌 푸른 돌 록
푸른 돌, 녹
1급 | 총획 13

돌[石]에서 초록[綠→彔]빛이 나니 '푸른 돌'.

碌碌 녹록 : 평범하고 보잘것없음. 만만하고 상대하기 쉬움

碑 비석 비
비석, 돌기둥
4급 | 총획 13

돌[石]을 낮게[卑] 깎아 만든 '비석'.

碑閣 비각   碑銘 비명   碑文 비문
碑石 비석   記念碑 기념비   墓碑 묘비

碧 푸를 벽
푸르다, 푸른 옥돌
3Ⅱ급 | 총획 14

백옥석[白王石]은 '옥돌' 중 '푸른' 빛을 낸다.

碧昌牛 벽창우 : 평안북도의 벽동(碧潼) 지방에서 나는 크고 억센 소. 벽창호의 본말
桑田碧海 상전벽해 : 세상일의 변천이 심함을 이르는 말
碧谿水 벽계수   碧眼 벽안

碩 클 석
크다
2급 | 총획 14

돌[石] 중에 머리[頁]통처럼 큼직큼직한 것을 뜻하여 '크다'.

碩望 석망 : 크고 높은 명망
碩士 석사   碩學 석학

磁 자석 자
자석
2급 | 총획 14

돌[石] 속에서 쇠만 끌어당기는 검고[玄] 검은[玄]색의 '자석'.

磁氣 자기 磁極 자극 磁石 자석
磁針 자침

礁 암초 초
암초, 숨은 바윗돌
1급 | 총획 17

돌[石] 중에 검게 그을린[焦] 것처럼 물 속에 숨어 보이지 않는 '암초'.

礁石 초석 : 물속에 있어서 수면에 나타나지 않는 돌

磊 돌 무더기 뢰
돌 무더기
1급 | 총획 15 | 동 砢(라)

돌[石]과 돌[石] 위에 돌[石]을 쌓은 '돌 무더기'.

磊落 뇌락 : 마음이 너그럽고 작은 일에 얽매이지 않음
磊磊 뇌뢰

礎 주춧돌 초
주춧돌
3Ⅱ급 | 총획 18

나무[木]와 나무[木] 밑에 발[疋] 노릇하는 돌[石]이니 '주춧돌'.

礎石 초석 基礎 기초 定礎 정초
巢礎 소초

確 굳을 확
굳다, 확실하다
4Ⅱ급 | 총획 15 | 동 堅(견), 固(고)

돌[石]로 덮여[冖] 있는 새[隹]가 '굳어' '확실히' 날 수 없다.

確立 확립 確約 확약 確認 확인
確定 확정 確證 확증 正確 정확

礙 막을, 거리낄 애 :
막다, 거리끼다
2급 | 총획 19 | 약 碍

돌[石]로 눈을 의심할[疑] 정도로 튼튼하게 '막다'.

阻礙 조애 拘礙 구애 障礙 장애

磨 갈 마
갈다, 문지르다
3Ⅱ급 | 총획 16 | 동 硏(연)

삼[麻]껍질을 벗겨 다듬듯 돌[石]을 그렇게 '갈다'.

磨損 마손 : 마찰에 의하여 쓸리어 닳음
磨崖 마애 達磨 달마 硏磨 연마

礬 백반 반
백반
1급 | 총획 20

나무 두 개[木木]는 쪼개어[爻] 불을 피우고, 큰[大] 돌[石] 위에는 '백반'을 올려놓는다.

明礬 명반 白礬 백반

磬 경쇠 경 :
경쇠, 비다, 말을 달리다
1급 | 총획 16

돌[石]을 처마 끝에 달아 소리[聲→殸]나게 하는 '경쇠'.

磬石 경석 : 짙은 검은색을 띤 안산암

礫 조약돌 력
조약돌, 밝은 모양
1급 | 총획 20

돌[石] 밭에서 즐겨[樂] 가지고 놀던 '조약돌'.

瓦礫 와력 : 기와와 조약돌. 하찮은 물건이나 사람
礫石 역석

보일 시 | 부·5획

신을 모실 때 쓰는 받침, 또는 무덤 앞에 놓여 있는 제단 모양을 본뜬 글자로, 제단은 귀신과 관계가 있으니 '귀신', 귀신은 모든 것이 다 보이니 '보이다' 등의 뜻을 나타낸다. 변형자는 'ㆍ'이다.

示 보일 시 :
보이다
5급 | 총획 5

두[二] 무덤 앞에 작은[小] 제물을 올려 조상에게 **'보이다'**.

示範 시범　　示現 시현　　告示 고시
公示 공시　　明示 명시　　例示 예시
表示 표시

祀 제사 사
제사, 제사 지내다
3Ⅱ급 | 총획 8 | 동 祭(제)

신[示]을 낮[巳]에 모시고 **'제사'**를 지내다.

告祀 고사　　　　　祭祀 제사

社 모일 사
모이다, 단체
6Ⅱ급 | 총획 8

토지[土]의 신[示]에게 제사를 지내기 위해 **'모이다'**.

社告 사고　　社交 사교　　社說 사설
社友 사우　　社員 사원　　社長 사장
社會 사회　　新聞社 신문사　會社 회사

祉 복 지
복
1급 | 총획 9

신[示]이 내려와 머물러[止] 내려주는 **'복'**.

福祉 복지 : 행복한 삶

祈 빌 기
빌다
3Ⅱ급 | 총획 9

신[示] 앞에 도끼[斤]를 놓아두고 **'빌다'**.

祈禱 기도　　祈雨祭 기우제　祈願 기원

祝 빌 축
빌다
5급 | 총획 10 | 동 祈(기)

신[示]에게 형[兄]이 소원을 **'빌다'**.

祝歌 축가　　祝文 축문　　祝福 축복
祝願 축원　　祝典 축전　　祝賀 축하
慶祝 경축　　自祝 자축

神 귀신 신
귀신, 정신
6Ⅱ급 | 총획 10 | 동 鬼(귀), 靈(령)

음식을 보기[示] 좋게 펼쳐[申] 놓으니 **'귀신'**이 좋아하며 먹다.

神奇 신기　　神童 신동　　神靈 신령
神明 신명　　神主 신주　　神通 신통
神話 신화　　精神 정신

祠 사당 사
사당, 제사 지내다
1급 | 총획 10

신[示] 모시는 일을 맡아서[司] 하기 위해 지은 **'사당'**.

祠堂 사당 : 조상의 신주(神主)를 모셔 놓은 집

祕 숨길 비:
숨기다
4급 | 총획 10 | 약 秘

신[示]은 반드시[必] 몸을 '숨기다'.

祕訣 비결　　祕境 비경　　祕錄 비록
祕密 비밀　　祕話 비화　　祕資金 비자금
極祕 극비　　默祕權 묵비권

禁 금할 금:
금하다
4Ⅱ급 | 총획 13

나무 두 그루[木木]를 심어 신[示]전에 부정한 것의 접근을 '금하다'.

禁忌 금기　　禁書 금서　　禁食 금식
禁煙 금연　　禁慾 금욕　　禁酒 금주
禁止 금지　　禁治産 금치산　　監禁 감금

祖 할아비 조
할아버지, 조상
7급 | 총획 10 | 반 孫(손)

신[示]에게 제물을 바치고, 또[且] '조상', '할아버지'께 절하다.

祖國 조국　　祖母 조모　　祖父 조부
祖上 조상　　先祖 선조　　始祖 시조
元祖 원조

祿 녹 록
녹, 녹을 주다, 복을 내리다
3Ⅱ급 | 총획 13 | 동 俸(봉)

신[示]의 이름을 새겨[彔] 두고 인간에게 '녹'을 주십사 기원하다.

祿俸 녹봉　　貫祿 관록　　國祿 국록
爵祿 작록

祭 제사 제:
제사
4Ⅱ급 | 총획 11 | 동 祀(사)

고기[月]와 또[又] 제물을 신[示]에게 바치고 '제사'를 지내다.

祭壇 제단　　祭物 제물　　祭祀 제사
祭典 제전　　祭主 제주　　祭天 제천
祝祭 축제

福 복 복
복
5Ⅱ급 | 총획 14 | 반 禍(화)

식구[口]가 하나[一]인데, 신[示]이 큰 밭[田]을 주니 '복'이 참 많다.

福券 복권　　福德 복덕　　福利 복리
福音 복음　　多福 다복　　萬福 만복
五福 오복　　祝福 축복　　幸福 행복

祥 상서 상
상서, 복
3급 | 총획 11 | 동 瑞(서), 禎(정)

신[示]에게 양[羊]을 잡아 바치니 '상서'로운 일이요, 또 '복'이 온다.

吉祥 길상　　不祥事 불상사

禍 재앙 화:
재화, 재화
3Ⅱ급 | 총획 14 | 동 殃(앙), 厄(액), 災(재)

신[示]이 사람의 운명을 비뚤게[咼] 하는 것이니 '재앙'.

吉凶禍福 길흉화복 : 길함과 흉함과 재앙과 행복
轉禍爲福 전화위복 : 화가 오히려 복이 됨
禍根 화근　　禍福 화복　　災禍 재화

票 표 표
표, 쪽지
4Ⅱ급 | 총획 11

서쪽[西]에서도 보이게[示] 쪽지를 달아 '표'하다.

票決 표결　　開票 개표　　車票 차표

禦 막을 어:
막다, 금하다, 제사 지내다
1급 | 총획 16

조상에 신[示]을 모시면서[御] 사악한 귀신을 '막다'.

防禦 방어　　抗禦 항어

禪 선 선
선
3Ⅱ급 | 총획 17

정신[示]을 하나로 단일[單]화 하기 위해 '**참선**'하다.

禪宗 선종　　　坐禪 좌선　　　參禪 참선

禱 빌 도
빌다
1급 | 총획 19

신[示]에게 목숨[壽]을 살려달라고 '**빌다**'.

祈禱 기도 : 신이나 부처에게 비는 일

禮 예도 례 :
예도, 예절
6급 | 총획 18 | ㉨ 礼

신[示]에게 제물을 풍성하게[豊] 바치고 '**예도**'에 맞춰 절을 한다.

虛禮虛飾 허례허식 : 형편에 맞지 않게 겉만 좋게 꾸밈

禮家 예가　　　禮度 예도　　　禮物 예물
禮拜 예배　　　禮服 예복　　　禮節 예절
缺禮 결례　　　目禮 목례　　　葬禮 장례

짐승발자국 유 | 부·5획

짐승의 발자국 모양을 본뜬 글자이다.

 새 금
새, 날짐승, 사로잡다
3Ⅱ급 | 총획 13 | 동 鳥(조)

짐승[内]을 모두 다 합해서[合] 총칭하는 것으로, 특히 나는 '**새**'를 뜻한다.

禽獸 금수 : 날짐승과 길짐승
鳴禽 명금 : 고운 소리로 지저귀는 새

禽獲 금획   **猛禽** 맹금

禾 벼 화 | 부·5획

벼의 모양을 본뜬 글자이다.

禾 벼 화
벼, 곡식
3급 | 총획 5 | 동 稻(도)

'벼'의 모양을 본뜬 자.

禾穀 화곡 : 벼에 딸린 곡식을 통틀어 이름

秋 가을 추
가을
7급 | 총획 9 | 반 春(춘)

벼[禾]를 거둬 불[火]이나 햇빛에 말리는 계절이니 '가을'.

秋風落葉 추풍낙엽 : 세력이나 형세가 갑자기 기우는 것

秋季 추계 秋夕 추석 秋收 추수
秋意 추의 秋波 추파 春秋服 춘추복
春夏秋冬 춘하추동

私 사사 사
사사, 사사롭다
4급 | 총획 7 | 반 公(공)

내[厶]가 농사지어 거둔 벼[禾]이니 '사사로운' 것이다.

私家 사가 私見 사견 私談 사담
私立 사립 私服 사복 私席 사석
私心 사심

科 과목 과
과목, 과정
6Ⅱ급 | 총획 9

벼[禾]를 말[斗]로 재어 등급을 매기는 '과정'.

科客 과객 科擧 과거 科目 과목
科學 과학 敎科書 교과서 內科 내과
眼科 안과 前科 전과

秀 빼어날 수
빼어나다
4급 | 총획 7 | 동 優(우), 俊(준)

먼저 거두는 벼[禾]는 곧[乃] 다른 것보다 '빼어나다'.

秀麗 수려 秀才 수재 優秀 우수
俊秀 준수

秕 쭉정이 비 :
쭉정이, 질이 나쁜 쌀
1급 | 총획 9

벼[禾] 타작을 끝마치고 나란히[比] 버려진 '쭉정이'.

秕政 비정 : 국민을 괴롭히고 나라를 그르치는 정치

禿 대머리 독
대머리, 대머리가 되다
1급 | 총획 7

벼[禾] 이삭처럼 머리털이 거의 없는 사람[儿]이 '대머리'.

禿頭 독두 : 대머리

禿山 독산 禿翁 독옹

秒 시간 단위 초
시간 단위
3급 | 총획 9

벼[禾]가 아직 어리니[少] '시간'이 더 필요하다.

秒速 초속 秒針 초침 分秒 분초
閏秒 윤초

秩 차례 질
차례, 벼슬
3Ⅱ급 | 총획 10 | 동 序(서)

벼[禾]를 베서 잃지[失] 않도록 '차례'대로 저장하다.

秩序 질서

租 조세 조
조세, 세금
3Ⅱ급 | 총획 10

벼[禾] 농사를 마치고 또[且] 쌓아두었다가 나라에 '조세'로 바치다.

租稅 조세   租借 조차

秧 모 앙
모 심다, 재배하다
1급 | 총획 10

벼[禾]씨를 논 가운데[央] 뿌려 만든 못자리의 '모'.

移秧 이앙 : 모내기

秤 저울 칭
저울
1급 | 총획 10

벼[禾]를 공평하게[平] 분배하기 위해 '저울질' 하다.

秤錘 칭추   秤板 칭판

移 옮길 이
옮기다
4Ⅱ급 | 총획 11 | 동 運(운)

이곳에는 벼[禾]가 많아[多] 다른 곳으로 '옮기다'.

移動 이동   移民 이민   移植 이식
移秧 이앙   移轉 이전   移住 이주
變移 변이

稀 드물 희
드물다
3Ⅱ급 | 총획 12 | 동 薄(박) 반 密(밀)

벼[禾]를 바라는[希] 대로 많은 수확을 위해 드문드문 심는다하여 '드물다'.

稀貴 희귀   稀代 희대   稀薄 희박
稀釋 희석   稀少 희소   古稀 고희

稍 점점 초
점점, 적다, 벼 줄기의 끝
1급 | 총획 12

벼[禾]의 작은[小] 몸[月]이 '점점' 자라다.

稍間 초간 : 조금 사이가 뜸
稍事 초사

稅 세금 세:
세금, 세
4Ⅱ급 | 총획 12 | 동 租(조)

벼[禾] 농사를 짓는 형[兄]이 여덟[八] 가마니를 '세금'으로 내다.

稅關 세관   稅金 세금   稅務 세무
課稅 과세   關稅 관세   納稅 납세
所得稅 소득세   有名稅 유명세

程 한도, 길 정
한도, 길, 단위
4Ⅱ급 | 총획 12 | 동 道(도), 路(로)

화목하게[和] 살아가는 '길'이 있고, 왕[王]의 권세도 '한도'가 있다.

程度 정도   工程 공정   課程 과정
過程 과정   規程 규정   路程 노정
日程 일정

稗 피 패:
피, 잘다
1급 | 총획 13

벼[禾]과에 속하는 일년초인 '피[卑]'.

稗史 패사 : 패관이 소설과 같은 형식으로 꾸며서 쓴 역사 이야기

稠 빽빽할 조
빽빽하다, 많다, 농후하다
1급 | 총획 13

벼[禾] 못자리에 두루[周] 벼가 '**빽빽하다**'.

稠密 조밀 : 촘촘하고 빽빽함

種 씨 종(:)
씨, 심다
5Ⅱ급 | 총획 14

벼[禾]를 거둔 후, 중요하게[重] 보관한 '**씨**'.

種類 종류   種目 종목   種別 종별
種子 종자   種族 종족   別種 별종
純種 순종   接種 접종   品種 품종

稜 모서리 릉
모 나다, 모서리
1급 | 총획 13

벼[禾]를 심어놓은 언덕[陵 → 夌] 아래 '**모서리**'.

稜線 능선 : 산등성이를 따라 죽 이어진 선

稻 벼 도
벼
3급 | 총획 15 | 통 禾(화)

절구[臼]에 찧어 손[爪]으로 긁어낸 '**벼[禾]**'.

稻熱病 도열병 : 벼 품종에 많이 생기며 암갈색의 반점이 퍼져 잎 전체가 갈색으로 되어 마르게 되는 병
稻作 도작 : 벼농사
秧稻 앙도

稚 어릴 치
어리다
3Ⅱ급 | 총획 13 | 통 幼(유) 반 老(로)

벼[禾] 이삭이 새[隹] 꼬리처럼 짧으니 아직 '**어리다**'.

稚氣 치기   稚拙 치졸   幼稚 유치
幼稚園 유치원

稿 원고, 볏짚 고
원고, 볏짚
3Ⅱ급 | 총획 15

볏단[禾]을 높게[高] 쌓은 '**볏짚**'.

稿料 고료   原稿 원고   原稿紙 원고지
草稿 초고   脫稿 탈고   投稿 투고

稟 여쭐 품:
여쭈다, 아뢰다, 주다, 녹미
1급 | 총획 13

우두머리[亠]에게 돌아[回] 올 때 받은 벼[禾]가 '**녹미**'.

天稟 천품 : 타고난 기품
稟賦 품부   稟議 품의

稼 심을 가
심다, 농사
1급 | 총획 15

집[家]에서 떨어진 논에 벼[禾]를 '**심다**'.

稼動 가동 : 사람이나 기계가 움직여서 일함
農稼 농가

稱 일컬을 칭
일컫다, 칭찬하다, 부르다
4급 | 총획 14 | 약 称

성[冂] 안 흙[土] 바닥의 벼[禾]를 손톱[爪]으로 모으니 주인이 '**불러**' '**칭찬하다**'.

稱頌 칭송   稱讚 칭찬   假稱 가칭
俗稱 속칭   愛稱 애칭   略稱 약칭
尊稱 존칭   呼稱 호칭

穀 곡식 곡
곡식
4급 | 총획 15

선비[士]가 덮여[冖] 있는 한[一] 벼[禾] 가마니를 쳐서[殳] '**곡식**'인지 확인한다.

五穀百果 오곡백과 : 온갖 곡식과 과실
穀價 곡가   穀類 곡류   穀物 곡물
穀食 곡식   糧穀 양곡   雜穀 잡곡
秋穀 추곡   脫穀 탈곡

積 쌓을 적
쌓다
4급 | 총획 16 | (동) 貯(저), 築(축)

볏[禾]단을 책임지고[責] '쌓다'.

積極 적극 積立 적립 積立金 적립금
積善 적선 積載 적재 面積 면적
容積 용적

穢 더러울 예 :
더럽다, 거칠다, 잡다
1급 | 총획 18

벼[禾]를 심어 놓고 세월[歲]이 가도 관리하지 않으면 잡초만 우거져 '더러워진다'.

穢氣 예기 : 더러운 냄새
穢慾 예욕 濁穢 탁예

穗 이삭 수
이삭
1급 | 총획 17

은혜롭게[惠] 하늘에서 내려준 벼[禾] '이삭'.

穗狀 수상 : 곡식의 이삭과 같은 모양

穫 거둘 확
거두다, (벼를) 베다
3급 | 총획 19 | (동) 收(수)

벼[禾]와 풀[艹]을 '베고' 새[隹]를 손[又]으로 잡아 '거두다'.

耕穫 경확 收穫 수확 秋穫 추확

穩 평안할 온
평온하다
2급 | 총획 19

벼[禾]를 손[爫]으로 떡도 만들어[工] 먹고 또[彐] 마음[心]에 걱정이 없어 '평온하다'.

穩健 온건 平穩 평온

穴 구멍 혈 | 부·5획
집으로 쓰이던 동굴의 모양을 본뜬 글자이다.

穴 굴 혈
굴, 구멍
3Ⅱ급 | 총획 5

흙을 파서 출입[八]구를 뚫은 움집[宀]이 '굴'.

經穴 경혈 : 한방에서 14경맥의 혈을 이르는 말
虎穴 호혈 : 호랑이 굴

穴居 혈거   洞穴 동혈   墓穴 묘혈

穽 함정 정
함정, 허방다리
1급 | 총획 9

우물[井]처럼 파서 구멍[穴]이 생긴 곳이니 '함정'.

深穽 심정   陷穽 함정

究 연구할 구
연구하다, 다하다
4Ⅱ급 | 총획 7

구멍[穴]도 없는 굴 속에서 구[九] 년 동안 '연구하다'.

究明 구명   講究 강구   窮究 궁구
研究 연구   探究 탐구   學究熱 학구열

突 갑자기 돌
갑자기, 부딪치다
3Ⅱ급 | 총획 9 | 동 衝(충)

개[犬]가 구멍[穴]에서 '갑자기' 튀어나와 '부딪치다'.

左衝右突 좌충우돌 : 이리저리 마구 찌르고 부딪침

突擊 돌격   突起 돌기   突變 돌변
突進 돌진   突出 돌출   唐突 당돌
溫突 온돌   衝突 충돌

空 빌 공
비다, 하늘
7Ⅱ급 | 총획 8 | 동 虛(허) 반 滿(만)

창조주가 구멍[穴]을 만드니[工], 그것이 '하늘'이 되고, '빈 공간'이 되다.

卓上空論 탁상공론 : 현실성이 없는 헛된 이론

空間 공간   空軍 공군   空氣 공기
空洞 공동   空白 공백   空席 공석
空中 공중   空虛 공허

穿 뚫을 천 :
뚫다, 구멍
1급 | 총획 9

어금니[牙] 같은 연장으로 구멍[穴]을 '뚫다'.

穿孔 천공   穿鑿 천착

穹 하늘 궁
하늘, 궁하다, 크다, 깊다
1급 | 총획 8

활[弓]을 쏘아 올린 구멍[穴] 뚫린 '하늘'.

穹蒼 궁창   靑穹 청궁

窒 막힐 질
막히다, 막다
2급 | 총획 11

뚫어진 구멍[穴]에 이르러[至] '막다'.

窒酸 질산   窒塞 질색   窒息 질식

窈 고요할 요 :
그윽하다, 고상하다, 아름답다
1급 | 총획 10

어린[幼] 아이들이 구멍[穴] 속을 '그윽하게' 쳐다본다.

窈窕淑女 요조숙녀 : 품위 있고 얌전한 여자

窈冥 요명   窈然 요연

窄 좁을 착
좁다
1급 | 총획 10

잠깐[乍] 사이에 뚫은 구멍[穴]이라 아주 '좁다'.

狹窄 협착 : 공간이 대단히 좁음

窄迫 착박   窄小 착소

窓 창 창
창, 창문
6Ⅱ급 | 총획 11

내[厶] 마음[心]을 밝게 하기 위해 구멍[穴]을 내서 마음의 '창'을 만들다.

窓口 창구   窓門 창문   窓戶紙 창호지
同窓 동창   東窓 동창   車窓 차창

窘 군색할 군 :
군색하다, 고생하다
1급 | 총획 12 | 동 困(곤), 窮(궁)

구멍[穴] 같은 작은 집에 사는 임금[君]이 '군색해' 보이다.

窘塞 군색 : 자유롭지 못하고 거북함

窘乏 군핍   窮窘 궁군

窟 굴 굴
굴
2급 | 총획 13

허리를 구부리고[屈] 들어간 구멍[穴] 뚫어진 '굴'.

洞窟 동굴

窮 다할, 궁할 궁
다하다, 궁하다
4급 | 총획 15 | 동 貧(빈)

몸[身]을 활[弓]처럼 구부리고 구멍[穴]에 들어가 숨으니 운이 '다해' 사는 것이 '궁하다'.

窮究 궁구   窮極 궁극   窮理 궁리
窮狀 궁상   窮地 궁지   困窮 곤궁
貧窮 빈궁   春窮 춘궁

窯 기왓가마 요
기왓가마, 오지그릇
1급 | 총획 15

양[羊]을 불[灬]에 굽듯 질그릇을 굽기 위해 구멍[穴] 뚫어 만든 '기왓가마'.

窯業 요업 : 흙을 구워서 도자기, 벽돌, 기와 따위의 물건을 만드는 공업

瓦窯 와요   陶窯 도요

窺 엿볼 규
엿보다, 보다, 반걸음
1급 | 총획 16

작은 구멍[穴]으로 사내[夫]들이 '엿본대[見]'.

窺視 규시 : 몰래 훔쳐봄

窺知 규지

竊 훔칠 절
훔치다
3급 | 총획 22 | 동 盜(도)

벌레가 구멍[穴]을 뚫고 벼[禾]를 '훔치다'.

竊念 절념   竊盜 절도   竊取 절취

立 설 립 | 부·5획

주로 '서 있다', '머무르다', '기다리다'라는 뜻을 나타낸다.

立 설 립
서다
7Ⅱ급 | 총획 5 | 동 建(건), 起(기)

머리[亠]와 두 다리[丷]에 힘을 주고 꼿꼿이 '서다'.

立件 입건 立法 입법 立身 입신
立案 입안 立場 입장 立證 입증
獨立 독립 設立 설립 樹立 수립

章 글 장
글, 문체
6급 | 총획 11 | 동 文(문)

열[十] 마디의 소리[音]만 적어도 훌륭한 '글'이 된다.

國章 국장 文章 문장 樂章 악장
印章 인장 體力章 체력장 憲章 헌장

竝 나란히 병 :
나란히, 아우르다, 어울리다
3급 | 총획 10 | 약 並

함께 두 사람이 서[立立] 있으니 '나란히' '아우르다'.

竝呑 병탄 竝列 병렬 竝立 병립
竝設 병설 竝行 병행

竣 마칠 준 :
마치다, 끝나다, 멈추다, 물러가다
1급 | 총획 12

우뚝 서[立] 있는 집이 있어 가[夋] 보니 공사가 막 '끝났다'.

竣工 준공 : 공사를 끝냄

站 역마을 참 (:)
역마을, 우두커니 서다, 일어서다
1급 | 총획 10

남의 영토를 점령한[占] 후 말과 함께 서[立] 있는 곳이 '역마을'.

驛站 역참

童 아이 동 (:)
아이
6Ⅱ급 | 총획 12 | 동 兒(아) 반 丈(장)

마을[里] 주위에서 서서[立] 뛰노는 '아이'.

童詩 동시 童心 동심 童話 동화
兒童 아동 惡童 악동 玉童子 옥동자

竟 마침내 경 :
마침내, 끝나다, 극에 이르다
3급 | 총획 11 | 동 畢(필)

사람[儿]이 소리[音]를 길게 빼니 '마침내' 연주가 '끝나다'.

畢竟 필경 : 마침내
究竟 구경

竪 세울 수
세우다, 더벅머리
1급 | 총획 13

서[立] 있는 신하[臣]가 또[又] 머리를 길러 '더벅머리'를 '세우다'.

竪立 수립

端 끝 단
끝
4Ⅱ급 | 총획 14 | 동 極(극), 末(말)

서[立] 있는 산[山] 신령의 수염[而] '끝'이 '단정하다'.

端緖 단서 　　端役 단역 　　端午 단오
端整 단정 　　極端 극단 　　末端 말단
發端 발단 　　事端 사단

競 다툴 경:
다투다
5급 | 총획 20 | 동 爭(쟁), 戰(전), 鬪(투)

이쪽에 선[立] 큰형[兄]과 저쪽에 선[立] 작은형[兄]이 '다투다'.

競技 경기 　　競落 경락 　　競賣 경매
競步 경보 　　競爭 경쟁 　　競走 경주
競合 경합

竭 다할 갈
다하다, 없어지다, 끝나다
1급 | 총획 14 | 동 盡(진)

서서[立] 모든[曷] 사람들이 자기 일을 '다하다'.

竭力 갈력 : 있는 힘을 다함
竭忠 갈충 　　罄竭 경갈 　　困竭 곤갈

313

竹(⺮) 대 죽 | 부·6획
대나무의 줄기와 입모양을 본뜬 글자이다.

竹 대 죽
대, 대나무
4Ⅱ급 | 총획 6

'대나무'의 마디와 잎과 줄기 모양을 본뜬 자.

竹馬故友 죽마고우 : 어릴 때부터 같이 자라며 놀던 벗
破竹之勢 파죽지세 : 적을 거침없이 물리치고 쳐들어 가는 기세

竹刀 죽도 竹夫人 죽부인 爆竹 폭죽

竿 낚싯대 간
낚싯대
1급 | 총획 9

대나무[竹]로 방패[干]처럼 생기고 두 쪽이 갈라진 '낚싯대'.

竿頭 간두 竿竹 간죽

笑 웃음 소 :
웃음, 웃다
4Ⅱ급 | 총획 10 | 통 哭(곡), 泣(읍)

대나무[竹] 숲에서 아이들[夭]이 '웃고' 있다.

笑話 소화 苦笑 고소 冷笑 냉소
談笑 담소 微笑 미소 失笑 실소

笏 홀 홀
홀
1급 | 총획 10

조정에 임금을 뵐 때 옷을 갖춰입고 손에 쥐던 대나무[竹] 조각인 '홀'.

投笏 투홀 : 홀을 내던짐. 벼슬을 그만 둠

笠 삿갓 립
삿갓
1급 | 총획 11

대나무[竹]를 세워[立] 만든 '삿갓'.

笠帽 입모 : 옛날에 비가 올 때 갓 위에 덮어 쓰던 고깔과 비슷하게 생긴 물건

笞 볼기칠 태
볼기를 치다, 매질하다, 태형
1급 | 총획 11

대나무[竹]로 별[台]이 보일 정도로 세게 '볼기치다'.

笞杖 태장 笞刑 태형

符 부호 부(:)
부호, 부적, 들어맞다
3Ⅱ급 | 총획 11

대나무[竹] 조각에 글을 써서 반 갈라 나눠 한쪽을 주었던[付] '병부' 또는 '부적'.

名實相符 명실상부 : 이름과 실상이 서로 꼭 맞음

符籍 부적 符合 부합 符號 부호
終止符 종지부

笛 피리 적
피리
3Ⅱ급 | 총획 11

대나무[竹] 통에 구멍으로 말미암아[由] 소리나는 '피리'.

警笛 경적 鼓笛隊 고적대 汽笛 기적
胡笛 호적

第 차례 제:
차례
6Ⅱ급 | 총획 11 | 통 序(서), 秩(질)

대나무[竹] 밭에서 형과 아우[弟]가 '**차례**'로 노래를 부르다.

第三國 제삼국　　第三者 제삼자　　第一 제일

等 무리 등:
무리, 등급, 가지런하다
6Ⅱ급 | 총획 12 | 통 衆(중) 반 孤(고)

절[寺] 주위를 에워싼 대나무[竹] 한 '**무리**'.

等級 등급　　等分 등분　　等數 등수
等差 등차　　對等 대등　　比等 비등
優等 우등　　差等 차등　　平等 평등

筋 힘줄 근
힘줄
4급 | 총획 12

대나무[竹] 마디처럼 몸[月]에 힘[力]을 주면 나타나는 '**힘줄**'.

筋骨 근골　　筋力 근력　　筋肉 근육
鐵筋 철근

答 대답 답
대답, 갚다
7Ⅱ급 | 총획 12 | 반 問(문)

대나무[竹] 조각을 합쳐[合] 거기에 편지를 썼으나 '**대답**'이 없다.

答歌 답가　　答辯 답변　　名答 명답
問答 문답　　報答 보답　　誤答 오답
正答 정답　　和答 화답　　回答 회답

策 꾀 책
꾀, 채찍
3Ⅱ급 | 총획 12 | 통 略(략), 謀(모)

대나무[竹]로 가시[束]를 만들 '**꾀**'를 내다.

策略 책략　　策勵 책려　　計策 계책
對策 대책　　妙策 묘책　　術策 술책
政策 정책　　劃策 획책

筆 붓 필
붓, 글씨
5Ⅱ급 | 총획 12

대나무[竹]를 잘 닦아[聿] '**붓**'을 만들다.

筆耕 필경　　筆記 필기　　筆談 필담
筆答 필답　　筆跡 필적　　筆體 필체
手筆 수필　　鉛筆 연필　　執筆 집필

筍 죽순 순
죽순, 악기를 다는 틀
1급 | 총획 12

대나무[竹] 밭에 열흘[旬] 사이에 여기저기 솟은 '**죽순**'.

竹筍 죽순

筒 대통 통
대통, 통발
1급 | 총획 12

간장이나 기름을 담기 위해 대나무[竹]로 다 같이[同] 만든 '**대통**'.

竹筒 죽통 : 술 · 간장 · 기름 등을 담는 통
筆筒 필통　　號筒 호통

筵 대자리 연
대자리, 좌석, 곳
1급 | 총획 13

가는 대나무[竹]를 끌어[延] 줄을 당기면서 만든 '**대자리**'.

經筵 경연 : 임금 앞에서 경서를 강의하던 자리

管 대롱, 주관할 관
대롱, 주관하다
4급 | 총획 14

벼슬[官]한 집에서 대나무[竹]로 만든 '**대롱**'을 '**관리하다**'.

管領 관령　　管理 관리　　管樂 관악
管掌 관장　　水道管 수도관　　主管 주관
血管 혈관

算 셈 산 :
셈, 계산, 셈하다
7급 | 총획 14 | 동 計(계), 數(수)

대나무[竹]로 만든 도구[具]인 주산으로 '셈하다'.

算數 산수   算定 산정   算出 산출
檢算 검산   決算 결산   勝算 승산
豫算 예산   打算 타산   換算 환산

箱 상자 상
상자
2급 | 총획 15

대나무[竹]를 서로[相] 엮어 만든 '상자'.

箱子 상자

箇 낱 개(:)
낱
1급 | 총획 14

대나무[竹]가 다 자라 굳어진[固] 하나하나 '낱'개.

箇中 개중 : 여럿이 있는 그 가운데

箭 화살 전 :
화살
1급 | 총획 15

앞[前]으로 퉁겨져 나가는 대나무[竹] '화살'.

箭窓 전창 : 살창

箋 기록할 전
기록하다, 글, 문서, 종이
1급 | 총획 14

대나무[竹]를 창[戈]으로 쪼개 만든 '쪽지', 또는 그곳에 새긴 '글'.

附箋 부전 : 서류에 의견을 간단하게 적어서 덧붙이는 쪽지

箴 경계 잠
경계, 바늘
1급 | 총획 15

병을 고치기 위해 모두[咸]가 대나무[竹] 밭의 '경계'를 넘었다.

箴言 잠언 : 가르쳐서 훈계하는 말
箴戒 잠계

箔 발 박
발(대오리나 갈대 같은 것으로 엮어 만든 물건)
1급 | 총획 14

대나무[竹]를 물[氵]에 불려 만든 흰[白] 바탕이나 햇빛을 가리는 '발'.

金箔 금박 : 금을 얇은 종이처럼 눌러서 만든 것

篇 책 편
책
4급 | 총획 15 | 동 冊(책)

대나무[竹]로 만든 문[戶]을 쪼개서 만든 '책[冊]'.

篇首 편수   短篇 단편   詩篇 시편
長篇 장편   前篇 전편   後篇 후편

篆 전자 전 :
전자, 도장
1급 | 총획 15

죽간[竹]에 기록되어 있는 것을 판단해보니[彖] 고대 한자의 서체인 '전자'이다.

篆字 전자 : 한자 서체의 하나

節 마디 절
마디, 절개
5Ⅱ급 | 총획 15 | 동 寸(촌)

대나무[竹]를 흰[白] 비수[匕]로 잘라 증표[卩]로 만든 것이 손 한 '마디'만 하다.

節氣 절기   節度 절도   節約 절약
節次 절차   節候 절후   季節 계절
禮節 예절   貞節 정절   換節期 환절기

箸 젓가락 저
젓가락, 대통
1급 | 총획 15

사람[者]들이 밥을 먹기 위해 만든 대나무[竹] '젓가락'.

匕箸 비저　　　玉箸 옥저

範 법 범:
법, 본보기
4급 | 총획 15 | 동 規(규), 法(법)

대나무[竹]로 만든 수레[車]에 무릎을 꿇고[巳] 귀양가는 모습을 '본보기'로 보여 '법'을 지키게 하다.

範圍 범위　　　教範 교범　　　規範 규범
模範 모범　　　師範 사범　　　示範 시범

篤 도타울 독
도탑다, 병이 위중하다
3급 | 총획 16 | 동 敦(돈), 厚(후)

대나무[竹] 말[馬]을 타고 놀던 옛날 친구의 정이 '도탑다'.

篤厚 독후　　　敦篤 돈독　　　危篤 위독

簒 빼앗을 찬:
빼앗다, 강탈하다
1급 | 총획 16

신하들이 계산된[算] 사[厶]심으로 임금의 자리를 '빼앗다'.

簒奪 찬탈 : 왕위, 국가 주권 따위를 억지로 빼앗음

築 쌓을 축
쌓다, 짓다
4Ⅱ급 | 총획 16

장인[工]이 아주 비범하여[凡] 나무[木]와 대나무[竹]를 '쌓아' 집을 '짓다'.

築臺 축대　　　築城 축성　　　改築 개축
建築物 건축물　構築 구축　　　新築 신축
增築 증축

簇 모일 족
모이다
1급 | 총획 17

적을 치기 위해 대나무[竹] 살촉을 들고 많은 겨레[族]들이 떼로 '모이다'.

簇出 족출 : 떼를 지어 계속 나오거나 생겨남

簪 비녀 잠
비녀, 꽂다, 빠르다
1급 | 총획 18

매일[日] 목이 메이도록[旡旡] 대나무[竹]를 깎아 만든 '비녀'.

簪纓 잠영 : ① 비녀와 갓끈 ② 벼슬이 높은 사람

簞 소쿠리 단
소쿠리, 밥그릇, 상자
1급 | 총획 18

대나무[竹]를 하나하나[單] 엮어 만든 '밥그릇'.

簞食 단사

簡 대쪽, 간략할 간(:)
대쪽, 간략하다, 편지
4급 | 총획 18 | 동 略(략), 札(찰)

대나무[竹] 사이[間]에 쓴 편지니, 내용이 '간략하다'.

簡潔 간결　　　簡單 간단　　　簡略 간략
簡素 간소　　　簡紙 간지　　　簡札 간찰
簡便 간편　　　書簡 서간

簾 발 렴
발, 주렴
1급 | 총획 19

대나무[竹]로 집[广] 안으로 들어오는 빛도 막을 겸[兼] 만든 '발'.

珠簾 주렴 : 구슬 등으로 꿰어 만든 발
簾幕 염막　　　下簾 하렴

簫 통소 소
통소
1급 | 총획 19

대나무[竹]로 만들어 엄숙하게[肅] 앉아 부는 '통소'.

簫鼓 소고 : 통소와 북

籤 제비 첨
제비
1급 | 총획 23

대나무[竹]를 두 사람[人人]이 부추[韭]처럼 가늘게 창[戈]으로 잘라 만든 '제비'.

當籤 당첨   抽籤 추첨

簿 문서 부 :
문서, 장부
3Ⅱ급 | 총획 19 | 동 券(권)

넓은[溥] 대[竹]쪽에 글을 써서 기록한 '문서' '장부'.

簿記 부기   家計簿 가계부   帳簿 장부
出席簿 출석부   學籍簿 학적부

籬 울타리 리
울타리
1급 | 총획 25

먼곳으로 떠나기[離] 위해 대나무[竹]로 만든 '울타리'.

竹籬 죽리   荒籬 황리

籃 바구니 람
바구니, 대광주리
1급 | 총획 20 | 약 篮

대나무[竹]로 보기[監] 좋게 엮어 만든 '바구니'.

搖籃 요람

籍 문서 적
문서, 서적
4급 | 총획 20 | 동 券(권)

쟁기[耒]로 밭을 갈던 옛날[昔]에는 대나무[竹]가 '문서'였다.

國籍 국적   本籍 본적   史籍 사적
書籍 서적   除籍 제적   學籍 학적
戶籍 호적

籠 대바구니 롱(:)
대바구니
2급 | 총획 22 | 약 笼

대나무[竹]를 용[龍]처럼 비틀어 만든 '대바구니'.

籠球 농구

米 쌀 미 | 부·6획

'쌀'을 뜻한다.

米 쌀 미
쌀
6급 | 총획 6

팔십팔[八十八] 번의 손이 가야 비로소 수확되는 '쌀'.

米穀 미곡　　米作 미작　　白米 백미
上米 상미　　玄米 현미

粘 붙을 점
붙다, 끈끈하다, 차지다
1급 | 총획 11

쌀[米]로 쑨 풀이 점[占]이 딱 들어맞듯 '붙다'.

粘液 점액 : 끈끈한 액체
粘膜 점막　　粘土 점토

粉 가루 분(:)
가루
4급 | 총획 10

쌀[米]을 나누니[分] '가루'가 된다.

粉末 분말　　粉碎 분쇄　　粉食 분식
粉乳 분유　　粉筆 분필　　粉紅色 분홍색
製粉 제분　　花粉 화분

粕 지게미 박
지게미
1급 | 총획 11

쌀[米]로 빚은 술을 짜내고 나온 하얀[白] '지게미'.

大豆粕 대두박 : 콩깻묵

粗 거칠 조
거칠다, 크다, 대략
1급 | 총획 11

흉년이 드니 쌀[米]이 또[且] '거칠다'.

粗野 조야 : 천하고 상스러움
粗粕 조박　　粗惡 조악

粧 단장할 장
단장하다
3Ⅱ급 | 총획 12

농막[庄]에서 방아를 찧을 때 쌀[米] 가루를 뒤집어 써서 마치 분을 발라 '단장한' 것 같다.

粧鏡 장경　　粧飾 장식　　美粧院 미장원
治粧 치장　　化粧紙 화장지

粒 낟알 립
낟알, 쌀알
1급 | 총획 11

서[立] 있는 쌀톨[米] '낟알'.

粒子 입자 : 물질을 구성하는 미세한 크기의 물체
米粒 미립　　飯粒 반립

粟 조 속
조, 오곡
3급 | 총획 12

서[西]쪽 지방 쌀[米]은 '조'.

粟米 속미 : 좁쌀
滄海一粟 창해일속 : '넓고 큰 바닷속의 좁쌀 한 알'이라는 뜻으로 보잘것없는 존재를 비유함
粟粒 속립　　粟餅 속병

梁 기장 량
기장, 조
1급 | 총획 13

물[氵]방울처럼 둥글고 칼[刀]로 쌀[米]을 잘라 놓은 듯 작은 '조'.

高粱 고량　　青粱 청량

糠 겨 강
겨, 쌀겨
1급 | 총획 17

방앗간집[广] 밑[隶]에 쌀[米] 방아를 찧은 뒤 남은 '겨'.

糟糠 조강

精 정할 정
정하다, 깨끗하다, 정기, 정신
4Ⅱ급 | 총획 14

푸른[青] 물에 쌀[米]을 '깨끗하게' 썻다.

精潔 정결　　精勤 정근　　精氣 정기
精密 정밀　　精選 정선　　精誠 정성
精神 정신　　精華 정화

糟 지게미 조
지게미, 찌꺼기
1급 | 총획 17

쌀[米]로 술을 빚은 뒤 무리[曹]로 쌓여 있는 '지게미'.

糟糠之妻 조강지처 : '지게미와 쌀겨로 끼니를 이을 때의 아내'라는 뜻으로, 몹시 가난하고 천할 때 고생을 함께 겪어 온 아내를 이르는 말

粹 순수할 수
순수하다, 정밀하다
1급 | 총획 14

쌀[米]알처럼 희고 계급이 낮은 병사[卒]처럼 '순수하다'.

純粹 순수 : 전혀 다른 것이 섞임이 없음

神粹 신수

糞 똥 분
똥
1급 | 총획 17

쌀[米] 성분이 뱃속에 들어가 다르게[異] 변한 것이 '똥'.

糞尿 분뇨 : 똥과 오줌

糞土 분토

糊 풀칠할 호
풀칠하다, 흐릿하다
1급 | 총획 15

쌀[米]을 오래[古] 끓여 쑨 '풀'.

模糊 모호 : 분명하지 않음

糊口 호구　　糊塗 호도

糢 모호할 모
모호하다
1급 | 총획 17

쌀[米]이 없으니[莫] 밥을 하기가 '모호하다'.

糢糊 모호

糖 엿 당/사탕 탕
엿, 사탕
3Ⅱ급 | 총획 16

쌀[米]의 전분에 엿기름을 넣으니 갑자기[唐] 당분으로 변하여 만들어진 '엿'.

糖尿 당뇨　　糖分 당분　　血糖 혈당
糖水肉 탕수육　砂糖 사탕　　雪糖 설탕

糧 양식 량
양식
4급 | 총획 18

쌀[米]을 재어[量] 잘 보관해 '양식'으로 쓰다.

糧穀 양곡　　糧米 양미　　糧食 양식
軍糧米 군량미　食糧 식량

실 사 | 부·6획
감아놓은 실타래의 모양을 본뜬 글자로, '실'과 관련있는 의미를 나타낸다.

系 맬 계 :
매다, 이어매다, 혈통
4급 | 총획 7

실[糸]을 하나[一]로 '매어' '잇다'.

系統 계통　　直系 직계　　體系 체계
傍系 방계

紂 주임금 주
주임금
1급 | 총획 9

실[糸]로 손[寸]을 묶어 놓고 꼼짝 못하게 해야 하는 '주임금'.

桀紂 걸주 : 중국 하(夏)나라의 걸왕과 은(殷)나라의 주왕을 일컫는 말로, 폭군을 비유하는 말

糾 얽힐 규
얽히다, 규명하다
3급 | 총획 8

실[糸]로 나[니]와 네가 '얽혀' 우리가 되다.

糾明 규명　　糾錯 규착　　糾察 규찰
糾彈 규탄　　糾合 규합

約 맺을 약
맺다, 약속하다
5Ⅱ급 | 총획 9 | 동 契(계) 반 解(해)

실[糸] 하나[、]로 단단히 싸듯[勹], 약속도 굳게 '맺어야' 한다.

約分 약분　　約束 약속　　約定 약정
約婚 약혼　　公約 공약　　期約 기약
要約 요약　　節約 절약　　解約 해약
協約 협약

紀 벼리 기
벼리, 실마리
4급 | 총획 9 | 동 綱(강)

그물에서 몸[己]통이 되는 굵은 실[糸]은 '벼리'.

紀念 기념　　紀元 기원　　紀行 기행
紀行文 기행문　西紀 서기　　世紀 세기

紛 어지러울 분
어지럽다
3Ⅱ급 | 총획 10 | 동 亂(란)

실[糸]이 끊어져[分] 이리저리 흩어지니 '어지럽다'.

紛亂 분란　　紛糾 분규　　內紛 내분

紅 붉을 홍
붉다
4급 | 총획 9

실[糸]을 가지고 장인[工]이 '붉은' 옷을 만들다.

紅疫 홍역　　紅一點 홍일점　　紅茶 홍차
朱紅 주홍

紙 종이 지
종이
7급 | 총획 10

실[糸] 뿌리[氏] 같은 섬유를 엮어 만든 '종이'.

紙面 지면　　白紙 백지　　色紙 색지
用紙 용지　　便紙 편지　　表紙 표지
韓紙 한지　　休紙 휴지

紋 무늬 문
무늬
3Ⅱ급 | 총획 10 | 동 絢(현)

실[糸]로 문자[文] 같이 만든 '무늬'.

水紋 수문 指紋 지문 波紋 파문

級 등급 급
등급, 차
6급 | 총획 10 | 동 等(등)

실[糸]이 줄줄이 이어지듯[及] 차례대로 '등급'이 매겨지다.

級數 급수 級友 급우 級訓 급훈
等級 등급 進級 진급 初級 초급
最上級 최상급 特級 특급

納 들일 납
들이다, 바치다
4급 | 총획 10 | 동 入(입)

특산물 실[糸]을 성 안[內]으로 '바치다'.

納金 납금 納得 납득 納稅 납세
納品 납품 分納 분납 完納 완납
容納 용납 出納 출납

純 순수할 순
순수하다
4Ⅱ급 | 총획 10 | 동 潔(결), 粹(수)

실[糸]도 땅[一]에 묻으면 싹[屮]이 나는 줄 아는 '순수한' 아이의 마음.

純潔 순결 純度 순도 純粹 순수
純情 순정 純眞 순진 純化 순화
單純 단순 清純 청순

紡 길쌈 방
길쌈, 뽑다
2급 | 총획 10

실[糸]을 사방[方]에 놓고 '길쌈하다'.

紡績 방적 紡織 방직

紐 맺을 뉴
맺다, 묶다, 매듭
1급 | 총획 10

실[糸] 같은 줄로 소[丑]를 묶어 '끌다'.

紐帶 유대 : 상호 결합시키는 관계

紗 비단 사
비단, 깁
1급 | 총획 10 | 동 絹(견), 錦(금), 緞(단)

명주실[糸]로 발이 성글게[少] 짠 '비단' '깁'.

紗巾 사건 紗羅 사라

素 본디, 흴 소(ː)
본디, 희다
4Ⅱ급 | 총획 10

흙[土] 속에 묻혀 검어진 한[一] 가닥 실[糸]도 '본디' 색은 '희다'.

素望 소망 素朴 소박 素服 소복
素材 소재 素質 소질 儉素 검소
要素 요소 平素 평소 活力素 활력소

索 찾을 색/동아줄 삭
찾다, 동아줄
3Ⅱ급 | 총획 10 | 동 搜(수), 探(탐)

덮어[一] 두었던 실[糸]을 열흘[十] 후에 '찾으니' '동아줄'이 되었다.

索引 색인 索出 색출 檢索 검색
摸索 모색 探索 탐색 索莫 삭막

紊 어지러울 문
어지럽다, 문란하다
2급 | 총획 10

글[文] 써 놓는 것이 실[糸]이 엉킨 듯 '어지럽다'.

紊亂 문란

絃 줄 현
줄
3급 | 총획 11

검은[玄] 실[糸]로 만든 '줄'.

絃樂器 현악기　　管絃樂器 관현악기

紹 이을 소
잇다, 소개하다
2급 | 총획 11

불러서[召] 실[糸]로 묶어주듯 '이어서' '소개하다'.

紹介 소개　　袁紹 원소

累 여러, 자주 루:
여러, 자주, 포개다
3Ⅱ급 | 총획 11 | 동 屢(루)

밭[田]에 실[糸]을 '여러'번 '자주' '포개다'.

累計 누계　　累積 누적　　累進 누진
累差 누차　　連累 연루

紺 감색 감
감색
1급 | 총획 11

실[糸]의 색깔이 '감[甘]색'.

紺色 감색 : 어두운 남색

細 가늘 세:
가늘다
4Ⅱ급 | 총획 11

밭[田]에 널은 그물 실[糸]이 참 '가늘다'.

細菌 세균　　細密 세밀　　細部 세부
細分 세분　　細心 세심　　細胞 세포
明細書 명세서　微細 미세　　詳細 상세

絆 얽어맬 반
얽어매다, 줄
1급 | 총획 11

실[糸]을 반[半]으로 겹쳐 굵게 만들어 마소를 매어 끄는 '줄'.

羈絆 기반 : ① 굴레 ② 구속과 억압

組 짤 조
짜다
4급 | 총획 11 | 동 紡(방), 織(직)

실[糸]로 또[且] '짜다'.

組立 조립　　組成 조성　　組織 조직
組合 조합　　改組 개조

紬 명주 주
명주, 뽑다
1급 | 총획 11

누에고치에서 뽑아 낸 실[糸]로 말미암아[由] 무늬 없이 짠 '명주'.

紬緞 주단 : 명주와 비단
繭紬 견주

終 마칠 종
마치다, 끝
5급 | 총획 11

실[糸]로 옷을 짜는 일은 겨울[冬]이 오기 전에 '마쳐야' 한다.

終講 종강　　終結 종결　　終禮 종례
終末 종말　　終身 종신　　終映 종영
終日 종일　　終止 종지　　臨終 임종
最終 최종

紳 끈 띠 신:
큰 띠
2급 | 총획 11

엉킨 실[糸]을 펴서[申] 만든 '큰 띠'.

紳士 신사

紫 자줏빛 자
자줏빛
3Ⅱ급 | 총획 12

이[此] 실[糸]은 '자줏빛'이 나다.
山紫水明 산자수명 : 산수의 경치가 매우 아름다움
紫色 자색　　　紫水晶 자수정　　　紫外線 자외선

絶 끊을 절
끊다
4Ⅱ급 | 총획 12 | 동 斷(단), 切(절) | 반 嗣(사)

색[色]이 고르지 않은 실[糸]을 '끊어'버리다.
抱腹絶倒 포복절도 : 몹시 웃음을 나타내는 말
絶乏 절핍　　　絶亢 절항　　　絶交 절교
絶望 절망　　　絶色 절색　　　絶世 절세
絶讚 절찬　　　絶筆 절필　　　根絶 근절
斷絶 단절

絲 실 사
실
4급 | 총획 12 | 약 糸

실[糸]과 실[糸]을 엮어 만든 '실'꾸리.
一絲不亂 일사불란 : 조금도 어지럽지 않고 질서정연함
綿絲 면사　　　原絲 원사　　　鐵絲 철사

結 맺을 결
맺다
5Ⅱ급 | 총획 12 | 동 契(계)

실[糸]로 묶어 좋은[吉] 사람과 평생의 인연을 '맺다'.
結果 결과　　　結局 결국　　　結論 결론
結氷 결빙　　　結成 결성　　　結實 결실
結義 결의　　　結託 결탁

給 줄 급
주다
5급 | 총획 12 | 동 授(수), 與(여), 贈(증)

실[糸]을 합쳐서[合] 다시 '주다'.
給料 급료　　　給水 급수　　　給食 급식
給油 급유　　　基本給 기본급　　　無給 무급
補給 보급　　　需給 수급　　　支給 지급

統 거느릴 통:
거느리다, 줄기
4Ⅱ급 | 총획 12 | 동 率(솔), 御(어)

실[糸]이 가득하면[充] 여자를 '거느릴' 수 있다.
統計 통계　　　統率 통솔　　　統一 통일
統制 통제　　　統治 통치　　　統合 통합
傳統 전통　　　正統 정통　　　大統領 대통령

絞 목맬 교
목매다
2급 | 총획 12

실[糸]을 교차시켜[交] '목을 매다'.
絞帶 교대 : 상복(喪服)에 매는 삼베 띠
絞殺 교살

絨 가는 베 융
가는 베, 융
1급 | 총획 12

오랑캐[戎]가 굵은 베실[糸]에 털을 박아서 짠 '가는 베'.
絨緞 융단 : 양털 따위의 털을 표면에 보풀이 일게 짠 두꺼운 모직물
絨衣 융의

絢 무늬 현:
무늬, 빠르다
1급 | 총획 12

실[糸]로 열흘[旬] 동안 곱게 수놓은 '무늬'.
絢爛 현란 : 눈이 부시도록 찬란함

絡 이을, 얽을 락
잇다, 얽히다
3Ⅱ급 | 총획 12 | 동 脈(맥)

실[糸]을 각자[各] 마음대로 '이으니' '얽혀' 버리다.
閃絡 섬락　　　經絡 경락　　　籠絡 농락
脈絡 맥락　　　連絡 연락

絹 비단 견
비단, 명주
3급 | 총획 13 | 통 錦(금)

벌레의 몸[月]이지만 입[口]에서 나온 실[糸]로 짜면 '명주' '비단'이 된다.

絹絲 견사　　絹織物 견직물　　人造絹 인조견

經 지날, 글 경
지나다, 글, 경서
4Ⅱ급 | 총획 13 | 통 緯(위) | 약 経

실[糸] 같은 한[一] 줄기의 냇물[巛]이 '지나며' 만든 [工] 마을 서당에 있는 '경서'.

經過 경과　　經歷 경력　　經書 경서
經營 경영　　經典 경전　　經濟 경제
四書三經 사서삼경

綜 모을 종
모으다
2급 | 총획 14

큰일이 있을 때 종가[宗]에 친지들이 모이듯 실[糸]을 '모으다'.

綜合 종합

網 그물 망
그물
2급 | 총획 14

망[罔]은 망인데 실[糸]로 뜬 것이 '그물'.

網太 망태　　法網 법망　　漁網 어망
電算網 전산망　　鐵網 철망

維 벼리 유
벼리, 밧줄, 생각하다
3Ⅱ급 | 총획 14 | 통 綱(강), 網(망)

실[糸]을 새[隹]의 발목에 '매다'.

維新 유신　　維持 유지　　維持費 유지비
四維 사유

綱 벼리 강
벼리, 사물을 총괄하여 규제 하는 것
3Ⅱ급 | 총획 14 | 통 紀(기), 維(유)

산 언덕[岡]에 흩어진 실[糸]을 정리할 '벼릿' 줄을 찾다.

三綱五倫 삼강오륜 : 유교 도덕의 기본이 되는 삼강과 오륜

綱領 강령　　綱目 강목　　要綱 요강

綿 솜 면
솜
3Ⅱ급 | 총획 14

하얀[白] 천[巾]을 짜는 가늘고 긴 실[糸]인데, 그 실을 만드는 것이 '솜'.

周到綿密 주도면밀 : 주의가 두루 미쳐 자세하고 빈틈이 없음

綿羊 면양　　綿紡績 면방적　　綿織物 면직물
純綿 순면　　脫脂綿 탈지면

綠 푸를 록
푸르다, 초록빛
6급 | 총획 14 | 통 蒼(창)

실[糸]처럼 얇게 나무를 깎으면[彔] 파르스름 '초록빛'을 띤다.

草綠同色 초록동색 : 같은 처지의 사람과 어울리거나 가우는 것

綠色 녹색　　綠地 녹지　　綠林 녹림
綠茶 녹차　　常綠樹 상록수　　新綠 신록

綺 비단 기
비단, 무늬, 광택, 아름답다
1급 | 총획 14

명주실[糸]로 기이하고[奇] 두껍게 광택이 나도록 짠 '비단'.

綺羅 기라 : ① 곱고 아름다운 비단 ② 화려한 옷차림

綺羅星 기라성　　綺麗 기려

綾 비단 릉
비단
1급 | 총획 14 | 통 綺(기)

명주실[糸]로 광택이 나게 짠 피륙을 통틀어 '비단'.

綾羅 능라　　綾扇 능선

綸 벼리 륜
벼리
1급 | 총획 14

실[糸]을 모아[侖] 만든 '벼리'.

綸言 윤언 : 임금이 신하나 백성에게 내리는 말
絲綸 사륜

綻 터질 탄 :
터지다, 깁다
1급 | 총획 14

실[糸]로 꿰매 정착된[定] 곳이 '터지다'.

綻露 탄로 : 비밀이 드러남. 비밀을 드러냄
破綻 파탄

綽 너그러울 작
너그럽다
1급 | 총획 14

실[糸]로 수를 놓으며 높은[卓] 뜻을 버리고 살아 가는 것이 '너그럽다'.

綽約 작약   綽然 작연   綽態 작태

綴 엮을 철
엮다, 잇다, 꿰매다
1급 | 총획 14

실[糸]로 또[又] 묶고 또[又] 묶고 또[又] 묶고 또[又] '묶다'.

綴字 철자

緋 비단 비 :
비단, 붉은빛
1급 | 총획 14

실[糸]이 아닌[非] '비단'.

緋緞 비단

緊 긴할 긴
긴하다, 굳다
3Ⅱ급 | 총획 14 | 동 要(요) 약 紧

신하[臣]가 또[又] 실[糸]을 '긴하게' 찾다.

緊急 긴급   緊密 긴밀   緊迫 긴박
緊張 긴장   緊縮 긴축   要緊 요긴

緣 인연 연
인연, 연줄
4급 | 총획 15

실[糸]로 돼지[豕]를 네모[彐]나게 묶어 좋은 '인연'을 맺은 것을 축하하다.

緣故 연고   緣分 연분   緣由 연유
結緣 결연   惡緣 악연   因緣 인연
地緣 지연   學緣 학연   血緣 혈연

緩 느릴 완 :
느리다, 느슨하다
3Ⅱ급 | 총획 15 | 동 徐(서) 반 急(급)

실[糸]을 꽉 당긴[爰] 후 '느리게' 풀다.

緩慢 완만   緩行 완행   緩和 완화
緩衝地帶 완충지대   弛緩 이완

緞 비단 단
비단
1급 | 총획 15

명주실[糸]을 가지고 단계[段]적으로 두껍고 광택이 나게 짠 '비단'.

紬緞 주단 : 명주와 비단 등의 총칭

緬 멀 면 (:)
멀다, 아득하다
1급 | 총획 15

얼굴[面]선이 실[糸]처럼 '멀다'.

緬憶 면억 : 지난 일을 돌이켜 생각함

編 엮을 편
엮다
3Ⅱ급 | 총획 15 | 동 構(구)

액자[扁]를 걸기 위해 실[糸]을 '엮다'.

編曲 편곡　　編成 편성　　編入 편입
編著 편저　　改編 개편　　續編 속편
再編 재편

練 익힐 련:
익히다
5Ⅱ급 | 총획 15 | 동 習(습)

실[糸]로 여덟[八] 번씩 묶으며[束] '익히다'.

練兵 연병　　練習 연습　　熟練 숙련
調練師 조련사　　訓練 훈련　　洗練 세련

線 줄 선
줄, 실
6Ⅱ급 | 총획 15

샘[泉]이 실[糸]처럼 가늘게 '줄'줄 흐르다.

線路 선로　　線輪 선륜　　曲線 곡선
光線 광선　　等高線 등고선　　無線 무선
五線紙 오선지　　車線 차선　　海岸線 해안선

緘 봉할 함
봉하다, 새끼줄
1급 | 총획 15

실[糸]로 다[咸] 묶듯이 '봉하다'.

緘封 함봉 : 편지의 겉봉을 봉함

締 맺을 체
맺다
2급 | 총획 15

실[糸]로 묶듯 임금[帝]이 나라와 나라 사이에 조약을 '맺다'.

締結 체결　　締盟 체맹　　締約 체약

縛 얽을 박
얽다, 동이다, 묶다
1급 | 총획 16

실[糸]로 큰[甫] 물건을 한 마디[寸]마다 '얽다'.

束縛 속박 : 몸을 자유롭지 못하게 묶음

劫縛 겁박　　結縛 결박

緯 씨 위
씨, 씨줄
3급 | 총획 15 | 동 經(경)

가죽[韋]을 잘 다루어 실[糸]로 꿰매니, '씨실'과 날실의 구별이 뚜렷하다.

緯度 위도　　緯線 위선　　經緯 경위

緻 빽빽할 치
빽빽하다
1급 | 총획 16

실[糸]이 빈틈없이 이르니[致] '빽빽하다'.

緻密 치밀 : 자세하고 꼼꼼함

緻拙 치졸　　緻巧 치교

緒 실마리 서:
실마리
3Ⅱ급 | 총획 15

실[糸]이 묻어 있는 자[者]가 사건의 '실마리'를 제공하다.

緒論 서론　　緒言 서언　　端緒 단서
頭緒 두서　　情緒 정서

縊 목맬 액
목매다, 목을 졸라 죽이다
1급 | 총획 16

실[糸]을 더욱[益] 단단하게 엮어 '목매다'.

縊死 액사　　縊殺 액살

縣 고을 현 :
고을, 매달다
3급 | 총획 16 | 통 群(군), 邑(읍) | 약 県

눈[目]을 가리고[乚] 작은[小] 실[糸] 하나로[丶] 묶어 '고을' 입구에 '매달다'.

縣監 현감   縣令 현령

繃 묶을 붕
묶다, 포대기
1급 | 총획 17

실[糸]로 무너져[崩] 가는 것을 꽁꽁 '묶다'.

繃帶 붕대

縱 세로 종
세로, 늘어지다, 멋대로 하다
3 II급 | 총획 17 | 반 橫(횡)

실[糸] 끈을 따라[從] 놓으면 수직선을 이루는 것이니, '세로'로 '늘어지다'.

縱橫無盡 종횡무진 : 행동이 마음 내키는 대로 자유자재임

縱斷 종단   縱隊 종대   縱走 종주
放縱 방종   操縱 조종

繁 번성할 번
번성하다, 많다, 무성하다
3 II급 | 총획 17 | 통 盛(성), 昌(창)

매일[每] 실[糸]을 쳐[攵] 옷감을 만드니, 옷감이 '많아지고' 재산이 '번성하다'.

繁盛 번성   繁榮 번영   繁昌 번창
繁華 번화   頻繁 빈번

縮 줄일 축
줄이다, 오그라들다
4급 | 총획 17 | 반 伸(신)

자고[宿] 일어나니 실[糸]이 '줄어들었다'.

縮地法 축지법   縮尺 축척   減縮 감축
短縮 단축   伸縮 신축   壓縮 압축
萎縮 위축

縫 꿰맬 봉
꿰매다
2급 | 총획 17

천과 천을 만나게[逢] 하며 실[糸]로 '꿰매다'.

天衣無縫 천의무봉 : 일부러 꾸민 데 없이 자연스럽고 아름다우면서 완전함

假縫 가봉   裁縫 재봉

績 길쌈 적
길쌈, 길쌈하다, 뽑다
4급 | 총획 17 | 통 紡(방), 織(직)

실[糸]로 책임[責]을 다하여 '길쌈하다'.

功績 공적   紡績 방적   成績 성적
實績 실적   業績 업적   治績 치적
行績 행적

總 다 총 :
다, 모두, 거느리다
4 II급 | 총획 17 | 통 皆(계), 咸(함) | 약 総

실[糸] 하나[丶]를 천천히[攵] 사방[口]으로 마음[心]에 들 때까지 '다' 에워싸다.

總角 총각   總計 총계   總論 총론
總理 총리   總選 총선   總員 총원
總長 총장   總罷業 총파업

織 짤 직
짜다
4급 | 총획 18 | 통 紡(방), 組(조)

창[戈]이 부딪치는 소리[音]를 들으며 실[糸]을 '짜다'.

織物 직물   織造 직조   絹織 견직
毛織 모직   組織 조직

繕 기울 선 :
깁다
2급 | 총획 18

실[糸]로 찢어진 곳을 보기 좋게[善] '깁다'.

繕寫 선사 : 잘못을 바로잡아 다시 고쳐 베낌

修繕 수선

繫 맬 계 :
매다, 잇다
3급 | 총획 19 | 동 縛(박), 束(속) 반 解(해) 약 繋

차[車]가 산[山]에서 창[殳]에 부딪쳐 꼼짝을 못하니, 밧줄[糸]로 묶어 '매자'.

繫留 계류 : 붙잡아 매어 놓음
連繫 연계 : 어떤 일이나 사람과 관련하여 관계를 맺음

繭 고치 견 :
고치, 누에고치
1급 | 총획 19

뽕잎[艹] 먹은 누에[虫]가 실[糸]을 토하여 제 몸을 헝겊[巾]으로 둘러 싸서 만든 '고치'.

繭絲 견사 : 고치에서 뽑은 실
蠶繭 잠견

繡 수놓을 수 :
수놓다, 수
1급 | 총획 19

실[糸]로 엄숙하게[肅] 앉아 비단에 '수를 놓다'.

錦繡 금수 : 무늬가 있거나 수를 놓은 화려한 비단
繡紋 수문

繹 풀 역 :
풀다, 풀어내다, 다스리다, 실마리
1급 | 총획 19

엉킨 실[糸]을 엿보아[睪] 가며 '풀어내다'.

演繹 연역 : 어떤 명제로부터 추론 규칙에 따라 결론을 이끌어 냄
尋繹 심역

繪 그림 회 :
그림, 그리다
1급 | 총획 19

실[糸]선 같은 것이 모여서[會] 된 '그림'.

繪像 회상 : 사람의 얼굴을 그림으로 그린 형상
繪畫 회화

繰 고치 켤 조 :
고치를 켜다, 실을 잣다
1급 | 총획 19

새가 입[口口口]으로 나무[木]에 실[糸]을 치니 '고치 켜다'.

繰綿 조면 : 목화의 씨를 앗아 틀어 놓은 솜
繰言 조언   繰替 조체

繼 이을 계 :
잇다
4급 | 총획 20 | 동 嗣(사), 續(속) 약 継

실[糸]이 상자[匚] 속에 네 가닥[幺幺幺幺]으로 '이어' 있다.

繼嗣 계사   繼母 계모   繼續 계속
繼承 계승   繼走 계주   引繼 인계
中繼 중계

纂 모을 찬 :
모으다, 붉은 끈, 무늬
1급 | 총획 20 | 동 輯(집), 集(집)

셈하여[算] 필요한 만큼 실[糸]을 '모으다'.

編纂 편찬 : 여러 종류의 재료를 모아 책의 내용을 꾸밈

續 이을 속 :
잇다
4 Ⅱ급 | 총획 21 | 반 斷(단) 약 続

실[糸]을 팔아[賣] 생계를 '이어' 나가다.

續刊 속간   續開 속개   續編 속편
繼續 계속   手續 수속   接續 접속
存續 존속   持續 지속

纏 얽을 전 :
얽다, 얽히다
1급 | 총획 21

실[糸]을 가게[廛]에 쌓아 놓은 것이 얽히고 '얽혀 있다'.

纏帶 전대   纏着 전착   纏足 전족

纖 가늘 섬
가늘다
2급 | 총획 23 | ㉯ 纤

사람들[人人]이 창[戈]으로 자르고 자른 부추[韭] 같은 실[糸]이 '가늘다'.

纖纖玉手 섬섬옥수 : 가냘프고 고운 여자의 손

纖細 섬세   纖維質 섬유질

장군 부 | 缶·6획

배가 볼록하고 아가리가 좁고 길게 생긴 장군의 모양을 본뜬 글자이다.

 항아리 항
항아리
1급 | 총획 9

아래 위가 좁고 배가 나오게 만든[工] 오지병[缶] '항아리'.

缸胎 항태 : 거칠고 두껍고 무거운 오지그릇의 한 가지
玉缸 옥항

 이지러질 결
이지러지다, 없다
4Ⅱ급 | 총획 10

질그릇[缶]을 잘못 가르니[夬] 모양이 '이지러지다'.

缺格 결격   缺勤 결근   缺席 결석
缺點 결점   缺員 결원   缺陷 결함
缺航 결항   病缺 병결   補缺 보결

网(罒) | 그물 망 | 부·6획

그물의 모양을 본뜬 글자이다. 변형자는 '罒' '冖'이다.

罕 드물 한 :
드물다
1급 | 총획 7

그물로 덮어[冖] 놓은 여덟[八]개의 방패[干]가 '드물다'.

罕罔 한망 罕例 한례 罕有 한유

罫 줄 괘
줄
1급 | 총획 13

그물[罒]처럼, 쌍토[圭]처럼 점[卜]을 칠 때 거북 등에 나타난 가로세로의 '줄'.

罫線 괘선 罫紙 괘지

罔 없을 망
없다, 그물
3급 | 총획 8

성[冂] 안에 기운이 팔팔[八]한 한[一] 젊은이를 가두니 기운을 잃고[亡] 힘이 '없다'.

怪常罔測 괴상망측 : 말할 수 없이 괴이하고 이상함

罔極 망극 罔測 망측 欺罔 기망

署 마을, 관청 서 :
마을, 관청, 벼슬
3Ⅱ급 | 총획 14 | 동 官(관), 廳(청)

그물[罒]을 쳐서 먹고 사는 사람[者]들의 '마을'에 가야 '관청'이 있다.

署理 서리 署名 서명 官署 관서
部署 부서

置 둘 치 :
두다
4Ⅱ급 | 총획 13

그물[罒]은 곧게[直] '두고' 말려야 한다.

置重 치중 拘置 구치 代置 대치
放置 방치 配置 배치 備置 비치
安置 안치 留置 유치 處置 처치

罰 벌할 벌
벌하다, 벌주다, 벌, 죄
4Ⅱ급 | 총획 14 | 동 罪(죄) 반 償(상)

법망[罒]에 걸린 자는 말[言]이나 칼[刂]로 '벌하다'.

罰金 벌금 罰責 벌책 罰則 벌칙
賞罰 상벌 懲罰 징벌 處罰 처벌
體罰 체벌 刑罰 형벌

허물 죄 :
허물, 탓하다
5급 | 총획 13

법망[罒]에 걸리지 않는[非] '허물'도 있다.

罪過 죄과 罪名 죄명 罪囚 죄수
罪惡 죄악 罪人 죄인 罪質 죄질
免罪符 면죄부 謝罪 사죄 有罪 유죄
重罪 중죄

罷 마칠 파 :
마치다, 그만두다
3급 | 총획 15 | 동 了(료) 반 初(초)

능력[能]이 있어도 법망[罒]에 걸리면 그 직위를 '파하다'.

罷拏 파나 罷免 파면 罷業 파업
罷場 파장 罷職 파직

罵 꾸짖을 매 :
꾸짖다, 욕하다
1급 | 총획 15

그물[罒]로 씌워 말[馬]처럼 끌려가는 죄인을 '꾸짖다'.

罵倒 매도 : 몹시 꾸짖어 욕함

怒罵 노매

羅 벌일 라
벌이다, 그물치다
4Ⅱ급 | 총획 19 | 동 列(렬), 網(망)

실[糸]로 그물[罒]을 떠서 새[隹]를 잡기 위해 일을 '벌이다'.

阿修羅場 아수라장 : 야단법석이 난 곳

羅城 나성　　　羅列 나열　　　羅漢 나한
徐羅伐 서라벌　　新羅 신라

罹 걸릴 리
걸리다, 근심하다
1급 | 총획 16

새[隹]가 그물[罒]에 '걸려' 마음[心]으로 '근심하다'.

罹病 이병 : 병에 걸림

罹災 이재

羈 굴레 기
굴레, 나그네
1급 | 총획 24

그물[罒]이나 가죽[革]으로 말[馬]이나 소의 얼굴을 얽는 '굴레'.

羈絆 기반 : ① 굴레 ② 굴레를 씌우듯 자유를 얽매는 일

羈旅 기려　　　羈屬 기속　　　繫羈 계기

网

羊

양 양 | 부·6획

양의 모양을 본뜬 글자이다.

羊 양 양
양
4Ⅱ급 | 총획 6

뿔[丷] 있고 털[彡]이 많은 한[|] 마리 '양'.

羊頭狗肉 양두구육 : '양의 머리를 내걸어 놓고 개고기를 판다'라는 뜻으로, 겉보기만 그럴듯하게 보이고 속은 변변하지 아니함을 이르는 말

羊毛 양모   羊皮 양피

美 아름다울 미(ː)
아름답다
6급 | 총획 9 | 동 麗(려), 艶(염) 반 醜(추)

큰[大] 양[羊]은 털도 '아름답다'.

美感 미감   美男 미남   美德 미덕
美術 미술   美食 미식   美容 미용
美粧院 미장원   脚線美 각선미   審美眼 심미안

羞 부끄러울 수
부끄러워하다, 올리다, 느리다
1급 | 총획 11 | 동 愧(괴), 恥(치)

양[羊]이나 소[丑]를 신의 음식으로 '올림'을 '부끄럽게' 여기다.

羞恥 수치 : 다른 사람들을 볼 낯이 없거나 스스로 떳떳하지 못함

羞愧 수괴   羞辱 수욕

義 옳을 의ː
옳다
4Ⅱ급 | 총획 13

나[我]는 양[羊]을 '옳은' 길로 이끌다.

義肢 의지   義理 의리   義務 의무
義父 의부   義士 의사   義絶 의절
正義 정의   主義 주의

群 무리 군
무리, 떼를 짓다
4급 | 총획 13 | 동 衆(중) 반 獨(독)

백성은 임금[君]을 따르는 양[羊] 같은 '무리'.

群居 군거   群起 군기   群島 군도
群落 군락   群像 군상   群雄 군웅
群衆 군중   症候群 증후군

羨 부러워할 선ː / 무덤길 연ː
부러워하다, 무덤길
1급 | 총획 13

양[羊]고기를 보고 침[氵]을 흘리며 입 벌려[欠] 먹고 싶어하며 '부러워하다'.

羨望 선망 : 부러워하며 바람

羨慕 선모   羨門 연문

羹 국 갱ː
국
1급 | 총획 19

양[羊]을 불[灬]에 끓여 맛있게[美] 만든 '국'.

羹粥 갱죽 : 시래기 따위의 채소류를 넣고 멀겋게 끓인 죽

羹湯 갱탕

羽 깃 우 | 부·6획
새의 날개 모양을 본뜬 글자이다.

羽 깃 우 :
깃, 날개, 돕다
3Ⅱ급 | 총획 6

새의 두 **날개**의 모양을 본뜬 자.
羽毛 우모 : 새의 깃털
羽翼 우익 : 새의 날개. 윗사람을 도와서 일하는 사람
羽聲 우성

翁 늙은이 옹
늙은이
3급 | 총획 10 | 동 老(로)

공[公]원에서 깃털[羽]을 줍는 '**늙은이**'.
老翁 노옹 : 늙은 남자의 존칭

習 익힐 습
익히다, 배우다
6급 | 총획 11 | 동 慣(관), 練(련)

흰[白] 깃털[羽]을 펄럭이며 나는 법을 '**익히다**'.
習慣 습관   習得 습득   習性 습성
見習 견습   復習 복습   演習 연습
自習 자습   風習 풍습   學習 학습

翌 다음날 익
다음날, 이튿날, 돕다
1급 | 총획 11

닭이 날개[羽]를 세워[立] 치고 울면 날이 밝아 오니 '**다음날**'이 되다.
翌日 익일 : 다음날. 이튿날
翌月 익월

翔 날 상
날다, 빙빙 돌아 날다, 노닐다
1급 | 총획 12

양[羊]털이 날리듯 날개[羽]를 펴고 '**날다**'.
翔空 상공 : 하늘로 날아다님
飛翔 비상

翠 푸를, 비취빛 취 :
푸를, 비취색
1급 | 총획 14

물총새의 날개[羽]와 병사[卒]의 옷이 '**푸른**' 색이다.
翠色 취색 : 남색과 푸른색의 중간 빛. 비취빛
翡翠 비취

翡 물총새 비 :
물총새
1급 | 총획 14

높이 날지 않고[非] 날개[羽]를 접고 물 속 먹이를 잡는 '**물총새**'.
翡玉 비옥 : 붉은 점이 있는 비취옥

翰 편지 한 :
편지, 붓
2급 | 총획 16

열[十] 번의 해[日]가 뜰 동안 열[十] 명의 사람[人]이 깃털[羽]로 쓴 '**편지**'.
翰毛 한모 : 붓의 털

날개 익
날개, 돕다
3Ⅱ급 | 총획 17 | 동 羽(우)

각각 다른[異] 두 깃[羽]이 **날개**를 이루어 날다.

右翼 우익 : 오른쪽 날개. 보수적이고 점진적인 당파

左翼 좌익 : 왼쪽 날개. 사회주의나 공산주의적인 과격한 혁신 사상

羽翼 우익

늙을 **로** | 부·6획

흙 바닥에 지팡이를 짚고 서 있는 허리가 굽게 변한 노인을 뜻한다. 변형자는 '耂'이다.

 늙을 로 :
늙다, 익숙하다, 어른
7급 | 총획 6 | 동 翁(옹), 丈(장)

흙[土]바닥에 지팡이를 짚고[丿] 서 있는 허리가 굽게 변한[化→匕] '노인'.

老年 노년	老鍊 노련	老妄 노망
老眼 노안	老人 노인	老後 노후
不老草 불로초	年老 연로	元老 원로
長老 장로		

 생각할 고 (:)
생각하다
5급 | 총획 6 | 동 念(념), 慮(려), 思(사)

늙어[耂] 등이 굽고[丂] 땅 속에 묻힐 것을 '생각하다'.

考古學 고고학	考慮 고려	考試 고시
考案 고안	考證 고증	論考 논고
思考 사고	先考 선고	再考 재고
參考 참고		

 사람, 놈 자
사람, 놈
6급 | 총획 9

흰[白] 수염의 노인[耂]이, 좋은 '사람'이 되어야지 나쁜 '놈'이 되지 말라고 타이르다.

強者 강자	勤勞者 근로자	讀者 독자
牧者 목자	病者 병자	富者 부자
死者 사자	勝者 승자	弱者 약자
筆者 필자		

而 말이을 이 | 부·6획
수염을 본뜬 글자이다.

 말이을 이
말잇다, 순접의 접속사
3급 | 총획 6

턱수염을 본뜬 자. 턱수염 사이로 계속 말을 잇는다 하여 **'말이을'**.

而今 이금 : 이제 와서
而立 이립 : '서른 살에 인생관이 서다'라는 공자의 말로, 30세를 지칭함

似而非 사이비   形而上學 형이상학

 견딜 내 :
견디다, 감당하다
3Ⅱ급 | 총획 9 | 동 忍(인)

수염[而]이 법도[寸]에 따라 잘리는 고통도 참고 **'견디다'**.

耐久性 내구성   耐熱 내열   耐寒 내한
忍耐 인내   堪耐 감내

耒 가래 뢰 | 부·6획

손으로 나무로 만든 가래나 쟁기를 잡은 모양을 본뜬 글자이다.

耕 밭갈 경
밭을 갈다, 농사에 힘쓰다
3Ⅱ급 | 총획 10

정[井]자로 구획이 정리된 땅을 가래[耒]로 '**밭을 갈다**'.

晝耕夜讀 주경야독 : '낮에는 밭을 갈고 밤에 책을 읽다'라는 뜻으로, 바쁜 틈을 쪼개어 어렵게 공부함

耕夫 경부   耕作 경작   耕地 경지
農耕 농경   水耕 수경

耘 김맬 운
김매다
1급 | 총획 10

구름[云] 아래 잡초가 많아 가래[耒]로 갈아 '**김매다**'.

耕耘機 경운기

耗 소모할 모
소모하다, 쓰다, 소비하다
1급 | 총획 10

가래[耒]로 털[毛]처럼 촘촘히 심어져 있는 논을 가니 '**소모되는**' 시간이 줄다.

消耗 소모 : 써서 없어지거나 또는 써서 없앰

耳 | 귀 이 | 부·6획

귀의 모양을 본뜬 글자이다.

耳 귀 이:
귀
5급 | 총획 6

'귀'의 모양을 본뜬 자.
耳目口鼻 이목구비 : 귀·눈·입·코 얼굴의 생김새
馬耳東風 마이동풍 : 남의 의견이나 충고를 귀담아듣지 않고 흘려버림을 이르는 말

耳目 이목   耳順 이순   石耳 석이

聖 성인 성:
성인, 성스럽다
4Ⅱ급 | 총획 13

귀[耳]와 입[口]을 왕[王]처럼 다스리니 '성인'이다.

聖經 성경   聖君 성군   聖堂 성당
聖恩 성은   聖人 성인   聖子 성자
聖典 성전   聖職 성직   聖賢 성현
聖火 성화

耶 어조사 야:
어조사, 그런가
3급 | 총획 9

귀[耳]에 들리는 고을[⻏]의 소문이 과연 '그런가?'
※ 의문을 나타내는 어조사로 쓰임
有耶無耶 유야무야 : 있는 듯 없는 듯 흐지부지한 모양

聞 들을 문(:)
듣다, 알려지다
6Ⅱ급 | 총획 14 | 동 聽(청) 반 問(문)

귀[耳]를 문[門]에 바짝 대고 방 안에서 나는 소리를 '듣다'.
百聞不如一見 백문불여일견 : 백 번 듣는 것보다 한 번 보는 것이 나음

見聞 견문   見聞錄 견문록   所聞 소문
新聞 신문   醜聞 추문   風聞 풍문

聊 애오라지 료
애오라지, 귀 울다
1급 | 총획 11

'애오라지' 토끼[卯] 귀[耳]처럼 소리가 '귀에서 울리다'.
聊賴 요뢰 : 남에게 의지하여 살아감
無聊 무료

聯 연이을 련
연잇다, 잇닿다, 잇다
3Ⅱ급 | 총획 17 | 동 繼(계), 係(계), 續(속) 약 联

귀[耳]에 실[絲]처럼 얇은 귀걸이[丱]가 '연이어 있다'.

聯盟 연맹   聯邦 연방   聯想 연상
聯合 연합   關聯 관련

聘 찾을 빙
찾다, 부르다
3급 | 총획 13 | 동 김(소), 招(초)

학문과 덕망이 뛰어나 귀[耳]에 이끌려[甹] '찾아' 뵙다.
聘母 빙모 : 장모
聘父 빙부 : 장인
招聘 초빙

聰 귀 밝을 총
귀가 밝다
3급 | 총획 17

귀[耳]로 듣는 것이 바쁘니[悤] 잘 알아듣는다 해서 '귀가 밝다'.

聰氣 총기   聰明 총명   聰敏 총민

聲 소리 성
소리
4Ⅱ급 | 총획 17 | 약 声

선비[士]가 창[殳]으로 문[戶]을 치니, 귀[耳]에 '소리'가 크게 들리다.

聲帶 성대   聲量 성량   聲名 성명
聲援 성원   高聲放歌 고성방가   名聲 명성
發聲 발성   歎聲 탄성

聳 솟을 용:
솟다, 두려워하다, 삼가다
1급 | 총획 17

귀[耳] 모양을 좇아[從] 위로 '솟다'.

聳出 용출 : 솟아 나옴

職 직분 직
직분, 벼슬
4Ⅱ급 | 총획 18 | 동 官(관)

귀[耳]로 창[戈] 만드는 소리[音]를 듣는 '벼슬(직분)'.

職能 직능   職務 직무   職分 직분
職業 직업   職場 직장   職責 직책
官職 관직   就職 취직

聽 들을 청
듣다
4급 | 총획 22 | 동 聞(문) 반 問(문) 약 聴

왕[王]이 귀[耳]로 사십[四十]년 동안 한[一] 마음[心]으로 백성의 소리를 '듣다'.

聽覺 청각   聽力 청력   聽聞 청문
聽衆 청중   聽取 청취   敬聽 경청
盜聽 도청   視聽覺 시청각

聾 귀머거리 롱
귀머거리, 어리석다, 어둡다
1급 | 총획 22

용[龍]이 트림 하는 소리도 귀[耳]로 듣지 못하는 '귀머거리'.

聾啞 농아

聿 | 붓 율 | 부·6획

손에 붓을 똑바로 잡고 있는 모습을 본뜬 글자로, '붓'을 뜻한다.

肅 엄숙할 숙
엄숙하다
4급 | 총획 13 | 동 嚴(엄) 약 肃

조각[爿]에 붓[聿]으로 '엄숙하게' 글씨를 쓰다.

肅然 숙연   肅淸 숙청   嚴肅 엄숙
自肅 자숙   靜肅 정숙

肇 비롯할 조:
비롯하다, 시작하다
1급 | 총획 14

문[戶]짝을 만들기 위해서는 망치로 치기[攵] 전에 붓[聿]으로 모형을 그리는 것에서부터 '비롯하다'.

肇國 조국 : 나라를 세움. 건국

肇基 조기

肉(月) 고기 육 | 부·6획

동물의 살 모양을 본뜬 글자이다. 변형자는 '月'로 '육달월'이라 읽는다. '달 월'과 헷갈리지 않도록 주의해야 한다.

肉 고기 육
고기
4Ⅱ급 | 총획 6

동물의 살을 본뜬 자.

肉味 육미 肉聲 육성 肉食 육식
肉眼 육안 肉體 육체 肉彈 육탄
苦肉策 고육책 筋肉質 근육질 糖水肉 탕수육

肝 간 간(:)
간, 간장
3Ⅱ급 | 총획 7

몸[月]에서 방패[干]처럼 독이 들어오는 것을 막는 '간'.

肝要 간요 : 매우 요긴함
肝炎 간염 肝腸 간장

腐 썩을 부:
썩다, 나쁜 냄새가 나다
3Ⅱ급 | 총획 14

창고[广]에서 나눠준[付] 고기[月]가 '썩다'.

切齒腐心 절치부심 : 몹시 분하여 이를 갈고 벼름

腐蝕 부식 腐葉土 부엽토 腐敗 부패
豆腐 두부 陳腐 진부

肛 항문 항
항문, 부풀다
1급 | 총획 7

몸[月]에서 똥을 만들어[工] 내보내는 '항문'.

肛門 항문 : 똥구멍
脫肛 탈항

肋 갈빗대 륵
갈빗대, 갈비
1급 | 총획 6

몸[月]통에서 힘[力]을 쓰는 곳이 '갈빗대'.

肋骨 늑골 : 가슴을 둘러싸고 폐와 신장을 보호하는 뼈

肖 닮을, 같을 초
닮다, 같다
3Ⅱ급 | 총획 7

몸[月]이 작은[小] 것은 부모를 '닮은' 것이다.

不肖 불초 : 어리석고 못난 자식
肖像畫 초상화

살 기
살, 살가죽, 피부, 몸
1급 | 총획 6

몸[月]에서 책상[几] 표면 같은 곳이 '살'.

肌骨 기골 : 살과 뼈

肺 허파 폐:
허파, 마음
3Ⅱ급 | 총획 8

몸[月]에서 도시[市]의 나쁜 공기를 내보내고 새 공기를 마시는 '허파'.

肺氣量 폐기량 肺炎 폐렴 肺患 폐환

肥 살찔 비 :
살찌다, 거름
3Ⅱ급 | 총획 8

뱀[巳] 한[一] 마리의 몸[月]이 아주 보기 좋게 '살찌다'.
天高馬肥 천고마비 : 가을을 수식하는 말로, 하늘이 높고 말이 살찜을 이름

肥大 비대 肥鈍 비둔 肥料 비료
肥滿 비만

肯 즐길 긍 :
즐기다, 옳게 여기다
3급 | 총획 8

몸[月]에 나쁜 것은 그만두고[止] '즐길' 것을 찾다.

肯定 긍정 首肯 수긍

股 넓적다리 고
넓적다리, 바퀴살의 바퀴통에 가까운 부분
1급 | 총획 8

몸[月]에서 몽둥이[殳]처럼 굵은 '넓적다리'.
股間 고간 : 사타구니

育 기를 육
기르다
7급 | 총획 8 | 동 養(양)

내[厶] 아이의 머리[亠]에 살[月]이 붙도록 부모가 '기르다'.

育成 육성   育兒 육아   育英 육영
敎育 교육   發育 발육   飼育 사육
體育 체육   訓育 훈육

肱 팔뚝 굉
팔뚝, 걷다
1급 | 총획 8

몸[月]에서 열[十] 사람을 나[厶]의 힘으로 들어 올릴 수 있는 '팔뚝'.
肱膂 굉려 : ① 팔뚝과 등뼈 ② 임금이 가장 신임하는 중신

肩 어깨 견
어깨
3급 | 총획 8

문[戶]짝처럼 몸[月]에서 양쪽으로 벌어진 '어깨'.
肩帶 견대 : 헝겊으로 만든, 가운데는 막고 양끝은 튼 긴 자루
肩章 견장 : 제복의 어깨에 붙여 계급을 나타내는 표장
肩部 견부

肪 기름 방
기름, 살찌다
1급 | 총획 8

몸[月]이 사방[方]으로 퍼져 '기름'이 많아 '살찌다'.
脂肪 지방

胞 세포 포 (:)
세포, 태보
4급 | 총획 9

우리의 몸[月]을 싸고[包] 있는 '세포'.

胞子 포자   多細胞 다세포   單細胞 단세포
同胞 동포   細胞 세포

肢 팔다리 지
팔다리, 사지
1급 | 총획 8

몸[月]에 가지[支]처럼 붙어 있는 '팔다리'.
四肢 사지 : 두 팔과 두 다리
肢體 지체

胎 아이 밸 태
아이 배다
2급 | 총획 9

나[厶]의 몸[月]에서 한 식구[口]가 성장하고 있음이니 '아이 밴' 것.
換骨奪胎 환골탈태 : 얼굴이나 모습이 전에 비해서 몰라보게 좋아졌음을 비유하는 말

胎夢 태몽   孕胎 잉태

胚 아이 밸 배
아이 배다, 어리다
1급 | 총획 9

몸[月]이 하나[一]가 아닌[不] '아이를 밴' 몸.
胚芽 배아 : 식물의 종자 속에 있는 발생 초기의 어린 식물

胃 밥통 위
밥통, 마음
3Ⅱ급 | 총획 9

밭[田]에서 자란 채소가 몸[月]으로 들어가 '**밥통**'에 저장되다.
胃酸 위산 **胃炎** 위염 **胃腸** 위장
胃痛 위통

背 등 배 :
등
4Ⅱ급 | 총획 9

몸[月]을 북[北]으로 돌려 '**배반하다**'.
背恩忘德 배은망덕 : 입은 은덕을 저버리고 배반함
背景 배경 **背反** 배반 **背水陣** 배수진
背信 배신 **背任** 배임 **背後** 배후
二律背反 이율배반

胥 서로 서
서로, 모두, 잠깐, 보다, 기다리다
1급 | 총획 9

발[疋]로 남의 몸[月]을 밟아주며 '**서로**' 안마를 해주다.
胥吏 서리 : 얕은 벼슬아치. 하급 관리

胡 되 호
되, 오랑캐, 수염
3Ⅱ급 | 총획 9

오랜[古] 세월[月] 적대시하던 '**오랑캐**'.
胡笛手 호적수 : 군대 안에서 태평소를 불던 사람
胡桃 호도 **胡人** 호인

胄 자손 주
자손, 핏줄, 투구
1급 | 총획 9

몸[月]으로 말미암아[由] 통하는 관계이니 '**자손**'.
胄裔 주예 **胄胤** 주윤

胸 가슴 흉
가슴, 가슴속, 마음
3Ⅱ급 | 총획 10

몸[月]을 감싸고[勹] 흉허물[凶]을 덮는 '**가슴**'.
胸背 흉배 **胸部** 흉부 **胸像** 흉상
胸中 흉중

脈 줄기 맥
줄기, 맥, 힘주다
4Ⅱ급 | 총획 10 | 동 幹(간) 약 脉

바위[厂]속에 뻗은 뿌리[氏]처럼 몸[月] 속에 뻗어 있는 줄기는 '**맥**'.
氣盡脈盡 기진맥진 : 기운과 정력이 다함
脈搏 맥박 **鑛脈** 광맥 **動脈** 동맥
命脈 명맥 **文脈** 문맥 **山脈** 산맥
水脈 수맥 **人脈** 인맥

脂 비계 지
비계, 기름
2급 | 총획 10

고기[月] 맛[旨]을 내게 하는 것이 '**기름**' 또는 '**비계**'.
脂肪 지방

胱 오줌통 광
오줌통
1급 | 총획 10

몸[月]에서 오줌을 담아두는 광[光]이 '**오줌통**'.
膀胱 방광

肉

胴 큰창자, 몸통 동
큰창자, 몸통
1급 | 총획 10

몸[月]에서 가장 중요한 한가지[同] 기능을 하는 '큰창자'.

胴部 동부 : 사람이나 동물의 몸에서 가슴과 배를 합한 부분
胴體 동체

脆 연할 취 :
연하다, 무르다, 부드럽다, 가볍다
1급 | 총획 10

몸[月]의 급소인 위험한[危] 곳은 '연하다'.

脆弱 취약 : 무르고 약함

脅 위협할 협
위협하다, 꾸짖다, 갈빗대
3Ⅱ급 | 총획 10

몸[月]에서 힘[力]을 모아 상대의 '갈빗대'를 '위협하다'.

脅約 협약 : 위협에 의하여 이루어진 약속
脅奪 협탈 : 협박하여 겁탈함
威脅 위협   **誘脅** 유협

能 능할 능
능하다, 능력
5급 | 총획 10

나[厶]는 몸[月]에 비수 두 개[比比]를 숨길 수 있는 '능력'이 있다.

多才多能 다재다능 : 재주와 능력이 많음

能動 능동   能力 능력   能事 능사
能通 능통   無能 무능   性能 성능
全能 전능   效能 효능

脊 등마루 척
등마루, 등골뼈
1급 | 총획 10

사람[人] 몸[月]에 [ㅕㅕ]처럼 생긴 '등마루'.

脊骨 척골 : 등골뼈

脚 다리 각
다리
3Ⅱ급 | 총획 11

몸[月]에서 걸어가는[去] 무릎 뒤로 굽혀지는[卩] 곳을 가리켜 '다리'.

脚光 각광   脚氣病 각기병   脚本 각본
脚色 각색   失脚 실각   立脚 입각
行脚 행각

脫 벗을 탈
벗다
4급 | 총획 11

형[兄]이 몸[月]에 걸친 여덟[八] 겹의 옷을 하나씩 '벗다'.

脫落 탈락   脫毛 탈모   脫線 탈선
脫營 탈영   脫衣室 탈의실   脫出 탈출
脫退 탈퇴   離脫 이탈   解脫 해탈
虛脫 허탈

脛 정강이 경
정강이
1급 | 총획 11

몸[月]에서 물줄기[巠]처럼 쭉 빠진 '정강이'.

脯 포 포
포, 말린 과실
1급 | 총획 11

고기[月]를 크게[甫] 펴서 말려 놓은 것이 '포'.

脯肉 포육 : 얇게 저며서 양념하여 말린 고기

脣 입술 순
입술, 언저리
3급 | 총획 11

몸[月]에서 별[辰]처럼 반짝이는 '입술'.

脣亡齒寒 순망치한 : '입술이 없으면 이가 시리다'라는 뜻으로, 서로 밀접한 관계에서 한쪽이 망하면 다른 쪽도 어렵다는 것을 나타냄

脣音 순음

腔 속 빌 강
빈 속, 속이 비다
1급 | 총획 12

몸[月] 속에 구멍[空]이 있으니 '속이 비다'.
口腔 구강 : 입안
腔腸 강장

腕 팔 완(ː)
팔, 팔목, 수완, 솜씨
1급 | 총획 12

몸[月]에서 구부릴[宛] 수 있는 '팔' 또는 '팔목'.
腕力 완력

腑 장부 부
장부, 마음
1급 | 총획 12

몸[月]의 집[广]에 붙어[付] 있는 '장부[체내의 내장기관]'.
臟腑 장부 : 오장육부의 준말

脾 지라 비(ː)
지라
1급 | 총획 12

몸[月]에서 내장의 하나로 둥글고 납작한[卑] '지라'.
脾胃 비위 : 사물에 대하여 좋고 언짢음을 느끼는 기분

腋 겨드랑이 액
겨드랑이
1급 | 총획 12

몸[月]에서 항상 밤[夜]인양 어두운 '겨드랑이'.
腋氣 액기 : 겨드랑이에서 나는 냄새. 암내
腋臭 액취

脹 부을 창ː
붓다, 부풀다
1급 | 총획 12

몸[月]에 살이 쪄 길게[長] 지속되어 '붓다'.
膨脹 팽창

腎 콩팥 신ː
콩팥
2급 | 총획 12

몸[月]속에 굳은[堅] 듯한 창자인 '콩팥'.
腎臟 신장

腸 창자 장
창자
4급 | 총획 13

몸[月]속의 어느 하나[一]도 바꿀[易] 수 없는 귀한 '창자'.
九折羊腸 구절양장 : 산길 등이 양의 창자처럼 꼬불꼬불함

大腸 대장   盲腸 맹장   小腸 소장
心腸 심장   十二指腸 십이지장   直腸 직장
脫腸 탈장

腰 허리 요
허리, 중요한 곳
3급 | 총획 13

몸[月]에 꼭 필요한[要] '허리'.
腰帶 요대   腰絶 요절   腰痛 요통

腹 배 복
배, 두텁다
3Ⅱ급 | 총획 13

몸[月]의 내장을 다시[復→复] 싸고 있는 '배'.
抱腹絶倒 포복절도 : 배를 안고 넘어질 정도로 몹시 웃음

腹部 복부   腹痛 복통   空腹 공복
心腹 심복   異腹 이복   割腹 할복

腦	골, 뇌수 **뇌** 골, 뇌, 뇌수 3Ⅱ급	총획 13	얍 脳

몸[月]에서 물처럼[巛] 상처[乂]를 하나하나[ㆍ] 감싸주는[冂] '**골(뇌수)**'.

腦裏 뇌리   腦死 뇌사   腦炎 뇌염
腦出血 뇌출혈   大腦 대뇌   頭腦 두뇌
洗腦 세뇌   首腦部 수뇌부

膀	오줌통 **방** 오줌통, 방광 1급	총획 14

몸[月]에서 오줌을 담아두는 넓은[旁] 막으로 된 주머니가 '**오줌통**'.

膀胱炎 방광염

腺	샘 **선** 샘 1급	총획 13

몸[月]에서 샘[泉]처럼 물이 나오는 '**샘**'.

淋巴腺 임파선

腿	넓적다리 **퇴**: 넓적다리, 정강이 1급	총획 14

몸[月]을 나아가고 물러나게[退] 하는 '**넓적다리**'.

下腿 하퇴 : 종아리
大腿 대퇴

腫	종기 **종** : 종기, 부스럼, 혹 1급	총획 13

몸[月]에서 살이 거듭[重] 튀어나오면서 곪는 '**종기**'나 '**부스럼**'.

腫氣 종기 : 살갗에 생겨 곪는 병

	팔뚝 **박** 팔뚝 1급	총획 14

몸[月]에서 크게[甫] 쫙 벌어진 '**팔뚝**'.

二頭膊筋 이두박근

腱	힘줄 **건** 힘줄 1급	총획 13

몸[月]통에 세워져[建] 있는 희고 질긴 '**힘줄**'.

腱反射 건반사   腱鞘炎 건초염

膏	기름 **고** 기름, 살진 고기, 은혜, 고약, 기름지다 1급	총획 14

지방 함량이 높아[高] 살[月]을 찌게 하는 '**기름**'.

膏粱 고량

膈	가슴, 흉격 **격** 가슴, 흉격 1급	총획 14

몸[月]에서 세 발 달린 솥[鬲]처럼 심장과 비장 사이에 있는 '**가슴**'.

膈痰 격담 : 가래가 가슴에 몰려 답답하고 숨이 찬 폐 기능 장애의 일종

膜	꺼풀 **막** 꺼풀, 막 2급	총획 15

바싹 말라 살[月]이 없고[莫] '**꺼풀**'만 남았다.

角膜 각막

膝 무릎 슬
무릎
1급 | 총획 15

몸[月]을 구부려 나무[木] 밑에 들어가[入] 물[氺] 위를 걷기 위해 구부린 '무릎'.
膝下 슬하 : 부모의 보호 영역을 이름

膠 아교 교
아교
2급 | 총획 15

살[月] 속에 깃털[羽]과 사람[人] 머리털[彡]이 '아교'로 붙인 듯 붙어 있다.
膠柱鼓瑟 교주고슬 : 고지식하여 융통성이 전혀 없음

膣 음도 질
음도, 음문, 새살이 돋다
1급 | 총획 15

몸[月]에 난 구멍[穴]에 이르면[至] '새살이 나다'.
膣口 질구

膳 반찬, 선물 선 :
반찬, 선물, 드리다
1급 | 총획 16

고기[月]로 훌륭하게[善] 만든 '반찬'을 부모님께 '드리다'.
膳物 선물

膨 부풀 팽
부풀다, 불룩하다
1급 | 총획 16

몸[月]이 팽팽하게[彭] '부풀어' '불룩하다'.
膨大 팽대   膨脹 팽창

膵 췌장 췌 :
췌장
1급 | 총획 16

몸[月]에서 풀[卄]처럼 가늘고 긴 선이 끝난[卒] 곳에 있는 '췌장'.
膵臟 췌장

膚 살갗 부
살갗
2급 | 총획 15

호랑이[虍] 가죽처럼 밭[田]이랑처럼, 몸[月]을 감싸고 있는 '살갗'.
皮膚 피부

膿 고름 농
고름, 진한 국물
1급 | 총획 17

몸[月]에 농사[農]를 지은 듯 누런 '고름'.
膿血 농혈 : 피고름
化膿 화농   蓄膿症 축농증

臆 가슴 억
가슴, 가슴뼈
1급 | 총획 17

몸[月]에서 뜻[意]을 깊이 품고 있는 '가슴'.
臆測 억측 : 제멋대로 추측함. 이유와 근거 없이 추측함

膽 쓸개 담 :
쓸개, 담력
2급 | 총획 17 | 약 胆

몸[月]에서 쓸개즙을 일시적으로 저장하는[詹] 얇은 막의 주머니로 된 '쓸개'.
臥薪嘗膽 와신상담 : 원수를 갚으려고 온갖 괴로움을 참고 견딤
膽力 담력   落膽 낙담   大膽 대담

膾 회 회 :
회, 잘게 저민 날고기, 회치다
1급 | 총획 17

고기[月]를 날것으로 모아[會] 먹는 것이 '**회**'.

膾炙 회자 : '회와 구운 고기'라는 뜻으로, 칭찬을 받으며 사람의 입에서 입으로 전해지는 것

臂 팔 비 :
팔
1급 | 총획 17

곧은 신하가 임금[辟]의 몸[月]에서 오른 '**팔**' 역할을 하다.

臂膊 비박 : 팔과 어깨

臀 볼기 둔 :
볼기, 밑, 바닥
1급 | 총획 17

몸[月]에서 대궐[殿]처럼 우람한 '**볼기**'.

臀部 둔부 : 엉덩이

臀肉 둔육

膺 가슴 응 :
가슴, 안다, 당하다, 가깝다
1급 | 총획 17

집[广]으로 날아온 새[倠]를 사람[亻]이 잡고 몸[月]을 만지니 '**가슴**'이 두근거리다.

膺懲 응징 : 잘못을 회개하도록 징계함

臘 납향 랍 :
납향, 섣달
1급 | 총획 19

사냥하여[獵 → 巤] 잡은 짐승의 고기[月]를 신에게 바치며 납일에 지내는 '**납향**'.

臘月 납월 : 음력 섣달

臟 오장 장 :
오장, 내장
3Ⅱ급 | 총획 22

몸[月]속에 감추어져[藏] 생리 작용을 하는 '**오장**'.

臟器 장기　　**肝臟** 간장　　**內臟** 내장
心臟 심장

신하 **신** | 부·6획
신하가 허리를 구부리고 앉은 모양을 본뜬 글자이다.

신하 **신**
신하
5Ⅱ급 | 총획 6 | 🖐 君(군), 王(왕), 帝(제), 皇(황)

'신하'가 허리를 구부리고 앉은 모양을 본뜬 자.

君臣有義 군신유의 : 임금과 신하 사이에 의리가 있어야 함

| 臣民 신민 | 臣下 신하 | 家臣 가신 |
| 使臣 사신 | 小臣 소신 | 忠臣 충신 |

임할 **림**
임하다
3Ⅱ급 | 총획 17

신하[臣]가 가난한 사람[人]에게 물품[品]을 나눠주는 일에 '임하다'.

| 臨迫 임박 | 臨床 임상 | 臨時 임시 |
| 臨終 임종 | 降臨 강림 | 君臨 군림 |

臥 누울 **와** :
눕다, 엎드리다, 쉬다
3급 | 총획 8 | 🖐 起(기)

신하[臣]라는 사람[人]은 임금 앞에서 '엎드려야' 한다.

臥龍 와룡 : 누워 있는 용. 때를 만나지 못한 큰 인물
臥病 와병 : 병으로 누워 있음

스스로 자 | 부·6획

사람의 코 모양을 본뜬 글자이다.

스스로 자
스스로, 자기, 코
7Ⅱ급 | 총획 6 | 동 己(기) | 반 他(타)

코[自]는 남의 도움 없이 '자기' '스스로' 숨 쉬다.

自己 자기　　自動 자동　　自力 자력
自立 자립　　自慢 자만　　自滅 자멸
自我 자아　　自然 자연　　自尊心 자존심
自閉症 자폐증

냄새 취 :
냄새, 나쁜 소문
3급 | 총획 10

개[犬]는 스스로[自] 냄새를 맡는다.

口尙乳臭 구상유취 : '입에서 아직 젖내가 난다'라는 뜻으로, 말과 하는 짓이 유치함을 일컬음

臭敗 취패　　惡臭 악취　　體臭 체취

이를 지 | 부·6획

화살이 땅에 이른 모양에서 '이르다'라는 뜻을 나타낸다.

 이를 지
이르다, 도달하다, 미치다
4Ⅱ급 | 총획 6 | 동 到(도), 致(치)

나[厶] 하나[一]만 땅[土]에 '이르다'.

至恭 지공	至極 지극	至今 지금
至大 지대	至毒 지독	至誠 지성
至尊 지존	冬至 동지	夏至 하지

 대 대
대, 누각
3Ⅱ급 | 총획 14 | 약 台

좋은[吉] 것으로 덮어[冖] 먼 곳에 이르도록[至] 높이 쌓은 '대'.

| 燈臺 등대 | 舞臺 무대 | 展望臺 전망대 |
| 天文臺 천문대 | 土臺 토대 | 平均臺 평균대 |

致 이를 치 :
이르다, 보내다
5급 | 총획 10 | 동 到(도), 至(지)

매로 쳐서[攵] 바른 곳에 이르도록[至] 가르쳐, 성공에 '이르다'.

一致團結 일치단결 : 여럿이 하나로 굳게 뭉침

| 致命 치명 | 致富 치부 | 致死 치사 |
| 致誠 치성 | 理致 이치 | 一致 일치 |

절구 **구** | 부·6획

통나무나 돌 등이 깊게 파인 모양을 본뜬 글자이다. '절구'라는 의미를 나타낸다.

臼 절구 **구**
절구, 허물, 절구질하다
1급 | 총획 6

방앗공이로 곡식을 찧는 **'절구'** 모양

臼狀 구상 : 절구처럼 가운데가 우묵하게 파인 형상

臼齒 구치

興 일 **흥** (:)
일다, 일어나다, 흥겹다
4Ⅱ급 | 총획 16 | 통 盛(성) 약 兴

절구[臼]를 여덟[八] 명이 들고[一] 다 같이[同] **'일어나다'**.

興起 흥기	興味 흥미	興盛 흥성
興信所 흥신소	興趣 흥취	興行 흥행
復興 부흥	餘興 여흥	

舅 시아비, 외삼촌 **구**
시아비, 외삼촌, 장인
1급 | 총획 13

절구질하고[臼] 있는 남자[男]가 **'시아비'**.

舅母 구모 : 외숙모

舅甥 구생

舊 예 **구** :
예(옛), 낡다
5Ⅱ급 | 총획 18 | 통 古(고), 久(구) 반 新(신) 약 旧

풀밭[艹]에서 절구질하며[臼] 새[隹]를 쫓던 때는 **'옛적'**.

舊態依然 구태의연 : 발전하지 않고 옛 모습 그대로임

舊家 구가	舊觀 구관	舊面 구면
舊習 구습	舊正 구정	舊型 구형
復舊 복구	親舊 친구	

與 더불, 줄 **여** :
더불다, 참여하다, 주다
4급 | 총획 14 | 약 与

하나[一]의 절구[臼]를 둘러싸서[⺆] 여덟[八] 명이 **'더불어'** 살아가다.

與件 여건	與國 여국	與黨 여당
與否 여부	關與 관여	給與 급여
寄與 기여	附與 부여	賞與金 상여금
受與 수여		

혀 설 | 부·6획

입 안에서 내민 혀의 모습을 본뜬 글자이다.

舌 혀 설
혀, 말, 언어
4급 | 총획 6

입[口]안에서 방패[干] 역할을 하는 '혀'.

| 舌端 설단 | 舌音 설음 | 舌戰 설전 |
| 舌禍 설화 | 口舌數 구설수 | 毒舌 독설 |

舍 집 사
집
4Ⅱ급 | 총획 8 | ⑧ 館(관), 堂(당), 宅(댁, 택), 室(실)

사람[人]이 식구[口]를 위해 방패[干]같이 튼튼하게 지은 '집'.

| 舍監 사감 | 舍宅 사택 | 寄宿舍 기숙사 |
| 幕舍 막사 | 廳舍 청사 | 畜舍 축사 |

舛 | 어그러질 천 | 부·6획

두발이 이쪽으로 저쪽으로 왔다갔다한다하여 '어그러지다'라는 뜻을 나타낸다.

舞 춤출 무:
춤추다
4급 | 총획 14 | 동 踊(용)

아무도 없는[無] 곳에서 어수선하게[舛] '**춤추다**'.

舞曲 무곡   歌舞 가무   劍舞 검무
鼓舞 고무   群舞 군무   亂舞 난무
獨舞 독무   獨舞臺 독무대   僧舞 승무
圓舞 원무

舟 배 주 | 부·6획
배의 모양을 본뜬 글자이다.

舟 배 주
배, 싣다
3급 | 총획 6 | (동) 船(선), 航(항)

통나무를 파서 만든 '배'.
- 刻舟求劍 각주구검 : 어리석고 미련하고 융통성이 없음을 비유하는 말
- 一葉片舟 일엽편주 : 한 척의 작은 배

舶 배 박
배
2급 | 총획 11

배[舟] 중에 흰[白]색의 돛을 단 '배'.
- 舶來 박래
- 船舶 선박

航 배 항
배, 건너다, 항해하다
4Ⅱ급 | 총획 10 | (동) 船(선), 舟(주)

높게[亢] 돛을 달고 가는 '배[舟]'.
- 航空 항공
- 航路 항로
- 航法 항법
- 航行 항행
- 難航 난항
- 渡航 도항
- 密航 밀항
- 直航 직항
- 出航 출항
- 就航 취항

舵 키 타
키
1급 | 총획 11

배[舟]로 만든 집[宀]에 비수[匕]로 만든 '키'.
- 舵手 타수 : 키잡이
- 操舵手 조타수

般 가지, 일반 반
가지, 일반, 옮기다
3Ⅱ급 | 총획 10

배[舟]에 있는 창[殳]을 실어 '옮겨' '일반' 사람에게 팔다.
- 一般 일반
- 全般 전반
- 諸般 제반

艇 배 정
배, 작은배, 거룻배
2급 | 총획 13

배[舟] 중에 조정[廷]에서 관리하는 '거룻배'.
- 艇庫 정고

船 배 선
배
5급 | 총획 11 | (동) 舟(주), 航(항)

한 배[舟]에 여덟[八] 식구[口]가 타고 '배'를 젓다.
- 船客 선객
- 船舶 선박
- 船上 선상
- 船員 선원
- 船長 선장
- 船主 선주
- 救助船 구조선
- 飛行船 비행선
- 旅客船 여객선
- 貨物船 화물선

艙 부두 창
부두, 선창
1급 | 총획 16

물가에 다리처럼 만들어 배[舟]를 댈 수 있게 마련한 '부두[倉]'.
- 船艙 선창
- 魚艙 어창

艦 큰배 함:
큰 배, 싸움배
2급 | 총획 20

배[舟] 중에 적을 감시하는[監] **'큰 배'**.

艦隊 함대   艦長 함장   潛水艦 잠수함

艮 괘이름 간 | 부·6획
사람이 눈을 위로 향하고 서 있는 모양을 본뜬 글자이다. '그치다'라는 뜻을 나타낸다.

良 어질 량
어질다, 좋다
5Ⅱ급 | 총획 7 | 동 仁(인), 賢(현)

잘못된[、] 행동을 그치고[艮] **'어질게'** 살아가다.

良家 양가 良民 양민 良書 양서
良心 양심 良藥 양약 良質 양질
良好 양호 改良 개량 不良 불량
善良 선량

艱 어려울 간
어렵다, 어려워하다, 괴로워하다
1급 | 총획 17

진흙[堇]에 머물러[艮] 있는 상태니 **'어렵고' '괴롭다'**.

艱難 간난 : 괴롭고 고생스러움

艱辛 간신   艱患 간환

色 빛 색 | 부·6획

'안색', '빛깔', '모양' 등의 의미를 나타낸다.

色 빛 색
빛, 색채, 모양
7급 | 총획 6 | 동 彩(채)

남녀 두 사람이 함께 있으니, '빛(얼굴)'이 좋다.

色感 색감　　色調 색조　　色彩 색채
具色 구색　　氣色 기색　　無色 무색
白色 백색　　彩色 채색　　靑色 청색

艶 고울 염 :
곱다, 아름답다
1급 | 총획 19

풍성한[豊] 색[色]으로 물들여 '곱다'.

艶聞 염문　　艶色 염색　　妖艶 요염

艸(艹) 풀 초 | 부·6획

떡잎이 두 개 돋아난 풀을 뜻하며, 변형자는 '艹'이다.

芻 꼴 추
꼴
1급 | 총획 10

마소의 먹이로 쓰기 위해 풀[艸]을 싸고[勹] 싸[勹] 놓은 것이 '꼴'.

芻米 추미 : 꼴과 쌀. 마소의 먹이와 사람의 양식
芻狗 추구

花 꽃 화
꽃
7급 | 총획 8

풀[艹]이 아름답게 변하여[化] '꽃'이 되다.

花柳界 화류계   花園 화원   花草 화초
花環 화환   國花 국화   生花 생화
造花 조화

芒 까끄라기 망
까끄라기, 가시
1급 | 총획 7

풀[艹]이 말라 죽으면[亡] 생기는 '까끄라기'.

芒種 망종 : ① 벼나 보리 등의 까끄라기가 있는 곡식 ② 24절기의 하나로, 양력 6월 5일경임

芳 꽃다울 방
꽃답다, 향기가 나다
3Ⅱ급 | 총획 8

화초[艹] 밭에서 사방[方]으로 풍기는 향기가 '꽃답다'.

綠陰芳草 녹음방초 : 우거진 나무 그늘과 싱그러운 풀
流芳百世 유방백세 : 꽃다운 이름을 후세에 길이 전함
芳年 방년   芳名錄 방명록   芳香 방향

芍 함박꽃 작
함박꽃, 작약
1급 | 총획 7

풀[艹] 속에 미나리처럼 작은[勺] 약재로 쓰이는 '작약'.

芍藥 작약

芭 파초 파
파초
1급 | 총획 8

파[巴]자가 들어가는 풀[艹]은 '파'.

芭蕉 파초

芽 싹 아
싹, 처음, 싹이 트다
3Ⅱ급 | 총획 8 | 동 萌(맹)

어금니[牙]처럼 솟아난 풀[艹] '싹'.

萌芽 맹아   發芽 발아   胎芽 태아

芥 겨자 개
겨자, 갓, 티끌
1급 | 총획 8

풀[艹] 사이에 끼여[介] 있는 '겨자'.

草芥 초개 : '풀과 티끌'이라는 뜻으로, 하찮은 사물을 이르는 말
芥塵 개진

芙 부용 부
부용
1급 | 총획 8

풀[艹]같이 생긴 지아비[夫]가 들고 있는 '**부용(연꽃)**'.
芙蓉 부용 : 연꽃

苟 진실로, 구차할 구
진실로, 구차하다, 만약
3급 | 총획 9

구[句]불구불 다른 것에 기대어 살아가는 풀[艹]은 **구차하다**.
苟且 구차　　苟充 구충　　艱苟 간구

苗 모 묘:
모, 곡식
3급 | 총획 9

밭[田]에 뿌린 씨앗에서 솟아나는 싹[艹]이니 '**모**'.
苗木 묘목　　苗板 묘판　　種苗 종묘

若 같을 약
같다
3급Ⅱ | 총획 9 | 동 如(여), 肖(초)

오른[右]손으로 뽑은 풀[艹]은 모양이 다 '**같다**'.
泰然自若 태연자약 : 태연하고 천연스러움
若干 약간　　萬若 만약

英 꽃부리 영
꽃부리
6급 | 총획 9

풀[艹] 가운데[央] 가장 아름다운 부분이 '**꽃부리**'.
英國 영국　　英美 영미　　英語 영어
英雄 영웅　　英才 영재　　英字 영자
英特 영특

苑 나라 동산 원:
나라 동산, 동산
2급 | 총획 9

풀[艹]밭은 저녁[夕]이면 무릎[㔾] 꿇고 짐승들이 쉴 수 있는 '**나라 동산**'.
苑花 원화　　苑沼 원소

苦 쓸 고
쓰다, 괴롭다
6급 | 총획 9 | 반 甘(감), 樂(락)

풀[艹]이 오래[古] 되어 맛이 '**쓰다**'.
苦難 고난　　苦生 고생　　苦心 고심
苦役 고역　　苦戰 고전　　苦痛 고통
苦學 고학　　苦行 고행　　刻苦 각고
勞苦 노고

苛 가혹할 가:
가혹하다
1급 | 총획 9

가히[可] 온통 풀[艹]밖에 없으니 '**가혹하다**'.
苛細 가세 : 성질이 까다롭고 잚
苛斂 가렴　　苛酷 가혹

茂 무성할 무:
무성하다, 우거지다
3급Ⅱ | 총획 9

풀[艹]이 다섯째 천간[戊]까지 '**무성하게**' '**우거지다**'.
茂林 무림 : 나무가 우거진 숲
茂盛 무성 : 풀이나 나무 따위가 우거지어 성함

苔 이끼 태
이끼
1급 | 총획 9

풀[艹] 중에 내[厶] 입[口]처럼 습한 곳에 많이 나는 '**이끼**'.
海苔 해태 : 김

草 풀 초
풀
7급 | 총획 10

풀[艹] 중 가장 일찍[早] 돋아나는 '풀'을 새싹이라 한다.

草琴 초금 : 풀잎으로 만든 피리
草略 초략 : 몹시 거칠고 간략함

草家 초가 草稿 초고 草綠 초록
草木 초목 草本 초본 草原 초원
草地 초지 大麻草 대마초

茶 차 다/차
차
3Ⅱ급 | 총획 10

사람[人]들이 풀[艹]잎이나 나뭇[木]잎을 말려 달여 먹는 '차'.

茶器 다기 茶道 다도 茶禮 다례
茶房 다방 綠茶 녹차 紅茶 홍차

茫 아득할 망
아득하다
3급 | 총획 10

물[氵]을 주지 않았더니 채소[艹] 농사가 망해[亡] 앞으로 살길이 '아득하다'.

茫茫大海 망망대해 : 아득히 넓고 끝없이 펼쳐진 바다
茫然自失 망연자실 : 큰 충격에 멍하니 정신을 잃음

茫漠 망막

荒 거칠 황
거칠다, 흉년들다
3Ⅱ급 | 총획 10

채소[艹] 농사가 망할[亡] 정도로 물[川]이 없는 '거친' 땅.

荒唐 황당 荒凉 황량 荒野 황야
荒廢 황폐 虛荒 허황

茸 풀 날 용:/버섯 이:
풀이 나다, 버섯
1급 | 총획 10

여기저기 귀[耳]처럼 '풀[艹]이 나다'.

茸茂 용무

荊 가시나무 형
가시나무
1급 | 총획 10

풀[艹]이나 나무에 붙어있는 형[形]벌같이 찌르는 '가시나무'.

荊棘 형극 : ① 고난(苦難)의 길을 비유 ② 나무의 가시

莫 없을 막
없다, 드넓다
3Ⅱ급 | 총획 11 | 동 無(무)

해[日]가 없으면 큰[大] 풀[艹]도 '없다'.

莫無可奈 막무가내 : 도무지 어찌할 수 없음

莫強 막강 莫大 막대 莫論 막론
莫甚 막심 莫逆 막역

莊 씩씩할 장
씩씩하다, 엄하다, 정중하다
3Ⅱ급 | 총획 11 | 약 荘

풀[艹]이 왕성하게[壯] 자란 모양이 '씩씩하다'.

莊嚴 장엄 莊園 장원 莊子 장자
壯重 장중 別莊 별장 山莊 산장

荷 멜 하(:)
메다, 짊어지다, 짐
3Ⅱ급 | 총획 11

풀[艹]을 잘 엮으면 사람[亻]을 '멜' 수 있는 가능성[可]이 높다.

荷物 하물 荷役 하역 荷主 하주
荷重 하중 荷置場 하치장 薄荷 박하
負荷 부하 出荷 출하

莖 줄기 경
줄기, 근본, 버팀목
1급 | 총획 11

풀[艹]에서 물줄기[巠]처럼 뻗어가는 '줄기'.

根莖 근경 : 뿌리처럼 보이는 줄기의 특수 형태를 이르는 말

莖節 경절

菊 국화 국
국화
3Ⅱ급 | 총획 12

쌀[米] 모양의 풀[艹]을 싸니[勹] '국화'.
梅蘭菊竹 매난국죽 : 매화·난·국화·대나무
菊花 국화   水菊 수국

萄 포도나무 도
포도나무
1급 | 총획 12

풀[艹] 속에 싸여[勹] 질그릇[缶]처럼 둥근 열매가 열리는 '포도나무'.
葡萄 포도

菜 나물 채 :
나물, 반찬
3Ⅱ급 | 총획 12 | 동 蔬(소)

손톱[爫]으로 풀[艹]과 나무[木]를 골라 캔 '나물'.
菜毒 채독 : 채소를 먹음으로써 위장을 해하는 독기
菜蔬 채소 : 밭에서 자라는 온갖 푸성귀
菜食 채식   乾菜 건채   山菜 산채
野菜 야채

菱 마름 릉
마름
1급 | 총획 12

풀[艹]은 풀인데 물 있는 흙[土] 바닥[夊] 밑에서 서서히 자라는 '마름'.

菌 버섯 균
버섯, 세균
3Ⅱ급 | 총획 12

벼[禾]를 에워싼[囗] 풀[艹]이 썩어 생겨난 '세균' 또는 '버섯'.
菌根 균근   菌類 균류   大腸菌 대장균
滅菌 멸균   病菌 병균   病原菌 병원균
保菌者 보균자   殺菌 살균   細菌 세균
雜菌 잡균

菩 보살 보
보살, 보리
1급 | 총획 12

석가모니가 수행한 후 된 '보살'.
菩提 보리   菩提樹 보리수

華 빛날 화
빛나다, 화려하다
4급 | 총획 12

풀[艹] 한[一] 포기 풀[艹] 한[一] 포기가 시[十]월의 태양에 '빛나다'.
華僑 화교   華麗 화려   華嚴經 화엄경
華婚 화혼   繁華 번화   昇華 승화
榮華 영화   精華 정화

萌 싹 맹
싹, 싹트다
1급 | 총획 12

밝은[明] 세상 밖으로 나온 풀[艹]이 '싹'.
萌芽 맹아 : ① 식물의 새싹 ② 사물의 시초가 되는 것
萌動 맹동

菓 과자 과 (:)
과자, 과일
2급 | 총획 12

풀[艹]도 넣고 과일[果]도 넣어 만든 '과자'.
菓子 과자   茶菓 다과   氷菓 빙과

菽 콩 숙
콩, 콩잎
1급 | 총획 12

풀[艹]은 뽑아 버리고 아재비[叔]가 기르는 '콩'.
菽麥 숙맥 : 콩과 보리

萎 시들 위
시들다, 마르다
1급 | 총획 12

풀[艹]과 벼[禾]가 약한 여자[女]처럼 점점 '시들다'.

萎落 위락 : 시들어 떨어짐

萎縮 위축

落 떨어질 락
떨어지다
5급 | 총획 13 | 동 墮(타) 반 騰(등)

물[氵]이 아래로 흐르듯, 풀[艹]잎도 때가 되면 각각[各] '떨어지다'.

落膽 낙담   落馬 낙마   落望 낙망
落選 낙선   落水 낙수   落葉 낙엽
落第 낙제   落下 낙하   落鄕 낙향

菖 창포 창
창포
1급 | 총획 12

풀[艹] 속에 창성한[昌] '창포'.

菖蒲 창포 : 늪이나 습한 땅에 나는 다년생 풀의 한 가지

萬 일 만 만 :
일 만
8급 | 총획 13 | 약 万

풀[艹]밭에 '일만' 마리의 원숭이[禹]가 있다.

萬化方暢 만화방창 : 봄날이 따뜻하여 만물이 성장함

萬感 만감   萬年 만년   萬無 만무
萬物 만물   萬物商 만물상   萬民 만민
萬邦 만방   萬福 만복   萬全 만전

萃 모을 췌 :
모으다, 모이다, 기다리다
1급 | 총획 12

풀[艹]밭에서 병사[卒]들이 탄피를 긁어 '모으다'.

拔萃 발췌 : 글 등에서 중요한 것을 뽑아냄

葬 장사지낼 장 :
장사지내다, 매장하다
3Ⅱ급 | 총획 13 | 동 喪(상)

죽은[死] 시체를 들고[廾] 풀[艹]밭에 가서 '장사지내다'.

葬禮 장례   葬送曲 장송곡   葬地 장지
高麗葬 고려장   殉葬 순장   火葬 화장

萍 개구리밥 평
개구리밥
1급 | 총획 12

풀[艹]은 풀인데 물[氵] 위에 평평하게[平] 살아가는 '개구리밥'.

浮萍草 부평초 : 개구리밥

著 나타날 저 :
나타나다, 드러나다
3Ⅱ급 | 총획 13 | 동 作(작)

풀[艹]에 사람[者]이 적은 글이 '나타나다'.

著書 저서   著述 저술   著者 저자
共著 공저   編著 편저   顯著 현저

葉 잎 엽
잎
5급 | 총획 13

세상[世]의 모든 풀[艹]과 나무[木]에는 '잎'이 있다.

葉綠素 엽록소   葉書 엽서   葉錢 엽전
葉茶 엽차   枯葉 고엽   落葉 낙엽
末葉 말엽   枝葉 지엽

葛 칡 갈
칡
2급 | 총획 13

모든 풀[艹]을 다[曷] 휘감으며 뻗어가는 '칡'.

葛布 갈포 : 칡의 섬유로 짠 베

葛根 갈근

葺 기울 즙
갑다, 지붕을 이다
1급 | 총획 13

추울 때 입[口]과 귀[耳]를 덮어서 가리듯 풀[艹]로 지붕을 '갑다'.

蓋 덮을 개(ː)
덮다, 뚜껑
3Ⅱ급 | 총획 14 | 약 盖

풀[艹]을 가지고 가서[去] 그릇[皿]을 '덮다'.

蓋世 개세   蓋然性 개연성   頭蓋骨 두개골
無蓋車 무개차   覆蓋 복개

葯 꽃밥 약
꽃밥, 꽃가루주머니
1급 | 총획 13

풀[艹] 속에 맺힌[約] '꽃밥'.

葯胞 약포   去葯 거약

蒙 어두울 몽
어둡다
3Ⅱ급 | 총획 14

돼지[豕] 한[一] 마리가 풀[艹]을 덮어[冖] 쓰니 앞이 '어둡다'.

蒙昧 몽매

葵 해바라기 규
해바라기, 접시꽃
1급 | 총획 13

풀[艹] 중 하늘[天]의 태양을 따라다니는[癶] '해바라기'.

葵花 규화 : 해바라기 꽃
葵藿 규곽

蒸 찔 증
찌다, 데우다
3Ⅱ급 | 총획 14 | 약 烝

풀[艹]을 물[水] 그릇 아래[一]에 불[灬]을 피워 '찌다'.

蒸氣 증기   蒸發 증발   水蒸氣 수증기
汗蒸 한증

蔬 나물 소
나물, 푸성귀
3급 | 총획 14 | 동 菜(채)

널리 소통되는[疏] 풀[艹]이니 '나물'.

菜蔬 채소   果蔬 과소

蓄 쌓을, 모을 축
쌓다, 두다, 모으다
4Ⅱ급 | 총획 14 | 동 募(모), 貯(저), 集(집)

짐승[畜]에게 먹일 풀[艹]을 '모아' '쌓다'.

蓄財 축재   蓄積 축적   備蓄 비축
貯蓄 저축   含蓄 함축

蒼 푸를 창
푸르다
3Ⅱ급 | 총획 14

풀[艹]을 저장하는 창고[倉]는 '푸르다'.

蒼空 창공   蒼天 창천   鬱蒼 울창

蓉 연꽃 용
연꽃, 부용
1급 | 총획 14

물풀[艹] 속에 얼굴[容] 모양으로 핀 '연꽃'.

芙蓉 부용

蒐 모을 수
모으다, 숨기다
1급 | 총획 14

귀신[鬼]처럼 풀[艹] 속에서 나무를 긁어 '모으다'.

蒐集 수집

蓑 도롱이 사
도롱이
1급 | 총획 14

풀[艹]로 엮어서 만든 비옷[衣]이 '도롱이'.

蓑笠 사립 : 도롱이와 삿갓
蓑衣 사의

蒲 부들 포
부들, 창포
1급 | 총획 14

풀[艹]은 풀인데 물[氵]가에 크게[甫] 퍼져 있는 '부들'.

蒲席 포석 : 부들의 줄기나 잎으로 엮어 만든 자리
菖蒲 창포

蓮 연꽃 련
연꽃, 연, 연밥
3Ⅱ급 | 총획 15

풀[艹]인데 수레[車]처럼 물속으로 뻗어가는[辶] '연꽃'.

蓮根 연근   蓮葉 연엽   木蓮 목련

蔑 업신여길 멸
업신여기다
2급 | 총획 15

풀[艹] 속에서 네[四] 마리의 개[戌] 취급하듯 '업신여기다'.

蔑視 멸시   輕蔑 경멸   凌蔑 능멸
侮蔑 모멸

蔘 인삼 삼
인삼
2급 | 총획 15

세[參] 사람을 살릴 수 있는 약효 있는 풀[艹]이 '인삼'.

山蔘 산삼   人蔘 인삼   海蔘 해삼
紅蔘 홍삼

蔓 덩굴 만
덩굴, 덩굴지다, 순무
1급 | 총획 15

풀[艹]이 매일[日] 그물[罒]처럼 또[又] 뻗어가는 '덩굴'.

蔓延 만연

蔭 그늘 음
그늘, 그늘지다
1급 | 총획 15

풀[艹]에 의해 그늘[陰]이 생긴 것이니 풀이 해를 '가린' 것이다.

蔭德 음덕 : 조상의 도움
蔭職 음직   山蔭 산음

蔗 사탕수수 자
사탕수수
1급 | 총획 15

풀[艹] 중 여러[庶] 사람들이 재배했던 '사탕수수'.

甘蔗 감자 : 사탕수수

蔽 덮을 폐 :
덮다, 가리다
3급 | 총획 16 | 동 蓋(개), 隱(은)

해진[敝] 것을 풀[艹]로 '덮어' 가리다'.

蔽空 폐공   建蔽率 건폐율   隱蔽 은폐

蕉
파초 초
파초, 땔나무
1급 | 총획 16

초[焦]자 음이 들어가는 풀[艹]은 '파초'.

蕉葉 초엽　　　蕉布 초포　　　芭蕉 파초

蕪
거칠 무
거칠다
1급 | 총획 16

풀[艹]이 하나도 없을[無] 정도로 땅이 '거칠다'.

蕪穢 무예

蕃
우거질 번
우거지다, 많다
1급 | 총획 16

풀[艹]이 차례대로[番] 뻗어 '우거지다'.

蕃盛 번성 : 나무나 풀이 무성함
蕃殖 번식

蕩
방탕할 탕 :
방탕하다
1급 | 총획 16

물이 끓어오르듯[湯] 잡초[艹]가 멋대로 무성하게 자라는 것처럼 '방탕하다'.

放蕩 방탕 : 주색에 빠져서 행실이 좋지 못한 것
蕩盡 탕진　　　蕩平策 탕평책

薄
엷을 박
엷다, 깔보다
3Ⅱ급 | 총획 17 | 반 厚(후)

풀[艹]을 물가에 펼[溥] 수 있을 정도로 '엷다'.

薄利多賣 박리다매 : 상품을 싸게 많이 팔아 이윤을 남기는 일
美人薄命 미인박명 : '아름다운 여자는 수명이 짧거나 운명이 기박한 경우가 많다는 것'을 이름

薄待 박대　　　薄福 박복　　　刻薄 각박
輕薄 경박　　　野薄 야박　　　稀薄 희박

薦
천거할 천 :
천거하다, 드리다
3급 | 총획 17 | 동 擧(거)

일의 시비를 판단해주는 해태[薦]에게 공손히 풀[艹]을 '드려' '천거하다'.

毛遂自薦 모수자천 : 자기가 자기를 추천하는 일

薦擧 천거　　　自薦 자천　　　公薦 공천
他薦 타천

薔
장미 장
장미
1급 | 총획 17

인색한[嗇] 듯 가는 줄기의 풀[艹]이 '장미'.

薔薇 장미　　　薔花紅蓮傳 장화홍련전

蕭
쓸쓸할 소
쓸쓸하다
1급 | 총획 17

무성한 풀[艹]처럼 엄숙하니[肅] '쓸쓸하다'.

蕭瑟 소슬　　　蕭寂 소적

薪
섶 신
섶, 잡초, 나무를 하다
1급 | 총획 17

풀[艹] 속에 새로운[新] 싹이 돋아나는 '섶나무'.

薪樵 신초　　　薪炭 신탄

薑
생강 강
생강
1급 | 총획 17

밭과 밭의 경계선[畺]에 심어 풀[艹]에 맺힌 '생강'.

薑板 강판　　　薑黃 강황　　　生薑 생강

薇 장미 **미**
장미
1급 | 총획 17

가늘게[微] 자라 넝쿨져 올라가는 풀[艹]이 '장미'.
薔薇 장미 : 장미과의 낙엽 관목

藉 깔 **자** :
깔다, 깔개, 핑계하다
1급 | 총획 18

풀[艹]을 쟁기[耒]로 갈며 일하던 옛날[昔] 사람들이 앉던 '깔개'.
憑藉 빙자 : 남의 힘을 빌려서 의지함
蘊藉 온자   慰藉料 위자료

藍 쪽 **람**
쪽, 남빛
2급 | 총획 18 | 약 篮

풀[艹] 속에서 짙은 푸른색을 띠며 보이는[監] 것이 '쪽'.
靑出於藍 청출어람 : 제자나 후배가 스승이나 선배보다 더 뛰어남
藍實 남실   甘藍 감람

藥 약 **약**
약
6II급 | 총획 19 | 약 薬

아픈 사람을 즐겁게[樂] 하는 풀[艹]이 '약'초다.
藥物 약물   藥水 약수   藥用 약용
藥材 약재   藥草 약초   藥品 약품
藥學 약학   藥效 약효   補藥 보약
齒藥 치약

藏 감출 **장** :
감추다, 숨다
3II급 | 총획 18

풀[艹]을 잘 덮어서 곳간[臧]에 '감추다'.
藏書 장서   死藏 사장   所藏 소장
收藏 수장   愛藏品 애장품

藝 재주 **예** :
재주
4II급 | 총획 19 | 통 技(기), 術(술), 才(재) | 약 芸

풀[艹]과 흙[土]과 흙[土] 여덟[八] 개를 둥글게[丸] 말아 사람처럼 말하게[云] 하는 '재주'.
藝妓 예기   藝能 예능   藝名 예명
藝術 예술   曲藝 곡예   技藝 기예
文藝 문예   書藝 서예   園藝 원예

薩 보살 **살**
보살
1급 | 총획 18

풀[艹] 언덕[阝] 밑에서 도를 닦으며 살아가는[産] '보살'.
薩水 살수   菩薩 보살

藤 등나무 **등**
등나무
2급 | 총획 19

풀[艹] 속에 솟아[滕] 오르듯 뻗어가는 '등나무'.
藤架 등가 : 네 기둥을 세우고 그 천장에 등의 덩쿨을 올린 것
葛藤 갈등

薯 감자 **서** :
감자
1급 | 총획 18

풀[艹] 속 사[四]방에 덩굴져 강장제로 쓰이는 것[者]이 '감자'.
薯蕷 서여

藩 울타리 **번**
울타리
1급 | 총획 19

초[艹]목을 물기[氵] 있는 곳에 차례[番]대로 꽂아 세운 '울타리'.
藩國 번국 : 제후의 나라

蘇

되살아날 **소**
되살아나다, 그치다
3Ⅱ급 | 총획 20

물고기[魚]에게 풀[艹]과 벼[禾]를 먹이니 '**되살아나다**'.
蘇生 소생 : 다시 살아남

藻

마름 **조**:
마름
1급 | 총획 20

풀[艹] 중에 물에 씻으면[澡] 좋은 '**마름**'.
藻類 조류 : 주로 물 속에서 자라는 은화 식물의 한 가지
海藻 해조   **綠藻** 녹조

藿

콩잎, 미역 **곽**
콩잎, 미역
1급 | 총획 20

비[雨]온 뒤 새[隹] 꽁지처럼 자란 풀[艹]인 '**콩잎**'.
藿田 곽전   **藿湯** 곽탕   **藿香** 곽향

蘭

난초 **란**
난초, 목련
3Ⅱ급 | 총획 21

풀[艹]잎이 난간[欄→蘭]처럼 길게 쭉 뻗은 '**난초**'.
金蘭之交 금란지교 : '우정의 아름다움이 난의 향기와 같다'라는 뜻으로, 친구 사이의 사귐을 의미함
春蘭 춘란   **和蘭** 화란

蘊

쌓을 **온**:
쌓다
1급 | 총획 20

풀[艹]과 실[糸]을 죄수[囚]들이 그릇[皿]에 음식처럼 '**쌓아**' 올리다.
蘊奧 온오   **蘊蓄** 온축

범호엄 | 부·6획

입을 크게 벌리고 서 있는 호랑이의 모습이다.

虎 범 호(:)
범, 용맹스럽다
3Ⅱ급 | 총획 8

우뚝 서[儿] 있는 호랑이[虍] '범'.

虎死留皮 호사유피 : 호랑이는 죽으면 가죽을 남김
虎穴 호혈 : 범이 사는 굴. 가장 위험한 곳

虎口 호구   猛虎 맹호   白虎 백호

虐 모질 학
모질다, 학대하다
2급 | 총획 9

호랑이[虍]가 발톱으로 다른 짐승을 공격하듯 아랫사람을 '모질게' '학대하다'.

虐待 학대   虐政 학정   虐殺 학살
殘虐 잔학   苛虐 가학   自虐 자학

虔 공경할 건
공경하다, 정성, 단정한 모양
1급 | 총획 10

호랑이[虍] 같은 선생님한테 글[文]을 배울 때는 '공경함'이 있어야 한다.

敬虔 경건 : 공경하는 마음으로 깊이 삼가고 조심함

處 곳 처:
곳, 살다
4Ⅱ급 | 총획 11 | 동 所(소) 약 処

호랑이[虍]가 어슬렁거리며[夂] 책상[几]에 기대어 있는 '곳'.

陵遲處斬 능지처참 : 지난날 죄인에게 내리던 극형

處理 처리   處方 처방   處罰 처벌
處所 처소   處遇 처우   處置 처치
傷處 상처   善處 선처   出處 출처

虛 빌 허
비다, 공허하다
4Ⅱ급 | 총획 12 | 동 空(공) 반 實(실) 약 虚

호랑이[虍]를 잡으려고 판 두 개의 구덩이[쓰]가 '비었다'.

虛禮虛飾 허례허식 : 형편에 맞지 않게 겉으로만 꾸밈

虛空 허공   虛構 허구   虛病 허병
虛費 허비   虛事 허사   虛勢 허세
虛榮心 허영심   虛脫 허탈   虛風 허풍

號 이름 호(:)
이름, 부르짖다
6급 | 총획 13 | 동 名(명) 약 号

입[口]을 크게 벌리고[丂] 범[虎]이 '이름'을 '부르짖다'.

號哭 호곡   號外 호외   號泣 호읍
口號 구호   記號 기호   番號 번호
商號 상호   雅號 아호   暗號 암호
稱號 칭호

虜 사로잡을 로
사로잡다, 포로
1급 | 총획 13

남자[男]들이 호랑이[虍]를 '사로잡다'.

捕虜 포로 : 전투에서 사로잡은 적의 군사

虜獲 노획

虞 염려할 우
염려하다, 헤아리다
1급 | 총획 13

호랑이[虍] 같은 오나라[吳]가 쳐들어 올까 '염려하다'.

虞犯 우범 : 성격이나 환경 등으로 죄를 저지를 우려가 있음

不虞 불우

虫 | 벌레 훼 | 부·6획

'벌레'라는 뜻이다.

虹 | 무지개 홍
무지개, 다리
1급 | 총획 9

기다란 뱀[蛇→虫]처럼 하늘과 땅을 연결하는[工] **'무지개'**.

虹霓 홍예   虹棧 홍잔   虹彩 홍채
白虹 백홍

蛋 | 새알 단 :
새알
1급 | 총획 11

새가 발[疋]에 품고 있는 벌레[虫] 같은 것이 **'새알'**.

蛋白質 단백질   蛋黃 단황

蚊 | 모기 문
모기
1급 | 총획 10

글[文] 읽는 어두운 밤에 나타나는 벌레[虫]는 **'모기'**.

聚蚊成雷 취문성뢰

蛟 | 교룡 교
교룡
1급 | 총획 12

모양이 뱀[蛇→虫]과 같고 넓적한 네 발로 교통하는 [交] **'교룡'**.

蛟龍 교룡 : 상상의 동물인 용

蚓 | 지렁이 인
지렁이
1급 | 총획 10

벌레[虫] 중에 몸통을 끌어당겨[引] 기어가는 **'지렁이'**.

蚯蚓 구인

蛤 | 조개 합
조개
1급 | 총획 12

벌레[虫]같이 쌍각류를 벌렸다 합쳤다[合] 하는 **'조개'**.

紅蛤 홍합 : 얕은 바다에서 나는 조개의 한 가지
大蛤 대합

蛇 | 긴 뱀 사
긴 뱀
3Ⅱ급 | 총획 11 | 통 巳(사)

머리[宀]를 들고 비수[匕] 같은 혀를 날름거리는 벌레[虫]인 **'긴 뱀'**.

龍頭蛇尾 용두사미 : 시작은 거창하나 뒤로 갈수록 흐지부지 해짐
畫蛇添足 화사첨족 : 안 해도 될 일을 하다가 오히려 일을 그르침

蛔 | 회충 회
회충
1급 | 총획 12

뱃속에 돌아다니는[回] 기생충[虫]이 **'회충'**.

蛔蟲 회충 : 기생충을 통틀어 이르는 말

蜂 벌 봉
벌
3급 | 총획 13

산봉우리[夆]에 몰려 있는 벌레[虫]는 '벌'.

蜂起 봉기　　蜂王 봉왕　　蜂巢 봉소
蜂針 봉침　　蜜蜂 밀봉　　養蜂 양봉

蜃 큰조개 신
큰조개
1급 | 총획 13

쌍각류에서 속살이 나왔다[辰] 들어갔다 하는 벌레[虫] 같은 '큰조개'.

蜃氣樓 신기루

蜚 바퀴, 날 비
바퀴, 짐승 이름, 날다
1급 | 총획 14

사람들이 아주 좋아하지 않는[非] 벌레[虫]인 '바퀴'.

流言蜚語 유언비어 : '흘러가는 말은 해충 같은 말'이라는 뜻으로, 아무 근거도 없는 뜬소문

蜚蠊 비렴　　蜚螭 비망

蜜 꿀 밀
꿀
3급 | 총획 14

벌[虫]집[宀] 속에 반드시[必] 있는 '꿀'.

蜜蜂 밀봉　　蜜水 밀수　　蜜語 밀어
蜜月 밀월

蝶 나비 접
나비
3급 | 총획 15

세상[世]의 나무[木]에는 다 가고 싶은 벌레[虫]인 '나비'.

蝶舞 접무　　蝶泳 접영　　胡蝶 호접

蝦 두꺼비, 새우 하
두꺼비, 새우
1급 | 총획 15

뚫어질[叚] 듯 끊어질 듯한 몸통과 다리가 달린 벌레[虫]가 '새우'.

蝦蟆 하마 : 청개구리
大蝦 대하

蝸 달팽이 와
달팽이
1급 | 총획 15

껍질 속에서 머리가 나왔다가 삐뚤게[咼] 들어가는 벌레[虫]가 '달팽이'.

蝸角 와각 : 달팽이의 촉각, 달팽이의 뿔
蝸廬 와려　　蝸牛 와우

蝕 좀먹을 식
좀먹다, 썩어 들어간 상처
1급 | 총획 15

벌레[虫]가 나무나 옷을 먹은[食] 것이니 '좀먹다'.

腐蝕 부식 : 썩고 벌레가 먹음
浸蝕 침식

螢 반딧불 형
반딧불, 개똥벌레
3급 | 총획 16 | 약 蛍

불빛[火火]으로 덮여[冖] 반짝거리는 벌레[虫]인 '반딧불(개똥벌레)'.

螢雪之功 형설지공 : 반딧불과 눈빛으로 고생하면서 공부하여 이룬 공

螢光 형광　　螢石 형석　　螢光燈 형광등

螟 멸구 명
멸구, 마디충
1급 | 총획 16

어두운[冥] 식물 줄기 속을 파먹는 곤충[虫]이 '멸구'.

螟蟲 명충 : 식물의 줄기 속을 파먹는 곤충의 명칭. 마디충

螟蛾 명아　　螟蛉 명령

融 화할 융
화하다, 녹다
2급 | 총획 16

오지병[鬲] 속에 벌레[虫]들이 서로 왔다갔다하며 '화하다'.

融資 융자 融通 융통 融解 융해
融化 융화

蟲 벌레 충
벌레, 충해
4 II급 | 총획 18 | ㉕ 虫

세 마리가 모여 있는 '벌레[虫]'.

蟲災 충재 蟲齒 충치 寄生蟲 기생충
松蟲 송충 益蟲 익충 害蟲 해충

螳 사마귀 당
사마귀, 버마재비
1급 | 총획 17

성질이 사납고 당당하게[堂] 공격하는 벌레[虫]는 '사마귀'.

螳螂 당랑 : 사마귀

蠟 밀 랍
밀, 밀초
1급 | 총획 21

사냥하여[獵→獵] 온 꿀 벌레[虫]에게서 짜낸 찌끼를 끓여 만든 '밀'.

蜜蠟 밀랍

螺 소라 라
소라, 술잔
1급 | 총획 17

나사못처럼 층층이 쌓인[累] 듯이 비틀어지고 구부러진 벌레[虫]가 '소라'.

螺旋 나선 : 소라 껍데기처럼 빙빙 비틀어진 형상

蠢 꾸물거릴 준 :
꾸물거리다, 어리석다
1급 | 총획 21

봄[春]이면 벌레들[虫虫]이 세상 밖으로 나와 '꾸물거린다'.

蠢愚 준우 : 어리석음
蠢動 준동

蟄 숨을 칩
숨다, 틀어박혀 나오지 않다, 고요하다
1급 | 총획 17

벌레[虫]가 땅이나 돌을 잡고[執] '숨는다'.

驚蟄 경칩 : 이십사 절기의 셋째. 양력 3월 5일경
蟄居 칩거

蠶 누에 잠
누에
2급 | 총획 24 | ㉕ 蚕

입[日]에서 김이 나오듯 실을 계속 토해내는[旡旡] 벌레[虫虫]들이 '누에'.

蠶室 잠실 養蠶 양잠

蟠 서릴 반
서리다, 몸을 감고 엎드려 있다, 모이다
1급 | 총획 18

벌레[虫]가 차례[番]로 다리와 몸을 휘감고 '서리다'.

蟠踞 반거 : 뿌리가 깊이 넓게 박혀 서림
蟠龍 반룡

蠻 오랑캐 만
오랑캐
2급 | 총획 25 | ㉕ 蛮

얽히고[糸] 설킨[糸] 행실[言]이 벌레[虫] 같은 '오랑캐'.

蠻行 만행 野蠻 야만

피 혈 | 부·6획

고사를 지낼 때 희생된 짐승의 피라는 뜻을 나타낸다.

피 혈
피
4Ⅱ급 | 총획 6

제물로 바치는 그릇[皿]에 담은 한[ㆍ] 방울의 '**피**'.

血管 혈관　　血氣 혈기　　血糖 혈당
血書 혈서　　血壓 혈압　　血緣 혈연
血肉 혈육　　血族 혈족　　血淸 혈청
貧血 빈혈　　止血 지혈

무리 중:
무리
4Ⅱ급 | 총획 12 | 동 群(군), 徒(도), 等(등), 類(류)

피[血]로 맺어진 세 사람[乑]의 '**무리**'.

衆口難防 중구난방 : 뭇사람이 여러 의견을 마구 지껄임
衆妙 중묘 : 여러 자연의 뛰어난 이치

衆生 중생　　衆愚 중우　　觀衆 관중
聽衆 청중　　出衆 출중　　合衆國 합중국

行 다닐 행 | 부·6획
왼발 오른발을 내딛으며 '가다'라는 뜻이다.

行 다닐 행(:) / 항렬 항
다니다, 가다, 행실, 항렬
6급 | 총획 6

왼발[彳] 오른발[亍] '항렬'에 따라 잘도 '다닌다'.

行路 행로　　行方 행방　　行事 행사
行色 행색　　行實 행실　　行爲 행위
代行 대행　　並行 병행　　山行 산행
行列 항렬

術 재주 술
재주
6Ⅱ급 | 총획 11 | 동 技(기), 藝(예)

나무[木] 한[丶] 그루를 햇빛이 다니는[行] 곳에 놓으니 '재주' 좋게 잘 자란다.

術策 술책　　技術 기술　　美術 미술
手術 수술　　心術 심술　　藝術 예술
醫術 의술　　學術 학술　　話術 화술

街 거리 가(:)
거리
4Ⅱ급 | 총획 12 | 동 巷(항)

걸어다니는[行] 흙바닥[圭]이니 '거리'.

街道 가도　　街頭 가두　　街路 가로
街路燈 가로등　街路樹 가로수　街販 가판
大學街 대학가　商街 상가　　市街地 시가지
歡樂街 환락가

衒 자랑할 현:
자랑하다, 팔다
1급 | 총획 11

걸어다니며[行] 검은[玄] 마음으로 자기 자신을 '자랑한다'.

衒學 현학 : 스스로 자기 학문을 자랑함

衙 마을 아
마을, 관청
1급 | 총획 13

내[吾]가 볼일을 보러 걸어다니는[行] '마을'.

衙門 아문 : ① 관청의 문. 병영의 문 ② 관청의 총칭
衙前 아전　　　　　官衙 관아

衝 찌를 충
찌르다, 부딪치다, 향하다
3Ⅱ급 | 총획 15

가다가[行] 무거운[重] 것과 '부딪치다'.

衝擊 충격　　衝突 충돌　　衝動 충동
相衝 상충　　要衝地 요충지　折衝 절충

衡 저울 형
저울, 저울대, 달다
3Ⅱ급 | 총획 16 | 동 銓(전), 稱(칭)

다니면서[行] 누구[⺈] 밭[田]이 더 큰[大]지 '저울'로 잰다.

衡平 형평　　均衡 균형　　度量衡 도량형

衛 지킬 위
지키다, 호위하다
4Ⅱ급 | 총획 16 | 동 防(방), 守(수) 약 衞

가죽[韋] 옷을 입고 주위를 걸어다니며[行] 국토를 '지킨다'.

※ 속자인 衞를 본자보다 더 많이 쓰니 함께 알아두어야 한다.

衛兵 위병　　衛生 위생　　衛星 위성
防衛 방위　　守衛 수위　　自衛 자위
護衛 호위

衢 네거리 구
네거리, 갈림길, 가다
1급 | 총획 24

두 눈[目目]을 두리번거리는 새[隹]처럼 걸어다녀야 [行] 하는 '네거리'.

街衢 가구   廣衢 광구

衣(衤) **옷 의** | 부·6획

옷의 모양을 본뜬 글자이다. 변형자는 '衤'이다.

衣 옷 의
옷
6급 | 총획 6 | 동 服(복)

저고리의 동정과 옷고름을 동여맨 '옷' 모양을 본뜬 자.

衣類 의류 　衣服 의복 　衣裳 의상
衣食住 의식주 　衣次 의차 　上衣 상의
囚衣 수의 　脫衣 탈의 　下衣 하의

衾 이불 금 :
이불
1급 | 총획 10

지금[今] 옷[衣]을 벗고 '이불' 속으로 들어간다.

衾褥 금욕 : 이불과 요. 이부자리
衾枕 금침 　布衾 포금

表 겉 표
겉, 거죽
6II급 | 총획 8 | 반 裏(리)

흙[土]에도 옷[衣]을 입히니 '겉' 모습이 보기 좋다.

表記 표기 　表面 표면 　表情 표정
表出 표출 　代表 대표 　圖表 도표
無表情 무표정 　發表 발표 　地表 지표
出師表 출사표

袞 곤룡포 곤 :
곤룡포, 상공의 예복, 띠
1급 | 총획 11

옷[衣]의 팔[八]방에 황룡이 그려져 있는 '곤룡포'.

袞龍袍 곤룡포 　袞馬 곤마 　御袞 어곤

衰 쇠할 쇠
쇠하다, 늙다
3II급 | 총획 10 | 동 亡(망) | 반 盛(성), 興(흥)

도롱이[冄] 옷[衣]을 입은 농사꾼의 모습이 '쇠하다'.

興亡盛衰 흥망성쇠 : 흥하고 망하고 성하고 쇠하는 것
衰落 쇠락 　衰亡 쇠망 　衰弱 쇠약
衰退 쇠퇴 　老衰 노쇠

袋 자루 대
자루, 부대, 주머니
1급 | 총획 11

옷[衣]자락에 물건을 넣고 다니다가 주머니 대신[代]으로 만든 '자루'.

布袋 포대 : 포목으로 만든 자루
麻袋 마대 　包袋 포대

衷 속마음 충
정성, 속마음
2급 | 총획 10

가운데[中]에다 귀중품을 옷[衣]으로 싸고 싸는 그 마음이니 '정성'.

衷懇 충간

袈 가사 가
가사
1급 | 총획 11

옷[衣]에 더해서[加] 승려가 겉에 입는 '가사'.

袈裟 가사 : 승려가 입는 법의(法衣)

裁 옷 마를 재
옷을 마르다, 마름질하다, 헝겊
3Ⅱ급 | 총획 12

창[戈]으로 옷[衣]을 열[十] 조각으로 '**마른다**'.

裁可 재가   裁斷 재단   裁量 재량
裁定 재정   裁判 재판   獨裁 독재
仲裁 중재   總裁 총재

製 지을 제:
짓다
4Ⅱ급 | 총획 14 | 통 作(작), 造(조)

옷[衣]을 마름질하여[制] 제대로 '**짓다**'.

製圖 제도   製産 제산   製藥 제약
製作 제작   製造 제조   製品 제품
調製 조제

裂 찢을 렬
찢다, 찢어지다, 무너지다
3Ⅱ급 | 총획 12 | 통 破(파)

옷[衣]을 늘어[列] 놓고 당기니 '**찢어지다**'.

四分五裂 사분오열 : 여러 갈래로 분열되어 질서가 없어짐
支離滅裂 지리멸렬 : 이리저리 흩어지고 찢어져 갈피를 잡을 수 없게 됨

決裂 결렬   龜裂 균열   炸裂 작렬
破裂 파열

裳 치마 상
치마
3Ⅱ급 | 총획 14

고상한[尙] 여자는 옷[衣] 중에 '**치마**'를 즐겨 입는다.

同價紅裳 동가홍상 : '같은 값이면 다홍치마'라는 뜻으로, 이왕이면 보기에 좋은 것을 가진다는 뜻

衣裳 의상

裔 후손 예:
후손, 후예, 자락
1급 | 총획 13

성[冂] 여덟[八] 겹의 출구[口]를 지키고 있는 군인 옷[衣]을 입은 '**후손**'.

後裔 후예 : 후손

褒 기릴 포
기리다, 칭찬하다, 넓고 큰 옷자락
1급 | 총획 15

임금이 공신에게 몸을 보호하는[保] 옷[衣]을 표창하여 '**기리다(칭찬하다)**'.

褒賞 포상 : 칭찬하여 상을 줌

褒貶 포폄

裏 속 리:
속, 안
3Ⅱ급 | 총획 13 | 반 表(표)

옷[衣] 속[里]에 숨겼다니 그 '**속(안)**'이 궁금하다.

表裏不同 표리부동 : 겉과 속이 다름

裏面 이면   表裏 표리

襲 엄습할 습
엄습하다, 잇다, 겹치다
3Ⅱ급 | 총획 22

용[龍]이 수놓아진 옷[衣]을 입고 '**엄습하다**'.

襲擊 습격   空襲 공습   急襲 급습
奇襲 기습   踏襲 답습   世襲 세습
逆襲 역습   因襲 인습   被襲 피습

裝 꾸밀 장
꾸미다
4급 | 총획 13 | 통 飾(식) | 약 装

선비[士]가 천 조각[爿]으로 옷[衣]을 '**꾸며**' 입다.

裝備 장비   裝身具 장신구   裝置 장치
假裝 가장   武裝 무장   服裝 복장
僞裝 위장   正裝 정장

衲 기울 납
깁다, 옷을 수선하다, 장삼, 중의 옷
1급 | 총획 9

뚫린 속[內] 옷[衤]을 꿰매 '**깁다**'.

衲衣 납의 : 빛이 검은 중의 옷. 장삼(長衫)

衲僧 납승

袂 소매 몌
소매
1급 | 총획 9

옷[衤]에서 터진[夬] 듯 두 팔을 꿰는 부분이 '소매'.

袂別 몌별 : 소매를 나눔. 작별함. 헤어짐

補 기울 보:
깁다, 수놓다, 돕다
3Ⅱ급 | 총획 12 | 동 扶(부), 助(조)

옷[衤]을 크게[甫] 펼쳐 놓고 떨어진 곳을 '깁다'.

補強 보강   補缺 보결   補給 보급
補償 보상   補修 보수   補藥 보약
補完 보완   補職 보직   補充 보충

袖 소매 수
소매, 소매에 넣다
1급 | 총획 10

옷[衤]에서 자유스럽게[由] 움직일 수 있도록 해야 하는 '소매'.

袖手 수수 : 손을 옷 소매 속에 넣음. 팔짱을 낌

裕 넉넉할 유:
넉넉하다
3Ⅱ급 | 총획 12 | 동 富(부) 반 窮(궁), 貧(빈)

옷[衤]이 골짜기[谷]를 덮을 만큼 '넉넉하다'.

裕福 유복   裕足 유족   富裕 부유
餘裕 여유

袍 솜옷 포
솜옷, 두루마기
1급 | 총획 10

옷[衤]을 입고 다시 겉을 싸듯[包] 입는 '솜옷'이나 '두루마기'.

道袍 도포 : 옛날 보통 때의 예복으로 입던 겉

裡 속 리:
속
1급 | 총획 12 | 동 裏(리)

마을[里] 사람들이 옷[衤] '속'에 입은 옷.

被 입을 피:
입다, 이불, 옷
3Ⅱ급 | 총획 10

피부[皮]에 닿는 옷[衤]이니 '옷' 또는 '이불'이며, 좋은 혜택을 '입고' 누리며 살다.

被害妄想 피해망상 : 남이 자기에게 어떤 해를 입힌다고 생각하는 망상

被擊 피격   被服 피복   被殺 피살
被害 피해

裨 도울 비
돕다, 보태다, 주다
1급 | 총획 13

옷[衤]을 지위가 낮은[卑] 사람들에게 주어 '돕다'.

裨益 비익 : ① 보태어 도움 ② 유익함

袴 바지 고:
바지
1급 | 총획 11

옷[衤] 중에서 크게[大] 두[二] 벌씩 해두고 입는 '바지'.

袴衣 고의 : 남자의 여름 홑바지
單袴 단고

裸 벌거숭이 라:
벌거숭이
2급 | 총획 13

과일[果] 껍질을 벗기듯 옷[衤]을 벗겨놓은 것이니 '벌거숭이'.

裸體 나체   半裸 반라   全裸 전라

複 겹칠 복
겹치다, 겹옷, 거듭
4급 | 총획 14 | 반 單(단)

사람[人]들은 해[日]가 짧아지면 서서히[夊] 옷[衤]을 '겹쳐' 입는다.

複道 복도 複寫 복사 複線 복선
複姓 복성 複式 복식 複雜 복잡
複製 복제 複合 복합

襟 옷깃 금:
옷깃, 가슴, 재빠르다
1급 | 총획 18

옷[衤]깃을 여미고 속살이 보이는 것을 금지한[禁] 곳이 '옷깃'.

胸襟 흉금 : 가슴속의 심정

褐 갈색, 굵은 베 갈
갈색, 굵은 베, 베옷
1급 | 총획 14

옷[衤] 중에 여름에 거의 다[曷] 입었던 '갈색' '굵은 베' 옷.

褐色 갈색 褐炭 갈탄

襪 버선 말
버선 족의
1급 | 총획 20

옷[衣]의 일부이지만 가장 업신여김[蔑]을 받는 '버선'.

洋襪 양말

褪 바랠 퇴:
바래다
1급 | 총획 15

옷[衤]이 퇴색되어[退] '바랜' 옷.

褪色 퇴색 : 색이 바램

襾 덮을 아 | 襾부·6획

위에서 덮고, 다시 또 그 밑을 덮어 가린다는 의미로, '덮다', '엄폐하다'라는 뜻이다.

西 서녘 서
서녘, 서쪽
8급 | 총획 6

해가 '서녘'으로 넘어간다.

東西古今 동서고금 : 동양과 서양, 옛날과 지금
紅東白西 홍동백서 : 제사지낼 때 붉은 과실은 동쪽, 흰 과실은 서쪽에 차림

西敎 서교　　西歐 서구　　西洋 서양
西風 서풍

要 요긴할 요(:)
요긴하다, 중요하다
5Ⅱ급 | 총획 9

여자[女]가 잘 덮어[襾] 보관한 물건이 '요긴하게' 쓰인다.

要綱 요강　　要件 요건　　要求 요구
要緊 요긴　　要領 요령　　要素 요소
要約 요약　　要點 요점　　概要 개요
主要 주요

覆 다시 복/덮을 부
다시, 덮다, 뒤집다
3Ⅱ급 | 총획 18 | 동 蓋(개)

서쪽[西]으로 가던[彳] 사람[人]이 날[日]이 어두워지자 서서히[夂] 이불을 '다시' '덮는다'.

覆蓋 복개　　覆面 복면　　覆盆子 복분자
覆土 복토　　翻覆 번복

見 볼 견 | 부·7획

'눈[目]'과 '사람[儿]'의 합자로, '보다'라는 뜻이다.

見 볼 견:/뵈올 현:
보다, 뵈오다
5Ⅱ급 | 총획 7

사람[儿]은 눈[目]으로 '보다'.

目不忍見 목불인견 : 몹시 딱하거나 처참하여 차마 눈을 뜨고 볼 수 없음
先見之明 선견지명 : 앞으로 닥쳐올 일을 미리 앎

| 見聞 견문 | 見本 견본 | 見習 견습 |
| 見識 견식 | 豫見 예견 | 謁見 알현 |

規 법 규
법, 바로잡다
5급 | 총획 11 | 동 律(률), 法(법), 式(식), 則(칙)

대장부[夫]는 사물을 볼[見] 때 정의의 '법'에 따라야 한다.

規戒 규계	規模 규모	規範 규범
規約 규약	規律 규율	規定 규정
規則 규칙	法規 법규	新規 신규
正規 정규		

視 볼 시:
보다, 살피다
4Ⅱ급 | 총획 12 | 동 看(간), 監(감), 觀(관), 覽(람)

신[示]은 만물을 '보고[見]' '살핀다'.

視覺 시각	視界 시계	視力 시력
視務 시무	視野 시야	視點 시점
視差 시차	監視 감시	無視 무시
重視 중시		

覡 박수 격
박수, 남자 무당
1급 | 총획 14

무당[巫]을 바라 보고[見] 있는 '박수'.

巫覡 무격 : 무당과 박수

親 어버이, 친할 친
어버이, 친하다
6급 | 총획 16

마을 어귀 나무[木] 옆에 서서[立] 자식이 오는지 보는[見] '어버이'.

親家 친가	親交 친교	親睦 친목
親密 친밀	親分 친분	親喪 친상
親愛 친애	親庭 친정	親筆 친필
兩親 양친		

覲 뵐 근
뵈다, 보다, 겨우
1급 | 총획 18

성실하게[堇] 곁에서 보며[見] '살피다'.

覲親 근친 : 시집간 딸이 친정으로 와서 아버지를 뵘

覺 깨달을 각
깨닫다, 느끼다, 밝히다
4급 | 총획 20 | 동 悟(오) 약 覚

배우며[學→ 𦥯] 보고[見] 진리를 '깨닫다'.

覺書 각서	覺悟 각오	感覺 감각
味覺 미각	發覺 발각	先覺 선각
視覺 시각	知覺 지각	聽覺 청각
視聽覺 시청각		

覽 볼 람
보다
4급 | 총획 21 | 동 看(간), 觀(관), 視(시)

보고[監] 또 보며[見] 상세히 '보다'.

觀覽 관람	閱覽 열람	展覽 전람
便覽 편람	回覽 회람	博覽會 박람회
一覽表 일람표		

볼 관
보다
5Ⅱ급 | 총획 25 | 동 看(간), 監(감), 視(시) 약 観

새[隹]들이 풀[艹] 속의 벌레를 먹기 위해 입[口]을 벌리고 살펴[見] '**보다**'.

觀客 관객	觀光 관광	觀望 관망
可觀 가관	樂觀 낙관	達觀 달관
美觀 미관	悲觀 비관	壯觀 장관

角 뿔 각 | 부·7획

짐승의 뿔 모양을 본뜬 글자이다.

角 뿔 각
뿔
6Ⅱ급 | 총획 7

짐승의 '뿔' 모양을 본뜬 자.

角者無齒 각자무치 : '뿔 있는 짐승은 이가 없다'라는 뜻으로 한 사람이 모든 재주나 복을 가질 수 없음

角度 각도　　角木 각목　　頭角 두각
銳角 예각　　直角 직각　　觸角 촉각

觝 닿을 저:
닿다, 부딪다, 닥뜨리다, 씨름
1급 | 총획 12

뿌리[氏] 하나[一]하나가 엉기듯 뿔[角]이 '닿으며' '부딪히다'.

解 풀 해:
풀다, 해부하다
4Ⅱ급 | 총획 13 | 동 放(방), 釋(석) 반 結(결) 약 解

칼[刀]로 소[牛]의 뿔[角]을 잘라 '풀어' '해부하다'.

解決 해결　　解答 해답　　解得 해득
解明 해명　　解産 해산　　解說 해설
解消 해소　　難解 난해　　理解 이해

觴 잔 상
잔, 잔질하다
1급 | 총획 18

소뿔[角]을 상하지[傷→𥏼] 않게 다듬어 만든 술 '잔'.

觴詠 상영　　觴政 상정

觸 닿을 촉
닿다
3Ⅱ급 | 총획 20 | 약 触

벌레[蜀]는 뿔[角]같은 더듬이로 '닿음'을 느낀다.

一觸卽發 일촉즉발 : 금방이라도 일이 크게 터질 듯한 긴장 상태

觸角 촉각　　觸感 촉감　　觸媒 촉매
觸手 촉수　　接觸 접촉

言 말씀 언 | 부·7획

'말'과 관련된 뜻이다.

言 말씀 언
말씀
6급 | 총획 7 | 동 談(담), 辭(사), 語(어), 話(화)

머리[亠]로 두[二] 번 생각하고 입[口]으로 '말씀' 하신다.

言及 언급   言論 언론   言語 언어
言爭 언쟁   格言 격언   過言 과언
斷言 단언   妄言 망언   名言 명언
發言 발언

計 셀 계 :
세다, 셈하다, 계산
6Ⅱ급 | 총획 9 | 동 算(산), 數(수)

일부터 십[十]까지의 숫자를 말[言]로 '세다'.

計略 계략   計量 계량   計算 계산
計定 계정   生計 생계   設計 설계
集計 집계   統計 통계   合計 합계
美人計 미인계

訃 부고 부 :
부고
1급 | 총획 9

사람의 죽음을 알리는 말[言] '부고'. 음은 '卜(복)'의 변음으로 '부'가 됨.

訃告 부고 : 사람이 죽은 것을 알리는 통지

訃音 부음   訃聞 부문   訃信 부신

訂 바로잡을 정
바로잡다
3급 | 총획 9 | 동 矯(교)

잘못된 행위를 말[言]로 못[丁]을 박듯 '바로잡아' 준다.

訂正 정정   改訂 개정   校訂 교정
修訂 수정   改訂版 개정판

記 기록할 기
기록하다, 적다
7Ⅱ급 | 총획 10 | 동 錄(록)

스스로[己]가 상대방의 말[言]을 잊지 않으려고 '기록하다'.

記念 기념   記名 기명   記事 기사
記憶 기억   明記 명기   手記 수기
日記 일기   後記 후기   筆記 필기
一代記 일대기

討 칠 토 (:)
치다, 토론하다
4급 | 총획 10 | 동 伐(벌), 征(정) | 반 防(방), 守(수)

말[言] 한 마디[寸] 잘못했다고 '토론하며' '치다'.

討論 토론   討伐 토벌   討索 토색
討議 토의   檢討 검토   聲討 성토

訓 가르칠 훈
가르치다
6급 | 총획 10 | 동 敎(교) | 반 學(학)

말[言]을 냇물[川]이 흐르듯 이치대로 잘 '가르치다'.

訓戒 훈계   訓讀 훈독   訓手 훈수
訓長 훈장   訓民正音 훈민정음   家訓 가훈
敎訓 교훈   級訓 급훈

託 부탁할 탁
부탁하다
2급 | 총획 10

말[言]을 천[千] 번이나 하며 '부탁하다'.

付託 부탁   委託 위탁   請託 청탁

訌 어지러울 홍
어지럽다, 무너지다
1급 | 총획 10

거짓된 말[言]을 만들어[工] 내부의 분쟁이 생겨 '어지럽다'.

內訌 내홍 : 집단이나 조직 내부에서 자기들끼리 일으킨 분쟁

訛 그릇될 와 :
그릇되다, 잘못되다, 속이다
1급 | 총획 11

말[言]이 잘못 변화된[化] 것이니 거짓 또는 '그릇되다'.

訛言 와언 : 잘못 전해진 말
訛傳 와전   浮訛 부와

訊 물을 신 :
묻다
1급 | 총획 10

말[言]로 급히[卂] 다그쳐 '묻다'.

訊問 신문 : ① 물어서 캠 ② 죄를 물음
訊訪 신방   拷訊 고신

訝 의심할 아
의심하다, 의아하다, 맞다
1급 | 총획 11

말[言]로 인사한 후 이를 가지런히[牙] 하고 손님을 상대로 '의심한다'.

疑訝 의아

訟 송사할 송 :
송사하다, 논쟁하다, 칭송하다
3Ⅱ급 | 총획 11 | 통 訴(소)

말[言]다툼하는 것을 공정하게[公] 판가름하기 위해 '송사하다'.

訟事 송사   訟官 송관   訟務 송무
訟辯 송변   訟言 송언

訪 찾을 방 :
찾다
4Ⅱ급 | 총획 11 | 통 尋(심)

말[言] 잘하는 사람을 사방[方]에서 '찾는다'.

訪問 방문   訪北 방북   訪韓 방한
來訪 내방   尋訪 심방   探訪 탐방

設 베풀, 세울 설
베풀다, 세우다
4Ⅱ급 | 총획 11 | 통 建(건)

말[言]로 '베풀고' 창[殳]으로 쳐서 나라를 '세운다'.

設計 설계   設頭 설두   設立 설립
設問 설문   設備 설비   設置 설치
開設 개설   附設 부설   施設 시설
增設 증설

訣 이별할 결
이별하다, 결단하다
3Ⅱ급 | 총획 11 | 통 離(리), 別(별)

말[言]로만 그[그] 사람[人]과 '이별하다'.

訣別 결별   永訣 영결   要訣 요결

訥 말 더듬거릴 눌
말을 더듬다, 말을 더듬거리다
1급 | 총획 11

말[言]을 못하고 입 안[內]에서만 중얼거리며 '말을 더듬다'.

訥辯 눌변 : 더듬거리는 말씨
語訥 어눌

許 허락할 허
허락하다, 쯤, 가량
5급 | 총획 11 | 통 諾(낙)

낮[午]에 말씀[言]드린 일을 할아버지께서 '허락하셨다'.

許可 허가   許久 허구   許多 허다
許身 허신   許心 허심   許容 허용
免許 면허   無許可 무허가   特許 특허

詞 말, 글 사
말, 글, 말씀, 말하다
3Ⅱ급 | 총획 12 | 동 談(담), 語(어), 話(화)

맡은 일에 대해서 윗사람[司]에게 '말하여[言]' '고하다'.

歌詞 가사   動詞 동사   名詞 명사
副詞 부사   作詞 작사   助詞 조사
代名詞 대명사 感歎詞 감탄사 冠形詞 관형사

訴 호소할 소
호소하다, 고소하다, 하소연하다
3Ⅱ급 | 총획 12 | 동 訟(송)

억울한 일을 배척하기[斥] 위해 법원에 말[言]로 '호소하다'.

訴訟 소송   訴願 소원   告訴 고소
公訴 공소   起訴 기소   上訴 상소
勝訴 승소   敗訴 패소   被訴 피소
呼訴 호소

詐 속일 사
속이다, 말을 꾸미다
3급 | 총획 12 | 동 欺(기)

말[言]을 잠깐[乍] 사이에 조작해 남을 '속이다'.

詐欺 사기   詐稱 사칭   詐言 사언
巧詐 교사   變詐 변사   奸詐 간사
校詐 교사

評 평할 평:
평하다, 품평
4급 | 총획 12 | 동 批(비)

말[言]로 공평하게[平] '평하다'.

評價 평가   評決 평결   評論 평론
評說 평설   講評 강평

註 글 뜻 풀 주
글 뜻을 풀다, 뜻을 풀어 밝히다, 기술하다
1급 | 총획 12

임금[主]의 말[言]처럼 뜻이 어려운 것을 본문에서 가려 그 '글 뜻을 풀다'.

註釋 주석 : 낱말이나 문장의 뜻을 알기 쉽게 풀이함
註文 주문   註解 주해   脚註 각주

詠 읊을 영
읊다, 노래하다, 시가
3급 | 총획 12 | 동 吟(음)

말[言]을 길게[永] 빼서 '노래하고' 시를 '읊는다'.

詠歌 영가   詠唱 영창   詠嘆 영탄
朗詠 낭영   吟詠 음영

詛 저주할 저:
저주하다, 맹세, 욕하다
1급 | 총획 12

말[言]로 또[且] '저주하다'.

詛呪 저주

診 진찰할 진
진찰하다
2급 | 총획 12

환자의 말[言]을 들어 보고 사람[人]들의 머리카락[彡]을 만져 보며 '진찰하다'.

診斷 진단   診療 진료   診脈 진맥
診察 진찰   檢診 검진   往診 왕진

詔 조서 조:
조서, 고하다, 알리다
1급 | 총획 12

임금이 신하들을 불러[召] 말한[言] 것을 '조서'로 만든다.

詔書 조서 : 임금의 명령을 쓴 문서
詔旨 조지

詰 꾸짖을 힐
꾸짖다, 묻다, 따지다, 경계하다
1급 | 총획 13

길한[吉] 말[言]로 어린아이를 '꾸짖다'.

詰責 힐책 : 잘못을 따져 꾸짖음
詰問 힐문

試 시험할 시(:)
시험하다, 시험
4Ⅱ급 | 총획 13 | (동) 驗(험)

말[言]을 규정[式]에 맞게 잘하는지 '**시험하다**'.

試食 시식　　試藥 시약　　試飮 시음
試驗 시험　　考試 고시　　應試 응시
入試 입시

該 갖출 해
갖추다, 마땅하다
3급 | 총획 13 | (동) 博(박)

돼지[亥] 뼈대의 짜임처럼 핵심있는 말[言]은 진리를 '**갖춘**' 것이다.

該當 해당　　該博 해박

詭 속일 궤:
속이다, 기만하다, 꾸짖다
1급 | 총획 13

남을 위험[危]에 빠뜨리는 말[言]은 남을 '**속이는**' 것이다.

詭辯 궤변 : 억지로 꾸며 대는 말

詭辭 궤사　　詭說 궤설　　詭言 궤언

詣 이를 예:
이르다, 다다르다, 나아가다
1급 | 총획 13

맛[旨]있는 말[言]을 한다는 것은 지식이 깊은 정도에 '**이른**' 것이다.

詣闕 예궐 : 대궐에 들어감

造詣 조예

誅 벨 주
베다, 책하다, 치다
1급 | 총획 13

붉은[朱] 말[言], 즉 위엄 있는 말로 형벌을 내려 '**베다**'.

誅責 주책 : 엄하게 책망함

誅殺 주살

誇 자랑할 과:
자랑하다, 자랑, 자만
3Ⅱ급 | 총획 13

말[言]로 크게[大] 떠벌리며[亏] '**자랑하다**'.

誇大妄想 과대망상 : 자기의 능력 등을 과대하게 평가하여 마치 사실인 것처럼 믿는 일

誇大 과대　　誇示 과시　　誇張 과장

詳 자세할 상
자세하다, 상서롭다
3Ⅱ급 | 총획 13 | (동) 瑞(서)

양[羊]의 모습을 말[言]로 '**자세하게**' 설명하다.

詳報 상보　　詳述 상술　　詳問 상문
詳記 상기　　詳細 상세　　詳考 상고
詳解 상해　　詳言 상언　　未詳 미상
昭詳 소상

詩 시 시
시
4Ⅱ급 | 총획 13

절[寺]에서 말[言]로 '**시**'를 낭송하다.

詩想 시상　　詩聖 시성　　詩人 시인
詩題 시제　　詩集 시집　　詩兵 시병
詩風 시풍　　詩會 시회　　漢詩 한시

話 말씀 화
말씀, 이야기
7Ⅱ급 | 총획 13 | (동) 談(담), 語(어), 言(언), 說(설)

혀[舌]를 움직여 말하는[言] '**말씀**' 또는 '**이야기**'.

話頭 화두　　話法 화법　　話術 화술
話題 화제　　對話 대화　　說話 설화
手話 수화　　電話 전화　　會話 회화

說 말씀 설/달랠 세
말씀, 달래다
5Ⅱ급 | 총획 14 | (동) 談(담), 語(어), 話(화)

말[言]을 잘 들으라고 형님[兄]이 여덟[八] 번이나 '**말씀**'으로 '**달래다**'.

說敎 설교　　說得 설득　　說明 설명
說法 설법　　說服 설복　　說話 설화
假說 가설　　私說 사설　　演說 연설
辱說 욕설　　遊說 유세

誤 그르칠 오 :
그르치다
4Ⅱ급 | 총획 14

큰 소리[吳]로 말하면[言] 일을 '**그르치기**' 쉽다.

誤國 오국	誤記 오기	誤答 오답
誤算 오산	誤用 오용	誤認 오인
誤差 오차	誤判 오판	誤解 오해

誘 꾈 유
꾀다
3Ⅱ급 | 총획 14

수려한[秀] 말[言]로 사람을 '**꾀다**'.

| 誘導 유도 | 誘發 유발 | 誘引 유인 |
| 誘惑 유혹 | 勸誘 권유 | |

認 알 인
알다
4Ⅱ급 | 총획 14 | 동 識(식), 知(지)

말[言]은 참고[忍] 끝까지 들어야 제대로 '**알**' 수 있다.

認可 인가	認識 인식	認定 인정
認許 인허	承認 승인	誤認 오인
確認 확인		

誌 기록할 지
기록하다
4급 | 총획 14 | 동 記(기), 錄(록)

뜻[志]이 있는 말[言]은 '**기록해야**' 한다.

| 誌面 지면 | 誌文 지문 | 校誌 교지 |
| 本誌 본지 | 日誌 일지 | 會誌 회지 |

語 말씀 어 :
말씀
7급 | 총획 14 | 동 談(담), 說(설), 言(언), 話(화)

말[言]은 다섯[五] 번 신중하게 생각하고, 입[口]으로 '**말씀**' 드린다.

語不成說 어불성설 : 말이 조금도 사리에 맞지 않음

語感 어감	語錄 어록	語法 어법
語源 어원	語套 어투	語學 어학
國語 국어	單語 단어	熟語 숙어

誠 정성 성
정성
4Ⅱ급 | 총획 14

성공한[成] 사람은 말[言]을 할 때 '**정성**'을 다한다.

誠心誠意 성심성의 : 참되고 성실한 마음과 뜻

| 誠金 성금 | 誠實 성실 | 誠心 성심 |
| 誠意 성의 | 精誠 정성 | 孝誠 효성 |

誦 욀 송 :
외우다, 읽다
3급 | 총획 14 | 동 訴(소)

물이 솟듯[甬] 말[言]을 술술 '**외워**' '**읽다**'.

| 誦讀 송독 : 소리내어 읽음 |
| 朗誦 낭송 | 暗誦 암송 |

誣 속일 무 :
속이다, 무고하다
1급 | 총획 14

무당[巫]의 말[言]은 사실을 꾸며 '**속이는**' 것이다.

誣言 무언 : 없는 일을 꾸며서 남을 해치는 말

| 誣告 무고 | 誣讒 무참 |

誨 가르칠 회 :
가르치다, 가르침
1급 | 총획 14

매[每]번 잘못된 행동을 말[言]로 '**가르치다**'.

誨言 회언 : 가르치는 말

誨諭 회유

誕 낳을, 거짓 탄 :
낳다, 거짓
3급 | 총획 14 | 동 欺(기), 生(생)

말[言]을 길게 늘이는[延] 것은 '**거짓**'이다.

| 誕生 탄생 | 誕辰 탄신 | 聖誕 성탄 |

誓 맹세할 서:
맹세하다
3급 | 총획 14 | (동) 盟(맹)

뜻을 꺾지[折] 않겠다고 말[言]로 '**맹세하다**'.

誓約 서약   盟誓 맹서   宣誓 선서

課 공부할, 과정 과(:)
공부하다, 과정, 부과하다
5Ⅱ급 | 총획 15

말[言]을 들어본 결과[果] 그가 '**공부한**' '**과정**'을 알 수 있었다.

課工 과공   課稅 과세   課業 과업
課長 과장   日課 일과

諒 살펴 알, 믿을 량
살펴 알다, 살피다, 믿다
3급 | 총획 15 | (동) 察(찰)

서울[京] 말[言]은 잘 '**살펴**' '**알다**'.

諒知 양지   諒察 양찰   諒解 양해

誰 누구 수
누구
3급 | 총획 15 | (동) 孰(숙)

새[隹]가 짹짹 하는 말[言]을 '**누가**' 알겠는가?

誰何 수하 : 상대편의 신분을 파악하기 위해 누구인지 물어 보는 일

調 고를 조
고르다
5Ⅱ급 | 총획 15

사방에 두루[周] 말[言]을 전하니 모두가 '**고르게**' 안다.

調理 조리   調服 조복   調査 조사
調整 조정   調和 조화

論 말할 론
말하다, 논하다, 논의하다
4Ⅱ급 | 총획 15 | (동) 議(의), 評(평)

사람[人]이 한[一] 권의 책[冊]에 써 있는 말씀[言]을 '**말하고**' '**논하다**'.

論據 논거   論決 논결   論理 논리
論說 논설   論爭 논쟁   論題 논제
講論 강론   激論 격론   反論 반론

請 청할 청
청하다
4Ⅱ급 | 총획 15 | (동) 願(원)

말[言]로 푸른[靑] 옷을 입고 이리 오라고 '**청하다**'.

請求 청구   請約 청약   請願 청원
請婚 청혼   懇請 간청   申請 신청
要請 요청   自請 자청   招請 초청

談 말씀 담
말씀, 이야기
5급 | 총획 15 | (동) 說(설), 語(어), 言(언), 話(화)

열정[炎]적으로 이야기[言] 하는 선생님의 '**말씀**'을 듣다.

談笑 담소   談判 담판   談合 담합
談話 담화   怪談 괴담   弄談 농담
對談 대담   面談 면담   美談 미담
放談 방담

誹 헐뜯을 비
헐뜯다, 비방하다
1급 | 총획 15

잘못된[非] 행동에 대해 말[言]로 '**헐뜯다**'.

誹謗 비방

誼 정(情), 옳을 의
정, 옳다
1급 | 총획 15

친구 간에 마땅한[宜] 말[言]만 하는 것이니 '**정**'이 두텁다.

友誼 우의   情誼 정의   厚誼 후의
好誼 호의

諂 아첨할 첨 : 아첨하다, 아양 떨다
1급 | 총획 15

구덩이[臽]에 빠지게 하는 말[言]은 '**아첨하는**' 것이다.

阿諂 아첨 : 남의 환심을 사거나 잘 보이기 위하여 알랑거림

諫 간할 간 : 간하다, 간하는 말
1급 | 총획 16

임금이나 윗사람에게 잘못된 것을 분별하도록[柬] 하는 말[言]이 '**간하는**' 말이다.

諫爭 간쟁 : 윗사람에게 잘못된 짓을 고치도록 굳게 말해 고치게 함

諫言 간언　　　**諫官** 간관　　　**忠諫** 충간

諮 물을 자 : 묻다
2급 | 총획 16

사람이 말[言]로 다음[次] 차례가 누구냐고 입[口]을 열어 '**묻다**'.

諮問 자문

諡 시호 시 : 시호, 시호를 내리다
1급 | 총획 16

말할[言] 수 없는 죽은 사람에게 생전의 공덕을 기리어[兮] 잔[皿]과 함께 내리는 '**시호**'.

諡號 시호　　　**諡册** 시책

諜 염탐할 첩 : 염탐하다
2급 | 총획 16

무슨 말[言]을 하는지 나무[木] 옆에 숨어 세상[世]에 드러나지 않은 것을 알려고 '**염탐하다**'.

諜報 첩보　　　**諜者** 첩자　　　**間諜** 간첩

諺 속담 언 : 속담, 언문, 상말
1급 | 총획 16

선비[彦]들이 남긴 말[言]이 '**속담**'.

諺解 언해 : 한문을 한글로 풀이함

諺文 언문　　　**俗諺** 속언

諛 아첨할 유 : 아첨하다
1급 | 총획 16

절구[臼]질 하기 싫은 사람[人]이 말[言]로 '**아첨하다**'.

諛言 유언　　　**諂諛** 첨유

諭 타이를 유 : 타이르다, 비유하다, 깨닫다
1급 | 총획 16

말[言]로 대답하고[兪] 설명하며 '**타이르다**'.

諭示 유시 : 타일러 훈계함. 또는 그 말이나 문서

勸諭 권유　　　**訓諭** 훈유　　　**諷諭** 풍유

謀 꾀 모 : 꾀, 꾀하다
3Ⅱ급 | 총획 16 | 동 略(략), 策(책)

아무[某] 말[言]이든지 물어 방법을 '**꾀하다**'.

謀略 모략　　　**謀議** 모의　　　**謀陷** 모함
共謀 공모　　　**圖謀** 도모　　　**無謀** 무모
逆謀 역모　　　**陰謀** 음모　　　**主謀** 주모
參謀 참모

謁 아뢸, 뵐 알 : 아뢰다, 뵙다
3급 | 총획 16 | 동 見(현)

어찌하여[曷] 직접 '**뵙고**' 말씀[言]을 '**아뢰지**' 않았나요?

謁見 알현 : 지체 높은 분을 찾아가 뵘
拜謁 배알 : 높은 분을 찾아가 만남

諦 살필 체
살피다, 자세히 조사하다, 자세히 알다
1급 | 총획 16

임금[帝]의 말[言] 뜻을 알기 위해 잘 '살피다'.

諦念 체념 : 희망을 버리고 생각하지 않음
諦觀 체관   要諦 요체

諷 풍자할 풍
풍자하다, 외다
1급 | 총획 16

말[言]로 바람[風]처럼 시원하게 '풍자하다'.

諷諫 풍간 : 슬며시 돌려서 간(諫)함
諷刺 풍자   諷諭 풍유

諧 화할 해
화하다, 화합하다, 조화되다, 어울리다
1급 | 총획 16

다[皆] 함께 한 마디의 말[言]로 '화하다'.

諧謔 해학 : 익살스럽고 품위 있는 농담

謔 희롱할 학
희롱하다
1급 | 총획 16

사나운[虐] 말[言]로 '희롱하다'.

謔笑 학소 : 희롱하여 웃음
嘲謔 조학

諱 꺼릴, 숨길 휘
꺼리다, 숨기다
1급 | 총획 16

가죽[韋] 옷 입는 지위 높은 사람에게 말하기[言]를 '꺼리다'.

諱談 휘담 : 꺼려서 세상에 드러내 놓기 힘든 말
諱忌 휘기   諱疾 휘질

謂 이를 위
이르다, 일컫다, 가리키다
3Ⅱ급 | 총획 16

밭[田]에 달[月]이 떴다고 말[言]로 '이르다'.

可謂 가위 : 가히 말한다면, 말 그대로
所謂 소위 : 이른바

諸 모두 제
모두, 모든
3Ⅱ급 | 총획 16 | 동 皆(개), 咸(함)

말하는[言] 자[者]는 '모두' 자신의 말에 책임을 져야 한다.

諸國 제국   諸君 제군   諸位 제위
諸賢 제현

諾 승낙할 낙
승낙하다, 대답하다
3Ⅱ급 | 총획 16 | 동 許(허) 반 拒(거)

부탁하는 말[言]과 같게[若] 하는 것이니 '승낙하다'.

※ '낙, 락'의 표기 주의

內諾 내락   受諾 수락   承諾 승낙
應諾 응낙   許諾 허락

謝 사례할 사:
사례하다, 사절하다
4Ⅱ급 | 총획 17

몸[身]을 굽혀 한 마디[寸] 말[言]을 하며 '사례하다'.

謝過 사과   謝禮 사례   謝絶 사절
謝罪 사죄   謝恩會 사은회   厚謝 후사
感謝 감사

謠 노래 요
노래, 노래하다
4Ⅱ급 | 총획 17 | 동 歌(가), 曲(곡)

얘기[言]도 하고, 고기[月]도 먹고, 그릇[缶]에 담긴 술도 마시고, '노래'도 한다.

歌謠 가요   農謠 농요   童謠 동요
民謠 민요   俗謠 속요

講 욀, 강의할 강 :
외다, 강의하다, 익히다
4Ⅱ급 | 총획 17 | 동 誦(송)

우물[井]가에서 말[言]로 거듭[再] '외우며' '강의하다'.

講究 강구　　講堂 강당　　講讀 강독
講論 강론　　講士 강사　　講書 강서
講演 강연　　講義 강의

謹 삼갈 근 :
삼가하다
3급 | 총획 18 | 동 愼(신)

말[言]은 진흙[菫] 길을 갈 때처럼 조심조심 '삼가해야' 한다.

謹告 근고　　謹身 근신　　謹嚴 근엄
謹弔 근조

謙 겸손할 겸
겸손하다, 공손하다
3Ⅱ급 | 총획 17 | 동 讓(양) 반 慢(만), 傲(오)

말할[言] 때 정성스런 마음을 겸하니[兼] '겸손하다'.

謙德 겸덕　　謙讓 겸양　　謙虛 겸허

謳 노래할 구
노래하다, 노래
1급 | 총획 18

말[言]의 높낮이를 잘 나누어[區] 가락에 맞추어 '노래하다'.

謳歌 구가 : 칭찬하여 노래함
謳吟 구음

謗 헐뜯을 방 :
헐뜯다
1급 | 총획 17

말[言]을 사실보다 넓혀[旁] 욕하며 '헐뜯다'.

毀謗 훼방 : 남의 일을 방해함. 남을 헐뜯어 비방함
誹謗 비방

謫 귀양갈 적
귀양가다, 꾸짖다
1급 | 총획 18

말[言]로 하나하나 지적하고서[商] '귀양가다'.

謫居 적거 : 귀양살이를 함
謫所 적소

謐 고요할 밀
고요하다, 자세하다, 삼가다, 조용한 말
1급 | 총획 17

말[言]은 반드시[必] 그릇[皿]에 담긴 물처럼 '고요하게' 해야 한다.

靜謐 정밀

識 알 식 / 기록할 지
알다, 기록하다
5Ⅱ급 | 총획 19 | 동 認(인), 知(지)

말[言]과 소리[音]와 창[戈] 다루는 법을 배워 '알아서' '기록하다'.

識見 식견　　識別 식별　　識者 식자
常識 상식　　良識 양식　　意識 의식
知識 지식　　學識 학식　　無意識 무의식

謄 베낄 등
베끼다, 옮겨 쓰다
2급 | 총획 17

몸[月]을 굽혀 여덟[八] 명의 사내[夫]들이 윗사람의 말[言]을 '베낀다'.

謄本 등본　　謄寫 등사

謬 그르칠 류
그르치다, 잘못하다
2급 | 총획 18

깃털[羽]이나 사람[人]의 머리[彡]가 엉키듯이 말[言]을 '그르치다'.

誤謬 오류

譚 클, 말씀 담
크다, 말씀
1급 | 총획 19

깊은[覃] 뜻이 있는 윗사람의 '큰' '말씀[言]'.

民譚 민담 : 민간에서 전해 내려오는 이야기
英雄譚 영웅담

譏 비웃을 기
비웃다
1급 | 총획 19

몇[幾] 번이나 말[言] 실수를 하니 '비웃다'.

譏弄 기롱 : 실없는 말로 놀림
譏謗 기방

譜 족보 보 :
족보, 계보
3Ⅱ급 | 총획 19

글[言]로 가문의 모든[並] 관계를 매일[日] 적은 '족보'.

譜表 보표　　係譜 계보　　年譜 연보
族譜 족보

證 증거 증
증거, 증명하다
4급 | 총획 19 | 반 據(거) 약 証

단상에 오른[登] 사람이 말하는[言] 것을 '증거'로 삼는다.

證據 증거　　證明 증명　　證書 증서
證人 증인　　反證 반증　　保證 보증
實證 실증

議 의논할 의
의논하다
4Ⅱ급 | 총획 20 | 동 論(론)

말[言]로 누가 옳은지[義] '의논하다'.

議決 의결　　議論 의논　　議事 의사
議案 의안　　議員 의원　　議場 의장
議題 의제　　發議 발의　　相議 상의
抗議 항의

譯 번역할 역
번역하다
3Ⅱ급 | 총획 20 | 동 飜(번) 약 訳

말[言]은 네[四] 번 듣고 고생스러워도[辛] 한[一] 번 더 주의깊게 음미한 후 '번역하다'.

譯書 역서　　譯者 역자　　內譯 내역
完譯 완역　　意譯 의역　　通譯 통역

警 경계할 경 :
경계하다, 깨우치다
4Ⅱ급 | 총획 20 | 동 覺(각), 戒(계)

진실하게[苟] 살라고 때리고[攵] 말[言]로 타이르니 항상 '경계하며' 살다.

警戒 경계　　警告 경고　　警報 경보
警備 경비　　警世 경세　　警察 경찰

譬 비유할 비 :
비유하다, 깨우치다
1급 | 총획 20

임금[辟]은 말할[言] 때 성현의 말을 '비유한다'.

譬喻 비유 : 어떠한 사물이나 관념에 그와 비슷한 것을 끌어 내어 설명함

護 도울 호 :
돕다, 호위하다, 보호하다
4Ⅱ급 | 총획 21 | 동 扶(부), 援(원), 助(조)

말[言] 못하는 풀[艹]과 새[隹]들 또한[又] '도와야' 한다.

護國 호국　　護送 호송　　護憲 호헌
看護 간호　　救護 구호　　辯護 변호
保護 보호

譴 꾸짖을 견 :
꾸짖다, 꾸지람, 허물, 재앙
1급 | 총획 21 | 동 責(책), 詰(힐)

귀향을 보낸[遣] 후 말[言]로 다시 '꾸짖다'.

譴責 견책 : 잘못을 꾸짖고 나무람
譴呵 견가　　譴告 견고

譽 기릴 예 :
기리다, 명예
3Ⅱ급 | 총획 21 | 동 頌(송) 약 誉

말[言]로 여러 사람이 더불어[與] '기리다'.
名譽 명예　　榮譽 영예

讎 원수 수
원수
1급 | 총획 23

새 두 마리[隹隹]가 싸우듯 말[言] 싸움하는 '원수'.
讎人 수인　　復讎 복수　　怨讎 원수
敵讎 적수

讀 읽을 독 / 구절 두
읽다, 구절
6Ⅱ급 | 총획 22 | 약 読

물건을 팔[賣] 듯 큰 소리로 옛 선인들의 말씀[言]을 '읽다'.
讀書 독서　　讀者 독자　　讀祝 독축
讀破 독파　　多讀 다독　　速讀 속독
判讀 판독　　解讀 해독　　讀解力 독해력
讀後感 독후감

讖 예언 참
예언
1급 | 총획 24

두 사람[人人]은 창[戈]으로 나뭇가지를 부추[韭]처럼 가늘게 쪼갠 산가지로 만들어 말[言]로 '예언'을 하다.
讖言 참언 : 미래의 길흉을 예언하는 말

讒 참소할 참
참소하다
1급 | 총획 24

말[言]로 토끼[兎] 같은 짐승과 비교하며[比] 못된 사람이라고 윗사람에게 '참소하다'.
讒訴 참소

讓 사양할 양 :
사양하다, 겸손하다
3Ⅱ급 | 총획 24

성숙한[襄] 말[言]로 '사양하다'.
讓步 양보　　讓與 양여　　謙讓 겸양
分讓 분양　　移讓 이양

變 변할 변 :
변하다
5Ⅱ급 | 총획 23 | 동 化(화) 약 変

실[糸]과 실[糸]을 잇듯 인내심을 가지고, 말[言]로 타이르고 매로 치면[攵] 아이는 '변한다'.
變改 변개　　變怪 변괴　　變動 변동
變死 변사　　變化 변화

讚 기릴 찬 :
기리다, 칭찬하다
4급 | 총획 26 | 동 頌(송)

남을 돕는[贊] 사람을 말[言]로 칭찬하며 '기리다'.
讚美 찬미　　讚辭 찬사　　讚頌 찬송
讚揚 찬양　　激讚 격찬　　極讚 극찬
稱讚 칭찬

谷 골 곡 | 부·7획
'양쪽 산 골짜기'를 뜻한다.

谷 골 곡
골, 골짜기
3Ⅱ급 | 총획 7 | 동 洞(동)

여덟[八] 사람[人]이 입[口]을 모아 칭찬하는 경치 좋은 '골(골짜기)'.

進退維谷 진퇴유곡 : 나아갈 수도 물러설 수도 없이 궁지에 몰린 모습

谷風 곡풍   谷泉 곡천   溪谷 계곡

豆 콩 두 | 부·7획

'콩'이라는 뜻이다.

豆 콩 두
콩
4Ⅱ급 | 총획 7

'**콩**' 꼬투리.

豆類 두류   豆腐 두부   豆乳 두유
豆泡 두포   綠豆 녹두   大豆 대두

豊 풍년 풍
풍년, 풍성하다
4Ⅱ급 | 총획 13 | 凶(흉), 豊의 약자

콩[豆] 줄기가 구부러질[曲] 정도로 '**풍년**'이다.

豊乞 풍걸   豊年 풍년   豊滿 풍만
豊富 풍부   豊盛 풍성   豊足 풍족

豈 어찌 기
어찌, 그
3급 | 총획 10 | 那(나), 奈(내), 何(하)

산[山] 속에서 콩[豆] 볶는 듯한 총소리가 나니 '**어찌**' 된 일일까?

豈敢 기감 : 어찌 감히

豕 돼지 시 | 부·7획

돼지 모양을 본뜬 글자이다.

豚 돼지 돈
돼지
3급 | 총획 11 | 동 豕(시)

고기[月]의 살이 많은 '돼지[豕]'.

豚舍 돈사　　豚肉 돈육　　家豚 가돈
養豚 양돈　　種豚 종돈

豫 미리 예:
미리, 먼저
4급 | 총획 16 | 약 予

나[予]는 코끼리[象]에게 '미리' 밥을 주었다.

豫感 예감　　豫見 예견　　豫期 예기
豫買 예매　　豫防 예방　　豫算 예산
豫習 예습　　豫示 예시　　豫言 예언
豫行 예행

象 코끼리 상
코끼리
4급 | 총획 12

코와 귀를 드러낸 코끼리를 본뜬 글자.

象牙 상아　　象徵 상징　　對象 대상
印象 인상　　現象 현상　　形象 형상

豬 산돼지 저
산돼지, 돼지 새끼
1급 | 총획 16

돼지[豕] 중에서도 저돌적인 놈[者]인 '산돼지'.

豬突 저돌 : 앞뒤를 돌아보지 않고 산돼지처럼 막 덤벼듦

豪 호걸 호
호걸, 귀인, 뛰어나다, 빼어나다
3Ⅱ급 | 총획 14

높이[高] 뛰어오르는 돼지[豕] 같은 기세를 가진 사람이니 '호걸'.

豪傑 호걸　　豪言 호언　　豪雨 호우
豪快 호쾌　　豪華 호화　　文豪 문호

갖은돼지시변 | 부·7획

사나운 짐승이 먹이를 노리고 있는 모양, 혹은 '해태'의 모양이다. 한자로는 '발없는벌레 치', '해태 태'라고 읽는다.

豹 표범 표
표범
1급 | 총획 10

사나운 짐승[豸]으로 몸집이 작은[勺] 맹수인 '표범'.
豹皮 표피 : 표범의 털가죽

貂 담비 초
담비
1급 | 총획 12

사나운 짐승[豸]을 불러[召] 보니 '담비'.
狗尾續貂 구미속초 : 훌륭한 것 뒤에는 하찮은 것이 뒤따름을 비유함

貂皮 초피

豺 승냥이 시 :
승냥이
1급 | 총획 10

사나운 짐승[豸] 중 남을 해치는 재능[才]을 가진 '승냥이'.
豺狼 시랑 : 승냥이와 이리

貌 모양 모
모양, 얼굴
3Ⅱ급 | 총획 14 | 통 面(면), 顔(안), 容(용) 약 皃

돼지[豸]랑 얼굴이 흰[白] 사람[儿]을 비교할 수는 없다. 둘은 '모양'부터 다르다.

貌樣 모양   面貌 면모   美貌 미모
外貌 외모   容貌 용모   風貌 풍모

貝 조개 패 | 부·7획

조개의 모양을 본뜬 글자이다. 옛날에는 조개껍질을 화폐 대용으로 사용했기 때문에 이 부수가 붙으면 돈과 관련된 의미를 나타낸다.

貝 조개 패 :
조개, 재물, 돈
3급 | 총획 7

물 속에 있는 '조개'를 본뜬 자.

※ 옛날에는 조개가 화폐였으므로, '돈'이나 '재물'이라는 뜻도 있다.

貝物 패물 : 산호나 호박·수정 등으로 만든 물건

貢 바칠 공 :
바치다, 공물
3Ⅱ급 | 총획 10 | 동 獻(헌)

장인[工] 정신으로 만든 재물[貝]을 윗사람에게 '바치다'.

貢物 공물   貢獻 공헌   朝貢 조공

貞 곧을 정
곧다, 마음이 곧다, 점치다, 정절, 성심
3Ⅱ급 | 총획 9 | 동 直(직) 반 曲(곡)

돈[貝]을 내고 점[卜]을 치니 점괘가 '곧다'.

貞潔 정결   貞節 정절   貞操 정조
貞淑 정숙   童貞 동정   不貞 부정

販 팔 판
팔다
3급 | 총획 11 | 동 賣(매) 반 買(매)

돈[貝]벌이가 되면 되돌려[反] '팔다'.

販賣 판매   販促 판촉   市販 시판
外販 외판   直販 직판   總販 총판

負 질 부 :
지다, 떠 맡다, 빚지다, 탄식하다
4급 | 총획 9 | 동 敗(패) 반 勝(승)

사람[⺈]이 재물[貝]을 '지고' 간다.

負擔 부담   負傷 부상   負約 부약
負債 부채   勝負 승부   請負 청부
抱負 포부

貫 꿸 관(ː)
꿰다
3Ⅱ급 | 총획 11 | 동 徹(철), 通(통)

끈으로 꿰뚫어[毌] 돈[貝]을 '꿰다'.

始終一貫 시종일관 : 처음부터 끝까지 똑같은 태도나 방침으로 밀고 나감

貫徹 관철   貫通 관통   本貫 본관

財 재물 재
재물
5Ⅱ급 | 총획 10 | 동 資(자), 貨(화)

돈[貝]을 가지고 재주[才]를 부려 모은 '재물'.

財界 재계   財團 재단   財物 재물
財數 재수   財貨 재화

貧 가난할 빈
가난하다
4Ⅱ급 | 총획 11 | 동 困(곤), 窮(궁) 반 富(부), 優(우)

재물[貝]을 다 나누어[分] 주어 '가난하다'.

貧困 빈곤   貧窮 빈궁   貧民 빈민
貧富 빈부   貧村 빈촌   貧血 빈혈
極貧 극빈   淸貧 청빈   貧益貧 빈익빈

貪 탐낼 탐
탐하다, 탐내다
3급 | 총획 11 | 동 慾(욕)

지금[今] 돈[貝]을 바라보며 '탐내다'.
貪官汚吏 탐관오리 : 탐욕이 많고 행실이 부정한 벼슬아치
貪利 탐리　　**貪慾** 탐욕　　**食貪** 식탐

貨 재물 화
재물, 화폐, 화물
4Ⅱ급 | 총획 11 | 동 資(자), 財(재)

사람[亻]들은 비수[匕]와 조개[貝]를 '재물'로 생각한다.
貨物 화물　　**貨主** 화주　　**金貨** 금화
百貨店 백화점　**外貨** 외화　　**財貨** 재화
滯貨 체화　　**通貨** 통화

責 꾸짖을 책
꾸짖다, 책임
5Ⅱ급 | 총획 11 | 반 讚(찬)

땅[土] 주인 한[一] 명이 와서, 돈[貝]을 갚지 않는다고 '꾸짖다'.
責望 책망　　**責務** 책무　　**責任** 책임
問責 문책

貼 붙일 첩
붙이다, 붙다, 따르다, 보태주다
1급 | 총획 12

돈[貝]을 차지하고[占] 없어지지 않도록 착 '붙이다'.
貼付 첩부 : 착 들러붙게 붙임
貼示 첩시　　**貼用** 첩용

貶 낮출 폄
낮추다, 떨어뜨리다
1급 | 총획 12

가난한[乏] 사람이 돈[貝]을 낭비하여 점점 자신을 아래로 깎아 '낮추다'.
貶降 폄강 : 관직을 깎아 낮춤
貶毀 폄훼　　**貶下** 폄하

貯 쌓을 저
쌓다
5급 | 총획 12 | 동 積(적), 蓄(축), 築(축)

재물[貝]을 모아서 뜰에[宁] '쌓아' 놓다.
貯金 저금　　**貯水** 저수　　**貯藏** 저장
貯蓄 저축

買 살 매
사다
5급 | 총획 12 | 동 購(구), 반 賣(매), 販(판)

그물[罒]이 가득 찰 때까지 물건을 돈[貝]으로 '사다'.
買氣 매기　　**買賣** 매매　　**買收** 매수
買食 매식　　**買入** 매입

貸 빌릴 대
빌리다
3Ⅱ급 | 총획 12 | 동 借(차)

어떤 대가[代]를 주고 돈[貝]을 '빌리다'.
貸物 대물　　**貸損** 대손　　**貸用** 대용
貸切 대절　　**貸出** 대출

費 쓸 비
쓰다
5급 | 총획 12 | 동 用(용)

자기 돈[貝]이 아니어도[弗] 아껴 '써야' 한다.
費用 비용　　**經費** 경비　　**浪費** 낭비
消費者 소비자　**旅費** 여비　　**人件費** 인건비

貿 무역할 무
무역하다, 바꾸다
3Ⅱ급 | 총획 12

양쪽 문을 열어[卯] 재물[貝]을 서로 '무역하다'.
貿易 무역　　**密貿易** 밀무역
自由貿易 자유무역

貴

귀할 귀 :
귀하다, (신분이) 높다
5급 | 총획 12 | 동 高(고), 崇(숭) | 반 賤(천)

가운데[中] 구멍 하나[一]를 뚫어 돈[貝]을 넣은 후, '귀하게' 보관하다.

貴客 귀객   貴國 귀국   貴賓 귀빈
貴族 귀족   貴重 귀중   貴下 귀하
貴公子 귀공자 貴重品 귀중품 高貴 고귀

賀

하례할 하 :
하례하다, 더하다, 보태다
3Ⅱ급 | 총획 12

이웃집 경사에 재물[貝]을 가지고 가서 더해[加]주며 '하례하다'.

謹賀新年 근하신년 : '새해를 축하한다'라는 뜻으로, 연하장이나 새해 인사를 할 때 쓰는 말

賀客 하객   賀禮 하례   慶賀 경하
年賀狀 연하장 祝賀 축하

貰

세낼 세 :
세내다
2급 | 총획 12

집을 지어 세상[世] 사람들에게 돈[貝]을 받기 위해 '세내다'.

貰家 세가 : 셋집
月貰 월세   專貰 전세

貳

두, 갖은두 이 :
둘, 버금, 두 마음, 거듭하다, 의심하다, '二'의 갖은자
2급 | 총획 12 | 약 弐

돈[貝]이 두[弍] 번 '거듭' 해서 싸여 있으니 '둘'.

壹貳參 일이삼

賂

뇌물 뢰 :
뇌물
1급 | 총획 13

돈[貝]을 각각[各] 어떤 일을 부탁하는 대가로 준 것은 '뇌물'.

賂物 뇌물

賄

뇌물, 재물 회 :
뇌물, 재물
1급 | 총획 13

부탁한 일이 있어[有] 준 돈[貝]은 '뇌물'.

收賄 수회 : 뇌물을 받음

賄賂 회뢰   贈賄 증회

賊

도둑 적
도둑
4급 | 총획 13 | 동 盜(도)

돈[貝]과 열[十] 개의 창[戈]을 훔쳐 달아난 '도둑'.

賊漢 적한   盜賊 도적   馬賊 마적
山賊 산적   義賊 의적   海賊 해적

賃

품삯 임
품삯, 품팔이
3Ⅱ급 | 총획 13

어떤 일을 맡아[任] 그 대가로 돈[貝]을 받고 '품팔이' 한 '품삯'.

賃金 임금   賃借 임차   賃借人 임차인
無賃 무임   運賃 운임

資

재물 자
재물
4급 | 총획 13 | 동 財(재), 貨(화)

건강 다음[次]으로 중요한 것은 돈[貝]과 '재물'.

資格 자격   資金 자금   資力 자력
資料 자료   資本 자본   資質 자질
物資 물자

賓

손 빈
손님
3급 | 총획 14 | 동 客(객) | 반 主(주)

집[宀]에 찾아온 한[一] 어리고[少] 돈[貝] 많은 '손님'.

賓客 빈객   貴賓 귀빈   內賓 내빈
迎賓館 영빈관

貝

賦 부세 부 :
부세, 주다, 구실
3Ⅱ급 | 총획 15

무력[武]으로 거둬들인 돈[貝]이 '부세'.

賦課 부과　　　賦金 부금　　　賦與 부여
月賦 월부　　　雜賦金 잡부금　割賦 할부

賢 어질 현
어질다, 현명하다, 좋다
4Ⅱ급 | 총획 15 | 통 良(량), 仁(인) | 약 賢

신하[臣] 또한[又] 나라의 돈[貝]을 아껴 쓰니 '어질다'.

賢明 현명　　　賢淑 현숙　　　賢者 현자
先賢 선현　　　聖賢 성현

賤 천할 천 :
천하다
3Ⅱ급 | 총획 15 | 통 卑(비) | 반 貴(귀) | 약 贱

창 두 개[戔]를 판 돈[貝]으로 노름을 하니, '천하다'.

賤待 천대　　　賤民 천민　　　賤視 천시
貴賤 귀천　　　微賤 미천

質 바탕 질
바탕, 본질, 품질
5Ⅱ급 | 총획 15 | 통 本(본), 素(소) | 약 质

새로 산 도끼[斤斤] 두 자루는 가격[貝]이 비싼 만큼 '질'이 좋다.

質量 질량　　　質問 질문　　　質言 질언
質疑 질의　　　質責 질책

賜 줄 사 :
주다
3급 | 총획 15 | 통 授(수)

윗사람이 아랫사람에게 돈[貝]을 쉽게[易] '주다'.

賜名 사명　　　賜藥 사약　　　下賜 하사
厚賜 후사

賞 상줄 상
상주다, 칭찬하다
5급 | 총획 15 | 반 罰(벌)

공로를 높이[尙] 평가하여 돈[貝]으로 '상을 주다'.

賞金 상금　　　賞狀 상장　　　賞春客 상춘객
賞品 상품　　　大賞 대상　　　副賞品 부상품
受賞 수상　　　施賞 시상　　　玩賞 완상
懸賞 현상

賠 물어줄 배 :
물어주다
2급 | 총획 15

침을 뱉고[咅] 돈[貝]으로 '물어주다'.

賠償 배상

賭 내기 도
내기, 도박
1급 | 총획 16

돈[貝]을 걸고 사람[者]들이 앉아서 '내기'를 하다.

賭博 도박 : 돈이나 재물을 걸고 하는 노름
賭場 도장

賣 팔 매 (:)
팔다
5급 | 총획 15 | 통 販(판) | 반 買(매) | 약 売

선비[士]가 돈이 없어 산[買] 물건을 다시 '팔다'.

賣家 매가　　　賣國 매국　　　賣店 매점
賣出 매출　　　強賣 강매　　　競賣 경매
都賣 도매　　　密賣 밀매　　　非賣品 비매품

賴 의뢰할 뢰 :
의뢰하다, 힘입다, 의지하다, 얻다
3Ⅱ급 | 총획 16

묶어[束] 놓은 재물[貝]을 칼[刀]로 끊어 '의뢰하니' 이에 '힘입어' 승낙하다.

賴子 뇌자　　　無賴漢 무뢰한　　信賴 신뢰
依賴 의뢰

購 살 구
사다
2급 | 총획 17

돈[貝] 주고 우물[井] 틀 두[再] 개를 '사다'.

購買 구매　　購入 구입

贈 부의 부:
부의, 부의를 하다
1급 | 총획 17

돈[貝]을 펴서[尃] 초상집에 보내는 것이 '부의'.

賻儀 부의 : 초상난 집에 부조(扶助)로 보내는 돈이나 물건

贈 줄 증
주다, 보내다, 선사하다
3급 | 총획 19

재물들[貝]을 포개어 늘리도록[曾] '주다'.

贈與 증여　　贈呈 증정　　寄贈 기증

贅 혹 췌:
혹, 군더더기
1급 | 총획 18

흙[土] 속의 조개[貝]에 사방[方]에서 치고[夊] 들어온 '혹'.

贅言 췌언　　贅肉 췌육

贊 도울 찬:
돕다
3Ⅱ급 | 총획 19 | 반 反 약 賛

둘이 먼저[先先] 재물[貝]을 가지고 가서 '돕다'.

贊成 찬성　　贊意 찬의　　贊助 찬조
協贊 협찬

贖 속죄할 속
속죄하다
1급 | 총획 22

돈[貝]으로 나의 죄를 팔아버리니[賣] 재물로 '속죄하다'.

贖罪 속죄　　贖刑 속형

赤 붉을 적 | 부·7획

'붉다'라는 뜻이다.

赤 붉을 적
붉다
5급 | 총획 7 | 동 朱(주), 紅(홍)

흙[土] 위에 불[火]이 나니 그 빛이 '붉다'.

赤色 적색   赤手 적수   赤心 적심
赤蟲 적충   赤化 적화   赤信號 적신호
赤龍皮 적룡피

赦 용서할 사 :
용서하다, 놓아주다
2급 | 총획 11

적[赤]색 분자를 쳐서[攵] 몰아내 '놓아주고' '용서하다'.

赦例 사례 : 죄인을 사면하는 전례
赦免 사면   特赦 특사

走 달아날 주 | 부·7획
손을 사방으로 휘저으며 발을 빨리 옮겨 '달아나다'라는 뜻이다.

走 달릴 주
달아나다, 달리다
4Ⅱ급 | 총획 7 | 동 奔(분)

땅[土]에서 점[卜]을 보던 사람[人]이 갑자기 '**달리다**'.

- 走法 주법
- 走破 주파
- 走筆 주필
- 走行 주행
- 競走 경주
- 奔走 분주
- 完走 완주
- 暴走 폭주

越 넘을 월
넘다
3Ⅱ급 | 총획 12

도끼[戉]를 들고 적을 치기 위해 달려가[走] 국경을 '**넘다**'.

- 越冬 월동
- 越班 월반
- 越北 월북
- 越尺 월척
- 優越 우월
- 追越 추월

赴 다다를, 갈 부 :
다다르다, 나아가다, 힘쓰다, 달려가다
3급 | 총획 9

점[卜]을 친 다음 급히 달려가서[走] '**다다르다**'.

- 赴役 부역
- 赴任 부임

趣 뜻 취 :
뜻, 취지, 멋, 달리다
4급 | 총획 15 | 동 意(의), 志(지), 向(향)

달아나는[走] 것을 갖고[取] 싶은 것이 인간의 '**뜻**'.

- 趣味 취미
- 趣旨 취지
- 趣向 취향
- 情趣 정취
- 風趣 풍취
- 興趣 흥취

起 일어날 기
일어나다
4Ⅱ급 | 총획 10 | 반 伏(복), 臥(와), 寢(침)

달리기[走] 전에 먼저 몸[己]을 '**일으키다**'.

- 起動 기동
- 起立 기립
- 起床 기상
- 起案 기안
- 起源 기원
- 起點 기점
- 起枕 기침
- 發起 발기

趨 달아날 추
달아나다
2급 | 총획 17

꼴[芻]을 베어오라고 하니 '**달아나다[走]**'.

- 趨進 추진
- 歸趨 귀추

超 뛰어넘을 초
뛰어넘다
3Ⅱ급 | 총획 12 | 동 過(과), 越(월)

어른이 부르는데[召] 도망가다니[走], 상식을 '**뛰어넘다**'.

- 超過 초과
- 超滿員 초만원
- 超非常 초비상
- 超越 초월
- 超音波 초음파
- 超自然 초자연

足(뜻) 발 족 | 부·7획

사람의 무릎에서 발까지의 모양을 본뜬 글자이다.

足 발 족
발, 족하다, 가다
7Ⅱ급 | 총획 7

입[口]의 기운이 마지막까지 미치는[止] 곳이 '발'이다.

足跡 족적　　足掌 족장　　不足 부족
四足 사족　　手足 수족　　自足 자족
充足 충족　　力不足 역부족

跛 절름발이 파/비스듬히 설 피 :
절름발이, 절뚝거리다, 비스듬히 서다
1급 | 총획 12

발[足]바닥 가죽[皮]이 부풀어 '비스듬히 서는' '절름발이'.

跛行 파행 : 절뚝거리며 걸음. 일 등이 순조롭지 못하고 이상하게 진행됨

偏跛 편파　　跛立 피립

距 상거할 거 :
떨어지다, 상거하다, 걸터앉다
3Ⅱ급 | 총획 12 | 동 隔(격), 籬(리)

닭의 발[足] 뒤에 붙어 있는 큰[巨] 발톱은 다른 발톱과 '떨어져' 있다.

距離 거리　　短距離 단거리　　長距離 장거리

跡 발자취 적
발자취
3Ⅱ급 | 총획 13 | 동 蹟(적)

발[足]로 밟고 가니 역시[亦] '발자취'가 남다.

遺跡 유적　　人跡 인적　　潛跡 잠적
足跡 족적　　追跡 추적

跋 밟을 발
밟다, 비틀거리다, 넘어가다, 거칠다
1급 | 총획 12

개[犬]처럼 발[足]로 사람[丿]을 '밟다'.

跋文 발문 : 책의 끝에 적는 글
跋扈 발호

跳 뛸 도
뛰다
3급 | 총획 13 | 동 躍(약)

좋은 징조[兆]가 보이니 발[足]로 '뛰며' 기뻐하다.

跳躍 도약

跌 거꾸러질 질
거꾸러지다
1급 | 총획 12

실수[失]로 넘어져 발[足]이 '거꾸러지다'.

蹉跌 차질

路 길 로 :
길
6급 | 총획 13 | 동 道(도)

각자[各] 제 발[足]로 갈 '길'을 가다.

路上 노상　　路線 노선　　道路 도로

跆 밟을 태
밟다, 짓밟다, 유린하다
1급 | 총획 12

발[足]로 나[厶]의 입[口]을 '밟다'.

跆拳道 태권도

蹄 굽 제
굽, 발, 올무, 밟다, 차다
1급 | 총획 16

임금[帝]이 타는 말 발[足]톱 '굽'.

蹄齧 제설 : 짐승이 발로 차고 이빨로 물어뜯음
馬蹄 마제　　　削蹄 삭제

踊 뛸 용:
뛰다, 도약하다, 오르다
1급 | 총획 14

창[甬]을 들고 발[足]을 들어 춤추듯 '뛰다'.

舞踊 무용 : 춤

蹂 밟을 유
밟다
1급 | 총획 16

발[足]로 부드럽게[柔] '밟다'.

蹂躪 유린 : 남의 권리나 인격을 함부로 짓밟음

踐 밟을 천:
밟다, 디디다, 짓밟다, 실행하다
3Ⅱ급 | 총획 15 | 동 踏(답) 약 践

발[足]로 창[戔]을 '밟다'.

踐履 천리　　　實踐 실천

踵 발꿈치 종
발꿈치, 발뒤꿈치, 쫓다, 잇다, 이르다
1급 | 총획 16

발[足]에서 무겁게[重] 끌리는 부분이 '발꿈치'.

踵門 종문 : 친히 그 집에 이름

踏 밟을 답
밟다
3Ⅱ급 | 총획 15 | 동 踐(천)

물[水] 흐르듯 말하고[曰], 발[足]로 그 뜻을 '밟아' 행하다.

踏査 답사　　　踏襲 답습　　　高踏的 고답적

蹈 밟을 도
밟다, 슬퍼하다, 움직이다
1급 | 총획 17

발[足]과 손톱[爫]으로 곡식을 절구[臼]에 넣고 '밟는다'.

蹈襲 도습　　　舞蹈 무도　　　足蹈 족도

踪 자취 종
자취, 발자취
1급 | 총획 15

종가[宗]에 여러 친척들이 모여든 발[足] '자취'.

踪迹 종적　　　失踪 실종

蹉 미끄러질 차
미끄러지다
1급 | 총획 17

발[足]이 잘못 어긋나[差] '미끄러지다'.

蹉跌 차질

蹟
자취 적
자취, 좇다
3Ⅱ급 | 총획 18 | 동 跡(적)

성실히 걸어가[足] 책임[責]을 다하니, 그 '**자취**'와 '**행적**'을 기리다.

痕蹟 흔적   古蹟 고적   奇蹟 기적
史蹟 사적

蹴
찰 축
차다
2급 | 총획 19

발[足]로 뛰어 나아가[就] 공을 '**차다**'.

蹴球 축구   一蹴 일축

蹶
넘어질, 일어설 궐
넘어지다, 엎어지다, 일어서다
1급 | 총획 19

발[足]이 그[厥]것을 잘못 밟으면 '**넘어진다**'.

蹶起 궐기 : 어떤 뜻을 함께 품고 모든 사람이 한결같이 힘차게 분기함
蹶然 궐연   蹶躓 궐지

躇
머뭇거릴 저
머뭇거리다
1급 | 총획 20

풀[艹] 밭을 걷는 사람[者]마다 발[足]길이 '**머뭇거린다**'.

躊躇 주저 : 망설이며 머뭇거림

躁
조급할 조
조급하다
1급 | 총획 20

나무[木]로 만든 물건[品]을 발[足]로 밟아 깨고 있으니 '**조급하다**'.

躁急症 조급증

躍
뛸 약
뛰다, 뛰어오르다
3급 | 총획 21 | 동 跳(도)

새[隹]가 날개[羽]를 펴고 날아가니, 발[足]로 '**뛰어서는**' 못 따라간다.

躍進 약진   跳躍 도약   飛躍 비약
活躍 활약

躊
머뭇거릴 주 :
머뭇거리다, 주저하다
1급 | 총획 21

목숨[壽]이 다 된 늙은 사람은 발[足]을 빨리빨리 떼지 못하고 '**머뭇거리다**'.

躊躇 주저

躪
짓밟을 린
짓밟다, 유린하다
1급 | 총획 27

문[門] 안에 새[隹]떼처럼 돋아나는 잡초[艹]를 발[足]로 '**짓밟는다**'.

蹂躪 유린

身 몸 신 | 부·7획

임신하여 배가 볼록한 모습을 본뜬 글자이다.

身 몸 신
몸
6Ⅱ급 | 총획 7 | 동 體(체) 반 心(심)

임신한 여자의 '몸'을 본뜬 자.

身命 신명   身分 신분   身手 신수
身熱 신열   身體 신체   文身 문신
變身 변신   保身 보신   心身 심신

軀 몸 구
몸, 신체
1급 | 총획 18

신체[身]가 머문 곳[區]이니 '몸'.

軀命 구명 : 몸과 목숨

體軀 체구

躬 몸 궁
몸, 몸소, 자신
1급 | 총획 10

몸[身]이 활[弓]처럼 굽은 '몸'.

躬進 궁진 : 몹시 나아감

鞠躬 국궁

車

수레 거 | 부·7획

고대 중국의 전차 모양을 본뜬 글자이다.

車 수레 거/차
수레
7II급 | 총획 7

위[一]와 아래[一] 나무판 사이에 바퀴[日] 모양을 꽂으니[|] '수레'가 된다.

車馬 거마   車內 차내   車道 차도
馬車 마차   列車 열차

軒 집 헌
집, 난간
3급 | 총획 10 | 통 閣(각), 館(관), 堂(당), 舍(사), 室(실)

수레[車]에 물건을 싣기 위해 방패[干]처럼 '난간'을 두르니 '집'이 된다.

東軒 동헌 : 지방 관아에서 감사·병사·수사 등이 공무를 보던 곳

軋 삐걱거릴 알
삐걱거리다, 형벌 이름
1급 | 총획 8

수레[車] 바퀴에서 짹짹거리는 새[乚]소리같이 '삐걱 삐걱 거리다'.

軋轢 알력 : 의견이 맞지 않아 서로 충돌하게 됨

軟 연할 연 :
연하다, 부드럽다
3II급 | 총획 11 | 통 柔(유)

수레[車]를 모는 사람이 지쳐서 하품[欠]을 하니 윗사람이 '연하게(부드럽게)' 타이르다.

軟骨 연골   軟水 연수   軟弱 연약
軟質 연질   軟體動物 연체동물   柔軟 유연

軌 바퀴 자국 궤 :
바퀴 자국
3급 | 총획 9

아홉[九] 대의 차[車]가 지나가며 낸 '바퀴 자국'.

軌道 궤도   軌跡 궤적

軸 굴대 축
굴대
2급 | 총획 12

수레[車]가 자유롭게[由] 굴러가는 것은 '굴대' 때문이다.

主軸 주축   地軸 지축   基軸 기축
橫軸 횡축

軍 군사 군
군사
8급 | 총획 9 | 통 兵(병), 士(사)

전차[車]를 무기로 덮어[冖] 무장을 하고 싸우는 '군사'.

軍歌 군가   軍機 군기   軍隊 군대
軍略 군략   軍士 군사   軍樂隊 군악대
強行軍 강행군   國軍 국군   敵軍 적군
進軍 진군

較 비교, 견줄 교
비교, 견주다
3II급 | 총획 13 | 통 比(비)

수레[車] 위에 교차해[交] 있는 막대기도 '비교해' '견주다'.

比較 비교   日較差 일교차

載 실을 재(:)
싣다, 시행하다
3Ⅱ급 | 총획 13

마차[車]에 짐이 땅[土]으로 떨어지지 않게 창[戈]으로 받쳐두고 '싣다'.

千載一遇 천재일우 : 좀처럼 얻기 힘든 좋은 기회

記載 기재　　滿載 만재　　連載 연재
全載 전재　　登載 등재　　揭載 게재

輕 가벼울 경
가볍다, 업신여기다, 천하다
5급 | 총획 14 | 반 重(중) 약 軽

수레[車]가 지하수[巠] 흐르듯 '가볍게' 움직인다.

輕減 경감　　輕擧 경거　　輕蔑 경멸
輕石 경석　　輕音樂 경음악　　輕重 경중

輓 끌, 애도할 만:
끌다, 실어나르다, 애도하다, 늦다
1급 | 총획 14 | 통 推(추)

굶는 것을 면하기[免] 위해 수레[車]를 '끌다'.

輓詞 만사 : 죽은 사람을 슬퍼하여 지은 글

輓歌 만가　　輓章 만장　　輓具 만구
輓把 만파　　推輓 추만

輛 수레 량
수레
2급 | 총획 15

양쪽[兩]에 쭉 늘어서 있는 '수레[車]'.

車輛 차량

輪 바퀴 륜
바퀴
4급 | 총획 15

한[一] 사람[人]이 차[車] 안에 책[冊]을 가득 쌓아 '바퀴'가 움직이지 않는다.

輪廓 윤곽　　輪納 윤납　　輪番 윤번
輪作 윤작　　年輪 연륜　　五輪旗 오륜기
輪轉機 윤전기

輩 무리 배:
무리, 줄, 순서, 항렬, 짝, 떼지다, 비교하다, 견주다
3Ⅱ급 | 총획 15

차[車]를 몰지 못[非]하는 '무리'.

輩出 배출　　同年輩 동년배　　謀利輩 모리배
不良輩 불량배　　後輩 후배　　先輩 선배
年輩 연배

輦 가마 련
가마, 손수레, 끌다, 나르다
1급 | 총획 15

사내 둘[夫夫]이 끄는 수레[車]는 '가마'.

輦路 연로 : 거둥길

鳳輦 봉련　　玉輦 옥련

輝 빛날 휘
빛나다
3급 | 총획 15 | 통 華(화), 煥(환)

군사[軍] 진영에 횃불[光]이 환히 '빛나다'.

輝光 휘광　　輝煌 휘황

輯 모을 집
모으다, 모이다, 합치다, 화하다
2급 | 총획 16

수레[車]를 타고 식구[口]들이 귀[耳]를 잡고 '모인다'.

蒐輯 수집　　編輯 편집　　特輯 특집
纂輯 찬집

輳 몰려들 주
몰려들다, 모이다, 접근하다
1급 | 총획 16

음악을 연주하기[奏] 위해 수레[車]를 타고 '몰려들다'.

輻輳 폭주 : 한 곳으로 많이 몰려듦. 시선이 한 곳에 집중됨

輳合 주합

輸 보낼 수
보내다, 나르다, 실어내다
3Ⅱ급 | 총획 16 | 동 送(송)

수레[車]와 거룻배[兪]를 이용해 짐을 실어 '보내다'.

輸送 수송　　輸入 수입　　輸出 수출
輸血 수혈　　空輸 공수

輻 바퀴살 복/폭
바퀴살, 모여들다
1급 | 총획 16

수레[車]에서 한[一] 입[口]과 같이 둥글고 밭[田] 이랑처럼 생긴 '바퀴살'.

輻射 복사 : 열이나 빛이 중앙의 한 점으로부터 둘레로 내쏨, 또는 그러한 현상
輻輳 폭주

輾 돌아누울 전 :
돌아눕다, 돌다
1급 | 총획 17

수레[車]를 타고 전시[展]장을 '돌다'.

輾轉 전전 : 누워서 이리저리 뒤척임

轄 다스릴 할
다스리다, 지배하다
1급 | 총획 17

수레[車] 중에서 인간에게 해[害]를 끼치는 것은 나라에서 '다스리다'.

管轄 관할　　分轄 분할　　直轄 직할

輿 수레 여 :
수레, 차상, 가마
3급 | 총획 17 | 동 車(거)

절구[臼] 같은 손으로 받들고[廾] 가는 마차[車]가 '수레'이다.

輿論 여론　　輿輦 여련　　喪輿 상여

轉 구를 전 :
구르다, 바꾸다
4급 | 총획 18 | 약 転

차[車]에서 오로지[專] '구를' 수 있는 것은 바퀴뿐이다.

轉勤 전근 : 근무하는 곳을 옮김
轉業 전업　　轉學 전학　　空轉 공전
自轉 자전　　回轉 회전

轍 바퀴 자국 철
바퀴 자국, 궤도, 흔적, 행적
1급 | 총획 19

교육[育]을 받으면 지식이 머리에 남듯, 수레[車]가 치고[攵] 간 뒤에는 '바퀴 자국'이 남는다.

前轍 전철 : 이전의 실패
軌轍 궤철

轎 가마 교
가마, 사람이 타는 작은 수레
1급 | 총획 19

수레[車] 대신 높은[喬] 사람들이 타고 다니는 '가마'.

轎軍 교군 : 가마를 메는 일, 또는 가마를 메는 사람
駕轎 가교

轟 울릴, 수레 소리 굉
울리다, 떠들썩하다, 수레 소리
1급 | 총획 21

마차 세 대[轟]가 한 번에 굴러가니 주위가 '울리다'.

轟轟 굉굉 : 소리가 매우 요란함
轟音 굉음 : 매우 요란하게 울리는 소리
轟發 굉발　　轟沈 굉침

辛 매울 신 | 부·7획

'죄인'이라는 뜻에서, 죄인이 고생하며, 고생이 심히 '맵다', '힘들다'라는 뜻이 있다.

辛 매울 신
맵다, 독하다, 괴롭다
3급 | 총획 7 | 동 烈(렬)

물구나무를 서서[立] 열[十]까지 세니, 눈이 '맵다'.

千辛萬苦 천신만고 : 마음과 몸을 수고로이 하여 끝내 뜻을 이룸

| 辛苦 신고 | 辛味 신미 | 辛辣 신랄 |
| 辛辣 신랄 | 香辛料 향신료 | 艱辛 간신 |

辜 허물 고
허물, 죄, 재난
1급 | 총획 12

옛[古]날에 죄 지은[辛] '허물'.

無辜 무고 : 아무 죄가 없음

辣 매울 랄
맵다, 언행이 엄혹하다
1급 | 총획 14

죄인[辛]을 꽁꽁 묶어[束] 놓고 형벌을 내리는 것은 매우 사납고 '맵다'.

辛辣 신랄 : 몹시 가혹하고 날카로움

惡辣 악랄

분별할 변 :
분별하다, 나누다
3급 | 총획 16

두 죄인이 양쪽에서 다투는 것[辛辛]을 칼[刂]로 자르듯 잘잘못을 '분별하다'.

| 辨理士 변리사 | 辨別 변별 | 辨償 변상 |

辦 힘들일 판
힘들이다, 힘쓰다, 힘써 일하다, 갖추다
1급 | 총획 16

죄인[辛辛]이 양쪽에 서서 빠져나가려고 '힘[力]을 쓰다'.

辦納 판납 : 금품 등을 이리저리 주선하여 바침

| 辦理 판리 | 辦公費 판공비 | 總辦 총판 |

辭 말씀 사
말씀, 말, 물러나다, 사퇴하다
4급 | 총획 19 | 동 說(설), 語(어), 言(언) | 약 辞

죄인[辛]들의 뒤섞인[𤔔] 말들을 정리할 만큼 그의 '말씀'은 설득력이 있다.

辭氣 사기	辭色 사색	辭任 사임
辭典 사전	辭表 사표	答辭 답사
修辭 수사	讚辭 찬사	祝辭 축사

말씀 변 :
말씀, 말을 잘하다, 따지다, 말다툼하다, 다투다
4급 | 총획 21 | 동 語(어), 言(언)

말[言]로 큰 죄[辛辛]를 지은 사람은 어른의 '말씀'을 잘 따라야 한다.

辯論 변론	辯舌 변설	辯護 변호
言辯 언변	雄辯 웅변	答辯 답변
代辯 대변	代辯人 대변인	辯護士 변호사
達辯 달변		

辰 별 진 | 부·7획
조개가 입을 벌리고 살을 내놓고 움직이는 모양, 혹은 별의 모양을 본뜬 글자이다.

辰 별 진/때 신
별의 이름, 다섯째 지지, 때, 시각
3Ⅱ급 | 총획 7 | 동 庚(경), 星(성)

'별'의 모양을 본뜬 글자.

辰方 진방　　辰時 진시　　辰宿 진수
壬辰 임진　　生辰 생신　　星辰 성신

農 농사 농
농사
7Ⅱ급 | 총획 13

별[辰]을 보고 일어나서 허리가 굽도록[曲] 일해야 수확할 수 있는 '농사'.

農夫 농부　　農事 농사　　農業 농업
農作 농작　　農場 농장　　農村 농촌
農土 농토　　農産物 농산물
士農工商 사농공상

辱 욕될 욕
욕되게 하다, 욕되다, 모욕을 당하다
3Ⅱ급 | 총획 10 | 동 恥(치) 반 榮(영)

농사 철[辰]을 놓친 자에게 몇 마디[寸] 하니 '욕되다'.

辱說 욕설　　辱知 욕지　　困辱 곤욕
屈辱 굴욕　　雪辱 설욕　　恥辱 치욕
侮辱 모욕

쉬엄쉬엄갈 착(갖은책받침) | 부·7획

머리카락을 휘날리며 가는 모양을 본뜬 글자로, '쉬엄쉬엄 가다, 달리다'라는 의미이다. 변형자는 '辶'이다.

迅 빠를 신
빠르다, 신속하다
1급 | 총획 7

뛰어가는[辶] 것보다 날아가는[刊] 것이 '빠르다'.

迅速 신속 : 아주 빠름

迂 에돌 우
에돌다, 빙 돌아가다
1급 | 총획 7

일정한 지역을[于] 천천히 걸으며[辶] '에돌다'.

迂廻 우회 : 바로 가지 않고 돌아서 감
迂餘曲折 우여곡절 : 뒤얽혀서 복잡해진 사정

近 가까울 근 :
가깝다
6급 | 총획 8 | 반 遠(원)

큰 나무는 도끼[斤]를 들고 '가까이' 가서[辶] 베어야 한다.

近年 근년　　近來 근래　　近方 근방
接近 접근　　最近 최근

返 돌이킬 반 :
돌이키다, 돌아오다
3급 | 총획 8 | 통 歸(귀), 還(환)

가다가[辶] 반대[反] 방향으로 '돌아오다'.

返納 반납　　返送 반송　　返品 반품
返還 반환

迎 맞을 영
맞다, 맞이하다, 영접하다, 마중하다
4급 | 총획 8 | 반 送(송)

토끼[卯]가 뛰어가[辶] 거북이를 '맞이하다'.

迎接 영접　　迎合 영합　　奉迎 봉영
歡迎 환영

迫 핍박할 박
핍박하다, 닥치다, 줄어들다
3Ⅱ급 | 총획 9

명백한[白] 것은 모든 일은 하나가 지나가면[辶] 또 다른 일이 '닥쳐온다'는 것이다.

迫害 박해　　驅迫 구박　　急迫 급박
緊迫感 긴박감　壓迫 압박　　臨迫 임박
切迫 절박　　促迫 촉박　　脅迫 협박

迭 갈마들 질
갈마들다, 바꾸다
1급 | 총획 9

뛰어가서[辶] 잘못[失]을 저지른 사람을 내치고 다른 사람으로 '바꾸다'.

更迭 경질

述 펼 술
펴다, 말하다, (글을) 짓다, 서술하다
3Ⅱ급 | 총획 9

삽주뿌리[朮]가 가면서[辶] 점점 '펴다'.

述語 술어　　口述 구술　　記述 기술
論述 논술　　詳述 상술　　著述 저술

迷 미혹할 미 (:)
미혹하다, 헤매다, 유혹하다, 빠지다
3급 | 총획 10 | 동 惑(혹)

쌀[米]을 구하러 어디로 갈지[辶] 정하지 못하고 '헤매다'.

| 迷宮 미궁 | 迷路 미로 | 迷夢 미몽 |
| 迷信 미신 | 迷兒 미아 | 昏迷 혼미 |

逆 거스릴 역
거스르다, 배반하다, 어기다
4Ⅱ급 | 총획 10

원래 가려던[辶] 방향을 거슬러[屰] 가며 '배반하다'.

逆境 역경	逆流 역류	逆謀 역모
逆說 역설	逆順 역순	逆情 역정
逆風 역풍	拒逆 거역	

送 보낼 송 :
보내다, 전송하다
4Ⅱ급 | 총획 10

여덟[八] 대의 하늘[天]을 날아 가는[辶] 비행기에 물건을 실어 '보내다'.

送金 송금	送達 송달	送別 송별
送信 송신	發送 발송	郵送 우송
運送 운송	虛送 허송	歡送 환송
放送 방송		

迹 자취 적
자취, 발자취, 업적, 따르다
1급 | 총획 10

또[亦] 뛰어가니[辶] 남는 것은 '자취'.

| 蹤迹 종적 | 奇迹 기적 | 痕迹 흔적 |

追 쫓을 추
쫓다, 이루다, 잇닿다, 구하다
3Ⅱ급 | 총획 10 | 동 從(종), 遵(준)

흙이 쌓인 언덕[𠂤]으로 간[辶] 사람을 '쫓다'.

追加 추가	追擊 추격	追求 추구
追窮 추궁	追慕 추모	追想 추상
追伸 추신	追憶 추억	追跡 추적
追徵 추징		

逅 만날 후 :
만나다, 우연히 만나다
1급 | 총획 10 | 동 邂(해)

뛰어가다[辶] 왕후[后]를 '만나다'.

邂逅 해후

逃 도망할 도
도망하다, 달아나다
4급 | 총획 10 | 동 避(피)

수 조[兆]의 돈을 훔쳐 뛰어[辶] '달아나다'.

| 逃亡 도망 | 逃走 도주 | 逃避 도피 |

逝 갈 서 :
가다, 세상을 떠나다
3급 | 총획 11 | 동 往(왕) | 반 來(래)

손[扌]에 도끼[斤]를 들고 뛰어 '가다[辶]'.

| 逝去 서거 | 急逝 급서 | 仙逝 선서 |
| 永逝 영서 | 遠逝 원서 | 遷逝 천서 |

退 물러날 퇴 :
물러나다
4Ⅱ급 | 총획 10

앞으로 뛰어가다[辶] 잠시 머물다[艮] '물러나다'.

退勤 퇴근	退步 퇴보	退院 퇴원
退場 퇴장	退職 퇴직	退治 퇴치
退化 퇴화	辭退 사퇴	隱退 은퇴
脫退 탈퇴		

途 길 도 :
길
3Ⅱ급 | 총획 11 | 동 道(도), 路(로)

내[余]가 사람들이 걸어다닐[辶] 수 있도록 만들어 놓은 '길'.

途中下車 도중하차 : 어떤 일 등을 중간에 그만둠
前途洋洋 전도양양 : 앞날이 훤히 열려 희망적임

方途 방도   別途 별도

逐 쫓을 축
쫓다, 뒤쫓다, 도망가다
3급 | 총획 11

돼지[豕]를 따라가며[辶] '쫓다'.

逐條 축조　　逐出 축출　　角逐戰 각축전
驅逐 구축

逢 만날 봉
만나다, 맞이하다, 영접하다
3Ⅱ급 | 총획 11 | 동 遇(우)

서로 이끌려서[夆] 가니[辶] 곧 '만날' 것이다.

逢着 봉착　　逢變 봉변　　相逢 상봉

速 빠를 속
빠르다, 빨리 하다
6급 | 총획 11 | 동 急(급) 반 徐(서)

머리를 묶고[束] 달리니[辶] 훨씬 '빠르다'.

速戰速決 속전속결 : 싸움을 오래 끌지 않고 빨리 끝을 봄

速攻 속공　　速記 속기　　速斷 속단
速度 속도　　速成 속성　　加速 가속
高速 고속　　急速 급속

逍 노닐 소
노닐다, 거닐다
1급 | 총획 11

몸[月]이 작은[小] 아이들이 뛰어다니며[辶] '노닐다'.

逍風 소풍

連 이을 련
잇다, 이어지다, 연속하다, 관련되다
4Ⅱ급 | 총획 11 | 동 繼(계), 絡(락) 반 絕(절), 斷(단)

차[車]가 가면[辶] 바퀴 자국이 '이어지다'.

連結 연결　　連帶 연대　　連發 연발
連續 연속　　連勝 연승　　連載 연재
連打 연타　　連休 연휴

逋 도망갈 포
도망가다, 달아나다
1급 | 총획 11

큰[甫] 죄를 짓고 뛰어[辶] '도망가다'.

逋逃 포도 : 죄를 저지르고 도망함

逋亡 포망　　逋欠 포흠

通 통할 통
통하다, 내왕하다, 알리다
6급 | 총획 11 | 동 達(달), 徹(철)

이 길[甬]을 걸으면[辶] 마을로 '통한다'.

通路 통로　　通知 통지　　通行 통행
通話 통화　　通患 통환

造 지을 조 :
짓다, 만들다
4Ⅱ급 | 총획 11

먼저 말하고[告] 달려가[辶] '만들다'.

造景 조경　　造林 조림　　造物主 조물주
造成 조성　　造作 조작　　造淸 조청
造形 조형　　造化 조화　　改造 개조

透 사무칠 투
사무치다, 투과하다, 통하다, 투명하다
3Ⅱ급 | 총획 11 | 동 徹(철), 通(통)

가는[辶] 모습도 빼어나게[秀] 예쁘니, 모두에게 '통하는' 미모다.

透明 투명　　透視 투시　　透視圖 투시도
透徹 투철　　滲透 삼투　　浸透 침투

逞 쾌할 령
쾌하다, 마음대로 하다, 용감하다
1급 | 총획 11

뛰어가서[辶] 웃어른께 드려야[呈] 할 물건을 전하니 기분이 '쾌하다'.

逞兵 영병

進 나아갈 진:
나아가다, 오르다
4Ⅱ급 | 총획 12

새[隹]가 폴짝폴짝 뛰어가며[辶] '**나아가다**'.

進擊 진격　　進路 진로　　進步 진보
進出 진출　　進行 진행　　急進 급진
推進 추진　　促進 촉진

道 길 도:
길, 도리, 방법, 술책
7Ⅱ급 | 총획 13 | 동 途(도), 路(로)

머리[首]로는 생각하고 발로는 걸어서[辶] '**길**'을 가는 나그네.

道家 도가　　道具 도구　　道德 도덕
道路 도로　　道理 도리　　街道 가도
正道 정도　　車道 차도

逸 편안할, 달아날 일
편안하다, 달아나다, 잃다, 없어지다, 뛰어나다
3Ⅱ급 | 총획 12 | 동 安(안)

토끼[兔]가 숲속으로 도망가니[辶], '**편안하게**' 앉아 있던 포수가 '**달아나는**' 토끼를 잡다.

逸事 일사　　逸脫 일탈　　逸品 일품
安逸 안일　　隱逸 은일

遂 드디어 수
드디어, 마침내, 이루다
3급 | 총획 13

여덟[八] 마리의 돼지[豕]를 쫓아가서[辶] '**드디어**' 다 잡았다.

遂行 수행　　未遂 미수　　完遂 완수

週 주일 주
주일, 돌다
5Ⅱ급 | 총획 12

주위[周]에 사는 친구들을 찾아다니는데[辶] 일'**주일**'이 걸렸다.

週間 주간　　週期 주기　　週報 주보
週休 주휴　　週末 주말　　今週 금주

運 옮길 운:
옮기다, 움직이다, 운전하다, 쓰다, 운용하다
6Ⅱ급 | 총획 13 | 동 移(이)

군사[軍]가 걸어서[辶] 무기를 '**옮기다**'.

運動 운동　　運命 운명　　運搬 운반
運營 운영　　運用 운용　　氣運 기운
幸運 행운

逵 길거리 규
길거리, 큰길
1급 | 총획 12

언덕[坴]까지 뛰어다닐[辶] 수 있는 '**길거리**'가 있다.

逵路 규로

遍 두루 편
두루, 모두, 고루 미치다, 널리 퍼지다
3급 | 총획 13 | 동 普(보)

가서[辶] 액자[扁]을 거니 모두 '**두루**' 볼 수 있다.

遍踏 편답　　遍歷 편력　　普遍性 보편성

逮 잡을 체
잡다, 뒤따라 가서 붙잡다, 미치다
3급 | 총획 12 | 동 及(급), 捕(포)

쫓아가서[辶] 작은[小] 두 손[⺕]을 '**잡다**'.

逮捕 체포　　連逮 연체

過 지날 과:
지나다, 지나치다, 초과하다, 경과하다, 과오
5Ⅱ급 | 총획 13 | 동 去(거), 誤(오)

입이 삐뚠[咼] 도둑이 유유히 지나간[辶] 게 어제이니, 이미 '**지난**' 일이다.

過去 과거　　過激 과격　　過年 과년
過度 과도　　過分 과분　　過信 과신
過失 과실　　過言 과언　　過熱 과열
過程 과정

違 어긋날 위
어긋나다, 어기다
3급 | 총획 13

가죽[韋]을 그냥 가져 가면[辶] 법에 '어긋나다'.

違反 위반 違背 위배 違法 위법
違和感 위화감 非違 비위

達 통달할 달
통달하다, 이르다
4Ⅱ급 | 총획 13 | 동 通(통)

양[羊]떼들은 흙[土] 길을 달리는[辶] 방법을 '통달하다'.

達見 달견 達磨 달마 達辯 달변
達成 달성 達人 달인 未達 미달
發達 발달 速達 속달 熟達 숙달
通達 통달

遇 만날 우:
만나다, 조우하다, 상봉하다, 때, 시기
4급 | 총획 13 | 동 逢(봉)

가서[辶] 원숭이[禺]를 '만나다'.

千載一遇 천재일우 : 좀처럼 만나기 어려운 기회

遇害 우해 境遇 경우 待遇 대우
不遇 불우 禮遇 예우 處遇 처우

逼 핍박할 핍
핍박하다, 닥치다
1급 | 총획 13

뛰어오듯이[辶] 한[一] 식구[口]에게 어려운[田] 일이 '닥치다'.

逼迫 핍박 逼奪 핍탈

遐 멀 하
멀다, 어찌
1급 | 총획 13

가마를 빌려[叚] 가기[辶]에도 '먼' 곳이다.

昇遐 승하 : '먼 곳으로 오르다'라는 뜻으로 임금이나 명망있는 사람의 죽음을 이름

遑 급할 황
급하다, 허둥지둥하다
1급 | 총획 13

황제[皇]가 이리저리 뛰어다니는[辶] 걸 보니 '급한' 모양이다.

遑急 황급 遑遑 황황

遊 놀 유
놀다
4급 | 총획 13

사람[人]들이 아이[子]들을 데리고 사방[方]으로 뛰어다니며[辶] '놀다'.

遊覽 유람 遊離 유리 遊園地 유원지
遊學 유학 遊興 유흥

遁 숨을 둔:
숨다, 달아나다, 피하다
1급 | 총획 13

방패[盾]를 들고 뛰어가[辶] '숨다'.

遁甲 둔갑 隱遁 은둔

遣 보낼 견:
보내다, 파견하다, 떨쳐버리다
3급 | 총획 14 | 동 送(송), 輸(수)

귀한[貴] 일이라 가도록[辶] '보내다'.

派遣 파견

遠 멀 원:
멀다, 심오하다, 깊다, 소원하다
6급 | 총획 14 | 동 遙(요) 반 近(근)

흙[土] 길을 입[口]을 다물고 말없이 걸어가는[辶] 두 사람[人人]의 사이가 '멀다'.

遠客 원객 遠近 원근 遠洋 원양
永遠 영원

遞 갈릴 체
갈리다, 갈마들다
3급 | 총획 14 | 약 逓

호랑이[虍]가 가서[辶] 바위[厂] 속에 들어가자 왕이 '갈리다'

遞信 체신　　遞增 체증　　遞任 체임
郵遞局 우체국

遮 가릴 차:
가리다, 보이지 않게 막다, 감추다
2급 | 총획 15

여러[庶] 사람이 뛰어가[辶] 공격해 오는 적을 '막다'.

遮光 차광　　遮斷 차단　　遮陽 차양

遙 멀 요
멀다, 아득하다
3급 | 총획 14 | 동 遠(원) | 반 近(근)

반달[月] 모양의 질그릇[缶]을 두드리면 그 소리가 '멀리' '아득하게' 들린다.

遙望 요망 : 멀리 바라봄
遙遠 요원　　逍遙 소요

適 맞을 적
맞다, 마땅하다, 알맞다
4급 | 총획 15

뿌리[啇]를 보며 가는[辶] 것이 '맞다'.

適格 적격　　適期 적기　　適當 적당
適應 적응　　適任 적임　　適用 적용
適切 적절　　最適 최적

遝 뒤섞일 답
뒤섞이다, 모이다, 미치다
1급 | 총획 14

사방[四]에서 뛰어와[辶] 한 곳[氺]에서 '뒤섞이다'.

遝至 답지

遷 옮길 천:
옮기다
3Ⅱ급 | 총획 15 | 동 徙(사), 運(운), 移(이) | 약 迁

서쪽[西]의 큰[大] 사람을 향해 무릎[巳]을 꿇고, 천천히 가며[辶] 자리를 '옮기다'.

改過遷善 개과천선 : 잘못을 고쳐서 바로잡아 선한 사람이 됨

遷都 천도　　遷延 천연　　變遷 변천
左遷 좌천　　播遷 파천

遡 거스를 소
거스르다, 거슬러 올라가다
1급 | 총획 14

초하루[朔]를 기점으로 차차 시간을 '거스르대[辶]'.
遡及 소급 : 지나간 일에까지 거슬러 올라가서 미치게 하는 것

選 가릴 선:
가리다, 뽑다, 고르다
5급 | 총획 16 | 동 拔(발), 擇(택)

무릎[巳]과 무릎[巳]을 스치며 함께[共] 가서[辶] 좋고 나쁨을 '가리다'.

選擧 선거　　選良 선량　　選手 선수
選出 선출　　選擇 선택

遜 겸손할 손:
겸손하다, 사양하다, 따르다
1급 | 총획 14

손자[孫]가 사람들에게 인사를 하고 가는[辶] 모습이 '겸손하다'.

遜色 손색　　謙遜 겸손　　恭遜 공손
不遜 불손

遭 만날 조
만나다, 상봉하다
1급 | 총획 15

한 무리[曹]가 오고 가며[辶]가 이 사람 저 사람을 '만나다'.

遭難 조난 : 재앙과 곤란을 당함
遭遇 조우

遲 더딜, 늦을 지
더디다, 늦다, 지체하다, 굼뜨다, 둔하다
3급 | 총획 16 | 동 晚(만), 延(연) 반 急(급)

꼬리 짧은 무소[犀]가 걸어가는[辶] 것이 '더디다'.

遲遲不進 지지부진 : 몹시 더디어서 제대로 나아가지 못함
陵遲處斬 능지처참 : 지난날 대역 죄인에게 내리던 극형

遲刻 지각   遲延 지연

邁 갈 매
(멀리)가다, 떠나가다, 지나다, 힘쓰다, 돌다
1급 | 총획 17

만[萬] 리 길을 걸어서[辶] '가다'.

邁進 매진 : 힘차게 나아감

遺 남길 유
남기다
4급 | 총획 16

귀한[貴] 것은 가져가지[辶] 않고 '남기다'.

遺憾 유감   遺物 유물   遺産 유산
遺失 유실   遺言 유언   遺族 유족
遺品 유품   遺跡 유적

邀 맞을 요
맞다, 맞이하다, 만나다, 구하다
1급 | 총획 17

노래를 부르며[敫] 가서[辶] 할아버지를 '맞이하다'.

邀擊 요격 : 공격해 오는 도중에 기다렸다가 적을 맞받아 침

遵 좇을 준 :
좇다, 따르다, 거느리다, 높이다, 공경하다
3급 | 총획 16 | 동 從(종), 追(추)

높은[尊] 사람 뒤를 따라가[辶] '좇다'.

遵法 준법   遵守 준수   遵行 준행

邂 우연히 만날 해 :
우연히 만나다, 기뻐하는 모양
1급 | 총획 17 | 동 逅(후)

풀어져서[解] 뛰어가다가[辶] '우연히 만나다'.

邂逅 해후

還 돌아올 환
돌아오다, 물러나다
3Ⅱ급 | 총획 17 | 동 歸(귀), 回(회)

눈[目] 하나[一], 입[口] 하나[一], 작은[小] 걸음으로 가던[辶] 사람이 다시 '돌아오다'.

錦衣還鄉 금의환향 : 성공하여 집으로 돌아옴

還給 환급   還拂 환불   還生 환생
還元 환원   歸還 귀환   返還 반환
償還 상환   召還 소환   送還 송환

邊 가 변
가, 변, 측면, 변방, 국경
4Ⅱ급 | 총획 19 | 약 辺, 边

자기[自]의 집[宀]을 지을 때는 팔[八]방[方]으로 뛰어다니며[辶] '가장자리'까지 잘 살핀다.

邊境 변경   邊方 변방   江邊 강변
多邊化 다변화   身邊 신변   周邊 주변
海邊 해변

避 피할 피 :
피하다, 벗어나다, 면하다
4급 | 총획 17 | 동 逃(도)

사람들을 '피해서[辟]' 쉬엄쉬엄 가다[辶].

避難民 피난민   避暑 피서   避身 피신
忌避 기피   待避 대피   逃避 도피

邏 순라 라
순찰하는 사람, 돌다, 순찰하다
1급 | 총획 23

여러 사람이 벌려[羅] 서서 뛰어가며[辶] 주위를 '돌다'.

邏卒 나졸   巡邏 순라

邑(阝) 고을 읍 | 부·7획

사방을 두르고 있는 땅인 행정 구역으로 '고을'을 뜻한다. 변형자는 '阝'이다.

邑 고을 읍
고을, 마을, 도성
7급 | 총획 7 | 동 郡(군), 洞(동)

병부[巴]가 있어야 들어 갈 수 있는 사방이 둘러싸인 [口] '고을'.

邑內 읍내   邑民 읍민   邑長 읍장
邑誌 읍지   邑村 읍촌   都邑 도읍

邸 집 저:
집, 관저, 저택, 큰집, 주막, 가게
1급 | 총획 8

한[一] 씨족[氏]들이 모여사는 고을[阝]에 있는 '집'.

邸宅 저택   邸下 저하   官邸 관저
私邸 사저

那 어찌 나:
어찌, 어떻게
3급 | 총획 7 | 동 豈(기), 奈(내), 何(하)

마을[阝] 잔치에서 칼[刀]을 쓰다 두[二] 번이나 상처를 입었으니 '어찌' 할까?

刹那 찰나 : 매우 짧은 순간

郊 들 교
들, 성 밖, 교외
3급 | 총획 9 | 동 野(야)

고을[阝]들 사이에 서로 교차되는[交] '들'.

郊外 교외   近郊 근교

邦 나라 방
나라, 수도, 천하
3급 | 총획 7 | 동 國(국)

풀이 무성해져[丰] 숲을 이루듯, 고을[阝]이 발전된 것이 '나라'.

邦國 방국   友邦 우방   異邦人 이방인
合邦 합방   聯邦 연방

郡 고을 군:
고을, 관청, 무리
6급 | 총획 10 | 동 洞(동), 邑(읍)

작은 마을[阝]까지 임금[君]이 잘 살피니, 모든 '고을'이 편안하다.

郡界 군계   郡內 군내   郡民 군민
郡守 군수

邪 간사할 사
간사하다, 사악하다, 비스듬하다, 바르지 아니하다
3Ⅱ급 | 총획 7

마을[阝]에 이[牙]가 하나도 없는 그 늙은이는 아주 '간사하다'.

邪敎 사교   邪心 사심   邪惡 사악
邪慾 사욕   奸邪 간사   妖邪 요사

郎 사내 랑
사내, 남편
3Ⅱ급 | 총획 10 | 반 娘(낭)

고을[阝]을 선하게[良] 다스리는 '사내'.

郎君 낭군   新郎 신랑   花郎 화랑

部 떼 부
떼, 무리, 지역, 나누다, 거느리다
6Ⅱ급 | 총획 11 | (동) 隊(대) (반) 單(단), 獨(독)

어느 고을[阝]이나 앞장서지[立] 않고 입[口]으로만 떠드는 '무리'가 있다.

部隊 부대   部類 부류   部門 부문
部分 부분   部屬 부속   部數 부수
部品 부품   部下 부하   南部 남부

都 도읍 도
도읍, 도시, 마을, 모두
5급 | 총획 12

사람[者]이 가장 많은 고을[阝]이 '도읍'이다.

都賣 도매   都城 도성   都市 도시
都心 도심   都邑 도읍   都合 도합
都會地 도회지 首都 수도   王都 왕도

둘레, 외성 곽
둘레, 가장자리, 성곽, 외성
3급 | 총획 11

고을[阝]을 향유하기[享] 위해 '둘레'에 '성곽'을 쌓다.

城郭 성곽

鄕 시골 향
시골, 마을, 고향
4Ⅱ급 | 총획 13 | (약) 郷

어릴[幺] 적 하얀[白] 장난감 칼[匕]을 들고 놀던 '시골' 마을[阝].

鄕校 향교   鄕愁 향수   鄕土色 향토색
故鄕 고향   歸鄕 귀향   落鄕 낙향
望鄕 망향

郵 우편 우
우편
4급 | 총획 11

천[千] 리 밖 초목[卄]이 우거진 두[二] 집 밖에 없는 마을[阝]에도 배달되는 '우편'.

郵送 우송   郵政 우정   郵便 우편
郵票 우표   郵遞局 우체국

鄙 더러울 비 :
더럽다, 천하다, 비루하다
1급 | 총획 14

더러운[啚] 사람들이 모여사는 마을[阝]은 '더럽다'.

鄙見 비견 : 자기 의견을 낮추어 이르는 말

鄙陋 비루   鄙劣 비열   鄙淺 비천
野鄙 야비

酉 닭 유 | 부·7획

술을 담아 놓는 술동이 모양을 본뜬 글자이다. '닭'을 뜻하기도 한다.

酉 닭, 열째 지지 유
열째 지지, 닭, 술
3급 | 총획 7 | 동 鷄(계)

서쪽[西]으로 한[一] 번 해가 졌으니, 내일 아침이면 다시 '닭'이 울겠다.

酉時 유시 : 십이시의 하나. 오후 5시에서 7시까지
癸酉 계유 : 육십갑자의 열 번째
辛酉 신유

酋 우두머리 추
우두머리, 묵은 술
1급 | 총획 9

여덟[八] 마리의 닭[酉]들을 이끄는 '우두머리'.

酋長 추장   **酋領** 추령

酊 술 취할 정
술에 취하다
1급 | 총획 9

술[酉]을 잔뜩 마시고 고무래[丁] 들고 나가는 모양새가 '술에 취했다'.

酒酊 주정

酒 술 주(:)
술, 술자리, 마시다
4급 | 총획 10

서쪽[西]의 한[一] 사람이 맑은 물[氵]로 만든 '술'.

酒客 주객   **酒量** 주량   **酒類** 주류
禁酒 금주   **飮酒** 음주

酌 술 부을 작
술 붓다, 술을 따르다
3급 | 총획 10

작은 잔[勺]에 술[酉]을 '따르다'.
情狀參酌 정상참작 : 재판관이 범죄의 사정을 헤아려서 형벌을 가볍게 하는 일

酌定 작정   **無酌定** 무작정   **淸酌** 청작
斟酌 짐작

配 짝, 나눌 배:
짝, 나누다, 짝짓다, 걸맞다
4II급 | 총획 10 | 동 侶(려), 伴(반), 偶(우), 匹(필)

술[酉]을 자신[己]의 '짝(배필)'과 '나누다'.

配給 배급   **配達** 배달   **配慮** 배려
配列 배열   **配車** 배차   **配置** 배치
配匹 배필

酩 술 취할 명:
술에 취하다
1급 | 총획 13

이름[名]난 술[酉]을 많이 마셔 '술에 취하다'.
酩酊 명정 : 몸을 가눌 수 없을 정도로 술에 취함

酪 쇠젖 락
쇠젖
1급 | 총획 13

술[酉]을 빚듯 각각[各] 우유를 끓여 만든 '쇠젖'.

駝酪 타락 : 우유(牛乳)
酪農 낙농   **乳酪** 유락

酬 갚을 수
갚다, 보답하다, 응대하다, 잔을 돌리다
1급 | 총획 13

술[酉]을 마시며 고을[州] 사람들이 서로 '잔을 돌리다'.

酬酌 수작 : 남의 말이나 행동을 업신여기는 말
報酬 보수

醇 전국술 순
전국술, 진한 술, 순수하다, 진하다
1급 | 총획 15

진정한 술[酉] 맛을 누릴[享] 수 있는 진한 '전국술'.

醇朴 순박 : 인정이 많고 꾸밈이 없음
醇厚 순후   醇化 순화

酷 심할 혹
심하다, 독하다
2급 | 총획 14

윗사람이 매섭게 고하는[告] 것 같은 술[酉]이 아주 '독하다'.

酷寒 혹한   酷毒 혹독   苛酷 가혹
殘酷 잔혹

醋 초 초
초, 식초, 술을 권하다
1급 | 총획 15

술[酉]이 오래된 옛것[昔]이라 '식초'가 되었다.

醋酸 초산   食醋 식초

酵 삭힐 효:
삭히다
1급 | 총획 14

부모님께 효도하는[孝] 마음으로 술[酉]을 빚어 '삭히다'.

酵母 효모   醱酵 발효

醒 깰 성
깨다, 깨닫다, 도리에 밝고 성실한 일
1급 | 총획 16

술[酉]에 취했다가 별[星]처럼 반짝 '깨다'.

覺醒 각성 : 깨달음

酸 초, 실 산
초, 시다
2급 | 총획 14

술[酉]은 시간이 지나면 맛이 '시고', 더 시간이 지나면 '초'가 된다.

酸性 산성   酸素 산소   鹽酸 염산
黃酸 황산

醜 추할 추
추하다, 흉하다, 못생기다
3급 | 총획 17 | 반 美(미)

술[酉]에 취해 행동이 귀신[鬼] 같으니 '추하다'.

醜男 추남   醜惡 추악   醜雜 추잡
醜態 추태   醜行 추행

醉 취할 취:
취하다, 빠지다, 지나치게 좋아하다
3Ⅱ급 | 총획 15 | 비 醒(성) 약 酔

술[酉]을 많이 마셔 졸도할[卒] 만큼 '취하다'.

醉客 취객   醉氣 취기   醉興 취흥
漫醉 만취   心醉 심취

醫 의원 의
의원, 의사, 의술
6급 | 총획 18 | 약 医

상자[匸]에서 앓는 소리[殹]를 듣고 술[酉]로 병을 고치는 '의원'.

醫師 의사   醫書 의서   醫術 의술
名醫 명의

醬 장 장 :
장(간장, 된장), 육장, 젓갈
1급 | 총획 18

장수[將]를 위해 술[酉] 단지에 담아둔 '장'.

醬肉 장육 : 장조림

豆醬 두장   **炸醬麵** 자장면

醱 술 괼 발
술을 괴다, 술을 빚다
1급 | 총획 19

술[酉] 단지에서 부글부글 거품을 피워[發] 발효시켜 '술을 괴다'.

醱酵 발효

醯 식혜 혜
식혜, 식초, 술, 육장, (맛이) 시다
1급 | 총획 19

술[酉]을 빚듯이 정성들여 지친[ㄊ] 그릇[皿]에 담은 '식혜'.

食醯 식혜

醵 추렴할 거 : /갹
추렴하다
1급 | 총획 20

호랑이[虍]와 돼지[豕]가 술[酉]을 마시기 위해 '추렴하다'.

醵金 거금 · 갹금 : 돈을 추렴하여 냄

醵出 거출 · 갹출

釀 술 빚을 양
술을 빚다, 술, 양조하다
1급 | 총획 24

각 지방의 대표[表]들이 술[酉]을 정성스럽게 '빚다'.

釀成 양성 : 어떤 분위기나 감정 등을 자아냄

采 분별할 변 | 부·7획

동물의 발자국 모양을 본뜬 글자로, 동물의 발자국을 보고 어느 동물인지 알아낸데서 '분별하다'라는 의미를 나타낸다.

釋 풀 석
풀다, 해석하다, 설명하다, 용서하다, 놓아주다
3Ⅱ급 | 총획 20 | 동 放(방), 解(해) 약 釈

다행히[幸] 눈[目]으로 분별하여[采] '**해석하다**'.

釋放 석방	釋尊 석존	釋然 석연
稀釋 희석	保釋 보석	解釋 해석

里

마을 리 | 부·7획

'田'과 '土'의 합자로, 밭(田)이 될 만한 땅(土)이 있으면 마을(里)을 이룬다하여 '마을'이라는 뜻을 나타낸다.

里 마을 리 :
마을, 고향, 속
7급 | 총획 7 | 동 洞(동), 村(촌)

밭[田]을 이룰 수 있는 농토[土]만 있으면 '마을'을 이룬다.

里人 이인 : 마을 사람. 촌사람
千里眼 천리안 : '먼 데서 일어난 일을 볼 수 있는 능력'으로, 사물을 꿰뚫어 보는 능력을 말함

洞里 동리　　　三千里 삼천리

量 헤아릴 량
헤아리다
5급 | 총획 12 | 동 料(료)

해[日]가 뜨면 마을[里] 사람 한[一] 명이 쌀 가마니를 '헤아린다'.

量知 양지　　減量 감량　　計量 계량
多量 다량　　數量 수량　　雅量 아량
熱量 열량　　容量 용량　　雨量 우량
定量 정량

重 무거울 중
무겁다, 겹치다, 거듭
7급 | 총획 9 | 반 輕(경)

천[千] 가마니의 곡식을 혼자 마을[里]로 옮기니 '무겁다'.

重大 중대　　重力 중력　　重事 중사
重要 중요　　尊重 존중

釐 다스릴 리
다스리다, 바로잡다, 정리하다
1급 | 총획 18

때리지[攵] 않고[未] 언덕[厂] 아래 마을[里]을 잘 '다스리다'.

釐毫 이호　　釐革 이혁

野 들 야 :
들, 들판, 민길, 교외
6급 | 총획 11 | 반 與(여)

내[予]가 사는 마을[里]은 온통 '들'판이다.

野談 야담　　野望 야망　　野生 야생
野外 야외　　野人 야인　　分野 분야
與野 여야

金 쇠 금 | 부·8획
'쇠', '성씨'의 뜻이다.

金 쇠 금 / 성(姓)씨 김
쇠, 성(姓)씨의 하나
8급 | 총획 8 | 동 숲(전)

지금[今] 흙[土] 속에서 '쇠'를 모으라고 김씨 '성(姓)'을 가진 사람에게 시키다.

金庫 금고　　金髮 금발　　金額 금액
金錢 금전　　黃金 황금　　金氏 김씨

鈍 둔할 둔:
둔하다, 무디다
3급 | 총획 12 | 반 敏(민), 銳(예)

쇠[金] 칼날이 두꺼워져[屯] 날이 '무디다'.

鈍感 둔감　　鈍器 둔기　　鈍濁 둔탁
鈍化 둔화　　愚鈍 우둔

針 바늘 침(:)
바늘, 바느질하다, 침, 가시, 침을 놓다
4급 | 총획 10

쇠[金]로 만든 열[十] 개의 '바늘'.

針工 침공　　檢針 검침　　方針 방침
指針 지침

鉛 납 연
납, 흑연, 연필심
4급 | 총획 13

깊은 산 속의 늪에 있는 쇠[金]붙이는 '납'.

鉛粉 연분　　鉛筆 연필　　亞鉛 아연
黑鉛 흑연

釘 못 정
못, 못을 박다
1급 | 총획 10

쇠[金] 고무래[丁]로 만든 '못'.

釘頭 정두 : 못대가리
眼中釘 안중정　　押釘 압정　　地釘 지정

鉤 갈고리 구
갈고리, 계략
1급 | 총획 13

쇠[金]를 휘어서[句] 만든 '갈고리'.

鉤曲 구곡 : 낚시 바늘처럼 구부러짐. 마음이 삐뚤어진 것을 비유하기도 함
帶鉤 대구　　吞鉤 탄구

釣 낚시, 낚을 조:
낚시, 낚다, 낚시 하다, 유혹하다
2급 | 총획 11

쇠[金] 갈고리[勺]처럼 날카롭게[丶] 만든 '낚시'.

釣竿 조간 : 낚싯대
釣名 조명　　釣針 조침

방울 령
방울, 요령
1급 | 총획 13

쇠[金]로 하여금[令] 소리나도록 만든 '방울'.

鈴語 영어 : 풍경 소리
搖鈴 요령

銅 구리 동
구리
4Ⅱ급 | 총획 14

쇠[金]와 같은[同] 빛을 내는 것은 '구리'.

銅鏡 동경　　銅像 동상　　銅賞 동상
銅錢 동전　　靑銅器 청동기

銑 무쇠 선
무쇠, 윤이 나는 쇠, 꾸미다
1급 | 총획 14

쇠[金]보다 먼저[先] 녹는 것이 '무쇠'.

銑鐵 선철

銀 은 은
은, 은빛, 돈, 화폐
6급 | 총획 14

금[金]보다 못한 자리에 머물러[艮] 있는 '은'.

銀杯 은배　　銀錢 은전　　銀行 은행
金銀 금은　　水銀 수은

銜 재갈 함
재갈, 직함, 머금다, 입에 물다
1급 | 총획 14

죄인의 행동[行]을 억제하기 위해 쇠[金]를 입에 물린 것이니 '재갈'.

名銜 명함　　職銜 직함　　尊銜 존함

銃 총 총
총, 총을 쏘다
4Ⅱ급 | 총획 14

화약을 채운[充] 쇠[金]로 만든 '총'.

銃架 총가　　銃劍 총검　　銃擊 총격
銃器 총기　　銃殺 총살　　銃聲 총성
銃彈 총탄

銳 날카로울 예:
날카롭다, 민첩하다, 급박하다
3급 | 총획 15 | 鈍(둔)

쇠[金]로 된 창을 깎아 '날카롭게' 모양을 바꾸다[兌].

銳銳 첨예 : 날카롭고 뾰족함. 갈등이 심하고 치열함

銳角 예각　　銳利 예리　　銳敏 예민
銳智 예지　　新銳 신예

銘 새길 명
새기다, 기록하다, 조각하다, 명심하다
3Ⅱ급 | 총획 14 | 刻(각), 刋(간)

쇠[金] 그릇이나 종에 이름[名]을 '새기다'.

銘文 명문　　銘心 명심　　銘記 명기
銘念 명념　　感銘 감명　　座右銘 좌우명

鋪 펼, 가게 포
펴다, 늘어 놓다, 가게
2급 | 총획 15 | 舖

찌그러진 큰[甫] 쇠[金]를 두드려 쭉 '펴다'.

店鋪 점포

銓 사람 가릴 전(:)
사람을 가리다, 선발하다, 저울질하다
1급 | 총획 14

쇠[金]의 무게를 완전히[全] 알기 위해서 '사람을 가리다'.

銓衡 전형 : 사람의 됨됨이나 재능을 시험하여 뽑음

鋒 칼날 봉
칼날, 끝, 앞장, 병기, 뾰족하다
1급 | 총획 15

쇠[金]로 뾰족하게[夆] 만든 '칼날'.

先鋒 선봉 : 맨 앞에 나서서 이끄는 군대

鋒刃 봉인

鋼 강철 강
강철, 단련한 쇠, 단단하다
3Ⅱ급 | 총획 16 | 동 鐵(철)

산등성이[岡]에 묻혀 있던 쇠[金]가 '강철'이 되다.

鋼船 강선 鋼鐵 강철 製鋼 제강
鐵鋼 철강

錄 기록할 록
기록하다, 적다, 기재하다, 녹음하다
4Ⅱ급 | 총획 16 | 동 記(기) 약 録

쇠[金]로 나무에 새겨[彔] '기록하다'.

錄名 녹명 錄音 녹음 錄畵 녹화
記錄 기록 登錄 등록 目錄 목록
附錄 부록 收錄 수록 實錄 실록
語錄 어록

錢 돈 전 :
돈, 화폐, 비용
4급 | 총획 16 | 약 銭

쇠[金]로 만든 창 두[戔] 개를 팔아 번 '돈'.

錢穀 전곡 錢癖 전벽 錢主 전주
錢票 전표 金錢 금전 急錢 급전
銅錢 동전 本錢 본전

錯 어긋날 착
어긋나다, 섞다
3Ⅱ급 | 총획 16 | 동 謬(류), 誤(오)

옛날[昔] 쇠[金]는 녹이 슬고 찌그러져 '어긋나' 쓸 수 없다.

試行錯誤 시행착오 : 실행을 하면서 생긴 실패를 인식하고 지식을 습득하는 것

錯覺 착각 錯亂 착란 錯視 착시
錯雜 착잡 倒錯 도착

錦 비단 금 :
비단, 비단옷, 아름다운 물건
3Ⅱ급 | 총획 16 | 동 絹(견)

비단[帛]에 금[金] 실로 수를 놓으니 더욱 아름다운 '비단'.

錦上添花 금상첨화 : '비단 위에 꽃을 더한다'라는 뜻으로, 좋은 일이 겹쳐 일어남
錦衣夜行 금의야행 : '비단 옷을 입고 밤길을 걷는다'라는 뜻으로, 보지 않는데 혼자 자랑스러워함

錮 막을 고
막다, 매다, 땜질하다, 가두다, 단단하다
1급 | 총획 16

열 수 없도록 쇠[金]로 굳게[固] '막다'.

禁錮 금고

錚 쇳소리 쟁
쇳소리, 징
1급 | 총획 16

쇠[金]로 만든 물건이 다투어[爭] 내는 '쇳소리'.

錚盤 쟁반 : 운두가 얕고 동글납작한 그릇

錠 덩이 정
덩이, 제기 이름, 정제, 알약
1급 | 총획 16

쇠[金]처럼 단단하게 모양을 정한[定] 것이 '덩이'.

錠劑 정제 : 가루약을 뭉쳐 만든 약제
糖衣錠 당의정

錘 저울추 추
저울추, 망치, 드리우다
1급 | 총획 16

쇠[金]로 된 추가 드리워져[垂] 있는 '저울추'.

錘鐘 추종 : 추가 달린 괘종시계(掛鐘)
時計錘 시계추 秤錘 칭추

錐 송곳 추
송곳, 바늘, 작은 화살
1급 | 총획 16

쇠[金]를 깎아 꽁지 짧은 새[隹]처럼 짧고 뾰족하게 만든 '송곳'.

錐矢 추시 : 쇠붙이로 만든 화살촉
錐臺 추대 試錐 시추

鍾
쇠북 종
쇠북, 종
4급 | 총획 17

마을[里] 입구마다 서[立] 있는 쇠[金]로 만든 '쇠북'.
鍾閣 종각　　警鍾 경종　　打鍾 타종
自鳴鍾 자명종

鍮
놋쇠 유
놋쇠
1급 | 총획 17

쇠[金]의 성질에 맞게[兪] 만든 '놋쇠'.
鍮器 유기 : 놋그릇
鍮鐵 유철

鍊
쇠불릴, 단련할 련 :
쇠불리다, 단련하다
3Ⅱ급 | 총획 17

쇠[金]를 분별하여[柬] 풀무에 녹여 '불리다'.
鍊金術 연금술　　鍊磨 연마　　老鍊 노련
試鍊 시련　　訓鍊 훈련

鍼
침 침
침, 바늘, 가시, 바느질하다, 찌르다
1급 | 총획 17

쇠[金]를 다[咸] 두드려 만든 '바늘'이나 '침'.
鍼術 침술 : 침으로 병을 다스리는 기술
鍼艾 침애

鍛
불릴 단
쇠를 불리다, 두드리다
2급 | 총획 17

쇠[金]를 단련하기[段] 위해 '쇠를 불리다'.
鍛鍊 단련

鎖
쇠사슬 쇄 :
쇠사슬, 자물쇠
3Ⅱ급 | 총획 18

똑같은[貝] 모양의 쇠[金]고리를 이어서 만든 '쇠사슬'.
鎖國 쇄국　　封鎖 봉쇄　　連鎖 연쇄
閉鎖 폐쇄

鎭
진압할 진 (:)
진압하다, 누르다, 진정하다
3Ⅱ급 | 총획 18 | 동 壓(압)

무거운 쇠[金]로 화나는 마음을 눌러[眞] '진압하다'.
鎭壓 진압　　鎭靜 진정　　鎭火 진화
重鎭 중진

鎚
쇠망치 추
쇠망치, 저울추, 치다
1급 | 총획 18

솟아오르는 쇠[金]를 쫓아[追] 만든 '쇠망치'.

鍍
도금할 도 :
도금하다
1급 | 총획 17

쇠[金]가 녹슬지 않도록 일정한 법도[度]에 따라 '도금한다'.
鍍金 도금 : 물체의 표면에 얇은 금속막(金屬膜)을 입히는 것

鏡
거울 경 :
거울, 본보기, 모범
4급 | 총획 19 | 동 鑑(감)

쇠[金]를 갈면 마침내[竟] '거울'이 된다.
明鏡止水 명경지수 : 맑고 고요한 마음을 이르는 말
望遠鏡 망원경　　眼鏡 안경　　破鏡 파경

鐵 쇠 철
쇠, 검은 쇠, 무기
5급 | 총획 21 | 동 金(금) | 약 鉄

쇠[金] 중에서 가장 으뜸[王]인 '검은 쇠'를 비로소[哉] 만들다.

鐵甲 철갑   鐵道 철도   鐵物 철물
鐵石 철석   鐵則 철칙   鐵鋼 철강

鐸 방울 탁
방울, 풍경
1급 | 총획 21

몰래 엿보다[睪] 들켜 도망치다 울리는 쇠[金]는 '방울'.

木鐸 목탁 : 염불(念佛)할 때 치는 불구(佛具)

鑑 거울 감
거울, 본보기
3Ⅱ급 | 총획 22 | 동 鏡(경)

쇠[金]를 얼굴을 볼[監] 수 있도록 갈아서 만든 '거울'.

鑑戒 감계   鑑別 감별   鑑賞 감상
鑑定 감정   圖鑑 도감

鑄 쇠 불릴 주
쇠를 불리다, 쇠를 부어 만들다
3Ⅱ급 | 총획 22 | 동 鍊(련)

쇠[金]의 수명[壽]도 그것을 어떻게 '불리느냐'에 달려 있다.

鑄工 주공   鑄造 주조   鑄鐵 주철

鑛 쇳돌 광:
쇳돌, 광석
4급 | 총획 23 | 약 鉱

쇠[金]가 땅 속에 넓게[廣] 퍼져 있으니 '쇳돌'이 많다.

鑛脈 광맥   鑛物 광물   鑛夫 광부
鑛山 광산   鑛業 광업   鑛泉 광천
採鑛 채광   炭鑛 탄광

鑿 뚫을 착
뚫다, 파다, 집요하다, 파헤치다, 끌, 정
1급 | 총획 28

무성한 풀[丵]을 몽둥이[殳]로 쳐서 길을 만들듯, 쇠[金]로 절구[臼]를 쳐서 길을 '뚫다'.

掘鑿 굴착 : 땅을 파 뚫음
鑿空 착공

長 | 길 장 | 부·8획

머리카락이 길고 흰 노인이 지팡이를 짚고 서 있는 모양을 본뜬 글자로, 이를 통해 긴 세월을 살았다하여 '긴', '어른'이라는 뜻을 나타낸다.

長 길, 어른 **장(:)**
길다, 어른
8급 | 총획 8 | 동 久(구) 반 短(단), 幼(유) 약 长

수염과 머리가 '길게' 자란 노인은 '어른'이다.

長久 장구   長期 장기   長男 장남
長女 장녀   長大 장대   長生 장생
長官 장관   成長 성장   延長 연장

門 문 문 | 부·8획

양쪽 문짝이 꽉 닫힌 모양을 본뜬 글자이다.

門 문 문
문, 집안, 가지, 과목
8급 | 총획 8 | 동 戶(호)

양쪽 문[門]을 다 닫아 놓으니, '문'이 잠겼다.

門閥 문벌 門中 문중 門齒 문치
校門 교문 大門 대문 窓門 창문
部門 부문 專門 전문

間 사이 간(:)
사이, 때, 동안, 틈
7Ⅱ급 | 총획 12 | 동 隔(격)

햇빛[日]이 들어오는 두 문[門] '사이'.

間隔 간격 間食 간식 間諜 간첩
時間 시간 年間 연간 期間 기간

閃 번쩍일 섬
번쩍이다, 엿보다, 번득이다
1급 | 총획 10

문[門]틈 사이로 사람[人]이 보였다 안 보였다 하듯 빛이 '번쩍이다'.

閃光 섬광 : 번쩍이는 빛

閃火 섬화   閃花 섬화

閑 한가할 한
한가하다, 등한하다
4급 | 총획 12 | 반 忙(망)

문[門]에 기대어 나무[木]를 바라보는 '한가한' 시절.

閑暇 한가   閑客 한객   閑散 한산
閑良 한량   農閑期 농한기 等閑視 등한시
忙中閑 망중한

閉 닫을 폐:
닫다, 막다, 가리다
4급 | 총획 11 | 동 廢(폐) 반 開(개)

문[門]을 재주[才] 좋게 만들어 '닫으니' 편하다.

閉講 폐강   閉口 폐구   閉門 폐문
閉鎖 폐쇄   閉店 폐점   閉會 폐회
開閉 개폐   密閉 밀폐   自閉 자폐

閏 윤달 윤:
윤달, 여분의, 잉여
3급 | 총획 12

왕[王]은 '윤달'에는 종묘의 출입문[門]을 넘지 않는다.

閏年 윤년   閏月 윤월

開 열 개
열다, 피다, 펴다
6급 | 총획 12 | 반 閉(폐)

문[門]이 닫혀 있어 양손으로[廾] 빗장[一]을 '열다'.

開始 개시   開業 개업   開學 개학
開花 개화   開化 개화   開發 개발
開放 개방   公開 공개

閘 수문 갑
수문, 문을 여닫다
1급 | 총획 13

문[門]은 문인데 갑옷[甲]이 화살을 막듯 물을 막는 '수문(물문)'.

閘門 갑문 : 물높이가 일정하도록 물의 양을 조절하는 문. 선박을 고저의 차가 큰 수면으로 오르내리게 하는 장치

水閘 수갑

閨 안방 규
안방
2급 | 총획 14

홀[圭]이 달린 문[門]을 지나면 있는 방이 '안방'.

閨房 규방   閨秀 규수   閨中 규중

閣 집 각
집, 누각
3Ⅱ급 | 총획 14 | 통 家(가), 屋(옥), 宅(택), 戶(호)

각[各] 방향으로 문[門]이 있는 '집'.
沙上樓閣 사상누각 : '모래 위에 집을 짓다'라는 뜻으로, 기초가 부실하여 오래 가지 못함을 뜻함

樓閣 누각   入閣 입각   改閣 개각
內閣 내각

閥 문벌 벌
문벌, 가문
2급 | 총획 14

적을 쳐서[伐] 공을 이룬 그 대문[門]의 집안을 뜻하여 '가문' 또는 '문벌'.

軍閥 군벌   門閥 문벌   財閥 재벌
派閥 파벌   學閥 학벌

閱 볼, 검열할 열
보다, 검열하다
3급 | 총획 15

문[門] 여덟[八] 개를 형[兄]이 차례로 열어 '보고' '검열하다'.

閱讀 열독   閱覽 열람   閱兵 열병
檢閱 검열

閭 마을 려
마을, 문, 길에 세운 물
1급 | 총획 15

사대문[門] 안에 등뼈[呂]처럼 모여 있는 '마을'.
閭閻 여염 : 백성들의 살림집이 모여 있는 곳
閭門 여문   旌閭 정려

闇 숨을 암 :
숨다, 어둡다
1급 | 총획 17

문[門] 닫는 소리[音]와 함께 해가 지니 나도 '숨는다'.

闇鈍 암둔 : 어리석고 우둔함

闊 넓을 활
넓다, 트이다
1급 | 총획 17

문[門] 안에서 마음대로 활동할[活] 수 있을 만큼 '넓다'.

闊步 활보   廣闊 광활   快闊 쾌활

闕 대궐 궐
대궐
2급 | 총획 18

큰 성문[門] 안은 신하들이 우두머리의 뜻을 거스르지[屰] 않고 입도 벌리지[欠] 못하는 '대궐'이다.

闕內 궐내 : 대궐 안. 궁내(宮內)
宮闕 궁궐   入闕 입궐

關 관계할 관
관계하다, 닫다, 빗장
5Ⅱ급 | 총획 19 | 일 関

작은[幺幺] 깃발[卝]을 문[門]에 달아 신분 '관계'를 나타낸다.

關鍵 관건   關門 관문   關心 관심
關節 관절   通關 통관

闡 밝힐 천 :
밝히다, 분명하다, 열다
1급 | 총획 20

닫힌 문[門]을 홀로[單] 열어 '밝히다'.

闡明 천명 : 사실이나 입장 등을 겉으로 드러내 밝힘
闡揚 천양

열 벽
열다, 물리치다, 개간하다
1급 | 총획 21

임금[辟]이 행차하니 대궐문[門]을 '**열다**'.

開闢 개벽 : 천지가 처음으로 열림

阜(阝) 언덕 부 | 부·8획

흙이 쌓여 언덕을 이룬 모양이다. 변형자는 '阝'이다.

防 막을 방
막다, 둑
4Ⅱ급 | 총획 7 | 동 守(수), 衛(위) | 반 功(공), 放(방)

언덕[阝]처럼 높게 성을 쌓아 사방[方]의 적을 '막는다'.

衆口難防 중구난방 : 뭇사람의 여러가지 의견을 하나하나 받아넘기기 어려움

防犯 방범　　防壁 방벽　　防備 방비
防水 방수　　防風 방풍　　豫防 예방

陀 비탈질, 부처 타
비탈지다, 부처
1급 | 총획 8

언덕[阝] 위의 집[宀]이 비수[匕]처럼 '비탈지다'.

佛陀 불타 : 부처
陀羅尼 (타라니 → 다라니)

阮 성(姓)씨, 나라 이름 완 :
성씨, 관문의 이름, 나라 이름
1급 | 총획 7

언덕[阝]처럼 으뜸[元]으로 '나라 이름'을 짓다.

阮丈 완장 : 남의 삼촌을 높여 이르는 말
阮咸 완함

附 붙을 부(ː)
붙다
3Ⅱ급 | 총획 8 | 동 加(가), 寄(기), 着(착)

언덕[阝]에서 도움을 청하니[付] '붙어' 도와주다.

附和雷同 부화뇌동 : 아무런 의견 없이 남의 의견이나 행동에 덩달아 따름

附近 부근　　附錄 부록　　附設 부설
附與 부여　　附着 부착　　附合 부합
寄附 기부　　添附 첨부

阿 언덕 아
언덕, 아첨하다
3Ⅱ급 | 총획 8 | 동 丘(구), 岸(안), 厓(애)

언덕[阝]이 높으니 가히[可] 높은 '언덕'이라 할 수 있다.

阿附 아부　　阿片 아편　　阿諂 아첨

限 한할 한 :
한하다, 한정하다, 한계
4Ⅱ급 | 총획 9

언덕[阝]에 머무는[艮] 사람으로 '한하다'.

限度 한도　　限定 한정　　局限 국한
權限 권한　　極限 극한　　期限 기한

阻 막힐 조
막히다
1급 | 총획 8

언덕[阝]이 또[且] 있어 '막히다'.

積阻 적조 : 서로 연락이 끊겨 오랫동안 소식이 막힘

阻止 조지　　阻隔 조격　　阻礙 조애
隔阻 격조

降 내릴 강 ː / 항복할 항
내리다, 항복하다
4급 | 총획 9 | 반 昇(승)

언덕[阝]에서 서서히[夂] 내려와 발[丰]을 구부려 '항복하다'.

降等 강등　　降臨 강림　　降雪 강설
降水量 강수량　　降雨 강우　　昇降 승강
下降 하강　　降伏 항복

陋 더러울 루:
더럽다, 좁다
1급 | 총획 9

언덕[阝]이 남쪽[丙]에 쭉 박혀있어 헌 상자[匚→ㄴ]처럼 좁고 '더럽다'.

陋醜 누추 : 더럽고 추함

固陋 고루

院 집 원
집
5급 | 총획 10 | 동 家(가), 屋(옥), 宙(주), 宅(택)

언덕[阝] 위에 완전하게[完] 지어진 '집'.

院內 원내   院生 원생   院長 원장
法院 법원   病院 병원

除 덜 제
덜다, 나눗셈, 섬돌
4Ⅱ급 | 총획 10 | 동 減(감), 削(삭) | 반 加(가), 添(첨)

언덕[阝]의 흙을 두[二] 사람[人]이 조금씩[小] '덜어' 낸다.

除去 제거   除隊 제대   除名 제명
除法 제법   除外 제외   除籍 제적
除草 제초   解除 해제   削除 삭제

陣 진 칠 진
진을 치다
4급 | 총획 10

언덕[阝]에 전차[車]를 배치하고 '진치다'.

背水陣 배수진 : 물을 등지고 치는 진

陣營 진영   陣地 진지   陣痛 진통
退陣 퇴진

陛 대궐 섬돌 폐:
대궐 섬돌, 층계, 계단
1급 | 총획 10

언덕[阝]처럼 나란히[比] 흙[土]을 쌓아 만든 '대궐 섬돌'.

陛下 폐하 : 황제나 황후에 대한 경칭

殿陛 전폐

陳 베풀 진 : / 묵을 진
베풀다, 묵다, 늘어놓다
3Ⅱ급 | 총획 11 | 동 設(설), 施(시)

언덕[阝] 위에 '묵은' 나무[木]를 펴서[申] 필요한 이에게 '베풀다'.

陳謝 진사   陳述 진술   陳列 진열
陳情 진정   新陳代謝 신진대사

陶 질그릇 도
질그릇
3Ⅱ급 | 총획 11

언덕[阝] 밑에 흙으로 에워싸[勹] 구워낸 장군[缶]을 나타내며 '질그릇', '굽다'.

陶工 도공   陶器 도기   陶藝 도예
陶醉 도취

陪 모실 배:
모시다, 돕다, 더하다
1급 | 총획 11

언덕[阝]에 오를 때 허리를 구부리고 오르듯 서서[立] 윗사람[口]을 잘 '모시다'.

陪隷 배례   陪乘 배승

陰 그늘 음
그늘, 응달, 세월
4Ⅱ급 | 총획 11 | 반 景(경), 陽(양)

지금[今] 내가 말하고[云] 있는 언덕[阝]은 '그늘'이 져서 시원하다.

陰散 음산   陰陽 음양   陰月 음월
陰地 음지   陰凶 음흉   寸陰 촌음

陷 빠질 함:
빠지다
3Ⅱ급 | 총획 11 | 동 沒(몰)

언덕[阝]에서 사람[人]이 절구[臼] 모양으로 파놓은 함정에 '빠지다'.

陷落 함락   陷沒 함몰   陷穽 함정
缺陷 결함   謀陷 모함

阜

陸 뭍 륙
뭍, 육지
5II급 | 총획 11 | 동 地(지) 반 海(해)

흙[土]과 언덕[阝] 여덟[八] 개로 이루어진 '뭍(육지)'.

陸橋 육교　　陸軍 육군　　陸路 육로
陸地 육지　　着陸 착륙　　離陸 이륙

隅 모퉁이 우
모퉁이, 언덕, 곁, 방향
1급 | 총획 12

언덕[阝] 구석에 원숭이[禺]들이 쭉 모여 있는 '모퉁이'.

隅角 우각　　廉隅 염우

陵 언덕 릉
큰 언덕, 무덤
3II급 | 총획 11 | 동 丘(구), 岸(안), 原(원)

언덕[阝] 흙[土]에서 여덟[八] 번 천천히[夂] 구르며 노는 '언덕'.

武陵桃源 무릉도원 : 도연명의 〈도화원기〉에 나오는 사람들이 행복하게 살 수 있는 이상향

陵谷 능곡　　丘陵 구릉　　王陵 왕릉

隊 무리 대
무리
4II급 | 총획 12 | 동 群(군), 衆(중)

언덕[阝]에 있는 여덟[八] 마리 돼지[豖] '무리'.

隊商 대상　　隊列 대열　　隊伍 대오
隊員 대원　　軍隊 군대　　部隊 부대
入隊 입대　　除隊 제대

隆 높을 륭
높다, 크다
3II급 | 총획 12 | 동 盛(성), 崇(숭), 興(흥)

언덕[阝]을 천천히[夂] 오르니, 일생[一生]에 이렇게 '높은' 언덕은 처음이다.

隆起 융기　　隆盛 융성　　隆恩 융은
隆興 융흥

隘 좁을 애
좁다, 험하다, 가득차다
1급 | 총획 13

언덕[阝]이 계속 더해져[益] 있으니 그 계곡의 폭이 '좁다'.

隘路 애로 : 어떤 일을 하는 데 장애가 되는 것
狹隘 협애

階 계단 계
계단, 섬돌
4급 | 총획 12 | 동 段(단)

모두[皆] 편하게 언덕[阝]을 오를 수 있도록 '계단'을 만들다.

階級 계급　　階段 계단　　階次 계차
階層 계층　　段階 단계　　位階 위계

隔 사이 뜰 격
사이가 뜨다, 막다, 가리다
3II급 | 총획 13 | 동 間(간) 반 接(접)

언덕[阝]과 언덕 사이에 간격[鬲]이 있으니, 이웃 관계도 '사이가 뜨다'.

隔世之感 격세지감 : 많은 발전과 진보를 겪어서 딴 세상처럼 느껴짐

隔離 격리　　隔日 격일　　隔意 격의
隔差 격차　　間隔 간격　　遠隔 원격

陽 볕 양
볕
6급 | 총획 12 | 동 景(경) 반 陰(음)

높은 언덕[阝]에는 밝은[昜] '볕'이 잘 든다.

陽氣 양기　　陽傘 양산　　陽地 양지
漢陽 한양　　斜陽 사양

隕 떨어질 운 :
떨어지다, 떨어뜨리다, 죽다
1급 | 총획 13

언덕[阝]이 높아 많은 인원[員]이 '떨어지다'.

隕命 운명 : 목숨을 잃음. 죽음
隕石 운석　　飛隕 비운

隙 틈 극
틈, 흠, 결점, 원한
1급 | 총획 13

언덕[阝]과 언덕 사이에 소[小]량의 햇[日]빛이 드는 작은[小] '틈'.

隙孔 극공 : 틈. 틈새
間隙 간극   穴隙 혈극

際 사이 제:
사이, 즈음, 가
4Ⅱ급 | 총획 14 | 동 交(교)

언덕[阝]에서 함께 제사[祭]를 지내는 '사이'.

交際 교제   國際 국제   實際 실제
此際 차제

障 막을 장
막다, 가로막다
4Ⅱ급 | 총획 14 | 동 拒(거), 防(방), 碍(애), 抵(저)

언덕[阝]에 서서[立] 열[十] 손가락을 펴 햇빛[日]을 '막는다'.

障壁 장벽   障害 장해   障碍 장애
故障 고장   保障 보장   文障 사상

隣 이웃 린
이웃
3급 | 총획 15

언덕[阝]에서 쌀[米]을 나눠 먹으며 어그러지지[舛] 않고 사니 좋은 '이웃'이다.

隣近 인근   隣接 인접   隣村 인촌
交隣 교린

險 험할 험:
험하다, 높다
4급 | 총획 16 | 동 危(위) 약 険

언덕[阝]이 있는 곳은 지형이 다[僉] '험하다'.

險難 험난   險談 험담   險惡 험악
險行 험행   探險 탐험

隨 따를 수
따르다
3Ⅱ급 | 총획 16 | 동 從(종) 약 随

수나라[隋]로 가면[辶] 수임금을 '따르는' 것이다.

隨勢 수세   隨時 수시   隨筆 수필
隨行 수행   附隨的 부수적

隱 숨을 은
숨다, 가엾어 하다
4급 | 총획 17 | 반 顯(현), 現(현) 약 隠

손톱[爪]으로 언덕[阝]을 파고 급하게[急] '숨는다'.

隱居 은거   隱密 은밀   隱士 은사
隱身 은신   隱然中 은연중   隱退 은퇴
隱匿 은닉   隱遁 은둔   隱喩 은유

阜

미칠 이 | 부·8획

오른손으로 꼬리를 잡기 위해 뒤를 따라가서 미치다라는 데서 '미치다, 닿다'라는 뜻을 나타낸다.

隷 종 례 :
종, 죄인, 부리다
3급 | 총획 16 | 통 奴(노), 婢(비)

선비[士]가 지시하려고[示] 잡아[隶] 온 '종'.

隷書 예서   隷屬 예속   隷人 예인
奴隷 노예   僕隷 복례

隹

새 추 | 부·8획
꼬리가 짧은 새의 모양을 본뜬 글자이다.

隻 외짝 척
외짝, 하나
2급 | 총획 10

손[又] 위에 새[隹] 한 마리가 앉아 있으니 '하나' 또는 '외짝'.

隻身 척신 : 홀몸

雅 맑을 아(:)
맑다, 우아하다
3Ⅱ급 | 총획 12 | 동 淡(담), 淸(청) 반 濁(탁)

새[隹]의 이[牙]가 빠지면 '맑은' 소리를 낼 수 없다.

雅淡 아담　　雅量 아량　　雅樂 아악
雅號 아호　　端雅 단아　　優雅 우아
淸雅 청아

雀 참새 작
참새, 검붉은 빛깔
1급 | 총획 11

작고 작은[小] 새[隹]이니 '참새'.

雀躍 작약 : 참새가 뛰듯이 펄쩍펄쩍 뛰며 기뻐함

孔雀 공작

雇 품 팔 고
품 팔다
2급 | 총획 12

집[戶]에 갇혀 있는 새[隹]처럼 남의 집에 갇혀 '품 팔다'.

雇傭 고용　　　　解雇 해고

集 모을 집
모으다, 모이다
6Ⅱ급 | 총획 12 | 동 會(회) 반 離(리), 散(산)

나무[木] 가까이로 새[隹]들이 '모이다'.

集計 집계　　集團 집단　　集大成 집대성
集會 집회　　結集 결집　　募集 모집
文集 문집　　召集 소집　　詩集 시집
全集 전집　　採集 채집

雁 기러기 안:
기러기
3급 | 총획 12 | 동 鴻(홍) 약 鴈

집[厂]에서 사람[亻]에 의해 길러지는 새[隹]는 '기러기'만큼 적응력이 없다.

雁書 안서 : 편지
木雁 목안 : 나무 기러기

雄 수컷 웅
수컷, 뛰어나다
5급 | 총획 12

내[厶]가 가진 열[十] 마리의 새[隹]는 모두 '수컷'이다.

雄據 웅거　　雄辯 웅변　　雄壯 웅장
雄志 웅지　　英雄 영웅　　雌雄 자웅

雌 암컷 자
암컷
2급 | 총획 13

이[此] 새[隹]는 '암컷'이다.

雌性 자성　　　　雌雄 자웅

雖 비록 수
비록
3급 | 총획 17

새[隹]의 입[口]으로 들어간 벌레[虫]는 '비록' 죽지 않았지만 살아서 나올 수 없다.

雖然 수연 : 그렇지만, 비록 ~라 하더라도

離 떠날 리:
떠나다
4급 | 총획 19 | 동 別(별), 散(산)

머리[亠]가 흉한[凶] 짐승[内]이 나타나면 새[隹]가 머리를 떨구고 '떠난다'.

離合集散 이합집산 : 헤어짐과 모임

離陸 이륙   離別 이별   離散 이산
離脫 이탈   離婚 이혼   分離 분리

雜 섞일 잡
섞이다, 얽히다
4급 | 총획 18 | 동 混(혼) 약 雑

머리[亠]에 나뭇[木]가지를 얹은 사람 두 명[人人]이 새[隹]와 '섞여' 있다.

酒色雜技 주색잡기 : 술과 여자와 온갖 노름

雜居 잡거   雜穀 잡곡   雜念 잡념
雜談 잡담   雜商人 잡상인   雜音 잡음
雜誌 잡지   雜貨 잡화   混雜 혼잡

難 어려울 난(:)
어렵다
4Ⅱ급 | 총획 19 | 반 易(이)

큰[大] 가죽[革] 띠로 묶어 놓은 새[隹]는 날기가 '어렵다'.

難産 난산   難色 난색   難易度 난이도
難題 난제   難處 난처   難航 난항
難解 난해   苦難 고난

雙 두, 쌍 쌍
두, 한 쌍
3Ⅱ급 | 총획 18 | 동 兩(량) 약 双

새[隹]가 있는데 또[又] 새[隹]가 날아오니 '쌍'을 이룬다.

雙化無雙 변화무쌍 : 변화가 아주 많음

雙曲線 쌍곡선   雙方 쌍방   雙壁 쌍벽
雙墳 쌍분   雙眼鏡 쌍안경

雨 비 우 | 부·8획

하늘 밑의 구름에서 물방울이 떨어지는 모양을 본뜬 글자이다.

雨 비 우:
비
5Ⅱ급 | 총획 8

구름에서 내리는 '비'의 모습을 본뜬 자.

雨期 우기 雨備 우비 雨傘 우산
雨天 우천 降雨量 강우량 祈雨祭 기우제
暴雨 폭우

零 떨어질 령
떨어지다
3급 | 총획 13 | 통 落(락)

비[雨]가 온 후 하늘의 명령[令]에 의해 날씨가 영하로 '떨어지다'.

零落 영락 零上 영상 零細民 영세민
零時 영시 零點 영점 零下 영하

雪 눈 설
눈
6Ⅱ급 | 총획 11

비[雨]인 줄 알고 손[⺕]을 내밀었는데 '눈'이네.

雪上加霜 설상가상 : 어려운 일이 연거푸 일어남
嚴冬雪寒 엄동설한 : 심한 추위

雪景 설경 雪辱 설욕 雪中梅 설중매
雪糖 설탕 暴雪 폭설

雷 우레 뢰
우레
3Ⅱ급 | 총획 13

비[雨] 내리는 밭[田]에서는 '우레'를 조심해야 한다.

附和雷同 부화뇌동 : 자신의 의견 없이 무턱대고 남의 의견에 동조함

雷管 뇌관 落雷 낙뢰 魚雷 어뢰
地雷 지뢰 避雷 피뢰 避雷針 피뢰침

雲 구름 운
구름
5Ⅱ급 | 총획 12

비[雨]가 올 것이라고 말[云]하자마자 '구름'이 잔뜩 모여들었다.

雲泥之差 운니지차 : '구름과 진흙의 차이'라는 뜻으로 매우 큰 차이

雲集 운집 雲海 운해 白雲 백운
靑雲 청운 風雲兒 풍운아

電 번개 전:
번개
7Ⅱ급 | 총획 13

비[雨]가 올 때 햇빛[日]처럼 번쩍번쩍[乚] 빛을 내는 '번개'.

電球 전구 電氣 전기 電流 전류
電算 전산 電壓 전압 電蓄 전축
電話 전화 感電 감전 漏電 누전
無電 무전 送電 송전 畜電池 축전지

霧 눈 날릴 분
눈이 날리다
1급 | 총획 12

빗[雨]물이 나누어진[分] 듯 작은 입자의 '눈이 날리다'.

雰虹 분홍 雰圍氣 분위기

需 쓰일 수
쓰이다
3Ⅱ급 | 총획 14 | 통 要(요) 반 給(급)

비[雨]가 오면 곧[而] '쓰이는' 우산.

需給 수급 需要 수요 需用 수용
盛需期 성수기 必需品 필수품

震 우레 진:
우레, 벼락
3II급 | 총획 15 | 동 雷(뢰)

비[雨] 오는 밤 별[辰]을 보면 마치 '우레' 같다.

震怒 진노   震檀 진단   震動 진동
震雷 진뢰   腦震蕩 뇌진탕   地震 지진

霑 젖을 점
젖다, 적시다
1급 | 총획 16

빗[雨]물[氵]에 완전히 점령된[占] 것이니 '젖다', '적시다'.

霑潤 점윤 : 비나 이슬에 젖어서 불음
霑汗 점한   均霑 균점

霞 노을 하
노을, 멀다, 아득하다
1급 | 총획 17

공중의 빗[雨]방울 같은 수증기에 햇빛이 비쳐 붉어 보이는 '노을'.

霞光 하광   霞彩 하채   紫霞 자하

霜 서리 상
서리
3II급 | 총획 17

비[雨] 맞은 나무[木] 눈[目]이 이번에는 '서리'를 맞다.

雪上加霜 설상가상 : 어려운 일이 연거푸 일어남
霜降 상강   霜菊 상국   霜葉 상엽
霜害 상해   星霜 성상   秋霜 추상
風霜 풍상

霧 안개 무:
안개
3급 | 총획 19

비[雨]를 힘써[務] 피하고 나니, 이번에는 '안개'가 괴롭히다.

五里霧中 오리무중 : 어디에 있는지 갈피를 잡을 수 없음
霧散 무산   雲霧 운무   海霧 해무

露 이슬 로(:)
이슬
3II급 | 총획 21

비[雨]가 온 길[路]에 맺힌 '이슬'.

露骨的 노골적   露宿 노숙   露宿者 노숙자
露店 노점   露天 노천   露出 노출
暴露 폭로   吐露 토로

霸 으뜸 패:
으뜸, 두목
2급 | 총획 21 | 약 覇

비[雨]에 젖은 가죽[革] 옷을 입고 달[月]밤에 부하를 지키는 '으뜸'인 '두목'.

霸權 패권   霸氣 패기   霸道 패도
霸王 패왕   制霸 제패

靈 신령 령
신령
3II급 | 총획 24 | 동 魂(혼) 약 灵

비[雨]를 내려달라고 입[口口口]을 모아 주술[巫]을 외니 '신령'도 감복하다.

靈感 영감   靈物 영물   靈安室 영안실
靈前 영전   靈魂 영혼   亡靈 망령
神靈 신령   心靈 심령   慰靈祭 위령제
魂靈 혼령

靄 아지랑이 애:
아지랑이, 자욱하게 낀 기운
1급 | 총획 24

비[雨]가 온다고 알리니[謁] 금세 '아지랑이'가 피다.

靄靄 애애 : 화기가 가득 찬 모양
靄然 애연   蒼靄 창애   曉靄 효애

青 푸를 청 | 부·8획

초목의 생물이 우물가에서 물줄기의 힘으로 '힘차고 푸르게 자라는 것'을 뜻한다.

青 푸를 청
푸르다
8급 | 총획 8 | 동 綠(록), 碧(벽), 蒼(창)

식물은 '푸른' 색을 띈다.

青果 청과　　青軍 청군　　青銅 청동
青龍 청룡　　青雲 청운　　青瓷 청자
青春 청춘

靜 고요할 정
고요하다, 조용하다
4급 | 총획 16 | 동 肅(숙), 寂(적) 약 静

싸움[爭]이 끝난 뒤 보는 푸른[青] 하늘은 더없이 '고요하다'.

靜脈 정맥　　靜物 정물　　靜肅 정숙
靜寂 정적　　動靜 동정

靖 편안할 정(ː)
편안하다, 다스리다, 조용하다
1급 | 총획 13

사시사철 서[立] 있는 푸른[青] 나무는 고요하고 '편안하다'.

靖亂 정란 : 천하의 어지러움을 진정시킴
靖國 정국　　安靖 안정

非 아닐 비 | 부·8획

나는 새의 모양으로, 양쪽 날개가 서로 엇갈려 날아간다 하여 '어긋나다', '아니다'의 뜻이다.

非 아닐 비(:)
아니다
4Ⅱ급 | 총획 8 | 동 否(부) 반 可(가), 是(시)

나는 새의 모양으로, 양쪽 날개가 서로 엇갈려 날아간다 하여 '**어긋나다**', '**아니다**'.

非一非再 비일비재 : 같은 현상이나 일이 한두 번이 아니고 많음

非公開 비공개　　非難 비난　　非理 비리
非望 비망　　　　非命 비명

靡 쓰러질 미
쓰러지다, 쓰러뜨리다, 멸하다
1급 | 총획 19

삼 재배를 업으로 하는 사람은 삼[麻] 농사가 안[非] 되면 '**쓰러진다**'.

靡然 미연 : 바람에 풀이나 나무 따위가 흔들리는 모양

風靡 풍미　　　　綺靡 기미

낯 면 | 부·9획

사람의 얼굴을 정면에서 본 모양을 본뜬 글자이다.

面 낯 면 :
   낯, 얼굴
   7급 | 총획 9 | 통 顔(안), 容(용)

얼굴[面]을 정면에서 쳐다보니 ''이 붉어졌다.

面目 면목	面前 면전	面接 면접
面貌 면모	面積 면적	內面 내면
外面 외면	正面 정면	表面 표면

革 가죽 혁 | 부·9획

'짐승 가죽'을 뜻한다.

革 가죽 혁
가죽
4급 | 총획 9 | 동 皮(피)

짐승의 '**가죽**'.

革故 혁고　　革帶 혁대　　革新 혁신
革命 혁명　　改革 개혁

鞍 안장 안:
안장
1급 | 총획 15

가죽[革]으로 편안히[安] 앉을 수 있도록 만든 '**안장**'.

鞍裝 안장 : 말 등에 얹어서 사람이 탈 수 있게 만든 도구
鞍橋 안교

靭 질길 인
질기다
1급 | 총획 12

칼날[刃]이 잘 들어가지 않으니 가죽[革]이 '**질기다**'.

靭帶 인대　　堅靭 견인

鞏 굳을 공
굳다, 묶다
1급 | 총획 15

가공[工]이 안 된 가죽[革]은 거의[凡] '**굳어**' 쓸 수 없다.

鞏固 공고 : 굳고 튼튼함

靴 신 화
신
2급 | 총획 13

가죽[革]을 발모양에 맞게 변화시켜[化] 만든 '**신**'.

靴工 화공　　軍靴 군화　　短靴 단화
製靴 제화

鞭 채찍 편
채찍, 회초리, 매질하다
1급 | 총획 18

가죽[革]을 묶어 다치지 않도록 편리하게[便] 만든 '**채찍**'.

鞭策 편책 : 채찍
鞭撻 편달　　教鞭 교편

韋

다룸가죽 위 | 부·9획

짐승 가죽은 잘 말아지고 구겨져 서로 어긋나므로 '다룸가죽'이라는 뜻이다.

韓
한국, 나라 이름 **한(:)**
나라 이름
8급 | 총획 17

아침[卓] 햇살이 잘 들고 손질한 가죽[韋]처럼 아름다운 '**한국**'.

韓國 한국	韓服 한복	韓人 한인
韓食 한식	韓國民俗村 한국민속촌	
南韓 남한	北韓 북한	

韭

부추 구 | 부·9획

부추가 땅 위에 나 있는 모양을 본뜬 글자이다.

해당 한자 없음

音 소리 음 | 부·9획
'소리'와 '음악'을 뜻한다.

音 소리 음
소리
6Ⅱ급 | 총획 9 | 동 聲(성)

매일[日] 서서[立] 노래를 연습하니, 그 '**소리**'가 참으로 아름답다.

音癡 음치　　音信 음신　　音樂 음악
高音 고음　　和音 화음　　騷音 소음

響 울릴 향 :
울리다
3Ⅱ급 | 총획 22

고향[鄕]으로 돌아오듯 소리[音]가 돌아오며 '**울리다**'.

交響樂 교향악　　反響 반향　　影響 영향
音響 음향

韻 운 운 :
운, 운치, 소리의 울림
3Ⅱ급 | 총획 19

여러 사람[員]이 일제히 소리[音] 내어 '**운**'을 떼다.

韻文 운문　　韻律 운율　　韻致 운치
押韻 압운　　餘韻 여운　　音韻 음운

頁 머리 혈 | 부·9획

목에서부터 머리 끝 모양을 본뜬 글자이다.

頂 정수리 정
정수리, 꼭대기
3Ⅱ급 | 총획 11

못[丁] 대가리[頁]니 '정수리', '꼭대기'.

頂上 정상　　登頂 등정　　山頂 산정
絶頂 절정

頃 이랑, 잠깐 경
이랑, 잠깐
3Ⅱ급 | 총획 11 | 동 瞬(순)

비수[匕]의 머리[頁]가 한쪽으로 구부러지니 '잠깐' 고쳐야겠다.

頃刻 경각 : 아주 짧은 동안
萬頃蒼波 만경창파 : 한없이 넓고 푸른 바다의 물결
頃歲 경세　　頃日 경일

項 항목 항 :
항목, 목덜미
3Ⅱ급 | 총획 12

머리[頁] 뒤쪽 양 어깨 사이에 '공[工]'자 형태로 이어져 있는 '목덜미'.

項目 항목　　各項 각항　　同類項 동류항
事項 사항　　條項 조항

須 모름지기 수
모름지기
3급 | 총획 12

머리[頁]에 털[彡]이 있는 것은 '모름지기' 당연하다.

須知 수지 : 자신이 소속된 일에 대하여 모름지기 알아야 함
必須 필수 : 반드시 있어야 하는 것
須要 수요

順 순할 순 :
순하다, 따르다
5Ⅱ급 | 총획 12 | 반 逆(역)

냇물[川]이 흐르듯 우두머리[頁]의 명령에 '순하게' 복종하다.

順良 순량　　順理 순리　　順序 순서
順風 순풍　　順調 순조　　不順 불순

預 미리 예 :
미리
2급 | 총획 13

나[予]는 내일 할 일을 머릿[頁]속으로 '미리' 생각하다.

預金 예금　　預言 예언　　預置 예치
預託 예탁

頒 나눌 반
나누다, 반포하다, 하사하다
1급 | 총획 13

머리[頁]로 생각한 바를 조목조목 '나누어[分]' 세상에 '반포하다'.

頒布 반포 : 세상에 퍼서 널리 퍼뜨림

頑 완고할 완
완고하다, 둔하다, 무디다, 욕심이 많다
1급 | 총획 13

자기 머리[頁]가 으뜸[元]이라 생각하는 것이니 '완고하다'.

頑強 완강　　頑固 완고

頌

칭송할, 기릴 송 :
칭송하다, 기리다
4급 | 총획 13 | 동 稱(칭)

여덟[八] 명의 사람이 나[厶]를 진정한 우두머리[頁]라 '칭송하다'.

頌歌 송가　　　頌德 송덕　　　頌詩 송시
頌祝 송축　　　稱頌 칭송

領

거느릴 령
거느리다, 통솔하다
5급 | 총획 14 | 동 率(솔), 御(어), 統(통)

우두머리[頁]는 명령하며[令] 아랫사람을 '거느린다'.

領事 영사　　　領水 영수　　　領有 영유
領議政 영의정　 領主 영주　　　領土 영토
大統領 대통령　 受領 수령　　　要領 요령

頗

자못 파
자못, 치우치다
3급 | 총획 14 | 동 偏(편)

머리[頁]의 피부[皮]가 늘어져 한쪽으로 '자못' '치우치다'.

頗多 파다　　　偏頗 편파

頻

자주 빈
자주, 빈번하다
3급 | 총획 16 | 동 屢(루), 繁(번)

걸음[步]을 배울 때는 넘어져 머리[頁]를 '자주' 다치다.

頻度 빈도　　　頻發 빈발　　　頻繁 빈번

頹

무너질 퇴
무너지다, 쇠하다, 기울다, 따르다
1급 | 총획 16

대머리[禿]가 되려고 머리[頁]털이 뽑혀 없어지니 마음이 '무너지다'.

頹俗 퇴속 : 쇠퇴한 풍속
頹廢 퇴폐　　　頹勢 퇴세　　　衰頹 쇠퇴

頭

머리 두
머리, 우두머리
6급 | 총획 16 | 동 首(수), 頁(혈) 반 尾(미)

콩[豆]과 뇌[頁]의 모양이 비슷하다니 '머리'로 상상이 된다.

頭角 두각　　　頭目 두목　　　頭像 두상
頭痛 두통　　　先頭 선두

頰

뺨 협
뺨, 쾌적하다, 기분이 좋다
1급 | 총획 16

머리[頁]에 끼어[夾] 있는 '뺨'.

頰骨 협골　　　緩頰 완협　　　紅頰 홍협

頸

목 경
목, 목줄기, 멱
1급 | 총획 16

물줄기[巠]처럼 머리[頁]까지 이어진 '목'.

頸骨 경골 : 목의 뼈
頸椎 경추　　　伸頸 신경

顆

낟알 과
낟알, 흙덩이
1급 | 총획 17

과일[果]의 머리[頁]처럼 둥근 '낟알'.

顆粒 과립

題

제목 제
제목, 머리말
6Ⅱ급 | 총획 18

이[是] 곳에 글의 머리[頁]를 쓰니 '제목'이 되었다.

題目 제목　　　題材 제재　　　題號 제호
問題 문제　　　主題 주제　　　出題 출제
表題 표제

顎 턱 악
턱, 근엄하다
1급 | 총획 18

머리[頁] 양쪽[二] 입[口]가에 벌어진[ㄅ] '턱'.

顎骨 악골   上顎 상악   兩顎 양악

顔 얼굴 안:
얼굴
3Ⅱ급 | 총획 18 | 동 面(면), 容(용)

머리[頁]에 갓을 쓴 선비[彦]의 '얼굴'.

破顔大笑 파안대소 : 즐겁게 크게 웃는 모습

顔面 안면   顔色 안색   童顔 동안
無顔 무안   紅顔 홍안

額 이마 액
이마, 수량
4급 | 총획 18

집[宀]으로 각자[各] 찾아오는 손님의 머리[頁]에서 먼저 보이는 것이 '이마'.

額面 액면   額字 액자   巨額 거액
金額 금액   殘額 잔액   差額 차액
總額 총액

願 원할 원:
원하다
5급 | 총획 19 | 동 望(망)

아이의 머리[頁]를 쓰다듬으며, 근본[原]이 바르게 자라기를 '원하다'.

願望 원망   願書 원서   願意 원의
所願 소원

類 무리 류(:)
무리, 비슷하다
5Ⅱ급 | 총획 19 | 동 衆(중) | 반 孤(고), 獨(독)

쌀[米]밥을 먹으려고 개[犬]들이 머리[頁]를 모으고 '무리' 지어 있다.

類例 유례   類別 유별   類似 유사
類書 유서   同類 동류

顚 엎드러질, 이마 전:
엎드러지다, 이마
1급 | 총획 19 | 동 倒(도), 仆(부)

참[眞]으로 머리[頁]와 '이마'가 빛나니 '엎드러질' 지경이다.

顚末 전말 : 일의 처음부터 끝까지의 사정. 사건의 경과와 결과
顚沛 전패   顚倒 전도

顧 돌아볼 고
돌아보다
3급 | 총획 21 | 동 回(회)

뻐꾹새[雇]가 남의 둥지에 알을 낳고 머리[頁]를 돌려 자주 '돌아보다'.

四顧無親 사고무친 : 의지할 만한 데가 전혀 없음

顧客 고객   顧慮 고려   回顧錄 회고록

顫 떨릴 전:
떨리다
1급 | 총획 22

많은[亶] 생각을 하니 머리[頁]가 '떨리다'.

顫動 전동 : 떨려 움직임
顫聲 전성   手顫症 수전증

顯 나타날 현:
나타나다, 밝다, 현저하다
4급 | 총획 23 | 동 現(현) | 약 顕

태양[日]이 머리[頁] 위를 비추니 작고[幺] 작은[幺] 불[灬]빛이 '나타나다'.

顯官 현관   顯示 현시   顯忠日 현충일
貴顯 귀현

顴 광대뼈 관
광대뼈
1급 | 총획 27

머리[頁] 부분인 뺨과 관[藋]자놀이 사이에 내민 뼈가 '광대뼈'.

顴骨 관골 : 광대뼈

風 바람 풍 | 부·9획

'바람'을 뜻한다.

風 바람 풍
바람
6Ⅱ급 | 총획 9

무릇[凡] 벌레[虫]는 '바람'이 부는 가을에 처량하게 운다.

風力 풍력　　風霜 풍상　　風俗 풍속
風習 풍습　　家風 가풍

颱 태풍 태
태풍
2급 | 총획 14

바람[風] 중 내[厶] 입[口]을 싸늘하게 하는 '태풍'.

颱風 태풍

飄 나부낄 표
나부끼다, 회오리바람
1급 | 총획 20

쪽지[票]가 바람[風]에 '나부끼니' '회오리 바람'이 부는구나.

飄泊 표박 : 고향을 떠나 정처 없이 떠돌아다님
飄搖 표요

날 비 | 부·9획
새가 날아가는 모양을 본뜬 글자이다.

飛 날 비
날다
4Ⅱ급 | 총획 9

날개[⻜]를 펴고 하늘로 오르며[升] **'날다'**.

飛禽 비금　　飛上 비상　　飛行 비행
飛行機 비행기　雄飛 웅비

飜 번역할 번
번역하다, 나부끼다
3급 | 총획 21 | ⑧ 譯(역)

날개를 차례로[番] 뒤집으며 날[飛] 듯 말을 뒤집어 **'번역하다'**.

飜覆 번복　　　飜案 번안

食(飠) 밥 식 | 부·9획
'밥', '먹다'라는 뜻이다.

食 밥, 먹을 식
밥, 먹다
7Ⅱ급 | 총획 9 | 통 飯(반)

사람[人]에게 가장 필요한 것은 좋은[良] '밥'을 '먹는' 것이다.

食口 식구   食事 식사   食率 식솔
食貪 식탐   外食 외식   飮食 음식

飽 배부를 포 :
배부르다
3급 | 총획 14 | 반 飢(기), 餓(아)

먹을[食] 것으로 배가 싸여[包] 있으니 '배부르다'.

飽滿 포만   飽食 포식   飽和 포화
飽滿感 포만감

飢 주릴 기
주리다, 굶주리다
3급 | 총획 11 | 통 餓(아) 반 飽(포)

상[几] 위에 먹을[食] 것이 없어 배를 '주리다'.

飢渴 기갈   飢饉 기근   飢餓 기아
飢寒 기한   虛飢 허기

飾 꾸밀 식
꾸미다
3Ⅱ급 | 총획 14 | 통 裝(장)

사람[人]들이 수건[巾]이나 식[食]탁보에 예쁘게 수를 놓아 '꾸미다'.

虛禮虛飾 허례허식 : 겉으로만 꾸미지 실상은 정성이 없음

假飾 가식   服飾 복식   修飾 수식
裝飾 장식

飯 밥 반
밥
3Ⅱ급 | 총획 13 | 통 食(식)

반[反]복해서 늘 먹는[食] 것은 '밥'.
茶飯事 다반사 : '차를 마시고 밥을 먹는 일'이라는 뜻으로, 보통 있는 예사로운 일을 이르는 말

飯店 반점   白飯 백반   朝飯 조반

飼 기를 사
기르다
2급 | 총획 14

짐승을 맡아[司] 먹이[食]를 먹이면서 '기르다'.

飼料 사료   飼育 사육   飼養 사양

飮 마실 음(:)
마시다
6Ⅱ급 | 총획 13

하품[欠]하듯 입을 크게 벌리고 먹고[食] '마시다'.

飮料 음료   飮食 음식   飮酒 음주
米飮 미음   食飮 식음

餌 미끼 이 :
미끼, 음식
1급 | 총획 15

먹이[食]로 쓰일 뿐이[耳]니 '미끼' 또는 '음식'.
食餌療法 식이요법 : 음식 등으로 질병을 치료하거나 예방하면서 몸의 영양을 완전하게 하는 방법

養 기를 양:
기르다, 봉양하다
5Ⅱ급 | 총획 15 | 동 詞(사), 育(육)

양[羊]을 잘 먹여[食] '기르다'.

養女 양녀　　　養老 양로　　　養母 양모
養子 양자　　　養成 양성　　　養殖 양식
涵養 함양　　　培養 배양

餐 밥 찬
밥, 먹다
2급 | 총획 16

죽지[歹] 않으려고 또[又] '먹는[食]' '밥'.

晚餐 만찬　　　午餐 오찬　　　朝餐 조찬

餓 주릴 아:
굶주리다
3급 | 총획 16 | 동 飢(기) 반 飽(포)

먹을[食] 것이 없어 내[我] 배가 '주리다'.

餓鬼 아귀　　　餓死 아사　　　飢餓 기아

餘 남을 여
남다
4Ⅱ급 | 총획 16 | 동 剩(잉), 殘(잔) 약 余

나[余]는 먹고[食] '남은' 밥을 먹는다.

餘暇 여가　　　餘念 여념　　　餘力 여력
餘白 여백　　　餘生 여생　　　餘他 여타
餘波 여파　　　殘餘 잔여

館 집, 객사 관
집, 객사
3Ⅱ급 | 총획 17 | 동 庫(고), 堂(당), 屋(옥) 약 舘

관리[官]들이 밥[食]도 먹고 묵을 수 있는 '객사'.

開館 개관　　　大使館 대사관　　　美術館 미술관
博物館 박물관　　　別館 별관　　　新館 신관
旅館 여관　　　領事館 영사관　　　休館 휴관

餅 떡 병:
떡, 먹다
1급 | 총획 17

밥[食]과 나란히[幷] 주식이 되었던 '떡'.

畫中之餅 화중지병 : 그림의 떡

煎餅 전병

餞 보낼 전:
보내다, 전송하다
1급 | 총획 17

음식[食]을 준비해서 창[戔] 들고 전쟁터에 나가는 병사들에게 '보내다'.

餞送 전송 : 작별하여 보냄

餞杯 전배　　　餞飲 전음

饅 만두 만
만두
1급 | 총획 20

밥[食]만[曼] 먹을 수 없어 밀가루를 반죽하여 만든 '만두'.

饅頭 만두

饉 주릴 근:
주리다, 흉년 들다
1급 | 총획 20

가물어 진흙[堇] 밭에 먹을[食] 것이 없으니 '흉년이 들어' 배를 '주리다'.

饑饉 기근 : 흉년

凶饉 흉근

饒 넉넉할 요
넉넉하다, 용서하다, 너그럽다
1급 | 총획 21

먹을[食] 것이 창고에 높이[堯] 쌓여 있으니 식량이 '넉넉하다'.

饒居 요거 : 넉넉하게 잘 삶

豐饒 풍요

饌	반찬 찬 : 반찬, 음식, 차리다, 먹다 1급 | 총획 21

밥[食]상에서 여러 사람[巳巳] 사람이 함께[共] 앉아 먹는 '**반찬**'이나 '**음식**'.

饌欌 찬장　　　**飯饌** 반찬　　　**素饌** 소찬

饗	잔치할 향 : 잔치하다 1급 | 총획 22

시골[鄕] 사람들이 먹을[食] 음식을 차려놓고 '**잔치를 한다**'.

饗宴 향연 : 특별히 풍성히 베풀어서 손님을 대접하는 잔치
饗應 향응

首

머리 수 | 부·9획

털이 난 머리 모양으로 머리는 곧 '우두머리'를 뜻한다.

| 首 | 머리 수
머리, 으뜸
5Ⅱ급 | 총획 9 | 동 頭(두), 頁(혈) |

머리[᎒]를 하나[丶]로 질끈 묶고 스스로[自] **'우두머리'** 라 한다.

首肯 수긍　　首都 수도　　首領 수령
首相 수상　　自首 자수　　斬首 참수

향기 향 | 부·9획

'향기'를 뜻한다.

香 향기 향
향기
4Ⅱ급 | 총획 9

날[日]이 갈수록 익어가는 벼[禾]의 '향기'.

香氣 향기　　香料 향료　　香水 향수
香草 향초　　香花 향화　　麝香 사향

馬 말 마 | 부·10획

말이 성내어 앞다리를 쳐들고 있는 모습이다.

馬 말 마:
말
5급 | 총획 10

'말'이 앞다리를 쳐들고 있는 모양을 본뜬 자.

馬上客 마상객 : 말을 탄 사람
馬耳東風 마이동풍 : 남의 말을 귀담아듣지 않고 곧 흘려 버림

馬夫 마부　　馬車 마차　　落馬 낙마

駐 머무를 주:
머무르다
2급 | 총획 15

말[馬]을 주인[主]에게 맡기고 '머물다'.

駐屯 주둔　　駐在 주재　　駐車 주차
常駐 상주

馳 달릴 치
달리다, 제멋대로 하다, 베풀다
1급 | 총획 13

이 말[馬] 또한[也] 잘 '달린다'.

馳突 치돌 : 세차게 달려들어 부딪힘

馳心 치심　　背馳 배치　　驅馳 구치

駒 망아지 구
망아지, 말, 젊은이
1급 | 총획 15

말[馬] 밑에 구부리고[句] 앉아 있는 '망아지'.

駒馬 구마 : '개와 말이라는 뜻으로, 신하가 임금에게 자신을 낮추어 이르는 말

駒隙 구극

馴 길들 순
길들이다, 익숙하다, 따르다, 옳다
1급 | 총획 13

냇물[川]이 순리대로 흘러 내려가듯 말[馬]이 주인의 말을 잘 따르도록 '길들이다'.

馴行 순행 : 착한 행실. 선행

馴鹿 순록　　馴服 순복　　柔馴 유순

駙 부마 부:
부마, 곁마
1급 | 총획 15

다른 말[馬]에 붙어[付] 부거(副車)를 끄는 '부마'.

駙馬 부마 : ① 부거를 끄는 말 ② 임금의 사위

駁 논박할 박
논박하다, 얼룩얼룩하다
1급 | 총획 14

말[馬]의 몸에 이리저리[爻] 섞인 무늬를 '얼룩'이라고 하길래 '논박하다'.

駁擊 박격　　論駁 논박　　反駁 반박

駝 낙타 타
낙타, 곱사등이
1급 | 총획 15

말[馬]처럼 집[宀]에서 나올 때 구부리고[匕] 나오는 '곱사등이'. 곱사등이 같은 말은 또한 '낙타'.

駝酪 타락　　駝鳥 타조　　駱駝 낙타

駕 멍에 가(:)
멍에, 임금이 타는 수레
1급 | 총획 15

말[馬]의 몸에 더해진[加] 것이니 '멍에'.
凌駕 능가 : 다른 것과 비교하여 그것을 훨씬 넘어섬
車駕 거가   **鳳駕** 봉가

駑 둔한 말 노
둔한 말, 둔하다
1급 | 총획 15

종[奴]이 타는 말[馬]은 '둔한 말'.
駑馬 노마 : 둔하고 느린 말
駑鈍 노둔

駱 낙타 락
낙타, 이어지다, 달리다
1급 | 총획 16

말[馬]같이 생긴 등에 큰 혹 모양이 각각[各] 두 개 솟아 있는 '낙타'.

駭 놀랄 해
놀라다, 소란스럽다, 어지러워지다
1급 | 총획 16

말[馬]이 펄쩍 뛰니 돼지[亥]가 '놀라다'.
駭怪 해괴   **駭愕** 해악   **驚駭** 경해

騎 말 탈 기
말을 타다
3Ⅱ급 | 총획 18

달리는 말[馬]에서 신기하게[奇] 떨어지지 않으니, '말 타는' 재주가 뛰어나다.
騎馬 기마   **騎馬戰** 기마전   **騎兵隊** 기병대
騎士 기사   **騎手** 기수

騙 속일 편
속이다, 뛰어오르다
1급 | 총획 19

말[馬]이 작아[扁] 망아지라 '속이니' 갑자기 말이 '뛰어오르다'.
騙取 편취 : 남을 속여서 물건을 빼앗음
騙財 편재   **騙欺** 편기

騷 떠들 소
떠들다
3급 | 총획 20

말[馬]이 벼룩[蚤]에 물린 듯 '떠들며' 소동을 피우니 '시끄럽다'.
騷動 소동   **騷亂** 소란   **騷音** 소음
騷人 소인

騰 오를 등
오르다
3급 | 총획 20 | 동 登(등) 반 落(락)

살[月]이 찐 팔팔[八]한 사내[夫]가 말[馬]에 '오르다'.
騰貴 등귀   **騰落** 등락   **騰揚** 등양
反騰 반등   **飛騰** 비등   **暴騰** 폭등

驅 몰 구
몰다
3급 | 총획 21 | 약 駆

말[馬]을 한 구역[區]으로 쫓아 '몰다'.
乘勝長驅 승승장구 : 싸움에서 이긴 여세를 타고 계속 몰아침
驅迫 구박   **驅逐** 구축   **驅蟲** 구충
先驅者 선구자

驕 교만할 교
교만하다, 씩씩하다, 속이다, 길들여지지 않다
1급 | 총획 22

말[馬]을 타고 가는 지위 높은[喬] 사람의 행동이 '씩씩하고' '교만하다'.
驕慢 교만 : 잘난체 하며 뽐내고 건방짐
驕人 교인   **驕佚** 교일   **驕侈** 교치

驛

역 역
역, 역말
3Ⅱ급 | 총획 23 | ⑨ 駅

말[馬]을 타고 가다가 말을 보살피기[睪] 위해 머무르던 **'역'**.

驛馬 역마
驛長 역장
驛前 역전
簡易驛 간이역
終着驛 종착역

驗

시험 험 :
시험, 시험하다
4Ⅱ급 | 총획 23 | ⑨ 験

좋은 말[馬]인지 다[僉] **'시험하고'** 결정하다.

經驗 경험
試驗 시험
實驗 실험
證驗 증험
體驗 체험
效驗 효험

驚

놀랄 경
놀라다
4급 | 총획 23

공경하는[敬] 마음이 말[馬]에게도 있으니 **'놀랄'** 따름이다.

驚天動地 경천동지 : '하늘이 놀라고 땅이 흔들린다'라는 뜻으로, 세상을 크게 놀라게 함

驚氣 경기
驚起 경기
驚愕 경악
驚異 경이
驚歎 경탄

驩

기뻐할 환
기뻐하다, 말 이름
1급 | 총획 28

말[馬]처럼 펄쩍펄쩍 뛰면서 풀[艹] 속에 입[口] 벌린 새[隹]처럼 **'기뻐하다'**.

交驩 교환 : 서로 즐거움을 나눔

骨 뼈 골 | 부·10획
살 속의 뼈를 나타낸다.

骨 뼈 골
뼈
4급 | 총획 10 | 반 肉(육)

살[月] 속에 들어 있는 '뼈[冎]' 모양을 본뜬 자.

骨肉相殘 골육상잔 : 혈연 관계에 있는 사람끼리 서로 싸우고 해치는 일

骨格 골격　　骨盤 골반　　骨子 골자
骨折 골절　　骨組 골조　　眞骨 진골

骸 뼈 해
뼈, 정강이뼈, 신체
1급 | 총획 16

뼈[骨]는 뼈인데 돼지[亥] '뼈'.

骸骨 해골　　殘骸 잔해

體 몸 체
몸
6Ⅱ급 | 총획 23 | 동 軀(구), 身(신) | 약 体

뼈[骨]와 살이 풍성하게[豊=豐] 이루어진 '몸'.

體感 체감　　體力 체력　　體面 체면
體育 체육　　體驗 체험　　體系 체계
體操 체조　　液體 액체　　抗體 항체

髓 골수 수
골수, 사물의 중심
1급 | 총획 23

뼈[骨] 속에 따라[隨] 들어 있는 '골수'.

髓腦 수뇌　　骨髓 골수　　脊髓 척수

높을 고 | 부·10획
높은 누각의 모양을 본뜬 글자이다.

높을 고
높다, 뛰어나다, 크다
6Ⅱ급 | 총획 10 | 동 崇(숭) 반 低(저)

'**높은**' 누각의 모양을 본뜬 자.

高官 고관	高粱 고량	高齡 고령
高價 고가	高級 고급	高度 고도
高手 고수	高低 고저	高地 고지

髟 터럭발 | 부·10획

한자로는 '머리털 드리워질 표'라고 읽는다. '머리털이 길다'라는 뜻을 나타낸다.

髮 터럭 **발**
터럭, 머리털
4급 | 총획 15

긴[長] 머리털[彡]을 휘날리며 달릴[犮] 때 떨어지는 '**터럭**'.

危機一髮 위기일발 : 여유가 조금도 없이 몹시 절박한 순간

假髮 가발	金髮 금발	怒髮 노발
斷髮 단발	毛髮 모발	散髮 산발
銀髮 은발	理髮 이발	

鬪 | 싸울 투 | 부·10획

두 사람이 양쪽에서 주먹으로 때리며 싸우는 것을 나타낸다.

鬪 싸움 투
싸움, 싸우다
4급 | 총획 20 | 동 爭(쟁), 戰(전)

콩[豆] 한 마디[寸]를 갖고자 시작된 작은 다툼[鬥]이 큰 '싸움'이 되다.

鬪病 투병	鬪牛 투우	鬪爭 투쟁
鬪志 투지	鬪魂 투혼	敢鬪 감투
健鬪 건투	激鬪 격투	搏鬪 박투

鬯 울창주 창 | 부·10획

곡식의 낱알이 그릇에 담겨 술이 되었다고 해서 '술'을 뜻한다.

답답할 울
답답하다, 우거지다
2급 | 총획 29 | 약 欝

장군[缶]에 술[鬯] 담은 옥수수 수염[彡]을 '우거진' 숲[林] 속에 묻으니 비좁아 '답답하다'.

鬱郁 울욱   鬱憤 울분   鬱寂 울적
鬱火 울화   鬱密 울밀   憂鬱 우울
抑鬱 억울   沈鬱 침울

鬲 다리굽은솥 력 | 부·10획

다리가 굽은 솥의 모양을 본뜬 글자로, 음식을 익히는 데 쓰는 솥이며 다리가 세 개다.

해당 한자 없음

鬼 귀신 귀 | 부·10획
사람을 해치는 '망령', '귀신'을 뜻한다.

鬼 귀신 귀:
귀신
3Ⅱ급 | 총획 10 | 통 神(신)

흉악한 머리가 '귀신'의 형상을 본뜬 자.

鬼神 귀신   鬼才 귀재   客鬼 객귀
惡鬼 악귀   雜鬼 잡귀   吸血鬼 흡혈귀

魅 매혹할 매
매혹하다, 홀리다
2급 | 총획 15

귀신[鬼]에게 '홀린' 것처럼 제정신이 아니게[未] 만드는 '매혹적인' 사람을 만났다.

魅力 매력   魅了 매료   魅惑 매혹

魂 넋 혼
넋
3Ⅱ급 | 총획 14 | 통 靈(령)

구름[云]처럼 떠다니는 귀신[鬼]의 '넋'.

魂靈 혼령   魂氣 혼기   冤魂 원혼
招魂 초혼   鬪魂 투혼

魃 가뭄 발
가뭄
1급 | 총획 15

귀신[鬼]이 달린[犮] 곳에는 '가뭄'이 들다.

炎魃 염발   旱魃 한발

魁 괴수 괴
괴수, 우두머리
1급 | 총획 14

큰 귀신[鬼]이 다섯 말 중에 네 말[斗]을 가져가니 악당의 '괴수'.

魁首 괴수 : 못된 짓을 하는 무리의 대장
魁傑 괴걸   魁奇 괴기

魔 마귀 마
마귀
2급 | 총획 21 | 통 鬼(귀)

사람의 마음을 대마[麻]처럼 혼란하게 하는 귀신[鬼]이 '마귀'.

好事多魔 호사다마 : 좋은 일에는 탈이 생기기 마련임

魔魁 마괴   魔鬼 마귀   魔法 마법
魔術 마술   病魔 병마   色魔 색마

魄 넋 백
넋, 몸, 기운
1급 | 총획 15

육체가 썩어 하얀[白] 귀신[鬼] 형태가 된 '넋'.

魂魄 혼백

魚 물고기 어 | 부·11획

물고기의 모양을 본뜬 글자이다.

魚 물고기 어
물고기
5급 | 총획 11

'물고기'의 입[𠂉]과 몸[田]과 지느러미[灬] 모양을 본뜬 자.

魚類 어류 　魚網 어망 　魚物 어물
魚族 어족 　人魚 인어 　活魚 활어

鮮 고울 선
곱다, 깨끗하다, 싱싱하다
5Ⅱ급 | 총획 17 | 동 麗(려)

물고기[魚]와 양[羊]의 빛깔이 참 '곱다'.

鮮潔 선결 　鮮度 선도 　鮮明 선명
鮮魚 선어 　新鮮 신선 　朝鮮 조선

鯨 고래 경
고래, 고래의 수컷
1급 | 총획 19

물고기[魚] 중에 서울[京]처럼 큰 '고래'.

捕鯨 포경 : 고래잡이

鯨浪 경랑 　鯨濤 경도 　鯨船 경선
鯨鬚 경수 　巨鯨 거경

鰍 미꾸라지 추
미꾸라지
1급 | 총획 20

물고기[魚] 중에 가을[秋]에 영양이 오르는 '미꾸라지'.

鰍魚湯 추어탕

鰒 전복 복
전복
1급 | 총획 20

물고기[魚] 중 배[腹→复]가 껍데기에 붙어 있는 '전복'.

全鰒 전복

鰥 홀아비 환
홀아비, 환어
1급 | 총획 21

물고기[魚] 중에 홀로 있기를 좋아하고 근심으로 눈[目]을 감지 못하는 물[水] 속에 있는 '환어'는 '홀아비'의 마음과 같다.

鰥夫 환부 　鰥居 환거 　免鰥 면환

鰻 뱀장어 만
뱀장어
1급 | 총획 22

물고기[魚]인 양 길게[曼] 생긴 '뱀장어'.

海鰻 해만 　養鰻 양만

鱗 비늘 린
비늘, 물고기
1급 | 총획 23

물고기[魚] 몸에 도깨비 불[燐]처럼 빛나는 '비늘'.

逆鱗 역린 : 임금의 노여움을 이르는 말로, 용의 턱 아래 거꾸로 솟은 비늘을 건드리면 용이 크게 노하여 건드린 사람을 죽인다고 함

鳥

새 조 | 부·11획

꽁지가 긴 예쁜 숫새 모양이다.

鳥
새 조
새
4Ⅱ급 | 총획 11 | 동 禽(금), 乙(을)

꽁지가 긴 예쁜 숫새 모양을 본뜬 자.
一石二鳥 일석이조 : 동시에 두 가지 이득을 봄
鳥足之血 조족지혈 : 새 발의 피. 분량이 아주 적음

鳥類 조류   鳥獸 조수   吉鳥 길조
白鳥 백조

鳩
비둘기 구
비둘기, 모으다
1급 | 총획 13

새[鳥] 중에 떼를 지으며 구구구[九] 소리를 내는 '비둘기'.
鳩首 구수 : 비둘기들이 모여 머리를 맞대듯이 서로 머리를 맞대고 의논함

鳩聚 구취   鳩便 구편

鳴
울 명
울다
4급 | 총획 14 | 동 哭(곡), 泣(읍) 반 笑(소)

새[鳥]가 입[口]을 벌려 '울다'.
鳴琴 명금   鳴動 명동   共鳴 공명
悲鳴 비명

鳶
솔개 연
솔개, 연
1급 | 총획 14

주살[弋]처럼 빠른 새[鳥]는 '솔개'.
鳶肩 연견 : 솔개가 웅크리고 앉아 있을 때처럼 위로 올라간 어깨

鳶絲 연사   鳶色 연색

鳳
봉새 봉:
봉새, 봉황
3Ⅱ급 | 총획 14

무릇[凡] 새[鳥] 중에 으뜸[一]이니 '봉황'.
鳳仙花 봉선화   鳳凰 봉황   丹鳳 단봉

鴦
원앙 앙
원앙, 원앙의 암컷
1급 | 총획 16

암수가 늘 함께 다니며 사랑 가운데[央] 있는 새[隹]는 '원앙'.
鴦衾 앙금   鴛鴦 원앙

鴛
원앙 원
원앙, 원앙의 수컷
1급 | 총획 16

새[鳥] 중에 저녁[夕]이면 무릎[卩]을 꿇고 사랑을 구하는 '원앙새'.
鴛侶 원려   鴛鴦 원앙

鴻
기러기 홍
기러기
3급 | 총획 17 | 동 雁(안)

큰 강[江]가에 있는 새[鳥]가 '기러기'.
鴻鵠 홍곡   鴻名 홍명   鴻雁 홍안
鴻恩 홍은   鴻功 홍공   鴻博 홍박

鵑	두견새 견
	두견새
	1급 | 총획 18

새[鳥] 중에 소쩍소쩍하고 밤에만 애타게 우는 '두견새'.

杜鵑 두견

鵠	고니, 과녁 곡
	고니, 희다
	1급 | 총획 18

새[鳥] 중 울음소리가 고고고[告] 하는 '고니'.

鵠志 곡지 : 큰 뜻

鵠的 곡적   鵠髮 곡발   正鵠 정곡

鵲	까치 작
	까치
	1급 | 총획 19

옛날[昔]부터 아침에 이 새[鳥]가 울면 반가운 손님이 온다고 믿었던 '까치'.

鵲報 작보   鵲喜 작희   烏鵲 오작

鷄	닭 계
	닭
	4급 | 총획 21

손톱[爫] 같은 작은[幺] 발톱을 가진 큰[大] 새[鳥]는 '닭'.

鷄卵有骨 계란유골 : 늘 일이 안 되는 사람은 좋은 기회를 만나도 역시 잘 안 됨

鷄肋 계륵   鷄冠 계관   鷄口 계구
鷄林 계림   鷄鳴 계명

鶴	학 학
	학
	3Ⅱ급 | 총획 21

높이 나는[隺] 새[鳥]는 '학'.

群鷄一鶴 군계일학 : '여러 마리 닭 중에 학'이란 뜻으로, 무리 가운데 뛰어난 사람을 비유함

鶴首苦待 학수고대 : '학처럼 목을 길게 빼고 있다'는 뜻으로, 몹시 기다리고 있음을 비유함

鶴舞 학무   鶴髮 학발   鶴望 학망

鶯	꾀꼬리 앵
	꾀꼬리, 무늬, 아름다운 모양
	1급 | 총획 21

새[鳥] 중에 몸 빛깔이 불꽃[火火]같이 밝은 노란색에 울음소리가 아름다운 '꾀꼬리'.

鶯歌 앵가 : 꾀꼬리의 우는 소리

鶯遷 앵천

鷗	갈매기 구
	갈매기
	2급 | 총획 22

일정한 구역[區] 바닷가에 모여드는 새[鳥]는 '갈매기'.

鷗鷺 구로   鷗盟 구맹   海鷗 해구

鸞	난새 란
	난새, 봉황의 일종인 영조, 방울
	1급 | 총획 30 | 卵 鵉

새[鳥] 중에 털[絲]빛은 붉은 바탕에 소리[言]는 오음(五音)에 맞다는 '난새'.

鸞鳥 난조 : 중국 전설 속에 나오는 상상의 새

鸞鳳 난봉

소금 로(짠땅로) | 부·11획

'소금밭'을 뜻한다.

짤 함
짜다, 소금기가 있다
1급 | 총획 20 | 반 淡(담) 약 鹹

소금[鹵]은 다[咸] **'짜다'**.

鹹水 함수 : 짠물. 바닷물
鹹度 함도　　**鹹味** 함미

소금 염
소금
3Ⅱ급 | 총획 24 | 약 塩

소금밭[鹵]에 바닷물을 끌어들여 햇빛과 배수를 잘 살펴[監] 만든 **'소금'**.

鹽基性 염기성　　**鹽分** 염분　　**鹽酸** 염산
鹽素 염소　　**食鹽** 식염　　**竹鹽** 죽염
天日鹽 천일염

鹿 사슴 록 | 부·11획

뿔이 큰 숫사슴의 모양을 본뜬 글자이다.

鹿 사슴 록
사슴
3급 | 총획 11

'사슴'의 뿔, 몸통과 네 발의 형상을 본뜬 자.

指鹿爲馬 지록위마 : '윗사람을 농락하여 권세를 휘두른다' 라는 뜻으로, 모순된 것을 끝까지 우겨서 남을 속이려는 짓을 비유하기도 함

鹿角 녹각   鹿血 녹혈   逐鹿 축록

麗 고울 려
곱다, 빛나다
4Ⅱ급 | 총획 19

사슴[鹿]의 양쪽 뿔[丽]이 '곱다'.

美辭麗句 미사여구 : 듣기 좋게 아름답게 꾸민 말과 글

麗日 여일   艷麗 염려   婉麗 완려
美麗 미려   秀麗 수려   華麗 화려

麓 산기슭 록
산기슭, 산을 맡은 관리
1급 | 총획 19

사슴[鹿]이 노는 숲[林] 속이니 '산기슭'.

短麓 단록

麝 사향노루 사 :
사향노루, 사향
1급 | 총획 21

향기로움을 쏘는[射] 사슴[鹿]이 '사향노루'.

麝香 사향 : 사향노루의 사향샘을 건조하여 얻는 향료

麝牛 사우   麝鹿 사록

보리 맥 | 부·11획
'보리'를 뜻한다.

麥 보리 맥
보리
3Ⅱ급 | 총획 11 | 약 麦

'보리' 이삭의 모양을 본뜬 자.

麥飯 맥반　　麥芽 맥아　　麥酒 맥주
麥秋 맥추　　小麥 소맥　　精麥 정맥
菽麥 숙맥

麵 국수 면
국수, 밀가루
1급 | 총획 15

보리[麥]를 찧어 가루[丏]를 만들어 뽑은 것이 '국수'.

479

麻 | 삼 마 | 부·11획
'삼'을 뜻한다.

麻 삼 마(ː)
삼
3Ⅱ급 | 총획 11

집[广]에서 삼[朩] 껍질을 엮어 만든 '삼'.

麻雀 마작   麻布 마포   麻衣 마의
大麻草 대마초

기 휘
기, 대장기, 가리키다, 부르다
1급 | 총획 15

삼[麻] 털[毛]로 만든 '기'를 흔들다.

麾下 휘하 : 대장의 진영(陣營), 또는 그 부하
麾動 휘동   指麾 지휘

누를 황 | 부·12획

밭의 빛이 황토색이어서 '누렇다'라는 뜻을 나타낸다.

누를 황
누렇다, 노래지다
6급 | 총획 12

이십[卄]일[一] 년이 지나니 이유[由]없이 사방팔[八]방의 땅이 '누렇게' 변했다.

黃疸 황달　　黃金 황금　　黃色 황색
黃鳥 황조　　黃土 황토　　黃昏 황혼

기장 서 | 부·12획
벼[禾]와 같은 곡식으로, '기장'을 의미한다.

黍 기장 서:
기장
1급 | 총획 12

사람[人]이 물[氺]을 주면서 벼[禾]처럼 기르는 '기장'.

黍粟 서속 : 기장과 조

黍稷 서직   **黍穀** 서곡   **黍皮** 서피

黎 검을 려
검다, 많다, 늙다
1급 | 총획 15

삐져[丿]나오는 기장[黍]이 없도록 '검은' 천에 잘 싸[勹]서 보관하다.

黎明 여명 : ① 희미하게 날이 밝을 무렵 ② 희망의 빛

群黎 군려

黑 검을 흑 | 부·12획

'검다'라는 뜻이다.

黑 검을 흑
검다
5급 | 총획 12 | 동 暗(암), 昏(혼) | 반 白(백)

불[灬]을 때니 흙[土]으로 만든 창[㡃]이 '검게' 그을리다.

黑氣 흑기　　黑白 흑백　　黑心 흑심
黑人 흑인　　漆黑 칠흑

黜 내칠 출
내치다, 물리치다
1급 | 총획 17

검은[黑] 적을 출[出]구 쪽으로 '내치다'.

放黜 방출: 물리쳐 내쫓음

斥黜 척출　　廢黜 폐출

默 잠잠할 묵
잠잠하다, 묵묵하다
3Ⅱ급 | 총획 16

칠흑[黑]같이 어두운 밤에는 개[犬]도 '입을 다물고' '잠잠하다'.

默禱 묵도　　默契 묵계　　默念 묵념
默祕權 묵비권　　默殺 묵살　　默示錄 묵시록
寡默 과묵

黨 무리 당
무리
4Ⅱ급 | 총획 20 | 동 群(군), 徒(도) | 약 党

높은[尙] 곳에 새카맣게[黑] 모여든 까마귀 '무리'.

黨權 당권　　黨論 당론　　黨員 당원
黨派 당파　　朋黨 붕당　　惡黨 악당
野黨 야당　　與黨 여당　　政黨 정당
兇黨 흉당

點 점 점(ː)
점
4급 | 총획 17 | 약 点

검은[黑]색이 모두 점령하여[占] 된 큰 '점'.

點檢 점검　　點燈 점등　　點線 점선
點數 점수　　點呼 점호　　點火 점화

㲋 | 바느질할 치 | 부·12획
바늘로 꿰매는 모습을 본뜬 글자이다.

해당 한자 없음

鼎 | 솥 정 | 부·13획
발이 셋, 귀가 둘 달린 쇠솥의 모양을 본뜬 글자이다.

해당 한자 없음

黽 | 맹꽁이 맹 | 부·13획
맹꽁이 모양을 본뜬 글자이다.

鼈 자라 별
자라
1급 | 총획 25

맹꽁이[黽]처럼 생겼는데 등이 깨진[敝] **'자라'**.

鼈盞 별잔 : 아가리가 자라의 아가리 같이 생긴 술잔
鼈炙 별구   **龜鼈** 귀별

鼓 북 고 | 부·13획

장식이 달린 악기를 오른손으로 친다는 것에서 '북'이라는 의미를 나타낸다.

鼓	북 고 북 3Ⅱ급	총획 13

손에 나뭇가지[支]를 들고 치는 악기[壴]가 '북'.

鼓角 고각　　鼓動 고동　　鼓舞 고무
鼓手 고수　　鼓吹 고취　　申聞鼓 신문고

鼠 쥐 서 | 부·13획
쥐의 모양을 본뜬 글자이다.

| 鼠 | 쥐 서 :
쥐, 간신의 비유
1급 | 총획 13 |

긴 꼬리의 쥐를 본뜬 자.

鼠狼 서랑 : 족제비

鼠姑 서고   **鼠膽** 서담

鼻

코 비 | 부·14획

코로 냄새를 맡는다하여 '코'를 뜻한다.

鼻 코 비 :
코
5급 | 총획 14

밭[田]에서 수확된 벼를 들고[廾] 자기[自] '코'로 냄새를 맡다.

耳目口鼻 이목구비 : 귀 · 눈 · 입 · 코

鼻孔 비공	鼻笑 비소	鼻炎 비염
鼻音 비음	鼻祖 비조	鞍鼻 안비

가지런할 제 | 부·14획

벼나 보리 이삭이 가지런하게 돋은 모양을 본뜬 글자이다.

가지런할 제
가지런하다
3Ⅱ급 | 총획 14 | 동 整(정) 약 斉

벼의 이삭이 고르고 '가지런하다'.

齊家 제가   齊眉 제미   齊唱 제창
均齊 균제   一齊 일제   整齊 정제

재계할, 집 재
재계하다, 집
1급 | 총획 17 | 동 潔(결), 室(실)

작은[小] 마음도 가지런히[齊] 하여 '재계하다'.

齋戒 재계 : 부정을 피하고 심신을 깨끗이 함
齋潔 재결   齋舍 재사   書齋 서재

이 치 | 部·15획
입 안의 이 모양을 본뜬 글자이다.

 이 치
이
4Ⅱ급 | 총획 15 | 동 牙(아) 약 歯

입 안[凵]에 머물러[止] 있는 윗니[씨]와 아랫니[씨], 혀[一]의 모양을 보고 '이'의 건강 상태를 알다.

齒槽 치조   齒科 치과   齒石 치석
齒牙 치아   齒列 치열   齒痛 치통
蟲齒 충치

 나이 령
나이, 연령
1급 | 총획 20 | 약 齢

짐승은 이빨[齒]로 하여금[令] '나이'를 안다.

高齡 고령   老齡 노령   衰齡 쇠령
適齡 적령

龍 | 용 룡 | 부·16획

꾸불꾸불 서 있는 용의 모양을 본뜬 글자이다.

龍 용 룡
용
4급 | 총획 16 | ㉮ 竜

꾸불꾸불[乚] 서[立] 있는 '용'의 몸[月]을 본뜬 자.

龍頭蛇尾 용두사미 : 시작은 좋으나 뒤끝이 점점 나빠짐을 이르는 말

龍宮 용궁　　龍顔 용안　　登龍門 등용문
白龍 백룡　　靑龍 청룡　　袞龍 곤룡
蛟龍 교룡

거북 귀 | 부·16획

거북의 모양을 본뜬 글자이다.

거북 구/귀/터질 균
거북
3급 | 총획 16 | 동 裂(렬) 약 亀

'**거북**'의 모양을 본뜬 자.

龜旨歌 구지가   龜齡 귀령   龜鑑 귀감
龜甲 귀갑   龜卜 귀복   龜裂 균열

피리 약 | 부·17획

구멍이 여럿 있는 '피리'를 뜻한다.

해당 한자 없음

인·지명자 350

인명과 지명에 쓰이는 350여 자를
따로 묶어 한눈에 볼 수 있도록 정리하였다.

軻
수레, 사람 이름 **가**
총획 12 | 부수 車

'수레[車]'에 사람을 태우는 것이 가능하다[可].

孟軻 맹가

杆
몽둥이 **간**
총획 7 | 부수 木

나무[木] 방패[干]로 만든 '몽둥이'.

杆城 간성   欄杆 난간(=欄干)

彊
굳셀 **강**
총획 16 | 부수 弓

활[弓]을 들고 국경선[畺]에서 싸우는 군인들은 '굳세다'.

新彊省 신강성

賈
성(姓)씨, **가** / 장사 **고**
총획 13 | 부수 貝

덮어[襾] 놓은 재물[貝]을 파는 '장사'.

賈船 고선

艮
머무를, 괘이름 **간**
총획 6 | 부수 艮

머물러 서서 뒤돌아 보는 모양에서 '머무르다'.

艮卦 간괘

崗
언덕 **강**
총획 11 | 부수 山

산[山] 등성이[岡]가 '언덕'이 되다.

花崗巖 화강암

迦
부처 이름 **가**
총획 9 | 부수 辶

힘을 더해[加] 달라고 가서[辶] '부처 이름'을 부르다.

釋迦牟尼 석가모니
釋迦塔 석가탑

鞨
오랑캐 이름, 말갈 **갈**
총획 18 | 부수 革

가죽[革]으로 다[曷] 옷을 해 입은 '말갈족'을 뜻하여 '오랑캐 이름'.

靺鞨族 말갈족

岡
산등성이 **강**
총획 8획 | 부수 山

성[冂] 하나[一]를 지키는 여덟[八] 개의 '산[山]등성이'.

岡陵 강릉   福岡 복강

柯
가지 **가**
총획 9 | 부수 木

나무[木] 여기저기서 뻗은 가히[可] 많은 줄기와 '가지'.

柯葉 가엽

鉀
갑옷 **갑**
총획 13 | 부수 金

쇠[金]로 만든 '갑옷[甲]'.

姜
성(姓)씨 **강**
총획 9 | 부수 女

양[羊] 같은 여자[女]에게 붙여준 '성씨'.

姜邯贊 강감찬   姜太公 강태공

伽
절 **가**
총획 7 | 부수 人

사람[亻]의 마음에 평화를 더해[加] 주는 '절'.

伽藍 가람   伽倻琴 가야금

岬
곶 **갑**
총획 8 | 부수 山

바다를 지키는 갑옷[甲]으로, 산[山] 같이 내민 작은 육지는 '곶'.

岬角 갑각

价
클, 착할 **개:**
총획 6 | 부수 人

두[二] 사람[亻]을 소개하는 '큰' 일을 하는 '착한' 사람.

价川郡 개천군

珏
쌍옥 **각**
총획 9 | 부수 玉

똑같은 구슬 두 개[玉玉]니 '쌍옥'.

疆
지경 **강**
총획 19 | 부수 田

활[弓]을 들고 영토[土]의 밭[田]과 밭[田] 사이 경계선[三]을 지키는 '지경'.

疆土 강토   疆界 강계

塏
높은 땅 **개:**
총획 13 | 부수 土

어찌[豈] 흙[土]이 쌓여 이렇게 '높은 땅'이 되었는가?

李塏 이개   勝塏 승개

鍵
열쇠, 자물쇠 **건** :
총획 17 | 부수 金

쇠[金]로 만든 자물통을 열기 위해 세워[建] 꽂는 '**열쇠**'.

鍵盤 건반　　關鍵 관건

儆
경계할 **경** :
총획 15 | 부수 人

공경하는[敬] 사람[亻] 앞에서 조심하듯 '**경계하다**'.

邱
언덕 **구**
총획 8 | 부수 阜

'언덕[丘]'이 있는 마을[阝].

大邱 대구　　青邱 청구
邱報 구보

桀
하왕이름, 사나울 **걸**
총획 10 | 부수 木

어긋난[舛] 짓을 한 죄인을 나무[木] 형틀에 묶어 형을 가함이 '**사납다**'.

桀鶩 걸오　　桀桀 길걸

璟
옥빛 **경** :
총획 16 | 부수 玉

햇볕[景]처럼 빛나는 구슬[王]이니 '**옥빛**'.

宋璟 송경

玖
옥돌 **구**
총획 7 | 부수 玉

오래된[久] 흙 속에 묻혀 있는 구슬[王]이 '**옥돌**'.

杰
뛰어날 **걸**
총획 8 | 부수 木

나무[木]가 불[灬]에 활활 타오르듯 재주가 치솟듯 '**뛰어나다**'.

傑의 속자

皋
언덕 **고**
총획 11 | 부수 白

사람이 죽은 뒤 그가 입던 흰[白] 옷을 들고 '언덕'에 올라 큰[大] 소리로 돌아오라고 소리치다.

皋復 고복

鞠
기를, 국문할 **국**
총획 17 | 부수 革

가죽[革]으로 싸서[勹] 쌀[米]밥을 지어주며 자식을 '**기르다**'.

鞠躬 국궁　　鞠問 국문
鞠育 국육　　鞠養 국양

甄
질그릇 **견**
총획 14 | 부수 瓦

서쪽[西] 산기슭에 가마를 만들어 놓고 흙[土]을 구워 만든 기와[瓦]와 '질그릇'.

甄復 견복　　甄差 견차

琯
옥피리 **관**
총획 12 | 부수 玉

벼슬[官]한 사람들이 구슬[王]을 장식하여 만든 '**옥피리**'.

珪
홀, 서옥 **규**
총획 10 | 부수 玉

왕[王]이 넓은 땅[圭]을 다스리도록 제후에게 내려준 '**홀**'.

珪素 규소　　珪弊 규폐

瓊
구슬 **경**
총획 19 | 부수 玉

먼곳[夐]에서도 빛나는 옥[王]으로 만든 '**구슬**'.

瓊團 경단　　瓊樓 경루
瓊玉 경옥

串
꿸 **관** / 땅이름 **곶**
총획 7 | 부수 丨

두 개의 널판을 송곳[丨]으로 뚫어 '**꿰다**'.

長山串 장산곶　　石串洞 석관동

揆
헤아릴 **규**
총획 12 | 부수 手

손[扌]을 굽혀 천간[癸]을 따지듯 '**헤아리다**'.

揆地 규지　　端揆 단규
百揆 백규　　右揆 우규

炅
빛날 **경** / 성(姓)씨 **계**
총획 8 | 부수 火

태양[日]이 불[火]처럼 '**빛나다**'.

槐
회화나무 **괴**
총획 14 | 부수 木

귀신[鬼] 같은 나무[木]는 '**회화나무**'.

槐木 괴목　　槐門 괴문

圭
서옥, 쌍토 **규**
총획 6 | 부수 土

천자가 넓은 땅[圭]을 다스리도록 제후에게 내려준 '**서옥**'.

圭田 규전　　圭表 규표
圭璋 규장　　玉圭 옥규

奎 별 규
총획 9 | 부수 大

크고[大] 넓은 하늘의 영토[圭]에서 빛나는 '별'.

奎文 규문   奎章閣 규장각

琦 옥 이름 기
총획 12 | 부수 玉

왕[王]이 가진 기이한[奇] '옥'.

田琦 전기(중국의 화가)

騏 준마 기
총획 18 | 부수 馬

말[馬] 중에 그[其] 놈이 바로 '준마'.

騏驥 기기

槿 무궁화 근:
총획 15 | 부수 木

진흙[堇] 속에 서 있는 나무[木]는 '무궁화'.

槿花 근화   槿花鄕 근화향

沂 물 이름 기
총획 7 | 부수 水

도끼[斤] 모양을 그리며 흐르는 '물[氵] 이름'.

驥 천리마 기
총획 26 | 부수 馬

말[馬] 타고 북[北]쪽인 다른[異] 지방을 순찰하기 위해 골라 탄 '천리마'.

驥足 기족   白驥 백기

瑾 아름다운 옥 근:
총획 15 | 부수 玉

진흙[堇] 속에 묻혀 있는 구슬[王]도 '아름다운 옥'.

細瑾 세근

岐 갈림길 기
총획 7 | 부수 山

산[山] 속에 이리저리 가지[支] 뻗은 듯 나 있는 '갈림길'.

岐路 기로   多岐 다기
分岐 분기

冀 바랄 기
총획 16 | 부수 八

북쪽[北] 밭[田]을 함께[共] 농사 지으며 풍년 들기를 '바라다'.

冀望 기망   冀願 기원

兢 떨릴 긍:
총획 14 | 부수 儿

옛날[古] 옛날[古] 사람들[儿儿]은 '떨릴' 때 늘 삼가는 자세로 살았다.

兢懼 긍구   兢兢業業 긍긍업업

麒 기린 기
총획 19 | 부수 鹿

사슴[鹿]과 비슷한 초원 지대에 떼지어 사는 키가 가장 큰 그[其] '기린'.

麒麟 기린   麒麟兒 기린아

琪 옥 이름 기
총획 12 | 부수 玉

구슬[王]로 만들어 그[其] 이름을 붙여 준 것이니 '옥 이름'.

琪樹 기수   琪花 기화

箕 키 기
총획 14 | 부수 竹

대나무[竹]로 만든 그[其] '키', 또는 삼태기.

箕踞 기거   箕坐 기좌

淇 물 이름 기
총획 11 | 부수 水

그[其] 물[氵]에도 '물 이름'이 있다.

湍 여울 단
총획 12 | 부수 水

산 끝[耑] 꼭대기에서 물[氵]이 '여울져' 흘러가다.

激湍 격단   急湍 급단

耆 늙을 기
총획 10 | 부수 老

많은 날[日], 즉 세월이 흐르면 '늙는다[老]'.

耆年 기년   耆老 기로

璣 별 이름 기
총획 16 | 부수 玉

구슬[王]을 몇 개[幾]씩 꿰매달아 놓은 뜻한 별의 '별 이름'.

天璣 천기

塘 못 당
총획 13 | 부수 土

당나라[唐] 같은 넓은 집뜰에 흙[土]을 파서 만든 '연못'.

堤塘 제당

悳 | 큰 덕
총획 12 | 부수 心 | 德의 古字

마음[心]이 곧으니[直] 큰 '덕'이 있다.

燾 | 비출 도
총획 18 | 부수 火 | 약 焘

목숨[壽]이 붙어 있는 듯 불[灬]이 세상을 '비추다'.

燾育 도육

燉 | 불빛 돈
총획 16 | 부수 火

불[火]이 도타우니[敦], 불빛이 '밝다'.

惇 | 도타울 돈
총획 11 | 부수 心

항상 자식은 행복을 누려야[享] 한다고 하는 부모의 사랑하는 마음[忄]이 '도탑다'.

惇德 돈덕　　惇惇 돈돈
惇信 돈신

頓 | 조아릴 돈:
총획 13 | 부수 頁

밖으로 나온 싹[屯]처럼 머리[頁]를 '조아리다'.

異次頓 이차돈　　整頓 정돈
査頓 사돈　　頓首 돈수

乭 | 이름 돌
총획 6 | 부수 乙

모든 돌[石]과 새[乙]들에게도 '이름'이 있다.

孫乭風 손돌풍

董 | 바를 동:
총획 13 | 부수 艹

이 풀[艹]이 중요한[重] 약초라 잘 자라도록 '바로잡다'.

董督 동독　　董率 동솔

杜 | 막을 두
총획 7 | 부수 木

나무[木] 말뚝을 박고 흙[土]을 쌓아 물이 넘치는 것을 '막다'.

杜絕 두절　　杜門不出 두문불출

鄧 | 나라 이름 등:
총획 15 | 부수 阜

등[登]이 음부분, 고을[阝]이 뜻부분으로 '나라 이름'.

萊 | 명아주 래
총획 12 | 부수 艹

풀[艹]이라고 가지고 와서[來] 보니 '명아주'.

萊蕪 내무

樑 | 들보 량
총획 15 | 부수 木 | 梁의 속자

나무[木] 중 나무[木]를 베어 물[氵]에 불려 칼[刀]로 다듬어 만든 '들보'.

棟樑 동량

亮 | 밝을 량
총획 9 | 부수 亠

높은[高] 학문을 마친 사람[儿]은 사리가 '밝다'.

亮明 양명　　清亮 청량
諸葛亮 제갈량

礪 | 숫돌 려:
총획 20 | 부수 石

바위[厂] 돌[石] 같이 단단하여 많은[萬] 낫이나 칼을 가는 '숫돌'.

礪石 여석

驪 | 검은 말 려/리
총획 29 | 부수 馬

말[馬] 중에 특히 화려한[麗] 말이 '검은 말'.

驪州 여주

廬 | 농막집 려
총획 19 | 부수 广 | 약 庐

집[广]은 집인데 굴뚝이 낮아 검게[盧] 그을은 '농막집'.

廬幕 여막　　三顧草廬 삼고초려

呂 | 성(姓)씨, 법칙 려:
총획 7 | 부수 口

마디마디 등뼈[呂]처럼 높낮이에 '법칙'이 있다.

律呂 율려

漣 | 잔물결 련
총획 14 | 부수 水

물[氵]이 아래로 계속 이어져[連] 흘러가니 '잔물결'이 일다.

細漣 세련　　漣波 연파
清漣 청련

濂 | 물 이름 렴
총획 16 | 부수 水

깨끗한[廉] 물[氵]에도 붙여진 '물 이름'.

玲
옥소리 령
총획 9 | 부수 玉

구슬[王]로 하여금[令] 나는 아름다운 소리가 '옥소리'.

玲瓏 영롱　　五彩玲瓏 오색영롱

遼
멀 료
총획 16 | 부수 辶

햇불[尞]을 들고 뛰어간[辶] 곳이 '멀다'.

遼遠 요원
遼東半島 요동반도

貊
맥국 맥
총획 13 | 부수 豸

사나운 짐승[豸] 백[百]여 마리가 달려들듯 쳐들어 오는 '맥국'.

貊弓 맥궁　　蠻貊 만맥

醴
단술 례:
총획 20 | 부수 酉

술[酉]을 손님에게 대접하기 위해 풍성하게[豊] 빚은 '단술'.

醴酒 예주　　醴泉 예천

劉
죽일, 묘금도 류
총획 15 | 부수 刀

쇠[金] 칼[刂]로 토끼[卯]를 잡아 '죽이다'.

劉備 유비

覓
찾을 멱
총획 11 | 부수 見

손톱[爫]으로 하나씩 가려 내며 보고[見] 썩은 곡식을 '찾다'.

覓去 멱거　　覓來 멱래

魯
노나라, 노둔할 로
총획 15 | 부수 魚

물고기[魚]처럼 매일[日] 생각없이 사는 모습이 '노둔하다'.

魯鈍 노둔　　魚魯不辨 어로불변

崙
산 이름 륜
총획 11 | 부수 山

산[山]이 둥그면[侖] '산 이름'도 둥글다.

崑崙山 곤륜산

俛
힘쓸, 구푸릴 면:
총획 9 | 부수 人

사람[亻]이 어려운 일을 면하기[免] 위해 '힘써' 머리를 '구푸리다'.

俛首 면수　　俛仰 면앙

鷺
해오라기 로
총획 24 | 부수 鳥

정해진 길[路]따라 질서있게 이동하는 새[鳥]는 '해오라기'.

鷺梁津 노량진　　白鷺 백로

楞
네모질 릉
총획 13 | 부수 木

나무[木]를 사[四]방[方]으로 깎아 '네모지게' 하다.

楞伽經 능가경　　楞嚴經 능엄경

沔
물 이름 면:
총획 7 | 부수 水

흙담[丏] 같은 '물[氵] 이름'.

蘆
갈대 로
총획 20 | 부수 艸

검은[盧] 흙바닥에 나부끼는 풀[艹]이 '갈대'.

蘆笠 노립　　蘆笛 노적
蘆嶺 노령

麟
기린 린
총획 23 | 부수 鹿

사슴[鹿] 비슷한 몸에 쌀[米]톨 같은 무늬가 여기저기[舛] 흩어져 있는 '기린'.

麟角 인각　　麟蹄 인제

冕
면류관 면:
총획 11 | 부수 冂

가난을 면하기[免] 위해 성[冂]문처럼 머리에 쓴 '면류관'.

冕旒冠 면류관　　冕服 면복
冠冕 관면　　軒冕 헌면

盧
검을, 성(姓)씨 로
총획 16 | 부수 皿

범[虍]과 밭[田]의 무늬가 있는 그릇[皿]의 색이 '검다'.

斯盧 사로　　毘盧峯 비로봉

靺
말갈 말
총획 14 | 부수 革

가죽[革] 옷을 입고 변방 끝[末]에 서 있는 '말갈'족.

靺鞨 말갈　　靺鞨族 말갈족

謨
꾀 모
총획 18 | 부수 言

말[言] 없이[莫] 깊이 생각하여 세운 '꾀'.

謨訓 모훈　　嘉謨 가모
聖謨 성모

牟	성(姓)씨, 보리 모 총획 6	부수 牛
내[厶]가 소[牛] 먹이로 준 것이 '보리'. 牟利 모리　　牟麥 모맥 釋迦牟尼 석가모니	

玟	아름다운 돌 민 총획 8	부수 玉
글자[文] 무늬가 있는 구슬[王] 같은 '아름다운 돌'. 玟坏釉 민배유　　安玟英 안민영	

磻	반계, 강 이름 반 / 번 총획 17	부수 石
태공망이 낚시질을 하였다는 돌[石]이 차례[番]대로 늘어선 '반계'니 '강 이름'. 磻溪 반계	

茅	띠 모 총획 9	부수 艹
풀[艹] 중에 창[矛]처럼 여기저기 솟아 난 '띠'. 茅根 모근　　茅沙 모사 茅塞 모색　　茅簷 모첨	

旼	화할 민 총획 8	부수 日
글[文] 읽는 선비의 마음은 따뜻한 태 양[日]처럼 '화하다'.	

渤	바다 이름 발 총획 12	부수 水
산동 반도와 요동 반도 사이의 물[氵] 의 파도가 일어나는[勃] '바다 이름'. 渤海 발해	

穆	화목할 목 총획 16	부수 禾
벼[禾] 농사가 풍년이 들어 '화목하다'. 穆公 목공　　穆陵 목릉	

閔	우환, 성(姓)씨 민 총획 12	부수 門
대문[門]에 꽂혀 있는 조문[文]을 보 고 '우환'을 가엾게 여기다. 閔妃 민비　　惜閔 석민	

鉢	바리때 발 총획 13	부수 金
쇠[金]가 아닌 나무[木]로 깎아[一] 만 든 중의 '바리때'. 周鉢 주발　　托鉢 탁발	

昴	별 이름 묘: 총획 9	부수 日
해[日]에 의해 빛나는 '별'. 昴星 묘성	

旻	하늘 민 총획 8	부수 日
해[日]가 떠 있고 무늬[文]가 있는 '하 늘'. 旻天 민천　　九旻 구민	

龐	높은 집 방 총획 19	부수 龍
용[龍]이 사는 집[广]이니 높고 '높은 집'.	

汶	물 이름 문 총획 7	부수 水
물[氵]의 무늬[文]가 특이한 '물 이름'. 汶山 문산	

珉	옥돌 민 총획 9	부수 玉
백성[民]들이 가지고 노는 구슬[王]은 '옥돌'.	

旁	곁 방: 총획 10	부수 方
머리[亠]에 갓[冖]을 쓴[丨] 선비들이 사방[方] 내 '곁'에 있다. 旁午 방오　　旁通 방통	

彌	미륵, 오랠 미 총획 17	부수 弓
활[弓]을 들고 있는 너[爾]의 모습이 '오래도록' 지속된다. 彌久 미구　　彌勒 미륵	

潘	성(姓)씨, 뜨물 반 총획 15	부수 水
쌀을 여러 번[番] 물[氵]에 씻으니 '뜨 물'이 생기다.	

裴	치렁치렁할, 성(姓)씨 배 총획 14	부수 衣
옷[衣] 아닌[非] 듯 '치렁치렁하다'. 裴神將傳 배비장전	

筏	뗏목 벌 총획 12	부수 竹	秉	잡을 병: 총획 8	부수 禾	馥	향기 복 총획 18	부수 香
적을 치러[伐] 가기 위해 대나무[竹]로 만든 '뗏목'. 筏橋 벌교 筏夫 벌부	벼[禾]를 베기 위해 손[⺕]으로 '잡고' 있다. 秉權 병권 秉法 병법	향기로운[香] 것이 계속 돌아오는[复] '향기'. 馥郁 복욱

范	풀 이름, 성(姓)씨 범: 총획 9	부수 艹	炳	밝을, 불꽃 병: 총획 9	부수 火	蓬	쑥 봉 총획 15	부수 艹
넘치는[氾] 풀[艹]에 붙여준 '풀 이름'.	불[火]빛처럼 남쪽[丙]은 '밝다'. 炳然 병연 炳映 병영	풀[艹]밭을 거닐다 보면 만나는[逢] 것은 '쑥'. 蓬萊山 봉래산 蓬廬 봉려

卞	조급할, 성(姓)씨 변: 총획 4	부수 卜	柄	자루 병: 총획 9	부수 木	阜	언덕 부: 총획 8	부수 阜
점[丶] 하나가 아래[下]로 떨어졌다고 '조급해하다'. 卞急 변급 卞正 변정	남쪽[丙]에 서 있는 나무[木]를 베서 만든 도끼 '자루'. 斗柄 두병 有柄 유병 胚柄 배병	흙이 수북히 쌓여 있는 '언덕' 모양. 曲阜 곡부

弁	고깔 변: 총획 5	부수 廾	甫	클 보: 총획 7	부수 用	傅	스승 부: 총획 12	부수 人
내[厶]가 들고[廾] 있는 이것이 '고깔'. 弁辰 변진 弁韓 변한	열두[十二]개의 성[冂]문이 '크다'. 甫田 보전 杜甫 두보 濁甫 탁보	지식을 펴서[尃] 여러 사람[亻]에게 전달하는 '스승'. 傅育 부육

昞	밝을 병: 총획 9	부수 日	輔	도울 보: 총획 14	부수 車	釜	가마 부 총획 10	부수 金
남쪽[丙]은 해[日]가 더욱 '밝다'.	수레[車]를 보내 큰[甫] 일에 '도움'을 주다. 輔佐 보좌 輔弼 보필	아버지[父] 같은 큰 쇠[金]로 만든 '가마'. 釜山 부산

昺	밝을 병: 총획 9	부수 日	昞과 同字	潽	물 이름 보: 총획 15	부수 水	芬	향기 분 총획 8	부수 艹
남쪽[丙] 하늘 위에 해[日]가 '밝다'.	넓게[普] 퍼져 있는 물[氵]에도 붙여진 '물 이름'. 尹潽善 윤보선	풀[艹]이 여기저기 나누어져[分] 나는 '향기'. 芬芳 분방 芬皇寺 분황사

鵬 붕새 붕
총획 19 | 부수 鳥

벗[朋]과 벗이 뭉쳐 있듯 큰 상상의 새[鳥]인 '붕새'.

鵬翼 붕익   鵬程 붕정

泗 물 이름 사:
총획 8 | 부수 水

물[氵]이 사[四]방으로 흘러가면 붙여지는 '물 이름'.

泗上弟子 사상제자

瑄 도리옥 선
총획 13 | 부수 玉

정일품 벼슬아치에게 베풀어[宣] 주던 옥[王]으로 만든 관자인 '도리옥'.

毘 도울 비
총획 9 | 부수 比

밭[田] 농사일을 나란히[比] '돕다'.

毘盧峯 비로봉

庠 학교 상
총획 9 | 부수 广

집[广]을 지어 양[羊] 같이 착한 어린이를 가르치는 '학교'.

庠校 상교   庠序 상서

璿 구슬 선
총획 18 | 부수 玉

밝은[睿] 빛을 내는 '구슬[王]'.

璿譜 선보

毖 삼갈 비
총획 9 | 부수 比

사람을 비교하는[比] 것은 반드시[必] '삼가해야 한다'.

懲毖錄 징비록

舒 펼 서:
총획 12 | 부수 舌

집[舍]에 구겨져 있는 물건들을 내[予]가 '펴'놓았다.

舒遲 서지   舒川 서천
振舒 진서

璇 옥 선
총획 15 | 부수 玉

구슬[王]처럼 동그랗게 돌아가는[旋] 아름다운 '옥'.

泌 분비할 비: / 스며흐를 필
총획 8 | 부수 水

반드시[必] 물[氵]은 '스며들다'.

分泌 분비   泌尿 비뇨

錫 주석 석
총획 16 | 부수 金

쇠[金] 중에서 서민들이 그래도 쉽게[易] 구해 쓸 수 있는 '주석'.

錫鑛 석광   朱錫 주석

薛 대쑥, 성(姓)씨 설
총획 17 | 부수 艸

언덕에 신[辛]씨들이 심어놓은 풀[艹]이 맑은 '대쑥'.

薛聰 설총

丕 클 비
총획 5 | 부수 一

하늘[一]이 안[不] 보일 정도로 '크다'.

丕業 비업   丕績 비적

晳 밝을 석
총획 12 | 부수 日

해[日]를 쪼개서[析] 보면 더욱 '밝을'까?

明晳 명석

卨 사람 이름 설
총획 11 | 부수 卜

'사람 이름'.

李相卨 이상설

彬 빛날 빈
총획 11 | 부수 彡

비온 후 터럭[彡]처럼 수풀[林]이 우거져 '빛나다'.

彬彬 빈빈   彬蔚 빈울

奭 클, 쌍백 석
총획 15 | 부수 大

이백[百百]근이나 되는 물건을 한[一] 번에 드는 사람[人]의 몸집이 '크다'.

陝 땅 이름 섬
총획 10 | 부수 阜

언덕[阝] 안으로 들어가고[入] 들어가[入] 보니 큰[大] '땅'.

陝西省 섬서성

蟾 두꺼비 섬
총획 19 | 부수 虫

굴[广] 같은 습한 곳에서 숨어 살다 저녁에 나와 벌레[虫]를 잡아 먹는 '두꺼비'.

蟾蛇 섬사   蟾津江 섬진강

暹 햇살 치밀, 나라 이름 섬
총획 16 | 부수 日

해[日]가 비쳐 나아간다[進] 하여 '햇살'.

暹羅 섬라

燮 불꽃 섭
총획 17 | 부수 火

불꽃[火]처럼 말하고[言] 불[火]처럼 따뜻하게 손[又] 잡고 '화하다'.

燮理 섭리   燮伐 섭벌
燮和 섭화   李仲燮 이중섭

晟 밝을 성
총획 11 | 부수 日

해[日]를 모으니[成] '밝다'.

大晟樂 대성악

邵 땅 이름, 성(姓)씨 소
총획 8 | 부수 邑

불러들여[召] 마을[阝]에서 같이 살며 같은 '성씨'를 쓰다.

巢 새집 소
총획 11 | 부수 巛

냇가[巛] 옆 밭[田]과 나무[木]에 지은 '새집'.

巢窟 소굴   卵巢 난소
歸巢本能 귀소본능

沼 못 소
총획 8 | 부수 水

물[氵]을 불러[召] 모은 곳이 '못'.

沼池 소지   沼澤 소택
龍沼 용소

宋 송나라, 성(姓)씨 송:
총획 7 | 부수 宀

집[宀]을 나무[木]로 짓고 사는 '송나라' 사람.

宋書 송서   宋時烈 송시열

隋 수나라 수
총획 12 | 부수 阜

언덕[阝] 왼쪽[左]에 붙여 달[月]을 보는 나라가 '수나라'.

隋書 수서

洙 물가 수
총획 9 | 부수 水

붉은[朱] 물[氵]이 되어버린 '물가'.

銖 저울눈 수
총획 14 | 부수 金

무게를 달기 위해 쇠[金]막대기 같은 붉은[朱]색의 선을 그어 만든 '저울눈'.

銖兩 수량   五銖錢 오수전

舜 순임금 순:
총획 12 | 부수 舛

손톱[爫] 같은 꽃잎이 이그러져[舛] 덮이니[冖] '순임금'이 화가 나다.

舜花 순화   堯舜 요순
李舜臣 이순신

珣 옥 이름 순
총획 10 | 부수 玉

열흘[旬]에 걸쳐 구슬[王]을 만들어 붙여준 '옥 이름'.

荀 풀 이름 순
총획 10 | 부수 艸

열흘[旬]동안 자란 풀[艹]에게 붙여준 '풀 이름'.

荀子 순자

洵 참으로 순
총획 9 | 부수 水

열흘[旬] 동안 물[氵]방울 같은 '눈물을 흘리다'.

淳 순박할 순
총획 11 | 부수 水

오염되지 않은 깨끗한 물[氵] 그대로 누리니[享] '순박하다'.

淳朴 순박   淳厚 순후
淳昌 순창

瑟 큰거문고 슬
총획 13 | 부수 玉

반드시[必] 구슬 두 개[王王]를 붙여 '큰거문고'를 만들다.

琴瑟 금슬

繩 노끈 승
총획 19 | 부수 糸

맹꽁이[黽] 털처럼 굵게 꼰 실[糸]은 '노끈'.

捕繩 포승   自繩自縛 자승자박

柴 섶 시 :
총획 10 | 부수 木

가까운 이[此] 나무[木]는 땔나무감인 '섶'.

柴門 시문　　柴炭 시탄

艾 쑥 애
총획 6 | 부수 艸

잡초[艹] 속에 이리저리 얽혀[乂] 자라는 '쑥'.

艾葉 애엽

淵 못 연
총획 12 | 부수 水 | 약 渊

물[氵]을 한 곳에 모아 두기 위해 조각[片]과 같은 조각[爿]을 하나[一]로 묶어 놓듯 둑을 쌓아 만든 '못'.

深淵 심연

軾 수레 앞 가로나무 식
총획 13 | 부수 車

수레[車]도 만드는 식[式]이 있으니 '수레 앞 가로나무'가 필요하다.

蘇軾 소식　　金富軾 김부식

埃 티끌 애
총획 10 | 부수 土

어조사[矣] 같은 흙[土]이 '티끌'.

埃及 애급　　塵埃 진애

妍 고울 연 :
총획 9 | 부수 女

여자[女]의 피부가 간[研 → 开] 것처럼 매끈매끈 '곱다'.

妍姿 연자　　妍粧 연장

湜 물 맑을 식
총획 12 | 부수 水

물[氵]이 태양[日]의 발[疋]처럼 '물이 맑다'.

金湜 김식

倻 가야 야
총획 11 | 부수 人

아버지[耶]의 조상인 사람[亻]들이 '가야'족이다.

伽倻山 가야산

閻 마을 염
총획 16 | 부수 門

대문[門]을 달고 절구[臼]도 갖다 놓고 이 사람 저 사람 모여 사는 '마을'.

閻羅 염라　　閭閻 여염

瀋 물 이름, 즙 낼 심 :
총획 18 | 부수 水

물[氵]을 살펴서[審] 붙여준 '물 이름'.

瀋陽 심양

襄 도울 양 (:)
총획 17 | 부수 衣

식구들[口口]까지 옷[衣]을 만들고 우물[井] 파는 일을 '돕다'.

襄禮 양례　　襄陽 양양

燁 빛날 엽
총획 16 | 부수 火

불[火]처럼 화려하게[華] '빛나다'.

閼 막을 알
총획 16 | 부수 門

문[門]을 닫아 사방[方]에서 들어오려 하는 사람[人] 둘[二]을 '막다'.

金閼智 김알지

彦 선비 언 :
총획 9 | 부수 彡

머리[彡]도 깎지 않고 집[厂]에서 글[文] 읽는 '선비'.

彦士 언사

瑛 옥빛 영
총획 13 | 부수 玉

꽃부리[英] 같은 구슬[王]이 '옥빛'을 내다.

鴨 오리 압
총획 16 | 부수 鳥

갑옷[甲] 같은 껍데기를 뒤집어 쓴 듯 주둥이가 넓죽하게 생긴 새[鳥]가 '오리'.

鴨綠江 압록강　　家鴨 가압

衍 퍼질, 넓을 연 :
총획 9 | 부수 行

물[氵]이 사방으로 퍼져 간다[行]하여 '퍼지다'.

衍文 연문　　衍義 연의

盈 찰 영
총획 9 | 부수 皿

또[又] 물을 부으니 곧[乃] 그릇[皿]에 가득 '차다'.

盈德 영덕　　盈虛 영허

暎 비칠 영: 총획 13 | 부수 日 | 映과 同字 해[日]가 꽃부리[英]를 '비치다'.	**吳** 오나라, 성(姓)씨 오 총획 7 | 부수 口 목에 힘주고 입[口]으로 큰[大] 소리 치니 '오나라'. 吳吟 오음	**莞** 빙그레 웃을 완 / 왕골 관 총획 11 | 부수 艹 풀[艹] 중에 완전히[完] 다 자란 '왕골' 풀. 莞島 완도 莞爾 완이
瑩 옥돌 영 / 밝을 형 총획 15 | 부수 玉 불[火] 같은 구슬[玉]은 '옥돌'. 崔瑩 최영	**沃** 기름질 옥 총획 7 | 부수 水 물[氵]이 젊다[夭] 하여 윤택하고 '기름 지다'. 沃土 옥토 肥沃 비옥	**旺** 왕성할 왕: 총획 8 | 부수 日 태양[日] 빛이 왕[王] 같으니 모든 생 물이 '왕성하게' 자라다. 旺盛 왕성 興旺 흥왕
芮 물가 성(姓)씨 예 총획 8 | 부수 艹 안쪽[內]에는 풀[艹]이 많고 그 주위는 '물가'. 芮芮 예예	**鈺** 보배 옥 총획 13 | 부수 金 금[金]과 옥[玉]으로 만든 '보배'.	**汪** 넓을 왕(:) 총획 7 | 부수 水 물[氵]이 왕[王] 같다 하여 깊고 '넓다'. 汪茫 왕망 汪洋 왕양
睿 슬기 예: 총획 14 | 부수 目 윗[上]사람이 무지로 덮인[冖] 한[一] 사람을 불[火] 같이 밝은 눈[目]으로 보니 '슬기롭다'. 睿智 예지	**邕** 막힐 옹: 총획 10 | 부수 邑 내[巛]에 고을[邑]이 잠기지 않게 하기 위해 '막다'.	**倭** 왜나라 왜 총획 10 | 부수 人 위임[委]장을 내린 사람[人]이 '왜나라' 사람. 倭國 왜국 倭風 왜풍
濊 흐릴, 종족 이름 예: 총획 16 | 부수 水 물[氵]이 세월[歲]이 갈수록 오염이 되 어 '흐려지다'. 濊國 예국	**雍** 화할 옹 총획 13 | 부수 隹 머리[亠]가 어린[幺] 새[隹]를 기르듯 하니 '화목하다'. 雍容 옹용 雍和 옹화	**耀** 빛날 요 총획 20 | 부수 羽 해만 뜨면 빛[光]이 펄럭이며 날개 [羽]치는 새[隹]처럼 '빛나다'. 耀德 요덕
墺 물가 오: 총획 16 | 부수 土 깊이[奧] 흙[土]바닥이 파여 있는 '물 가'. 墺地利 오지리	**甕** 독 옹: 총획 18 | 부수 瓦 아래 부분이 막힌[雍] 기왓장[瓦]처럼 가마에서 구워낸 '항아리'. 甕器 옹기 甕津 옹진	**姚** 예쁠 요 총획 9 | 부수 女 조짐[兆]을 좋게 하는 여자[女]가 '예쁘 다'.

堯	요임금 요 / 총획 12	부수 土

사람[儿]들이 하나[一]씩 많은 흙[垚]을 쌓아 올려 '높다'.

堯舜 요순

禹	성(姓)씨 우 / 총획 9	부수 内

영토를 다스린 '우[禹] 임금'.

禹韭 우구

昱	밝을 욱 / 총획 9	부수 日

서[立] 있는 머리 위에 해[日]가 '밝다'.

昱昱 욱욱

溶	녹을 용 / 총획 13	부수 水

얼굴[容] 모양을 만들기 위해 물[氵]처럼 쇠를 '녹이다'.

溶液 용액   溶解 용해

佑	도울 우: / 총획 7	부수 人

우측[右]에 서서 사람[人]을 '돕다'.

佑命 우명   天佑神助 천우신조

芸	향풀 운 / 총획 8	부수 艸

풀[艹] 중에 좀을 막아 준다고 말하는[云] '향풀'.

芸香 운향   芸穫 운확

瑢	패옥소리 용 / 총획 14	부수 玉

얼굴[容] 같은 구슬[玉]에서 나는 '패옥소리'.

旭	아침 해 욱 / 총획 6	부수 日

오전 아홉[九]시쯤 하늘에 떠 있는 해[日]니 '아침해'.

旭光 욱광   旭日 욱일

蔚	고을 이름 울 / 총획 15	부수 艸

벼슬[尉]에도 이름이 있듯 풀[艹]이 많아 붙여준 '고을 이름'.

蔚山 울산   蔚珍郡 울진군

鎔	쇠 녹일, 거푸집 용 / 총획 18	부수 金

얼굴[容] 모형을 만들기 위해 쇠[金]를 녹여 만든 '거푸집'.

鎔接 용접   鎔和 용화

煜	빛날 욱 / 총획 13	부수 火

불[火]처럼 하늘 가운데 태양[日]이 서서[立] '빛나다'.

煜煜 욱욱

熊	곰 웅 / 총획 14	부수 火

다리[灬]를 능수능란[能]하게 움직이는 '곰'.

熊膽 웅담   熊津 웅진

鏞	쇠북 용 / 총획 19	부수 金

쇠[金] 소리를 뚜렷하게[庸] 내는 '쇠북'.

鏞敲 용고

頊	삼갈 욱 / 총획 13	부수 頁

맑은 구슬[王]처럼 머리[頁] 속을 비우고 '삼가다'.

袁	성(姓)씨 원 / 총획 10	부수 衣

한[一] 바퀴[口]를 돌 정도로 옷[衣]이 '길다'.

祐	복, 도울 우: / 총획 10	부수 示

신[示]이 모든 만물 오른[右]쪽에 서서 '돕다'.

幸祐 행우

郁	성할 욱 / 총획 9	부수 邑

많은 돈이 있는[有] 고을[阝]이 발전하여 '성하다'.

郁郁靑靑 욱욱청청

瑗	구슬 원 / 총획 13	부수 玉

손[爫]으로 구슬[王] 한[一] 개를 친구[友]에게 주니 그 '구슬'이 더 빛나다.

媛
예쁠, 계집 원
총획 12 | 부수 女

손[⺘]으로 한[一] 번씩 만져주는 '계집[女]'인 친구[友]가 '예쁘다'.

令媛 영원　　才媛 재원

俞
대답할 유
총획 9 | 부수 入

사람[人] 하나[一]가 달[月]에게 '대답하다'.

俞應孚 유응부　　俞泓 유홍

誾
향기 은
총획 15 | 부수 言

자기 집 문[門] 안에서는 식구들에게 말[言]을 '향기'롭게 한다.

魏
나라 이름 위
총획 18 | 부수 鬼

모든 것을 맡겨[委] 준 귀신[鬼]이 지은 '나라 이름'.

北魏 북위　　魏書 위서

踰
넘을 유
총획 16 | 부수 足

발[足]을 재촉하여 유[俞]씨 성을 가진 사람이 산을 '넘다'.

踰年 유년

殷
은나라 은
총획 10 | 부수 殳

몸[身]을 비틀며 북 치고[殳] 노래하는 '은나라'.

殷鑑 은감　　殷盛 은성

韋
가죽 위
총획 9 | 부수 韋

가죽을 발로 밟고 땡겨 기름을 뺀 '가죽'.

韋編 위편

鈗
창 윤
총획 12 | 부수 金

쇠[金]로 만든 '창'을 사용하도록 허락하다[允].

垠
지경 은
총획 9 | 부수 土

흙[土] 바닥에 밭과 밭 사이에 머문[艮] '지경'.

垠際 은제　　九垠 구은

渭
물 이름 위
총획 12 | 부수 水

위[胃]에 물[氵]이 들어 있는 듯 많은 물이 있는 강을 뜻하여 '물 이름'.

渭陽丈 위양장

胤
자손 윤
총획 9 | 부수 肉

사람[儿]들의 피를 이어받은 그 작은[幺] 몸[月]이 '자손'.

胤玉 윤옥　　後胤 후윤

鷹
매 응(:)
총획 24 | 부수 鳥

집[广]에서 사람[亻]들이 새[隹]를 잡기 위해 기른 새[鳥]가 '매'.

鷹犬 응견　　鷹視 응시

庾
곳집 유
총획 12 | 부수 广

비옥한[臾] 곡식을 집[广]처럼 쌓아둔 '곳집'.

庾廩 유름　　庾積 유적
金庾信 김유신

允
맏 윤:
총획 4 | 부수 儿

사심[厶]을 버린 사람[儿]이 '맏이'.

允可 윤가　　允許 윤허

伊
저 이
총획 6 | 부수 人

다른 사람[亻]을 다스리는[尹] 그를 뜻하여 '저'.

伊太利 이태리

楡
느릅나무 유
총획 13 | 부수 木

나무[木] 중 유[俞]씨 집 근처에 있는 '느릅나무'.

楡皮 유피

尹
다스릴, 성(姓)씨 윤:
총획 4 | 부수 尸

손[彐]에 지휘봉[丿]을 들고 아랫사람을 '다스리다'.

尹瓘 윤관　　尹奉吉 윤봉길

珥
귀고리 이:
총획 10 | 부수 玉

귀[耳]에 매달려 있는 구슬[王]이 '귀고리'.

李珥 이이

怡
기쁠 이
총획 8 | 부수 心

마음[忄]에 들어 내[厶] 입[口]을 벌리고 '기뻐하다'.

怡顔 이안

庄
전장, 농막 장
총획 6 | 부수 广

집[广]처럼 흙[土]을 발라 지은 '농막'.

村庄 촌장

鄭
나라 정:
총획 15 | 부수 邑

추장[酋]이 다스리는 큰[大] '나라[阝]'.

鄭夢周 정몽주   鄭重 정중

翊
도울 익
총획 11 | 부수 羽

서서[立] 날개짓하는[羽] 새를 날 수 있도록 '돕다'.

翊贊 익찬   翊戴功臣 익대공신

璋
홀 장
총획 15 | 부수 玉

구슬[王]로 끝의 반을 깎아 뾰족하게 만든 '홀'.

弄璋之慶 농장지경

晶
맑을 정
총획 12 | 부수 日

흐렸다가 해 세 개[晶]가 한번에 비치면 세상이 더욱 '맑아진다'.

晶光 정광   結晶 결정

佾
줄춤 일
총획 8 | 부수 人

사람[亻] 여덟[八] 명이 줄지어 몸[月]을 흔들며 추는 '줄춤'.

八佾舞 팔일무

蔣
줄풀, 성(姓)씨 장
총획 15 | 부수 艸

장수[將]처럼 쭉 뻗은 풀[艹]이 '줄풀'.

蔣介石 장개석

禎
상서로울 정
총획 14 | 부수 示

곧은[貞] 사람에게 신[示]이 내려주는 복이니 '상서롭다'.

禎祥 정상

鎰
무게 이름 일
총획 18 | 부수 金

쇠[金]의 무게를 더하니[益] '무게 이름'이 바뀌다.

萬鎰 만일

甸
경기, 다스릴 전
총획 7 | 부수 田

왕도의 주위 오백 리 이내에 싸여[勹] 있는 영토나 밭[田]이니 '경기'.

甸服 전복   畿甸 기전

旌
기 정
총획 11 | 부수 方

군인[人]들의 사기가 나도록[生] 하기 위해 만든 사방[方]에서 펄럭이는 '기'.

旌善 정선   銘旌 명정

滋
불을 자
총획 12 | 부수 水

물[氵]이 이[茲]곳으로 모여들어 점점 '불어나다'.

滋蔓 자만

鼎
솥 정
총획 13 | 부수 鼎

세 개의 발이 달린 '솥'의 모양.

鼎談 정담   鼎爐 정로

汀
물가 정
총획 5 | 부수 水

물[氵]이 고무래[丁] 형태로 흘러 가는 '물가'.

汀渚 정저   汀岸 정안
沙汀 사정

獐
노루 장
총획 14 | 부수 犬

개[犭]와 다른 무늬[章]의 '노루'.

獐皮 장피

珽
옥 이름 정
총획 11 | 부수 玉

조정[廷]에서 구슬[王]에 붙혀준 '옥 이름'.

楨
광나무 정
총획 13 | 부수 木

나무[木] 중에 곧게[貞] 세워 담 쌓을 때 세우는 '광나무'.

楨幹 정간

趙 나라 조 : 총획 14 │ 부수 走	**晙** 밝을 준 : 총획 11 │ 부수 日	**址** 터 지 총획 7 │ 부수 土
정처없이 걸어서[走] 도착한 곳이 닮은[肖] '나라'이다. 趙光祖 조광조	가서[夋] 해[日]를 보니 더욱 '밝다'.	전혀 쓰지 않고 그쳐[止] 있는 땅[土]이니 공 '터'. 址臺 지대　　城址 성지
曺 성(姓)씨 조 총획 10 │ 부수 日	**浚** 깊게 할 준 : 총획 10 │ 부수 水	**稙** 올벼 직 총획 13 │ 부수 禾
'曹'를 변형시킨 '曺'는 우리나라 '성(姓)씨'로만 쓰인다.	높이[俊→夋] 쌓아 놓은 둑에 물[氵]이 고여 있는 것이니 수심이 '깊다'. 浚渫 준설　　許浚 허준	벼[禾] 중에 곧게[直] 잘 자라는 것이 일찍 심은 '벼'.
祚 복조 조 총획 10 │ 부수 示	**駿** 준마 준 : 총획 17 │ 부수 馬	**稷** 기장 직 총획 15 │ 부수 禾
신[示]이 하늘과 땅[二] 사이에 존재하여 좋은 일을 하는 사람[人]들에게 내려[丨]주는 '복조'. 登祚 등조	말[馬] 중에 잘 가는[夋] 놈이 '준마'. 駿馬 준마　　駿敏 준민	벼과[禾]에 속하며 밭[田]에 심으면 팔[八]월에 서서히[夂] 익는 '기장'. 稷神 직신　　社稷 사직
琮 옥홀 종 총획 12 │ 부수 玉	**峻** 높을 준 : 총획 10 │ 부수 山	**晉** 진나라 진 : 총획 10 │ 부수 日
종가[宗] 집에 모아 놓은 구슬[玉]이 '옥홀'.	산[山]을 천천히 걷다보니[夋] '높다'. 峻拒 준거　　峻嚴 준엄	하늘과 땅[二] 사이에 태양[日] 아래 나[厶]와 더불어 사는 '진나라'. 晉州市 진주시
疇 이랑 주 총획 19 │ 부수 田	**濬** 깊을 준 : 총획 17 │ 부수 水	**秦** 진나라 진 총획 10 │ 부수 禾
목숨[壽] 같은 '밭[田]이랑'. 羅錫疇 나석주　　範疇 범주	물[氵]속까지 밝게[睿] 안다 하여 그 앎이 '깊다'. 濬源 준원　　濬池 준지 濬川 준천	벼[禾] 농사 짓는 세[三] 사람[人]이 '진나라' 사람. 秦始皇 진시황
埈 높을 준 : 총획 10 │ 부수 土	**芝** 지초 지 총획 8 │ 부수 艹	**燦** 빛날 찬 : 총획 17 │ 부수 火
흙[土]산을 천천히[夂] 오를 수 있도록 허락하는[允] '높은' 산.	풀[艹] 속에 가서[之] 보니 여기저기 '지초'. 芝草 지초　　芝蘭之交 지란지교	하얀 뼈[歹→歺]와 또한[又] 쌀[米]이 불[火]빛에 '빛나다'. 燦爛 찬란　　燦然 찬연

璨	옥빛 찬: 총획 17	부수 玉

구슬[王]로 만든 쌀[粲] 그릇이 '옥빛'이다.

鑽	뚫을 찬 총획 27	부수 金

막힌 곳을 쇠[金]로 도와주어[贊] '뚫다'.

研鑽 연찬

瓚	옥잔 찬 총획 23	부수 玉

구슬[王]로 만든 '옥잔'을 들고 찾아 뵈다[贊].

崔瓚植 최찬식

昶	해 길 창: 총획 9	부수 日

여름의 해[日]는 길다[永]하여 '해 길다'.

敞	시원할 창: 총획 12	부수 攵

높은[尙] 성 위에서 창으로 적을 치는[攵] 그 곳이 '시원하다'.

高敞 고창   寬敞 관창

蔡	풀숲, 성(姓)씨 채: 총획 15	부수 艸

풀[艹]이 제사[祭] 상에 음식처럼 많은 곳이 '풀숲'.

蔡濟恭 채제공

采	풍채 채 총획 8	부수 采

손톱[爫]으로 나무[木] 밑에서 나물을 캐는 사람의 '풍채'가 멋있다.

喝采 갈채   風采 풍채

埰	사패지 채: 총획 11	부수 土

손[爫]으로 나무[木]도 심고, 먹고 살도록 임금이 내려준 땅[土]이 '사패지'.

賜牌地 사패지

陟	오를 척 총획 10	부수 阜

언덕[阝] 위로 걸어서[步] '올라가다'.

三陟 삼척   進陟 진척

釧	팔찌 천 총획 11	부수 金

금[金]으로 만든 '팔찌'.

寶釧 보천

澈	맑을 철 총획 15	부수 水

철저히[徹→㪔] 정수된 물[氵]이라 '맑다'.

鄭澈 정철

喆	밝을 철 총획 12	부수 口

길하고[吉] 길하니[吉] 앞날이 '밝다'.

瞻	볼 첨 총획 18	부수 目

눈[目]으로 말할[言] 수 없이 위험한 [危] 곳을 바라 '보다'.

瞻望 첨망   瞻星臺 첨성대

楚	초나라 초 총획 13	부수 木

수풀[林] 속에서 발[疋]소리를 죽이고 '초나라' 동태를 살피다.

楚撻 초달   四面楚歌 사면초가

蜀	나비 애벌레, 나라 이름 촉 총획 13	부수 虫

그물[罒] 같은 데 싸여[勹] 있는 벌레[虫]는 '나비 애벌레'.

蜀魄 촉백   蜀漢 촉한

崔	높을, 성(姓)씨 최 총획 11	부수 山

날아 올라간 새[隹]처럼 산[山]이 '높다'.

崔致遠 최치원

鄒	추나라 추 총획 13	부수 邑

꼴[芻]을 많이 기르는 고을[阝]은 '추나라'.

楸	가래 추 총획 13	부수 木

가을[秋] 나무[木]가 '가래'나무.

楸木 추목

椿 참죽나무 춘 총획 13 | 부수 木 봄[春]에 더욱 생기가 있는 나무[木]가 '참죽나무'. 椿堂 춘당　　椿府丈 춘부장	**耽** 즐길 탐 총획 10 | 부수 耳 귀[耳]는 사람[人]들에 덮여[冖] 있는 비밀 듣기를 '즐긴다'. 耽溺 탐닉　　耽讀 탐독	**扁** 작을 편 총획 9 | 부수 戶 집[戶]의 책[冊]이 '작다'. 扁額 편액　　扁平 편평
沖 화할 충 총획 7 | 부수 水 모든 물[氵]은 가운데[中]에서 서로 섞여 '화하다'. 沖年 충년　　對沖 대충	**台** 별 태 / 나 이 총획 5 | 부수 口 나[厶] 입[口]이 '별' 같다. 右台 우태　　天台宗 천태종	**鮑** 절인 어물 포: 총획 16 | 부수 魚 물고기[魚]에 소금을 발라 싸[包] 놓은 것이니 '절인 어물'. 鮑尺 포척
聚 모일 취: 총획 14 | 부수 耳 사람들[人人人]은 남에 이야기를 들으려[耳] 또[又] '모이다'. 聚落 취락　　聚合 취합	**兌** 바꿀 태 총획 7 | 부수 儿 입[口] 벌리고[八] 웃는 사람[儿]의 인상은 '바뀐다'. 兌管 태관	**葡** 포도 포 총획 13 | 부수 艹 풀[艹] 덩굴처럼 기어가는[匍] '포도'. 葡萄 포도　　葡萄糖 포도당
雉 꿩 치 총획 13 | 부수 隹 화살[矢]처럼 하늘을 나는 새[隹]는 '꿩'. 雉鷄 치계　　雉岳山 치악산	**坡** 언덕 파 총획 8 | 부수 土 흙[土]이 쌓이고 쌓여 가죽[皮]처럼 단단하게 된 '언덕'. 坡州市 파주시　　鸞坡 난파	**杓** 북두 자루 표 총획 7 | 부수 木 나무[木] 하나[一]를 잘라 구부려[勹] 만든 도끼 '자루'. 杓子 작자　　樽杓 준작
峙 언덕 치 총획 9 | 부수 山 그 산[山]에는 절[寺]이 '언덕'에 있다. 對峙 대치　　棋峙 기치	**阪** 언덕 판 총획 7 | 부수 阜 언덕[阝] 반대[反]편에 낭떠러지 같은 경사진 곳이나 '산비탈'.	**馮** 성(姓)씨 풍 / 탈 빙 총획 12 | 부수 馬 얼음[冫] 위에서 썰매를 타듯 말[馬]을 '타다'.
灘 여울 탄 총획 22 | 부수 水 돌 같은 것이 솟아 물[氵]이 흐르기 어려운[難] '여울'. 灘聲 탄성	**彭** 성(姓)씨 팽 총획 12 | 부수 彡 '壴'와 '彡'가 합쳐져 '성씨'에 쓰인다. 彭排 팽배	**弼** 도울 필 총획 12 | 부수 弓 어려운 처지에 놓인 수백[百] 명에게 많은 활[弓弓]을 주어 '도와주다'. 輔弼 보필　　徐載弼 서재필

邯	땅 이름 한 / 사람 이름 감 총획 8 | 부수 阝

단[甘]맛의 물이 나는 마을[阝]의 '땅 이름'이 궁금하다.

姜邯贊 강감찬

峴	고개 현: 총획 10 | 부수 山

산[山]같이 보이는[見] 높은 '고개'.

阿峴洞 아현동

馨	꽃다울 형 총획 20 | 부수 香

향기[香]와 소리[聲]가 아름다우니 '꽃답다'.

馨香 형향

亢	높을 항 총획 4 | 부수 亠

책상[几] 같은 머리[亠] 받침이 '높다'.

亢進 항진

炫	밝을, 빛날 현: 총획 9 | 부수 火

불[火]빛이 비치니 검은[玄]색도 '밝게' 보인다.

炫煌 현황

瀅	물맑을 형: 총획 18 | 부수 水

밝은[瑩] 물[氵]이니 '물이 맑다'.

沆	넓을 항: 총획 7 | 부수 水

높게[亢] 파도가 이는 물[氵]이 많은 '넓은' 바다.

崔沆 최항

鉉	솥귀 현 총획 13 | 부수 金

쇠[金] 중 그을음에 검게[玄] 타는 '솥귀'.

皓	흴, 밝을 호 총획 12 | 부수 白

희다고[白] 고하는[告] 것이니 '희다'.

皓白 호백   皓月 호월
皓然 호연   皓雪 호설

杏	살구 행: 총획 7 | 부수 木

나무[木]에 달린 둥근[○] 열매가 '살구'.

杏花 행화   銀杏 은행

陜	좁을 협 / 땅 이름 합 총획 10 | 부수 阜 | 狹과 同字

언덕[阝] 사이에 끼어[夾] '좁다'.

陜川 합천

滈	넓을 호: 총획 15 | 무수 水 | 浩와 同字

깨끗한[氵] 호수[皓]가 '넓다'.

赫	붉을, 빛날 혁 총획 14 | 부수 赤

붉은[赤]색에 붉은[赤]색을 더하니 더욱 '붉다'.

赫怒 혁노   朴赫居世 박혁거세

邢	성(姓)씨, 나라 이름 형 총획 7 | 부수 阝

고을[阝]을 새로 열었으니[开] '나라 이름'을 정하다.

晧	밝을 호: 총획 11 | 부수 日

해[日]가 세상에 고하듯[告] 떠오르니 '밝다'.

爀	불빛 혁 총획 18 | 부수 火

불[火]이 빛나는[赫] 것이니 '불빛'.

炯	밝을, 빛날 형 총획 9 | 부수 火

불[火]빛이 성[冂] 입구[口]를 비추니 '밝다'.

炯眼 형안   炯然 형연

昊	하늘 호: 총획 8 | 부수 日

태양[日]이 떠 있는 그 높고 넓은 하늘[天] 중 '하늘'.

昊天 호천   昊天罔極 호천망극

壕 해자 호
총획 17 | 부수 土

영웅호걸[豪]들이 영토[土]를 지키기 위해 성 둘레에 파놓은 못이 '해자'.

防空壕 방공호   塹壕 참호

樺 자작나무 화
총획 16 | 부수 木

화려한[華] 나무[木]가 '자작나무'.

樺榴欌 화류장   樺皮 화피
樺燭 화촉

淮 물 이름 회
총획 11 | 부수 水

새[隹]처럼 모여 있는 '물[氵] 이름'.

淮陽郡 회양군

扈 따를 호:
총획 11 | 부수 戶

도읍[邑]에 천자가 행차하면 문[戶] 안의 모든 백성과 신하가 뒤를 '따른다'.

扈駕 호가   扈衛 호위

桓 굳셀 환
총획 10 | 부수 木

비바람 속에서도 끄떡없이 나무[木]가 뻗쳐[亘] 나가는 것이 '굳세다'.

桓雄 환웅   桓因 환인

后 임금 후:
총획 6 | 부수 口

큰 집[厂]에서 하늘[一] 같은 명령[口]을 내리는 '임금'.

后妃 후비   皇后 황후
母后 모후

鎬 호경 호:
총획 18 | 부수 金

쇠[金]로 만든 높은[高] 곳에 있는 '냄비'.

鎬京 호경

煥 빛날 환:
총획 13 | 부수 火

불[火]이 크게[奐] 타오르면서 '빛나다'.

壎 질나팔 훈
총획 17 | 부수 土

불길[熏]에 흙[土]을 구워 만든 '질나팔'.

壎篪相和 훈지상화

祜 복 호:
총획 10 | 부수 示

옛날[古]부터 착한 사람에게 신[示]이 내려주는 '복'.

晃 밝을 황
총획 10 | 부수 日

해[日]가 떠 빛나니[光] 온 세상이 더욱 '밝다'.

晃然 황연

熏 불길 훈
총획 14 | 부수 火

천[千] 갈래의 검은[黑] 연기 속의 '불길'.

熏灼 훈작

泓 물깊을 홍
총획 8 | 부수 水

큰[弘] 못에 고여 있는 물[氵]이 '깊다'.

深泓 심홍

滉 깊을 황
총획 13 | 부수 水

햇[日]빛[光]처럼 물[氵]이 맑고 '깊다'.

李滉 이황

薰 향풀 훈
총획 18 | 부수 艹

풀[艹]에서 불길[熏]처럼 향이 나는 '향풀'.

薰煙 훈연   薰風 훈풍
薰蒸 훈증   薰香 훈향

嬅 탐스러울 화
총획 15 | 부수 女

빛나는[華] 여자[女]가 '탐스러워' 보인다.

檜 전나무 회:
총획 17 | 부수 木

한곳에 모여[會] 있는 나무[木]는 '전나무'.

檜目 회목   檜皮 회피

徽 아름다울 휘
총획 17 | 부수 彳

가늘고[微] 빨간 실[糸]이 '아름답다'.

徽號 휘호   徽琴 휘금
徽章 휘장

休 아름다울 휴
총획 10 | 부수 火

쉬는[休] 듯 조용히 타오르는 불[灬] 빛이 '아름답다'.

禧 복 희
총획 17 | 부수 示

신[示]을 기쁘게[喜] 하여 받는 '복'.

禧年 희년　　新禧 신희

匈 오랑캐 흉
총획 6 | 부수 勹

남의 나라를 침범하려고 흉한[凶] 마음을 항상 싸[勹] 가지고 있는 '오랑캐'.

匈奴 흉노

羲 복희 희
총획 16 | 부수 羊

창[戈]을 든 양[羊]과 같은 중국 신화에 나오는 '복희'.

伏羲 복희　　王羲之 왕희지

欽 공경할 흠
총획 12 | 부수 欠

금[金]덩이나 많은 돈 가진 사람을 입 벌려[欠] '공경하다'.

欽求 흠구　　欽命 흠명

嬉 아름다울 희
총획 15 | 부수 女

여자[女]들이 기뻐하는[喜] 모습이 '아름답다'.

嬉遊 희유　　嬉戱 희희

憙 기뻐할 희
총획 16 | 부수 心

기쁜[喜] 일이 생겨 마음[心]속으로 더욱 '기뻐하다'.

熹 빛날 희
총획 16 | 부수 火

기뻐하듯[喜] 불[灬]이 '빛난다'.

朱熹 주희

漢字

01 한자 부수 명칭표

02 일자다음어

03 독음이의어

04 반의자(상대자)

05 반의어

06 동의자(유의자)

07 동의어

08 약자

09 장단음

10 전의어

11 사자성어

01 한자 부수 명칭표

一	한 일	口	큰입구몸	心(忄)	마음 심	片	조각 편
丨	뚫을 곤	土	흙 토	戈	창 과	牙	어금니 아
丶	점 주	士	선비 사	戶	지게 호	牛(牜)	소 우
丿	삐침 별	夂	뒤져올 치	手(扌)	손 수	犬(犭)	개 견
乙	새 을	夊	천천히걸을쇠	支	지탱할 지	玄	검을 현
亅	갈고리 궐	夕	저녁 석	攴(攵)	칠 복	玉(王)	구슬 옥
二	두 이	大	큰 대	文	글월 문	瓜	오이 과
亠	돼지해머리 두	女	계집 녀	斗	말 두	瓦	기와 와
人(亻)	사람 인	子	아들 자	斤	날 근	甘	달 감
儿	어진사람 인	宀	갓머리	方	모 방	生	날 생
入	들 입	寸	마디 촌	无(旡)	이미기방	用	쓸 용
八	여덟 팔	小	작을 소	日	날 일	田	밭 전
冂	멀경몸	尢	절름발이왕	曰	가로 왈	疋	짝 필
冖	위튼입구몸	尸	주검 시	月	달 월	广	병질엄
冫	민갓머리	屮	왼손 좌	木	나무 목	癶	필발머리
几	안석 궤	山	뫼 산	欠	하품 흠	白	흰 백
冫	이수변	巛(川)	개미허리(내 천)	止	그칠 지	皮	가죽 피
刀(刂)	칼 도	工	장인 공	歹	죽을사변	皿	그릇 명
力	힘 력	己	몸 기	殳	갖은등글월문	目	눈 목
勹	쌀 포	巾	수건 건	毋	말 무	矛	창 모
匕	비수 비	干	방패 간	比	견줄 비	矢	화살 시
匚	터진입구몸	幺	작을 요	毛	털 모	石	돌 석
匸	감출혜몸	广	엄 호	氏	각시 씨	示(礻)	보일 시
十	열 십	廴	민책받침	气	기운기엄	内	짐승발자국 유
卜	점 복	廾	스물 입	水(氵)	물 수	禾	벼 화
卩(㔾)	병부절	弋	주살 익	火(灬)	불 화	穴	구멍 혈
厂	민엄호	弓	활 궁	爪(爫)	손톱 조	立	설 립
厶	마늘모	彐(彑)	터진가로왈	父	아비 부	竹(⺮)	대 죽
又	또 우	彡	터럭 삼	爻	점괘 효	米	쌀 미
口	입 구	彳	두인변	爿	장수장	糸(糹)	실 사

缶	장군 부	豕	갖은돼지시변	食(飠)	밥 식
网(罒)	그물 망	貝	조개 패	首	머리 수
羊	양 양	赤	붉을 적	香	향기 향
羽	깃 우	走	달아날 주	馬	말 마
老(耂)	늙을 로	足	발 족	骨	뼈 골
而	말이을 이	身	몸 신	高	높을 고
耒	가래 뢰	車	수레 거	髟	터럭발
耳	귀 이	辛	매울 신	鬥	싸울 투
聿	붓 율	辰	별 신	鬯	울창주 창
肉(月)	고기 육	辵(辶)	쉬엄쉬엄갈 착 (갖은책받침)	鬲	다리굽은솥 력
臣	신하 신	邑(阝)	고을 읍	鬼	귀신 귀
自	스스로 자	酉	닭 유	魚	물고기 어
至	이를 지	釆	분별할 변	鳥	새 조
臼	절구 구	里	마을 리	鹵	소금 로(짠땅로)
舌	혀 설	金	쇠 금	鹿	사슴 록
舛	어그러질 천	長(镸)	길 장	麥	보리 맥
舟	배 주	門	문 문	麻	삼 마
艮	괘이름 간	阜(阝)	언덕 부	黃	누를 황
色	빛 색	隶	미칠 이	黍	기장 서
艸(艹)	풀 초	隹	새 추	黑	검을 흑
虍	범호엄	雨	비 우	黹	바느질할 치
虫	벌레 훼	靑	푸를 청	黽	맹꽁이 맹
血	피 혈	非	아닐 비	鼎	솥 정
行	다닐 행	面	낯 면	鼓	북 고
衣(衤)	옷 의	革	가죽 혁	鼠	쥐 서
襾	덮을 아	韋	다룸가죽 위	鼻	코 비
見	볼 견	韭	부추 구	齊	가지런할 제
角	뿔 각	音	소리 음	齒	이 치
言	말씀 언	頁	머리 혈	龍	용 룡
谷	골 곡	風	바람 풍	龜	거북 귀
豆	콩 두	飛	날 비	龠	피리 약
豸	돼지 시				

02 일자다음어

한자	훈음	용례		한자	훈음	용례	
降	내릴 강: 항복할 항	降等 강등 乘降場 승강장 降伏 항복 投降 투항		兜	투구 두 도솔천 도	兜率歌 두솔가 兜率 도솔	
醵	추렴할 거:/갹	醵金 거금 醵出 거출 醵金 갹금 醵出 갹출		樂	즐길 락 좋아할 요 노래 악	極樂 극락 享樂 향락 樂山樂水 요산요수 樂譜 악보 管絃樂 관현악	
車	수레 거/차	車馬 거마 自轉車 자전거 車庫 차고 電車 전차		驪	검은말 려/리	驪州 여주 驪龍 이룡 驪珠 이주	
見	볼 견: 뵈올 현:	見聞 견문 見積 견적 謁見 알현		綸	벼리 륜 관건 관	經綸 경륜 天綸 천륜 綸巾 관건/윤건	
更	고칠 경 다시 갱:	更迭 경질 變更 변경 更生 갱생 更紙 갱지		率	비율 률 거느릴 솔	確率 확률 競爭率 경쟁률 率先 솔선 輕率 경솔	
汨	골몰할 골 물이름 멱	汨沒 골몰 汨羅 멱라 汨水 멱수		畝	이랑 무:/묘:	頃畝法 경무법 田畝 전묘	
廓	둘레 곽 클 확	城廓 성곽 外廓 외곽 廓大 확대		磻	반계 반/번	磻溪 반계 碌磻洞 녹번동	
串	꿸 관 땅이름 곶	石串洞 석관동 長山串 장산곶		洑	보 보 스며흐를 복	洑稅 보세 洑主 보주 洑流 복류	
龜	거북 구/귀 터질 균	龜旨歌 구지가 龜鑑 귀감 龜裂 균열		復	회복할 복 다시 부:	復舊 복구 復歸 복귀 復活 부활 復興 부흥	
蹶	일어설, 넘어질 궐 움직일 궤	蹶起 궐기 驚蹶 경궐 蹶蹶 궤궤		覆	덮을 복/부 다시 복	覆蓋 복개 覆育 부육 反覆 반복 飜覆 번복	
金	쇠 금 성(姓)씨 김	金賞 금상 純金 순금 金時習 김시습		輻	바퀴살 복/폭	輻射 복사 輻輳 폭주 車輻 거폭	
涅	열반 녈 검은 물들일 날	涅槃 열반 涅而不緇 날이불치		否	아닐 부: 막힐 비:	否認 부인 拒否 거부 否塞 비색 否運 비운	
茶	차 다/차	茶道 다도 茶房 다방 茶禮 차례 綠茶 녹차		北	북녘 북 달아날 배	北極 북극 越北 월북 敗北 패배	
單	홑 단 오랑캐 임금 선	單純 단순 簡單 간단 單于 선우		沸	끓을 비: 용솟음할 불	沸騰 비등 沸湯 비탕 沸波 불파	
度	법도 도(:) 헤아릴 탁	角度 각도 制度 제도 預度 예탁 忖度 촌탁		馮	탈(乘) 빙 성(姓)씨 풍	馮河 빙하 馮夷 풍이	
讀	읽을 독 구절 두	講讀 강독 購讀 구독 吏讀 이두 句讀點 구두점		寺	절 사 내관(內官) 시:	寺院 사원 寺刹 사찰 寺正 시정 九寺 구시	
洞	골 동: 밝을 통:	洞窟 동굴 洞穴 동혈 洞達 통달 洞察 통찰		殺	죽일 살 감할, 빠를 쇄:	殺蟲 살충 暗殺 암살 殺到 쇄도 減殺 감쇄	

狀	형상 **상** 문서 **장:**	狀況 상황　現狀 현상 賞狀 상장　告訴狀 고소장
塞	막힐 **색** 변방 **새**	窮塞 궁색　閉塞 폐색 要塞 요새　塞翁之馬 새옹지마
索	찾을 **색** 노 **삭**	檢索 검색　探索 탐색 索道 삭도　索莫 삭막
羨	부러워할 **선:** 무덤길 **연:**	羨望 선망　羨慕 선모 羨道 연도　羨門 연문
說	말씀 **설** 달랠 **세:** 기쁠 **열**	概說 개설　浪說 낭설 遊說 유세
省	살필 **성** 덜 **생**	歸省 귀성　反省 반성 省略 생략
衰	쇠할 **쇠** 상복 **최**	衰弱 쇠약　盛衰 성쇠 斬衰 참최
數	셈 **수:** 자주 **삭** 빽빽할 **촉**	級數 급수　術數 술수 煩數 번삭　疏數 소삭 數罟 촉고
宿	잘 **숙** 별자리 **수:**	宿直 숙직　露宿 노숙 星宿 성수　辰宿 진수
拾	주울 **습** 열 **십**	拾得 습득　收拾 수습 拾萬 십만
識	알 **식** 기록할 **지**	識別 식별　鑑識 감식 標識 표지
食	밥, 먹을 **식** 밥 **사**	食糧 식량　飽食 포식 簞食 단사　疏食 소사
什	열 사람 **십** 세간 **집**	什長 십장 什具 집구　什器 집기
氏	각시, 성(姓)씨 **씨** 나라 이름 **지**	氏族 씨족　姓氏 성씨 月氏 월지
惡	악할 **악** 미워할 **오**	惡用 악용　善惡 선악 憎惡 증오　嫌惡 혐오
若	같을 **약** 반야 **야**	若干 약간　萬若 만약 般若心經 반야심경
於	어조사 **어** 탄식할 **오**	於此彼 어차피　甚至於 심지어
易	바꿀 **역** 쉬울 **이:**	易經 역경　貿易 무역 簡易 간이　容易 용이
葉	잎 **엽** 고을 이름 **섭**	葉書 엽서　枝葉 지엽 迦葉 가섭
宛	완연할 **완** 나라 이름 **원**	宛轉 완전 大宛 대원
莞	웃을 **완** 왕골 **관**	莞島 완도　莞爾 완이
阮	성(姓)씨 **완:** 나라 이름 **원**	阮籍 완적　阮咸 완함
歪	기울 **왜/외**	歪曲 왜곡　歪力 왜력 歪調 외조
咽	목구멍 **인** 목멜 **열** 삼킬 **연**	咽喉 인후 嗚咽 오열
佚	편안 **일** 질탕 **질**	佚遊 일유　佚民 일민 佚蕩 질탕　佚材 질재
刺	찌를 **자:/척** 수라 **라**	刺客 자객　諷刺 풍자 刺殺 척살 水刺 수라
炙	구울 **자/적**	親炙 친자　膾炙 회자 散炙 산적
著	나타날 **저:** 붙을 **착**	著述 저술　顯著 현저 著押 착압
切	끊을 **절** 온통 **체**	斷切 단절　適切 적절 一切 일체
諸	모두 **제** 어조사 **저**	諸國 제국　諸侯 제후 忽諸 홀저
枳	탱자 **지/기**	橘化爲枳 귤화위지 枳殼 기각　枳塞 기색
辰	별 **진** 때 **신**	辰星 진성　日辰 일진 生辰 생신　誕辰 탄신
徵	부를 **징** 음률 이름 **치**	象徵 상징　特徵 특징 宮商角徵羽 궁상각치우 徵調 치조
差	다를 **차** 어긋날 **치** 부릴 **채**	差別 차별　差異 차이 參差 참치 差備 채비
參	참여할 **참** 석 **삼**	參觀 참관　持參 지참 曾參 증삼

漢字	訓音	예
拓	넓힐 척 박을 탁	干拓 간척 開拓 개척 拓本 탁본
槌	칠 추 방망이 퇴	紙槌 지추 槌擊 퇴격 鐵槌 철퇴
則	법칙 칙 곧 즉	規則 규칙 準則 준칙 不然則 불연즉
沈	잠길 침 성(姓)씨 심	沈默 침묵 浮沈 부침 沈氏 심씨
跛	절름발이 파 비스듬히 설 피:	跛行 파행 偏跛 편파 跛立 피립
便	편할 편(:) 똥오줌 변	簡便 간편 男便 남편 大便 대변 用便 용변
暴	사나울 폭 모질 포:	暴動 폭동 亂暴 난폭 狂暴 광포 橫暴 횡포
曝	쪼일 폭/포	曝書 폭서 曝氣 포기 曝白 포백
邯	땅이름 한 사람이름 감	邯鄲之夢 한단지몽 姜邯贊 강감찬
合	합할 합 홉 홉	合意 합의 結合 결합
行	다닐 행(:) 항렬 항	遂行 수행 履行 이행 行列 항렬/행렬
陝	좁을 협 땅이름 합	陝川 합천
瑩	밝을 형 옥돌 영	瑩澈 형철 未瑩 미형 崔瑩 최영
畫	그림 화: 그을 획(劃)	漫畫 만화 畫順 획순
滑	미끄러울 활 익살스러울 골	滑降 활강 圓滑 원활 滑稽 골계
噫	한숨쉴 희 트림할 애	噫嗚 희오 噫氣 애기

03 동음이의어

가계	家系	대대로 이어 내려온 한 집안의 계통
	家計	한 집안 살림의 수입과 지출 상태
가공	可恐	두려워하거나 놀랄만함
	架空	어떤 시설물을 공중에 가설함
가교	駕轎	임금이 타는 가마
	假橋	임시로 놓은 다리
가구	家具	집안 살림에 사용하는 도구의 총칭
	家口	주거 및 생계를 같이하는 사람의 집단
가설	加設	덧붙이거나 더 설치함
	架設	전선 등을 공중에 건너질러 설치함
	假設	임시로 설치함
	假說	이론을 설명하기 위하여 설정한 가정
	街說	거리에 떠도는 이야기
가연	可燃	불에 탈 수 있음
	佳宴	경사스럽고 분위기 좋은 잔치
	佳緣	아름다운 인연
가장	家長	가정을 책임지고 이끌어 나가는 사람
	家狀	조상의 행적에 관한 기록
	假裝	거짓으로 꾸밈
가화	佳話	아름다운 이야기
	家禍	집안에 일어난 재앙
	假花	종이나 헝겊으로 만든 꽃. 조화(造花)
감사	感謝	고마움을 나타내는 인사
	監査	감독하고 검사함
	監事	단체의 서무를 맡아보는 사람
감상	感想	마음속으로 느끼며 일어나는 생각
	感傷	하찮은 일에도 슬퍼지는 마음
	感賞	감동하여 칭찬함
	鑑賞	예술 작품을 이해하여 즐기고 평가함
감수	甘受	책망이나 괴로움 등을 기꺼이 받아들임
	減壽	수명이 줄어듦
강도	剛度	금속성 물질의 힘의 정도
	強度	강렬한 정도
	強盜	폭행이나 협박으로 남의 재물을 빼앗는 도둑
개량	改良	나쁜 점을 고치어 더 좋게 함
	改量	다시 측량함
개복	改服	옷을 갈아입음
	開腹	수술 시 배를 갈라서 엶
	蓋覆	덮개를 덮음
개장	改葬	다시 장사 지냄
	改裝	다시 꾸밈
	開場	극장이나 시장 따위의 영업을 시작함
	開張	넓게 벌려 놓음
개정	改正	바르게 고침
	改定	이미 정하였던 것을 고쳐 다시 정함
	改訂	글자나 글의 잘못된 내용을 바로 잡음
	開廷	재판을 시작함
걸인	乞人	거지
	傑人	뛰어난 사람
검사	劍士	검술에 뛰어난 사람
	檢事	검찰권을 행사하는 사법관
	檢査	어떤 기준의 적합 여부와 이상 유무를 조사함
결사	結社	공통의 목적을 이루기 위하여 단체를 조직함
	決死	죽기를 각오로 결심함
경계	警戒	조심하여 단속함
	境界	지역이 구분되는 한계
경구	警句	진리나 삶에 대한 느낌이나 사상을 간결하고 날카롭게 표현한 말
	驚句	사람을 놀라게 할 만큼 잘 지은 시구
경기	競技	일정한 규칙 아래 기술과 능력을 겨룸
	京畿	서울을 중심으로 한 주위의 지방
	景氣	매매나 거래에 나타난 경제 활동 상태
경로	經路	지나는 길
	敬老	노인을 공경함
경비	警備	만일에 대비하여 경계하고 지킴
	經費	어떠한 일을 하는데 드는 비용
경사	慶事	축하할 만한 기쁜 일
	傾斜	비스듬히 기울어짐
경주	傾注	기울여 붓거나 쏟음
	慶州	신라의 수도
	競走	사람이나 차량 등이 일정한 거리를 달려 빠르기를 겨루는 일
	輕舟	가볍고 빠른 작은 배
경탄	驚歎	몹시 놀라며 감탄함
	敬歎	공경하며 감탄함
경향	京鄕	서울과 시골
	傾向	마음이나 형세가 어느 한쪽으로 기울어짐
계기	計器	분량, 정도 등을 재는 기계나 기구의 총칭
	契機	일이 일어나거나 변화하도록 만드는 결정적인 원인이나 기회
	繼起	일이나 현상이 잇따라 일어남
계류	溪流	산골짜기에 흐르는 시냇물
	繫留	사건이 해결되지 않고 걸려 있음

고가	高價	비싼 가격 또는 비싼 것	관계	官界	국가의 각 기관
	高歌	노래를 큰 소리로 부름		官階	관리나 벼슬의 등급
	高架	고가 도로 등 높이 건너질러 가설하는 것		關係	서로 관련을 맺거나 관련이 있음
	古歌	옛 노래나 옛 가사	관대	款待	친절하게 대하거나 정성껏 대접함
고사	故事	옛날부터 전해 오는 규칙이나 정례		寬大	마음이 너그럽고 큼
	枯死	나무나 풀 등이 말라 죽음	관리	管理	일을 맡아 처리함
	姑捨	앞의 사실이 불가능하여 뒤의 사실 또한 기대에 못 미침		官吏	관직에 있는 사람
	固辭	굳이 사양함	교감	交感	서로 접촉하여 따라 움직이는 느낌
	考查	자세히 생각하고 조사함		校監	학교장을 도와 학교의 일을 관리하거나 수행하는 직책
고수	高手	어떤 분야에서 기술이나 능력이 뛰어난 사람	교단	敎團	같은 종교를 믿는 사람들끼리 모여서 만든 단체
	鼓手	북이나 장구 따위를 치는 사람		敎壇	교실에서 교사가 강의할 때 올라서는 단
	固守	차지한 물건이나 형세 따위를 굳게 지킴	교정	交情	사귀는 정
고시	考試	자격이나 면허를 주기 위하여 시행하는 여러 가지 시험		校庭	학교의 운동장
	告示	어떤 내용을 글로 써서 널리 알림		校正	글자의 잘못된 것을 바르게 고침
고지	故址	옛날에 집이나 성곽 따위가 있던 터나 그 자취		校訂	출판물의 틀린 곳을 바르게 고침
	高地	지대가 높은 땅. 이뤄야 할 목표		矯正	틀어지거나 잘못된 것을 바로 잡음
	告知	게시나 글을 통하여 알림	교착	膠着	어떤 변동이나 진전이 없음
고용	雇用	삯을 주고 사람을 부림		交錯	이리저리 엇갈려 뒤섞임
	雇傭	삯을 받고 남의 일을 해줌	구경	究竟	마지막에 이름
공동	共同	둘 이상의 사람이나 단체가 함께 일을 함		球莖	땅속줄기의 하나로, 알줄기를 이르는 말
	空洞	텅 비어있는 굴	구비	口碑	오래도록 전해 내려온 말
공모	共謀	공동으로 일을 꾀함		具備	있어야 할 것을 빠짐없이 다 갖춤
	公募	공개하여 모집함		廐肥	외양간에서 쳐낸 거름
공약	公約	국민에게 하는 약속	구상	具象	사물이 일정한 형태와 성질을 갖춤
	空約	헛된 약속		構想	앞으로 이루려는 일에 대하여 구체적으로 정리함
공인	工人	기술자		求償	배상을 청구하거나 이의를 제기하는 일
	公人	공적인 일을 위해 일하는 사람		球狀	공처럼 둥근 모양
	公認	국가나 공공단체 또는 사회단체 등이 어떤 행위나 물건에 대해 인정함	구애	求愛	이성에게 사랑을 구함
	公印	관공서나 어떤 단체에서 공적인 일에 쓰는 도장		拘礙	거리끼거나 얽매임
공포	公布	일반 대중에게 널리 알림	구제	救濟	어려움을 당한 사람들을 도와줌
	恐怖	두렵고 무서움		驅除	해충 등을 몰아내어 없앰
	空砲	실탄을 넣지 않고 소리만 나게 하는 총질	구조	救助	재난을 당한 사람들을 구해줌
과거	科擧	옛날 관리를 뽑을 때 실시하던 시험		構造	부분이나 요소가 서로 결합하여 전체를 이룸
	過去	이미 지나간 때	구축	構築	어떤 시설물을 쌓아 올려 만듦
	寡居	과부로 지냄		驅逐	어떤 세력 따위를 몰아서 쫓아냄
과세	課稅	세금을 정하여 그것을 내도록 의무를 지움		拘縮	근육이 오그라들어 굳어짐
	過歲	설을 쇰	구호	口號	어떤 주장을 나타내는 간결한 말
과장	科場	옛날 과거 시험을 보던 곳		口毫	입에 붓을 물고 쓰는 글씨
	誇張	사실보다 지나치게 부풀림		救護	재난이나 어려움에 처한 사람을 도와 보호함
	課長	관공서나 회사 등의 한 과의 책임자	귀중	貴中	편지나 물품을 받을 단체의 이름 다음에 쓰는 높임말
과정	過政	과도 정부의 준말		貴重	매우 소중함
	過程	일이 되어가는 경로	극단	極端	맨 끝
	課程	해야 할 일의 정도			

　　　　劇團 연극을 공연하는 단체
　　　　劇壇 연극 무대
근간　根幹 뿌리와 줄기. 사물의 바탕이나 중심
　　　　近間 요사이
　　　　近刊 최근에 출판된 간행물
금수　禽獸 날짐승과 길짐승. 모든 짐승
　　　　禁輸 수입이나 수출을 금함
급수　級數 기술 등을 우열에 따라 매긴 등급
　　　　給水 물을 공급함
기구　機構 어떤 목적으로 구성된 조직
　　　　崎嶇 삶이 순탄지 못하여 온갖 어려움을 겪음
기사　技師 전문적인 기술자
　　　　技士 기술계 기술 자격 등급의 하나
　　　　棋士 바둑이나 장기를 잘 두는 사람
　　　　騎士 말을 탄 무사
　　　　奇事 기이한 일
　　　　記事 신문이나 잡지 등에 어떤 소식이나 사실을 알리는 글
　　　　饑死 굶어 죽음
기상　奇想 좀처럼 짐작할 수 없는 별난 생각
　　　　氣象 대기 중에서 일어나는 물리적인 현상
　　　　氣像 사람의 타고난 성품과 몸가짐
기수　奇數 홀수
　　　　騎手 말을 타는 사람
　　　　旗手 단체의 행렬에서 맨 앞에 서서 기를 드는 사람
　　　　機首 비행기 앞부분
　　　　旣遂 이미 일을 끝냄
기술　技術 사물을 잘 다루는 능력
　　　　奇術 기묘한 솜씨나 재주
　　　　記述 기록하여 서술함
　　　　旣述 이미 앞서 기술함
기원　起源 사물이 생긴 근원
　　　　紀元 연대를 헤아리는데 기초가 되는 해
　　　　祈願 바라는 일이 이루어지기를 빎
기행　奇行 기이한 행동
　　　　紀行 여행 중에 겪은 것을 적음
내방　內房 안방
　　　　來訪 만나기 위하여 찾아옴
내성　內省 자신을 돌이켜 살펴봄
　　　　耐性 약물의 오랜 복용으로 약효가 저하하는 현상
　　　　內城 이중으로 쌓은 성에서 안쪽의 성
내수　內水 한 나라 영토 안의 바다를 제외한 호수, 하천 등
　　　　內需 국내에서의 수요
　　　　耐水 물이 묻어도 젖거나 배지 않고 잘 견딤
내용　內容 사물의 속내나 실속
　　　　內用 안살림에 드는 비용

　　　　耐用 오랜 기간 사용해도 견디어 냄
노숙　露宿 한데서 밤을 지냄
　　　　老宿 학식이 높고 견문이 넓은 사람
　　　　老熟 오랜 경험을 쌓아 익숙함
노후　老後 늙은 이후
　　　　老朽 오래되고 낡아 제구실을 하지 못함
녹음　綠陰 푸른 잎이 우거진 나무나 수풀
　　　　錄音 테이프나 필름에 소리를 기록함
논단　論壇 토론을 하거나 의견을 진술하는 곳
　　　　論斷 논하여 판단이나 결론을 내림
농담　弄談 희롱하거나 장난으로 하는 말
　　　　濃淡 색깔이나 명암 등의 짙음과 옅음
누적　累積 포개어 여러번 쌓음
　　　　漏籍 병적, 학적 등의 기록에서 빠뜨림
단결　團結 여러 사람이 마음과 힘을 하나로 뭉침
　　　　斷決 확실하게 결정함
단서　端緒 일의 실마리
　　　　但書 본문에 덧붙여 조건이나 예외 등을 밝히는 글
단순　單純 간단함
　　　　丹脣 붉고 고운 입술
단장　短長 짧고 긺
　　　　團長 단체의 우두머리
　　　　端裝 단정하게 차림
　　　　丹粧 옷, 머리, 옷차림 등을 곱게 꾸밈
　　　　斷腸 몹시 슬퍼 창자가 끊어지는 듯함
단정　端正 얌전하고 바름
　　　　端整 깔끔하고 가지런함
　　　　斷定 딱 잘라서 판단하고 결정함
　　　　斷情 정이나 사랑을 끊음
　　　　丹精 진심으로 우러나오는 정성
답사　踏査 현장에 가서 직접 보고 조사함
　　　　答謝 보답으로 사례를 함
　　　　答辭 회답을 함
당도　當到 어떤 곳에 다다름
　　　　糖度 음식물에 들어 있는 당분의 양을 백분율로 나타낸 것
당질　堂姪 사촌 형제의 아들
　　　　糖質 당분이 들어 있는 물질
대가　代價 물건을 사고 대신하는 값. 어떤 일을 하기 위한 노력이나 희생
　　　　大家 전문 분야에서 뛰어나 인정을 받는 사람
대사　大事 큰 일
　　　　大師 승려를 높여 이르는 말
　　　　大使 나라를 대표하여 다른 나라에 파견되어 외교를 맡아보는 최고 직급

	臺詞	연극이나 영화 등에서 배우가 하는 말	명명	明明	분명하여 의심할 여지가 없음
대지	大地	크고 넓은 땅		明命	신령이나 임금의 명령
	臺地	주위의 지형보다 높고 넓은 면적의 평평한 곳		命名	사람, 사물, 사건 등에 이름을 지어 붙임
도미	掉尾	꼬리를 흔듦. 끝판에 더욱 활약함		冥冥	겉으로 나타남이 없이 아득하고 그윽함
	渡美	미국으로 건너감	명성	明星	샛별
도장	道場	무예를 닦는 곳		名聲	세상에 널리 퍼져 평판 높은 이름
	塗裝	도료를 칠하거나 바름	모사	毛絲	짐승의 털로 만든 실. 털실
도식	徒食	하는 일 없이 놀고먹음		毛紗	털실로 짠 얇은 깁
	塗飾	칠로 발라서 꾸밈		謀士	계책을 세우는 사람
	圖式	구조나 관계 등을 일정한 양식으로 나타낸 그림		謀事	일을 꾀함
독자	獨子	외아들		模寫	무엇을 그대로 그려 나타냄
	獨自	자기 혼자	몽사	夢事	꿈에 나타난 일
	讀者	책, 신문, 잡지 등의 글을 읽는 사람		夢思	꿈속에서까지 생각함
독주	毒酒	몹시 독한 술		夢死	헛되이 살다가 죽음
	獨走	혼자서 뜀		蒙死	죽음을 무릅씀
	獨奏	한 사람이 악기를 연주하는 것	무도	武道	무예와 무술
동기	同氣	형제, 자매의 총칭		舞蹈	춤을 춤
	同期	같은 기간	무사	武士	무예를 익혀 그 방면에 종사하는 사람
	冬期	겨울철		無私	사사로운 마음 없이 공정함
	動機	어떤 일이나 행동을 일으키게 하는 계기		無事	아무 탈 없이 편안함
동반	東班	양반 가운데 문반을 달리 이르는 말	무실	無失	야구에서 실책이 없음을 이르는 말
	同伴	일을 하거나 길을 갈 때에 함께 행동함		無實	마음가짐이 성실하지 못함
동상	銅像	구리로 사람이나 동물의 형상을 만들거나 그런 형상에 구릿빛을 입혀 만들어 놓은 기념물		務實	참되고 실속 있도록 힘씀
	凍傷	추위 때문에 살갗이 얼어서 조직이 상하는 일	문호	文豪	뛰어난 문학 작품을 많이 써서 알려진 사람
동정	同情	남의 어려운 처지를 가슴 아파하고 위로함		門戶	집으로 드나드는 문
	東征	동방을 정벌함	미명	美名	그럴듯하게 내세운 명목
	動靜	일이나 현상이 벌어지고 있는 형세		未明	날이 채 밝지 않음
동지	冬至	24절기의 하나		微明	희미하게 밝음
	同旨	취지가 같음	미수	未遂	계획한 바를 이루지 못함
	同志	뜻이 서로 같은 사람		未收	아직 다 거두어들이지 못함
동향	同鄕	같은 고향		米壽	88세 나이를 이르는 말
	東向	동쪽을 향함	미진	未盡	다하지 못함
	動向	정세, 행동 등이 움직이는 방향		微震	진도 1의 약한 지진
매도	罵倒	심하게 욕하며 꾸짖음	반감	反感	반대하거나 반항하는 감정
	賣渡	값을 받고 물건을 팔아넘김		半減	절반으로 덜거나 줄어듦
매장	埋葬	죽은 사람을 땅속에 묻음	반주	半周	한 바퀴의 반
	埋藏	묻어서 감춤		伴奏	노래나 기악의 연주를 도와주기 위하여 옆에서 다른 악기를 연주함
	賣場	물건을 파는 장소		飯酒	밥을 먹을 때에 곁들여 마시는 술
맹아	盲兒	눈이 먼 아이	발전	發展	더 좋은 상태나 더 높은 단계로 나아감
	盲啞	맹인과 벙어리를 아울러 이르는 말		發電	전기를 일으킴
	萌芽	풀이나 나무에 새로 돋아 나오는 싹	방문	房門	방으로 드나드는 문
면모	面貌	얼굴의 생김새. 상태나 됨됨이		訪問	어떤 사람이나 장소를 찾아감
	綿毛	솜에서 일어나는 잔털		榜文	널리 알리기 위하여 길거리 등에 써 붙이는 글
	免侮	모욕을 면함		方文	약을 짓기 위해 약 이름과 분량을 적은 종이

방직	方直	바르고 곧음
	紡織	실을 뽑아서 천을 짜는 일
방청	傍聽	회의, 연설, 공판 등에 가서 들음
	房廳	안방과 대청
배상	賠償	남에게 입힌 손해를 갚음
	拜上	절하며 올린다는 뜻으로, 편지를 다 쓴 후 자기 이름 다음에 쓰는 말
배우	配偶	부부로서의 짝
	俳優	연극이나 영화에 등장인물로 분장하여 연기하는 사람
백반	白斑	얼룩이 진 점
	白飯	음식점에서 밥과 국과 반찬을 함께 내는 음식
범인	凡人	평범한 사람
	犯人	범죄를 저지른 사람
벽지	僻地	뚝 떨어져 있는 궁벽한 땅
	壁紙	벽에 바르는 종이
변경	變更	바꾸어 새롭게 고침
	邊境	나라의 경계가 되는 변두리 땅
병과	兵戈	무기
	倂科	동시에 둘 이상의 형벌에 처하는 일
보고	報告	어떤 일에 관하여 말이나 글로 알림
	寶庫	귀중한 것이 간직되어 있는 곳
보도	步道	사람이 다니는 길
	報道	사람들에게 새로운 소식을 알림
	保導	보호하여 지도함
	輔導	도와서 올바른 데로 이끌어 감
	寶刀	보배로운 칼
보수	保手	보증 수표의 준말
	保守	보전하여 지킴
	補修	낡은 것을 수선함
	報酬	일한 대가로 주는 돈이나 물품
보조	步調	걸음걸이의 속도
	補助	모자라는 것을 보충하여 도와줌
보좌	寶座	임금이 앉는 자리
	補佐	상관을 도와 일을 처리함
봉고	封庫	부정을 저지른 관리를 파직시키고 관아의 창고를 봉하여 잠그는 일
	奉告	삼가 아룀
부상	負傷	몸에 상처를 입음
	負商	등짐장수
	副賞	상장 외에 덧붙여 주는 상품
	浮上	물 위로 떠오름
	富商	부자 상인
부설	附設	어떤 기관 등에 부속시켜 설치함
	敷設	다리, 철도 등을 설치함
	浮說	근거 없이 떠돌아다니는 말
부양	扶養	생활 능력이 없는 사람을 돌봄
	浮揚	가라앉은 것이 떠오름
부역	賦役	국가가 국민에게 의무적으로 지우는 일
	負役	백성이 부담하는 공역
	附逆	국가에 반역이 되는 일에 가담함
부인	否認	옳다고 인정하지 아니함
	夫人	남의 아내를 높여 부르는 말
	婦人	결혼한 여자
부자	父子	아버지와 아들
	富者	재물이 많은 사람
부장	部長	한 부의 책임자
	副長	장(長)을 돕는 지위
	副葬	임금이나 귀족이 죽었을 때 그 사람이 생전에 사용하던 물품을 함께 묻는 일
부정	不正	옳지 않음
	不貞	정조를 지키지 아니함
	不淨	깨끗하지 못함
	不定	일정하지 않음
	否定	그렇지 않다고 함
	父情	자식에 대한 아버지의 정
분탄	粉炭	가루 형태의 석탄
	憤歎	몹시 분하게 여기고 탄식함
비명	非命	제명대로 다 살지 못하고 죽음
	悲鳴	매우 위급하거나 놀랐을 때 지르는 외마디 소리
	碑銘	비석에 새긴 글
비보	飛報	아주 빨리 보고함
	悲報	슬픈 소식
	秘報	남몰래 보고함
	秘寶	몰래 감추어 둔 보물
비상	飛上	높이 날아오름
	非常	뜻밖의 긴급한 사태
	砒霜	비석을 승화시켜 얻은 결정체의 독약
비위	脾胃	아니꼽고 싫은 것을 견뎌내는 성미
	非違	법에 어긋남
비조	飛鳥	날아다니는 새
	悲調	슬픈 곡조
	鼻祖	한 겨레의 맨 처음이 되는 조상
비행	非行	잘못된 행동
	飛行	공중으로 날아가거나 날아다님
사감	舍監	기숙생들의 생활을 감독하는 사람
	私感	사사로운 감정
	私憾	사사로운 일로 언짢게 여기는 감정
사거	死去	죽어서 세상을 떠남
	辭去	인사를 하고 떠남

사경 四經 〈시경〉, 〈서경〉, 〈역경〉, 〈춘추〉의 네 가지 경서
　　 四境 동, 서, 남, 북 사방의 경계
　　 死境 죽음에 임박한 경지
　　 斜徑 비탈길
사고 事故 뜻밖에 일어난 일
　　 思考 생각하고 궁리함
　　 社告 회사에서 내는 광고
　　 史庫 고려 말기부터 조선 후기까지 실록 등 국가적으로 중요한 문헌을 보관하던 창고
사기 詐欺 나쁜 꾀로 남을 속임
　　 士氣 자신감이 충만하여 굽힐 줄 모르는 기세
　　 史記 역사적 사실을 기록한 책
　　 事記 사건의 기록
　　 沙器 사기그릇
　　 死期 죽을 시기
　　 寺基 절터
　　 射騎 활쏘기와 말타는 재주
사료 思料 깊이 생각하여 헤아림
　　 飼料 가축에게 주는 먹이
　　 史料 역사 연구에 필요한 문헌이나 유물
사면 辭免 맡아보던 일자리를 그만두고 물러남
　　 赦免 죄를 사하여 형벌을 면제함
　　 斜面 비스듬한 면
사변 四邊 사방의 네 변두리. 주위 또는 근처
　　 事變 천재(天災)나 그 밖의 큰 사건
　　 思辨 생각으로 사물의 옳고 그름을 가려냄
　　 斜邊 빗변, 비탈면
사설 私設 개인이나 민간에서 설립함
　　 私說 개인의 의견이나 학설
　　 社說 신문이나 잡지에서 개인의 주장이나 의견을 써내는 논설
　　 邪說 올바르지 않은 논설
　　 辭說 늘어놓는 말
사수 射手 총포, 활 등을 쏘는 사람
　　 死守 죽을 각오로 지킴
　　 査受 조사하여 받음
　　 師授 스승에게서 학문 등을 전수 받음
　　 詐數 남을 속이는 간사한 꾀
사실 事實 실제 있었던 일이나 현재에 있는 일
　　 史實 역사에 실제로 있는 사실
　　 寫實 사물을 그대로 그림
사양 斜陽 저녁때의 햇빛. 또는 저녁때의 저무는 해
　　 辭讓 겸손하여 받지 아니하거나 응하지 아니함. 또는 남에게 양보함
사유 私有 개인의 소유
　　 事由 일의 까닭
　　 思惟 대상을 두루 생각하는 일

사 四維 네 방위
　　 師儒 사람에게 도를 가르치는 유생
사은 師恩 스승의 은혜
　　 私恩 사사로이 입은 은혜
　　 謝恩 은혜를 감사히 여겨 사례함
사인 死人 죽은 사람
　　 死因 사망의 원인
　　 私人 개인 자격으로서의 사람
　　 私印 개인이 쓰는 도장
　　 邪人 사심을 품은 사람
사적 史蹟 역사적으로 중요한 사건이나 장소
　　 史籍 역사적인 사실을 적은 책
사전 事前 일이 일어나기 전
　　 事典 여러 가지 사항을 모아 해설을 붙인 책
　　 辭典 낱말을 모아 일정한 순서로 배열하여 해설한 책
　　 私田 개인이 소유한 논밭
　　 私戰 국가의 명령을 받지 않고 개인이나 사사로운 단체가 외국에 대하여 전투를 하는 행위
사절 使節 국가를 대표하여 외국에 파견되는 사람
　　 謝絶 요구나 제의를 받아들이지 않고 사양함
　　 辭絶 사양하여 받지 않음
사정 事情 일의 형편이나 까닭
　　 私情 개인의 사사로운 정
　　 司正 그릇된 일을 다스려 바로잡음
　　 邪正 그릇됨과 올바름
　　 査正 조사하여 그릇된 것을 바로잡음
　　 査定 조사하거나 심사하여 결정함
사제 司祭 주교와 신부를 통틀어 이르는 말
　　 師弟 스승과 제자
　　 私第 개인 소유의 집
　　 私製 개인이 만듦
사죄 謝罪 지은 죄나 잘못에 대하여 용서를 빎
　　 赦罪 죄를 용서하여 죄인을 석방함
　　 私罪 개인이 사사로이 저지른 죄
　　 死罪 사형에 처할 범죄
사지 四肢 사람의 두 팔과 두 다리
　　 死地 죽을 지경의 매우 위험한 곳
　　 私地 개인이 소유한 땅
　　 沙地 모래흙으로 이루어진 땅
　　 私智 개인의 소소한 지혜
　　 邪智 간사한 지혜
　　 寺址 절을 세울 터
사찰 寺刹 절. 사원
　　 査察 조사하여 살핌
삭제 削除 깎아 없앰. 또는 지워 버림
　　 朔祭 왕실에서 음력 초하룻날마다 조상에게 지내던 제사

산성	山城	산 위에 쌓은 성		
	酸性	산의 성질		
상가	商街	상점이 늘어서 있는 거리		
	喪家	사람이 죽어 장례를 치르는 집. 초상집		
상사	商事	상업에 관련된 모든 일		
	常事	항상 있는 일		
	上司	자기보다 벼슬이나 지위가 위인 사람이나 관청		
상서	尙書	서경		
	祥瑞	경사롭고 길한 징조		
상술	商術	장사하는 솜씨나 꾀		
	上術	윗부분 또는 앞부분에서 말하거나 적음		
	詳術	자세히 설명하여 말함		
상품	上品	질이 좋은 물품		
	商品	사고파는 물품		
	賞品	상으로 주는 물품		
상호	相互	상대가 되는 이쪽과 저쪽 모두		
	商號	상인이 영업 활동을 할 때에 자기를 나타내기 위하여 쓰는 이름		
상환	相換	서로 맞바꿈		
	償還	갚거나 돌려줌		
서사	敍事	사실대로 적음		
	書寫	글씨를 베낌		
	序詞	책이 취지나 내용을 적은 글. 머리말.		
서시	西施	중국 춘추 시대 월나라의 미인		
	序詩	책의 첫머리에 서문 대신 쓴 시		
선도	先到	남보다 먼저 도착함		
	先導	앞서서 이끌거나 안내함		
	善導	올바르고 좋은 길로 이끎		
선발	選拔	많은 가운데서 골라뽑음		
	先發	남보다 먼저 어떤 일을 시작하거나 길을 떠남		
선임	選任	사람을 뽑아서 직무를 맡김		
	船賃	배를 탈 때 내는 돈		
선전	宣傳	널리 전함		
	宣戰	한 나라가 다른 나라에게 전쟁을 시작함을 알림		
	善戰	있는 힘을 다하여 잘 싸움		
	旋轉	빙빙 돌아서 굴러감		
설경	雪景	눈이 내리거나 눈이 쌓인 경치		
	雪徑	눈이 쌓인 좁은 길		
	舌耕	말을 하는 것을 생업으로 삼음		
설화	說話	각 민족 사이에 전해 내려오는 이야기		
	舌禍	타인에 대한 중상이나 비방 따위로 받는 재난		
	雪禍	눈이 많이 내려 입은 재난		
	雪花	눈송이. 눈꽃		
성가	成家	결혼하여 한 가정을 이룸		
	聖歌	성스러운 노래		
	聲價	좋은 평판이나 소문		
성대	盛大	아주 풍성하고 큼		
	聲帶	목소리를 내는 기관		
성세	聲勢	명성과 위세		
	成勢	세력을 이룸		
	盛世	국운이 융성하고 태평한 시대		
	聖世	어진 임금이 다스리는 세상		
성전	成典	정해진 법칙		
	盛典	성대한 의식		
	聖典	성인의 말씀으로 이루어진 책, 성경		
	聖殿	신성한 전당		
	聖戰	거룩한 사명을 띤 전쟁		
세입	歲入	한 회계연도 안의 정부나 지방 자치 단체의 모든 수입		
	稅入	조세의 수입		
소개	紹介	모르는 사람을 알고 지내도록 관계를 맺어 줌		
	疏開	공습이나 화재 등에 대비하여 주민, 시설을 분산함		
소박	素朴	수수하고 자연스러움		
	疏薄	아내를 박대함		
소상	昭詳	자세하고 분명함		
	塑像	찰흙으로 만든 형상		
소식	小食	음식을 적게 먹음		
	素食	고기나 생선 반찬이 없는 밥		
	消息	안부나 어떤 형세 등을 알리거나 통지함		
소원	所願	바라고 원함		
	素願	늘 바라고 원하는 마음		
	訴願	하소연하여 바로잡아 주기를 바람		
	疏遠	지내는 사이가 거리가 있어 서먹함		
소음	騷音	시끄러운 소리		
	消音	소리를 없애거나 작게 하여 밖으로 새 나가지 않도록 함		
소인	騷人	시인과 문사		
	燒印	불에 달구어 찍는 쇠붙이로 만든 도장		
소재	素材	어떤 것을 만드는데 바탕이 되는 재료		
	所在	어떤 곳에 있음		
속성	速成	빨리 이룸		
	屬性	사물의 특징이나 성질		
속행	速行	빨리 감		
	續行	계속하여 행함		
수도	水道	수돗물을 쓸 수 있게 만든 시설. 상수도		
	水稻	논에 물을 대어 심는 벼		
	水都	강이나 호수 등이 있는 경치 좋은 도시		
	首都	한 나라의 중앙 정부가 있는 도시		
	修道	도를 닦음		

수미	首尾	사물의 머리와 꼬리	시인	詩人	시를 전문적으로 짓는 사람
	秀眉	뛰어나게 아름다운 눈썹		時人	그 당시의 사람
	愁眉	근심에 잠겨 찌푸린 눈썹		是認	어떤 내용이나 사실이 옳다고 인정함
	壽眉	노인의 눈썹 중 가장 긴 털	식수	食水	먹는 물
수사	手寫	손으로 베낌		植樹	나무를 심음
	修辭	말이나 글을 다듬고 아름답게 함	신고	申告	국민이 행정 관청에 일정한 사실을 진술, 보고함
	數詞	사물의 수량이나 순서를 나타내는 품사		新古	새것과 헌것
수상	水上	물의 위		辛苦	힘든 일을 당해 몹시 애씀
	受賞	상을 받음	신장	身長	키
	授賞	상을 줌		伸張	세력이나 권리가 늘어남
	首相	내각의 우두머리		腎臟	콩팥
	手相	손금	신축	新築	새로 지음
	愁傷	몹시 근심하여 마음이 상함		伸縮	늘이고 줄임
	受傷	상처를 받음	실례	失禮	말이나 행동이 예의에 벗어남
	隨想	그때그때 떠오르는 느낌이나 생각		實例	실제의 예
	殊常	보통과 다름	실수	失手	조심하지 아니하여 잘못을 저지름
수색	搜索	구석구석 뒤지어 찾음		實收	실제의 수입이나 수확
	愁色	근심스러운 기색		實需	실제로 소비하기 위한 수요
수석	首席	등급이나 직위 등에서 맨 윗자리		實數	실제의 수효. 유리수와 무리수
	水石	물과 돌	실정	失政	정치를 잘못함
	壽石	실내 등에 두고 감상하는 자연석		失貞	절개를 지키지 못함
수선	修繕	낡거나 헌 물건을 고침		實情	실제의 사정이나 정세
	受禪	임금의 자리를 물려받음	약관	弱冠	스무 살을 달리 이르는 말
수신	水神	물을 다스리는 신		約款	법령, 계약 등에 정한 조약
	受信	우편, 전보 등의 통신을 받음	양식	樣式	일정한 모양이나 형식
	修身	마음과 행실을 닦아 수양함		洋式	서양식
	守身	자신의 몸을 지킴		洋食	서양식 음식
수작	秀作	뛰어난 작품		糧食	살아가는데 필요한 먹을거리
	授爵	작위를 부여함		養殖	물고기나 버섯 등을 길러서 번식하게 함
	酬酌	남의 말이나 행동을 낮잡아 이르는 말		良識	뛰어난 식견이나 건전한 판단
수지	收支	거래에서 얻는 이익	양호	良好	매우 좋음
	樹脂	나무에서 분비하는 점도가 높은 액체		養護	기르고 보호함
숙원	宿怨	오랫동안 품은 원한	여권	旅券	해외여행을 하는 사람의 신분증명서
	宿願	오랫동안 품은 바람이나 소원		與圈	여당에 속하는 정치가의 범위
시가	市街	도시의 큰 길거리	여정	餘情	마음속 남아 있는 감정이나 생각
	市價	시장에서 상품이 매매되는 가격		旅情	여행을 할 때 느끼는 외로움, 시름 등의 감정
	時價	일정한 시기의 물건값		旅程	여행의 과정이나 일정
	媤家	시부모가 사는 집		輿情	어떤 일이나 행동에 대한 여러 사람의 반응
	詩家	시인		勵精	마음을 가다듬어 힘씀
	詩歌	가사를 포함한 시문학을 통틀어 이르는 말	역사	歷史	인류 사회의 변천과 흥망의 과정
시각	時刻	시간의 어느 한 시점		力士	힘이 매우 센 사람
	視角	사물을 관찰하고 파악하는 기본적인 자세		役事	토목이나 건축 등의 공사
	視覺	눈을 통해 빛의 자극을 받아들이는 감각 작용		驛舍	역으로 사용하는 건물
시사	示唆	미리 암시하여 일러 줌		譯詞	외국 노래의 가사를 번역하는 일
	試寫	영화 개봉 전 특정인에게 시험적으로 보이는 일	역전	驛前	역 앞
	時事	그 당시에 일어난 여러 가지 사회적 사건		逆戰	적의 공격을 받다가 역습하여 나아가 싸움
	詩史	시의 발생, 변천, 발달 과정에 관한 역사			

	逆轉	형세가 뒤집힘	원망	怨望	못마땅하게 여기어 탓하거나 불평을 품음
	力戰	온 힘을 다하여 싸움		遠望	멀리 바라봄
	歷傳	대대로 전해 내려옴		願望	원하고 바람
	歷戰	싸움터에서 여러 차례로 전투를 겪음	원수	元首	나라에서 권력을 갖고 나라를 다스리는 사람
연기	演技	배우가 배역의 성격, 행동을 표현해 내는 일		元帥	군인의 가장 높은 계급
	煙氣	물건이 탈 때 생기는 흐릿한 기체		怨讐	원한을 가질 정도로 자기에게 해를 끼친 사람
	延期	정해진 기한을 뒤로 물림		員數	인원수
	連記	둘 이상의 것을 나란히 적음	원지	原紙	바탕이 되는 종이
연부	蓮府	대신(大臣)의 저택이라는 뜻으로, 대신을 일컬음		園池	정원 안에 있는 못
	年賦	물건값의 일정 금액을 해마다 나누어 내는 일	위기	危機	위험한 시기
연석	連席	여러 사람이나 단체가 일정한 곳에 동등한 자격으로 죽 늘어앉음		圍棋	바둑 두는 일
	憐惜	불쌍히 여겨 아낌	위인	偉人	뛰어나고 훌륭한 사람
연소	年少	나이가 어림		爲人	사람의 됨됨이
	燃燒	물질이 빛이나 열을 내면서 산소와 반응함	유지	維持	어떤 상태를 보존하여 지탱해 나감
연장	年長	서로 비교하여 보아 나이가 많음		遺志	죽은 사람이 생전에 지닌 뜻
	延長	길이 또는 기간을 본래보다 길게 늘림		有志	마을·지역 등에서 영향력을 가진 사람
연주	演奏	악기를 다루어 곡을 표현함		乳脂	젖이나 우유에 들어 있는 지방
	聯珠	구슬을 꿰		油脂	동식물에서 얻는 기름
연패	連敗	싸움 또는 경기에서 계속하여 짐		油紙	기름종이
	連霸	운동 경기 등에서 연달아 우승함	이동	移動	자리를 바꿈
염증	厭症	싫은 생각이나 느낌		異同	서로 다름
	炎症	몸의 어느 부위가 빨갛게 붓는 증상	이상	異狀	평소와는 다른 상태
영세	零細	살림이 보잘것없고 몹시 가난함		理想	생각할 수 있는 범위 안에서 가장 완전하다고 여겨지는 상태
	領洗	세례를 받음	이성	異性	성질이 다름. 여성과 남성
	迎歲	새해를 맞음		異姓	성이 다름
영화	榮華	몸이 귀하게 되어 이름이 세상에 빛남		理性	사물의 이치를 생각하는 능력
	映畫	일정한 의미를 갖고 움직이는 대상을 촬영하여 영사기로 영사막에 재현하는 종합 예술	이해	利害	이익과 손해
예탁	穢濁	더럽고 탁함		理解	사리를 분별하여 해석함
	預託	부탁하여 맡김	이행	履行	실제로 행함
오기	誤記	잘못 기록함		移行	다른 상태로 옮아감
	傲氣	능력이 부족하면서도 지기 싫어하는 마음	인도	人道	사람으로서 마땅히 지켜야 할 도리
오욕	五慾	다섯 가지 욕심		引導	이끌어 지도함
	汚辱	명예를 더럽히고 욕되게 함		引渡	사물이나 권리 등을 넘겨 줌
요원	要員	일을 하는데 필요한 인원	인상	人相	사람의 얼굴 생김새
	遙遠	공간적으로 멀리 있음		引上	물건 등을 끌어 올림. 값을 올림
우수	優秀	여럿 가운데 뛰어남		印象	어떤 대상에 대하여 마음속에 새겨지는 느낌
	憂愁	근심과 걱정	인정	人情	남을 동정하는 마음
	偶數	짝수		仁政	어진 정치
	雨水	빗물. 24절기의 하나		認定	확실히 그렇다고 믿고 정함
	右手	오른손	일정	一定	크기, 모양, 범위 등이 하나로 정해져 있음
우유	牛乳	소의 젖		日程	그날에 해야 할 일
	優柔	마음이 부드럽고 순하여 맺고 끊음이 없음	입각	入閣	내각 조직의 한 사람이 됨
				立脚	어떤 사실이나 주장에 근거를 두어 그 입장에 섬
			자비	自費	필요한 비용을 자기가 부담하는 것

	慈悲	남을 깊이 사랑하고 가엾게 여김
장관	壯觀	훌륭한 광경
	長官	국무를 처리하는 행정 각 부의 장
	將官	장수
장사	壯士	기개와 골격이 굳세고 힘이 센 사람
	葬事	시체를 묻거나 화장하는 일
장수	長壽	오래도록 삶
	將帥	군사의 우두머리
장편	長篇	내용이 긴 소설이나 영화
	掌篇	내용이 짧은 문학 작품
재고	再考	다시 한 번 생각함
	在庫	창고에 쌓여 있음
재배	栽培	식물을 심어 가꿈
	再拜	두 번 절함
재봉	裁縫	바느질
	再逢	다시 만남
재정	財政	돈에 관한 여러 가지 일
	裁定	옳고 그름을 따져 결정함
재판	裁判	옳고 그름을 따져 판단함
	再版	이미 간행된 책을 다시 출판하거나 또는 그런 출판물
재화	財貨	재물
	災禍	재앙과 화난
저작	著作	책을 지어냄
	咀嚼	음식물을 씹음
적수	賊首	도적의 우두머리
	敵手	재주나 힘이 서로 비슷해서 상대가 되는 사람
	赤手	맨손
	積數	서로 곱한 수
적조	積阻	연락이 끊겨 오랫동안 소식이 막힘
	赤潮	플랑크톤의 이상 번식으로 바닷물이 붉게 물들어 보이는 현상
전경	全景	한눈에 바라보이는 전체의 경치
	前景	앞쪽에 보이는 경치
	戰警	전투 경찰의 줄임말
전공	專攻	한 분야를 전문적으로 연구함
	全功	모든 공로나 공적
	前功	전에 세운 공로나 공적
	戰功	전투에서 세운 공로
	電工	전기 공업
전기	戰記	전쟁이나 전투에 대하여 쓴 글
	前記	앞 부분에 기록함
	傳奇	전하여 오는 기이한 일을 세상에 전함
	傳記	어떤 인물의 일생 동안의 행적을 적은 기록
	前期	일정 기간을 몇 개로 나눈 첫 시기

	轉記	한 장부에서 다른 장부로 옮겨 적음
	轉機	전환이 되는 시기
	電氣	전자의 이동으로 생기는 에너지의 한 형태
전례	典例	전거가 되는 선례
	前例	이전부터 있었던 사례
전반	前半	반으로 나눈 것의 앞쪽
	全般	통틀어 모두
전술	戰術	전투 상황에 대처하기 위한 기술과 방법
	前述	앞에서 이미 진술함
전시	展示	물품을 한곳에 벌여 놓고 보임
	戰時	전쟁이 벌어진 때
전원	田園	도시에서 떨어진 시골
	全員	전체의 인원
	電源	전력을 공급하는 원천
전파	傳播	전하여 널리 퍼뜨림
	電波	전기 통신에서 쓰는 전자기파
절감	節減	절약하고 줄임
	切感	절실하게 느낌
절개	切開	치료를 위하여 몸의 일부를 째어서 엶
	節槪	신념 등을 굽히지 않고 굳게 지키는 꿋꿋한 태도
절도	節度	일이나 행동을 정도에 알맞게 하는 규칙적인 한도
	竊盜	남의 물건을 몰래 훔침
접수	接受	신청이나 신고를 받음
	接收	힘으로 다른 사람의 돈이나 물건을 받음
정교	政敎	정치와 종교
	正敎	바른 종교
	情交	매우 가깝게 사귐
	精巧	솜씨나 기술이 정밀하고 교묘함
정당	精當	정밀하고 자세하며 당연함
	正當	바르고 마땅함
	政黨	정치적 이상을 실현하기 위하여 조직된 단체
정도	正道	정당한 도리
	政道	정치를 하는 방침
	定道	자연적으로 정해진 도리
	精度	정밀도
	程度	알맞은 한도. 그만큼가량의 분량
정부	政府	행정을 맡아보는 국가기관
	正否	옳고 그름
정사	正史	정확한 사실의 역사
	正邪	바른 일과 사악한 일
	政事	정치에 관한 일
	情事	남녀 간의 사랑에 관한 일
	情死	사랑하는 남녀가 사랑을 이루지 못하고 함께 죽는 것

| 정상 | 頂上 산의 맨 꼭대기
| | 正常 특별한 변동 없이 제대로인 상태
| 정원 | 定員 일정한 인원
| | 庭園 집 안의 뜰
| 정전 | 停電 전기가 끊어짐
| | 停戰 교전 중에 양방이 합의에 따라 일시적으로 전투를 중단함
| | 正殿 왕이 나와서 조회를 하던 궁전
| 정조 | 貞操 여자의 곧은 절개
| | 情調 단순한 감각으로 나타나는 감정
| 정지 | 停止 도중에 멎거나 그치게 함
| | 靜止 조용히 멎거나 멎게 함
| | 整地 땅을 고르게 다듬음
| | 整枝 나무의 가지를 가지런하게 잘라 다듬음
| 제수 | 祭需 제사에 드는 여러 가지 재료
| | 弟嫂 아우의 아내
| | 除授 추천하지 않고 임금이 직접 벼슬을 내림
| | 除數 어떤 수를 나누는 수
| 제재 | 制裁 법이나 규정을 어겼을 때 국가가 처벌을 가함
| | 製材 베어 낸 나무로 재목을 만듦
| | 題材 예술 작품이나 학술 연구의 바탕이 되는 재료
| 조류 | 鳥類 새의 종류
| | 潮流 밀물과 썰물로 나타나는 바닷물의 흐름
| 조리 | 條理 일이나 행동이 앞뒤가 들어맞음
| | 調理 요리를 만들거나 만드는 과정
| 조상 | 彫像 조각상
| | 弔喪 남의 죽음에 대하여 조의를 표함
| | 祖上 돌아간 어버이 위로 대대의 어른
| | 早霜 철보다 일찍 내리는 서리
| 조선 | 造船 배를 설계하여 만듦
| | 朝鮮 옛부터 써 내려오던 우리나라의 이름
| 조정 | 調定 조사하여 확정함
| | 朝廷 임금이 나라의 정치를 집행하는 곳
| | 調停 분쟁을 중간에서 화해시킴
| | 調整 어떤 기준이나 실정에 맞게 정돈함
| 조치 | 措置 일을 잘 살펴 필요한 대책을 세워 행함
| | 調治 건강이 회복되도록 몸을 보살핌
| 조화 | 造花 인공으로 만든 꽃
| | 造化 대자연의 이치
| | 弔花 조의를 표하는데 쓰는 꽃
| | 彫花 도자기에 꽃무늬를 새김
| | 調和 서로 잘 어울림
| 존속 | 存續 그대로 있거나 어떤 현상이 계속됨
| | 尊屬 부모와 같은 항렬 이상의 친족
| 주간 | 晝間 낮 동안
| | 週間 월요일부터 일요일까지 한 주일
| | 週刊 한 주일에 한 번씩 발행함
| | 主幹 어떤 일을 책임지고 맡아서 처리함
| 주부 | 主婦 한 가정의 살림살이를 맡아 꾸려 가는 안주인
| | 主簿 한약방을 차린 사람
| 주사 | 酒邪 술에 취해 버릇으로 하는 행동
| | 注射 몸에 약을 바늘로 주입함
| 주소 | 住所 사는 곳
| | 晝宵 낮과 밤
| 주자 | 走者 경주하는 사람
| | 朱紫 붉은빛과 자줏빛
| | 鑄字 쇠붙이를 녹여 활자를 만듦
| 주지 | 住持 절을 주관하는 승려
| | 主旨 요지나 근본이 되는 중요한 뜻
| | 周知 여러 사람이 두루 앎
| 주화 | 主和 평화를 주장함
| | 鑄貨 쇠붙이를 녹여 화폐를 만듦
| 준수 | 遵守 규칙, 명령 등을 잘 지킴
| | 俊秀 재주나 풍채가 빼어남
| 중지 | 中止 도중에 그만 둠
| | 中指 가운뎃손가락
| | 中智 보통의 지혜
| | 衆志 여러 사람의 생각이나 의지
| | 衆智 여러 사람의 지혜
| | 重地 매우 중요한 땅
| 지각 | 知覺 알아서 깨달음
| | 遲刻 정해진 시각보다 늦음
| | 地角 땅의 한 귀퉁이
| | 地殼 지구의 바깥쪽을 이루고 있는 단단한 부분
| 지급 | 至急 매우 급함
| | 支給 돈이나 물품 등을 내줌
| 지대 | 至大 더할 수 없이 큼
| | 地帶 한정된 일정 구역
| | 地代 토지 사용의 대가로 지급하는 금전이나 물건
| | 址臺 건축물을 세우기 위해 터를 잡고 돌로 쌓은 부분
| 지도 | 指導 어떤 목적이나 방향으로 가르쳐 이끎
| | 地圖 지구를 약속된 기호로 평면에 나타낸 그림
| 지사 | 志士 나라와 민족을 위하여 몸 바쳐 일하려는 사람
| | 支社 본사의 관할 아래 일정한 지역에서 본사의 일을 대신 맡아 하는 곳
| | 指事 사물을 가리켜 보임. 한자 육서(六書)의 하나
| | 知事 도지사의 준말
| 지성 | 知性 사물을 알고 생각하고 판단하는 능력
| | 至誠 지극한 정성
| | 至性 매우 착한 성질
| | 至聖 슬기와 덕행이 뛰어난 성인

지연	遲延	시간이 늦추어짐
	地緣	지역을 근거로 하는 연고
	紙鳶	종이로 만든 연
지원	志願	어떤 일이나 조직에 뜻을 두어 한 구성원이 되기를 바람
	支援	지지하여 도움
	支院	지방 법원이나 가정 법원 등에 따로 분설된 하부 기관
지적	知的	지식이나 지성에 관한 것
	指摘	꼭 집어서 가리킴
	地積	땅의 넓이
	地籍	토지에 관한 여러 가지 사항을 등록하여 놓은 기록
지정	指定	가리켜 확실하게 정함
	至情	지극히 두터운 정분
	地釘	집터 등의 바닥을 단단히 하려고 박는 통나무나 콘크리트 기둥
지조	志操	원칙과 신념을 굽히지 않고 끝까지 지켜 나가는 꿋꿋한 의지
	地租	토지의 수익에 대하여 매기는 조세
	知照	알려 주기 위하여 조회함
지지	支持	붙들어서 버티게 함. 찬동하여 원조함
	地誌	특정 지역의 지리적 현상을 적은 책
	知止	자기 분수를 알아서 그칠 줄 앎
지체	肢體	팔다리와 몸
	遲滯	때를 늦추거나 질질 끎
직선	直線	곧은 선
	直選	직접 선거
진정	眞正	거짓 없이 바름
	眞情	참되고 진실한 정이나 마음
	陳情	사정을 진술함
	鎭靜	어지러운 일을 가라앉힘
진통	鎭痛	아픈 것을 진정시킴
	陣痛	아이를 낳을 때 주기적으로 반복되는 배의 통증
척수	脊髓	척추관 속에 있는 중추 신경 계통의 부분
	隻手	한쪽 손
천재	天才	선천적으로 타고난 뛰어난 재주
	天災	자연의 변화로 일어나는 재앙
	千載	오랜 세월
천칭	天秤	저울의 하나
	賤稱	천대하여 일컬음
청사	靑史	역사상의 기록
	靑絲	푸른빛의 실
	廳舍	관청의 사무실로 쓰는 건물
체감	遞減	등수를 따라 차례로 덜어 감
	體感	몸으로 느끼는 감각
초대	招待	모임에 참가해 줄 것을 청함
	初代	한 계통의 첫 번째 사람
초상	初喪	사람이 죽어서 장사 지낼 때까지의 일
	初霜	처음으로 내리는 서리
	肖像	그림이나 사진에 나타난 사람의 얼굴·모습
초연	超然	현실 속에서 벗어나 얽매이지 않고 의젓함
	招宴	연회에 초대함
	初演	연극이나 연주 등의 첫 번째 공연
최고	最古	가장 오래됨
	最高	가장 높음
	催告	상대방에게 일정한 행위를 하도록 통지함
추론	追論	추구하여 논의함
	推論	미루어 생각하여 논함
추상	抽象	일반적으로 공통된 속성을 뽑아내어 파악함
	推想	미루어 생각함
	追想	지나간 일을 돌이켜 생각함
	秋霜	가을의 찬 서리
축전	祝電	축하의 전보
	祝典	축하하는 의식이나 행사
취사	炊事	음식을 만드는 일
	取捨	쓸 것은 쓰고 버릴 것은 버림
치부	恥部	남에게 숨기고 싶은 부끄러운 부분
	致富	재물을 모아 부자가 됨
	置簿	금전이나 물건의 출납을 기록함
타도	打倒	어떤 대상이나 세력을 쳐서 거꾸러뜨림
	他道	행정 구역상 자기가 속하지 않은 도
타력	打力	치는 힘
	他力	남의 힘
타산	打算	이해관계를 헤아려 봄
	他山	다른 산
탄성	歎聲	탄식하는 소리
	彈性	물체에 힘을 가하면 변하고 힘을 없애면 원래대로 돌아가려는 성질
탈모	脫毛	털이 빠짐
	脫帽	모자를 벗음
탈취	脫臭	냄새를 빼어 없앰
	奪取	빼앗아 가짐
통상	通常	특별하지 않고 보통임
	通商	나라 사이에 서로 물품을 사고 팜
통화	通貨	한 나라에서 통용되는 화폐
	通話	전화로 말을 주고받음
투구	投球	공을 던짐
	鬪狗	싸움개
투사	透寫	얇은 종이 밑에 받쳐 놓고 그림이나 글씨를

	그대로 베낌
	投射 창이나 포탄 등을 던지거나 쏨
	鬪士 싸움터나 경기장에서 싸우려고 나선 사람
특수	特殊 특별히 다름
	特需 특별한 상황에서 발생하는 수요
파다	頗多 아주 많음
	播多 소문이 널리 퍼짐
파문	波紋 수면에 이는 물결
	破門 사제의 의리를 끊고 문하에서 내쫓음
파지	把持 물건이나 권력 등을 꽉 움켜 쥠
	破紙 찢어진 종이
편도	片道 오고 가는 길 가운데 한쪽
	便道 편리한 길
편집	偏執 편견을 고집하고, 남의 말을 듣지 않음
	編輯 일정한 방침 아래 여러 가지 재료를 모아 신문, 잡지, 책 따위를 만드는 일
폐간	肺肝 폐와 간
	廢刊 신문, 잡지 등의 간행을 폐지함
포대	砲隊 포병으로 이루어진 부대
	包袋 종이, 피륙, 가죽 등으로 만든 큰 자루
	布帶 베로 만든 띠
	砲臺 포를 설치하여 쏠 수 있도록 만든 시설물
포장	包裝 물건을 싸서 꾸밈
	鋪裝 길바닥에 콘크리트 등을 깔아 다져 꾸밈
	捕將 포도대장
	布帳 베, 무명 등으로 만든 휘장
표결	表決 회의에서 어떤 안건에 대하여 가부 의사를 표시하여 결정함
	票決 투표하여 결정함
표지	表紙 책의 겉장
	標識 표시나 특징으로 다른 것과 구별함
필적	筆跡 글씨의 모양이나 흔적
	匹敵 능력이나 세력이 엇비슷하여 서로 맞섬
하사	下司 하급의 관청
	下賜 윗사람이 아랫사람에게 물건을 줌
	何事 무슨 일
	賀詞 축하의 뜻을 나타내기 위한 글이나 말
한만	汗漫 그대로 내버려 둠
	限滿 기한이 다 참
함정	陷穽 남을 해치기 위한 계략
	艦艇 크고 작은 군사용 배
항구	恒久 변하지 않고 오래감
	港口 배가 안전하게 드나들도록 바닷가에 부두 따위를 설비한 곳
해독	害毒 나쁜 영향을 끼치는 요소
	解讀 어려운 문구를 풀어서 이해하거나 해석함
	解毒 독성 물질의 작용을 없앰
향수	香水 향이 나는 액체 화장품
	鄕愁 고향을 그리워하는 마음
	享受 혜택을 받아서 누림
	享壽 오래 사는 복을 누림
헌정	憲政 입헌 정치를 줄여 이르는 말
	獻呈 물품을 올림
현상	現狀 현재의 상태
	現象 사람이 지각할 수 있는 사물의 형상
	懸賞 어떤 목적으로 상품이나 돈을 거는 것
	玄裳 검은 치마
호기	呼氣 내쉬는 숨
	豪氣 씩씩한 기상
	好奇 신기한 것을 좋아함
	好機 좋은 기회
	浩氣 호연한 기운
	好期 좋은 시기
호위	護衛 곁에서 보호하고 지킴
	虎威 권세 있는 사람의 위력
혼수	昏睡 의식이 없어짐
	婚需 혼인에 필요한 물품
환부	患部 병이나 상처가 난 부위
	還付 돈이나 물건 등을 되돌려 보냄
	鰥夫 홀아비
환영	歡迎 손님을 기쁜 마음으로 반갑게 맞음
	幻影 없는 것이 있는 것처럼 보임
회기	回忌 매해 돌아오는 기일
	回期 돌아올 시기
	會期 개회로부터 폐회까지의 기간
회심	回心 마음을 고쳐 먹음
	悔心 잘못을 뉘우치는 마음
회유	回遊 두루 여기저기 다니면서 구경함
	懷柔 어루만지고 잘 달래어 시키는 말을 듣도록 함
효성	孝誠 정성을 다해 부모를 섬기는 마음
	曉星 샛별
훈장	訓長 서당의 선생님
	勳章 나라에 공을 세운 사람에게 내려주는 휘장

04 반의자(상대자)

가감	加 더할 가	⟷	減 덜 감	곤제	昆 맏 곤	⟷	弟 아우 제
가제	加 더할 가	⟷	除 덜 제	공과	功 공 공	⟷	過 지날 과
가부	可 옳을 가	⟷	否 아닐 부	공죄	功 공 공	⟷	罪 허물 죄
가취	嫁 시집갈 가	⟷	娶 장가들 취	공방	攻 칠 공	⟷	防 막을 방
간과	干 방패 간	⟷	戈 창 과	공수	攻 칠 공	⟷	守 지킬 수
간만	干 방패 간	⟷	滿 찰 만	공륙	空 빌 공	⟷	陸 뭍 륙
간세	簡 대쪽, 간략할 간	⟷	細 가늘 세	공사	公 공평할 공	⟷	私 사사 사
간이	艱 어려울 간	⟷	易 바꿀 역|쉬울 이	공수	供 이바지할 공	⟷	需 쓰일, 쓸 수
감고	甘 달 감	⟷	苦 쓸 고	과순	戈 창 과	⟷	盾 방패 순
강산	江 강 강	⟷	山 메 산	관맹	寬 너그러울 관	⟷	猛 사나울 맹
강약	强 강할 강	⟷	弱 약할 약	관민	官 벼슬 관	⟷	民 백성 민
강유	剛 굳셀 강	⟷	柔 부드러울 유	광협	廣 넓을 광	⟷	狹 좁을 협
개폐	開 열 개	⟷	閉 닫을 폐	교습	敎 가르칠 교	⟷	習 익힐 습
거래	去 갈 거	⟷	來 올 래	교학	敎 가르칠 교	⟷	學 배울 학
거류	去 갈 거	⟷	留 머무를 류	교졸	巧 공교할 교	⟷	拙 졸할 졸
거세	巨 클 거	⟷	細 가늘 세	구생	舅 시아비, 외삼촌 구	⟷	甥 생질 생
건곤	乾 하늘, 마를 건	⟷	坤 땅 곤	구판	購 살 구	⟷	販 팔 판
건습	乾 하늘, 마를 건	⟷	濕 젖을 습	군민	君 임금 군	⟷	民 백성 민
경연	硬 굳을 경	⟷	軟 연할 연	군신	君 임금 군	⟷	臣 신하 신
경위	經 지날, 글 경	⟷	緯 씨 위	굴신	屈 굽힐 굴	⟷	伸 펼 신
경중	輕 가벼울 경	⟷	重 무거울 중	궁시	弓 활 궁	⟷	矢 화살 시
경조	慶 경사 경	⟷	弔 조상할 조	권근	倦 게으를 권	⟷	勤 부지런할 근
경향	京 서울 경	⟷	鄕 시골 향	귀천	貴 귀할 귀	⟷	賤 천할 천
계폐	啓 열 계	⟷	閉 닫을 폐	극순	戟 창 극	⟷	盾 방패 순
고금	古 예 고	⟷	今 이제 금	근만	勤 부지런할 근	⟷	慢 거만할 만
고구	姑 시어미 고	⟷	舅 시아비, 외삼촌 구	근타	勤 부지런할 근	⟷	惰 게으를 타
고부	姑 시어미 고	⟷	婦 며느리 부	근태	勤 부지런할 근	⟷	怠 게으를 태
고비	考 생각할 고	⟷	妣 죽은어미 비	금석	今 이제 금	⟷	昔 예 석
고저	高 높을 고	⟷	低 낮을 저	금종	擒 사로잡을 금	⟷	縱 세로 종
고하	高 높을 고	⟷	下 아래 하	급락	及 미칠 급	⟷	落 떨어질 락
곡직	曲 굽을 곡	⟷	直 곧을 직	기결	起 일어날 기	⟷	結 맺을 결

기복	起 일어날 기	⟷	伏 엎드릴 복	득상	得 얻을 득	⟷ 喪 잃을 상
기함	起 일어날 기	⟷	陷 빠질 함	득실	得 얻을 득	⟷ 失 잃을 실
기골	肌 살 기	⟷	骨 뼈 골	등강	登 오를 등	⟷ 降 내릴 강 | 항복할 항
기포	飢 주릴 기	⟷	飽 배부를 포	등락	登 오를 등	⟷ 落 떨어질 락
길흉	吉 길할 길	⟷	凶 흉할 흉	만적	蠻 오랑캐 만	⟷ 狄 오랑캐 적
난이	難 어려울 난	⟷	易 바꿀 역 | 쉬울 이	매매	賣 팔 매	⟷ 買 살 매
남녀	男 사내 남	⟷	女 계집 녀	면앙	俛 힘쓸, 구푸릴 면	⟷ 仰 우러를 앙
남북	南 남녘 남	⟷	北 북녘 북 | 달아날 배	명멸	明 밝을 명	⟷ 滅 꺼질, 멸할 멸
내외	內 안 내	⟷	外 바깥 외	명암	明 밝을 명	⟷ 暗 어두울 암
냉난	冷 찰 랭	⟷	暖 따뜻할 난	모순	矛 창 모	⟷ 盾 방패 순
냉난	冷 찰 랭	⟷	煖 더울 난	모자	母 어미 모	⟷ 子 아들 자
냉열	冷 찰 랭	⟷	熱 더울 열	무격	巫 무당 무	⟷ 覡 박수 격
냉온	冷 찰 랭	⟷	溫 따뜻할 온	문답	問 물을 문	⟷ 答 대답 답
노기	駑 둔할 말 노	⟷	驥 천리마 기	부처	夫 지아비 부	⟷ 妻 아내 처
노비	奴 종 노	⟷	婢 계집 종 비	분뇨	糞 똥 분	⟷ 尿 오줌 뇨
노사	勞 일할 로	⟷	使 하여금, 부릴 사	비각	臂 팔 비	⟷ 脚 다리 각
노소	老 늙을 로	⟷	少 적을 소	비고	卑 낮을 비	⟷ 高 높을 고
노유	老 늙을 로	⟷	幼 어릴 유	비락	悲 슬플 비	⟷ 樂 즐길 락 | 노래 악 | 좋아할 요
농담	濃 짙을 농	⟷	淡 맑을 담	비저	匕 비수 비	⟷ 箸 젓가락 저
다과	多 많을 다	⟷	寡 적을 과	비척	肥 살찔 비	⟷ 瘠 여윌 척
다소	多 많을 다	⟷	少 적을 소	비환	悲 슬플 비	⟷ 歡 기쁠 환
단복	單 홑 단	⟷	複 겹칠 복	빈부	貧 가난할 빈	⟷ 富 부자 부
단석	旦 아침 단	⟷	夕 저녁 석	빈주	賓 손 빈	⟷ 主 임금, 주인 주
단속	斷 끊을 단	⟷	續 이을 속	빙탄	氷 얼음 빙	⟷ 炭 숯 탄
당락	當 마땅 당	⟷	落 떨어질 락	사민	士 선비 사	⟷ 民 백성 민
당부	當 마땅 당	⟷	否 아닐 부	사생	死 죽을 사	⟷ 生 날 생
대소	大 큰 대	⟷	小 작을 소	사활	死 죽을 사	⟷ 活 살 활
도농	都 도읍 도	⟷	農 농사 농	사정	邪 간사할 사	⟷ 正 바를 정
동서	東 동녘 동	⟷	西 서녘 서	사제	師 스승 사	⟷ 弟 아우 제
동이	同 한가지 동	⟷	異 다를 이	삭회	朔 초하루 삭	⟷ 晦 그믐 회
동정	動 움직일 동	⟷	靜 고요할 정	산해	山 메 산	⟷ 海 바다 해
동지	動 움직일 동	⟷	止 그칠 지	살활	殺 죽일 살 | 감할, 빠를 쇄	⟷ 活 살 활
두미	頭 머리 두	⟷	尾 꼬리 미	상략	詳 자세할 상	⟷ 略 간략할, 약할 략
둔민	鈍 둔할 둔	⟷	敏 민첩할 민	상반	常 떳떳할 상	⟷ 班 나눌 반

상벌	賞 상줄 상	⟷	罰 벌할 벌	순역	順 순할 순	⟷ 逆 거스릴 역
상하	上 윗 상	⟷	下 아래 하	승강	乘 탈 승	⟷ 降 내릴 강 | 항복할 항
상환	孀 홀어미 상	⟷	鰥 홀아비 환	승제	乘 탈 승	⟷ 除 덜 제
생멸	生 날 생	⟷	滅 꺼질, 멸할 멸	승부	勝 이길 승	⟷ 負 질 부
생몰	生 날 생	⟷	沒 빠질 몰	승패	勝 이길 승	⟷ 敗 패할 패
생사	生 날 생	⟷	死 죽을 사	시말	始 비로소 시	⟷ 末 끝 말
생살	生 날 생	⟷	殺 죽일 살 | 감할, 빠를 쇄	시종	始 비로소 시	⟷ 終 마칠 종
서발	序 차례 서	⟷	跋 밟을 발	시비	是 이 옳을 시	⟷ 非 아닐 비
서한	暑 더울 서	⟷	寒 찰 한	시저	匙 숟가락 시	⟷ 箸 젓가락 저
선악	善 착할 선	⟷	惡 악할 악 | 미워할 오	신고	新 새 신	⟷ 古 예 고
선후	先 먼저 선	⟷	後 뒤 후	신구	新 새 신	⟷ 舊 예 구
성패	成 이룰 성	⟷	敗 패할 패	신민	臣 신하 신	⟷ 民 백성 민
성쇠	盛 성할 성	⟷	衰 쇠할 쇠	신의	信 믿을 신	⟷ 疑 의심할 의
세대	細 가늘 세	⟷	大 큰 대	신축	伸 펼 신	⟷ 縮 줄일 축
소밀	疎 성길 소	⟷	密 빽빽할 밀	실득	失 잃을 실	⟷ 得 얻을 득
소조	疏 소통할 소	⟷	阻 막힐 조	실부	實 열매 실	⟷ 否 아닐 부
소신	宵 밤 소	⟷	晨 새벽 신	심신	心 마음 심	⟷ 身 몸 신
소절	紹 이을 소	⟷	絕 끊을 절	심천	深 깊을 심	⟷ 淺 얕을 천
손득	損 덜 손	⟷	得 얻을 득	심체	心 마음 심	⟷ 體 몸 체
손익	損 덜 손	⟷	益 더할 익	아속	雅 맑을 아	⟷ 俗 풍속 속
송수	送 보낼 송	⟷	受 받을 수	안부	安 편안 안	⟷ 否 아닐 부
수급	受 받을 수	⟷	給 줄 급	안위	安 편안 안	⟷ 危 위태할 위
수급	收 거둘 수	⟷	給 줄 급	앙부	仰 우러를 앙	⟷ 俯 구부릴 부
수급	需 쓰일, 쓸 수	⟷	給 줄 급	애락	哀 슬플 애	⟷ 樂 즐길 락 | 노래 악 | 좋아할 요
수미	首 머리 수	⟷	尾 꼬리 미	애환	哀 슬플 애	⟷ 歡 기쁠 환
수비	瘦 여윌 수	⟷	肥 살찔 비	애오	愛 사랑 애	⟷ 惡 악할 악 | 미워할 오
수불	受 받을 수	⟷	拂 떨칠 불	애증	愛 사랑 애	⟷ 憎 미울 증
수여	受 받을 수	⟷	與 더불, 줄 여	양부	良 어질 량	⟷ 否 아닐 부
수수	授 줄 수	⟷	受 받을 수	육해	陸 뭍 륙	⟷ 海 바다 해
수지	收 거둘 수	⟷	支 지탱할 지	이란	理 다스릴 리	⟷ 亂 어지러울 란
수족	手 손 수	⟷	足 발 족	이민	吏 관리, 벼슬아치 리	⟷ 民 백성 민
수륙	水 물 수	⟷	陸 뭍 륙	이합	離 떠날 리	⟷ 合 합할 합
수화	水 물 수	⟷	火 불 화	이해	利 이할 리	⟷ 害 해할 해
숙질	叔 아재비 숙	⟷	姪 조카 질	억양	抑 누를 억	⟷ 揚 날릴 양

언문	言 말씀 언	⟷	文 글월 문		자타	自 스스로 자	⟷	他 다를 타
언행	言 말씀 언	⟷	行 다닐 행 | 항렬 항		작금	昨 어제 작	⟷	今 이제 금
여야	與 더불, 줄 여	⟷	野 들 야		장단	長 길 장	⟷	短 짧을 단
연부	然 그럴 연	⟷	否 아닐 부		장유	長 길 장	⟷	幼 어릴 유
염량	炎 불꽃 염	⟷	涼 서늘할 량		적서	嫡 정실 적	⟷	庶 여러 서
영고	榮 영화 영	⟷	枯 마를 고		적회	炙 구울 적	⟷	膾 회 회
영욕	榮 영화 영	⟷	辱 욕될 욕		전답	田 밭 전	⟷	畓 논 답
영송	迎 맞을 영	⟷	送 보낼 송		전후	前 앞 전	⟷	後 뒤 후
영전	迎 맞을 영	⟷	餞 보낼 전		절사	絕 끊을 절	⟷	嗣 이을 사
영허	盈 찰 영	⟷	虛 빌 허		정오	正 바를 정	⟷	誤 그르칠 오
예결	豫 미리 예	⟷	決 결단할 결		정예	淨 깨끗할 정	⟷	穢 더러울 예
예둔	銳 날카로울 예	⟷	鈍 둔할 둔		조만	早 이를 조	⟷	晚 늦을 만
오매	寤 잠깰 오	⟷	寐 잘 매		조석	朝 아침 조	⟷	夕 저녁 석
옥석	玉 구슬 옥	⟷	石 돌 석		조습	燥 마를 조	⟷	濕 젖을 습
온량	溫 따뜻할 온	⟷	涼 서늘할 량		존망	存 있을 존	⟷	亡 망할 망
옹서	翁 늙은이 옹	⟷	壻 사위 서		존몰	存 있을 존	⟷	沒 빠질 몰
완급	緩 느릴 완	⟷	急 급할 급		존무	存 있을 존	⟷	無 없을 무
왕래	往 갈 왕	⟷	來 올 래		존폐	存 있을 존	⟷	廢 폐할, 버릴 폐
왕복	往 갈 왕	⟷	復 회복할 복 | 다시 부		존비	尊 높을 존	⟷	卑 낮을 비
요철	凹 오목할 요	⟷	凸 볼록할 철		종횡	縱 세로 종	⟷	橫 가로 횡
우열	優 넉넉할 우	⟷	劣 못할 렬		좌립	坐 앉을 좌	⟷	立 설 립
원근	遠 멀 원	⟷	近 가까울 근		좌와	坐 앉을 좌	⟷	臥 누울 와
원앙	鴛 원앙 원	⟷	鴦 원앙 앙		좌우	左 왼 좌	⟷	右 오른 우
원은	怨 원망할 원	⟷	恩 은혜 은		죄벌	罪 허물 죄	⟷	罰 벌할 벌
유무	有 있을 유	⟷	無 없을 무		주객	主 주인 주	⟷	客 손 객
은현	隱 숨을 은	⟷	現 나타날 현		주종	主 주인 주	⟷	從 좇을 종
은수	恩 은혜 은	⟷	讎 원수 수		주야	晝 낮 주	⟷	夜 밤 야
음양	陰 그늘 음	⟷	陽 볕 양		중과	衆 무리 중	⟷	寡 적을 과
인과	因 인할 인	⟷	果 실과 과		중외	中 가운데 중	⟷	外 바깥 외
입락	入 들 입	⟷	落 떨어질 락		증감	增 더할 증	⟷	減 덜 감
자녀	子 아들 자	⟷	女 계집 녀		증삭	增 더할 증	⟷	削 깎을 삭
자모	子 아들 자	⟷	母 어미 모		증손	增 더할 증	⟷	損 덜 손
자매	姉 손윗누이 자	⟷	妹 누이 매		지우	智 슬기 지	⟷	愚 어리석을 우
자웅	雌 암컷 자	⟷	雄 수컷 웅		진가	眞 참 진	⟷	假 거짓 가

진위	眞 참 진	⟷	僞 거짓 위	향배	向 향할 향 ⟷ 背 등 배	
진퇴	進 나아갈 진	⟷	退 물러날 퇴	허실	虛 빌 허 ⟷ 實 열매 실	
질곡	桎 차꼬 질	⟷	梏 수갑 곡	현미	顯 나타날 현 ⟷ 微 작을 미	
집산	集 모을 집	⟷	散 흩을 산	현밀	顯 나타날 현 ⟷ 密 빽빽할 밀	
찬반	贊 도울 찬	⟷	反 돌이킬 반	형제	兄 형 형 ⟷ 弟 아우 제	
척강	陟 오를 척	⟷	降 내릴 강ㅣ항복할 항	호시	弧 활 호 ⟷ 矢 화살 시	
천심	淺 얕을 천	⟷	深 깊을 심	혼서	昏 어두울 혼 ⟷ 曙 새벽 서	
천양	天 하늘 천	⟷	壤 흙덩이 양	화복	禍 재앙 화 ⟷ 福 복 복	
천지	天 하늘 천	⟷	地 땅 지	화전	和 화할 화 ⟷ 戰 싸움 전	
첨삭	添 더할 첨	⟷	削 깎을 삭	활협	闊 넓을 활 ⟷ 狹 좁을 협	
청담	晴 갤 청	⟷	曇 흐릴 담	회자	膾 회 회 ⟷ 炙 구을 자	
청우	晴 갤 청	⟷	雨 비 우	후박	厚 두터울 후 ⟷ 薄 엷을 박	
청탁	淸 맑을 청	⟷	濁 흐릴 탁	흑백	黑 검을 흑 ⟷ 白 흰 백	
추만	推 밀 추	⟷	挽 당길 만	흔척	欣 기쁠 흔 ⟷ 戚 슬플, 근심할 척	
추미	醜 추할 추	⟷	美 아름다울 미	흥망	興 일 흥 ⟷ 亡 망할 망	
출결	出 날 출	⟷	缺 이지러질 결	흥패	興 일 흥 ⟷ 敗 패할 패	
출납	出 날 출	⟷	納 들일 납	희로	喜 기쁠 희 ⟷ 怒 성낼 노	
출입	出 날 출	⟷	入 들 입	희비	喜 기쁠 희 ⟷ 悲 슬플 비	
충역	忠 충성 충	⟷	逆 거스릴 역			
취사	取 가질 취	⟷	捨 버릴 사			
취가	娶 장가들 취	⟷	嫁 시집갈 가			
친소	親 친할 친	⟷	疎 성길 소			
탄토	呑 삼킬 탄	⟷	吐 토할 토			
포폄	襃 기릴 포	⟷	貶 낮출 폄			
표리	表 겉 표	⟷	裏 속 리			
풍흉	豊 풍년 풍	⟷	凶 흉할 흉			
피골	皮 가죽 피	⟷	骨 뼈 골			
피차	彼 저 피	⟷	此 이 차			
한망	閑 한가할 한	⟷	忙 바쁠 망			
한란	寒 찰 한	⟷	暖 따뜻할 난			
한서	寒 찰 한	⟷	暑 더울 서			
한온	寒 찰 한	⟷	溫 따뜻할 온			
함담	鹹 짤 함	⟷	淡 맑을 담			
해공	海 바다 해	⟷	空 빌 공			

05 반의어

加熱 가열	⟷	冷却 냉각	乾燥 건조 ⟷ 濕潤 습윤
加重 가중	⟷	輕減 경감	傑作 걸작 ⟷ 拙作 졸작
架空 가공	⟷	實在 실재	儉素 검소 ⟷ 浪費 낭비
却下 각하	⟷	受理 수리	儉約 검약 ⟷ 奢侈 사치 / 浪費 낭비
幹線 간선	⟷	支線 지선	結果 결과 ⟷ 動機 동기 / 原因 원인
干涉 간섭	⟷	放任 방임	缺乏 결핍 ⟷ 充足 충족
干潮 간조	⟷	滿潮 만조	結合 결합 ⟷ 分離 분리
間歇 간헐	⟷	持續 지속	決裂 결렬 ⟷ 合意 합의
減少 감소	⟷	增加 증가	決算 결산 ⟷ 豫算 예산
減退 감퇴	⟷	增進 증진	決定 결정 ⟷ 留保 유보
剛健 강건	⟷	優柔 우유 / 柔弱 유약	謙遜 겸손 ⟷ 倨慢 거만
強硬 강경	⟷	軟弱 연약 / 柔和 유화	經度 경도 ⟷ 緯度 위도
強固 강고	⟷	薄弱 박약	輕薄 경박 ⟷ 重厚 중후
強大 강대	⟷	弱小 약소	經常 경상 ⟷ 臨時 임시
強靭 강인	⟷	懦弱 나약	輕率 경솔 ⟷ 愼重 신중
強制 강제	⟷	任意 임의	輕視 경시 ⟷ 重視 중시
強風 강풍	⟷	微風 미풍	硬直 경직 ⟷ 柔軟 유연
降臨 강림	⟷	昇天 승천	高尙 고상 ⟷ 卑俗 비속
開放 개방	⟷	閉鎖 폐쇄	高雅 고아 ⟷ 低俗 저속
個別 개별	⟷	全體 전체	苦痛 고통 ⟷ 快樂 쾌락
槪算 개산	⟷	精算 정산	公開 공개 ⟷ 隱蔽 은폐
蓋然 개연	⟷	必然 필연	公平 공평 ⟷ 偏頗 편파
客觀 객관	⟷	主觀 주관	共用 공용 ⟷ 專用 전용
客體 객체	⟷	主體 주체	供給 공급 ⟷ 需要 수요
巨大 거대	⟷	微小 미소	空腹 공복 ⟷ 滿腹 만복
巨富 거부	⟷	極貧 극빈	空想 공상 ⟷ 現實 현실
拒否 거부	⟷	承諾 승낙	過激 과격 ⟷ 穩健 온건
拒絕 거절	⟷	承認 승인	寬大 관대 ⟷ 嚴格 엄격
建設 건설	⟷	破壞 파괴	貫徹 관철 ⟷ 挫折 좌절

光明 광명	⟷	暗黑 암흑
巧妙 교묘	⟷	拙劣 졸렬
郊外 교외	⟷	都心 도심
拘禁 구금	⟷	釋放 석방
拘束 구속	⟷	放免 방면 解放 해방
口語 구어	⟷	文語 문어
具體 구체	⟷	抽象 추상
君子 군자	⟷	小人 소인
屈服 굴복	⟷	抵抗 저항
權利 권리	⟷	義務 의무
歸納 귀납	⟷	演繹 연역
均霑 균점	⟷	獨占 독점
勤勉 근면	⟷	懶怠 나태
近接 근접	⟷	遠隔 원격
禁止 금지	⟷	許可 허가
急激 급격	⟷	緩慢 완만
急性 급성	⟷	慢性 만성
急行 급행	⟷	緩行 완행
及第 급제	⟷	落第 낙제
肯定 긍정	⟷	否定 부정
旣決 기결	⟷	未決 미결
奇數 기수	⟷	偶數 우수
記憶 기억	⟷	忘却 망각
緊密 긴밀	⟷	疏遠 소원
緊張 긴장	⟷	解弛 해이 弛緩 이완
緊縮 긴축	⟷	緩和 완화
吉兆 길조	⟷	凶兆 흉조
樂觀 낙관	⟷	悲觀 비관
樂園 낙원	⟷	地獄 지옥
樂天 낙천	⟷	厭世 염세
暖流 난류	⟷	寒流 한류
濫用 남용	⟷	節約 절약

朗讀 낭독	⟷	默讀 묵독
內容 내용	⟷	形式 형식 外形 외형
內憂 내우	⟷	外患 외환
內包 내포	⟷	外延 외연
老練 노련	⟷	未熟 미숙
濃厚 농후	⟷	稀薄 희박
濃縮 농축	⟷	稀釋 희석
訥辯 눌변	⟷	能辯 능변 達辯 달변
能動 능동	⟷	被動 피동
凌蔑 능멸	⟷	推仰 추앙
多元 다원	⟷	一元 일원
單純 단순	⟷	複雜 복잡
單式 단식	⟷	複式 복식
短縮 단축	⟷	延長 연장
淡水 담수	⟷	鹹水 함수
曇天 담천	⟷	晴天 청천
答辯 답변	⟷	質問 질문
當番 당번	⟷	非番 비번
唐慌 당황	⟷	沈着 침착
貸出 대출	⟷	借入 차입
對話 대화	⟷	獨白 독백
獨立 독립	⟷	隷屬 예속
獨創 독창	⟷	模倣 모방
鈍感 둔감	⟷	敏感 민감
鈍濁 둔탁	⟷	銳利 예리
得意 득의	⟷	失意 실의
登場 등장	⟷	退場 퇴장
等質 등질	⟷	異質 이질
漠然 막연	⟷	確然 확연
埋沒 매몰	⟷	發掘 발굴
滅亡 멸망	⟷	隆盛 융성
明朗 명랑	⟷	憂鬱 우울

明示 명시	⟷	暗示 암시	分裂 분열	⟷	統一 통일
名目 명목	⟷	實質 실질	分解 분해	⟷	合成 합성
名譽 명예	⟷	恥辱 치욕	紛爭 분쟁	⟷	和解 화해
模型 모형	⟷	原型 원형	不運 불운	⟷	幸運 행운
無能 무능	⟷	有能 유능	不況 불황	⟷	好況 호황
物質 물질	⟷	精神 정신	卑怯 비겁	⟷	勇敢 용감
文明 문명	⟷	未開 미개 / 野蠻 야만	非難 비난	⟷	稱讚 칭찬
			悲哀 비애	⟷	歡喜 환희
敏捷 민첩	⟷	愚鈍 우둔 / 遲鈍 지둔	貧窮 빈궁	⟷	富裕 부유
			頻數 빈수	⟷	間歇 간헐
密集 밀집	⟷	散在 산재	辭任 사임	⟷	就任 취임
反目 반목	⟷	和睦 화목	死藏 사장	⟷	活用 활용
反抗 반항	⟷	服從 복종	死後 사후	⟷	生前 생전
返濟 반제	⟷	借用 차용	散文 산문	⟷	韻文 운문
發掘 발굴	⟷	埋沒 매몰	散在 산재	⟷	集中 집중
潑剌 발랄	⟷	萎縮 위축	相剋 상극	⟷	相生 상생
傍系 방계	⟷	直系 직계	相對 상대	⟷	絕對 절대
放心 방심	⟷	操心 조심	詳述 상술	⟷	略述 약술
背恩 배은	⟷	報恩 보은	上昇 상승	⟷	下降 하강
白髮 백발	⟷	紅顔 홍안	喪失 상실	⟷	獲得 획득
白晝 백주	⟷	深夜 심야	生産 생산	⟷	消費 소비
白癡 백치	⟷	天才 천재	生食 생식	⟷	火食 화식
繁忙 번망	⟷	閑散 한산	碩學 석학	⟷	淺學 천학
保守 보수	⟷	進步 진보 / 革新 혁신	仙界 선계	⟷	紅塵 홍진
			善用 선용	⟷	惡用 악용
本業 본업	⟷	副業 부업	先祖 선조	⟷	後裔 후예
本質 본질	⟷	現象 현상	先天 선천	⟷	後天 후천
俯角 부각	⟷	仰角 앙각	性急 성급	⟷	悠長 유장
富貴 부귀	⟷	貧賤 빈천	洗練 세련	⟷	稚拙 치졸
富裕 부유	⟷	貧窮 빈궁	消極 소극	⟷	積極 적극
扶桑 부상	⟷	咸池 함지	騷亂 소란	⟷	靜肅 정숙
不當 부당	⟷	妥當 타당	疎遠 소원	⟷	親近 친근
分散 분산	⟷	集中 집중	收縮 수축	⟷	膨脹 팽창
分析 분석	⟷	綜合 종합 / 統合 통합	收賄 수회	⟷	贈賄 증회

羞恥 수치	⟵⟶	榮光 영광		原理 원리	⟵⟶	應用 응용
淑女 숙녀	⟵⟶	紳士 신사		怨恨 원한	⟵⟶	恩惠 은혜
順境 순경	⟵⟶	逆境 역경		違法 위법	⟵⟶	合法 합법
順坦 순탄	⟵⟶	險難 험난		萎縮 위축	⟵⟶	伸張 신장
順行 순행	⟵⟶	逆行 역행		凝固 응고	⟵⟶	溶解 용해
拾得 습득	⟵⟶	遺失 유실 / 紛失 분실		應答 응답	⟵⟶	質疑 질의
勝利 승리	⟵⟶	敗北 패배		利己 이기	⟵⟶	犧牲 희생
始作 시작	⟵⟶	終末 종말		異端 이단	⟵⟶	正統 정통
媤宅 시댁	⟵⟶	親家 친가		異例 이례	⟵⟶	通例 통례
實際 실제	⟵⟶	理論 이론		離陸 이륙	⟵⟶	着陸 착륙
惡材 악재	⟵⟶	好材 호재		理性 이성	⟵⟶	感性 감성 / 感情 감정
安靜 안정	⟵⟶	動搖 동요		離陸 이륙	⟵⟶	着陸 착륙
抑制 억제	⟵⟶	促進 촉진		人爲 인위	⟵⟶	自然 자연
輿圈 여권	⟵⟶	野圈 야권		人造 인조	⟵⟶	天然 천연
演繹 연역	⟵⟶	歸納 귀납		立體 입체	⟵⟶	平面 평면
憐憫 연민	⟵⟶	憎惡 증오		依他 의타	⟵⟶	自立 자립
連勝 연승	⟵⟶	連敗 연패		自立 자립	⟵⟶	依存 의존 / 依他 의타
劣惡 열악	⟵⟶	優良 우량		自律 자율	⟵⟶	他律 타율
劣敗 열패	⟵⟶	優勝 우승		自意 자의	⟵⟶	他意 타의
炎凉 염량	⟵⟶	世態 세태		咀呪 저주	⟵⟶	祝賀 축하
永劫 영겁	⟵⟶	刹那 찰나		低下 저하	⟵⟶	向上 향상
榮轉 영전	⟵⟶	左遷 좌천		絶讚 절찬	⟵⟶	酷評 혹평
迎接 영접	⟵⟶	餞送 전송		精巧 정교	⟵⟶	粗惡 조악
靈魂 영혼	⟵⟶	肉體 육체		精密 정밀	⟵⟶	粗雜 조잡
溫暖 온난	⟵⟶	寒冷 한랭		正午 정오	⟵⟶	子正 자정
往復 왕복	⟵⟶	片道 편도		定着 정착	⟵⟶	漂流 표류
夭折 요절	⟵⟶	長壽 장수		弔客 조객	⟵⟶	賀客 하객
容易 용이	⟵⟶	困難 곤란 / 難解 난해		存續 존속	⟵⟶	廢止 폐지
優待 우대	⟵⟶	虐待 학대		縱斷 종단	⟵⟶	橫斷 횡단
偶然 우연	⟵⟶	必然 필연		陳腐 진부	⟵⟶	斬新 참신
友好 우호	⟵⟶	敵對 적대		眞實 진실	⟵⟶	虛僞 허위
韻文 운문	⟵⟶	散文 산문		鎭靜 진정	⟵⟶	興奮 흥분

進化 진화	⟷	退化 퇴화	債權者 채권자	⟷	債務者 채무자
秩序 질서	⟷	混沌 혼돈	靑一點 청일점	⟷	紅一點 홍일점
集合 집합	⟷	解散 해산	合法化 합법화	⟷	不法化 불법화
差別 차별	⟷	平等 평등	渴而穿井 갈이천정	⟷	居安思危 거안사위
慘敗 참패	⟷	快勝 쾌승	剛毅木訥 강의목눌	⟷	巧言令色 교언영색
債券 채권	⟷	債務 채무	居安思危 거안사위	⟷	亡羊補牢 망양보뢰
處女 처녀	⟷	總角 총각	曲突徙薪 곡돌사신	⟷	亡羊補牢 망양보뢰
添加 첨가	⟷	削減 삭감 削除 삭제	輕擧妄動 경거망동	⟷	隱忍自重 은인자중
縮小 축소	⟷	擴大 확대	高臺廣室 고대광실	⟷	一間斗屋 일간두옥
稱讚 칭찬	⟷	詰難 힐난	苦盡甘來 고진감래	⟷	興盡悲來 흥진비래
特殊 특수	⟷	普遍 보편 一般 일반	近墨者黑 근묵자흑	⟷	麻中之蓬 마중지봉
平凡 평범	⟷	非凡 비범	錦上添花 금상첨화	⟷	雪上加霜 설상가상
暴騰 폭등	⟷	暴落 폭락	弄瓦之慶 농와지경	⟷	弄璋之慶 농장지경
合成 합성	⟷	分解 분해	凍氷寒雪 동빙한설	⟷	和風暖陽 화풍난양
酷暑 혹서	⟷	酷寒 혹한	門前成市 문전성시	⟷	門前雀羅 문전작라
加害者 가해자	⟷	被害者 피해자	市道之交 시도지교	⟷	芝蘭之交 지란지교
强硬派 강경파	⟷	穩健派 온건파	始終一貫 시종일관	⟷	龍頭蛇尾 용두사미
加害者 가해자	⟷	被害者 피해자	我田引水 아전인수	⟷	易地思之 역지사지
開放的 개방적	⟷	閉鎖的 폐쇄적	有備無患 유비무환	⟷	亡羊補牢 망양보뢰
巨視的 거시적	⟷	微視的 미시적	智者一失 지자일실	⟷	千慮一得 천려일득
具體的 구체적	⟷	抽象的 추상적			
根幹的 근간적	⟷	末梢的 말초적			
根本的 근본적	⟷	彌縫的 미봉적			
內在律 내재율	⟷	外在律 외재율			
大丈夫 대장부	⟷	拙丈夫 졸장부			
門外漢 문외한	⟷	專門家 전문가			
背日性 배일성	⟷	向日性 향일성			
白眼視 백안시	⟷	靑眼視 청안시			
不文法 불문법	⟷	成文法 성문법			
消極的 소극적	⟷	積極的 적극적			
劣等感 열등감	⟷	優越感 우월감			
唯物論 유물론	⟷	唯心論 유심론			

06 동의자(유의자)

가극　暇 틈, 겨를 가, 隙 틈 극
가도　街 거리 가, 道 길 도
가로　街 거리 가, 路 길 로
가실　家 집 가, 室 집 실
가악　歌 노래 가, 樂 즐길 락 | 노래 악 | 좋아할 요
가옥　家 집 가, 屋 집 옥
가요　歌 노래 가, 謠 노래 요
가조　柯 가지 가, 條 가지 조
가질　呵 꾸짖을 가, 叱 꾸짖을 질
가책　呵 꾸짖을 가, 責 꾸짖을 책
가치　價 값 가, 値 값 치
가택　家 집 가, 宅 집 택
가학　苛 가혹할 가, 虐 모질 학
가항　街 거리 가, 巷 거리 항
가혹　苛 가혹할 가, 酷 심할 혹
각근　恪 삼갈 각, 謹 삼갈 근
각성　覺 깨달을 각, 醒 깰 성
각오　覺 깨달을 각, 悟 깨달을 오
간각　刊 새길 간, 刻 새길 각
간격　間 사이 간, 隔 사이뜰 격
간고　艱 어려울 간, 苦 쓸 고
간극　間 사이 간, 隙 틈 극
간난　艱 어려울 간, 難 어려울 난
간담　肝 간 간, 膽 쓸개 담
간략　簡 대쪽, 간략할 간, 略 간략할 략
간사　奸 간사할 간, 邪 간사할 사
간성　懇 간절할 간, 誠 정성 성
간유　諫 간할 간, 諭 타이를 유
간음　姦 간음할 간, 淫 음란할 음
간절　懇 간절할 간, 切 끊을 절 | 온통 체
간지　艮 패이름 간, 止 그칠 지

간특　奸 간사할 간, 慝 사특할 특
간택　揀 가릴 간, 擇 가릴 택
갈등　葛 칡 갈, 藤 등나무 등
갈진　竭 다할 갈, 盡 다할 진
감각　感 느낄 감, 覺 깨달을 각
감귤　柑 귤 감, 橘 귤 귤
감내　堪 견딜 감, 耐 견딜 내
감사　勘 헤아릴 감, 査 조사할 사
감심　勘 헤아릴 감, 審 살필 심
감정　感 느낄 감, 情 뜻 정
감찰　監 볼 감, 察 살필 찰
감한　憾 섭섭할 감, 恨 한 한
강건　剛 굳셀 강, 健 굳셀 건
강경　強 강할 강, 硬 굳을 경
강개　慷 슬플 강, 慨 슬퍼할 개
강계　疆 지경 강, 界 지경 계
강녕　康 편안 강, 寧 편안 녕
강송　講 욀 강, 誦 욀 송
강역　疆 지경 강, 域 지경 역
강유　綱 벼리 강, 維 벼리 유
강장　腔 속빌 강, 腸 창자 장
강하　降 내릴 강 | 항복할 항, 下 아래 하
개관　漑 물 댈 개, 灌 물 댈 관
개벽　開 열 개, 闢 열 벽
개복　蓋 덮을 개, 覆 다시 복 | 덮을 부
개전　改 고칠 개, 悛 고칠 전
갱참　坑 구덩이 갱, 塹 구덩이 참
거동　擧 들 거, 動 움직일 동
거대　巨 클 거, 大 큰 대
거만　倨 거만할 거, 慢 거만할 만
거오　倨 거만할 거, 傲 거만할 오

거주	居 살 거, 住 살 주	경각	警 깨우칠 경, 覺 깨달을 각
건고	乾 하늘, 마를 건, 枯 마를 고	경간	耕 밭갈 경, 墾 개간할 간
건립	建 세울 건, 立 설 립	경감	鏡 거울 경, 鑑 거울 감
건성	虔 공경할 건, 誠 정성 성	경건	敬 공경 경, 虔 공경할 건
건조	乾 하늘, 마를 건, 燥 마를 조	경건	勁 굳셀 경, 健 굳셀 건
검독	檢 검사할 검, 督 감독할 독	경계	儆 경계할 경, 戒 경계할 계
검사	檢 검사할 검, 査 조사할 사	경계	警 깨우칠 경, 戒 경계할 계
검열	檢 검사할 검, 閱 볼 열	경계	境 지경 경, 界 지경 계
검찰	檢 검사할 검, 察 살필 찰	경과	經 지날, 글 경, 過 지날 과
겁나	怯 겁낼 겁, 懦 나약할 나	경광	景 볕 경, 光 빛 광
겁박	劫 위협할 겁, 迫 핍박할 박	경력	經 지날, 글 경, 歷 지날 력
게식	憩 쉴 게, 息 쉴 식	경사	傾 기울 경, 斜 비낄 사
격고	擊 칠 격, 叩 두드릴 고	경아	驚 놀랄 경, 訝 의심할 아
격렬	激 격할 격, 烈 매울 렬	경악	驚 놀랄 경, 愕 놀랄 악
격식	格 격식 격, 式 법 식	경역	境 지경 경, 域 지경 역
격조	隔 사이뜰 격, 阻 막힐 조	경옥	瓊 구슬 경, 玉 구슬 옥
견가	譴 꾸짖을 견, 呵 꾸짖을 가	경운	耕 김맬 경, 耘 김맬 운
견고	堅 굳을 견, 固 굳을 고	경윤	卿 벼슬 경, 尹 성(姓)씨 윤
견사	絹 비단 견, 紗 비단 사	경질	更 고칠 경ㅣ다시 갱, 迭 갈마들 질
견인	牽 이끌, 끌 견, 引 끌 인	경쟁	競 다툴 경, 爭 다툴 쟁
견예	牽 이끌, 끌 견, 曳 끌 예	경색	梗 줄기, 막힐 경, 塞 막힐 색ㅣ변방 새
견주	絹 비단 견, 紬 명주 주	경축	慶 경사 경, 祝 빌 축
견책	譴 꾸짖을 견, 責 꾸짖을 책	경하	慶 경사 경, 賀 하례할 하
결뉴	結 맺을 결, 紐 끈 뉴	경해	驚 놀랄 경, 駭 놀랄 해
결단	決 결단할 결, 斷 끊을 단	계급	階 섬돌 계, 級 등급 급
결박	結 맺을 결, 縛 얽을 박	계단	階 섬돌 계, 段 층계 단
결별	訣 이별할 결, 別 다를, 나눌 별	계박	繫 맬 계, 縛 얽을 박
결백	潔 깨끗할 결, 白 흰 백	계사	繼 이을 계, 嗣 이을 사
결속	結 맺을 결, 束 묶을 속	계산	計 셀 계, 算 셈 산
결약	結 맺을 결, 約 맺을 약	계속	繫 맬 계, 束 묶을 속
결판	決 결단할 결, 判 판단할 판	계속	繼 이을 계, 續 이을 속
결핍	缺 이지러질 결, 乏 모자랄 핍	계승	繼 이을 계, 承 이을 승
겸손	謙 겸손할 겸, 遜 겸손할 손	계약	契 맺을 계, 約 맺을 약
겸양	謙 겸손할 겸, 讓 사양할 양	계율	悸 두근거릴 계, 慄 떨릴 률

계층	階 섬돌 계, 層 층 층	공장	工 장인 공, 匠 장인 장
계책	計 셀 계, 策 꾀 책	공토	攻 칠 공, 討 칠 토
고갈	枯 마를 고, 渴 목마를 갈	공포	恐 두려울 공, 怖 두려워할 포
고격	敲 두드릴 고, 擊 칠 격	공헌	貢 바칠 공, 獻 드릴 헌
고난	苦 쓸 고, 難 어려울 난	공훈	功 공 공, 勳 공 훈
고독	孤 외로울 고, 獨 홀로 독	공황	恐 두려울 공, 惶 두려울 황
고려	考 생각할 고, 慮 생각할 려	과거	過 지날 과, 去 갈 거
고면	顧 돌아볼 고, 眄 곁눈질할 면	과극	戈 창 과, 戟 창 극
고명	呱 울 고, 鳴 울 명	과립	顆 낟알 과, 粒 낟알 립
고방	膏 기름 고, 肪 기름 방	과모	戈 창 과, 矛 창 모
고용	雇 품팔 고, 傭 품팔 용	과소	寡 적을 과, 少 적을 소
고위	枯 마를 고, 萎 시들 위	과실	過 지날 과, 失 잃을 실
고타	拷 칠 고, 打 칠 타	과실	果 실과 과, 實 열매 실
고탁	高 높을 고, 卓 높을 탁	과오	過 지날 과, 誤 그르칠 오
고항	高 높을 고, 亢 높을 항	관각	館 집 관, 閣 집 각
곡읍	哭 울 곡, 泣 울 읍	관구	棺 널 관, 柩 널 구
곡적	鵠 고니, 과녁 곡, 的 과녁 적	관건	關 관계할 관, 鍵 열쇠, 자물쇠 건
곤궁	困 곤할 곤, 窮 다할, 궁할 궁	관개	灌 물댈 관, 漑 물댈 개
곤봉	棍 몽둥이 곤, 棒 막대 봉	관모	冠 갓 관, 帽 모자 모
곤비	困 곤할 곤, 憊 고단할 비	관유	寬 너그러울 관, 宥 너그러울 유
곤장	棍 몽둥이 곤, 杖 지팡이 장	관작	寬 너그러울 관, 綽 너그러울 작
곤핍	困 곤할 곤, 乏 모자랄 핍	관작	官 벼슬 관, 爵 벼슬 작
골몰	汨 골몰할 골|물이름 멱, 沒 빠질 몰	관장	管 대롱, 주관할 관, 掌 손바닥 장
공겁	恐 두려울 공, 怯 겁낼 겁	관찰	觀 볼 관, 察 살필 찰
공격	攻 칠 공, 擊 칠 격	관철	貫 꿸 관, 徹 통할 철
공구	恐 두려울 공, 懼 두려워할 구	관통	貫 꿸 관, 通 통할 통
공급	供 이바지할 공, 給 줄 급	관항	款 항목 관, 項 항목 항
공계	恐 두려울 공, 悸 두근거릴 계	관할	管 대롱, 주관할 관, 轄 다스릴 할
공납	貢 바칠 공, 納 들일 납	괄마	刮 긁을 괄, 摩 문지를 마
공률	恐 두려울 공, 慄 떨릴 률	괄삭	刮 긁을 괄, 削 깎을 삭
공벌	攻 칠 공, 伐 칠 벌	광명	光 빛 광, 明 밝을 명
공손	恭 공손할 공, 遜 겸손할 손	광색	光 빛 광, 色 빛 색
공송	恐 두려울 공, 悚 두려울 송	광요	光 빛 광, 耀 빛날 요
공작	工 장인 공, 作 지을 작	광막	廣 넓을 광, 漠 넓을 막

광박	廣 넓을 광, 博 넓을 박	구금	拘 잡을 구, 擒 사로잡을 금
광연	廣 넓을 광, 衍 넓을 연	구나	拘 잡을 구, 拿 잡을 나
광정	匡 바를 광, 正 바를 정	구략	寇 도적 구, 掠 노략질할 략
광활	廣 넓을 광, 闊 넓을 활	구롱	丘 언덕 구, 壟 밭두둑 롱
광혈	壙 뫼구덩이 광, 穴 굴 혈	구릉	丘 언덕 구, 陵 언덕 릉
괴기	怪 괴이할 괴, 奇 기특할 기	구매	購 살 구, 買 살 매
괴려	乖 어그러질 괴, 戾 어그러질 려	구별	區 구분할, 지경 구, 別 다를, 나눌 별
괴뢰	傀 허수아비 괴, 儡 꼭두각시 뢰	구분	區 구분할, 지경 구, 分 나눌 분
괴수	魁 괴수 괴, 首 머리 수	구비	具 갖출 구, 備 갖출 비
괴수	魁 괴수 괴, 帥 장수 수	구색	求 구할 구, 索 찾을 색	노 삭
괴아	怪 괴이할 괴, 訝 의심할 아	구역	區 구분할, 지경 구, 域 지경 역
괴이	怪 괴이할 괴, 異 다를 이	구원	久 오랠 구, 遠 멀 원
괴팍	乖 어그러질 괴, 愎 강퍅할 퍅(팍)	구원	救 구원할 구, 援 도울 원
괴편	拐 후릴 괴, 騙 속일 편	구적	仇 원수 구, 敵 대적할 적
괴패	乖 어그러질 괴, 悖 거스를 패	구조	構 얽을 구, 造 지을 조
교량	橋 다리 교, 梁 들보 량	구재	垢 때 구, 滓 찌끼 재
교만	驕 교만할 교, 慢 거만할 만	구제	救 구원할 구, 濟 건널 제
교란	攪 흔들 교, 亂 어지러울 란	구차	苟 진실로, 구차할 구, 且 또 차
교묘	巧 공교할 교, 妙 묘할 묘	구창	謳 노래 구, 唱 부를 창
교야	郊 들 교, 野 들 야	구축	構 얽을 구, 築 쌓을 축
교염	嬌 아리따울 교, 艶 고울 염	구치	驅 몰 구, 馳 달릴 치
교오	驕 교만할 교, 傲 거만할 오	구체	軀 몸 구, 體 몸 체
교요	攪 흔들 교, 撓 휠 뇨	구타	毆 때릴 구, 打 칠 타
교우	僑 더부살이 교, 寓 부칠 우	구토	嘔 게울 구, 吐 토할 토
교액	絞 목맬 교, 縊 목맬 액	구학	溝 도랑 구, 壑 구렁 학
교자	驕 교만할 교, 恣 방자할 자	군궁	窘 군색할 군, 窮 다할, 궁할 궁
교정	矯 바로잡을 교, 正 바를 정	군급	窘 군색할 군, 急 급할 급
교훈	敎 가르칠 교, 訓 가르칠 훈	군당	群 무리 군, 黨 무리 당
교활	狡 교활할 교, 猾 교활할 활	군려	軍 군사 군, 旅 나그네 려
교회	敎 가르칠 교, 誨 가르칠 회	군려	群 무리 군, 黎 검을 려
구가	謳 노래 구, 歌 노래 가	군박	窘 군색할 군, 迫 핍박할 박
구격	毆 때릴 구, 擊 칠 격	군병	軍 군사 군, 兵 병사 병
구거	溝 도랑 구, 渠 개천 거	군색	窘 군색할 군, 塞 막힐 색	변방 새
구걸	求 구할 구, 乞 빌 걸	군읍	郡 고을 군, 邑 고을 읍

군왕	君 임금 군,	王 임금 왕		규칙	規 법 규,	則 법칙 칙 | 곧 즉
군중	群 무리 군,	衆 무리 중		규탁	規 법 규,	度 법도 도 | 헤아릴 탁
군현	郡 고을 군,	縣 고을 현		규탁	揆 헤아릴 규,	度 법도 도 | 헤아릴 탁
굴곡	屈 굽힐 굴,	曲 굽을 곡		규환	叫 부르짖을 규,	喚 부를 환
굴왕	屈 굽힐 굴,	枉 굽을 왕		규후	叫 부르짖을 규,	吼 울부짖을 후
굴뇨	屈 굽힐 굴,	撓 휠 뇨		균등	均 고를 균,	等 무리 등
굴절	屈 굽힐 굴,	折 꺾을 절		균열	龜 거북 구/귀 | 터질 균,	裂 찢어질 렬
궁갈	窮 다할,궁할 궁,	竭 다할 갈		극승	克 이길 극,	勝 이길 승
궁구	窮 다할,궁할 궁,	究 연구할 구		극승	剋 이길 극,	勝 이길 승
궁극	窮 다할,궁할 궁,	極 다할,극진할 극		극진	極 다할,극진할 극,	盡 다할 진
궁전	宮 집 궁,	殿 전각 전		근본	根 뿌리 근,	本 근본 본
궁천	穹 하늘 궁,	天 하늘 천		근신	謹 삼갈 근,	愼 삼갈 신
권고	眷 돌볼 권,	顧 돌아볼 고		근알	覲 뵐 근,	謁 뵐 알
권려	勸 권할 권,	勵 힘쓸 려		근현	覲 뵐 근,	見 볼 견 | 뵈올 현
권뢰	圈 우리 권,	牢 우리 뢰		금고	禁 금할 금,	錮 막을 고
권면	勸 권할 권,	勉 힘쓸 면		금슬	琴 거문고 금,	瑟 거문고 슬
권비	倦 게으를 권,	憊 고단할 비		금착	擒 사로잡을 금,	捉 잡을 착
권타	倦 게으를 권,	惰 게으를 타		급박	急 급할 급,	迫 핍박할 박
권태	倦 게으를 권,	怠 게으를 태		급사	給 줄 급,	賜 줄 사
궐기	蹶 일어설,넘어질 궐,	起 일어날 기		급속	急 급할 급,	速 빠를 속
궤붕	潰 무너질 궤,	崩 무너질 붕		급여	給 줄 급,	與 더불,줄 여
궤안	机 책상 궤,	案 책상 안		급촉	急 급할 급,	促 재촉할 촉
궤양	潰 무너질 궤,	瘍 헐 양		긍과	矜 자랑할 긍,	誇 자랑할 과
궤위	詭 속일 궤,	僞 거짓 위		기강	紀 벼리 기,	綱 벼리 강
궤철	軌 바퀴국 궤,	轍 바퀴자국 철		기견	綺 비단 기,	絹 비단 견
귀중	貴 귀할 귀,	重 무거울 중		기구	崎 험할 기,	嶇 험할 구
귀환	歸 돌아갈 귀,	還 돌아올 환		기근	飢 주릴 기,	饉 주릴 근
규격	規 법 규,	格 격식 격		기계	機 틀 기,	械 기계 계
규결	糾 얽힐 규,	結 맺을 결		기도	祈 빌 기,	禱 빌 도
규로	逵 길거리 규,	路 길 로		기량	伎 재간 기,	倆 재주 량
규방	閨 안방 규,	房 방 방		기량	技 재주 기,	倆 재주 량
규범	規 법 규,	範 법 범		기로	耆 늙을 기,	老 늙을 로
규식	規 법 규,	式 법식 식		기록	記 기록할 기,	錄 기록할 록
규율	規 법 규,	律 법칙 률		기롱	譏 비웃을 기,	弄 희롱할 롱

기린	麒 기린 기, 麟 기린 린		노력	努 힘쓸 노, 力 힘 력
기립	起 일어날 기, 立 설 립		노무	勞 일할 로, 務 힘쓸 무
기만	欺 속일 기, 瞞 속일 만		노복	奴 종 노, 僕 종 복
기망	企 꾀할 기, 望 바랄 망		노옹	老 늙을 로, 翁 늙은이 옹
기망	冀 바랄 기, 望 바랄 망		노예	奴 종 노, 隷 종 례
기명	器 그릇 기, 皿 그릇 명		노효	怒 성낼 노, 哮 성낼 효
기방	譏 비웃을 기, 謗 헐뜯을 방		노획	虜 사로잡을 로, 獲 얻을 획
기부	寄 부칠 기, 付 부칠 부		녹봉	祿 녹 고, 俸 녹 봉
기술	技 재주 기, 術 재주 술		논의	論 논할 론, 議 의논할 의
기아	飢 주릴 기, 餓 주릴 아		농후	濃 짙을 농, 厚 두터울 후
기연	棄 버릴 기, 捐 버릴 연		뇌진	雷 우레 뢰, 震 우레 진
기우	寄 부칠 기, 寓 부칠 우		누각	樓 다락 루, 閣 집 각
기예	伎 재간 기, 藝 재주 예		누설	漏 샐 루, 泄 샐 설
기전	畿 경기 기, 甸 경기 전		누설	漏 샐 루, 洩 샐 설│퍼질 예
기지	基 터 기, 址 터 지		눌삽	訥 말 더듬거릴 눌, 澀 떫을 삽
기지	記 기록할 기, 識 알 식│기록할 지		능멸	凌 업신여길 릉, 蔑 업신여길 멸
기척	棄 버릴 기, 擲 던질 척		단독	單 홑 단, 獨 홀로 독
기축	祈 빌 기, 祝 빌 축		단련	鍛 쇠불릴 단, 鍊 쇠불릴, 단련할 련
기치	旗 기 기, 幟 기 치		단원	團 둥글 단, 圓 둥글 원
기탄	忌 꺼릴 기, 憚 꺼릴 탄		단절	斷 끊을 단, 切 끊을 절│온통 체
기편	欺 속일 기, 騙 속일 편		단절	斷 끊을 단, 絶 끊을 절
기호	嗜 즐길 기, 好 좋을 호		단절	斷 끊을 단, 截 끊을 절
기휘	忌 꺼릴 기, 諱 숨길, 꺼릴 휘		단지	但 다만 단, 只 다만 지
나만	懶 게으를 라, 慢 거만할 만		달성	達 통달할 달, 成 이룰 성
나약	懦 나약할 나, 弱 약할 약		담소	潭 못 담, 沼 못 소
나열	羅 벌릴 라, 列 벌릴 렬		담연	潭 못 담, 淵 못 연
나타	懶 게으를 라, 惰 게으를 타		담임	擔 멜 담, 任 맡길 임
나태	懶 게으를 라, 怠 게으를 태		담화	談 말씀 담, 話 말씀 화
나포	拿 잡을 나, 捕 잡을 포		답지	遝 뒤섞일 답, 至 이를 지
낭만	浪 물결 랑, 漫 흩어질 만		도검	刀 칼 도, 劍 칼 검
납입	納 들일 납, 入 들 입		도달	到 이를 도, 達 통달할 달
노근	勞 일할 로, 勤 부지런할 근		도당	徒 무리 도, 黨 무리 당
노둔	駑 둔한 말 노, 鈍 둔할 둔		도로	道 길 도, 路 길 로
노략	擄 노략질할 로, 掠 노략질할 략		도리	道 길 도, 理 다스릴 리

도륙	屠 죽일 도, 戮 죽일 륙	면모	面 낯 면, 貌 모양 모
도망	逃 도망할 도, 亡 망할 망	면안	面 낯 면, 顔 낯 안
도배	徒 무리 도, 輩 무리 배	명랑	明 밝을 명, 朗 밝을 랑
도서	島 섬 도, 嶼 섬 서	명료	明 밝을 명, 瞭 밝을 료
도섭	渡 건널 도, 涉 건널 섭	명백	明 밝을 명, 白 흰 백
도시	都 도읍 도, 市 저자 시	명암	冥 어두울 명, 闇 숨을 암
도약	跳 뛸 도, 躍 뛸 약	명정	酩 술취할 명, 酊 술취할 정
도율	悼 슬퍼할 도, 慄 떨릴 률	명휘	明 밝을 명, 輝 빛날 휘
도읍	都 도읍 도, 邑 고을 읍	모극	矛 창 모, 戟 창 극
도장	堵 담 도, 墻 담 장	모멸	侮 업신여길 모, 蔑 업신여길 멸
도적	盜 도둑 도, 賊 도둑 적	모발	毛 터럭 모, 髮 터럭 발
도착	到 이를 도, 着 붙을 착	모방	模 본뜰 모, 倣 본뜰 방
도태	淘 쌀일 도, 汰 일 태	모범	模 본뜰 모, 範 법 범
도피	逃 도망할 도, 避 피할 피	모양	貌 모양 모, 樣 모양 양
돈독	敦 도타울 돈, 篤 도타울 독	모의	摸 더듬을 모, 擬 비길 의
동경	憧 동경할 동, 憬 깨달을, 동경할 경	모집	募 모을, 뽑을 모, 集 모을 집
동등	同 한가지 동, 等 무리 등	모책	謀 꾀 모, 策 꾀 책
동리	洞 골 동 l 밝을 통, 里 마을 리	몽매	蒙 어두울 몽, 昧 어두울 매
동정	瞳 눈동자 동, 睛 눈동자 정	묘사	描 그릴 묘, 寫 베낄 사
둔피	遁 숨을 둔, 避 피할 피	무성	茂 무성할 무, 盛 성할 성
등급	等 무리 등, 級 등급 급	무역	貿 무역할 무, 易 바꿀 역 l 쉬울 이
등사	謄 베낄 등, 寫 베낄 사	문란	紊 어지러울, 문란할 문, 亂 어지러울 란
등척	登 오를 등, 陟 오를 척	문채	文 글월 문, 彩 채색 채
대체	代 대신할 대, 替 바꿀 체	물건	物 물건 물, 件 물건 건
마귀	魔 마귀 마, 鬼 귀신 귀	물품	物 물건 물, 品 물건 품
마비	痲 저릴 마, 痺 저릴 비	미려	美 아름다울 미, 麗 고울 려
마모	磨 갈 마, 耗 소모할 모	미세	微 작을 미, 細 가늘 세
마찰	摩 문지를 마, 擦 문지를 찰	미소	微 작을 미, 小 작을 소
만곡	彎 굽을 만, 曲 굽을 곡	미혹	迷 미혹할 미, 惑 미혹할 혹
만연	蔓 덩굴 만, 延 늘일 연	민첩	敏 민첩할 민, 捷 빠를 첩
말단	末 끝 말, 端 끝 단	매연	煤 그을음 매, 煙 연기 연
말미	末 끝 말, 尾 꼬리 미	매진	邁 갈 매, 進 나아갈 진
멱색	覓 찾을 멱, 索 찾을 색 l 노 삭	맹아	萌 싹 맹, 芽 싹 아
면려	勉 힘쓸 면, 勵 힘쓸 려	맹한	猛 사나울 맹, 悍 사나울 한

반려	伴 짝 반, 侶 짝 려	보루	堡 작은성 보, 壘 보루 루
반포	頒 나눌 반, 布 베, 펼 포 | 보시 보	보즙	補 기울 보, 葺 기울 즙
반환	返 돌이킬 반, 還 돌아올 환	보조	輔 도울 보, 助 도울 조
발사	發 필 발, 射 쏠 사	보위	保 지킬 보, 衛 지킬 위
발전	發 필 발, 展 펼 전	보호	保 지킬 보, 護 도울 호
발탁	拔 뽑을 발, 擢 뽑을 탁	복개	覆 덮을 복, 蓋 덮을 개
발효	醱 술괼 발, 酵 삭힐 효	복우	福 복 복, 祐 복 우
방불	彷 헤맬,비슷할 방, 彿 비슷할 불	복조	福 복 복, 祚 복 조
방적	紡 길쌈 방, 績 길쌈 적	복지	福 복 복, 祉 복 지
방조	幇 도울 방, 助 도울 조	복호	福 복 복, 祜 복 호
방직	紡 길쌈 방, 織 짤 직	복희	福 복 복, 禧 복 희
방어	防 막을 방, 禦 막을 어	봉사	奉 받들 봉, 仕 섬길 사
방탕	放 놓을 방, 蕩 방탕할 탕	봉우	逢 만날 봉, 遇 만날 우
방황	彷 헤맬 방, 徨 헤맬 황	봉장	棒 막대 봉, 杖 지팡이 장
배창	俳 배우 배, 倡 광대 창	봉헌	奉 받들 봉, 獻 드릴 헌
배척	排 밀칠 배, 斥 물리칠 척	부류	部 떼 부, 類 무리 류
배필	配 나눌, 짝 배, 匹 짝 필	부속	附 붙을 부, 屬 붙일 속
배회	俳 어정거릴 배, 徊 머뭇거릴 회	부여	賦 부세 부, 與 더불, 줄 여
번리	藩 울타리 번, 籬 울타리 리	부용	芙 연꽃 부, 蓉 연꽃 용
번민	煩 번거로울 번, 悶 답답할 민	부조	扶 도울 부, 助 도울 조
번성	蕃 불을 번, 盛 성할 성	부탁	付 줄 부, 託 부탁할 탁
번식	蕃 불을 번, 殖 불릴 식	부하	負 질 부, 荷 멜 하
번역	飜 번역할 번, 譯 번역할 역	분개	憤 분할 분, 愾 성낼 개
번자	蕃 불을 번, 滋 불을 자	분개	憤 분할 분, 慨 슬퍼할 개
범람	氾 넘칠 범, 濫 넘칠 람	분노	忿 성낼 분, 怒 성낼 노
범일	氾 넘칠 범, 溢 넘칠 일	분묘	墳 무덤 분, 墓 무덤 묘
법률	法 법 법, 律 법칙 률	분부	吩 분부할 분, 咐 분부할 부
법칙	法 법 법, 則 법칙 칙 | 곧 즉	분석	分 나눌 분, 析 쪼갤 석
변개	變 변할 변, 改 고칠 개	분소	焚 불사를 분, 燒 사를 소
변혁	變 변할 변, 革 가죽 혁	분식	扮 꾸밀 분, 飾 꾸밀 식
병졸	兵 군사 병, 卒 군사 졸	분요	紛 어지러울 분, 擾 시끄러울 요
병합	倂 아우를 병, 合 합할 합	분작	焚 불사를 분, 灼 불사를 작
병환	病 병 병, 患 근심 환	분주	奔 달릴 분, 走 달릴 주
보고	報 갚을, 알릴 보, 告 고할 고	분총	墳 무덤 분, 塚 무덤 총

분할	分 나눌 분, 割 벨 할	사부	師 스승 사, 傅 스승 부
불식	拂 떨칠 불, 拭 씻을 식	사상	思 생각 사, 想 생각 상
붕괴	崩 무너질 붕, 壞 무너질 괴	사소	些 적을 사, 少 적을 소
붕우	朋 벗 붕, 友 벗 우	사양	辭 사양, 말씀 사, 讓 사양할 양
붕잔	棚 사다리 붕, 棧 사다리 잔	사양	飼 기를 사, 養 기를 양
비교	比 견줄 비, 較 견줄 교	사업	事 일 사, 業 업 업
비루	鄙 더러울 비, 陋 더러울 루	사역	使 하여금, 부릴 사, 役 부릴 역
비리	鄙 더러울 비, 俚 속될 리	사열	査 조사할 사, 閱 볼 열
비방	誹 헐뜯을 비, 謗 헐뜯을 방	사옥	舍 집 사, 屋 집 옥
비상	飛 날 비, 翔 날 상	사유	思 생각 사, 惟 생각할 유
비옥	肥 살찔 비, 沃 기름질 옥	사육	飼 기를 사, 育 기를 육
비용	費 쓸 비, 用 쓸 용	사찰	査 조사할 사, 察 살필 찰
비유	譬 비유할 비, 喩 깨우칠 유	사치	奢 사치할 사, 侈 사치할 치
비유	譬 비유할 비, 諭 타이를 유	사택	舍 집 사, 宅 집 택
비음	庇 덮을 비, 蔭 그늘 음	사특	邪 간사할 사, 慝 사특할 특
비애	悲 슬플 비, 哀 슬플 애	삭감	削 깎을 삭, 減 덜 감
비조	裨 도울 비, 助 도울 조	산만	散 흩을 산, 漫 흩어질 만
비참	悲 슬플 비, 慘 참혹할 참	산수	算 셈 산, 數 셈 수
비창	悲 슬플 비, 愴 슬플 창	상교	庠 학교 상, 校 학교 교
비천	卑 낮을 비, 賤 천할 천	상념	想 생각 상, 念 생각 념
비파	琵 비파 비, 琶 비파 파	상량	商 장사 상, 量 헤아릴 량
비평	批 비평할 비, 評 평할 평	상서	祥 상서 상, 瑞 상서 서
빈객	賓 손 빈, 客 손 객	상실	喪 잃을 상, 失 잃을 실
빈곤	貧 가난할 빈, 困 곤할 곤	상승	上 윗 상, 昇 오를 승
빈궁	貧 가난할 빈, 窮 궁할 궁	상쾌	爽 시원할 상, 快 쾌할 쾌
빙소	聘 부를 빙, 召 부를 소	상호	相 서로 상, 互 서로 호
사고	思 생각 사, 考 생각할 고	생략	省 살필 성ㅣ덜 생, 略 간략할 략
사금	紗 비단 사, 錦 비단 금	생산	生 날 생, 産 낳을 산
사기	詐 속일 사, 欺 속일 기	생질	甥 생질 생, 姪 조카 질
사념	思 생각 사, 念 생각 념	생활	生 날 생, 活 살 활
사단	紗 비단 사, 緞 비단 단	서적	書 글 서, 籍 문서 적
사려	思 생각 사, 慮 생각할 려	서책	書 글 서, 冊 책 책
사모	思 생각 사, 慕 그릴 모	석방	釋 풀 석, 放 놓을 방
사무	事 일 사, 務 힘쓸 무	선량	善 착할 선, 良 어질 량

선박	船 배 선, 舶 배 박	수위	守 지킬 수, 衛 지킬 위
선발	選 가릴 선, 拔 뽑을 발	수집	蒐 모을 수, 輯 모을 집
선택	選 가릴 선, 擇 가릴 택	수척	瘦 여윌 수, 瘠 여윌 척
선회	旋 돌 선, 回 돌아올 회	수축	獸 짐승 수, 畜 짐승 축
설사	泄 샐 설, 瀉 쏟을 사	수치	羞 부끄러울 수, 恥 부끄러울 치
섬멸	殲 다죽일 섬, 滅 꺼질, 멸할 멸	숙련	熟 익을 숙, 練 익힐 련
섬세	纖 가늘 섬, 細 가늘 세	숙청	淑 맑을 숙, 淸 맑을 청
섭리	攝 다스릴 섭, 理 다스릴 리	순결	純 순수할 순, 潔 깨끗할 결
성오	醒 깰 성, 寤 잠깰 오	순수	純 순수할 순, 粹 순수할 수
성취	成 이룰 성, 就 나아갈 취	순요	馴 길들일 순, 擾 시끄러울 요
세척	洗 씻을 세, 滌 씻을 척	순회	巡 돌 순, 廻 돌 회
세탁	洗 씻을 세, 濯 씻을 탁	숭고	崇 높을 숭, 高 높을 고
소모	消 사라질 소, 耗 소모할 모	숭상	崇 높을 숭, 尙 오히려 상
소송	訴 호소할 소, 訟 송사할 송	습관	習 익힐 습, 慣 익숙할 관
소요	騷 떠들 소, 擾 시끄러울 요	습윤	濕 젖을 습, 潤 불을 윤
소작	燒 사를 소, 灼 불사를 작	시기	時 때 시, 期 기약할 기
소택	沼 못 소, 澤 못 택	시기	猜 시기할 시, 忌 꺼릴 기
소파	搔 긁을 소, 爬 긁을 파	시설	施 베풀 시, 設 베풀 설
소환	召 부를 소, 喚 부를 환	시신	柴 섶 시, 薪 섶 신
속박	束 묶을 속, 縛 얽을 박	시조	視 볼 시, 眺 볼 조
손감	損 덜 손, 減 덜 감	시초	始 비로소 시, 初 처음 초
손실	損 덜 손, 失 잃을 실	시투	猜 시기할 시, 妬 샘낼 투
손해	損 덜 손, 害 해할 해	시험	試 시험 시, 驗 시험 험
송구	悚 두려울 송, 懼 두려워할 구	신고	辛 매울 신, 苦 쓸 고
송률	悚 두려울 송, 慄 떨릴 률	신급	迅 빠를 신, 急 급할 급
수괴	羞 부끄러울 수, 愧 부끄러울 괴	신궐	宸 대궐 신, 闕 대궐 궐
수렴	收 거둘 수, 斂 거둘 렴	신랄	辛 매울 신, 辣 매울 랄
수렵	狩 사냥 수, 獵 사냥 렵	신령	神 귀신 신, 靈 신령 령
수립	竪 세울 수, 立 설 립	신문	訊 물을 신, 問 물을 문
수면	睡 졸을 수, 眠 잘 면	신속	迅 빠를 신, 速 빠를 속
수명	壽 목숨 수, 命 목숨 명	신열	辛 매울 신, 烈 매울 렬
수매	睡 졸음 수, 寐 잘 매	신음	呻 읊조릴 신, 吟 읊을 음
수습	修 닦을 수, 習 익힐 습	신장	伸 펼 신, 張 베풀 장
수식	修 닦을 수, 飾 꾸밀 식	신중	愼 삼갈 신, 重 무거울 중

신합	蜃 큰조개 신, 蛤 조개 합
실패	失 잃을 실, 敗 패할 패
심방	尋 찾을 심, 訪 찾을 방
심사	審 살필 심, 査 조사할 사
심성	心 마음 심, 性 성품 성
심오	深 깊을 심, 奧 깊을 오
생성	省 살필 성, 察 살필 찰
쇠약	衰 쇠할 쇠, 弱 약할 약
아근	餓 주릴 아, 饉 주릴 근
아동	兒 아이 아, 童 아이 동
아부	衙 마을 아, 府 마을 부
아첨	阿 언덕 아, 諂 아첨할 첨
안녕	安 편안 안, 寧 편안 녕
안목	眼 눈 안, 目 눈 목
안일	安 편안 안, 佚 편안 일
안정	安 편안 안, 靖 편안할 정
안찰	按 누를 안, 察 살필 찰
알선	斡 돌 알, 旋 돌 선
애도	哀 슬플 애, 悼 슬퍼할 도
애모	愛 사랑 애, 慕 그릴 모
애매	曖 희미할 애, 昧 어두울 매
애협	隘 좁을 애, 陜 좁을 협
액즙	液 진 액, 汁 즙 즙
암매	暗 어두울 암, 昧 어두울 매
앙화	殃 재앙 앙, 禍 재앙 화
야유	揶 야유할 야, 揄 야유할 유
약속	約 맺을 약, 束 묶을 속
약제	藥 약 약, 劑 약제 제
약탈	掠 노략질할 략, 奪 빼앗을 탈
양곡	糧 양식 량, 穀 곡식 곡
양육	養 기를 양, 育 기를 육
양호	良 어질 량, 好 좋을 호
어령	圄 옥 어, 囹 옥 령
어사	語 말씀 어, 辭 말씀 사
억압	抑 누를 억, 壓 누를 압
언설	言 말씀 언, 說 말씀 설
언어	言 말씀 언, 語 말씀 어
언제	堰 둑 언, 堤 둑 제
엄숙	嚴 엄할 엄, 肅 엄숙할 숙
엄폐	掩 가릴 엄, 蔽 덮을 폐
업무	業 업 업, 務 힘쓸 무
여가	餘 남을 여, 暇 틈, 겨를 가
여객	旅 나그네 려, 客 손 객
여염	閭 마을 려, 閻 마을 염
역참	驛 역 역, 站 역마을 참
연구	硏 갈 연, 究 연구할 구
연령	年 해 년, 齡 나이 령
연모	戀 그리워할, 그릴 련, 慕 그릴 모
연민	憐 불쌍히여길 련, 憫 민망할 민
연수	硏 갈 연, 修 닦을 수
연세	年 해 년, 歲 해 세
연속	連 이을 련, 續 이을 속
연애	戀 그리워할 련, 愛 사랑 애
연파	漣 잔물결 련, 波 물결 파
염려	念 생각 념, 慮 생각할 려
염미	艶 고울 염, 美 아름다울 미
영구	永 길 영, 久 오랠 구
영롱	玲 옥소리 령, 瓏 옥소리 롱
영원	永 길 영, 遠 멀 원
영특	英 꽃부리 영, 特 특별할 특
영화	榮 영화 영, 華 빛날 화
오동	梧 오동나무 오, 桐 오동나무 동
오류	誤 그르칠 오, 謬 그르칠 류
오만	傲 거만할 오, 慢 거만할 만
오한	懊 한할 오, 恨 한 한
옥뢰	獄 옥 옥, 牢 우리 뢰
옥어	獄 옥 옥, 圄 옥 어
온난	溫 따뜻할 온, 暖 따뜻할 난

옹화	雍 화할 옹, 和 화할 화		위괴	違 어긋날 위, 乖 어그러질 괴
옹색	壅 막을 옹, 塞 막힐 색 ǀ 변방 새		위대	偉 클 위, 大 큰 대
옹체	壅 막을 옹, 滯 막힐 체		위임	委 맡길 위, 任 맡길 임
와류	訛 그릇될 와, 謬 그르칠 류		위탁	委 맡길 위, 託 부탁할 탁
완고	頑 완고할 완, 固 굳을 고		위태	危 위태할 위, 殆 거의 태
완둔	頑 완고할 완, 鈍 둔할 둔		유고	油 기름 유, 膏 기름 고
완롱	玩 희롱할 완, 弄 희롱할 롱		유구	悠 멀 유, 久 오랠 구
완전	完 완전할 완, 全 온전 전		유괴	誘 꾈 유, 拐 후릴 괴
왕성	旺 왕성할 왕, 盛 왕성할 성		유랑	流 흐를 류, 浪 물결 랑
왕양	汪 넓을 왕, 洋 큰바다 양		유린	蹂 밟을 유, 躪 짓밟을 린
외겁	畏 두려워할 외, 怯 겁낼 겁		유실	遺 남길 유, 失 잃을 실
외구	畏 두려워할 외, 懼 두려워할 구		유족	裕 넉넉할 유, 足 발 족
왜단	矮 난쟁이 왜, 短 짧을 단		유지	油 기름 유, 脂 기름 지
요구	要 요긴할 요, 求 구할 구		유췌	瘤 혹 류, 贅 혹 췌
요긴	要 요긴할 요, 緊 긴할 긴		유치	幼 어릴 유, 稚 어릴 치
요도	搖 흔들 요, 掉 흔들 도		유희	遊 놀 유, 戲 놀이 희
요동	搖 흔들 요, 動 움직일 동		육신	肉 고기 육, 身 몸 신
요란	擾 시끄러울 요, 亂 어지러울 란		육지	陸 뭍 륙, 地 땅 지
요량	料 헤아릴 료, 量 헤아릴 량		윤택	潤 불을 윤, 澤 못 택
요염	妖 요사할 요, 艶 고울 염		윤회	輪 바퀴 륜, 廻 돌 회
요원	遼 멀 료, 遠 멀 원		융성	隆 높을 륭, 盛 성할 성
용모	容 얼굴 용, 貌 모양 모		융통	融 녹을 융, 通 통할 통
용맹	勇 날랠 용, 猛 사나울 맹		융화	融 녹을 융, 和 화할 화
우곡	迂 에돌 우, 曲 굽을 곡		융흥	隆 높을 륭, 興 일 흥
우려	憂 근심 우, 慮 생각할 려		은닉	隱 숨을 은, 匿 숨길 닉
우수	憂 근심 우, 愁 근심 수		은둔	隱 숨을 은, 遁 숨을 둔
우익	羽 깃 우, 翼 날개 익		은총	恩 은혜 은, 寵 사랑할 총
우주	宇 집 우, 宙 집 주		은혜	恩 은혜 은, 惠 은혜 혜
우환	憂 근심 우, 患 근심 환		음성	音 소리 음, 聲 소리 성
우회	迂 에돌 우, 廻 돌 회		음영	吟 읊을 음, 詠 읊을 영
운동	運 옮길 운, 動 움직일 동		읍곡	泣 울 읍, 哭 울 곡
운반	運 옮길 운, 搬 옮길 반		의당	宜 마땅 의, 當 마땅 당
운사	殞 죽을 운, 死 죽을 사		의료	醫 의원 의, 療 병 고칠 료
원한	怨 원망할 원, 恨 한 한		의복	衣 옷 의, 服 옷 복

의아	疑 의심할 의, 訝 의심할 아		장수	將 장수 장, 帥 장수 수
의의	意 뜻 의, 義 옳을 의		장식	裝 꾸밀 장, 飾 꾸밀 식
의지	意 뜻 의, 志 뜻 지		장식	粧 단장할 장, 飾 꾸밀 식
이완	弛 늦출 이, 緩 느릴 완		재앙	災 재앙 재, 殃 재앙 앙
이별	離 떠날 리, 別 다를, 나눌 별		재액	災 재앙 재, 厄 액 액
이익	利 이할 리, 益 더할 익		재술	才 재주 재, 術 재주 술
인내	忍 참을 인, 耐 견딜 내		재예	才 재주 재, 藝 재주 예
인도	引 끌 인, 導 인도할 도		재화	財 재물 재, 貨 재물 화
인색	吝 아낄 린, 嗇 아낄 색		저작	咀 씹을 저, 嚼 씹을 작
인연	因 인할 인, 緣 인연 연		저작	著 나타날 저, 作 지을 작
인자	仁 어질 인, 慈 사랑 자		저축	貯 쌓을 저, 蓄 모을 축
인후	咽 목구멍 인, 喉 목구멍 후		저택	邸 집 저, 宅 집 택
일무	佾 줄 춤 일, 舞 춤출 무		저항	抵 막을 저, 抗 겨룰 항
임신	妊 아이밸 임, 娠 아이밸 신		적막	寂 고요할 적, 寞 고요할 막
잉여	剩 남을 잉, 餘 남을 여		적요	寂 고요할 적, 寥 쓸쓸할 료
잉태	孕 아이밸 잉, 胎 아이밸 태		전광	癲 미칠 전, 狂 미칠 광
예규	例 법식 례, 規 법 규		전례	典 법 전, 例 법식 례
예리	銳 날카로울 예, 利 이할 리		전석	箋 기록할 전, 釋 풀 석
예법	例 법식 례, 法 법 법		전송	餞 보낼 전, 送 보낼 송
예복	隷 종 례, 僕 종 복		전주	箋 기록할 전, 註 글뜻 풀 주
예손	裔 후손 예, 孫 손자 손		전쟁	戰 싸움 전, 爭 다툴 쟁
예술	藝 재주 예, 術 재주 술		전포	廛 가게 전, 鋪 펼, 가게 포
예식	例 법식 례, 式 법 식		전환	悛 고칠 전, 換 바꿀 환
자기	自 스스로 자, 己 몸 기		절도	竊 훔칠 절, 盜 도둑 도
자문	諮 물을 자, 問 물을 문		점윤	霑 젖을 점, 潤 불을 윤
자상	仔 자세할 자, 詳 자세할 상		점착	粘 붙을 점, 着 붙을 착
자세	仔 자세할 자, 細 가늘 세		점포	店 가게 점, 鋪 펼, 가게 포
자재	資 재물 자, 財 재물 재		접속	接 이을 접, 續 이을 속
자질	資 재물 자, 質 바탕 질		정돈	整 가지런할 정, 頓 조아릴 돈
자흔	疵 허물 자, 痕 흔적 흔		정류	停 머무를 정, 留 머무를 류
잔여	殘 남을 잔, 餘 남을 여		정밀	靜 고요할 정, 謐 고요할 밀
장막	帳 장막 장, 幕 장막 막		정벌	征 칠 정, 伐 칠 벌
장미	薔 장미 장, 薇 장미 미		정적	靜 고요할 정, 寂 고요할 적
장부	臟 오장 장, 腑 육부 부		정지	停 머무를 정, 止 그칠 지

정직	貞 곧을 정, 直 곧을 직		종료	終 마칠 종, 了 마칠 료
정직	正 바를 정, 直 곧을 직		종말	終 마칠 종, 末 끝 말
정제	整 가지런할 정, 齊 가지런할 제		종복	從 좇을 종, 僕 종 복
제감	除 덜 제, 減 덜 감		종적	踪 자취 종, 跡 발자취 적
제곡	啼 울 제, 哭 울 곡		종지	終 마칠 종, 止 그칠 지
제목	題 제목 제, 目 눈 목		종합	綜 모을 종, 合 합할 합
제사	祭 제사 제, 祀 제사 사		좌석	座 자리 좌, 席 자리 석
제왕	帝 임금 제, 王 임금 왕		좌절	挫 꺾을 좌, 折 꺾을 절
제읍	啼 울 제, 泣 울 읍		주단	紬 명주 주, 緞 비단 단
제작	製 지을 제, 作 지을 작		주릉	紬 명주 주, 綾 비단 릉
제조	製 지을 제, 造 지을 조		주위	周 두루 주, 圍 에워쌀 위
제차	第 차례 제, 次 버금 차		주저	躊 머뭇거릴 주, 躇 머뭇거릴 저
조각	彫 새길 조, 刻 새길 각		주해	註 글뜻 풀 주, 解 풀 해
조각	稠 빽빽할 조, 密 빽빽할 밀		준걸	俊 준걸 준, 傑 뛰어날 걸
조경	祚 복 조, 慶 경사 경		중복	重 무거울 중, 複 겹칠 복
조급	躁 조급할 조, 急 급할 급		중앙	中 가운데 중, 央 가운데 앙
조롱	嘲 비웃을 조, 弄 희롱할 롱		중첩	重 무거울 중, 疊 거듭 첩
조망	眺 볼 조, 望 바랄 망		증가	增 더할 증, 加 더할 가
조박	糟 지게미 조, 粕 지게미 박		증급	贈 줄 증, 給 줄 급
조삽	粗 거칠 조, 澁 떫을 삽		증빙	證 증거 증, 憑 비길[依] 빙
조영	照 비칠 조, 映 비칠 영		증여	贈 줄 증, 與 더불, 줄 여
조속	早 이를 조, 速 빠를 속		증오	憎 미울 증, 惡 악할 악ㅣ미워할 오
조색	阻 막힐 조, 塞 막힐 색ㅣ변방 새		증정	贈 줄 증, 呈 드릴 정
조세	租 조세 조, 稅 세금 세		지방	脂 기름 지, 肪 기름 방
조우	遭 만날 조, 遇 만날 우		지식	知 알 지, 識 알 식ㅣ기록할 지
조작	造 지을 조, 作 지을 작		지의	旨 뜻 지, 意 뜻 의
조직	組 짤 조, 織 짤 직		진노	嗔 성낼 진, 怒 성낼 노
조짐	兆 억조 조, 朕 나 짐		진보	珍 보배 진, 寶 보배 보
조화	調 고를 조, 和 화할 화		진척	進 나아갈 진, 陟 오를 척
존귀	尊 높을 존, 貴 귀할 귀		진출	進 나아갈 진, 出 날 출
존재	存 있을 존, 在 있을 재		진취	進 나아갈 진, 就 나아갈 취
졸렬	拙 졸할 졸, 劣 못할 렬		질도	跌 거꾸러질 질, 倒 넘어질 도
종결	終 마칠 종, 結 맺을 결		질대	迭 갈마들 질, 代 대신할 대
종단	終 마칠 종, 端 끝 단		질병	疾 병 질, 病 병 병

질색	窒 막힐 질, 塞 막힐 색	창일	漲 넘칠 창, 溢 넘칠 일
질서	秩 차례 질, 序 차례 서	창작	創 비롯할 창, 作 지을 작
질책	叱 꾸짖을 질, 責 꾸짖을 책	창작	創 비롯할 창, 作 지을 작
질탕	跌 거꾸러질 질, 宕 호탕할 탕	창졸	倉 곳집 창, 猝 갑자기 졸
질투	嫉 미워할 질, 妬 샘낼 투	창종	瘡 부스럼 창, 腫 종기 종
질환	疾 병 질, 患 근심 환	창초	創 비롯할 창, 初 처음 초
짐작	斟 짐작할 짐, 酌 술부을·잔질할 작	창초	創 비롯할 창, 初 처음 초
집단	集 모을 집, 團 둥글 단	채소	菜 나물 채, 蔬 나물 소
집회	集 모을 집, 會 모일 회	채색	彩 채색 채, 色 빛 색
징계	懲 징계할 징, 戒 경계할 계	책매	責 꾸짖을 책, 罵 꾸짖을 매
차별	差 다를 차, 別 다를 별	책임	責 꾸짖을 책, 任 맡길 임
차엄	遮 가릴 차, 掩 가릴 엄	처참	悽 슬퍼할 처, 慘 참혹할 참
차이	差 다를 차, 異 다를 이	처창	悽 슬퍼할 처, 愴 슬플 창
차질	蹉 미끄러질 차, 跌 거꾸러질 질	척출	斥 물리칠 척, 黜 내칠 출
차탄	嗟 탄식할 차, 歎 탄식할 탄	천박	淺 얕을 천, 薄 엷을 박
착오	錯 어긋날 착, 誤 그르칠 오	천명	闡 밝힐 천, 明 밝을 명
찬란	燦 빛날 찬, 爛 빛날 란	철수	撤 거둘 철, 收 거둘 수
찬예	讚 기릴 찬, 譽 기릴 예	첨가	添 더할 첨, 加 더할 가
찬집	纂 모을 찬, 集 모을 집	청결	淸 맑을 청, 潔 깨끗할 결
찬집	纂 모을 찬, 輯 모을 집	첨단	尖 뾰족할 첨, 端 끝 단
찬착	鑽 뚫을 찬, 鑿 뚫을 착	첨유	諂 아첨할 첨, 諛 아첨할 유
참괴	慙 부끄러울 참, 愧 부끄러울 괴	청문	聽 들을 청, 聞 들을 문
참람	僭 주제넘을 참, 濫 넘칠 람	청식	淸 맑을 청, 湜 물맑을 식
참방	讒 참소할 참, 謗 헐뜯을 방	청정	淸 맑을 청, 淨 깨끗할 정
참수	慙 부끄러울 참, 羞 부끄러울 수	청징	淸 맑을 청, 澄 맑을 징
참여	參 참여할 참│석 삼, 與 더불·줄 여	청철	淸 맑을 청, 澈 맑을 철
참혹	慘 참혹할 참, 酷 심할 혹	체결	締 맺을 체, 結 맺을 결
참회	懺 뉘우칠 참, 悔 뉘우칠 회	체루	涕 눈물 체, 淚 눈물 루
창고	倉 곳집 창, 庫 곳집 고	체환	替 바꿀 체, 換 바꿀 환
창모	槍 창 창, 矛 창 모	초과	超 뛰어넘을 초, 過 지날 과
창시	創 비롯할 창, 始 비로소 시	초빙	招 부를 초, 聘 부를 빙
창양	瘡 부스럼 창, 瘍 헐 양	초사	肖 닮을 초, 似 닮을 사
창우	倡 광대 창, 優 넉넉할 우	초요	招 부를 초, 邀 맞을 요
창이	瘡 부스럼 창, 痍 상처 이	초월	超 뛰어넘을 초, 越 넘을 월

초췌	憔 파리할 초, 悴 파리할 췌	타격	打 칠 타, 擊 칠 격
촉박	促 재촉할 촉, 迫 핍박할 박	타당	打 칠 타, 撞 칠 당
촉부	囑 부탁할 촉, 付 부칠 부	타락	墮 떨어질 타, 落 떨어질 락
촉탁	囑 부탁할 촉, 託 부탁할 탁	타박	打 칠 타, 撲 칠 박
촌탁	忖 헤아릴 촌, 度 법도 도 ǀ 헤아릴 탁	탁규	度 법도 도 ǀ 헤아릴 탁, 揆 헤아릴 규
총명	聰 귀밝을 총, 明 밝을 명	탁량	度 법도 도 ǀ 헤아릴 탁, 量 헤아릴 량
총묘	塚 무덤 총, 墓 무덤 묘	탁오	濁 흐릴 탁, 汚 더러울 오
총애	寵 사랑할 총, 愛 사랑 애	탁월	卓 높을 탁, 越 넘을 월
최촉	催 재촉할 최, 促 재촉할 촉	탁예	濁 흐릴 탁, 穢 더러울 예
추락	墜 떨어질 추, 落 떨어질 락	탄연	吞 삼킬 탄, 咽 목구멍 인 ǀ 목멜 열 ǀ 삼킬 연
추발	抽 뽑을 추, 拔 뽑을 발	탄이	坦 평탄할 탄, 夷 오랑캐 이
추탁	抽 뽑을 추, 擢 뽑을 탁	탄피	憚 꺼릴 탄, 避 피할 피
축도	祝 빌 축, 禱 빌 도	탄핵	彈 탄알 탄, 劾 꾸짖을 핵
축적	蓄 모을 축, 積 쌓을 적	탐락	耽 즐길 탐, 樂 즐길 락 ǀ 노래 악 ǀ 좋아할 요
출생	出 날 출, 生 날 생	탐색	探 찾을 탐, 索 찾을 색 ǀ 노 삭
충격	衝 찌를 충, 激 격할 격	탐욕	貪 탐낼 탐, 慾 욕심 욕
충돌	衝 찌를 충, 突 갑자기 돌	탐정	探 찾을 탐, 偵 염탐할 정
충만	充 채울 충, 滿 찰 만	탑승	搭 탈 탑, 乘 탈 승
취렴	聚 모을 취, 斂 거둘 렴	탑재	搭 탈 탑, 載 실을 재
취약	脆 연할 취, 弱 약할 약	태만	怠 게으를 태, 慢 거만할 만
취지	趣 뜻 취, 旨 뜻 지	태치	汰 일 태, 侈 사치할 치
취집	聚 모을 취, 集 모을 집	태타	怠 게으를 태, 惰 게으를 타
취허	吹 불 취, 噓 불 허	태평	泰 클 태, 平 평평할 평
측규	測 헤아릴 측, 揆 헤아릴 규	토벌	討 칠 토, 伐 칠 벌
측방	側 곁 측, 傍 곁 방	토양	土 흙 토, 壤 흙덩이 양
치둔	癡 어리석을 치, 鈍 둔할 둔	토지	土 흙 토, 地 땅 지
치밀	緻 빽빽할 치, 密 빽빽할 밀	통곡	慟 서러워할 통, 哭 울 곡
치매	癡 어리석을 치, 呆 어리석을 매	통달	洞 골 동 ǀ 밝을 통, 達 통달할 달
침략	侵 침노할 침, 掠 노략질할 략	통달	通 통할 통, 達 통달할 달
침범	侵 침노할 침, 犯 범할 범	통령	統 거느릴 통, 領 거느릴 령
침투	浸 잠길 침, 透 사무칠 투	통솔	統 거느릴 통, 率 비율 률 ǀ 거느릴 솔
칩복	蟄 숨을 칩, 伏 엎드릴 복	통수	統 거느릴 통, 帥 장수 수
칩장	蟄 숨을 칩, 藏 감출 장	통철	通 통할 통, 徹 통할 철
칭형	秤 저울 칭, 衡 저울대 형	통투	通 통할 통, 透 사무칠 투

통합	統 거느릴 통, 合 합할 합	평등	平 평평할 평, 等 무리 등
퇴각	退 물러날 퇴, 却 물리칠 각	평안	平 평평할 평, 安 편안 안
퇴격	槌 칠 추｜방망이 퇴, 擊 칠 격	평조	萍 부평초 평, 藻 마름 조
퇴적	堆 쌓을 퇴, 積 쌓을 적	평탄	平 평평할 평, 坦 평탄할 탄
투기	妬 샘낼 투, 忌 꺼릴 기	평화	平 평평할 평, 和 화할 화
투쟁	鬪 싸움 투, 爭 다툴 쟁	폐망	廢 폐할 폐, 亡 망할 망
투전	鬪 싸움 투, 戰 싸움 전	폐백	幣 화폐 폐, 帛 비단 백
투척	投 던질 투, 擲 던질 척	폐사	斃 죽을 폐, 死 죽을 사
투철	透 사무칠 투, 徹 통할 철	포기	抛 던질 포, 棄 버릴 기
특악	慝 사특할 특, 惡 악할 악｜미워할 오	포괄	包 쌀 포, 括 묶을 괄
파도	波 물결 파, 濤 물결 도	포계	怖 두려워할 포, 悸 두근거릴 계
파란	波 물결 파, 瀾 물결 란	포도	葡 포도 포, 萄 포도 도
파랑	波 물결 파, 浪 물결 랑	포로	捕 잡을 포, 虜 사로잡을 로
파쇄	破 깨뜨릴 파, 碎 부술 쇄	포말	泡 거품 포, 沫 물거품 말
파악	把 잡을 파, 握 쥘 악	포복	匍 길 포, 匐 길 복
파초	芭 파초 파, 蕉 파초 초	포율	怖 두려워할 포, 慄 떨릴 률
판매	販 팔 판, 賣 팔 매	포용	包 쌀 포, 容 얼굴 용
패란	悖 거스를 패, 亂 어지러울 란	포위	包 쌀 포, 圍 에워쌀 위
패려	悖 거스를 패, 戾 어그러질 려	포옹	抱 안을 포, 擁 낄 옹
패망	敗 패할 패, 亡 망할 망	포주	庖 부엌 포, 廚 부엌 주
패배	敗 패할 패, 北 북녘 북｜달아날 배	포착	捕 잡을 포, 捉 잡을 착
패역	悖 거스를 패, 逆 거스릴 역	포척	抛 던질 포, 擲 던질 척
팽배	澎 물소리 팽, 湃 물결칠 배	포태	胞 세포 포, 胎 아이 밸 태
팽창	膨 부를 팽, 脹 부을 창	포학	暴 사나울 폭｜모질 포, 虐 모질 학
퍅려	愎 강퍅할 퍅, 戾 어그러질 려	포함	包 쌀 포, 含 머금을 함
편달	鞭 채찍 편, 撻 때릴 달	포호	咆 고함지를 포, 號 이름 호
편벽	偏 치우칠 편, 僻 궁벽할 벽	포효	咆 고함지를 포, 哮 성낼 효
편안	便 편할 편｜똥오줌 변, 安 편안 안	포획	捕 잡을 포, 獲 얻을 획
편찬	編 엮을 편, 纂 모을 찬	폭로	暴 사나울 폭｜모질 포, 露 이슬 로
편책	鞭 채찍 편, 策 꾀 책	폭한	暴 사나울 폭｜모질 포, 悍 사나울 한
편태	鞭 채찍 편, 笞 볼기칠 태	표박	剽 겁박할 표, 剝 벗길 박
폄강	貶 낮출 폄, 降 내릴 강｜항복할 항	표방	標 표할 표, 榜 방붙일 방
폄하	貶 낮출 폄, 下 아래 하	표용	剽 겁박할 표, 勇 날랠 용
평균	平 평평할 평, 均 고를 균	표질	慓 급할 표, 疾 병 질

표피	表 겉 표, 皮 가죽 피
표한	慓 급할 표, 悍 사나울 한
품건	品 물건 품, 件 물건 건
풍요	豊 풍년 풍, 饒 넉넉할 요
풍족	豊 풍년 풍, 足 발 족
풍후	豊 풍년 풍, 厚 두터울 후
피곤	疲 피곤할 피, 困 곤할 곤
피금	被 입을 피, 衾 이불 금
피로	疲 피곤할 피, 勞 일할 로
피부	皮 가죽 피, 膚 살갗 부
피비	疲 피곤할 피, 憊 고단할 비
피척	疲 피곤할 피, 瘠 여윌 척
피혁	皮 가죽 피, 革 가죽 혁
필경	畢 마칠 필, 竟 마침내 경
핍박	逼 핍박할 핍, 迫 핍박할 박
하원	遐 멀 하, 遠 멀 원
하자	瑕 허물 하, 疵 허물 자
하천	河 물 하, 川 내 천
한극	閑 한가할 한, 隙 틈 극
한독	悍 사나울 한, 毒 독 독
한름	寒 찰 한, 凜 찰 름
한랭	寒 찰 한, 冷 찰 랭
한발	旱 가물 한, 魃 가물 발
한탄	恨 한 한, 歎 탄식할 탄
함몰	陷 빠질 함, 沒 빠질 몰
함봉	緘 봉할 함, 封 봉할 봉
함선	艦 큰배 함, 船 배 선
함정	艦 큰배 함, 艇 배 정
항거	抗 겨룰 항, 拒 막을 거
항선	航 배 항, 船 배 선
해골	骸 뼈 해, 骨 뼈 골
해권	懈 게으를 해, 倦 게으를 권
해독	害 해할 해, 毒 독 독
해방	解 풀 해, 放 놓을 방
해산	解 풀 해, 散 흩을 산
해석	解 풀 해, 釋 풀 석
해소	解 풀 해, 消 사라질 소
해악	駭 놀랄 해, 愕 놀랄 악
해양	海 바다 해, 洋 큰바다 양
해이	解 풀 해, 弛 늦출 이
해정	楷 본보기 해, 正 바를 정
해창	諧 화할 해, 暢 화창할 창
해천	咳 기침 해, 喘 숨찰 천
해타	懈 게으를 해, 惰 게으를 타
해태	懈 게으를 해, 怠 게으를 태
해학	諧 화할 해, 謔 희롱할 학
해화	諧 화할 해, 和 화할 화
해후	邂 만날 해, 逅 만날 후
행동	行 다닐 행ㅣ항렬 항, 動 움직일 동
허가	許 허락할 허, 可 옳을 가
허공	虛 빌 허, 空 빌 공
허락	許 허락할 허, 諾 허락할 낙
허무	虛 빌 허, 無 없을 무
허위	虛 빌 허, 僞 거짓 위
헌납	獻 드릴 헌, 納 들일 납
헌법	憲 법 헌, 法 법 법
현괘	懸 달 현, 掛 걸 괘
현량	賢 어질 현, 良 어질 량
현묘	玄 검을 현, 妙 묘할 묘
현선	絃 줄 현, 線 줄 선
현현	顯 나타날 현, 現 나타날 현
혐기	嫌 싫어할 혐, 忌 꺼릴 기
혐오	嫌 싫어할 혐, 惡 악할 악ㅣ미워할 오
협곡	峽 골짜기 협, 谷 골 곡
협박	脅 위협할 협, 迫 핍박할 박
협애	狹 좁을 협, 隘 좁을 애
협착	狹 좁을 협, 窄 좁을 착
협화	協 화할 협, 和 화할 화

형극	荊 가시 형, 棘 가시 극		확고	確 굳을 확, 固 굳을 고
형벌	刑 형벌 형, 罰 벌할 벌		확대	廓 둘레 곽丨클 확, 大 큰 대
형상	形 모양 형, 象 코끼리 상		환열	歡 기쁠 환, 悅 기쁠 열
형식	形 모양 형, 式 법 식		환희	歡 기쁠 환, 喜 기쁠 희
형용	形 모양 형, 容 얼굴 용		황겁	惶 두려울 황, 怯 겁낼 겁
형태	形 모양 형, 態 모습 태		황급	遑 급할 황, 急 급할 급
호궁	弧 활 호, 弓 활 궁		황계	惶 두려울 황, 悸 두근거릴 계
호모	毫 터럭 호, 毛 터럭 모		황무	荒 거칠 황, 蕪 거칠 무
호박	琥 호박 호, 珀 호박 박		황송	惶 두려울 황, 悚 두려울 송
호백	皓 흴 호, 白 흰 백		황요	煌 빛날 황, 耀 빛날 요
호천	昊 하늘 호, 天 하늘 천		황제	皇 임금 황, 帝 임금 제
호탕	豪 호걸 호, 宕 호탕할 탕		황홀	恍 황홀할 황, 惚 황홀할 홀
호협	豪 호걸 호, 俠 의기로울 협		효신	曉 새벽 효, 晨 새벽 신
호허	呼 부를 호, 噓 불 허		효유	曉 새벽 효, 喩 깨우칠 유
혹독	酷 심할 혹, 毒 독 독		효유	曉 새벽 효, 諭 타이를 유
혹심	酷 심할 혹, 甚 심할 심		효후	哮 성낼 효, 吼 울부짖을 후
혼돈	渾 흐릴 혼, 沌 엉길 돈		훈회	訓 가르칠 훈, 誨 가르칠 회
혼돈	混 섞을 혼, 沌 엉길 돈		훼괴	毀 헐 훼, 壞 무너질 괴
혼란	混 섞을 혼, 亂 어지러울 란		휘류	彙 무리 휘, 類 무리 류
혼령	魂 넋 혼, 靈 신령 령		휘요	輝 빛날 휘, 耀 빛날 요
혼백	魂 넋 혼, 魄 넋 백		휘황	輝 빛날 휘, 煌 빛날 황
혼명	昏 어두울 혼, 冥 어두울 명		휴게	休 쉴 휴, 憩 쉴 게
혼암	昏 어두울 혼, 闇 숨을 암		휴대	携 이끌 휴, 帶 띠 대
혼인	婚 혼인할 혼, 姻 혼인 인		휴식	休 쉴 휴, 息 쉴 식
혼잡	混 섞을 혼, 雜 섞일 잡		휴헐	休 쉴 휴, 歇 쉴 헐
혼탁	渾 흐릴 혼, 濁 흐릴 탁		흉격	胸 가슴 흉, 膈 가슴 격
혼탁	混 섞을 혼, 濁 흐릴 탁		흉맹	凶 흉할 흉, 猛 사나울 맹
홍안	鴻 기러기 홍, 雁 기러기 안		흉악	凶 흉할 흉, 惡 악할 악丨미워할 오
화목	和 화할 화, 睦 화목할 목		흉악	兇 흉악할 흉, 惡 악할 악丨미워할 오
화목	和 화할 화, 穆 화목할 목		흉용	洶 용솟음칠 흉, 涌 물솟을 용
화액	禍 재앙 화, 厄 액 액		흉억	胸 가슴 흉, 臆 가슴 억
화재	禍 재앙 화, 災 재앙 재		흉포	凶 흉할 흉, 暴 사나울 폭丨모질 포
화충	和 화할 화, 沖 화할 충		흔적	痕 흔적 흔, 蹟 자취 적
화폐	貨 재물 화, 幣 화폐 폐		흔적	痕 흔적 흔, 跡 발자취 적

흔적 痕 흔적 흔, 迹 자취 적
흠결 欠 하품 흠, 缺 이지러질 결
흠경 欽 공경할 흠, 敬 공경 경
흥기 興 일 흥, 起 일어날 기
흡음 吸 마실 흡, 飮 마실 음
흥왕 興 일 흥, 旺 왕성할 왕
혜택 惠 은혜 혜, 澤 못 택
희귀 稀 드물 희, 貴 귀할 귀
희락 喜 기쁠 희, 樂 즐길 락 | 노래 악 | 좋아할 요
희락 嬉 아름다울 희, 樂 즐길 락 | 노래 악 | 좋아할 요
희망 希 바랄 희, 望 바랄 망
희소 稀 드물 희, 少 적을 소
희생 犧 희생 희, 牲 희생 생
희열 喜 기쁠 희, 悅 기쁠 열
희원 希 바랄 희, 願 원할 원
희학 戲 놀이 희, 謔 희롱할 학
회광 恢 넓을 회, 廣 넓을 광
회귀 回 돌아올 회, 歸 돌아갈 귀
회사 會 모일 회, 社 모일 사
회알 廻 돌 회, 斡 돌 알
회잉 懷 품을 회, 孕 아이밸 잉
회전 回 돌아올 회, 轉 구를 전
회포 懷 품을 회, 抱 안을 포
회한 悔 뉘우칠 회, 恨 한 한
획득 獲 얻을 획, 得 얻을 득
힐책 詰 꾸짖을 힐, 責 꾸짖을 책

07 동의어

架空 가공	虛構 허구	溪壑 계학	望蜀 망촉
家敎 가교	家訓 가훈 庭敎 정교 庭訓 정훈	計劃 계획	意圖 의도
		故國 고국	祖國 조국
		高名 고명	有名 유명
可憐 가련	惻隱 측은	告白 고백	披瀝 피력
各別 각별	特別 특별	賈竪 고수	商人 상인
覺悟 각오	決心 결심 決意 결의	苦心 고심	苦衷 고충
角逐 각축	逐鹿 축록	古稀 고희	從心 종심 七旬 칠순 稀年 희년 稀壽 희수
艱難 간난	苦楚 고초		
看病 간병	看護 간호		
干城 간성	棟梁 동량	骨肉 골육	血肉 혈육
看做 간주	置簿 치부	貢獻 공헌	寄與 기여
間諜 간첩	間者 간자 細作 세작 五列 오열 諜者 첩자	過激 과격	急進 급진
		瓜年 과년	瓜滿 과만 破瓜 파과
		冠省 관생	除煩 제번
感染 감염	傳染 전염	匡正 광정	廓正 확정
改稿 개고	潤文 윤문 推敲 퇴고	敎唆 교사	使嗾 사주
		交涉 교섭	折衝 절충
改良 개량	改善 개선	驅迫 구박	虐待 학대
改悛 개전	反省 반성	拘束 구속	束縛 속박
倨慢 거만	傲慢 오만	九泉 구천	黃泉 황천
拒否 거부	拒絶 거절	權數 권수	權術 권술
巨星 거성	大家 대가	龜鑑 귀감	模範 모범
去就 거취	進退 진퇴	琴瑟 금슬	比翼 비익 連理 연리
乾坤 건곤	天地 천지		
乞身 걸신	乞骸 걸해 請老 청로	飢饉 기근	飢餓 기아
		期待 기대	囑望 촉망
儉約 검약	節約 절약	企圖 기도	企劃 기획
缺陷 결함	瑕疵 하자	器量 기량	才能 재능
缺點 결점	短點 단점	譏弄 기롱	嘲笑 조소
缺乏 결핍	不足 부족	飢死 기사	餓死 아사
輕擧 경거	妄動 망동	氣質 기질	性格 성격
境界 경계	區劃 구획		

氣品 기품	風格 풍격	未熟 미숙	幼稚 유치
懶怠 나태	怠慢 태만	未然 미연	事前 사전
難澁 난삽	難解 난해	尾行 미행	追跡 추적
納得 납득	了解 요해	敏捷 민첩	迅速 신속
內紛 내분	內爭 내쟁 內訌 내홍	發達 발달	進步 진보
		方法 방법	手段 수단
冷淡 냉담	薄情 박정	背恩 배은	望德 망덕
冷靜 냉정	沈着 침착	白眉 백미	壓卷 압권 錐囊 추낭 出衆 출중
勞心 노심	焦思 초사		
論劾 논핵	彈劾 탄핵	碧空 벽공	蒼空 창공
籠絡 농락	牢籠 뇌롱	分別 분별	思慮 사려
雷同 뇌동	附同 부동	奔走 분주	盡力 진력
能辯 능변	達辯 달변	不滅 불멸	不朽 불후
斷腸 단장	斷魂 단혼	不運 불운	悲運 비운
達成 달성	成就 성취	不肖 불초	小子 소자
淡交 담교	水魚 수어 知己 지기 知音 지음	鵬圖 붕도	雄圖 웅도
		非命 비명	橫死 횡사
遝至 답지	殺到 쇄도	鼻祖 비조	始祖 시조
道德 도덕	倫理 윤리	氷人 빙인	月老 월로
都尉 도위	駙馬 부마 粉侯 분후	使命 사명	任務 임무
		寺院 사원	寺刹 사찰
獨占 독점	專有 전유	散步 산보	散策 산책 逍遙 소요
突變 돌변	豹變 표변		
同意 동의	贊成 찬성	算數 산수	算術 산술
等閑 등한	疎忽 소홀	狀況 상황	情勢 정세
罵倒 매도	詰責 힐책	書簡 서간	書翰 서한
明晳 명석	聰明 총명	先哲 선철	先賢 선현
冒頭 모두	虛頭 허두	說明 설명	解說 해설
謀反 모반	反逆 반역	昭詳 소상	仔細 자세
目擊 목격	目睹 목도	騷人 소인	墨客 묵객
牧猪 목저	養豚 양돈	素行 소행	品行 품행
沒頭 몰두	專心 전심	俗世 속세	塵世 진세
無事 무사	安全 안전	刷新 쇄신	維新 유신 鼎新 정신 革新 혁신
無視 무시	默殺 묵살		
問責 문책	叱責 질책		
未開 미개	原始 원시	隨機 수기	應變 응변

修理 수리	修繕 수선	異論 이론	異議 이의
瘦瘠 수척	憔悴 초췌	異域 이역	海外 해외
宿命 숙명	天命 천명	認可 인가	許可 허가
瞬間 순간	瞬時 순시 瞬息 순식 轉瞬 전순 刹那 찰나	一律 일률	劃一 획일
		一致 일치	合致 합치
		一毫 일호	秋毫 추호
承諾 승낙	許諾 허락	自棄 자기	自暴 자폭 暴棄 포기
視界 시계	視野 시야 眼界 안계	自負 자부	自信 자신
示唆 시사	暗示 암시	資産 자산	財産 재산
市井 시정	閭閻 여염	自然 자연	天然 천연
實施 실시	實行 실행	自讚 자찬	自稱 자칭
尋常 심상	平凡 평범	正氣 정기	浩氣 호기
斡旋 알선	周旋 주선	靜養 정양	休養 휴양
壓迫 압박	威壓 위압	情趣 정취	風情 풍정
殃禍 앙화	災殃 재앙	制壓 제압	鎭壓 진압
燃眉 연미	焦眉 초미	中心 중심	核心 핵심
連覇 연패	連勝 연승	櫛雨 즐우	櫛風 즐풍
廉價 염가	低價 저가	志望 지망	志願 지원
永久 영구	永遠 영원	支配 지배	統治 통치
永眠 영면	他界 타계	至上 지상	最高 최고
營養 영양	滋養 자양	地獄 지옥	那落 나락
外見 외견	外觀 외관	指彈 지탄	詰難 힐난
外國 외국	異國 이국	質問 질문	質疑 질의
夭逝 요서	夭折 요절	嫉妬 질투	猜忌 시기
運命 운명	運勢 운세	贊助 찬조	協贊 협찬
運送 운송	運輸 운수	參考 참고	參照 참조
威信 위신	威嚴 위엄	尺土 척토	寸土 촌토
威脅 위협	脅迫 협박	滯在 체재	滯留 체류
流離 유리	漂泊 표박	招待 초대	招請 초청
唯美 유미	耽美 탐미	推量 추량	推測 추측
潤澤 윤택	豊富 풍부	充滿 충만	彌滿 미만
隆替 융체	盛衰 성쇠	快活 쾌활	活潑 활발
隱匿 은닉	隱蔽 은폐	平常 평상	平素 평소
應待 응대	應接 응접	抱腹 포복	絶倒 절도
依存 의존	依支 의지	解任 해임	罷免 파면

懷孕 회잉	姙娠 임신	經世致用 경세치용	利用厚生 이용후생
效能 효능	效用 효용	溪壑之慾 계학지욕	望蜀之歎 망촉지탄
休憩 휴게	休息 휴식	股肱之臣 고굉지신	股掌之臣 고장지신
車同軌 거동궤	書同文 서동문	膏粱珍味 고량진미	山海珍味 산해진미
姑息策 고식책	彌縫策 미봉책		龍味鳳湯 용미봉탕
槐安夢 괴안몽	南柯夢 남가몽	孤立無援 고립무원	四面楚歌 사면초가
桃源境 도원경	別乾坤 별건곤	高山流水 고산유수	水魚之交 수어지교
	別天地 별천지	姑息之計 고식지계	臨時方便 임시방편
	理想鄕 이상향	高岸深谷 고안심곡	桑田碧海 상전벽해
未曾有 미증유	破天荒 파천황	高枕安眠 고침안면	高枕而臥 고침이와
比翼鳥 비익조	連理枝 연리지	空前絕後 공전절후	曠前絕後 광전절후
	鴛鴦契 원앙계		前無後無 전무후무
月旦評 월단평	月朝評 월조평		莫逆之友 막역지우
全無識 전무식	判無識 판무식	管鮑之交 관포지교	知己之友 지기지우
			芝蘭之交 지란지교
街談巷說 가담항설	街談巷語 가담항어	刮目相對 괄목상대	日就月將 일취월장
	道聽塗說 도청도설	九死一生 구사일생	起死回生 기사회생
	流言蜚語 유언비어	九牛一毛 구우일모	滄海一粟 창해일속
佳人薄命 가인박명	美人薄命 미인박명	群鷄一鶴 군계일학	囊中之錐 낭중지추
刻骨難忘 각골난망	結草報恩 결초보은	近墨者黑 근묵자흑	近朱者赤 근주자적
	白骨難忘 백골난망		琴瑟之樂 금실지락
刻舟求劍 각주구검	守株待兔 수주대토	琴瑟相和 금슬상화	如鼓琴瑟 여고금슬
間於齊楚 간어제초	鯨戰蝦死 경전하사		鴛鴦之契 원앙지계
渴而穿井 갈이천정	亡羊補牢 망양보뢰	難忘之恩 난망지은	白骨難忘 백골난망
甲男乙女 갑남을녀	張三李四 장삼이사	難伯難仲 난백난중	難兄難弟 난형난제
	匹夫匹婦 필부필부		莫上莫下 막상막하
康衢煙月 강구연월	鼓腹擊壤 고복격양	南柯一夢 남가일몽	盧生之夢 노생지몽
	太平聖代 태평성대		一場春夢 일장춘몽
隔世之感 격세지감	今昔之感 금석지감	綠林豪傑 녹림호걸	梁上君子 양상군자
見利思義 견리사의	見危致命 견위치명	陵雲之志 능운지지	靑雲之志 청운지지
犬馬之勞 견마지로	狗馬之心 구마지심	斷機之敎 단기지교	三遷之敎 삼천지교
	粉骨碎身 분골쇄신	對牛彈琴 대우탄금	馬耳東風 마이동풍
	盡忠竭力 진충갈력		牛耳讀經 우이독경
傾國之色 경국지색	傾城之色 경성지색	同病相憐 동병상련	類類相從 유유상종
	丹脣皓齒 단순호치		草綠同色 초록동색
	雪膚花容 설부화용	凍足放尿 동족방뇨	下石上臺 하석상대
	絕世佳人 절세가인	董狐之筆 동호지필	太史之簡 태사지간
	花容月態 화용월태	亡國之歎 망국지탄	麥秀之歎 맥수지탄
驚弓之鳥 경궁지조	傷弓之鳥 상궁지조		
	吳牛喘月 오우천월		

面從腹背 면종복배	陽奉陰違 양봉음위	智者一失 지자일실	千慮一失 천려일실
明鏡止水 명경지수	雲心月性 운심월성	進退兩難 진퇴양난	進退維谷 진퇴유곡
明若觀火 명약관화	不問可知 불문가지	靑山流水 청산유수	懸河之辯 현하지변
目不識丁 목불식정	魚魯不辨 어로불변 一文不知 일문부지 一字無識 일자무식	靑出於藍 청출어람	出藍之譽 출람지예
		兎死狐悲 토사호비	狐死兎泣 호사토읍
博覽強記 박람강기	博學多識 박학다식		
傍若無人 방약무인	眼下無人 안하무인		
百年偕老 백년해로	偕老同穴 해로동혈		
百尺竿頭 백척간두	累卵之危 누란지위 危機一髮 위기일발 一觸卽發 일촉즉발 風前燈火 풍전등화		
夫唱婦隨 부창부수	女必從夫 여필종부		
粉骨碎身 분골쇄신	盡忠竭力 진충갈력		
不恥下問 불치하문	孔子穿珠 공자천주		
捨生取義 사생취의	殺身成仁 살신성인		
塞翁之馬 새옹지마	轉禍爲福 전화위복		
生者必滅 생자필멸	雪泥鴻爪 설니홍조		
雪上加霜 설상가상	前虎後狼 전호후랑		
首丘初心 수구초심	胡馬望北 호마망북		
袖手傍觀 수수방관	吾不關焉 오불관언		
心心相印 심심상인	以心傳心 이심전심		
殃及池魚 앙급지어	橫來之厄 횡래지액		
羊頭狗肉 양두구육	表裏不同 표리부동		
榮枯盛衰 영고성쇠	興亡盛衰 흥망성쇠		
五車之書 오거지서	汗牛充棟 한우충동		
雲泥之差 운니지차	天壤之差 천양지차		
異口同聲 이구동성	如出一口 여출일구		
因果應報 인과응보	種豆得豆 종두득두		
人死留名 인사유명	虎死留皮 호사유피		
一擧兩得 일거양득	一石二鳥 일석이조		
一衣帶水 일의대수	指呼之間 지호지간		
朝夕定省 조석정성	昏定晨省 혼정신성		
晝耕夜讀 주경야독	晴耕雨讀 청경우독		
紙上兵談 지상병담	卓上空論 탁상공론		

08 약자

급수	정자	약자	훈음
5II	價	価	값 가
4II	假	仮	거짓 가
4	覺	覚	깨달을 각
1	殼	殻	껍질 각
4II	減	减	덜 감
3II	鑑	鑑	거울 감
4II	監	监	볼 감
4II	個	个	낱 개
3II	蓋	盖	덮을 개
1	箇	个	낱 개
3II	槪	概	대개 개
3	慨	慨	슬퍼할 개
1	漑	溉	물댈 개
4	據	拠	근거 거
4	擧	挙, 舉	들 거
4	傑	杰	뛰어날 걸
4	儉	倹	검소할 검
3II	劍	剣	칼 검
4II	檢	検	검사할 검
4	擊	撃	칠 격
4	堅	堅	굳을 견
4II	缺	欠	이지러질 결
5	輕	軽	가벼울 경
4II	經	経	지날, 글 경
3II	徑	径	지름길 경
1	莖	茎	줄기 경
4	繼	継	이을 계
3	繫	繋	맬 계

급수	정자	약자	훈음
4	穀	穀	곡식 곡
3II	寬	寛	너그러울 관
5II	關	関	관계할 관
5II	觀	覌, 観	볼 관
3II	館	舘	집 관
5II	廣	広	넓을 광
4	鑛	鉱	쇳돌 광
3II	壞	壊	무너질 괴
6	區	区	구분 구
1	嘔	呕	게울 구
1	嶇	岖	험할 구
1	謳	讴	노래 구
1	軀	躯	몸 구
3	驅	駆	몰 구
2	鷗	鴎	갈매기 구
2	歐	欧	구라파, 칠 구
1	毆	殴	때릴 구
5II	舊	旧	옛 구
4II	句	勾	글귀 구
1	鉤	鈎	갈고리 구
1	廐	厩	마구 구
3	龜	亀	거북 구/귀 터질 균
8	國	国	나라 국
2	鞠	鞠	국문할 국
4	勸	劝, 勧	권할 권
4II	權	权, 権	권세 권
4	歸	帰	돌아갈 귀

급수	정자	약자	훈음
7II	氣	気	기운 기
3	旣	既	이미 기
3	棄	弃	버릴 기
3II	緊	紧	긴할 긴
3II	寧	宁, 寧	편안 녕
3	惱	悩	번뇌할 뇌
3II	腦	脳	골/뇌수 뇌
4II	斷	断	끊을 단
5II	團	団	둥글 단
4II	單	単	홑 단
4II	擔	担	멜 담
2	膽	胆	쓸개 담
5II	當	当	마땅할 당
4II	黨	党	무리 당
6II	對	対	대할 대
3II	臺	台	대 대
1	擡	抬	들 대
5II	德	徳	큰 덕
2	燾	焘	비출 도
6II	圖	図	그림 도
6II	讀	読	읽을 독 구절 두
5II	獨	独	홀로 독
7	同	仝	한가지 동
4II	燈	灯	등 등
6II	樂	楽	즐거울 락 노래 악 좋아할 요
4	亂	乱	어지러울 란

급수	정자	약자	훈음	급수	정자	약자	훈음	급수	정자	약자	훈음
1	鸞	鸾	난새 란	3Ⅱ	臨	临	임할 림	4Ⅱ	富	冨	부자 부
3	濫	滥	넘칠 람	2	輛	辆	수레 량	2	敷	旉	펼 부
1	籃	篮	대바구니 람	3Ⅱ	涼	凉	서늘할 량	3Ⅱ	拂	払	떨칠 불
2	藍	蓝	쪽 람	2	灣	湾	물굽이 만	4Ⅱ	佛	仏	부처 불
4	覽	覧, 览	볼 람	2	蠻	蛮	오랑캐 만	4Ⅱ	師	师	스승 사
1	蠟	蜡	밀 랍	8	萬	万	일만 만	4	絲	糸	실 사
7	來	来	올 래	4Ⅱ	滿	満	가득찰 만	5	寫	写, 写, 冩	베낄 사
4Ⅱ	兩	両	두 량	5	賣	売	팔 매	4	辭	辞	말씀 사
2	廬	庐	농막집 려	4Ⅱ	脈	脉	맥 맥	1	滲	渗	스밀 삼
4Ⅱ	麗	丽	고울 려	3Ⅱ	麥	麦	보리 맥	1	澁	渋	떫을 삽
3Ⅱ	勵	励	힘쓸 려	2	覓	覔	찾을 멱	2	揷	挿	꽂을 삽
3Ⅱ	聯	联	연이을 련	3Ⅱ	貌	皃	모양 모	3Ⅱ	桑	桒	뽕나무 상
3Ⅱ	戀	恋	그리워할/그릴 련	3Ⅱ	夢	梦	꿈 몽	3	嘗	甞	맛볼 상
5	練	練	익힐 련	3	廟	庿, 庙	사당 묘	4Ⅱ	狀	状	형상 상 / 문서 장
3Ⅱ	鍊	錬	쇠불릴 련	5	無	无	없을 무	3	敍	叙, 敘	펼 서
3	獵	猟	사냥 렵	3Ⅱ	墨	墨	먹 묵	3Ⅱ	緖	緒	실마리 서
3Ⅱ	靈	灵, 霊	신령 령	3Ⅱ	默	黙	잠잠할 묵	3Ⅱ	釋	釈	풀 석
1	齡	齢	나이 령	2	彌	弥	미륵, 오랠 미	5	船	舩	배 선
6	禮	礼	예도 례	3Ⅱ	迫	廹	핍박할 박	2	纖	繊	가늘 섬
5Ⅱ	勞	労	일할 로	6Ⅱ	發	発	필 발	3	攝	摂	다스릴 섭
2	蘆	芦	갈대 로	3Ⅱ	輩	軰	무리 배	2	爕	変	불꽃 섭
3Ⅱ	爐	炉	화로 로	4Ⅱ	拜	拝	절 배	4Ⅱ	聲	声	소리 성
4Ⅱ	錄	录	기록할 록	3Ⅱ	繁	繁	번성할 번	7Ⅱ	世	卋	인간 세
2	籠	篭	대바구니 롱	4Ⅱ	邊	边, 辺	가 변	5	歲	岁, 崴	해 세
4	龍	竜	용 룡(용)	5Ⅱ	變	変	변할 변	3Ⅱ	燒	焼	사를 소
1	壘	塁	보루 루	3	屛	屏	병풍 병	4	屬	属	붙일 속
3Ⅱ	樓	楼	다락 루	2	倂	併	아우를 병	4Ⅱ	續	続	이을 속
4	離	难	떠날 리	3	竝	並	나란히 병	4Ⅱ	收	収	거둘 수
1	釐	厘	다스릴 리	4Ⅱ	寶	宝	보배 보	1	粹	粋	순수할 수

급수	정자	약자	훈음	급수	정자	약자	훈음	급수	정자	약자	훈음
1	穗	穂	이삭 수	4	嚴	厳	엄할 엄	1	蔭	蔭	그늘 음
1	繡	繍	수놓을 수	4Ⅱ	餘	余	남을 여	4Ⅱ	應	応	응할 응
3Ⅱ	帥	帅	장수 수	4	與	与	더불, 줄 여	6	醫	医	의원 의
3	搜	捜	찾을 수	3Ⅱ	譯	訳	번역할 역	3	宜	冝	마땅 의
1	髓	髄	뼛골 수	3Ⅱ	驛	駅	역 역	2	貳	弍, 弐	두, 갖은두 이
3Ⅱ	隨	随	따를 수	2	姸	妍	고울 연	1	爾	尔	너 이
3Ⅱ	壽	寿	목숨 수	2	淵	渊	못 연	2	壹	壱	한, 갖은한 일
7	數	数	셈 수	4Ⅱ	硏	研	갈 연	6	者	者	놈 자
3Ⅱ	獸	獣	짐승 수	4	鉛	鈆	납 연	1	棧	桟	사다리 잔
4	肅	粛	엄숙할 숙	3Ⅱ	鹽	塩	소금 염	4	殘	残	남을 잔
3Ⅱ	濕	湿	젖을 습	4	營	営	경영할 영	2	蠶	蚕	누에 잠
3Ⅱ	乘	乗	탈 승	4Ⅱ	榮	栄	영화 영	4	雜	雑	섞일 잡
2	繩	縄	노끈 승	3Ⅱ	譽	誉	기릴, 명예 예	8	長	长	길 장
2	腎	肾	콩팥 신	4	豫	予	미리 예	3Ⅱ	莊	荘	씩씩할 장
5Ⅱ	實	実	열매 실	4Ⅱ	藝	芸	재주 예	4	壯	壮	장할 장
3Ⅱ	雙	双	쌍 쌍	6	溫	温	따뜻할 온	4Ⅱ	將	将	장수 장
3Ⅱ	亞	亜	버금 아	2	穩	穏, 稳	편안할 온	4	裝	装	꾸밀 장
1	啞	唖	벙어리 아	4Ⅱ	謠	謡	노래 요	4	奬	奨, 獎	장려할 장
5Ⅱ	兒	児	아이 아	3	遙	遥	멀 요	1	醬	醤	장 장
5Ⅱ	惡	悪	악할 악/미워할 오	3	搖	揺	흔들 요	1	蔣	蒋	성(姓)씨 장
3Ⅱ	巖	岩	바위 암	2	堯	尭	요임금 요	3Ⅱ	藏	蔵	감출 장
4Ⅱ	壓	圧	누를 압	2	鬱	欝	답답할 울	3Ⅱ	臟	臓	오장 장
2	礙	碍	거리낄 애	4Ⅱ	員	負	인원 원	3	哉	㦲	어조사 재
6Ⅱ	藥	薬	약 약	6	遠	遠	멀 원	5	爭	争	다툴 쟁
3Ⅱ	壤	壌	흙덩이 양	4	圍	囲	에울 위	1	豬	猪	돼지 저
2	孃	嬢	아가씨 양	4Ⅱ	爲	為	할 위	4	轉	転	구를 전
3Ⅱ	讓	譲	사양할 양	3Ⅱ	僞	偽	거짓 위	4	錢	銭	돈 전
1	釀	醸	술빚을 양	4	隱	隠, 隐	숨을 은	6Ⅱ	戰	战, 戦	싸움 전
				4Ⅱ	陰	陰	그늘 음	5Ⅱ	傳	伝	전할 전

급수	정자	약자	훈음	급수	정자	약자	훈음	급수	정자	약자	훈음
1	廛	厘	가게 전	3Ⅱ	贊	賛	도울 찬	3	墮	堕	떨어질 타
5	節	節	마디 절	4	讚	讃	기릴 찬	4	彈	弾	탄알 탄
3	竊	窃	훔칠 절	2	瓚	瓉	옥잔 찬	2	兌	兑	바꿀/기쁠 태
4	點	点	점 점	2	鑽	鑚	뚫을 찬	4	擇	択	가릴 택
6	定	㝎	정할 정	5Ⅱ	參	参	참여할 참	3Ⅱ	澤	沢	못 택
4	靜	静	고요할 정	3	慘	惨	참혹할 참	3Ⅱ	兔	兎	토끼 토
3Ⅱ	淨	浄	깨끗할 정	4Ⅱ	處	処	곳 처	2	霸	覇	으뜸 패
3Ⅱ	齊	斉	가지런할 제	3Ⅱ	淺	浅	얕을 천	3	廢	癈	폐할, 버릴 폐
4Ⅱ	濟	済	건널 제	3Ⅱ	賤	賎	천할 천	8	學	学	배울 학
2	劑	剤	약제 제	3Ⅱ	踐	践	밟을 천	1	鹹	醎	짤 함
4	條	条	가지 조	3	遷	迁	옮길 천	4Ⅱ	解	觧	풀 해
5Ⅱ	卒	卆	마칠 졸	1	疊	叠	거듭 첩	4Ⅱ	鄕	郷	시골 향
4	從	従, 从	좇을 종	5	鐵	鉄	쇠 철	4Ⅱ	虛	虚	빌 허
3Ⅱ	縱	縦	세로 종	4	廳	庁	관청 청	3Ⅱ	獻	献	드릴 헌
1	慫	怂	권할 종	4	聽	聴	들을 청	4	險	険	험할 험
6	晝	昼	낮 주	6Ⅱ	體	体	몸 체	4Ⅱ	驗	験	시험할 험
3Ⅱ	鑄	鋳	쇠불릴 주	3	遞	逓	갈릴 체	3	縣	県	고을 현
2	疇	畴	이랑 주	3Ⅱ	觸	触	닿을 촉	4Ⅱ	賢	賢	어질 현
4Ⅱ	準	凖	준할 준	1	囑	嘱	부탁할 촉	4	顯	顕	나타날 현
3Ⅱ	卽	即	곧 즉	3	燭	烛	촛불 촉	1	俠	侠	의기로울 협
4Ⅱ	增	増	더할 증	4Ⅱ	總	総, 縂	다 총	1	挾	挟	낄 협
3Ⅱ	曾	曽	일찍 증	3	聰	聡, 聦	귀밝을 총	1	狹	狭	좁을 협
3Ⅱ	蒸	菾	찔 증	4Ⅱ	蟲	虫	벌레 충	2	陝	陕	좁을 협 땅이름 합
4	證	証	증거 증	2	沖	冲	화할 충	2	峽	峡	골짜기 협
3	遲	遅	더딜 지	3Ⅱ	醉	酔	취할 취	1	頰	頬	뺨 협
4	盡	尽	다할 진	4Ⅱ	齒	歯	이 치	3	螢	蛍	반딧불 형
4	珍	珎	보배 진	1	癡	痴	어리석을 치	4Ⅱ	惠	恵	은혜 혜
5Ⅱ	質	貭	바탕 질	3Ⅱ	漆	柒	옻 칠	6	號	号	이름 호
3Ⅱ	徵	徴	부를 징	4	稱	称	일컬을 칭				

급수	정자	약자	훈음
6	畫	画	그림 화 그을 획
3	擴	拡	넓힐 확
4	歡	欢, 歓	기쁠 환
3II	懷	懐	품을 회
1	繪	絵	그림 회
6II	會	会	모일 회
3	曉	暁	새벽 효
5	效	効	본받을 효
2	勳	勲	공 훈
5	黑	黒	검을 흑
3II	興	兴	일 흥
3II	戱	戯, 戱	놀이 희

09 장단음

※ ː은 장음으로만 발음되고, (ː)은 함께 쓰이는 글자 따라 장음으로도, 단음으로도 발음됨.

한자	뜻·음	구분	예시
可	옳을 가ː	장	可恐 가공　可能 가능
苛	가혹할 가ː	장	苛虐 가학　苛酷 가혹
呵	꾸짖을 가ː	장	呵責 가책
佳	아름다울 가ː	장	佳景 가경　佳緣 가연
街	거리 가(ː)	장	街道 가도　街販 가판
街		단	街廓 가곽　街路樹 가로수
假	거짓 가ː	장	假設 가설　假裝 가장
暇	틈, 겨를 가ː	장	暇隙 가극　暇日 가일
駕	멍에 가(ː)	장	駕轎 가교　駕後 가후
駕		단	駕前 가전
架	시렁 가ː	장	架設 가설
揀	가릴 간ː	장	揀選 간선　揀擇 간택
諫	간할 간ː	장	諫言 간언　諫止 간지
肝	간 간(ː)	장	肝膽 간담　肝癌 간암　肝臟 간장
肝		단	肝氣 간기　肝腸 간장
姦	간음할 간ː	장	姦通 간통
懇	간절할 간ː	장	懇切 간절　懇請 간청
間	사이 간(ː)	장	間食 간식　間接 간접　間諜 간첩　間或 간혹
間		단	間隔 간격　間隙 간극　間數 간수
澗	산골물 간ː	장	澗壑 간학　澗水 간수
簡	대쪽, 간략할 간(ː)	장	簡易 간이　簡紙 간지
簡		단	簡潔 간결　簡單 간단　簡略 간략　簡素 간소
癎	간질 간(ː)	장	癎症 간증　癎疾 간질　癎氣 간기
癎		단	癎中 간중
敢	감히, 구태여 감ː	장	敢請 감청　敢行 감행
減	덜 감ː	장	減量 감량　減俸 감봉
感	느낄 감ː	장	感謝 감사　感染 감염
憾	섭섭할 감ː	장	憾恨 감한　憾悔 감회
强	강할 강(ː)	장	强勸 강권　强盜 강도　强制 강제　强奪 강탈
强		단	强力 강력　强化 강화　强大 강대
降	내릴 강ː / 항복할 항	장	降等 강등　降臨 강림　降雨 강우
降		단	降兵 항병　降伏 항복
凱	개선할 개ː	장	凱歌 개가　凱旋 개선
介	낄 개ː	장	介入 개입　介在 개재
改	고칠 개(ː)	장	改良 개량　改新 개신　改作 개작　改札 개찰　改漆 개칠
改		단	改任 개임
蓋	덮을 개(ː)	장	蓋頭 개두　蓋然 개연　蓋草 개초
蓋		단	蓋膜 개막
箇	낱 개(ː)	장	箇箇 개개
箇		단	箇所 개소　箇數 개수　箇條 개조
個	낱 개(ː)	장	個別 개별　個性 개성
個		단	個人 개인　個體 개체
羹	국 갱ː	장	羹湯 갱탕　羹獻 갱헌
距	상거할 거ː	장	距今 거금　距離 거리
據	근거 거ː	장	據守 거수　據點 거점
據	추렴할 갹/거	장	醵金 거금
據		단	醵出 갹출
虔	공경할 건ː	장	虔恭 건공　虔肅 건숙
鍵	자물쇠, 열쇠 건ː	장	鍵盤 건반
譴	꾸짖을 견ː	장	譴罷 견파　譴責 견책

景 볕 경(:)	장	景品 경품　景品券 경품권 景福宮 경복궁		課 공부할, 과정 과(:)	장	課稅 과세
	단	景槪 경개　景氣 경기　景物 경물 景致 경치			단	課業 과업　課程 과정　課題 과제
鏡 거울 경:	장	鏡臺 경대　鏡面 경면		貫 꿸 관(:)	장	貫祿 관록　貫珠 관주
競 다툴 경:	장	競演 경연　競爭 경쟁			단	貫流 관류　貫徹 관철　貫通 관통 貫鄕 관향
更 고칠 경 다시 갱:	장	更生 갱생　更年期 갱년기 更新 갱신		壙 뫼구덩이 광:	장	壙中 광중　壙穴 광혈
	단	更張 경장　更迭 경질		怪 괴이할 괴(:)	장	怪談 괴담　怪物 괴물　怪變 괴변 怪病 괴병
儆 경계할 경:	장	儆戒 경계　儆備 경비			단	怪特 괴특
悸 두근거릴 계:	장	悸慄 계율		矯 바로잡을 교:	장	矯導 교도　矯正 교정 矯導所 교도소
桂 계수나무 계:	장	桂樹 계수　桂皮 계피				
契 맺을 계: 애쓸 결 종족 이름 글	장	契機 계기　契約書 계약서		口 입 구(:)	장	口腔 구강　口辯 구변　口號 구호
	단	契丹 글단(거란)			단	口陳 구진
故 연고 고(:)	장	故國 고국　故事 고사　故意 고의 故障 고장		嘔 게울 구(:)	장	嘔吐 구토
					단	嘔逆 구역
	단	故鄕 고향		具 갖출 구(:)	장	具氏 구씨
固 굳을 고(:)	장	固城 고성			단	具備 구비　具色 구색　具全 구전 具現 구현
	단	固辭 고사　固守 고수　固執 고집 固着 고착				
				郡 고을 군:	장	郡守 군수　郡廳 군청
考 생각할 고(:)	장	考古 고고　考査 고사　考試 고시		眷 돌볼 권:	장	眷庇 권비　眷愛 권애
	단	考慮 고려　考案 고안　考察 고찰		卷 책 권(:)	장	卷煙 권연　卷紙 권지
孔 구멍 공:	장	孔劇 공극　孔子 공자			단	卷頭 권두　卷數 권수　卷帙 권질
攻 칠 공:	장	攻擊 공격　攻伐 공벌		潰 무너질 궤:	장	潰瘍 궤양　潰裂 궤열
恐 두려울 공(:)	장	恐喝 공갈　恐龍 공룡　恐怖 공포 恐慌 공황		軌 바퀴자국 궤:	장	軌道 궤도　軌範 궤범
				謹 삼갈 근:	장	謹愼 근신　謹嚴 근엄
	단	恐懼 공구		勤 부지런할 근(:)	장	勤儉 근검　勤勞 근로　勤務 근무
過 지날 과:	장	過去 과거　過激 과격			단	勤墾 근간
寡 적을 과:	장	寡默 과묵　寡婦 과부		襟 옷깃 금:	장	襟度 금도　襟袍 금포
菓 과자, 실과 과(:)	장	菓品 과품		兢 떨릴 긍:	장	兢戒 긍계　兢惶 긍황
	단	菓子 과자		妓 기생 기:	장	妓女 기녀　妓生 기생
誇 자랑할 과:	장	誇示 과시　誇張 과장		懦 나약할 나:	장	懦弱 나약　懦劣 나열

한자	훈음		용례
暖	따뜻할 난:	장	暖帶 난대 暖流 난류
難	어려울 난(:)	장	難色 난색
		단	難關 난관 難局 난국 難解 난해
耐	견딜 내:	장	耐性 내성 耐熱 내열
怒	성낼 노:	장	怒氣 노기 怒號 노호
斷	끊을 단:	장	斷腸 단장 斷定 단정
蛋	새알 단:	장	但書 단서 但只 단지
短	짧을 단(:)	장	短劍 단검 短簫 단소
		단	短點 단점 短縮 단축 短期 단기
痰	가래 담:	장	痰唾 담타 痰火 담화
唐	당나라, 당황할 당(:)	장	唐突 당돌
		단	唐書 당서 唐詩 당시
大	큰 대(:)	장	大家 대가 大觀 대관 大國 대국 大將 대장
		단	大邱 대구 大斗 대두 大田 대전
帶	띠 대(:)	장	帶劍 대검 帶同 대동 帶狀 대상
		단	帶率 대솔
待	기다릴 대:	장	待遇 대우 待避 대피
代	대신할 대:	장	代身 대신 代案 대안
倒	넘어질 도:	장	倒錯 도착 倒置 도치
度	법도 도(:) 헤아릴 탁	장	度量 도량 度數 도수
		단	度支部 탁지부
盜	도둑 도(:)	장	盜跖 도척
		단	盜用 도용 盜賊 도적
冬	겨울 동(:)	장	冬期 동기 冬眠 동면
		단	冬至 동지
童	아이 동(:)	장	童心 동심 童顏 동안 童謠 동요 童話 동화
		단	童蒙先習 동몽선습
疼	아플 동:	장	疼痛 동통
凍	얼 동:	장	凍傷 동상 凍土 동토
癩	문둥이 라:	장	癩菌 나균 癩病 나병
濫	넘칠 람:	장	濫發 남발 濫用 남용
浪	물결 랑(:)	장	浪漫 낭만 浪費 낭비 浪說 낭설
		단	浪太 낭태
狼	이리 랑:	장	狼煙 낭연 狼疾 낭질
來	올 래(:)	장	來客 내객 來住 내주 來診 내진 來訪 내방
		단	來年 내년 來歷 내력 來賓 내빈
侶	짝 려:	장	侶伴 여반 侶行 여행
斂	거둘 렴:	장	斂髮 염발 斂容 염용
殮	염할 렴:	장	殮襲 염습 殮布 염포
令	하여금 령(:)	장	令監 영감
		단	令愛 영애 令狀 영장
例	법식 례:	장	例事 예사 例外 예외
露	이슬 로(:)	장	露積 노적
		단	露骨 노골 露語 노어 露出 노출
籠	대바구니 롱(:)	장	籠球 농구 籠絡 농락
		단	籠鳥 농조
了	마칠 료:	장	了勘 요감 了解 요해
料	헤아릴 료(:)	장	料給 요급
		단	料量 요량 料理 요리 料食 요식
陋	더러울 루:	장	陋見 누견
漏	샐 루:	장	漏落 누락
柳	버들 류(:)	장	柳器 유기 柳綠 유록 柳眉 유미
		단	柳枝 유지
離	떠날 리:	장	離脫 이탈
履	밟을 리:	장	履歷 이력 履行 이행
裏	속 리:	장	裏面 이면 裏書 이서

한자	뜻 음	장/단	예시
麻	삼 마(:)	장	麻雀 마작
		단	麻姑 마고　麻布 마포
娩	낳을 만:	장	娩痛 만통
滿	찰 만(:)	장	滿面 만면　滿發 만발　滿場 만장　滿假 만가
		단	滿了 만료　滿朔 만삭　滿足 만족
望	바랄 망:	장	望樓 망루　望鄕 망향
每	매양 매(:)	장	每年 매년　每番 매번　每事 매사
		단	每日 매일
買	살 매:	장	買收 매수　買占 매점
賣	팔 매(:)	장	賣價 매가　賣渡 매도　賣盡 매진
		단	賣買 매매
猛	사나울 맹:	장	猛毒 맹독　猛威 맹위
孟	맏 맹:	장	孟冬 맹동　孟子 맹자
		단	孟浪 맹랑
緬	멀 면(:)	장	緬禮 면례　緬奉 면봉
		단	緬羊 면양
面	낯 면:	장	面貌 면모　面識 면식
命	목숨 명:	장	命令 명령　命題 명제
侮	업신여길 모(:)	장	侮慢 모만　侮罵 모매　侮蔑 모멸
		단	侮弄 모롱
木	나무 목(:)	장	木瓜 모과(목과)
		단	木公 목공　木馬 목마　木炭 목탄
墓	무덤 묘:	장	墓碑 묘비　墓地 묘지
誣	속일 무:	장	誣告 무고　誣陷 무함
巫	무당 무:	장	巫覡 무격　巫俗 무속
撫	어루만질 무(:)	장	撫愛 무애　撫摩 무마
		단	撫鎭 무진
舞	춤출 무:	장	舞臺 무대　舞姬 무희
茂	무성할 무:	장	茂林 무림　茂盛 무성
聞	들을 문(:)	장	聞見 문견
		단	聞慶 문경
美	아름다울 미(:)	장	美德 미덕　美術 미술　美學 미학
		단	美國 미국
迷	미혹할 미(:)	장	迷宮 미궁　迷路 미로　迷夢 미몽　迷信 미신
		단	迷兒 미아　迷惑 미혹
未	아닐 미(:)	장	未開 미개　未決 미결　未來 미래
		단	未洽 미흡
叛	배반할 반:	장	叛奴 반노　叛徒 반도
放	놓을 방(:)	장	放談 방담　放浪 방랑　放送 방송
		단	放恣 방자　放學 방학
訪	찾을 방:	장	訪問 방문　訪韓 방한
彷	헤맬 방(:)	장	彷佛 방불
		단	彷徨 방황
倍	곱 배(:)	장	倍加 배가　倍量 배량
		단	倍率 배율
賠	물어줄 배:	장	賠償 배상
凡	무릇 범(:)	장	凡例 범례　凡夫 범부　凡節 범절
		단	凡俗 범속
犯	범할 범:	장	犯人 범인　犯罪 범죄
屛	병풍 병(:)	장	屛迹 병적
		단	屛風 병풍
丙	남녘 병:	장	丙夜 병야　丙坐 병좌
秉	잡을 병:	장	秉權 병권　秉燭 병촉
補	기울 보:	장	補修 보수
譜	족보 보:	장	譜表 보표　譜學 보학
保	지킬 보(:)	장	保健 보건　保管 보관　保守 보수
		단	保證 보증

復	회복할 복 다시 부:	장	復活 부활 復興 부흥	射	쏠 사(:)	장	射亭 사정
		단	復刊 복간 復古 복고 復歸 복귀 復學 복학			단	射擊 사격 射殺 사살 射手 사수 射精 사정 射場 사장
府	마을 부(:)	장	府君 부군 府使 부사	謝	사례할 사:	장	謝禮 사례 謝恩 사은
		단	府啓 부계	麝	사향노루 사:	장	麝香 사향
簿	문서 부:	장	簿記 부기 簿牒 부첩	獅	사자 사(:)	장	獅子 사자 獅子宮 사자궁
敷	펼 부(:)	장	敷設 부설 敷衍 부연			단	獅孫 사손
		단	敷地 부지	仕	섬길 사(:)	장	仕宦 사환 仕日 사일
符	부호 부(:)	장	符籍 부적			단	仕官 사관 仕記 사기
		단	符節 부절 符號 부호	寺	절 사 내시 시:	장	寺人 시인 寺正 시정
附	붙을 부(:)	장	附記 부기 附錄 부록 附設 부설 附子 부자			단	寺門 사문 寺院 사원 寺刹 사찰
		단	附着 부착	嗣	이을 사:	장	嗣歲 사세 嗣適 사적
腐	썩을 부:	장	腐敗 부패	思	생각 사(:)	장	思想 사상
憤	분할 분:	장	憤慨 분개			단	思考 사고 思念 사념
分	나눌 분(:)	장	分量 분량	産	낳을 산:	장	産物 산물 産業 산업
		단	分家 분가 分校 분교 分離 분리 分配 분배 分福 분복 分數 분수	尙	오히려 상(:)	장	尙古 상고 尙武 상무 尙文 상문 尙子 상자
粉	가루 분(:)	장	粉紅 분홍			단	尙宮 상궁 尙今 상금 尙門 상문
		단	粉匣 분갑 粉食 분식	狀	형상 상 문서 장:	장	狀啓 장계 狀頭 장두
鄙	더러울 비:	장	鄙陋 비루 鄙淺 비천			단	狀態 상태 狀況 상황
沸	끓을 비: 용솟음할 불	장	沸騰 비등 沸湯 비탕	喪	잃을 상(:)	장	喪夫 상부 喪妻 상처
		단	沸波 불파			단	喪家 상가 喪亡 상망 喪服 상복 喪失 상실
非	아닐 비(:)	장	非常 비상 非違 비위 非事 비사 非行 비행	想	생각 상:	장	想起 상기 想念 상념
		단	非但 비단	誓	맹세할 서:	장	誓盟 서맹 誓詞 서사
脾	지라 비(:)	장	脾髓 비수 脾臟 비장	犀	무소 서	장	犀角 서각 犀利 서리
		단	脾胃 비위	徐	천천할 서(:)	장	徐步 서보 徐行 서행
捨	버릴 사:	장	捨身 사신 捨撤 사철			단	徐羅伐 서라벌
瀉	쏟을 사(:)	장	瀉劑 사제	善	착할 선:	장	善良 선량 善行 선행
		단	瀉藥 사약 瀉材 사재	說	말씀 설 달랠 세:	장	說客 세객
						단	說得 설득 說明 설명

한자	뜻/음	장단	예시
聖	성인 성:	장	聖經 성경　聖典 성전
細	가늘 세:	장	細菌 세균
勢	형세 세:	장	勢道 세도　勢力 세력
所	바 소:	장	所信 소신　所願 소원
素	본디, 흴 소(:)	장	素物 소물　素服 소복　素饌 소찬
素		단	素朴 소박　素數 소수　素材 소재　素質 소질
燒	사를 소(:)	장	燒紙 소지
燒		단	燒却 소각　燒失 소실　燒盡 소진　燒火 소화
掃	쓸 소(:)	장	掃除 소제　掃地 소지
掃		단	掃灑 소쇄　掃蕩 소탕
笑	웃음 소:	장	笑納 소납　笑罵 소매
遜	겸손할 손:	장	遜色 손색　遜讓 손양
孫	손자 손(:)	장	孫世 손세
孫		단	孫女 손녀　孫婦 손부　孫兒 손아　孫子 손자
送	보낼 송:	장	送稿 송고　送還 송환
碎	부술 쇄:	장	碎身 쇄신　碎破 쇄파
受	받을 수(:)	장	受苦 수고
受		단	受講 수강　受賞 수상　受信 수신　受業 수업
數	셈 수: / 자주 삭	장	數値 수치　數學 수학
數		단	數尿症 삭뇨증
手	손 수(:)	장	手巾 수건
手		단	手足 수족　手帖 수첩
繡	수놓을 수:	장	繡紋 수문　繡衣 수의
宿	잘 숙 / 별자리 수:	장	宿曜 수요
宿		단	宿根 숙근　宿德 숙덕　宿命 숙명　宿食 숙식
矢	화살 시:	장	矢石 시석　矢言 시언
侍	모실 시:	장	侍衛 시위　侍從 시종
屍	주검 시:	장	屍身 시신　屍體 시체
試	시험 시(:)	장	試官 시관　試料 시료　試食 시식
試		단	試合 시합
信	믿을 신:	장	信用 신용　信義 신의
審	살필 심(:)	장	審議 심의
審		단	審理 심리　審査 심사　審判 심판
甚	심할 심:	장	甚難 심난　甚大 심대
餓	주릴 아:	장	餓鬼 아귀　餓死 아사
亞	버금 아(:)	장	亞流 아류　亞聖 아성
亞		단	亞鉛 아연
雅	맑을 아(:)	장	雅量 아량　雅俗 아속　雅趣 아취
雅		단	雅樂 아악
啞	벙어리 아(:)	장	啞鈴 아령
啞		단	啞然 아연
雁	기러기 안:	장	雁信 안신　雁行 안항
按	누를 안:	상	按劍 안검　按舞 안무　按摩 안마
按		단	按配 안배
鞍	안장 안:	장	鞍馬 안마　鞍籠 안롱
仰	우러를 앙:	장	仰望 앙망　仰天 앙천
愛	사랑 애(:)	장	愛國 애국　愛誦 애송　愛煙 애연
愛		단	愛惜 애석
野	들 야:	장	野望 야망　野黨 야당
揶	야유할 야:	장	揶揄 야유
養	기를 양:	장	養殖 양식　養蠶 양잠
襄	도울 양(:)	장	襄禮 양례
襄		단	襄陽郡 양양군
御	거느릴 어:	장	御命 어명　御使 어사
掩	가릴 엄:	장	掩蔽 엄폐　掩護 엄호
易	바꿀 역 / 쉬울 이:	장	易行 이행
易		단	易理 역리　易數 역수　易學 역학

한자	훈음		예시
硯	벼루 연:	장	硯滴 연적 硯池 연지
沿	물따라갈 연(:)	장	沿革 연혁
		단	沿道 연도 沿邊 연변 沿岸 연안 沿海 연해
燕	제비 연(:)	장	燕子 연자 燕雀 연작
		단	燕遊 연유
軟	연할 연:	장	軟骨 연골 軟弱 연약
艷	고울 염:	장	艷麗 염려 艷態 염태
影	그림자 영:	장	影像 영상 影響 영향
映	비칠 영(:)	장	映窓 영창
		단	映寫 영사 映畫 영화
詠	읊을 영:	장	詠誦 영송 詠吟 영음
預	맡길, 미리 예:	장	預置 예치 預託 예탁
傲	거만할 오:	장	傲氣 오기 傲慢 오만
奧	깊을 오(:)	장	奧地 오지
		단	奧密租密 오밀조밀
梧	오동나무 오(:)	장	梧島 오도
		단	梧桐 오동
甕	독 옹:	장	甕器 옹기 甕津 옹진
訛	그릇될 와:	장	訛謬 와류 訛說 와설
腕	팔뚝 완(:)	장	腕骨 완골 腕部 완부 腕章 완장
		단	腕香 완향
玩	즐길 완:	장	玩具 완구 玩好 완호
阮	성(姓)씨 완: 나라 이름 원	장	阮丈 완장
		단	阮國 원국
枉	굽을 왕:	장	枉曲 왕곡 枉臨 왕림
旺	왕성할 왕:	장	旺盛 왕성 旺運 왕운
畏	두려워할 외:	장	畏敬 외경
窈	고요할 요:	장	窈冥 요명 窈然 요연
要	요긴할 요(:)	장	要綱 요강 要求 요구 要人 요인
		단	要緊 요긴 要領 요령
踊	뛸 용:	장	踊貴 용귀 踊躍 용약
寓	부칠 우:	장	寓言 우언 寓話 우화
偶	짝 우:	장	偶發 우발 偶像 우상
禹	성(姓)씨 우(:)	장	禹氏 우씨
		단	禹行舜趨 우행순추
隕	떨어질 운:	장	隕石 운석
殞	죽을 운:	장	殞感 운감 殞泣 운읍
援	도울 원:	장	援助 원조 援護 원호
遠	멀 원:	장	遠近 원근 遠大 원대
怨	원망할 원(:)	장	怨望 원망 怨聲 원성 怨恨 원한
		단	怨讐 원수
冤	원통할 원(:)	장	冤魂 원혼
		단	冤痛 원통
願	원할 원:	장	願望 원망 願書 원서
爲	할 위(:)	장	爲人 위인
		단	爲民 위민 爲始 위시
裕	넉넉할 유:	장	裕福 유복 裕足 유족
允	맏 윤:	장	允兪 윤우 允許 윤허
潤	불을 윤:	장	潤氣 윤기 潤澤 윤택
飮	마실 음(:)	장	飮福 음복 飮料 음료
		단	飮食 음식
應	응할 응:	장	應答 응답 應札 응찰
膺	가슴 응:	장	膺受 응수 膺懲 응징
鷹	매 응(:)	장	鷹犬 응견 鷹人 응인
		단	鷹揚 응양
意	뜻 의:	장	意思 의사 意志 의지
議	의논할 의(:)	장	議政府 의정부
		단	議決 의결 議事 의사 議員 의원

弛	늦출 이:	장	弛張 이장	錢	돈 전:	장	錢主 전주 錢票 전표
壬	북방 임:	장	壬亂 임란 壬辰 임진	戰	싸움 전:	장	戰術 전술 戰鬪 전투
任	맡길 임(:)	장	任務 임무 任員 임원	銓	사람가릴 전(:)	장	銓考 전고 銓官 전관 銓衡 전형
		단	任氏 임씨			단	銓郞 전랑
剩	남을 잉:	장	剩餘 잉여 剩員 잉원	顚	엎드러질, 이마 전:	장	顚落 전락
諮	물을 자:	장	諮問 자문 諮議 자의	篆	전자 전:	장	篆刻 전각 篆書 전서
煮	삶을 자(:)	장	煮醬 자장	占	점령할, 점칠 점(:)	장	占據 점거 占有 점유
		단	煮繭 자견 煮沸 자비			단	占卦 점괘 占卜 점복 占術 점술
刺	찌를 자:/척	장	刺客 자객 刺戟 자극 刺繡 자수	點	점 점(:)	장	點心 점심
		단	刺殺 척살			단	點檢 점검 點線 점선 點火 점화
暫	잠깐 잠(:)	장	暫時 잠시	漸	점점 점:	장	漸增 점증 漸進 점진
		단	暫間 잠간 暫別 잠별 暫逢 잠봉	井	우물 정(:)	장	井水 정수 井華水 정화수
掌	손바닥 장:	장	掌握 장악			단	井間 정간 井邑詞 정읍사
長	긴 장(:)	장	長官 장관 長男 장남 長老 장로	正	바를 정(:)	장	正當 정당 正式 정식 正直 정직
		단	長久 장구 長短 장단			단	正月 정월 正初 정초
葬	장사지낼 장:	장	葬禮 장례 葬儀 장의	整	가지런할 정:	장	整理 정리 整齊 정제
將	장수 장(:)	장	將校 장교 將兵 장병 將星 장성	靖	편안할 정(:)	장	靖國 정국
		단	將軍 장군 將來 장래 將次 장차			단	靖難 정난
杖	지팡이 장(:)	장	杖家 장가 杖毒 장독	濟	건널 제:	장	濟度 제도 濟世 제세
		단	杖鼓 장고	照	비칠 조:	장	照明 조명 照準 조준
再	두 재:	장	再版 재판 再會 재회	造	지을 조:	장	造成 조성 造花 조화
栽	심을 재:	장	栽培 재배 栽植 재식	操	잡을 조(:)	장	操鍊 조련
低	낮을 저:	장	低俗 저속 低地 저지			단	操作 조작 操縱 조종
沮	막을 저:	장	沮喪 저상 沮害 저해	種	씨 종(:)	장	種類 종류 種目 종목 種別 종별
詛	저주할 저:	장	詛呪 저주			단	種犬 종견 種子 종자 種族 종족
廛	가게 전:	장	廛房 전방 廛鋪 전포	腫	종기 종:	장	腫氣 종기 腫瘍 종양
剪	가위 전(:)	장	剪刀 전도 剪枝 전지	從	좇을 종(:)	장	從弟 종제 從姪 종질 從兄 종형
		단	剪裁 전재			단	從軍 종군 從當 종당 從事 종사 從屬 종속
煎	달일 전(:)	장	煎果 전과 煎茶 전다	挫	꺾을 좌:	장	挫傷 좌상 挫折 좌절
		단	煎餅 전병 煎藥 전약				

한자	훈음	구분	단어
罪	허물 죄:	장	罪名 죄명　罪人 죄인
酒	술 주(:)	장	酒酊 주정
		단	酒案床 주안상　酒煎子 주전자
駐	머무를 주:	장	駐屯 주둔　駐車 주차
註	글뜻 풀 주:	장	註釋 주석　註解 주해
奏	아뢸 주(:)	장	奏功 주공　奏請 주청
		단	奏變徵 주변치
俊	준걸 준:	장	俊傑 준걸　俊秀 준수
準	준할 준:	장	準備 준비　準則 준칙
衆	무리 중:	장	衆生 중생　衆人 중인
仲	버금 중(:)	장	仲氏 중씨　仲兄 중형
		단	仲媒 중매　仲裁 중재
進	나아갈 진:	장	進行 진행　進化 진화
津	나루 진(:)	장	津氣 진기
		단	津度 진도　津夫 진부　津液 진액
陳	베풀 진:	장	陳久 진구　陳設 진설　陳述 진술
		단	陳腐 진부　陳列 진열
振	떨칠 진:	장	振幅 진폭　振興 진흥
鎭	진압할 진(:)	장	鎭壓 진압　鎭咳 진해
		단	鎭靜 진정　鎭重 진중
遮	가릴 차(:)	장	遮光 차광　遮斷 차단　遮路 차로
		단	遮額 차액　遮陽 차양
纂	모을 찬:	장	纂錄 찬록　纂輯 찬집
簒	빼앗을 찬:	장	簒位 찬위　簒奪 찬탈
斬	벨 참(:)	장	斬伐 참벌　斬首 참수
		단	斬新 참신　斬獲 참획
站	역마을 참:	장	站路 참로
		단	站運 참운
創	비롯할 창:	장	創始 창시　創造 창조
倉	곳집 창(:)	장	倉卒 창졸
		단	倉庫 창고
昌	창성할 창(:)	장	昌盛 창성
		단	昌寧 창녕　昌平 창평
娼	창녀 창(:)	장	娼女 창녀　娼婦 창부
		단	娼家 창가　娼妓 창기
脹	부을 창:	장	脹滿 창만　脹症 창증
債	빚 채:	장	債權 채권　債務 채무
悽	슬퍼할 처:	장	悽慘 처참
穿	뚫을 천:	장	穿結 천결　穿鑿 천착
擅	멋대로할 천:	장	擅權 천권　擅議 천의
闡	밝힐 천:	장	闡明 천명　闡揚 천양
喘	숨찰 천:	장	喘息 천식　喘促 천촉
諂	아첨할 첨:	장	諂笑 첨소　諂諛 첨유
寵	사랑할 총:	장	寵兒 총아　寵愛 총애
膵	췌장 췌:	장	膵管 췌관　膵臟 췌장
贅	혹 췌:	장	贅肉 췌육　贅壻 췌서
就	나아갈 취:	장	就業 취업　就寢 취침
娶	장가들 취:	장	娶嫁 취가　娶妻 취처
趣	뜻 취:	장	趣味 취미
醉	취할 취:	장	醉客 취객　醉氣 취기
砧	다듬잇돌 침:	장	砧石 침석　砧聲 침성
枕	베개 침:	장	枕木 침목　枕上 침상
針	바늘 침(:)	장	針房 침방　針線 침선　針葉 침엽
		단	針術 침술　針艾 침애
沈	잠길 침(:) 성(姓)씨 심:	장	沈淸 심청
		단	沈降 침강　沈枾 침시
惰	게으를 타:	장	惰氣 타기　惰容 타용

楕	길고 둥글 타:	장	楕球 타구 楕圓 타원
唾	침 타:	장	唾罵 타매
綻	터질 탄:	장	綻露 탄로 綻破 탄파
坦	평탄할 탄:	장	坦途 탄도 坦率 탄솔
蕩	방탕할 탕:	장	蕩兒 탕아 蕩滌 탕척
吐	토할 토(:)	장	吐根 토근 吐瀉 토사 吐血 토혈
		단	吐露 토로
討	칠 토(:)	장	討論 토론 討議 토의
		단	討滅 토멸 討伐 토벌 討食 토식
統	거느릴 통:	장	統一 통일 統制 통제
慟	서러워할 통:	장	慟哭 통곡 慟泣 통읍
退	물러날 퇴:	장	退勤 퇴근 退任 퇴임
褪	바랠 퇴:	장	褪色 퇴색
破	깨뜨릴 파:	장	破壞 파괴 破損 파손
跛	절름발이 파 비스듬히설 피:	장	跛立 피립
		단	跛行 파행
罷	마칠 파:	장	罷免 파면 罷業 파업
播	뿌릴 파(:)	장	播種 파종 播遷 파천
		단	播多 파다 播植 파식
悖	거스를 패:	장	悖謬 패류 悖倫 패륜
佩	찰 패:	장	佩物 패물 佩用 패용
敗	패할 패:	장	敗亡 패망 敗北 패배
片	조각 편(:)	장	片影 편영
		단	片道 편도 片鱗 편린 片肉 편육
便	편할 편(:) 똥오줌 변	장	便紙 편지
		단	便利 편리 便法 편법 便易 편이 便祕 변비
貶	낮출 폄:	장	貶下 폄하 貶毀 폄훼
肺	허파 폐:	장	肺炎 폐렴 肺癌 폐암

布	베, 펼 포(:)	장	布敎 포교 布德 포덕
		단	布笠 포립 布網 포망 布木 포목
包	쌀 포(:)	장	包括 포괄 包容 포용
		단	包裝 포장 包紙 포지 包含 포함
胞	세포 포(:)	장	胞胎 포태
		단	胞衣 포의 胞子 포자
抱	안을 포:	장	抱負 포부 抱擁 포옹
哺	먹일 포:	장	哺乳 포유
抛	던질 포:	장	抛棄 포기 抛置 포치
暴	사나울 폭 모질 포:	장	暴惡 포악
		단	暴徒 폭도 暴露 폭로 暴炎 폭염 暴行 폭행
彼	저 피:	장	彼我 피아 彼岸 피안
被	입을 피:	장	被拉 피랍 被害 피해
避	피할 피:	장	避難 피난 避身 피신
賀	하례할 하:	장	賀客 하객 賀禮 하례
荷	멜 하(:)	장	荷物 하물 荷役 하역
		단	荷香 하향 荷花 하화
罕	드물 한:	장	罕見 한견 罕罔 한망
悍	사나울 한:	장	悍毒 한독 悍勇 한용
汗	땀 한(:)	장	汗馬 한마 汗蒸 한증 汗疹 한진
		단	汗國 한국 汗黨 한당
翰	편지 한:	장	翰墨 한묵 翰札 한찰
韓	한국, 나라 한(:)	장	韓國 한국 韓服 한복
		단	韓山 한산 韓氏 한씨
陷	빠질 함:	장	陷沒 함몰
檻	난간 함:	장	檻倉 함창
抗	겨룰 항:	장	抗拒 항거 抗告 항고
港	항구 항:	장	港口 항구 港灣 항만
害	해할 해:	장	害惡 해악 害蟲 해충

懈 게으를 해:	장	懈惰 해타 懈怠 해태
杏 살구 행:	장	杏亶 행단 杏林 행림
行 다닐 행(:) 항렬 항	장	行實 행실
	단	行動 행동 行績 행적 行列 항렬
享 누릴 향:	장	享樂 향락 享有 향유
險 험할 험:	장	險難 험난 險談 험담
衒 자랑할 현:	장	衒學 현학
彗 살별 혜:	장	彗星 혜성 彗掃 혜소
虎 범 호(:)	장	虎口 호구 虎叱 호질 虎穴 호혈 虎患 호환
	단	虎班 호반
號 이름 호(:)	장	號哭 호곡 號外 호외
	단	號室 호실
好 좋을 호:	장	好轉 호전 好評 호평
扈 따를 호:	장	扈衛 호위 扈從 호종
混 섞을 혼:	장	混亂 혼란 混紡 혼방
渾 흐릴 혼:	장	渾沌 혼돈 渾濁 혼탁
火 불 화(:)	장	火氣 화기 火病 화병 火葬 화장
	단	火曜日 화요일
化 될 화(:)	장	化石 화석 化身 화신
	단	化粧 화장
畫 그림 화: 그을 획	장	畫家 화가 畫廊 화랑 畫面 화면
	단	畫順 획순 畫一 획일
環 고리 환(:)	장	環境 환경
	단	環狀 환상
繪 그림 회:	장	繪圖 회도 繪畫 회화
酵 삭힐 효:	장	酵母 효모 酵素 효소
興 일 흥(:)	장	興味 흥미 興趣 흥취
	단	興亡 흥망 興奮 흥분 興盛 흥성

10 전의어

脚光 각광
본뜻 무대의 앞쪽 아래에 장치하여 배우를 비추는 광선
전의어 사회적 관심이나 흥미, 주목

角逐 각축
본뜻 사슴의 뿔을 쫓음
전의어 서로 이기려고 다투며 덤벼듦

干城 간성
본뜻 방패와 성
전의어 나라를 지키는 믿음직한 군대나 인물

黔驢 검려
본뜻 검주의 나귀
전의어 보잘것없는 솜씨와 힘

傾國 경국
본뜻 나라를 기울어지게 함
전의어 뛰어나게 아름다운 여인

鷄肋 계륵
본뜻 닭의 갈비
전의어 그다지 큰 소용은 없으나 버리기에는 아까운 것

股肱 고굉
본뜻 다리와 팔
전의어 임금이 가장 신임하는 신하

膏粱 고량
본뜻 기름과 기장
전의어 기름진 고기와 좋은 곡식, 부귀한 가문

高枕 고침
본뜻 높이 베는 베개
전의어 근심없이 편안히 지냄

骨肉 골육
본뜻 뼈와 살
전의어 겨레붙이, 혈육

觀火 관화
본뜻 불을 봄
전의어 분명함

光陰 광음
본뜻 햇빛과 그늘
전의어 시간, 세월

肱臂 굉려
본뜻 팔뚝과 등뼈
전의어 임금이 가장 신임하는 신하

驅馳 구치
본뜻 말이나 수레를 타고 달림
전의어 매우 바쁘게 돌아다님

國色 국색
본뜻 나라의 빛
전의어 나라 안에서 으뜸가는 미인

國香 국향
본뜻 나라의 향기
전의어 나라 안에서 으뜸가는 미인

權與 권여
본뜻 저울대와 수레 바탕
전의어 사물의 시초

琴瑟 금슬
본뜻 거문고와 비파의 조화
전의어 부부간의 사랑

南面 남면
본뜻 남쪽으로 향함
전의어 임금이 되어 나라를 다스림

濫觴 남상
본뜻 잔을 띄울 만큼 가늘게 흐르는 시냇물
전의어 사물의 처음이나 기원

狼狽 낭패
본뜻 이리
전의어 뜻한 일이 실패하거나 어긋나 딱한 처지가 됨

綠林 녹림
본뜻 푸른 숲
전의어 화적이나 도적의 소굴

籠斷 농단
본뜻 깎아 세운 듯한 높은 언덕
전의어 이익이나 권리를 독차지함

籠絡 농락
본뜻 새장과 고삐
전의어 교묘한 꾀로 마음대로 놀리거나 이용함

累卵 누란
본뜻 계란을 포개 쌓음
전의어 몹시 위태로운 형편

茶飯事 다반사
본뜻 차 마시고 밥 먹는 일
전의어 예삿일, 흔한 일

斷末魔 단말마
- 본뜻: 숨이 끊어질 때의 모진 고통
- 전의어: 죽음을 맞이함. 임종(臨終)

簞瓢 단표
- 본뜻: 도시락과 표주박
- 전의어: 청빈하고 소박한 생활

螳螂力 당랑력
- 본뜻: 사마귀가 수레바퀴를 막는 힘
- 전의어: 아주 미약한 힘이나 병력

圖南 도남
- 본뜻: 대붕이 날개를 펴고 남명(南冥)으로 가려고 함
- 전의어: 웅대한 일을 계획하고 있음

桃園 도원
- 본뜻: 복숭아꽃이 핀 수원지
- 전의어: 살기 좋은 이상향

塗炭 도탄
- 본뜻: 진흙땅에 빠지고 숯불에 탐
- 전의어: 매우 어렵고 고통스러움

棟梁 동량
- 본뜻: 마룻대와 들보
- 전의어: 한 집안이나 한 나라를 책임질 만한 인재

凍梨 동리
- 본뜻: 언 배
- 전의어: 노인의 피부, 90세의 노인

冬扇 동선
- 본뜻: 겨울의 부채
- 전의어: 철에 맞지 아니함

銅臭 동취
- 본뜻: 동전에서 나는 냄새
- 전의어: 돈으로 벼슬을 사거나 수전노짓을 함

頭角 두각
- 본뜻: 짐승의 머리에 있는 뿔
- 전의어: 뛰어난 학식이나 재능

登龍門 등용문
- 본뜻: 용문에 오름
- 전의어: 크게 출세함

矛盾 모순
- 본뜻: 창과 방패
- 전의어: 두 가지 이치가 서로 어긋나 맞지 않음

木鐸 목탁
- 본뜻: 나무로 만든 방울
- 전의어: 세상 사람들을 각성시키고 가르쳐 인도하는 사람

蒙塵 몽진
- 본뜻: 먼지를 뒤집어 씀
- 전의어: 임금이 난리를 피하여 안전한 곳으로 떠남

未亡人 미망인
- 본뜻: 아직 따라 죽지 못한 사람
- 전의어: 남편이 죽고 홀로 남은 여자

彌縫策 미봉책
- 본뜻: 꿰메어 깁는 계책
- 전의어: 눈가림만 하는 일시적인 계책

跋扈 발호
- 본뜻: 민초를 짓밟으며 권세만을 따름
- 전의어: 권세를 멋대로 부리며 함부로 날뜀

魄散 백산
- 본뜻: 넋이 흩어짐
- 전의어: 몹시 놀람

白眼視 백안시
- 본뜻: 흰 눈으로 봄
- 전의어: 남을 업신여기거나 무시함

伏龍 복룡
- 본뜻: 엎드려 있는 용
- 전의어: 세상에 숨어 나오지 않는 뛰어난 선비

覆轍 복철
- 본뜻: 엎어진 수레바퀴
- 전의어: 앞서 가던 사람이 실패한 자취

鳳兒 봉아
- 본뜻: 봉황의 새끼
- 전의어: 장차 큰 인물이 될 만한 소년

鳳雛 봉추
- 본뜻: 봉황의 새끼
- 전의어: 지략이 뛰어난 젊은이

駙馬 부마
- 본뜻: 천자가 타는 수레에 딸린 말
- 전의어: 임금의 사위

不肖 불초
- 본뜻: 닮지 않음
- 전의어: 못나고 어리석은 사람

鵬圖 붕도
- 본뜻: 붕새의 도모
- 전의어: 한없이 큰 포부

比翼 비익
- 본뜻: 두 마리 새가 서로 날개를 같이 함
- 전의어: 부부 금실이 좋음

獅子吼 사자후
본뜻   사자의 울부짖음
전의어   석가모니의 목소리, 크게 열변을 토함

蛇足 사족
본뜻   뱀의 발
전의어   쓸데 없는 것

三徙 삼사
본뜻   세 번을 이사함
전의어   자식의 교육에 정성을 다함

嘗膽 상담
본뜻   쓸개를 맛봄
전의어   원수를 갚거나 마음먹은 일을 이루기 위하여 온갖 어려움과 괴로움을 참고 견딤

鼠竊 서절
본뜻   쥐새끼가 물건을 훔침
전의어   좀도둑

笑中刀 소중도
본뜻   웃음 속의 칼
전의어   겉으로는 웃으나 속에는 해칠 마음을 품음

首鼠 수서
본뜻   구멍에 머리를 내민 쥐
전의어   진퇴나 거취를 정하지 못하고 망설임

守株 수주
본뜻   그루터기를 지킴
전의어   융통성이 없는 어리석은 사람

菽麥 숙맥
본뜻   콩과 보리
전의어   세상 물정을 모르는 사람

市虎 시호
본뜻   저자의 호랑이
전의어   여러 사람이 한 입으로 하는 거짓말은 쇠도 녹임

食言 식언
본뜻   입 밖에 낸 말을 다시 넣음
전의어   약속을 지키지 않음

宸襟 신금
본뜻   대궐의 옷깃
전의어   임금의 마음

蜃氣樓 신기루
본뜻   이무기가 토해낸 기운이 만들어 놓은 건물
전의어   대기 속에서 빛의 굴절 현상으로 공중이나 땅 위에 무엇이 있는 것처럼 보이는 현상

握髮 악발
본뜻   감고 있던 머리를 거머쥐고 손님을 맞음
전의어   어진 인재를 간절히 구함

雁書 안서
본뜻   기러기 편지
전의어   먼 곳에서 온 소식이나 편지

眼中釘 안중정
본뜻   눈엣가시
전의어   눈에 거슬리는 사람

壓卷 압권
본뜻   위의 책이 아래 책을 누름
전의어   제일 잘된 책이나 작품

梁肉 양육
본뜻   쌀밥과 고기 반찬
전의어   사치스러운 음식

如反掌 여반장
본뜻   손바닥을 뒤집음
전의어   일이 매우 쉬움

逆鱗 역린
본뜻   거슬러 난 비늘
전의어   임금의 분노

連理枝 연리지
본뜻   두 나무의 가지가 서로 맞닿아 결이 서로 통함
전의어   부부의 사이가 좋음

燃眉 연미
본뜻   눈썹에 불이 붙음
전의어   매우 급함

煙霞 연하
본뜻   안개와 노을
전의어   고요한 산수의 경치

盈昃 영측
본뜻   찼다가 기욺
전의어   모든 일은 흥성함이 있으면 쇠퇴함이 뒤따름

五車書 오거서
본뜻   다섯 수레에 실을 만한 책
전의어   아주 많은 책

蝸角 와각
본뜻   달팽이의 촉각
전의어   아주 좁은 지경이나 아주 작은 사물

蝸角觝 와각저
본뜻   달팽이 더듬이 위에서 겨룸
전의어   하찮은 일로 벌이는 싸움

臥龍 와룡
- 본뜻: 누워 있는 용
- 전의어: 세상에 숨어 나오지 않은 뛰어난 선비

完璧 완벽
- 본뜻: 흠이 없는 구슬
- 전의어: 결함이 없이 완전함

鴛鴦 원앙
- 본뜻: 원앙새 암컷과 수컷
- 전의어: 사이좋은 부부

鴛鴦契 원앙계
- 본뜻: 원앙새 암컷과 수컷의 맺음
- 전의어: 금실이 좋은 부부의 사이

衣鉢 의발
- 본뜻: 가사와 바리때
- 전의어: 불교에서 스승으로부터 전하는 교법이나 불교의 깊은 뜻

一髮 일발
- 본뜻: 한 가닥의 머리털
- 전의어: 극히 작음

蔗境 자경
- 본뜻: 점점 더 좋은 경계가 펼쳐짐
- 전의어: 이야기 따위가 점점 재미있어지는 대목

刺股 자고
- 본뜻: 다리를 찌름
- 전의어: 졸음을 극복하고 열심히 공부함

長川 장천
- 본뜻: 긴 내
- 전의어: 밤낮으로 쉬지 않고 연달아

折角 절각
- 본뜻: 뿔이 부러짐
- 전의어: 상대방의 기세를 누르거나 콧대를 납작하게 만듦

切磨 절마
- 본뜻: 옥을 깎고 갊
- 전의어: 부지런히 덕행과 학문을 닦음

折檻 절함
- 본뜻: 난간을 부러뜨림
- 전의어: 신하가 임금에게 강경하게 간(諫)함

點額 점액
- 본뜻: 이마에 점이 찍힘
- 전의어: 시험에 낙제함

點睛 점정
- 본뜻: 점을 찍어 눈동자를 그림
- 전의어: 가장 중요한 부분을 완성함

井蛙 정와
- 본뜻: 우물 안 개구리
- 전의어: 견문이 좁고 세상 형편에 어두운 사람

蹄涔 제잠
- 본뜻: 짐승 발자국 속에 조금 괴어 있는 물
- 전의어: 아주 적음

糟糠 조강
- 본뜻: 지게미와 쌀겨
- 전의어: 가난한 사람이 먹는 초라한 음식

踵武 종무
- 본뜻: 발자국을 따라 밟음
- 전의어: 뒤를 이음

左袒 좌단
- 본뜻: 왼쪽 소매를 벗음
- 전의어: 남을 편들어 동의함

舐犢 지독
- 본뜻: 어미 소가 송아지를 사랑하여 혀로 핥아 줌
- 전의어: 어버이의 지극한 자식 사랑

知音 지음
- 본뜻: 소리를 듣고 앎
- 전의어: 마음이 서로 통하는 친한 벗

咫尺 지척
- 본뜻: 여덟 치와 열 치
- 전의어: 아주 가까운 거리

指呼間 지호간
- 본뜻: 손짓하여 부를 만한 간격
- 전의어: 아주 가까운 거리

秦火 진화
- 본뜻: 진(秦)나라의 불태움
- 전의어: 책을 불태우고 선비를 생매장하여 죽임

桎梏 질곡
- 본뜻: 수갑과 차꼬
- 전의어: 자유가 없는 고통스러운 상태

蹉跌 차질
- 본뜻: 발을 헛디뎌 넘어짐
- 전의어: 하던 일이나 계획이 틀어짐

滄桑 창상
- 본뜻: 푸른 바다와 뽕나무밭
- 전의어: 세상일의 변천이 심함

千里眼 천리안
본뜻　　천 리 밖의 것을 볼 수 있는 시력
전의어　뛰어난 통찰력

鐵面皮 철면피
본뜻　　쇠로 만든 낯가죽
전의어　염치가 없고 뻔뻔스러운 사람

靑眼視 청안시
본뜻　　푸른 눈으로 봄
전의어　남을 달갑게 여겨 좋은 마음으로 봄

楚歌 초가
본뜻　　초(楚)나라 노래
전의어　사방 어디에도 도울 사람이 없는 외롭고 곤란한 지경

焦眉 초미
본뜻　　눈썹에 불이 붙음
전의어　매우 급함

錐囊 추낭
본뜻　　송곳에 든 주머니
전의어　재능이 뛰어난 사람

秋扇 추선
본뜻　　가을철의 부채
전의어　철이 지나서 쓸모없게 된 물건

秋毫 추호
본뜻　　가을철에 털갈이하여 새로 돋아난 짐승의 가는 털
전의어　매우 적음

逐鹿 축록
본뜻　　사슴을 뒤쫓음
전의어　제위나 정권 따위를 얻으려고 다투는 일

破鏡 파경
본뜻　　깨어진 거울
전의어　부부가 헤어짐

破僻 파벽
본뜻　　궁벽한 상태를 깨뜨려 부숨
전의어　양반이 없는 시골에서 훌륭한 인재가 나서 본래의 미천한 상태를 벗어남

破天荒 파천황
본뜻　　천황을 깨뜨림
전의어　이전에 아무도 하지 못한 일을 처음으로 해냄

幣帛 폐백
본뜻　　비단
전의어　예물, 선물

蒲柳質 포류질
본뜻　　갯버들 같은 체질
전의어　체질이 허약하거나 나이보다 일찍 노쇠함

風燈 풍등
본뜻　　바람 앞의 등불
전의어　매우 위태함

風燭 풍촉
본뜻　　바람 앞의 촛불
전의어　매우 위태함

解語花 해어화
본뜻　　말을 아는 꽃
전의어　아름다운 여인

懸梁 현량
본뜻　　들보에 매닮
전의어　졸음을 극복하고 열심히 공부함

血肉 혈육
본뜻　　피와 살
전의어　겨레붙이

荊妻 형처
본뜻　　가시나무 비녀를 꽂은 아내
전의어　남에게 자기의 아내를 낮추어 이르는 말

糊口 호구
본뜻　　입에 풀칠을 함
전의어　겨우 끼니를 이어 감

糊口策 호구책
본뜻　　입에 풀칠하는 계책
전의어　겨우 먹고 살아갈 계책

毫釐 호리
본뜻　　저울 눈금의 호(毫)와 리(釐)
전의어　매우 적은 분량

壺中天 호중천
본뜻　　항아리 속에 있는 신기한 세상
전의어　별천지

紅一點 홍일점
본뜻　　푸른 잎 가운데 피어 있는 한 송이 붉은 꽃
전의어　여러 남자 중의 한 여자가 있음

畫餠 화병
본뜻　　그림의 떡
전의어　아무 소용없는 것

換骨 환골
본뜻　　뼈대를 바꿈
전의어　더 좋게 바꿈

黃口 황구
본뜻　누런 입
전의어　철없는 사람

膾炙 회자
본뜻　날고기와 구운 고기
전의어　칭찬을 받으며 사람의 입에 자주 오르내림

效顰 효빈
본뜻　눈살 찌푸리는 것을 본뜸
전의어　함부로 남의 흉내를 냄

嚆矢 효시
본뜻　우는살
전의어　어떤 사물이나 현상이 시작되어 나온 맨 처음

11 사자성어

街談巷說 가담항설
길거리나 세상 사람들 사이에 떠도는 이야기나 뜬소문을 이르는 말

街談巷語 가담항어
길거리나 세상 사람들 사이에 떠도는 이야기나 뜬소문을 이르는 말

家徒壁立 가도벽립
집안에 세간이라고는 하나도 없고 다만 사면에 벽만 둘러 있을 뿐이라는 뜻으로, 집안이 빈궁함을 이르는 말

苛斂誅求 가렴주구
세금을 가혹하게 거두거나 백성의 재물을 억지로 빼앗음을 이르는 말

假弄成眞 가롱성진
농담이나 실없이 한일이 진실로 한 것처럼 됨을 이르는 말

佳人薄命 가인박명
아름다운 여자는 명이 짧다는 뜻으로, 여자가 너무 아름다우면 운명이 기박하고 명이 짧다는 말

刻骨難忘 각골난망
고마움을 깊이 새기어 두고 은혜를 잊지 아니함을 이르는 말

角者無齒 각자무치
뿔이 있는 놈은 이가 없다는 뜻으로, 한 사람이 여러 가지 재주나 복을 다 가질 수 없음을 이르는 말

刻舟求劍 각주구검
배에서 칼을 물속에 빠뜨리자 그 위치를 뱃전에 표시하였다가 찾으려고 한다는 데서 어리석고 융통성이 없음을 이르는 말

肝腦塗地 간뇌도지
참혹한 죽임을 당하여 간장과 뇌수가 땅에 널려 있다는 뜻으로, 나라를 위하여 목숨을 돌보지 않고 애쓰는 것을 이르는 말

肝膽相照 간담상조
간과 쓸개를 서로 내보인다는 뜻으로, 속마음을 터놓고 친하게 사귐을 이르는 말

竿頭之勢 간두지세
장대 끝에 서 있는 형세란 뜻으로, 아주 위태로운 형세를 비유하는 말

干城之材 간성지재
방패와 성의 구실을 하는 인재라는 뜻으로, 나라를 지키는 믿음직한 인재를 이르는 말

奸臣賊子 간신적자
간사한 신하와 불효한 자식

渴而穿井 갈이천정
목이 마를 때에야 우물을 판다는 뜻으로, 미리 대비하지 않으면 지나간 후에는 아무 소용이 없음을 이르는 말

竭澤而漁 갈택이어
연못의 물을 말려서 고기를 잡는다는 뜻으로, 멀리 내다보지 못하고 눈앞의 이익만을 꾀함을 이르는 말

甲男乙女 갑남을녀
갑(甲)이라는 남자와 을(乙)이라는 여자라는 뜻으로, 그저 평범한 사람들을 이르는 말

甘言利說 감언이설
달콤한 말과 이로운 이야기라는 뜻으로, 남의 비위에 맞추거나 꾀하는 말

甘井先竭 감정선갈
물맛이 좋은 우물은 먼저 마른다는 뜻으로, 재능있는 사람이 일찍 쇠폐함을 이르는 말

感之德之 감지덕지
분에 넘치는 듯해 대단히 고맙게 여김

甘呑苦吐 감탄고토
달면 삼키고 쓰면 뱉는다는 뜻으로, 자신의 비위에 따라 옳고 그름을 판단함을 이르는 말

康衢煙月 강구연월
큰 길거리에서 연기가 달빛에 비쳐 은은하게 피어오르는 모습을 나타내는 말로, 태평한 세상의 평화로운 풍경을 이르는 말

強弩之末 강노지말
센 놋쇠로 쏜 화살도 먼 데까지 가면 힘이 떨어져 얇은 명주조차 뚫을 수 없다는 뜻으로, 강한 힘도 마지막에는 결국 쇠퇴함을 이르는 말

剛木水生 강목수생
마른 나무에서 물을 내게 한다는 뜻으로, 지나치게 무리한 요구를 하는 것을 이르는 말

剛毅木訥 강의목눌
의지가 굳고 용기가 있으며 꾸밈이 없고 말수가 적은 사람을 비유하여 이르는 말

江湖煙波 강호연파
강이나 호수 위에 안개처럼 이는 잔물결의 뜻으로, 산수의 좋은 경치를 이르는 말

改過遷善 개과천선
지난날의 잘못을 고쳐 착하게 됨을 이르는 말

蓋棺事定 개관사정
관의 뚜껑을 덮고 일을 정한다는 뜻으로, 죽은 후에야 제대로 된 평가를 받을 수 있음을 이르는 말

開門揖盜 개문읍도
문을 열고 도둑을 맞아들인다는 뜻으로, 스스로 화를 불러들임을 이르는 말

蓋世之才 개세지재
세상을 뒤덮을 만큼 뛰어난 재주 또는 그런 사람을 이르는 말

擧棋不定 거기부정
바둑돌을 들고 놓을 곳을 정하지 못한다는 뜻으로, 확고한 주관이 없거나 계획이 수시로 바뀌는 것을 이르는 말

去頭截尾 거두절미
머리와 꼬리를 잘라버린다는 뜻으로, 어떤 일의 요점만 간단히 말함을 이르는 말

居安思危 거안사위
평온할 때에도 위험이 닥칠 것을 생각하며 미리 대비해야 함을 이르는 말

擧案齊眉 거안제미
밥상을 눈썹 높이로 받들어 올린다는 말로, 아내가 남편을 지극히 공경함을 이르는 말

擧措失當 거조실당
모든 조치가 정당하지 않음

乾坤一擲 건곤일척
하늘과 땅을 내걸고 한 번 던져서 결정한다는 뜻으로, 단판으로 승부나 성패를 겨루는 것을 이르는 말

乞人憐天 걸인연천
거지가 하늘을 불쌍히 여긴다는 뜻으로, 부질없는 걱정을 한다는 말

格物致知 격물치지
사물을 철저히 연구하여 그 이치를 잘 알게 됨을 이르는 말

隔世之感 격세지감
다른 세상이 된 것 같은 느낌 또는 딴 세대와 같이 많은 변화가 있었음을 비유하는 말

激濁揚淸 격탁양청
악을 제거하고 선을 끌어들임

隔靴搔癢 격화소양
신을 신고 발바닥을 긁는다는 뜻으로, 핵심을 찌르지 못해 답답함을 이르는 말

牽强附會 견강부회
이치에 맞지 않는 말을 자기주장에 맞게 억지로 끼워 맞추는 것을 이르는 말

見利思義 견리사의
이익을 보거든 먼저 그것을 취함에 앞서 의리에 합당한지를 생각하라는 뜻

見蚊拔劍 견문발검
모기를 보고 칼을 뺀다는 뜻으로, 사소한 일에 크게 반응하는 것을 말함

堅壁淸野 견벽청야
성벽을 굳게 닫고 곡식을 모조리 거둬들인다는 뜻으로, 적의 양식 조달을 차단하는 전술

犬牙相制 견아상제
개의 어금니가 서로 맞지 않는 것 같이 땅의 경계가 들쭉날쭉 함을 이르는 말

見危授命 견위수명
위험을 보면 목숨을 바친다는 뜻으로, 나라가 위태로울 때 자기의 몸을 나라에 바침

堅忍不拔 견인불발
굳게 참고 견디어 마음이 흔들리지 아니함

結者解之 결자해지
매듭은 묶은 자가 풀어야 한다는 뜻으로, 자신이 시작한 일은 끝까지 책임져야 한다는 말

結草報恩 결초보은
풀을 묶어서 은혜를 갚는다는 뜻으로, 죽어서도 은혜를 잊지 않고 갚음

兼人之勇 겸인지용
혼자서 능히 몇 사람을 당해 낼만한 용기

輕擧妄動 경거망동
경솔하여 생각 없이 말하고 행동함

經國濟世 경국제세
나라를 잘 다스려 세상을 구제함

傾國之色 경국지색
나라를 기울일 만한 여자라는 뜻으로, 매우 아름다운 여자

驚弓之鳥 경궁지조
한 번 화살에 놀란 새는 구부러진 나무만 보아도 놀란다는 뜻으로, 어떤 일에 봉변을 당한 후에는 조심하게 됨을 비유함

輕薄浮虛 경박부허
마음이 침착하지 못하고 행동이 진중하지 못함

經世致用 경세치용
학문은 세상에 실질적으로 필요한 것이어야 한다는 유교의 한 주장

敬而遠之 경이원지
공경하되 멀리한다는 뜻으로, 겉으로는 공경하는 체하면서 속으로는 꺼리어 멀리함을 이르는 말

鯨戰蝦死 경전하사
고래 싸움에 새우 등 터진다는 뜻으로, 강자끼리의 싸움에 약자가 피해를 보는 것

瓊枝玉葉 경지옥엽
옥으로 된 가지와 잎이라는 뜻으로, 귀한 자손을 이르는 말

驚天動地 경천동지
하늘을 놀라게 하고 땅을 움직이게 한다는 뜻으로, 세상을 매우 놀라게 함

鏡花水月 경화수월
거울 속의 꽃이나 물에 비친 달이라는 뜻으로, 눈에 보이나 손으로 잡을 수 없는 것을 말함

鷄口牛後 계구우후
닭의 부리와 소의 꼬리라는 뜻으로, 큰 단체의 꼴찌보다는 작은 단체의 우두머리가 되는 것이 더 낫다는 말

鷄卵有骨 계란유골
달걀에도 뼈가 있다는 뜻으로, 아무리 좋은 기회를 만나도 복이 없으면 그 덕을 보지 못한다는 말

鷄鳴狗盜 계명구도
닭의 울음소리를 잘 내는 사람과 개의 흉내를 잘 내는 도둑이라는 뜻으로, 하찮은 재주라도 쓰임이 있다는 말

溪壑之慾 계학지욕
욕심이 산골짜기의 물처럼 끝없이 흐른다는 뜻으로, 끝없는 욕심을 비유하여 이르는 말

股肱之臣 고굉지신
팔과 다리같이 중요한 신하라는 뜻으로, 임금이 가장 신임하는 신하를 이르는 말

孤獨單身 고독단신
외로운 홀몸

叩頭謝罪 고두사죄
머리를 조아려 사죄함

膏粱珍味 고량진미
기름진 고기와 좋은 곡식으로 만든 맛있는 음식

鼓腹擊壤 고복격양
배를 두드리고 발을 구르며 흥겨워한다는 뜻으로, 매우 살기 좋은 시절을 이르는 말

孤臣冤淚 고신원루
임금의 신임을 받지 못하는 신하의 원통한 눈물

孤身隻影 고신척영
외로운 몸과 하나의 그림자라는 뜻으로, 몸 붙일 곳 없이 떠도는 외로운 신세를 이르는 말

苦肉之計 고육지계
어려운 상황을 벗어나려고 자신의 몸을 상해가면서까지 꾸며내는 방책

孤掌難鳴 고장난명
손뼉도 마주쳐야 소리가 난다는 뜻으로, 혼자의 힘만으로는 어떤 일을 이룰 수 없다는 말

苦盡甘來 고진감래
쓴 것이 다하면 단 것이 온다는 뜻으로, 고생 끝에 낙이 온다는 말

高枕安眠 고침안면
베개를 높이 하여 편히 잔다는 뜻으로, 근심 없이 편히 사는 것

曲突徙薪 곡돌사신
굴뚝을 구불구불하게 만들고 아궁이 근처의 땔나무를 다른 곳으로 옮긴다는 뜻으로, 화근을 미리 방지하라는 말

曲學阿世 곡학아세
학문을 왜곡하여 세상에 아첨함

困獸猶鬪 곤수유투
궁지에 몰리면 아무리 약한 짐승이라도 싸우려고 덤빔

骨肉相殘 골육상잔
같은 혈족끼리 서로 싸움

孔席墨突 공석묵돌
공자의 자리는 따뜻해질 틈이 없고, 묵자 집의 굴뚝에는 그을음이 낄 새가 없다는 데서 유래하여 여기저기 몹시 바쁘게 돌아다니는 것을 이르는 말

空前絕後 공전절후
앞은 비었고 뒤는 끊어졌다는 뜻으로, 전에도 없었고 앞으로도 없다는 말

空中樓閣 공중누각
공중에 세워진 누각이란 뜻으로, 아무런 근거나 토대가 없는 사물이나 생각을 이르는 말

誇大妄想 과대망상
자신의 상태를 실제보다 터무니없이 크게 과장하여 그것이 사실인 것처럼 믿는 것

過猶不及 과유불급
지나친 것은 미치지 못하는 것과 같다는 뜻으로, 중용(中庸)의 중요함을 이르는 말

瓜田李下 과전이하
오이 밭에서 신을 고쳐 신지 말고 오얏나무 아래에서는 갓을 고쳐 쓰지 말라는 뜻으로, 의심 받을 행동은 하지 말라는 뜻

管鮑之交 관포지교
아주 친한 친구 사이의 사귐

刮目相對 괄목상대
눈을 비비고 본다는 뜻으로, 학식이나 재주가 놀랄 만큼 향상된 것을 이르는 말

曠日彌久 광일미구
헛되이 세월만 오랫동안 보냄

矯角殺牛 교각살우
쇠뿔을 바로 잡으려다가 소를 죽인다는 뜻으로, 작은 흠을 고치려다 일을 그르침을 이르는 말

巧言令色 교언영색
남의 환심을 사기 위해 꾸미는 교묘한 말과 아첨하는 얼굴

膠柱鼓瑟 교주고슬
거문고의 기러기발을 아교로 붙여 놓으면 음조를 바꾸지 못하여 한가지 소리밖에 내지 못하듯이, 고지식하여 융통성이 전혀 없는 사람을 이르는 말

膠漆之交 교칠지교
아교풀로 붙이고 그 위에 옻칠을 하면 떨어지지 않는다는 뜻으로, 두터운 우정을 이르는 말

狡兔三窟 교토삼굴
영리한 토끼는 몸을 숨기기 위해 세 개의 굴을 판다는 뜻으로, 사람이 교묘하게 잘 숨어 위기를 잘 넘긴 것을 이르는 말

敎學相長 교학상장
가르치고 배우면서 서로를 진보시킴

九曲肝腸 구곡간장
아홉 번 구부러진 간과 창자라는 뜻으로, 깊은 마음속 또는 시름이 쌓인 마음속을 이르는 말

狗馬之心 구마지심
개나 말이 주인에게 충성하여 마음을 다한다는 뜻으로, 자신의 마음을 낮추어 이르는 말

狗猛酒酸 구맹주산
개가 사나우면 술이 시어진다는 뜻으로, 한 나라에 간신배가 있으면 어질고 선량한 선비가 모이지 않음을 이르는 말

狗尾續貂 구미속초
담비 꼬리가 모자라 개 꼬리로 잇는다는 뜻으로, 좋은 것 다음에 나쁜 것이 이어지는 것을 이르는 말

口蜜腹劍 구밀복검
입으로는 꿀을 담고 뱃속에는 칼을 감추고 있다는 뜻으로, 친절하나 속은 음흉함을 이르는 말

口尙乳臭 구상유취
입에서 아직 젖내가 난다는 뜻으로, 언행이 유치함을 이르는 말

口耳之學 구이지학
귀로 들은 즉시 입으로 내뱉어 버리는 학문이라는 뜻으로, 남에게 들은 것을 그대로 남에게 전할 정도밖에 되지 않는 천박한 학문을 이르는 말

九折羊腸 구절양장
아홉 번 꼬부라진 양의 창자라는 뜻으로, 꼬불꼬불하며 험한 산길을 이르는 말

救火投薪 구화투신
불을 끄려고 땔나무를 던진다는 뜻으로, 재난을 구하려다 도리어 그 해를 더 크게 함

群鷄一鶴 군계일학
무리 지어 있는 닭 가운데 있는 한 마리의 학이라는 뜻으로, 평범한 사람들 가운데 있는 뛰어난 한 사람을 이르는 말

群盲撫象 군맹무상
장님 여러 명이 코끼리를 어루만진다는 뜻으로, 식견이 좁아 자기 주관대로 사물을 잘못 판단함을 이르는 말

群雄割據 군웅할거
여러 영웅들이 각지에서 자리 잡고 세력을 과시하며 대립함

君子三樂 군자삼락
군자의 세 가지 즐거움이라는 뜻으로, 첫째는 부모가 다 살아 계시고 형제가 무고한 것, 둘째는 하늘과 사람에게 부끄러워할 것이 없는 것, 셋째는 천하의 영재를 얻어서 가르치는 것을 이르는 말

窮寇勿迫 궁구물박
궁지에 몰린 도적을 쫓지 말라는 뜻으로, 곤란한 지경에 있는 사람을 모질게 다루면 도리어 해를 입기 쉬우니 지나치게 다루지 말라는 말

窮餘之策 궁여지책
궁한 끝에 짜낸 꾀

權謀術數 권모술수
목적 달성을 위하여 수단과 방법을 가리지 않음

權不十年 권불십년
권세는 10년을 넘지 못한다는 뜻으로, 영화는 일시적이어서 계속되지 않는다는 것을 이르는 말

勸善懲惡 권선징악
착한 일을 권하고 악한 일을 벌함

捲土重來 권토중래
흙먼지를 일으키며 다시 쳐들어온다는 뜻으로, 어떤 일에 실패하였으나 힘을 길러 다시 그 일에 착수하는 것을 이르는 말

貴鵠賤鷄 귀곡천계
고니를 귀하게 여기고 닭을 천하게 여긴다는 뜻으로, 드문 것은 귀하게, 흔한 것은 천하게 여김

龜背刮毛 귀배괄모
거북이 등에서 털을 깎는다는 뜻으로, 불가능한 것을 무리하게 하려고 하는 것을 비유하는 말

隙駒光陰 극구광음
달려가는 망아지를 문틈으로 언뜻 본다는 뜻으로, 몹시 빨리 지나가는 세월을 비유적으로 이르는 말

克己復禮 극기복례
자기의 욕심을 누르고 예의범절을 따름

近墨者黑 근묵자흑
먹을 가까이하는 사람은 검어진다는 뜻으로, 나쁜 사람과 가까이 지내면 나쁜 버릇에 물들기 쉬움을 비유하는 말

金科玉條 금과옥조
금이나 옥처럼 귀중히 여겨 꼭 지켜야 하는 법칙이나 규정

錦上添花 금상첨화
비단 위에 꽃을 더한다는 뜻으로, 좋은 일 위에 좋은 일이 더하여짐을 이르는 말

金石牢約 금석뇌약
쇠와 돌같이 굳게 맹세하여 맺은 약속

今昔之感 금석지감
지금과 옛날의 차이가 매우 심하여 생기는 감정

金城鐵壁 금성철벽
쇠로 만든 성과 철로 만든 벽. 방어 시설이 훌륭한 성

金城湯池 금성탕지
쇠로 만든 성과 그 둘레에 뜨거운 물을 채운 못이란 뜻으로, 침해 받기 어려운 장소를 이르는 말

琴瑟相和 금슬상화
거문고와 비파 소리가 조화를 이룬다는 뜻으로, 다정하고 화목한 부부사이를 비유적으로 이르는 말

錦衣夜行 금의야행
비단옷을 입고 밤길을 다닌다는 뜻으로, 아무 보람이 없는 일을 하는 것을 이르는 말

錦衣玉食 금의옥식
비단옷을 입고 맛있는 음식을 먹는다는 뜻으로, 사치스러움을 비유하는 말

錦衣還鄕 금의환향
비단옷을 입고 고향에 돌아온다는 뜻으로, 타향에서 크게 성공하여 고향에 돌아감을 이르는 말

記問之學 기문지학
읽거나 외우기만 할 뿐 참된 깨달음이 없는 학문을 이르는 말

驥服鹽車 기복염거
천리마가 소금 수레를 끈다는 뜻으로, 유능한 사람이 적합하지 않은 일에 종사하는 것을 비유적으로 이르는 말

起死回生 기사회생
죽을 뻔하다가 살아남

奇想天外 기상천외

쉽게 짐작할 수 없을 정도로 생각이 기발하고 엉뚱함

氣焰萬丈 기염만장
기세가 굉장히 높거나 호기가 있음을 이르는 말

騎虎之勢 기호지세
호랑이를 타고 달려 내릴 수 없는 형세라는 뜻으로, 도중에 그만둘 수 없는 형세를 이르는 말

奇貨可居 기화가거
기이한 물건을 사서 보관하면 큰 재물이 된다는 뜻으로, 좋은 기회를 놓치지 말아야 함

落膽喪魂 낙담상혼
몹시 놀라 정신이 없음

落穽下石 낙정하석
함정에 빠진 사람에게 돌을 떨어뜨린다는 뜻으로, 재앙을 당한 사람을 도와주기는 커녕 더 어려운 처지에 놓이도록 함

落花流水 낙화유수
떨어지는 꽃과 흐르는 물이라는 뜻으로, 가는 봄의 경치나 힘과 세력이 약해져 보잘것없이 됨을 나타내는 말. 또는 남녀가 서로 그리워함을 이르는 말

落木寒天 낙목한천
나뭇잎이 다 떨어진 겨울의 춥고 쓸쓸한 풍경

難攻不落 난공불락
공격하기 어려워 좀처럼 함락되지 않음

爛商討論 난상토론
여러 사람들이 모여서 자세하게 충분히 토의함

南柯一夢 남가일몽
꿈과 같이 헛된 한 때의 부귀와 영화

南橘北枳 남귤북지
남쪽에 심은 귤을 북쪽으로 옮겨 심으면 탱자가 된다는 뜻으로, 주위 환경에 따라 선하게도 되고 악하게도 됨을 비유적으로 이르는 말

男負女戴 남부여대
남자는 등에 짐을 지고 여자는 머리에 인다는 뜻으로, 가난이나 재난으로 살 곳을 찾아 이리저리 떠돌아다니는 것을 이르는 말

囊中之錐 낭중지추
주머니 속에 든 송곳이란 뜻으로, 능력과 재주가 뛰어난 사람은 두각을 나타내게 됨을 이르는 말

囊中取物 낭중취물
주머니 속의 물건을 얻는다는 뜻으로, 아주 손쉬운 일을 이르는 말

內憂外患 내우외환
내부의 근심과 외부의 근심이란 뜻으로, 나라 안팎의 여러 가지 어려움을 이르는 말

內柔外剛 내유외강
속은 부드럽고, 겉으로는 굳셈

怒甲移乙 노갑이을
갑에게 당한 노여움을 을에게 옮긴다는 뜻으로, 어떤 사람에게 당한 노여움을 전혀 관계없는 사람에게 화풀이 하는 것을 이르는 말

老當益壯 노당익장
나이가 들었지만 의욕이나 기력은 점점 좋아짐

老萊之戱 노래지희
노래자(老萊子)가 일흔 살에 색동옷을 입고 부모 앞에서 재롱을 부린 것에서 유래한 것으로, 늙어서도 부모에게 효도해야 함을 이르는 말

路柳墻花 노류장화
아무나 쉽게 꺾을 수 있는 길가의 버들과 담장 아래의 꽃이라는 뜻으로, 창녀나 기생을 비유적으로 이르는 말

駑馬十駕 노마십가
준마가 하루에 가는 길을 둔한 말도 열흘이면 갈 수 있다는 뜻으로, 재능이 모자란 사람도 열심히 노력하면 훌륭한 사람을 따를 수 있음을 이르는 말

怒髮衝冠 노발충관
몹시 노하여 크게 성을 냄

盧生之夢 노생지몽
노생의 꿈이라는 뜻으로, 인생의 덧없음과 영화의 헛됨을 이르는 말

勞心焦思 노심초사
너무 깊게 생각하여 애를 쓰며 속을 태움

勞而無功 노이무공
수고했으나 공이 없다는 뜻으로, 애쓴 보람이 없음을 이르는 말

綠衣紅裳 녹의홍상
녹색 저고리에 붉은 치마라는 뜻으로, 젊은 여자의 고운 옷차림을 이르는 말

論功行賞 논공행상
공적의 크고 작음에 따라 알맞은 상을 줌

弄瓦之慶 농와지경
옛날 중국에서는 딸을 낳으면 기와로 만든 실패를 장난감으로 주었다는 데서 딸을 낳은 기쁨을 이르는 말

籠鳥戀雲 농조연운
새장에 갇힌 새가 구름을 그리워한다는 뜻으로, 속박을 당하는 자가 자유를 그리워하는 것을 이르는 말

累卵之勢 누란지세
알을 포개어 쌓아놓은 형세라는 뜻으로, 몹시 위험한 형세를 이르는 말

累卵之危 누란지위
알을 쌓아 놓은 것과 같은 위태로움이란 뜻으로, 매우 위태로운 형세를 이르는 말

訥言敏行 눌언민행
말에는 더디고 행동에는 민첩하다는 뜻으로, 말은 느려도 행동은 재빠르고 민첩함을 이르는 말

多岐亡羊 다기망양
여러 갈래로 갈린 길이 많아 잃어버린 양을 찾을 수 없다는 뜻으로, 학문의 길이 많아 진리를 찾기 어려움을 이르는 말

多多益善 다다익선
많으면 많을수록 더 좋음

斷金之交 단금지교
쇠라도 자를 수 있는 굳고 단단한 사귐이라는 뜻으로, 매우 두터운 우정을 이르는 말

斷機之戒 단기지계
베를 끊는 훈계라는 뜻으로, 학업을 중도에 그만두면 베의 날을 끊는 것처럼 아무 쓸모없음을 이르는 말

單刀直入 단도직입
혼자서 칼 한 자루를 들고 적진으로 쳐들어간다는 뜻으로, 여러 말을 하지 않고 바로 요점을 말함을 이르는 말.

丹脣皓齒 단순호치
붉은 입술과 하얀 치아라는 뜻으로, 아름다운 여자의 얼굴을 이르는 말

談笑自若 담소자약
위험이나 곤란에 직면해 걱정과 근심이 있을 때도 변함없이 평상시와 같은 태도를 가짐

堂狗風月 당구풍월
서당에서 기르는 개가 풍월을 읊는다는 뜻으로, 경험과 지식이 전혀 없는 사람도 오래되면 자연히 할 줄 알게 된다는 뜻

黨同伐異 당동벌이
옳고 그름을 따지지 않고 자기가 속한 집단은 돕고 다른 집단은 무조건 배척함

大驚失色 대경실색
몹시 놀라 얼굴빛이 하얗게 질림

大器晚成 대기만성
큰 그릇은 만드는데 오랜 시간이 걸린다는 뜻으로, 크게 될 사람은 많은 시간과 노력이 필요하므로 성공이 늦다는 것을 이르는 말

大同小異 대동소이
크게 보면 같고 세부적으로 보면 다르다는 뜻으로, 큰 차이 없이 거의 같음을 이르는 말

戴盆望天 대분망천
동이를 이고 하늘을 바라보려 한다는 뜻으로, 두 가지 일을 동시에 하기 어려움을 이르는 말

大書特筆 대서특필
글자를 두드러져 보이게 크게 쓴다는 뜻으로, 신문 등에서 어떤 기사에 큰 비중을 두어 다룸을 이르는 말

對牛彈琴 대우탄금
소를 마주 대하고 거문고를 탄다는 뜻으로, 어리석은 사람에게는 참된 도리를 말해 주어도 이해하지 못함을 이르는 말

大義名分 대의명분
사람으로서 마땅히 지키고 행하여야 하는 도리나 본분. 어떤 일을 꾀하는데 내세우는 이유가 되는 명백한 근거

戴天之讐 대천지수
하늘을 함께 이고 살지 못할 원수라는 뜻으로, 이 세상에 같이 살 수 없을 만큼 큰 원한을 가짐을 이르는 말

德必有隣 덕필유린
덕은 항상 이웃이 있다는 뜻으로, 덕이 있으면 따르는 사람이 있어 외롭지 않음을 이르는 말

屠龍之技 도룡지기
용을 잡는 재주라는 뜻으로, 쓸모없는 기술을 이르는 말

道不拾遺 도불습유
길에 떨어진 것을 줍지 않는다는 뜻으로, 법이 잘 지켜져 나라가 평화롭고 백성이 정직한 것을 이르는 말

桃園結義 도원결의

≪삼국지연의≫에서 유비, 관우, 장비가 도원에서 의형제 맺은 데에서 유래하여 의형제를 맺는 것을 이르는 말

道聽塗說 도청도설
길에서 듣고 길에서 다른 사람에게 말한다는 뜻으로, 길거리에 퍼져 돌아다니는 뜬소문을 이르는 말

塗炭之苦 도탄지고
진흙이나 숯불에 떨어진 것과 같은 고통이란 뜻으로, 가혹한 정치로 백성이 심한 고통을 겪는 것을 이르는 말

倒行逆施 도행역시
차례나 순서를 바꾸어서 시행한다는 뜻으로, 사리에 어긋나게 행동하는 것을 이르는 말

獨不將軍 독불장군
혼자서는 장군이 될 수 없다는 뜻으로, 남의 의견을 무시하고 혼자 모든 일을 처리하는 사람을 이르는 말

讀書三到 독서삼도
독서를 하는 세 가지 방법. 입으로 말하지 않고, 책을 읽는 구도(口到), 눈으로 잘 보는 안도(眼到), 마음에 새기는 심도(心到)

讀書尙友 독서상우
책을 읽음으로써 옛 성현들과 벗함

同價紅裳 동가홍상
같은 값이면 붉은 치마라는 뜻으로, 같은 조건이라면 이왕에 좋은 것을 택한다는 것을 이르는 말

同巧異曲 동교이곡
같은 악공끼리도 곡조가 다르다는 뜻으로, 재주나 솜씨는 같아도 표현된 내용이나 맛은 다름을 이르는 말

棟梁之器 동량지기
마룻대와 들보 역할을 할 만한 그릇이라는 뜻으로, 한 집안이나 나라를 떠받치는 중대한 일을 맡을 만한 인재를 이르는 말

同病相憐 동병상련
같은 병을 앓고 있는 사람끼리 서로 가엾게 여긴다는 뜻으로, 어려운 처지에 있는 사람끼리 서로 가엾게 여기는 것을 이르는 말

東奔西走 동분서주
동쪽으로 뛰고 서쪽으로 뛴다는 뜻으로, 이리저리 바쁘게 돌아다니는 것을 이르는 말

東山高臥 동산고와
동산에 높이 누워 있다는 뜻으로, 속세를 피해 산에 은거함

同床異夢 동상이몽
같은 침상에서 저마다 다른 꿈을 꾼다는 뜻으로, 같이 행동하면서도 속으로는 각기 다른 생각을 하는 것을 이르는 말

冬扇夏爐 동선하로
겨울의 부채와 여름의 화로라는 뜻으로, 격이나 시기에 맞지 않음을 이르는 말

同聲異俗 동성이속
사람은 날 때는 다 같은 소리를 가지나 자라면서 풍속, 습관으로 인해 서로 달라진다는 뜻

凍足放尿 동족방뇨
언 발에 오줌 누기라는 뜻으로, 잠시 동안만 효력이 있을 뿐 그 효력은 없어지고 오히려 더 나쁘게 됨을 이르는 말

董狐之筆 동호지필
동호의 붓이란 뜻으로, 역사를 기록함에 권세를 두려워하지 않고, 있는 그대로 써서 남기는 일을 이르는 말

杜門不出 두문불출
문을 닫고 나가지 않는다는 뜻으로, 집에만 있고 바깥출입을 하지 않음을 이르는 말

斗酒不辭 두주불사
한 말 정도의 술도 사양하지 않는다는 말로, 주량이 세다는 것을 이르는 말

登高自卑 등고자비
높은 곳에 이르려면 낮은 곳부터 밟아야 한다는 뜻으로, 모든 일에는 순서가 있음을 이르는 말

登樓去梯 등루거제
다락에 오르게 하고 사다리를 치워버린다는 뜻으로, 사람을 꾀어서 어려운 처지에 빠지게 한다는 말

燈下不明 등하불명
등잔 밑이 어둡다는 뜻으로, 가까이 있는 것을 도리어 잘 모른다는 의미의 말

燈火可親 등화가친
등불을 가까이할 만하다는 뜻으로, 서늘한 가을밤은 학문을 탐구하기 좋다는 말

麻姑搔痒 마고소양
마고라는 손톱이 긴 선녀가 가려운 데를 긁는다는 뜻으로, 바라던 일이 뜻대로 잘됨을 이르는 말

磨斧作針 마부작침
도끼를 갈아 바늘을 만든다는 뜻으로, 이루기 어려운 일도 참고 계속 힘쓰면 언젠가는 이룰 수 있음을 이르는 말

馬耳東風 마이동풍
동풍이 말의 귀를 스쳐 지나간다는 뜻으로, 남의 말을 귀담아듣지 않고 흘려버림을 이르는 말.

摩頂放踵 마정방종
정수리부터 발꿈치까지 모두 닳다는 뜻으로, 온몸을 바쳐서 남을 위하여 희생함을 이르는 말

麻中之蓬 마중지봉
삼밭에 나는 쑥이라는 뜻으로, 좋은 벗과 사귀면 자연히 선해짐을 이르는 말

莫上莫下 막상막하
어느 것이 위이고 아래인지 분간할 수 없음

莫逆之友 막역지우
서로 거스름이 없는 친구라는 뜻으로, 허물이 없이 아주 친한 친구를 이르는 말

萬頃蒼波 만경창파
만 이랑의 푸른 물결이라는 뜻으로, 끝없이 넓고 푸른 바다를 이르는 말

萬事如意 만사여의
모든 일이 뜻대로 잘 됨

萬壽無疆 만수무강
아무런 탈 없이 오랫동안 삶

晚時之歎 만시지탄
때 늦은 한탄이라는 뜻으로, 시기가 늦어 기회를 놓친 것을 안타까워 탄식함을 이르는 말

萬全之計 만전지계
아주 안전한 계획

萬彙群象 만휘군상
우주에 있는 온갖 사물과 현상을 이르는 말

忘年之交 망년지교
나이에 거리끼지 않고 허물없이 사귄 벗

網漏吞舟 망루탄주
그물이 새면 배도 그 사이로 지나갈 수 있다는 뜻으로, 법령이 지나치게 관대하면 큰 죄를 짓고도 피할 수 있게 되는 것을 이르는 말

望梅解渴 망매해갈
매실은 생각만 하여도 침이 돌아 목마름이 해소된다는 뜻으로, 아주 신 매실의 맛 또는 공상으로 마음의 위안을 얻음을 이르는 말

亡羊補牢 망양보뢰
양을 잃고 우리를 고친다는 뜻으로, 일을 그르친 뒤에는 뉘우쳐도 아무 소용이 없음을 이르는 말

望雲之情 망운지정
구름을 보며 그리워한다는 뜻으로, 객지에서 고향에 계신 어버이를 생각하는 마음을 이르는 말

芒刺在背 망자재배
가시를 등에 지고 있다는 뜻으로, 마음이 아주 조마조마하고 편하지 아니함을 이르는 말

妄自尊大 망자존대
앞뒤 아무런 생각도 없이 함부로 잘난 체함

梅妻鶴子 매처학자
매화를 아내로 삼고 학을 자식으로 삼는다는 뜻으로, 유유자적한 풍류 생활을 이르는 말

麥秀黍油 맥수서유
보리의 이삭과 기장의 윤기라는 뜻으로, 고국의 멸망을 탄식함

盲龜遇木 맹귀우목
눈먼 거북이 물에 뜬 나무를 붙잡았다는 뜻으로, 어려운 지경에 뜻밖의 행운을 만나 어려움을 면하게 됨을 이르는 말

孟母斷機 맹모단기
맹자의 어머니가 짜던 베를 끊었다는 뜻으로, 학업을 중도에 그만둔 것을 훈계한 데서 학문을 중도에 그만두면 아무 쓸모가 없다는 말

盲人直門 맹인직문
장님이 정문을 바로 찾아 들어간다는 뜻으로, 어리석은 사람이 어쩌다 이치에 들어맞는 일을 함을 이르는 말

面張牛皮 면장우피
얼굴에 쇠가죽을 발랐다는 뜻으로, 몹시 뻔뻔스러움을 비유적으로 이르는 말

面從腹背 면종복배
겉으로는 복종하는 체하면서 내심으로는 배반함

明鏡止水 명경지수
맑은 거울과 고요한 물이라는 뜻으로, 잡념과 가식, 헛된 욕심 없이 맑고 깨끗한 마음을 이르는 말

名實相符 명실상부
이름과 실상이 서로 꼭 들어맞음

明若觀火 명약관화

불을 보는 것 같이 밝게 보인다는 뜻으로, 의심할 여지없이 매우 분명하다는 말

命在頃刻 명재경각
목숨이 잠깐의 시각에 달려 있음을 뜻하여 곧 숨이 끊어질 지경에 이른 것을 말함

明珠闇投 명주암투
보배로운 구슬을 어둠속에 던진다는 뜻으로, 귀중한 물건도 잘못 주면 오히려 원망을 듣게 됨을 이르는 말

明珠彈雀 명주탄작
새를 잡는데 구슬을 쏜다는 뜻으로, 작은 것을 얻으려다 큰 것을 손해 보게 됨을 이르는 말

明哲保身 명철보신
이치에 밝고 분별력이 있어 적절한 행동으로 자신을 잘 보전한다는 뜻

毛遂自薦 모수자천
모수가 스스로 추천했다는 뜻으로, 자기가 자기 자신을 추천하는 것을 이르는 말

矛盾撞着 모순당착
같은 사람의 말이나 행동이 앞뒤가 맞지 않고 모순됨

目不忍見 목불인견
차마 눈으로 볼 수 없을 정도로 딱하거나 참혹한 상황

猫頭懸鈴 묘두현령
고양이 목에 방울 달기라는 뜻으로, 실행이 불가능한 헛된 논의를 이르는 말

武陵桃源 무릉도원
신선이 살았다는 전설적인 중국의 명승지. 세상과 따로 떨어진 별천지

毋望之福 무망지복
뜻하지 않게 얻는 복

無所不爲 무소불위
하지 못하는 일이 없음

無爲自然 무위자연
노자의 도가에서 제창한 인간의 이상적인 행위로 인위적인 행위가 없음을 의미함

無依無托 무의무탁
의지할 데가 없다는 뜻으로, 몹시 가난하고 외로운 처지를 이르는 말

文房四友 문방사우
문인의 서재에 있는 네 가지 벗이라는 뜻으로, 붓, 먹, 종이, 벼루를 말함

聞一知十 문일지십
하나를 들으면 열을 미루어 안다는 뜻으로, 총명하고 영특함을 이르는 말

門前沃畓 문전옥답
집 앞의 기름진 논이라는 뜻으로, 많은 재산을 이르는 말

門前雀羅 문전작라
문 앞에 새를 잡는 그물을 친다는 뜻으로, 찾아오는 사람이 없음을 이르는 말

門庭若市 문정약시
대문 안 뜰이 시장이 선 것 같다는 뜻으로, 찾아오는 사람이 많음을 이르는 말

勿失好機 물실호기
좋은 기회를 놓치지 말라는 뜻

物外閑人 물외한인
세상의 시끄러움에서 벗어나 한가롭게 지내는 사람

微官末職 미관말직
지위가 아주 낮은 벼슬. 또는 그런 위치에 있는 사람

尾生之信 미생지신
우직하게 약속을 굳게 지킴. 또는 융통성 없이 약속만을 굳게 지킴

迷津寶筏 미진보벌
험한 나루의 길을 찾아가는 훌륭한 배로, 삶에 가르침을 주는 책을 이르는 말

博覽強記 박람강기
여러 가지의 책을 많이 읽고 기억을 잘함

拍掌大笑 박장대소
손뼉을 치며 크게 웃음

博學多識 박학다식
학식이 넓고 아는 것이 많음

盤根錯節 반근착절
구부러진 나무 뿌리와 울퉁불퉁한 마디라는 뜻으로, 처리하기가 곤란한 사건을 이르는 말

攀龍附鳳 반룡부봉
용을 끌어잡고 봉왕에게 붙는다는 뜻으로, 세력 있는 사람

을 의지하여 붙음을 이르는 말

半面之分 반면지분
얼굴만 알 뿐 친하지 않은 사이

班門弄斧 반문농부
노반(魯班)의 집 문 앞에서 도끼를 다룬다는 뜻으로, 전문가 앞에서 잘난 체하며 재주를 자랑하는 것을 의미함

反哺之孝 반포지효
까마귀 새끼가 자라서 어미에게 먹이를 물어다주는 효도라는 뜻으로, 자식이 자라서 부모를 봉양하는 것을 이르는 말

拔本塞源 발본색원
뿌리를 뽑고 샘을 막는다는 뜻으로, 폐단의 근원을 없앤다는 말

發憤忘食 발분망식
끼니마저 잊고 일에 열중하는 것을 이르는 말

拔山蓋世 발산개세
힘은 산을 뽑을 만큼 세고 기개는 세상을 덮을 만큼 웅대하다는 뜻으로, 아주 뛰어난 기운을 의미하는 말

旁岐曲徑 방기곡경
옆으로 난 샛길과 구불구불한 길이라는 뜻으로, 일을 순서대로 하지 않고 그릇된 수단을 써서 억지로 함을 의미하는 말

傍若無人 방약무인
곁에 아무도 없는 것처럼 여긴다는 뜻으로, 제멋대로 행동하는 것을 이르는 말

方長不折 방장부절
한창 자라는 나무는 꺾지 않는다는 뜻으로, 잘 되어가는 것을 방해하지 말라는 것을 이르는 말

背水之陣 배수지진
물을 등지고 진을 친다는 뜻으로, 물러서지 않고 결사적인 각오로 임한다는 것을 이르는 말

背恩忘德 배은망덕
남에게 입은 은혜를 잊고 배반함

杯中蛇影 배중사영
술잔 속에 비친 뱀의 그림자로 쓸데없이 의심하고 걱정하는 것을 이르는 말

百家爭鳴 백가쟁명
많은 학자들이 자기의 주장을 내세우며 활발한 논쟁을 하는 것을 이르는 말

百計無策 백계무책
어려운 일을 당하여 온갖 방법을 생각해봐도 해결할 방도가 없음을 이르는 말

百年河淸 백년하청
백 년이 지나도 황하의 흐린 물은 맑아지지 않는다는 뜻으로, 아무리 오랜 시일이 지나도 실현될 수 없음을 이르는 말

百年偕老 백년해로
부부가 되어 한평생을 사이좋게 지내고 즐겁게 함께 늙음

白頭如新 백두여신
백발이 되도록 오래 사귀었어도 서로 마음을 깊이 알지 못하여 새로 사귄 사람과 다름이 없다는 뜻으로, 우정이 두텁지 못함을 이르는 말

白面書生 백면서생
흰 얼굴에 글만 읽는 사람이란 뜻으로, 세상일에 조금도 경험이 없는 사람을 이르는 말

白首北面 백수북면
재주와 덕이 없는 사람은 백발의 노인이 되어서도 북쪽을 향해 스승의 가르침을 받아야 한다는 뜻으로, 배움에는 나이의 제한이 없기에 늙어서도 배워야 함을 이르는 말

伯牙絕絃 백아절현
백아가 거문고 줄을 끊었다는 뜻으로, 자기를 알아주는 절친한 벗의 죽음을 슬퍼하는 것을 이르는 말

百折不撓 백절불요
백 번 꺾여도 휘지 않는다는 뜻으로, 어떤 어려움에도 굴하지 않는 정신을 이르는 말

伯仲叔季 백중숙계
맏이, 둘째, 셋째, 막내라는 뜻으로, 형제의 차례를 이르는 말

百尺竿頭 백척간두
백 자나 되는 높은 장대의 꼭대기라는 뜻으로, 매우 위태로운 지경을 이르는 말

百八煩惱 백팔번뇌
불교에서 나온 말로 사람의 마음속에 있는 엄청난 번뇌를 이르는 말

伐齊爲名 벌제위명
실속은 없으나 명분만을 위해 제나라를 친다는 뜻으로, 어떤 일을 하는 척하나 실상은 딴짓을 하는 것을 이르는 말

輔車相依 보거상의
수레의 덧방나무와 바퀴가 떨어져 있을 수 없듯이 서로 돕고 의지함을 이르는 말

報怨以德 보원이덕
원수를 덕으로 갚는다는 뜻으로, 원한을 품더라도 앙갚음 하지 말라는 것을 이르는 말

覆車之戒 복거지계
앞의 수레가 엎어지는 것을 보고 뒤의 수레가 미리 경계하여 엎어지지 않도록 한다는 뜻으로, 남의 실패를 거울삼아 경계함을 이르는 말

蓬頭亂髮 봉두난발
머리털이 쑥대강이같이 헙수룩하게 마구 흐트러짐

捧腹絶倒 봉복절도
배를 잡고 몸을 굽혀 자빠질 정도로 웃음을 의미하는 말

剖棺斬屍 부관참시
죽은 뒤에 죄가 드러난 사람을 극형에 처하던 것으로, 무덤을 파고 관을 꺼내어 시체를 베거나 목을 잘라 거리에 내걺

駙馬都尉 부마도위
천자가 타는 수레에 딸려있는 말을 타는 사람에게 주는 칭호로 공주의 남편이 되는 사람에게 이 벼슬을 주었기에 임금의 사위에게 주던 칭호

負薪之憂 부신지우
땔나무를 할 수 없는 근심이라는 뜻으로, 남에게 자신의 병을 겸손하게 이르는 말

不知其數 부지기수
그 수를 알지 못한다는 뜻으로, 헤아릴 수 없을 정도로 매우 많음을 이르는 말

夫唱婦隨 부창부수
남편이 창을 하면 아내가 따라한다는 뜻으로, 부부 사이의 화합의 도리를 이르는 말

負荊請罪 부형청죄
가시나무를 등에 지고 가서 죗값을 치르기를 자청한다는 뜻으로, 자신의 잘못을 인정하고 사죄함을 이르는 말

附和雷同 부화뇌동
우레 소리에 맞추어 천지 만물이 함께 울린다는 뜻으로, 줏대 없이 남의 의견을 따르는 것을 이르는 말

北窓三友 북창삼우
북쪽 창의 세 가지 벗이라는 뜻으로, 거문고, 술, 시를 이르는 말

粉骨碎身 분골쇄신
뼈가 가루가 되고 몸이 부서진다는 뜻으로, 온 힘을 다해 노력하는 것을 이르는 말

焚書坑儒 분서갱유
중국 진나라의 시황제가 학자들의 정치적 비판을 막기 위하여 서적을 불태우고 학자들을 땅에 묻어 죽였던 일을 이르는 말

不問可知 불문가지
묻지 않아도 옳고 그름을 가히 알 수 있음

不問曲直 불문곡직
굽음과 곧음을 묻지 않는다는 뜻으로, 옳고 그름을 가리지 않고 일을 함부로 처리함을 이르는 말

不撓不屈 불요불굴
뜻이나 결심이 흔들리거나 굽힘이 없음

不遠千里 불원천리
천 리 길도 마다하지 않고 달려감

不撤晝夜 불철주야
밤낮을 가리지 않고 어떤 일에 몰두함

不恥下問 불치하문
아랫사람에게 묻는 것을 부끄럽게 여기지 않음

不偏不黨 불편부당
어느 한쪽으로 치우치거나 무리 짓지 않는다는 뜻으로, 공평함을 이르는 말

鵬程萬里 붕정만리
붕새가 날아갈 길이 만리라는 뜻으로, 머나먼 노정 또는 장래가 유망한 사람을 이르는 말

非夢似夢 비몽사몽
완전히 잠이 들지도 깨지도 않은 상태

比比有之 비비유지
흔히 있는 일

非一非再 비일비재
한둘이 아니라는 뜻으로, 매우 빈번함을 이르는 말

貧者一燈 빈자일등
가난한 사람이 밝힌 등불 하나라는 뜻으로, 물질의 양보다는 정성이 중요하다는 것을 이르는 말

氷姿玉質 빙자옥질
얼음같이 맑은 자태와 옥과 같이 뛰어난 바탕이라는 뜻으로, 용모와 재주가 뛰어남을 이르는 말

氷炭之間 빙탄지간
얼음과 숯의 사이라는 뜻으로, 서로 화합할 수 없는 사이

四面楚歌 사면초가
사방에서 들리는 초나라의 노래라는 뜻으로, 누구의 도움도 받을 수 없는 고립된 상태를 이르는 말

徙木之信 사목지신
나무를 옮겨 신임을 얻는다는 뜻으로, 나라를 다스리는 사람은 백성과의 약속을 지켜야 하고 신임을 받아야 한다는 말

斯文亂賊 사문난적
유교를 어지럽히는 도적이라는 뜻으로, 교리를 어지럽히고 사상에 어긋나는 언행을 하는 사람

四分五裂 사분오열
넷으로 나뉘고 다섯으로 찢어진다는 뜻으로, 어지럽게 흩어짐을 이르는 말

邪不犯正 사불범정
바르지 못한 것은 바른 것을 건드리지 못한다는 뜻으로, 정의는 반드시 이김을 이르는 말

死生決斷 사생결단
죽고 사는 것을 가리지 않고 끝내려고 함

捨生取義 사생취의
목숨을 버리고 의리를 취한다는 뜻으로, 목숨을 잃더라도 옳은 일을 해야 함을 이르는 말

似是而非 사시이비
겉은 옳은 것 같으나 속은 다름

辭讓之心 사양지심
겸손하여 남에게 양보하는 마음

死而後已 사이후이
죽은 뒤에야 일을 그만둔다는 뜻으로, 죽을 때까지 최선을 다함을 이르는 말

獅子奮迅 사자분신
사자가 성낸 듯 맹렬한 기세로 일어남

四通八達 사통팔달
이리저리 사방으로 통한다는 뜻으로, 교통이 좋음을 이르는 말

事必歸正 사필귀정
모든 일은 반드시 바른길로 돌아가게 되어있음

山高水長 산고수장
산은 높이 솟고 강은 길게 흐른다는 뜻으로, 군자의 덕행이 높아 오래 전하여 내려오는 것을 비유적으로 이르는 말

山紫水明 산자수명
산 빛이 곱고 강물이 맑다는 뜻으로, 자연의 경치가 맑고 아름다움을 이르는 말

山戰水戰 산전수전
산에서의 싸움과 물에서의 싸움이라는 뜻으로, 세상의 온갖 고생과 어려움을 이르는 말

三顧草廬 삼고초려
유비가 제갈공명을 세 번이나 찾아갔다는 데서 인재를 맞이하기 위하여 참을성 있게 힘쓰는 것을 이르는 말

森羅萬象 삼라만상
우주에 있는 온갖 사물과 현상

三省吾身 삼성오신
하루에 세 번 자신의 행동을 반성함

三旬九食 삼순구식
삼십일에 아홉 끼니밖에 먹지 못한 것을 뜻하는 말로, 매우 가난함을 이르는 말

三十六計 삼십육계
병법 상 서른여섯 가지의 계책 중 형편이 불리할 때는 달아나는 것이 상책이라는 것을 의미함

三人成虎 삼인성호
세 사람이면 없던 호랑이도 만든다는 뜻으로, 거짓말도 여러 사람이 하면 참말로 믿기 쉽다는 말

三從之道 삼종지도
여자가 어릴 때는 아버지의 뜻을 따라야 하고, 혼인 후에는 남편에게 순종하고, 남편이 죽으면 아들의 뜻을 따라야 한다는 세 가지 도리

桑田碧海 상전벽해
뽕나무밭이 변하여 푸른 바다가 된다는 뜻으로, 세상이 많이 변했음을 비유적으로 이르는 말

塞翁之馬 새옹지마
새옹의 말이라는 뜻으로, 인생의 길흉화복은 예측할 수 없다는 말

生口不網 생구불망
산 사람의 입에는 거미줄을 치지 않는다는 뜻으로, 아무리 곤궁하여도 먹고 살 수 있음을 이르는 말

生不如死 생불여사
사는 것이 죽는 것만 못하다는 뜻으로, 몹시 곤란한 지경에 있음

先見之明 선견지명

앞을 내다보는 안목이라는 뜻으로, 앞일을 내다볼 줄 아는 지혜

雪泥鴻爪 설니홍조
눈 위에 난 기러기의 발자국이 눈이 녹으면 없어진다는 뜻으로, 인생의 자취가 눈 녹듯이 사라져 무상함을 비유적으로 이르는 말

雪膚花容 설부화용
눈처럼 흰 피부와 꽃처럼 고운 얼굴이란 뜻으로, 아름다운 여자를 이르는 말

雪上加霜 설상가상
눈 위에 또 서리가 내린다는 뜻으로, 어려운 일이 겹침을 이름

說往說來 설왕설래
서로 변론을 주고받음

纖纖玉手 섬섬옥수
가냘프고 고운 여자의 손

聲東擊西 성동격서
동쪽에서 소리를 지르고 서쪽을 친다는 뜻으로, 그럴듯한 속임수로 적을 공격함

誠心誠意 성심성의
정성스러운 마음과 뜻

城狐社鼠 성호사서
성 안에 사는 여우와 사당에 사는 쥐라는 뜻으로, 임금의 곁에 있는 간신의 무리나 관청의 세력에 기대어 사는 무리를 이르는 말

洗踏足白 세답족백
상전의 빨래를 해주느라 발꿈치가 희게 된다는 말로, 남을 위하여 한 일이 자신에게도 이롭게 됨, 또는 일을 하고도 아무런 보수도 얻지 못할 때를 이르는 말

歲寒松柏 세한송백
한 겨울의 소나무와 잣나무라는 뜻으로, 어려움에 처하여도 지조와 절개를 굽히지 않는 모습을 이르는 말

騷人墨客 소인묵객
시문이나 서화를 일삼는 사람이라는 뜻으로, 시인, 화가 등을 이르는 말

小貪大失 소탐대실
작은 것을 탐하다가 큰 것을 잃음

束手無策 속수무책
손이 묶여 어찌할 방도가 없다는 뜻으로, 방법이 없어 보고 있을 수밖에 없는 상황을 이르는 말

送舊迎新 송구영신
묵은해를 보내고 새해를 맞이함

松茂柏悅 송무백열
소나무가 무성하면 잣나무가 기뻐한다는 뜻으로, 벗이 잘 되는 것을 기뻐함을 이르는 말

宋襄之仁 송양지인
송나라 양공의 어진 마음이라는 뜻으로, 쓸데없는 아량을 베풀어 손해를 입는 것을 이르는 말

首丘初心 수구초심
여우는 죽을 때 자기가 살던 굴 쪽으로 머리를 둔다는 데서 고향을 그리워하는 마음을 이르는 말

垂簾聽政 수렴청정
임금이 어린 나이로 즉위하였을 때, 왕대비나 대왕대비가 왕을 도와 정사를 돌보던 일을 이르는 말

壽福康寧 수복강녕
장수하여 복을 누리며 건강하고 편안함

手不釋卷 수불석권
손에서 책을 놓지 않는다는 뜻으로, 늘 책을 가까이하여 열심히 공부하는 것을 이르는 말

首鼠兩端 수서양단
머리를 내민 쥐가 양 쪽을 살핀다는 뜻으로, 결정하지 못하고 머뭇거리는 것을 이르는 말

袖手傍觀 수수방관
팔짱을 끼고 옆에서 보고만 있다는 뜻으로, 간섭하거나 거들지 아니하고 그대로 버려둠을 이르는 말

羞惡之心 수오지심
부끄러움과 미워하는 마음이라는 뜻으로, 옳지 못함을 부끄러워하고 미워하는 마음을 이르는 말

水滴穿石 수적천석
물방울이 돌을 뚫는다는 뜻으로, 작은 노력도 끈기 있게 한다면 어떤 일도 성취할 수 있음을 이르는 말

守株待兔 수주대토
그루터기를 지켜 토끼를 기다린다는 뜻으로, 한 가지 방법에만 얽매여 안 될 일을 고집하는 어리석음을 이르는 말

壽則多辱 수즉다욕
오래 살수록 욕됨이 많다는 뜻으로, 오래 살면 그만큼 좋지 않은 일도 많이 겪게 된다는 말

羞花閉月 수화폐월
꽃이 부끄러워하고 달이 숨는다는 뜻으로, 매우 아름다운 여인을 이르는 말

隋侯之珠 수후지주
수나라 임금의 구슬이라는 뜻으로, 천하의 귀중한 보배와 뛰어난 인재를 비유적으로 이르는 말

菽麥不辨 숙맥불변
콩인지 보리인지 분별하지 못한다는 뜻으로, 사리 분별을 못하는 어리석고 못난 사람을 이르는 말

宿虎衝鼻 숙호충비
자는 범의 코를 찌른다는 뜻으로, 가만히 있는 사람을 건드려서 화를 입거나 불리해지는 것을 이르는 말

脣亡齒寒 순망치한
입술이 없으면 이가 시리다는 뜻으로, 서로 떨어질 수 없는 밀접한 관계를 이르는 말

膝甲盜賊 슬갑도적
슬갑을 훔치는 도적이라는 뜻으로, 다른 사람의 글이나 저술을 베껴 제가 지은 것처럼 하는 사람을 이르는 말

是非之心 시비지심
옳고 그름을 가리는 마음. 맹자의 사단설(四端說) 중 하나

視死如歸 시사여귀
죽음 보기를 고향에 돌아가는 것과 같이 여긴다는 뜻으로, 죽음을 두려워하지 않음

是是非非 시시비비
옳은 것과 그른 것을 공정하게 판단함

始終一貫 시종일관
일 따위를 처음부터 끝까지 한결같이 함

識字憂患 식자우환
글자를 아는 것이 오히려 근심이 된다는 뜻으로, 알아도 제대로 알지 못해 근심을 한다는 뜻, 또는 많이 알기 때문에 불리하게 됨을 이르는 말

信賞必罰 신상필벌
상을 줄 만한 사람에게는 상을 주고 죄가 있는 사람에게는 벌을 준다는 뜻으로, 상벌을 공정하고 엄중하게 하는 것을 이르는 말

身言書判 신언서판
중국 당나라 때 관리를 선출하던 네 가지 표준. 몸(풍채와 용모), 말씨(언변), 글씨(필적), 판단(사물의 이치를 깨달아 아는 판단력)을 이르는 말

神出鬼沒 신출귀몰
귀신같이 나타났다 사라졌다 하는 것을 이르는 말로, 어디에 나타날지 모를 만큼 움직임이 날쌘 것을 이르는 말

實事求是 실사구시
직접 보고 듣는 방법으로, 객관적 사실을 통하여 진리를 탐구하는 일

實陳無諱 실진무휘
사실 그대로 고함

心在鴻鵠 심재홍곡
바둑을 두면서 마음은 기러기나 고니가 날아오면 쏘아 맞출 것만 생각한다는 데서 학업을 닦으면서 마음을 다른 곳에 씀을 이르는 말

十伐之木 십벌지목
열 번 찍어 베는 나무라는 뜻으로, 어떤 일이라도 끊임없이 노력하면 이룰 수 있다는 말

十匙一飯 십시일반
열 숟가락이 모이면 한 그릇이 된다는 뜻으로, 여러 사람이 힘을 합하면 한 사람을 돕는 것이 쉽다는 말

阿鼻叫喚 아비규환
불교에서 말하는 8대 지옥 중 아비 지옥과 규환 지옥을 이르는 말로, 여러 사람이 비참한 지경에 이르러 울부짖는 참상을 이르는 말

我田引水 아전인수
제 논에 물을 끌어 놓는다는 뜻으로, 자기에게만 이롭도록 생각하거나 행동함을 이르는 말

眼高手卑 안고수비
눈은 높고 손은 낮다는 뜻으로, 이상만 높고 실력은 그것에 미치지 못함을 이르는 말

安分知足 안분지족
자기 분수에 만족하여 평안하게 즐기는 마음으로 사는 것을 이르는 말

安貧樂道 안빈낙도
가난에 개의치 않고 편안하게 생각하며 도를 즐김

眼下無人 안하무인
눈 아래에 사람이 없다는 뜻으로, 방자하고 교만하여 다른 사람을 업신여김을 이르는 말

暗衢明燭 암구명촉
어두운 거리에 밝은 등불이라는 뜻으로, 삶의 가르침을 주는 책을 이르는 말

暗中摸索 암중모색
어둠 속에서 손으로 더듬어 찾는다는 뜻으로, 어림짐작으로 추측하거나 알아내는 것을 이르는 말

殃及池魚 앙급지어
재앙이 못의 물고기에 미친다는 뜻으로, 제삼자가 엉뚱하게 재난을 당함을 이르는 말

曖昧模糊 애매모호
말이나 행동이 분명하지 않고 희미하고 흐림

夜郎自大 야랑자대
야랑이 스스로 크다한다는 뜻으로, 야랑이라는 부족국의 세력이 강하여 오만했다는 고사에서, 자기 분수를 모르고 잘난 체하고 뽐냄을 이르는 말

藥籠中物 약롱중물
약상자 속의 약이라는 뜻으로, 꼭 필요한 사람을 이르는 말

弱肉強食 약육강식
약한 자는 강한 자의 먹이가 된다는 뜻으로, 생존 경쟁을 의미하는 말

良禽擇木 양금택목
좋은 새는 좋은 나무를 가려서 둥지를 튼다는 뜻으로, 현명한 사람이 자기 재능을 알아주는 훌륭한 사람을 택하여 섬기는 것을 이르는 말

羊頭狗肉 양두구육
양의 머리를 걸어놓고 개고기를 판다는 뜻으로, 겉은 그럴듯하나 속은 변변치 않거나 또는 겉과 속이 서로 다름을 이르는 말

陽奉陰違 양봉음위
보는 앞에서는 받들어 순종하는 체하고, 내심으로는 배반함을 이르는 말

梁上君子 양상군자
대들보 위의 군자라는 뜻으로, 도둑을 점잖게 이르는 말

良藥苦口 양약고구
좋은 약은 입에 쓰다는 뜻으로, 충언은 귀에 거슬리나 자신에게는 이로움

楊布之狗 양포지구
양포의 개라는 뜻으로, 양포가 외출할 때에는 흰 옷을 입고 나갔다가 검은 옷으로 갈아입고 돌아오자 개가 알아보지 못하고 짖었다는 데서 겉모습이 변했다고 속까지 변했다고 판단하는 사람을 이르는 말

養虎遺患 양호유환
호랑이를 길러 근심을 남긴다는 뜻으로, 깔끔하지 못한 처리로 후에 화를 입게 됨을 이르는 말

魚魯不辨 어로불변
어(魚)자와 노(魯)자를 구별하지 못한다는 뜻으로, 매우 무식함을 이르는 말

魚網鴻離 어망홍리
물고기 잡으려고 쳐놓은 그물에 기러기가 걸렸다는 뜻으로, 구하려는 것은 얻지 못하고 엉뚱한 것을 얻게 됨, 또는 남의 일로 엉뚱하게 피해를 봄을 이르는 말

魚目燕石 어목연석
물고기의 눈과 중국 연산의 돌은 구슬처럼 보이나 구슬은 아니라는 데서 진짜처럼 보이나 본질은 다른 것을 이르는 말

魚變成龍 어변성룡
물고기가 변하여 용이 되었다는 뜻으로, 보잘 것 없던 사람이 큰 인물이 되거나 아주 곤궁하던 사람이 부귀를 누리게 되는 것을 이르는 말

漁父之利 어부지리
어부의 이익이라는 뜻으로, 양자가 다투는 틈을 타 엉뚱한 사람이 이익을 얻게 됨을 이르는 말

語不成說 어불성설
말이 되지 않는다는 뜻으로, 이치에 맞지 않는 말을 이르는 말

魚遊釜中 어유부중
물고기가 솥 안에서 노닌다는 뜻으로, 생명이 얼마 남지 않았음을 이르는 말

抑強扶弱 억강부약
강한 자를 누르고 약한 자를 도움

焉敢生心 언감생심
어찌 감히 그런 마음이 생길 수 있겠느냐는 뜻으로, 전혀 그런 마음이 없음을 이르는 말

言語道斷 언어도단
말할 길이 끊어졌다는 뜻으로, 기가 막혀서 말을 이을 수 없음을 이르는 말

言中有響 언중유향
말 속에 울림이 있다는 뜻으로, 내용 이상의 깊은 뜻이 있음을 이르는 말

言則是也 언즉시야
말인즉 옳다는 뜻으로, 사리에 맞는 말을 이르는 말

掩目捕雀 엄목포작
눈을 가리고 참새를 잡는다는 뜻으로, 일을 불성실하게 함을 경계하는 말

掩耳盜鈴 엄이도령
귀를 막고 방울을 훔친다는 뜻으로, 얕은 꾀로 남을 속이려 하나 아무 소용이 없음, 또는 자신이 듣지 않는다고 남도 듣지 않는 줄 아는 어리석은 생각을 이르는 말

如履薄氷 여리박빙
살얼음을 밟는 것과 같이 위험함을 이르는 말

易地思之 역지사지
상대방과 처지를 바꾸어 생각해 봄

捐金沈珠 연금침주
금을 산에 버리고 구슬을 못에 빠뜨린다는 뜻으로, 부귀를 탐내지 않음을 뜻하는 말

緣木求魚 연목구어
나무에 올라가 물고기를 구한다는 뜻으로, 도저히 불가능한 일을 굳이 하려고 하는 것을 이르는 말

鳶飛魚躍 연비어약
하늘에 솔개가 날고 물에 물고기가 뛰논다는 뜻으로, 만물이 우주의 이치에 순응하며 살아가는 모습을 이르는 말

煙霞痼疾 연하고질
자연의 경치를 사랑하는 깊은 마음이 마치 고치지 못할 병에 걸린 것 같다는 말

燕鴻之歎 연홍지탄
제비가 날아올 때면 기러기는 떠나는 것을 탄식한다는 뜻으로, 서로 어긋나서 만나지 못하여 탄식함을 이르는 말

炎凉世態 염량세태
뜨거웠다가 서늘해지는 세태라는 뜻으로, 세력이 있을 때는 아첨하여 따르다가 세력이 없어지면 푸대접하는 세상을 이르는 말

榮枯盛衰 영고성쇠
꽃이 만발하였다가 마르고 융성했다가 쇠퇴한다는 뜻으로, 성함과 쇠함이 일정하지 않아 세상 모든 일이 끊임없이 변화하고 순환하는 것을 이르는 말

榮枯一炊 영고일취
인생이 꽃피고 시드는 것은 한번 밥짓는 순간같이 덧없고 부질없음을 이르는 말

禮尙往來 예상왕래
예절은 서로 왕래하여 사귐을 귀하게 여긴다는 말

五里霧中 오리무중
짙은 안개가 5리나 끼어있는 속에 있다는 뜻으로, 방향이나 갈피를 잡기 어려움을 이르는 말

寤寐不忘 오매불망
자나 깨나 잊지 못한다는 뜻으로, 누군가를 잊지 못하고 그리워하거나 또는 근심이나 생각이 많아 잠 못 드는 것을 이르는 말

吾鼻三尺 오비삼척
내 코가 석자라는 뜻으로, 자기도 곤경에 처하여 남의 사정을 돌볼 겨를이 없음을 이르는 말

烏飛梨落 오비이락
까마귀 날자 배 떨어진다는 뜻으로, 아무 관계도 없는 일이 우연히 동시에 일어나 다른 사람의 오해를 받게 되는 것을 이르는 말

傲霜孤節 오상고절
서릿발이 심한 추위 속에서도 굴하지 않고 홀로 지키는 절개라는 뜻으로, 충신 또는 국화를 이르는 말

吳牛喘月 오우천월
매우 더운 오나라에서 소가 달을 보고는 해인 줄 알고 숨을 헐떡인다는 뜻으로, 어떤 일에 곤란을 겪은 후 미리부터 겁을 내는 사람을 이르는 말

吳越同舟 오월동주
오나라 사람과 월나라 사람이 같은 배를 탄다는 뜻으로, 사이가 나쁜 사람끼리 한 자리에 있게 된 경우나 어려운 상황에서는 서로 도와야 하는 경우를 이르는 말

五日京兆 오일경조
닷새 동안의 경조윤(京兆尹)이라는 뜻으로, 오래 계속되지 못함을 이르는 말

烏合之卒 오합지졸
까마귀 떼처럼 모인 무리라는 뜻으로, 아무 규율도 없이 무질서하게 모인 사람들을 이르는 말

玉石俱焚 옥석구분
옥과 돌이 함께 불탄다는 뜻으로, 재앙이 닥치면 선한 사람이나 악한 사람이나 모두 화를 입는다는 말

溫故知新 온고지신
옛것을 익히고 그것을 미루어서 새로운 것을 앎

蝸角之爭 와각지쟁
달팽이의 뿔 위에서 서로 싸운다는 뜻으로, 사소한 일로 벌이는 다툼 또는 작은 나라끼리의 싸움을 이르는 말

瓦釜雷鳴 와부뇌명
기왓가마가 우레와 같은 소리를 내면서 끓는다는 뜻으로, 별로 아는 것도 없는 사람이 아는 척하며 과장해서 말함을 이르는 말

臥薪嘗膽 와신상담
가시가 많은 나무 위에 누워 자고 쓸개를 맛보며 패전의 굴욕을 되새겼다는 데서 마음먹은 일을 이루기 위하여 온갖 괴로움을 참고 견딤을 이르는 말

玩物喪志 완물상지
쓸데없는 물건을 가지고 노는데 정신이 팔려 해야 할 큰 뜻을 잃는다는 뜻으로, 큰 뜻을 품었다면 주변의 소소한 일에 얽매이지 말고 목표를 향해 성실히 나아가야 함을 이르는 말

外柔內剛 외유내강
겉은 부드러워 보이나 속은 강함

要領不得 요령부득
일의 핵심을 얻지 못한다는 뜻으로, 말이나 글의 목적과 줄거리가 뚜렷하지 않아 알 수 없는 것을 이르는 말

欲蓋彌彰 욕개미창
덮으려고 하면 더욱 드러난다는 뜻으로, 잘못을 감추려고 하면 더욱 밝게 드러나게 됨을 이르는 말

欲巧反拙 욕교반졸
잘 만들려고 기교를 부리다가 오히려 졸렬한 결과를 보게 되었다는 뜻으로, 너무 잘 하려 하면 도리어 잘되지 않음을 이르는 말

欲燒筆硯 욕소필연
붓과 벼루를 태워버리고 싶다는 뜻으로, 남이 지은 뛰어난 문장을 보고 자신의 재주가 그를 따라가지 못함을 탄식함

欲速不達 욕속부달
빨리 하려고 서두르면 도리어 이루지 못함

龍頭蛇尾 용두사미
용머리에 뱀의 꼬리라는 뜻으로, 시작은 그럴 듯하나 끝이 흐지부지 되는 것을 이르는 말

龍蛇飛騰 용사비등
용과 뱀이 날아오른다는 뜻으로, 살아 움직이는 듯 한 필체를 이르는 말

龍虎相搏 용호상박
용과 범이 서로 싸운다는 뜻으로, 강자끼리의 싸움을 이르는 말

愚公移山 우공이산
우공이라는 산을 옮기려 한다는 이야기에서 나온 것으로, 어떤 일이든 끊임없이 노력하면 반드시 이루어짐을 이르는 말

憂國衷情 우국충정
나랏일을 근심하고 충성을 다하는 절개

牛耳讀經 우이독경
쇠귀에 경 읽기라는 뜻으로, 아무리 가르쳐주어도 알아듣지 못함을 이르는 말

羽化登仙 우화등선
사람의 몸에 날개가 돋아 하늘로 올라가 신선이 됨을 이르는 말

雨後竹筍 우후죽순
비가 온 뒤에 여기저기서 죽순이 솟는다는 뜻으로, 한 때에 갑자기 많이 생겨나는 것을 이르는 말

雲泥之差 운니지차
구름과 진흙의 차이라는 뜻으로, 서로 차이가 매우 심함을 이르는 말

雲上氣稟 운상기품
속됨을 벗어난 고상한 기질과 성품

遠交近攻 원교근공
먼 나라와 친교를 맺고 가까운 나라를 공격하여 점차 영토를 넓혀 나감

鴛鴦衾枕 원앙금침
원앙을 수놓은 이불과 베개라는 뜻으로, 부부가 함께 덮는 이불과 베개를 이르는 말

遠禍召福 원화소복
화를 멀리하고 복을 불러들임

月盈則食 월영즉식
달이 차면 반드시 이지러진다는 뜻으로, 무슨 일이든지 성함이 있으면 쇠함도 있음을 이르는 말

月下老人 월하노인
달빛 아래 노인에게 장래의 아내에 대한 예언을 들었다는 데서 혼인을 중매하는 사람을 이르는 말

韋編三絶 위편삼절
공자가 주역을 즐겨 읽어 책의 가죽끈이 세 번이나 끊어졌다는 데서 책을 열심히 읽는 것을 이르는 말

柔能制剛 유능제강
부드러움이 강함을 이긴다는 뜻

有名無實 유명무실
이름만 그럴듯하고 실속은 없음

流芳百世 유방백세
향기가 백대에 걸쳐 흐른다는 뜻으로, 훌륭한 명성이나 공적이 후대에 길이 전하여지는 것을 이르는 말

有備無患 유비무환
미리 준비가 되어 있으면 걱정할 일이 없음

流水不腐 유수불부
흐르는 물은 썩지 않는다는 뜻으로, 늘 움직이는 것은 썩지 아니함

唯我獨尊 유아독존
오직 나만이 존귀하다는 뜻으로, 세상에서 자기만 잘났다고 뽐내는 것을 이르는 말

有耶無耶 유야무야
있는 듯 없는 듯 흐지부지함

流言蜚語 유언비어
아무 근거 없이 떠돌아다니는 소문

悠悠自適 유유자적
여유롭고 한가로이 걱정이 없는 모양이라는 뜻으로, 속세를 떠나 아무 속박 없이 조용하고 편안하게 삶

遺臭萬年 유취만년
더러운 이름을 영원히 남긴다는 뜻으로, 악명이나 오명이 오래도록 전해짐을 이르는 말

肉山脯林 육산포림
고기가 산을 이루고 포가 숲을 이룬다는 뜻으로, 몹시 사치스러운 잔치를 이르는 말

殷鑑不遠 은감불원
은나라 왕이 거울로 삼을 만한 것은 먼 데 있지 않다는 뜻으로, 본받을 만한 좋은 전례는 가까운 곳에 있다는 말

隱忍自重 은인자중
마음속의 괴로움을 참고 견디며 몸가짐을 신중히 함

陰德陽報 음덕양보
보이지 않게 선행하는 사람은 반드시 보답을 받게 됨

吟風弄月 음풍농월
바람과 달을 대상으로 시를 짓고 흥취를 자아내어 즐긴다는 뜻으로, 풍류를 노래함을 이르는 말

意氣揚揚 의기양양
의기가 드높다는 뜻으로, 몹시 자랑스러워하는 모습을 이르는 말

意馬心猿 의마심원
생각은 말처럼 달리고 마음은 원숭이처럼 설렌다는 뜻으로, 사람의 마음이 세속의 번뇌와 욕정 때문에 항상 어지러움을 이르는 말

異口同聲 이구동성
입은 다르지만 같은 말을 한다는 뜻으로, 여러 사람의 의견이 같은 경우를 이르는 말

以卵擊石 이란격석
달걀로 돌을 친다는 뜻으로, 약한 것으로 강한 것을 당해내려는 어리석음을 이르는 말

以心傳心 이심전심
마음에서 마음으로 전한다는 뜻으로, 서로 뜻이 통함을 이르는 말

利用厚生 이용후생
기구를 편리하게 쓰고 먹을 것과 입을 것을 넉넉하게 하여 백성의 생활을 나아지게 함

泥田鬪狗 이전투구
진탕에서 싸우는 개라는 뜻으로, 자기의 이익을 위하여 몰골 사납게 싸움을 비유적으로 이르는 말

因果應報 인과응보
원인과 결과가 서로 맞물린다는 뜻으로, 좋은 일에는 좋은 결과가, 나쁜 일에는 나쁜 결과가 온다는 것을 이르는 말

人面獸心 인면수심
사람의 얼굴을 하고 있으나 마음은 짐승과 같다는 뜻으로, 마음이나 행동이 몹시 흉악하거나 또는 그러한 사람을 이르는 말

人死留名 인사유명
사람은 죽어서 이름을 남긴다는 뜻으로, 훌륭한 업적을 남겨 이름을 후대까지 길이 남김을 이르는 말

人爲淘汰 인위도태
인공적으로 우수한 성질만 남도록 그 형질을 변화시키는 일

仁者無敵 인자무적
어진 사람에게는 적이 없음

一擧兩得 일거양득
한 가지 일을 해서 두 가지 효과를 봄을 이르는 말

日久月深 일구월심
날이 오래고 달이 깊어 간다는 뜻으로, 무언가 바라는 마음이 세월이 갈수록 더해짐을 이르는 말

一刀兩斷 일도양단
칼을 한 번 휘둘러 두 동강을 낸다는 뜻으로, 어떤 일에 머뭇거림이 없이 처리하는 것을 이르는 말

一蓮托生 일련탁생
죽은 뒤에 극락정토에서 같은 연꽃 위에 다시 태어난다는 뜻의 불교용어로 마지막까지 행동이나 운명을 함께 한다는 것을 이르는 말

一網打盡 일망타진
그물을 한번 쳐서 물고기를 다 잡는다는 뜻으로, 어떤 무리를 한꺼번에 잡는 것을 이르는 말

日暮途窮 일모도궁
날은 저물고 갈 길은 막힌다는 뜻으로, 곤란이 닥치거나 늙어서 죽을 때가 다가오는 것을 이르는 말

一飯千金 일반천금
밥 한 그릇의 은혜라는 뜻으로, 한나라의 한신이 노파에게 밥 한끼를 얻어먹고 후에 천금으로 갚았다는 데서 조그만 은혜도 잊지 않고 보답함을 이르는 말

一發必中 일발필중
한 번 쏘아 반드시 맞춘다는 뜻으로, 무슨 일이든지 생각대로 다 들어맞음을 이르는 말

一罰百戒 일벌백계
한 사람을 벌주어 여러 사람에게 경각심을 일깨워주는 것을 이르는 말

一瀉千里 일사천리
강물이 쏟아져 천리를 간다는 뜻으로, 어떤 일이 거침없이 진행되는 것을 이르는 말

一石二鳥 일석이조
한 개의 돌을 던져 두 마리의 새를 맞추어 떨어뜨린다는 뜻으로, 한 가지 일을 해서 두 가지 이익을 얻음을 이르는 말

一魚濁水 일어탁수
물고기 한 마리가 물을 흐린다는 뜻으로, 한 사람 때문에 여러 사람이 해를 입게 됨을 이르는 말

一葉知秋 일엽지추
낙엽 하나만 보고도 가을이 온다는 것을 안다는 뜻으로, 한 가지 일을 보고 앞으로 오게 될 일을 짐작함을 이르는 말

一葉片舟 일엽편주
물 위에 떠 있는 나뭇잎처럼 아주 작은 배를 이르는 말

一衣帶水 일의대수
옷의 띠와 같은 물이라는 뜻으로, 옷의 띠만큼 좁은 강 또는 냇물 하나를 사이에 둔 가까운 이웃을 이르는 말

一以貫之 일이관지
하나로써 꿰뚫는다는 뜻으로, 처음부터 끝까지 한결같음을 이르는 말

一日三秋 일일삼추
하루가 3년과 같다는 뜻으로, 어떤 일을 몹시 기다리는 것을 이르는 말

一場春夢 일장춘몽
한바탕의 봄꿈이라는 뜻으로, 헛된 영화나 덧없는 일을 비유적으로 이르는 말, 또는 인생의 허무함을 비유함

一觸卽發 일촉즉발
한 번 건드리기만 해도 폭발할 것같은 몹시 위급한 상태

日就月將 일취월장
나날이 자라거나 발전함을 이르는 말

一敗塗地 일패도지
싸움에 한 번 패하여 간과 뇌가 땅바닥에 으깨어진다는 뜻으로, 다시 일어날 수 없는 지경에 이르게 됨을 이르는 말

一片丹心 일편단심
한 조각의 붉은 마음이란 뜻으로, 한결같은 마음을 이르는 말

一筆揮之 일필휘지
한숨에 글을 쓰는 것을 이르는 말

臨機應變 임기응변
어떤 일을 당할 때마다 그 상황에 맞게 일을 처리하는 것을 이르는 말

臨農奪耕 임농탈경
농사지을 시기에 밭을 빼앗아 간다는 뜻으로, 남이 다 이뤄놓은 것을 가로채는 것을 이르는 말

立身揚名 입신양명
몸을 세워 이름을 드날린다는 뜻으로, 출세하여 이름을 세상에 알리는 것을 이르는 말

自家撞着 자가당착
같은 사람의 말이나 행동이 앞뒤가 서로 맞지 아니하고 모순됨

自強不息 자강불식
스스로 힘쓰고 쉬지 않는다는 뜻으로, 스스로 노력하여 쉬지 않고 몸과 마음을 단련하는 것을 이르는 말

自激之心 자격지심

어떤 일에 대하여 스스로 미흡하다고 여기는 마음을 이르는 말

自愧之心 자괴지심
스스로 부끄럽게 여기는 마음

自繩自縛 자승자박
자신이 만든 줄로 자신을 묶는다는 뜻으로, 자기가 한 말과 행동 때문에 곤란을 겪는 것을 이르는 말

自業自縛 자업자박
스스로 저지른 일의 결과를 자신이 받음

自然淘汰 자연도태
자연계에서 생존 경쟁의 결과 환경에 가장 잘 적응한 개체는 살아남고 그렇지 못한 개체는 자연적으로 멸종하는 것

自中之亂 자중지란
같은 패 안에서 일어나는 싸움

自暴自棄 자포자기
자신을 스스로 해치고 버린다는 뜻으로, 절망에 빠져 스스로를 돌보지 않음을 이르는 말

自畵自讚 자화자찬
자기가 그린 그림을 스스로 칭찬한다는 뜻으로, 스스로를 자랑하는 것을 이르는 말

作心三日 작심삼일
마음먹은 것이 삼일을 가지 못한다는 뜻으로, 결심한 일을 끝까지 해내지 못하고 얼마 안 가서 포기해 버리는 것을 이르는 말

張三李四 장삼이사
장씨의 셋째 아들과 이씨의 넷째 아들이라는 뜻으로, 특별하지 않은 평범한 사람들을 이르는 말

長袖善舞 장수선무
소매가 길면 춤을 잘 출 수 있다는 뜻으로, 어떤 일을 하는 데에 조건이 좋은 사람이 유리하다는 것을 의미하는 말

賊反荷杖 적반하장
도둑이 오히려 몽둥이를 든다는 뜻으로, 잘못한 사람이 도리어 잘못이 없는 사람을 나무람을 이르는 말

積小成大 적소성대
작거나 적은 것도 쌓이면 크게 되거나 많아짐

赤手空拳 적수공권
맨손과 맨주먹이라는 뜻으로, 아무것도 가진 것이 없음을 이르는 말

適時適地 적시적지
알맞은 시기와 장소

赤子之心 적자지심
낳은 지 얼마 되지 않은 갓난아이의 순수한 마음

前車覆轍 전거복철
앞 수레의 엎어진 바퀴 자국이라는 뜻으로, 앞사람의 실패를 본보기로 하여 같은 실패를 하지 않도록 경계함을 이르는 말

前倨後恭 전거후공
예전에는 거만했는데 나중에는 공손하다는 뜻으로, 상대방의 입지에 따라 태도가 변하는 것을 이르는 말

電光石火 전광석화
번갯불이나 부싯돌의 불이 번쩍이는 것처럼 눈 깜짝할 새 또는 재빠른 행동을 이르는 말

前代未聞 전대미문
이전에는 듣지 못하였다는 뜻으로, 매우 놀랍거나 새로운 것을 이르는 말

前無後無 전무후무
이전에도 없었고 앞으로도 없음

前人未踏 전인미답
이전에 사람이 아직 밟지 않았다는 뜻으로, 지금까지 아무도 손을 대어 보지 않은 것을 이르는 말

戰戰兢兢 전전긍긍
겁을 먹고 벌벌 떨며 몸을 움츠리고 조심하는 모습으로, 두려워서 조심하는 것을 이르는 말

輾轉反側 전전반측
생각과 고민이 많아 잠을 이루지 못하고 몸을 뒤척이는 것을 되풀이함을 이르는 말

前虎後狼 전호후랑
앞에는 호랑이가, 뒤에는 이리가 들어온다는 뜻으로, 재앙이 끊임 없이 닥침을 이르는 말

截長補短 절장보단
긴 것을 잘라 짧은 것에 보태어 부족함을 채운다는 뜻으로, 좋은 것으로 부족한 것을 보충함을 이르는 말

切齒腐心 절치부심
몹시 분하여 이를 갈며 속을 썩임

切齒扼腕 절치액완
이를 갈고 팔을 걷어올리며 주먹을 꽉 쥔다는 뜻으로, 매우

분하여 벼르는 모습을 이르는 말

漸入佳境 점입가경
들어갈수록 점점 경치가 좋아진다는 뜻으로, 경치나 문장 또는 어떤 일의 상황이 갈수록 재미있어지는 것을 이르는 말

頂門一鍼 정문일침
정수리에 침 하나를 놓는다는 뜻으로, 따끔한 충고나 교훈을 이르는 말

井中觀天 정중관천
우물 속에서 하늘을 본다는 뜻으로, 견문이 매우 좁음을 이르는 말

濟河焚舟 제하분주
배를 타고 물을 건넌 후 타고 온 배를 태워버린다는 뜻으로, 필사의 각오로 싸움에 임함을 이르는 말

糟糠之妻 조강지처
지게미와 쌀겨로 끼니를 이어가며 함께 고생을 겪은 아내

朝令暮改 조령모개
아침에 명한 것을 저녁에 다시 고친다는 뜻으로, 일을 자주 바꾸는 것을 이르는 말

朝名市利 조명시리
조정에서 명예를, 시장에서 이익을 다투라는 뜻으로, 무슨 일이든 알맞은 곳에서 하라는 말

朝不慮夕 조불려석
형세가 절박하여 아침에 저녁 일을 헤아리지 못한다는 뜻으로, 당장의 일만 걱정할 뿐이고 앞일을 생각할 겨를이 없음을 이르는 말

朝不謀夕 조불모석
아침에 저녁 일을 생각하지 못한다는 뜻으로, 당장의 일만 생각하고 앞으로의 일은 생각할 겨를이 없음을 이르는 말

朝三暮四 조삼모사
송나라 저공이 먹이를 아침에 세 개, 저녁에 네 개 주겠다고 하자 원숭이들이 적다고 화를 내 아침에 네 개, 저녁에 세 개를 주겠다고 하자 좋아하였다는 데서 간사한 꾀를 써서 남을 속임. 또는 눈앞에 보이는 차이만 알고 그 결과가 같음을 모르는 것을 이르는 말

爪牙之士 조아지사
발톱과 어금니 같은 선비라는 뜻으로, 짐승에게 발톱과 어금니는 자신의 몸을 보호하는 데에 쓰이듯이 국가를 다스리는데 꼭 필요한 신하를 이르는 말

粗衣惡食 조의악식
거친 옷을 입고 맛없는 음식을 먹는다는 뜻으로, 변변치 못한 의식을 이르는 말

鳥足之血 조족지혈
새 발의 피라는 뜻으로, 극히 적은 양을 이르는 말

足脫不及 족탈불급
맨발로 뛰어도 미치지 못한다는 뜻으로, 능력이나 재질 등에서 뚜렷한 차이를 보임

尊卑貴賤 존비귀천
사회적 지위나 신분의 높음과 낮음 또는 귀함과 천함

種豆得豆 종두득두
콩을 심으면 콩이 나온다는 뜻으로, 원인에 따라 결과가 생김을 이르는 말

宗廟社稷 종묘사직
왕실과 나라를 통틀어 이르는 말

左顧右眄 좌고우면
왼쪽을 돌아보고 오른쪽을 곁눈질한다는 뜻으로, 어떤 일을 결정하지 못하고 머뭇거리는 것을 이르는 말

坐不安席 좌불안석
자리에 편안히 앉지 못한다는 뜻으로, 불안이나 근심 때문에 한자리에 가만히 앉아 있지 못하고 안절부절 못함

左之右之 좌지우지
어떤 일이나 대상을 제 마음대로 휘두르거나 다루는 것을 이르는 말

左衝右突 좌충우돌
왼쪽으로 부딪히고 오른쪽으로 돌진한다는 뜻으로, 이리저리 부딪힘

主客顚倒 주객전도
주인이 손님처럼, 손님이 주인처럼 행동한다는 뜻으로, 입장이 뒤바뀐 것을 의미함

晝耕夜讀 주경야독
낮에는 농사를 짓고, 밤에는 글을 읽는다는 뜻으로, 힘든 생활 속에서도 꿋꿋이 공부함을 이르는 말

酒袋飯囊 주대반낭
술과 밥주머니라는 뜻으로, 무능하여 먹고 놀 줄만 아는 쓸모없는 사람을 이르는 말

走馬加鞭 주마가편
달리는 말에 채찍질을 한다는 뜻으로, 잘하는 사람을 더 잘하도록 장려함을 이르는 말

走馬看山 주마간산
말을 타고 달리면서 산을 본다는 뜻으로, 자세히 보지는 못하고 대강 보고 지나가는 것을 이르는 말

晝夜長川 주야장천
밤낮으로 쉬지 않고 흐르는 시내라는 뜻으로, 끊임없이 연달아 하는 것을 이르는 말

竹馬故友 죽마고우
죽마를 타고 놀던 옛 친구라는 뜻으로, 어릴 때부터 같이 놀며 자란 친구를 이르는 말

衆寡不敵 중과부적
적은 수로 많은 수를 대적하지 못함을 이르는 말

衆口難防 중구난방
여러 사람의 입을 막기가 어렵다는 뜻으로, 막기 어려울 정도로 여기저기서 각자 마구 떠들어대는 것을 이르는 말

衆心成城 중심성성
여러 사람의 마음이 성을 이룬다는 뜻으로, 여러 사람의 마음이 하나로 단결하면 성처럼 굳어짐을 이르는 말

衆人環視 중인환시
많은 사람들이 둘러싸고 봄

櫛風沐雨 즐풍목우
바람으로 빗질하고 비로 머리를 감는다는 뜻으로, 긴 세월을 이리저리 떠돌며 온갖 고생을 하는 것을 이르는 말

知己之友 지기지우
자기를 가장 잘 알아주는 친구라는 뜻으로, 서로 이해하고 뜻이 통하여 가깝게 지내는 친구를 이르는 말

芝蘭之交 지란지교
지초와 난초의 사귐이라는 뜻으로, 두터운 벗 사이의 사귐을 이르는 말

指鹿爲馬 지록위마
진나라 조고가 황제 호해에게 사슴을 말이라고 속인 데서, 윗사람을 농락하여 권세를 마음대로 부리는 것을 이르는 말

支離滅裂 지리멸렬
이리저리 흩어지고 찢기어 갈피를 잡을 수 없음을 뜻하는 말

池魚之殃 지어지앙
연못에 빠진 보석을 찾기 위해 연못물을 다 퍼내며 뒤졌지만 보석은 찾지 못하고 애꿎은 물고기만 죽었다는 데서 전혀 관계없는 사람이 엉뚱하게 화를 입게 되는 것을 이르는 말

指呼之間 지호지간
손짓하여 부를 수 있는 가까운 거리

珍羞盛饌 진수성찬
진귀한 음식으로 잘 차린 음식

進退兩難 진퇴양난
이러지도 저러지도 못하는 어려운 처지

進退維谷 진퇴유곡
앞으로 나아가든 후퇴하든 오직 골짜기뿐이라는 뜻으로, 이러지도 저러지도 못하는 어려운 상황을 이르는 말

塵合泰山 진합태산
티끌을 다 합하면 태산이 된다는 뜻으로, 작은 것이라도 꾸준히 하다보면 언젠가는 크게 됨을 이르는 말

懲一勵百 징일여백
한 사람을 벌하여 백 사람을 격려함

此日彼日 차일피일
오늘 내일 하며 자꾸 기한을 늦춤

借廳借閨 차청차규
처음에는 마루를 빌렸다가 나중에는 방으로 들어간다는 뜻으로, 남에게 의지하다가 점차 그의 권리까지 침범하게 되는 것을 이르는 말

彰善懲惡 창선징악
착한 것을 드러내고 악한 것은 징계함

滄海一粟 창해일속
큰 바다에 좁쌀 한 톨이라는 뜻으로, 극히 작거나 보잘 것 없는 것을 이르는 말

采薪之憂 채신지우
땔나무를 캐는 근심. 병이 들어서 나무를 할 수 없다는 뜻으로, 자신의 병을 겸손하게 이르는 말

妻城子獄 처성자옥
아내라는 성과 자식이라는 감옥에 갇혀 있다는 뜻으로, 처자가 있는 사람은 집안 일에 얽매여 자유롭게 행동할 수 없음을 이르는 말

隻手空拳 척수공권
맨손과 맨주먹. 아무 것도 가진 것이 없음을 이르는 말

天高馬肥 천고마비
하늘은 높고 말은 살찐다는 뜻으로, 본래 흉노족의 침입을 경계하는 말이었는데 활동하기 좋은 계절인 가을을 이르는 말로 쓰임

千慮一失 천려일실
천 번 생각에 한 번 실수라는 뜻으로, 사람은 누구나 실수를 할 수 있음을 이르는 말

天方地軸 천방지축
하늘의 방향이 어디쯤인지 땅의 축이 어디쯤인지 모른다는 뜻으로, 어리석은 사람이 갈 바를 몰라 두리번거리는 모습을 이르는 말

天壤之差 천양지차
하늘과 땅의 차이라는 뜻으로, 서로 차이가 많이 나는 것을 이르는 말

天衣無縫 천의무봉
하늘의 옷은 꿰맨 자국이 없다는 뜻으로, 어떤 작품이 기교를 부리지 않고 자연스러우면서도 완전함을 이르는 말

千載一遇 천재일우
천 년에 한 번 만난다는 뜻으로, 좀처럼 만나기 어려운 좋은 기회를 이르는 말

天井不知 천정부지
천장을 모른다는 뜻으로, 물가 등이 계속하여 오르기만 함을 이르는 말

千篇一律 천편일률
수많은 글이 하나의 법칙처럼 똑같다는 뜻으로, 모두 비슷하여 각각의 특성이 없음을 이르는 말

徹頭徹尾 철두철미
머리에서 꼬리까지 통한다는 뜻으로, 처음부터 끝까지 빈틈이나 부족함이 없음을 이르는 말

徹天之恨 철천지한
하늘을 뚫을 정도로 사무친 원한

晴耕雨讀 청경우독
날이 개면 논밭을 갈고 비가 오면 글을 읽는다는 뜻으로, 부지런히 일하며 공부함을 이르는 말

靑雲之志 청운지지
입신출세하여 높은 벼슬자리에 올라가고자 하는 마음

靑天白日 청천백일
푸른 하늘에 밝게 비치는 해라는 뜻으로, 아무런 부끄럼이나 죄가 없음, 또는 훌륭한 인물은 누구든지 알아본다는 것을 이르는 말

靑出於藍 청출어람
쪽에서 뽑아낸 푸른 물감이 쪽보다 더 푸르다는 뜻으로, 제자가 스승보다 뛰어남을 이르는 말

淸風明月 청풍명월
맑은 바람과 밝은 달을 이르는 말

焦眉之急 초미지급
눈썹에 불이 붙은 것과 같이 매우 위급함을 이르는 말

招搖過市 초요과시
남의 이목을 끌도록 요란스럽게 하며 저자거리를 지난다는 뜻으로, 겉만 그럴듯하게 하여 남의 이목을 끄는 것을 이르는 말

寸鐵殺人 촌철살인
한 치밖에 안 되는 쇠붙이로 사람을 죽일 수 있다는 뜻으로, 말 한마디로 남을 감동시키거나 약점을 찌를 수 있음을 이르는 말

秋風落葉 추풍낙엽
가을바람에 떨어지는 나뭇잎이라는 뜻으로, 세력 등이 갑자기 기울어지거나 시듦을 이르는 말

春秋筆法 춘추필법
《춘추》와 같이 비판적이고 엄정한 필법이라는 뜻으로, 대의명분을 세워 공정하고 준엄하게 비판하는 역사 기술 방식

春雉自鳴 춘치자명
봄에 꿩이 스스로 울음소리를 낸다는 뜻으로, 제 허물을 스스로 드러내어 화를 자초하는 것을 이르는 말

出奇制勝 출기제승
기묘한 방법을 써서 승리함

出爾反爾 출이반이
너에게서 나온 것이 너에게로 돌아간다는 뜻으로, 좋고 나쁜 일 모두 자신이 초래한 일이라는 말

忠言逆耳 충언역이
바른 말은 귀에 거슬림

醉生夢死 취생몽사
술에 취한 듯 살다가 꿈 꾸듯이 죽는다는 뜻으로, 한평생을 하는 일 없이 흐리멍덩하게 살아감을 이르는 말

惻隱之心 측은지심
불쌍히 여기는 마음을 이르는 말

七顚八起 칠전팔기
일곱 번 넘어지고 여덟 번 일어난다는 뜻으로, 거듭되는 실패에도 좌절하지 않고 계속 도전함을 이르는 말

七縱七擒 칠종칠금
촉나라의 제갈공명이 적의 장수 맹획을 일곱 번 놓아주었다

가 일곱 번 잡았다는 데서 상대를 마음대로 다룸을 이르는 말

沈魚落雁 침어낙안
미인을 보고 부끄러워서 물고기가 물속 깊이 숨고 기러기가 땅으로 떨어졌다는 뜻으로, 아름다운 여인의 용모를 이르는 말

針小棒大 침소봉대
바늘 만한 것을 몽둥이 만하다고 말한다는 뜻으로, 작은 일을 크게 부풀려 말하는 것을 이르는 말

快刀亂麻 쾌도난마
복잡하게 헝클어진 삼을 단 칼에 베어버린다는 뜻으로, 복잡한 일을 명쾌하게 해결하는 것을 이르는 말

他山之石 타산지석
다른 산의 하찮은 돌멩이도 자신의 옥돌을 가는데 쓸 수 있다는 뜻으로, 다른 사람의 잘못된 언행에서도 배우고 느낄 것이 있다는 말

卓上空論 탁상공론
탁자 위에서 하는 헛된 논쟁이라는 뜻으로, 실질적으로 문제를 해결하지 못하는 이론을 이르는 말

脫兔之勢 탈토지세
우리를 빠져나온 토끼의 기세라는 뜻으로, 매우 빠르고 날렵함을 이르는 말

貪官汚吏 탐관오리
탐욕이 많고 행실이 바르지 못한 벼슬아치

貪賂無藝 탐뢰무예
뇌물을 탐함에 끝이 없음

太剛則折 태강즉절
너무 세거나 빳빳하면 꺾어지기가 쉬움

泰山北斗 태산북두
태산과 북두칠성을 이르는 말로, 모든 사람들이 우러러보는 뛰어난 인물을 뜻함

兔營三窟 토영삼굴
토끼가 위험에 대비해서 미리 세 개의 굴을 파 놓는다는 뜻으로, 자신의 안전을 위하여 미리 몇 가지 계책을 마련해 둠을 이르는 말

吐哺握髮 토포악발
입 속에 있는 밥을 뱉고 머리카락을 움켜쥔다는 뜻으로, 손님에 대한 극진한 대우를 이르는 말

破瓜之年 파과지년
오이 과(瓜)자를 파자하면 두 개의 팔(八)자가 되는데, 이것을 더하면 16이 되고 이는 혼기에 이른 여자의 나이를 뜻하며, 곱하면 64가 되고 이는 남자가 관직의 임기가 다해 물러날 때인 64세를 뜻하여 여자나이 16세와 남자나이 64세를 이르는 말

波瀾萬丈 파란만장
사람의 생활이나 일의 진행이 여러 가지 곡절과 시련이 많고 변화가 심함

波瀾重疊 파란중첩
물결 위에 또 물결이 인다는 뜻으로, 일이 진행됨에 있어 변화가 심함을 이르는 말

破釜沈舟 파부침주
밥 지을 솥을 깨뜨리고 돌아갈 때 타고 갈 배를 가라앉힌다는 뜻으로, 살아 돌아올 기약을 하지 않고 결사의 각오로 적과 싸우겠다는 굳은 결의를 이르는 말

破邪顯正 파사현정
그릇된 것을 깨고 바른 것을 드러낸다는 뜻으로, 부처의 가르침에 어긋나는 사악한 생각을 버리고 올바른 도리를 따름을 이르는 말

破顔大笑 파안대소
얼굴이 찢어지도록 크게 웃는다는 뜻으로, 즐거운 표정을 지으며 크게 웃는 것을 이르는 말

八方美人 팔방미인
어느 모로 보나 아름다운 사람이라는 뜻으로, 여러 방면에 능통한 사람을 이르는 말

廢寢忘食 폐침망식
잠을 안자고 밥 먹는 것도 잊는다는 뜻으로, 매우 열심히 공부하는 것을 이르는 말

敝袍破笠 폐포파립
해진 옷과 부서진 갓이라는 뜻으로, 초라한 용모를 이르는 말

蒲柳之質 포류지질
갯버들 같은 모습이라는 뜻으로, 선천적으로 몸이 약한 사람을 이르는 말

暴虎馮河 포호빙하
맨손으로 범을 때려잡고 걸어서 황하강을 건넌다는 뜻으로, 무모한 용기를 이르는 말

表裏不同 표리부동
겉으로 드러나는 언행과 속마음이 다름

豹死留皮 표사유피

표범은 죽어서 가죽을 남긴다는 뜻으로, 사람은 훌륭한 업적을 남겨 이름을 후대까지 길이 남겨야 함을 이르는 말

風前燈火 풍전등화
바람 앞의 등불이라는 뜻으로, 사물이 위태로운 처지에 놓여 있음을 비유적으로 이르는 말

風餐露宿 풍찬노숙
바람을 맞으며 먹고 이슬을 맞으며 잔다는 뜻으로, 객지에서 갖은 고생을 하는 것을 이르는 말

匹夫之勇 필부지용
하찮은 남자의 용기라는 뜻으로, 깊은 생각 없이 혈기만 믿고 함부로 부리는 용기를 이르는 말

匹夫匹婦 필부필부
보통의 평범한 사람들

鶴首苦待 학수고대
학처럼 목을 길게 빼고 간절히 기다림

漢江投石 한강투석
한강에 돌 던지기라는 뜻으로, 몹시 미미하여 아무런 효과를 내지 못함을 이르는 말

汗牛充棟 한우충동
수레에 실으면 소가 땀을 흘리고, 쌓으면 대들보에까지 닿는다는 뜻으로, 책이 매우 많음을 이르는 말

緘口無言 함구무언
입을 다물고 아무 말도 하지 않음

含哺鼓腹 함포고복
배불리 먹고 배를 두드린다는 뜻으로, 먹을 것이 풍족하여 태평함

咸興差使 함흥차사
태조 이성계가 왕위를 물려주고 함흥에 있을 때 태종이 보낸 사신 차다를 죽이거나 다시 돌려보내지 않았다는 데서 심부름을 간 사람이 좀처럼 소식이 없을 때를 이르는 말

合縱連橫 합종연횡
전국시대에 행해진 외교 방식으로 약자끼리 세로로 연합하여 강자에 맞서는 것과 약자들이 가로로 나란히 서서 강자와 동맹을 맺어 화친하자는 것을 아울러 이르는 말

恒茶飯事 항다반사
늘 차를 마시고 밥을 먹는 일이라는 뜻으로, 일상적인 일을 이르는 말

偕老同穴 해로동혈
살아서는 같이 늙고 죽어서는 한 무덤에 묻힌다는 뜻으로, 생사를 같이 하는 부부를 이르는 말

向隅之歎 향우지탄
구석을 향하여 탄식한다는 뜻으로, 좋은 기회를 만나지 못한 것을 한탄함

虛無孟浪 허무맹랑
터무니없이 허황되고 실속이 없음

虛心坦懷 허심탄회
마음을 비우고 품은 생각을 터놓고 말한다는 뜻으로, 아무 거리낌 없이 솔직하게 말함

虛張聲勢 허장성세
진나라 장수인 선진이 곳곳에 기치를 꽂아두어 적군이 이것을 보고 군사가 많은 줄 알고 달아났다는 데서 헛되이 목소리의 기세만 높인다하여 실속은 없으나 과장하여 말함을 이르는 말

軒軒丈夫 헌헌장부
외모가 준수하고 풍채가 당당한 남자를 이르는 말

懸梁刺股 현량자고
전국 시대의 소진은 졸음이 오면 송곳으로 허벅지를 찌르고, 초나라 손경은 머리카락을 새끼로 묶어 대들보에 매달아 졸음을 쫓았다는 데서 열심히 공부함을 이르는 말

懸河口辯 현하구변
거침없이 흐르는 물처럼 유창하게 말을 잘하는 것을 이르는 말

螢雪之功 형설지공
진나라의 차윤은 반딧불로 글을 읽고 손강은 눈에 반사된 달빛으로 글을 읽었다는 데서 어려운 환경에서도 학업에 열중하는 것을 이르는 말

狐假虎威 호가호위
여우가 호랑이의 위세를 빌려 제 위엄으로 삼는다는 뜻으로, 남의 권세를 빌려 위세를 부리는 것을 이르는 말

虎口餘生 호구여생
호랑이 아가리에서 살아났다라는 뜻으로, 주태라는 사람이 호랑이한테 물려갔다가 겨우 살아남았다는 데서 죽을 뻔한 고비를 넘기고 겨우 살아남을 이르는 말

糊口之策 호구지책
입에 풀칠하는 계책이라는 뜻으로, 가난하여 겨우 먹고 사는 것을 이르는 말

毫毛斧柯 호모부가

어릴 때 꺾어 버리지 않은 나뭇가지는 나중에 도끼를 사용해야 제거할 수 있다는 뜻으로, 화근은 크기 전에 없애야 한다는 말

好事多魔 호사다마
좋은 일에는 흔히 방해되는 일이 많음

虎視眈眈 호시탐탐
호랑이가 눈을 부릅뜨고 먹이를 노려본다는 뜻으로, 형세를 살피며 기회를 엿보는 것을 의미하는 말

浩然之氣 호연지기
하늘과 땅 사이에 가득 찬 넓고 큰 원기라는 뜻으로, 거침없이 넓고 큰 기개를 이르는 말

號曰百萬 호왈백만
말로는 백만을 일컬으나 실상은 얼마 안 되는 것으로, 얼마 되지 않는 것을 부풀려 많은 것처럼 꾸밈을 이르는 말

好衣好食 호의호식
좋은 옷을 입고 좋은 음식을 먹음

胡蝶之夢 호접지몽
장자가 나비가 된 꿈을 꾼 뒤 자기가 나비가 된 것인지 나비가 자기가 된 것인지 분간이 가지 않았다는 데서 물아일체(物我一體)의 경지 또는 인생의 무상함을 이르는 말

惑世誣民 혹세무민
세상을 어지럽히고 백성을 속임

魂飛魄散 혼비백산
넋이 여기저기 흩어진다는 뜻으로, 몹시 놀라 어찌할 바를 모름

渾然一致 혼연일치
행동이나 의지가 차이가 없이 하나로 일치함

昏定晨省 혼정신성
저녁에는 잠자리를 살피고 아침에는 문안을 드린다는 뜻으로, 부모에게 효도함을 이르는 말

忽顯忽沒 홀현홀몰
갑자기 나타났다 갑자기 없어짐을 이르는 말

紅爐點雪 홍로점설
빨갛게 달아오른 화로에 눈 한 송이라는 뜻으로, 큰일을 하는데 작은 힘으로는 아무 도움도 되지 않음, 또는 사욕이나 의혹이 순식간에 없어짐을 이르는 말

和光同塵 화광동진
빛을 감추고 티끌과 함께한다는 뜻으로, 자기의 지혜와 덕을 밖으로 드러내지 않고 속인과 어울려 지내면서 참된 자아를 통해 세상의 화합을 이룸

畫龍點睛 화룡점정
남북조 시대의 양나라에 장승요가 용을 그린 후 마지막에 눈동자를 그려 넣었더니 실제 용이 되어 하늘로 날아가 버렸다는 데서 가장 중요한 부분을 완성하는 것을 이르는 말

畫蛇添足 화사첨족
뱀 그림에 발을 더한다는 뜻으로, 하지 않아도 될 일을 하여 일을 그르치는 것을 이르는 말

華胥之夢 화서지몽
황제가 낮잠을 자다 만사가 잘 다스려지는 화서라는 나라에 간 꿈을 꿨다는 데서 좋은 꿈을 이르는 말

和氏之璧 화씨지벽
화씨의 구슬이라는 뜻으로, 어떠한 어려움도 참고 이기면서 자신의 의지를 펴 나가는 것을 비유하는 말

畫中之餠 화중지병
그림의 떡이라는 뜻으로, 아무런 쓸모가 없고 실속이 없는 일을 이르는 말

和風暖陽 화풍난양
솔솔 부는 화창한 바람과 따스한 햇볕이라는 뜻으로, 따뜻한 봄날씨를 이르는 말맘

畫虎類狗 화호유구
호랑이를 그리려다 개와 비슷하게 된다는 뜻으로, 능력에 맞지 않는 어려운 일을 하려다가 도리어 잘못됨을 이르는 말

換骨奪胎 환골탈태
뼈대를 바꾸고 태를 바꾼다는 뜻으로, 고시(古詩)의 형식을 바꾸어 더 나은 작품으로 만드는 것 또는 용모가 나아져 전혀 딴사람처럼 변함을 이르는 말

歡呼雀躍 환호작약
기뻐서 크게 소리치며 날뜀

黃口小兒 황구소아
새 새끼의 부리가 노랗다는 뜻에서 어린아이를 이르는 말

懷璧有罪 회벽유죄
옥을 품고 있는 것이 죄가 된다는 뜻으로, 분수에 맞지 않는 물건을 지니고 있으면 훗날 화를 초래할 수 있음을 이르는 말

會者定離 회자정리
만나면 언젠가는 이별하기 마련이라는 뜻으로, 인생의 무상함을 이르는 말

橫說竪說 횡설수설
가로로 말했다 세로로 말한다는 뜻으로, 두서없이 아무렇게나 말함

後起之秀 후기지수
후배 중에 뛰어난 인물을 이르는 말

後生可畏 후생가외
젊은 후학들을 두려워할 만하다는 뜻으로, 후진들이 선배들보다 나아질 가능성이 많아 두렵다는 말

厚顔無恥 후안무치
얼굴이 두꺼워 부끄러움을 모른다는 뜻으로, 뻔뻔한 사람을 이르는 말

諱疾忌醫 휘질기의
병을 숨기고 의원에게 보이기를 꺼린다는 뜻으로, 자신의 결점을 감추고 남의 충고를 들으려 하지 않음을 이르는 말

胸有成竹 흉유성죽
가슴 속에 이미 완성된 대나무 그림이 있다는 뜻으로, 일을 시작하기 전에 이미 그 일에 대한 계획을 세우는 것을 이르는 말

興盡悲來 흥진비래
즐거움이 다하면 슬픔이 온다는 뜻으로, 세상일이 순환됨을 이르는 말

Index

袈	가사 가	378
柯	가지 가	494
苛	가혹할 가 :	362
價	값 가	55
街	거리 가 (:)	376
假	거짓 가 :	53
暇	겨를, 틈 가 :	203
呵	꾸짖을 가 :	92
歌	노래 가	225
加	더할 가	73
駕	멍에 가 (:)	466
迦	부처 이름 가	494
哥	소리, 성(姓)씨 가	94
賈	성(姓)씨 가 / 장사 고	494
軻	수레, 사람 이름 가	494
架	시렁 가 :	213
嫁	시집갈 가	120
稼	심을 가	308
佳	아름다울 가 :	48
嘉	아름다울 가 :	98
可	옳을 가 :	88
伽	절 가	494
家	집 가	125
各	각각 각	89
覺	깨달을 각	383
殼	껍질 각	230
脚	다리 각	346
却	물리칠 각	83
角	뿔 각	385
恪	삼갈 각	166
刻	새길 각	69
珏	쌍옥 각	494
閣	집 각	438
艮	머무를, 괘이름 간	494
揀	가릴 간 :	185
肝	간 간 (:)	343
奸	간사할 간	115
姦	간음할 간 :	117
懇	간절할 간 :	164
癎	간질 간 (:)	287
諫	간할 간 :	392
墾	개간할 간 :	107
竿	낚싯대 간	314
簡	대쪽, 간략할 간 (:)	317
杆	몽둥이 간	494
干	방패 간	144
看	볼 간	294
間	사이 간 (:)	437
澗	산골물 간 :	250
刊	새길 간	69
艱	어려울 간	359
幹	줄기 간	144
褐	갈색, 굵은 베 갈	381
喝	꾸짖을 갈	96
竭	다할 갈	313
渴	목마를 갈	245
鞨	오랑캐 이름, 말갈 갈	494
葛	칡 갈	365
紺	감색 감	323
疳	감질 감	284
敢	감히, 구태여 감 :	192
鑑	거울 감	435
堪	견딜 감	104
瞰	굽어볼 감	296
柑	귤 감	214
感	느낄 감 :	162
甘	달 감	277
減	덜 감 :	245
監	볼 감	293
憾	섭섭할 감 :	171
勘	헤아릴 감	74
匣	갑 갑	81
甲	갑옷 갑	280
鉀	갑옷 갑	494
岬	곶 갑	494
閘	수문 갑	437
江	강 강	237
鋼	강철 강	433
强	강할 강 (:)	153
糠	겨 강	320
彊	굳셀 강	494
剛	굳셀 강	71
降	내릴 강 : / 항복할 항	440
綱	벼리 강	325
岡	산등성이 강	494
薑	생강 강	368
姜	성(姓)씨 강	494
腔	속 빌 강	347
慷	슬플 강 :	170
崗	언덕 강	494
講	욀, 강의할 강 :	394
疆	지경 강	494
康	편안 강	147
凱	개선할 개 :	65
芥	겨자 개	361
改	고칠 개 (:)	191
介	낄 개 :	44
個	낱 개 (:)	51
箇	낱 개 (:)	316
塏	높은 땅 개 :	494
皆	다, 모두 개	290
槪	대개 개 :	220
蓋	덮을 개 (:)	366
漑	물 댈 개 :	249
愾	성낼 개 :	169
慨	슬퍼할 개 :	170
開	열 개	437
价	클, 착할 개 :	494
客	손 객	124
坑	구덩이 갱	102
羹	국 갱 :	334
醵	추렴할 거 : / 갹	428
去	갈 거 :	87
渠	개천 거	245
倨	거만할 거 :	52
據	근거 거 :	189
擧	들 거 :	177
拒	막을 거 :	179
居	살 거	133
距	상거할 거 :	408
車	수레 거 / 차	412
巨	클 거 :	139
虔	공경할 건	371
健	굳셀 건 :	53
件	물건 건	46
建	세울 건 :	149

巾	수건 건	141	痙	경련 경	285	界	지경 계 :	280
鍵	열쇠, 자물쇠 건 :	495	慶	경사 경 :	164	痼	고질 고	286
乾	하늘, 마를 건	39	磬	경쇠 경 :	301	告	고할 고 :	90
腱	힘줄 건	348	鯨	고래 경	474	庫	곳집 고	147
傑	뛰어날 걸	53	更	고칠 경 / 다시 갱 :	206	固	굳을 고 (:)	100
杰	뛰어날 걸	495	敬	공경 경 :	192	膏	기름 고	348
乞	빌 걸	39	瓊	구슬 경	495	股	넓적다리 고	344
桀	하왕 이름, 사나울 걸	495	勁	굳셀 경	74	高	높을 고	469
檢	검사할 검 :	222	硬	굳을 경	300	顧	돌아볼 고	457
儉	검소할 검 :	56	傾	기울 경	54	敲	두드릴 고	192
劍	칼 검 :	71	憬	깨달을 경 :	171	叩	두드릴 고	89
怯	겁낼 겁	165	驚	놀랄 경	467	枯	마를 고	213
劫	위협할 겁	73	競	다툴 경 :	313	錮	막을 고	433
揭	걸 게 :	184	竟	마침내 경 :	312	袴	바지 고 :	380
偈	불시 게 :	52	頸	목 경	456	鼓	북 고	485
憩	쉴 게 :	164	耕	밭갈 경	339	考	생각할 고 (:)	337
膈	가슴, 흉격 격	348	卿	벼슬 경	83	姑	시어미 고	117
檄	격문 격	222	庚	별 경	146	苦	쓸 고	362
格	격식 격	214	景	볕 경 (:)	203	皐	언덕 고	495
激	격할 격	251	炅	빛날 경 / 성(姓)씨 계	495	故	연고 고 (:)	191
覡	박수 격	383	京	서울 경	43	古	예 고 :	88
隔	사이 뜰 격	442	璟	옥빛 경 :	495	孤	외로울 고	122
擊	칠 격	177	頃	이랑, 잠깐 경	455	呱	울 고	91
犬	개 견	267	脛	정강이 경	346	稿	원고, 볏짚 고	308
繭	고치 견 :	329	莖	줄기 경	363	拷	칠 고	181
堅	굳을 견	104	梗	줄기, 막힐 경	216	雇	품 팔 고	445
譴	꾸짖을 견 :	395	境	지경 경	106	辜	허물 고	415
牽	끌 견	265	經	지날, 글 경	325	鵠	고니, 과녁 곡	476
鵑	두견새 견	476	徑	지름길, 길 경	157	穀	곡식 곡	308
遣	보낼 견 :	421	戒	경계할 계 :	173	谷	골 곡	397
見	볼 견 : / 뵈올 현 :	383	階	계단 계	442	曲	굽을 곡	206
絹	비단 견 :	325	桂	계수나무 계 :	215	梏	수갑 곡	216
肩	어깨 견	344	季	계절 계 :	121	哭	울 곡	94
甄	질그릇 견	495	械	기계 계 :	216	袞	곤룡포 곤 :	378
決	결단할 결	238	鷄	닭 계	476	困	곤할 곤 :	100
潔	깨끗할 결	249	悸	두근거릴 계 :	168	坤	땅 곤	103
結	맺을 결	324	系	맬 계 :	321	昆	맏 곤	200
訣	이별할 결	387	繫	맬 계 :	329	棍	몽둥이 곤	217
缺	이지러질 결	331	係	맬 계 :	50	汩	골몰할 골 / 물 이름 멱	238
謙	겸손할 겸	394	契	맺을 계 :	113	骨	뼈 골	468
兼	겸할 겸	61	癸	북방, 천간 계 :	289	功	공 공	73
輕	가벼울 경	413	計	셀 계 :	386	恭	공손할 공	166
鏡	거울 경 :	434	溪	시내 계	246	公	공평할 공	60
儆	경계할 경 :	495	啓	열 계 :	95	孔	구멍 공 :	121
警	경계할 경 :	395	繼	이을 계 :	329	鞏	굳을 공	452

恐	두려울 공 (:)	160	鑛	쇳돌 광:	435	區	구분할, 지경 구	82
貢	바칠 공:	401	胱	오줌통 광	345	救	구원할 구:	192
空	빌 공	310	掛	걸 괘	183	求	구할 구	236
供	이바지할 공:	48	卦	점괘 괘	77	句	글귀 구	88
工	장인 공	139	罫	줄 괘	332	衢	네거리 구	377
攻	칠 공:	191	魁	괴수 괴	473	謳	노래할 구	394
拱	팔짱 낄 공:	181	怪	괴이할 괴 (:)	165	溝	도랑 구	247
共	한가지 공:	60	壞	무너질 괴:	108	寇	도적 구	126
課	공부할, 과정 과 (:)	391	愧	부끄러울 괴:	169	懼	두려워할 구	172
科	과목 과	306	乖	어그러질 괴	38	垢	때 구	103
菓	과자 과 (:)	364	傀	허수아비 괴:	53	毆	때릴 구	230
顆	낟알 과	456	槐	회화나무 괴	495	灸	뜸 구:	254
果	열매 과:	212	拐	후릴 괴	180	廐	마구간 구	148
瓜	오이 과	275	塊	흙덩이 괴	105	駒	망아지 구	465
誇	자랑할 과:	389	轟	울릴, 수레 소리 굉	414	矩	모날, 법 구	298
寡	적을 과:	126	宏	클 굉	123	驅	몰 구	466
過	지날 과:	420	肱	팔뚝 굉	344	軀	몸 구	411
戈	창 과	173	敎	가르칠 교:	192	鳩	비둘기 구	475
郭	둘레, 외성 곽	425	轎	가마 교	414	購	살 구	405
槨	외관, 덧널 곽	220	巧	공교할 교	139	舅	시아비, 외삼촌 구	354
藿	콩잎, 미역 곽	370	蛟	교룡 교	372	九	아홉 구	39
廓	둘레 곽 / 클 확	148	驕	교만할 교	466	邱	언덕 구	495
串	꿸 관 / 땅이름 곶	495	狡	교활할 교	268	丘	언덕 구	35
冠	갓 관	64	咬	깨물, 새소리 교	93	構	얽을 구	219
關	관계할 관	438	喬	높을 교	96	究	연구할 구	310
顴	광대뼈 관	457	橋	다리 교	221	舊	예 구:	354
貫	꿸 관 (:)	401	皎	달 밝을, 흴 교	290	久	오랠 구:	38
寬	너그러울 관	128	僑	더부살이 교	55	玖	옥돌 구	495
棺	널 관	218	郊	들 교	424	仇	원수 구	45
管	대롱, 주관할 관	315	絞	목맬 교	324	口	입 구 (:)	88
灌	물 댈 관	252	矯	바로잡을 교:	298	拘	잡을 구	179
官	벼슬 관	124	較	비교, 견줄 교	412	苟	진실로, 구차할 구	362
觀	볼 관	384	交	사귈 교	43	歐	토할 구	225
琯	옥피리 관	495	膠	아교 교	349	臼	절구 구	354
慣	익숙할 관	169	嬌	아리따울 교	120	俱	함께 구	50
館	집, 객사 관	461	校	학교 교:	214	嶇	험할 구	136
款	항목, 정성 관:	224	攪	흔들 교	190	菊	국화 국	364
刮	깎을 괄	70	鉤	갈고리 구	431	鞠	기를, 국문할 국	495
括	묶을 괄	181	鷗	갈매기 구	476	國	나라 국	101
廣	넓을 광:	148	具	갖출 구(:)	60	局	판 국	133
壙	뫼 구덩이 광:	108	狗	개 구	268	郡	고을 군:	424
狂	미칠 광	267	嘔	게울 구 (:)	97	軍	군사 군	412
匡	바를 광	81	球	공 구	272	窘	군색할 군:	311
曠	밝을, 빌 광:	205	樞	관, 널 구	213	群	무리 군	334
光	빛 광	57	枸	구기자 구	214	君	임금 군	91

Index 621

窟	굴 굴	311	棘	가시나무 극	218	麒	기린 기	496
屈	굽힐 굴	133	極	극진할, 다할 극	219	妓	기생 기:	116
掘	팔 굴	183	劇	심할 극	71	期	기약할 기	209
窮	다할, 궁할 궁	311	克	이길 극	57	氣	기운 기	235
躬	몸 궁	411	剋	이길 극	70	奇	기특할 기	113
宮	집 궁	125	戟	창 극	174	忌	꺼릴 기	159
穹	하늘 궁	310	隙	틈 극	443	企	꾀할 기	44
弓	활 궁	152	近	가까울 근:	417	耆	늙을 기	496
捲	거둘, 말 권	184	僅	겨우 근:	54	朞	돌 기	209
倦	게으를 권:	52	斤	근, 도끼 근	197	畸	뙈기밭, 불구 기	282
權	권세 권	223	槿	무궁화 근:	496	騎	말 탈 기	466
勸	권할 권:	75	覲	뵐 근	383	幾	몇 기	145
眷	돌볼 권:	295	勤	부지런할 근 (:)	75	己	몸 기	140
券	문서 권	68	根	뿌리 근	215	汽	물 끓는 김 기	237
圈	우리 권	101	謹	삼갈 근:	394	沂	물 이름 기	496
拳	주먹 권:	176	瑾	아름다운 옥 근:	496	淇	물 이름 기	496
卷	책 권 (:)	83	饉	주릴 근:	461	棋	바둑 기	217
厥	그 궐	86	筋	힘줄 근	315	冀	바랄 기	496
蹶	넘어질, 일어설 궐	410	琴	거문고 금	272	棄	버릴 기	217
闕	대궐 궐	438	禁	금할 금:	303	紀	벼리 기	321
櫃	궤짝 궤:	222	錦	비단 금:	433	璣	별 이름 기	496
潰	무너질 궤:	250	擒	사로잡을 금	189	寄	부칠 기	126
軌	바퀴 자국 궤:	412	禽	새 금	305	綺	비단 기	325
詭	속일 궤:	389	襟	옷깃 금:	381	譏	비웃을 기	395
几	안석 궤:	65	衾	이불 금:	378	祈	빌 기	302
机	책상 궤:	211	今	이제 금	44	肌	살 기	343
龜	거북 구 / 귀 / 터질 균	491	金	쇠 금 / 성씨 김	431	欺	속일 기	224
鬼	귀신 귀:	473	急	급할 급	160	豈	어찌 기	398
貴	귀할 귀:	403	汲	길을 급	238	琪	옥 이름 기	496
歸	돌아갈 귀:	227	級	등급 급	322	琦	옥이름 기	496
硅	규소 규	299	及	미칠 급	84	旣	이미 기	199
逵	길거리 규	420	扱	미칠 급 / 꽂을 삽 / 거둘 흡	178	起	일어날 기	407
規	법 규	383	給	줄 급	324	伎	재간 기	46
奎	별 규	496	兢	떨릴 긍:	496	技	재주 기	177
叫	부르짖을 규	89	亘	뻗칠 긍: / 베풀 선	41	飢	주릴 기	460
圭	서옥, 쌍토 규	495	矜	자랑할 긍:	297	騏	준마 기	496
閨	안방 규	438	肯	즐길 긍:	344	嗜	즐길 기	97
糾	얽힐 규	321	岐	갈림길 기	496	驥	천리마 기	496
窺	엿볼 규	311	畿	경기 기	282	箕	키 기	496
葵	해바라기 규	366	杞	구기자 기	211	基	터 기	104
揆	헤아릴 규	495	羈	굴레 기	333	機	틀 기	221
珪	홀 규	495	其	그 기	61	崎	험할 기	136
均	고를 균	102	器	그릇 기	98	緊	긴할 긴	326
菌	버섯 균	364	旗	기 기	198	吉	길할 길	90
橘	귤 귤	221	記	기록할 기	386	拮	일할 길	182

喫	먹을 끽	96	溺	빠질 닉	246	撞	칠 당	187
懦	나약할 나:	171	匿	숨길 닉	82	待	기다릴 대:	157
那	어찌 나:	424	多	많을 다	110	臺	대 대	353
奈	어찌 나/내	113	茶	차 다/차	363	代	대신할 대:	45
拿	잡을 나:	176	斷	끊을 단:	197	對	대할 대:	130
拏	잡을 나:	176	端	끝 단	313	擡	들 대	189
儺	푸닥거리 나	56	但	다만 단:	47	帶	띠 대(:)	142
諾	승낙할 낙	393	壇	단 단	107	隊	무리 대	442
煖	더울 난:	256	團	둥글 단	101	貸	빌릴 대:	402
暖	따뜻할 난:	203	檀	박달나무 단	222	戴	일 대:	174
難	어려울 난(:)	446	鍛	불릴 단:	434	袋	자루 대	378
捏	꾸밀 날	182	丹	붉을 단	37	垈	집터 대	103
捺	누를 날	184	緞	비단 단	326	大	큰 대(:)	112
南	남녘 남	79	蛋	새알 단:	372	德	큰, 덕 덕	158
男	사내 남	280	簞	소쿠리 단	317	悳	큰 덕	497
衲	기울 납	379	旦	아침 단	200	渡	건널 도	245
納	들일 납	322	湍	여울 단	496	圖	그림 도	101
娘	계집 낭	118	短	짧을 단(:)	298	道	길 도:	420
囊	주머니 낭	99	段	층계 단	230	途	길 도:	418
耐	견딜 내:	338	單	홑 단	96	賭	내기 도	404
內	안 내:	59	撻	때릴 달	189	倒	넘어질 도:	51
乃	이에 내:	38	達	통달할 달	421	堵	담 도	105
女	계집 녀	115	疸	황달 달	285	鍍	도금할 도:	434
撚	비빌 년	188	痰	가래 담:	286	盜	도둑 도(:)	292
年	해 년	144	談	말씀 담	391	逃	도망할 도	418
涅	개흙, 열반 녈	242	淡	맑을 담	244	都	도읍 도	425
念	생각 념:	159	澹	맑을 담	250	挑	돋울 도	181
寧	편안할 녕	127	擔	멜 담	188	跳	뛸 도	408
駑	둔한 말 노	466	潭	못, 깊을 담	249	徒	무리 도	157
怒	성낼 노:	160	膽	쓸개 담:	349	濤	물결 도	251
弩	쇠뇌 노	153	憺	참담할 담	171	滔	물넘칠 도	247
奴	종 노	115	譚	클, 말씀 담	395	蹈	밟을 도	409
努	힘쓸 노	73	曇	흐릴 담	204	度	법도 도(:)/헤아릴 탁	147
膿	고름 농	349	畓	논 답	281	稻	벼 도	308
農	농사 농	416	答	대답 답	315	桃	복숭아 도	215
濃	짙을 농:	250	遝	뒤섞일 답	422	睹	볼 도	296
腦	골, 뇌수 뇌	348	踏	밟을 답	409	燾	비출 도	497
惱	번뇌할 뇌	168	唐	당나라, 당황할 당(:)	94	禱	빌 도	304
尿	오줌 뇨	133	當	마땅 당	282	島	섬 도	135
撓	흴 뇨	188	塘	못 당	496	悼	슬퍼할 도	167
訥	말 더듬거릴 눌	387	黨	무리 당	483	淘	쌀 일 도	244
紐	맺을 뉴	322	螳	사마귀 당	374	到	이를 도:	70
能	능할 능	346	棠	아가위 당	217	導	인도할 도:	130
尼	여승 니	133	糖	엿 당/사탕 탕	320	屠	죽일, 잡을 도	134
泥	진흙 니	239	堂	집 당	104	陶	질그릇 도	441

Index 623

搗	찧을 도	186	得	얻을 득	157	冷	찰 랭:	66
塗	칠할 도	105	橙	귤, 걸상 등	221	略	간략할, 줄일 략	281
刀	칼 도	68	鄧	나라 이름 등:	497	掠	노략질할 략	183
萄	포도나무 도	364	燈	등 등	256	粱	기장 량	320
掉	흔들 도	184	藤	등나무 등	369	兩	두 량:	59
督	감독할 독	296	等	무리 등:	315	樑	들보 량	497
禿	대머리 독	306	謄	베낄 등	394	梁	들보, 돌다리 량	217
瀆	도랑, 더러힐 독	252	登	오를 등	289	亮	밝을 량	497
讀	읽을 독 / 구절 두	396	騰	오를 등	466	諒	살펴 알, 믿을 량	391
篤	도타울 독	317	懶	게으를 라:	172	涼	서늘할 량	243
毒	독 독	231	癩	문둥이 라	288	輛	수레 량	413
獨	홀로 독	269	裸	벌거숭이 라:	380	糧	양식 량	320
敦	도타울 돈	192	羅	벌일 라	333	良	어질 량	359
惇	도타울 돈	497	螺	소라 라	374	倆	재주 량	51
豚	돼지 돈	399	邏	순라 라	423	量	헤아릴 량	430
燉	불빛 돈	497	洛	강 이름 락	240	濾	거를 려:	252
沌	엉길 돈	237	駱	낙타 락	466	驪	검은 말 려 / 리	497
頓	조아릴 돈:	497	落	떨어질 락	365	黎	검을 려	482
突	갑자기 돌	310	酪	쇠젖 락	426	麗	고울 려	478
乭	이름 돌	497	絡	이을, 얽을 락	324	旅	나그네 려	198
冬	겨울 동(:)	66	樂	즐길 락 / 노래 악 / 좋아할 요	220	廬	농막집 려	497
銅	구리 동	432	烙	지질 락	255	閭	마을 려	438
憧	그리워할 동	171	欄	난간 란	222	慮	생각할 려:	163
瞳	눈동자 동:	296	鸞	난새 란	476	呂	성(姓)씨, 법칙 려:	497
東	동녘 동	211	蘭	난초 란	370	礪	숫돌 려:	497
棟	마룻대 동	217	瀾	물결 란	252	戾	어그러질 려:	175
洞	마을 동: / 통할 통:	241	爛	빛날 란	257	侶	짝 려:	50
董	바로잡을 동:	497	卵	알 란:	83	勵	힘쓸 려:	75
童	아이 동(:)	312	亂	어지러울 란:	39	瀝	스밀 력	252
疼	아플 동	284	辣	매울 랄	415	礫	조약돌 력	301
凍	얼 동:	66	剌	어그러질, 발랄할 랄 / 수라 라	70	歷	지낼 력	226
桐	오동나무 동	215	濫	넘칠 람:	251	曆	책력 력	204
動	움직일 동:	74	籃	바구니 람	318	力	힘 력	73
胴	큰창자, 몸통 동	346	覽	볼 람	383	輦	가마 련	413
同	한가지 동	89	藍	쪽 람	369	戀	그리워할, 그릴 련:	164
杜	막을 두	497	拉	끌고갈 랍	180	煉	달굴 련	255
斗	말 두	196	臘	납향 랍	350	憐	불쌍히 여길 련	170
頭	머리 두	456	蠟	밀 랍	374	鍊	쇠불릴, 단련할 련:	434
痘	역질 두	285	浪	물결 랑(:)	242	蓮	연꽃 련	367
豆	콩 두	398	朗	밝을 랑:	208	聯	연이을 련	340
兜	투구 두 / 도솔천 도	58	郞	사내 랑	424	連	이을 련	419
鈍	둔할 둔:	431	廊	사랑채, 행랑 랑	147	練	익힐 련:	327
臀	볼기 둔	350	狼	이리 랑	268	漣	잔물결 련	497
遁	숨을 둔:	421	萊	명아주 래	497	烈	매울, 세찰 렬	257
屯	진칠 둔	137	來	올 래(:)	44	劣	못할 렬	73

列	벌일 렬	69	儡	꼭두각시 뢰 :	56	隆	높을 륭	442
裂	찢을 렬	379	賂	뇌물 뢰	403	肋	갈빗대 륵	343
斂	거둘 렴 :	193	磊	돌 무더기 뢰	301	勒	굴레 륵	74
濂	물 이름 렴	497	雷	우레 뢰	447	凜	찰 름	67
簾	발 렴	317	牢	우리 뢰	265	楞	네모질 릉	498
殮	염할 렴 :	229	賴	의뢰할 뢰 :	404	菱	마름 릉	364
廉	청렴할 렴	147	寮	동관 료	127	稜	모서리 릉	308
獵	사냥 렵	270	僚	동료 료	55	綾	비단 릉	325
囹	감옥 령	100	了	마칠 료 :	40	陵	언덕 릉	442
領	거느릴 령	456	遼	멀 료	498	凌	업신여길 릉	66
嶺	고개 령	136	瞭	밝을 료	296	罹	걸릴 리	333
齡	나이 령	489	療	병 고칠 료	287	釐	다스릴 리	430
鈴	방울 령	431	寥	쓸쓸할 료	127	理	다스릴 리 :	272
靈	신령 령	448	聊	애오라지 료	340	離	떠날 리 :	446
玲	옥소리 령	498	料	헤아릴 료 (:)	196	里	마을 리 :	430
逞	쾌할 령	419	燎	횃불 료	256	履	밟을 리 :	134
令	하여금 령 (:)	44	涙	눈물 루 :	243	梨	배나무 리	216
醴	단술 례 :	498	樓	다락 루	220	吏	벼슬아치, 관리 리 :	89
例	법식 례 :	49	陋	더러울 루 :	441	痢	설사 리 :	285
禮	예도 례 :	304	壘	보루 루	107	裏	속 리 :	379
隸	종 례 :	444	漏	샐 루 :	248	裡	속 리 :	380
蘆	갈대 로	498	屢	여러 루 :	134	俚	속될 리	50
撈	건질 로	187	累	여러, 자주 루 :	323	悧	영리할 리	167
盧	검을, 성(姓)씨 로	498	謬	그르칠 류 :	394	李	오얏, 성(姓)씨 리 :	211
路	길 로 :	408	留	머무를 류	281	籬	울타리 리	318
魯	노나라, 노둔할 로	498	類	무리 류 (:)	457	利	이로울 리 :	69
擄	노략질 로	189	柳	버들 류 (:)	213	麟	기린 린	498
老	늙을 로 :	337	琉	유리 류	272	燐	도깨비불 린	256
虜	사로잡을 로	371	硫	유황 류	299	鱗	비늘 린	474
露	이슬 로 (:)	448	劉	죽일, 묘금도 류	498	吝	아낄 린	91
勞	일할 로	75	溜	처마물 류	247	隣	이웃 린	443
鷺	해오라기 로	498	瘤	혹 류 :	287	躙	짓밟을 린	410
爐	화로 로	257	流	흐를 류	242	淋	물뿌릴, 임질 림	244
錄	기록할 록	433	陸	뭍 륙	442	林	수풀 림	211
祿	녹 록	303	六	여섯 륙	60	臨	임할 림	351
鹿	사슴 록	478	戮	죽일 륙	174	粒	낟알 립	319
麓	산기슭 록	478	輪	바퀴 륜	413	笠	삿갓 립	314
碌	푸른 돌 록	300	綸	벼리 륜	326	立	설 립	312
綠	푸를 록	325	淪	빠질 륜	244	磨	갈 마	301
論	말할 론	391	崙	산 이름 륜	498	魔	마귀 마	473
聾	귀머거리 롱	341	倫	인륜 륜	51	馬	말 마 :	465
籠	대바구니 롱 (:)	318	慄	떨릴 률	169	摩	문지를 마	176
壟	밭두둑 롱 :	108	栗	밤 률	215	麻	삼 마 (:)	480
瓏	옥 소리 롱	273	率	비율 률 / 거느릴 솔	274	痲	저릴 마	286
弄	희롱할 롱 :	150	律	법칙 률	156	寞	고요할 막	127

Index 625

膜	꺼풀 막	348	買	살 매:	402	貌	모양 모	400
漠	넓을, 사막 막	247	昧	어두울 매	202	募	모을, 뽑을 모	75
莫	없을 막	363	呆	어리석을 매	91	帽	모자 모	142
幕	장막 막	143	寐	잘 매:	126	糢	모호할 모	320
摸	더듬을 막 / 찾을 모	187	媒	중매 매	119	冒	무릅쓸 모	62
慢	거만할 만:	169	賣	팔 매(:)	404	模	본뜰 모	220
彎	굽을 만	153	貊	맥국 맥	498	牟	성(姓)씨, 보리 모	499
輓	끌, 애도할 만:	413	麥	보리 맥	479	耗	소모할 모	339
娩	낳을 만:	118	脈	줄기 맥	345	牡	수컷 모	265
晩	늦을 만:	203	孟	맏 맹(:)	121	某	아무 모:	213
挽	당길 만:	182	盟	맹세 맹	292	母	어머니 모:	231
蔓	덩굴 만	367	猛	사나울 맹:	269	侮	업신여길 모(:)	50
饅	만두 만	461	盲	소경, 눈 멀 맹	294	暮	저물 모:	204
卍	만자 만	78	萌	싹 맹	364	矛	창 모	297
灣	물굽이 만	253	覓	찾을 멱	498	毛	털 모	233
鰻	뱀장어 만	474	眄	곁눈질할 면:	294	木	나무 목	210
瞞	속일 만	296	麪	국수 면	479	目	눈 목	294
蠻	오랑캐 만	374	面	낯 면:	451	沐	머리감을 목	238
萬	일 만 만:	365	緬	멀 면(:)	326	牧	칠 목	265
滿	찰 만(:)	248	冕	면류관 면:	498	睦	화목할 목	296
漫	흩어질 만 / 질펀할 만	248	免	면할 면:	58	穆	화목할 목	499
末	끝 말	210	棉	목화 면	218	沒	빠질 몰	238
靺	말갈 말	498	沔	물 이름 면:	498	歿	죽을 몰	228
沫	물거품 말	239	綿	솜 면	325	夢	꿈 몽	110
襪	버선 말	381	眠	잘 면	295	蒙	어두울 몽	366
抹	지울 말	180	勉	힘쓸 면:	74	猫	고양이 묘:	269
網	그물 망	325	俛	힘쓸, 구푸릴 면:	498	描	그릴 묘	185
芒	까끄라기 망	361	滅	멸할, 꺼질 멸	246	苗	모 묘:	362
妄	망령될 망:	115	蔑	업신여길 멸	367	妙	묘할 묘:	116
亡	망할 망	43	皿	그릇 명:	292	墓	무덤 묘:	106
惘	멍할 망	167	螟	멸구 명	373	昴	별 이름 묘:	499
望	바랄 망:	208	命	목숨 명:	91	廟	사당 묘:	148
忙	바쁠 망	165	溟	바다 명	247	杳	아득할 묘:	212
茫	아득할 망	363	明	밝을 명	200	渺	아득할 묘:	245
罔	없을 망	332	銘	새길 명	432	卯	토끼 묘:	83
忘	잊을 망	159	酩	술 취할 명:	426	蕪	거칠 무	368
邁	갈 매	423	冥	어두울 명	64	武	군사, 굳셀 무:	226
煤	그을음 매	256	鳴	울 명	475	戊	다섯째 천간 무:	173
罵	꾸짖을 매:	333	名	이름 명	89	毋	말 무	231
枚	낱 매	212	暝	저물 명	203	巫	무당 무:	139
妹	누이 매	117	袂	소매 몌	380	茂	무성할 무:	362
每	매양 매(:)	231	慕	그릴 모:	170	貿	무역할 무:	402
魅	매혹할 매	473	謀	꾀 모	392	誣	속일 무:	390
梅	매화 매	217	謨	꾀 모	498	霧	안개 무:	448
埋	묻을 매	103	茅	띠 모	499	撫	어루만질 무(:)	187

憮	어루만질 무:	170	箔	발 박	316	發	필 발	289
拇	엄지손가락 무:	180	泊	배 댈 박	239	旁	곁 방	499
無	없을 무	258	舶	배 박	357	傍	곁 방:	53
畝	이랑 무: / 묘:	281	剝	벗길 박	71	肪	기름 방	344
舞	춤 출 무:	356	朴	성씨, 순박할 박	210	紡	길쌈 방	322
務	힘쓸 무:	74	樸	순박할, 통나무 박	221	芳	꽃다울 방	361
墨	먹 묵	106	縛	얽을 박	327	邦	나라 방	424
默	잠잠할 묵	483	薄	엷을 박	368	龐	높은 집 방	499
文	글월 문	195	粕	지게미 박	319	放	놓을 방 (:)	191
聞	들을 문 (:)	340	拍	칠 박	179	枋	다목 방	212
蚊	모기 문	372	撲	칠 박	187	幫	도울 방	142
紋	무늬 문	322	膊	팔뚝 박	348	坊	동네 방	102
門	문 문	437	迫	핍박할 박	417	防	막을 방	440
汶	물 이름 문	499	珀	호박 박	271	方	모 방	198
問	물을 문:	95	般	가지, 일반 반	357	昉	밝을 방	201
紊	어지러울 문	322	頒	나눌 반	455	房	방 방	175
勿	말 물	76	班	나눌 반	271	榜	방 붙일 방:	220
物	물건 물	265	攀	더위잡을 반	177	妨	방해할 방	115
尾	꼬리 미:	133	反	돌이킬 반:	84	倣	본뜰 방	51
眉	눈썹 미	295	返	돌이킬 반:	417	尨	삽살개 방	132
味	맛 미:	92	磻	반계, 강 이름 반 / 번	499	膀	오줌통 방	348
彌	미륵, 오랠 미	499	飯	밥 반	460	訪	찾을 방:	387
迷	미혹할 미 (:)	418	畔	밭두둑 반	281	謗	헐뜯을 방:	394
米	쌀 미	319	叛	배반할 반	85	彷	헤맬 방 (:)	156
靡	쓰러질 미	450	攀	백반 반	499	倍	곱 배 (:)	51
未	아닐 미 (:)	210	拌	버릴 반	181	背	등 배:	345
美	아름다울 미 (:)	334	蟠	서릴 반	374	陪	모실 배:	441
媚	아첨할 미	119	潘	성(姓)씨, 뜨물 반	499	輩	무리 배:	413
微	작을 미	158	盤	소반 반	293	湃	물결칠 배	246
薇	장미 미	369	斑	아롱질 반	195	賠	물어줄 배:	404
悶	답답할 민	161	絆	얽어맬 반	323	排	밀칠 배	183
憫	민망할 민	170	搬	옮길 반	186	俳	배우 배	51
敏	민첩할 민	192	槃	쟁반 반	220	培	북돋울 배:	103
民	백성 민	234	半	절반 반:	78	胚	아이 밸 배	345
玟	아름다운 돌 민	499	伴	짝 반:	48	徘	어정거릴 배	157
珉	옥돌 민	499	魃	가뭄 발	473	杯	잔 배	211
閔	우환, 성(姓)씨 민	499	勃	노할 발	74	拜	절 배:	176
旻	하늘 민	499	撥	다스릴 발	188	配	짝, 나눌 배:	426
旼	화할 민	499	潑	물뿌릴 발	250	裴	치렁치렁할, 성(姓)씨 배	499
謐	고요할 밀	394	渤	바다 이름 발	499	魄	넋 백	473
蜜	꿀 밀	373	鉢	바리때 발	499	伯	맏 백	47
密	빽빽할 밀	125	跋	밟을 발	408	帛	비단 백	141
博	넓을 박	79	拔	뽑을 발	179	百	일백 백	290
駁	논박할 박	465	醱	술 괼 발	428	柏	측백 백	213
搏	두드릴 박	187	髮	터럭 발	470	白	흰 백	290

Index 627

煩	번거로울 번	255	兵	병사 병	60	釜	가마 부	500
繁	번성할 번	328	屛	병풍 병(:)	134	俯	구부릴 부:	52
飜	번역할 번	459	倂	아우를 병	51	赴	다다를, 갈 부:	407
蕃	우거질 번	368	柄	자루 병:	500	斧	도끼 부	197
藩	울타리 번	369	秉	잡을 병:	500	扶	도울 부	178
番	차례 번	281	報	갚을, 알릴 보:	105	部	떼 부	425
筏	뗏목 벌	500	步	걸을 보:	226	浮	뜰 부	242
閥	문벌 벌	438	補	기울 보:	380	府	마을 부(:)	146
罰	벌할 벌	332	普	넓을 보:	202	婦	며느리 부	119
伐	칠 벌	46	輔	도울 보:	500	簿	문서 부:	318
汎	넓을 범:	237	譜	물 이름 보:	500	副	버금 부:	71
氾	넘칠 범:	237	洑	보 보 / 스며흐를 복	240	訃	부고 부:	386
帆	돛 범:	141	寶	보배 보:	128	埠	부두 부:	104
泛	뜰 범:	239	菩	보살 보	364	駙	부마 부:	465
凡	무릇 범(:)	65	堡	작은 성 보:	105	賦	부세 부:	404
梵	범어 범:	216	譜	족보 보:	395	芙	부용 부	362
犯	범할 범:	267	保	지킬 보(:)	49	賻	부의 부:	405
範	법 범:	317	甫	클 보:	500	富	부자 부:	126
范	풀 이름, 성(姓)씨 범:	500	複	겹칠 복	381	付	부칠 부:	46
法	법 법	239	匐	길 복	76	符	부호 부(:)	314
璧	구슬 벽	273	覆	다시 복 / 덮을 부	382	咐	분부할, 불 부	92
僻	궁벽할 벽	55	輻	바퀴살 복 / 폭	414	附	붙을 부(:)	440
癖	버릇 벽	287	腹	배 복	347	膚	살갗 부	349
壁	벽 벽	107	福	복 복	303	傅	스승 부:	500
擘	엄지손가락 벽	177	伏	엎드릴 복	46	腐	썩을 부:	343
闢	열 벽	439	服	옷 복	208	否	아닐 부:	90
劈	쪼갤 벽	68	鰒	전복 복	474	父	아버지 부	261
碧	푸를 벽	300	卜	점 복	77	孵	알 깔 부	122
邊	가 변	423	僕	종 복	55	阜	언덕 부:	500
弁	고깔 변:	500	馥	향기 복	500	腑	장부 부	347
辯	말씀 변:	415	復	회복할 복 / 다시 부:	158	夫	지아비 부	112
變	변할 변:	396	本	근본 본	210	負	질 부:	401
辨	분별할 변:	415	縫	꿰맬 봉	328	剖	쪼갤 부:	71
卞	조급할, 성(姓)씨 변:	500	俸	녹 봉:	51	敷	펼 부(:)	193
別	나눌, 다를 별	69	棒	막대 봉	218	北	북녘 북 / 달아날 배:	80
瞥	눈 깜짝할 별	296	逢	만날 봉	419	粉	가루 분(:)	319
鼈	자라 별	484	捧	받들 봉	184	扮	꾸밀 분	178
竝	나란히 병:	312	奉	받들 봉:	113	分	나눌 분(:)	68
丙	남녘, 셋째 천간 병:	35	蜂	벌 봉	373	雰	눈 날릴 분	447
餠	떡 병:	461	鳳	봉새 봉:	475	奔	달릴 분	113
昺	밝을 병:	500	峯	봉우리 봉	135	盆	동이 분	292
昞	밝을 병:	500	封	봉할 봉	129	奮	떨칠 분:	114
炳	밝을, 불꽃 병:	500	烽	봉화 봉	255	糞	똥 분	320
甁	병 병	276	蓬	쑥 봉	500	墳	무덤 분	107
病	병 병:	284	鋒	칼날 봉	432	吩	분부할 분:	90

焚	불사를 분	255	妃	왕비 비	115	奢	사치할 사	113
噴	뿜을 분	98	痺	저릴 비	286	麝	사향노루 사:	478
憤	성낼 분:	171	妣	죽은 어미 비	116	思	생각 사 (:)	160
忿	성낼 분:	159	脾	지라 비 (:)	347	士	선비 사	109
紛	어지러울 분	321	粃	쭉정이 비:	306	仕	섬길, 벼슬 사 (:)	45
芬	향기 분	500	鼻	코 비:	487	詐	속일 사	388
拂	떨칠 불	180	丕	클 비	501	師	스승 사	142
佛	부처 불	47	臂	팔 비	350	絲	실 사	324
彿	비슷할 불	156	泌	분비할 비: / 스며흐를 필		瀉	쏟을 사 (:)	252
弗	아닐 불	152	誹	헐뜯을 비	391	射	쏠 사 (:)	129
不	아닐 불 / 부	34	貧	가난할 빈	401	徙	옮길 사:	157
崩	무너질 붕	135	嬪	궁녀 벼슬 이름 빈	120	赦	용서할 사:	406
繃	묶을 붕	328	濱	물가 빈	252	斯	이 사	197
朋	벗 붕	208	瀕	물가, 가까울 빈	252	嗣	이을 사	96
硼	붕사 붕	300	殯	빈소 빈	229	事	일 사:	40
鵬	붕새 붕	501	彬	빛날 빈	501	些	적을 사	42
棚	사다리 붕	217	賓	손 빈	403	寺	절 사	129
備	갖출 비:	53	頻	자주 빈	456	祀	제사 사	302
比	견줄 비:	232	嚬	찡그릴 빈	98	查	조사할 사	213
婢	계집 종 비:	119	氷	얼음 빙 / 엉킬 응	236	死	죽을 사:	228
憊	고달플 비:	164	憑	의지할 빙	164	賜	줄 사:	404
沸	끓을 비: / 용솟음칠 불	240	聘	찾을 빙	340	舍	집 사	355
飛	날 비	459	邪	간사할 사	424	娑	춤출 사	118
卑	낮을 비:	79	飼	기를 사	460	使	하여금, 부릴 사:	48
鄙	더러울 비:	425	蛇	긴 뱀 사	372	削	깎을 삭	70
庇	덮을 비:	146	四	넉 사:	100	朔	초하루 삭	208
毘	도울 비	501	似	닮을 사:	48	刪	깎을 산	69
裨	도울 비	380	蓑	도롱이 사	367	産	낳을 산:	278
翡	물총새 비:	335	詞	말, 글 사	388	山	메 산	135
蜚	바퀴, 날 비	373	辭	말씀 사	415	疝	산증 산	284
緋	비단 비:	326	司	맡을 사	88	珊	산호 산	271
砒	비상 비:	299	沙	모래 사	238	算	셈 산:	316
碑	비석 비	300	社	모일 사	302	傘	우산 산	45
匕	비수 비:	80	泗	물 이름 사:	501	酸	초, 실 산	427
譬	비유할 비:	395	巳	뱀 사:	140	散	흩어질 산:	192
匪	비적 비:	81	捨	버릴 사:	184	薩	보살 살	369
琵	비파 비	272	寫	베낄 사	127	撒	뿌릴 살	187
批	비평할 비:	177	唆	부추길 사	93	煞	죽일 살	258
扉	사립문 비	175	斜	비낄 사	196	殺	죽일 살 / 덜 쇄:	230
肥	살찔 비:	344	紗	비단 사	322	三	석 삼	34
毖	삼갈 비	501	史	사기 사	88	森	수풀 삼	218
祕	숨길 비:	303	祠	사당 사	302	滲	스밀 삼	249
悲	슬플 비:	162	謝	사례할 사:	393	蔘	인삼 삼	367
費	쓸 비:	402	私	사사 사	306	挿	꽂을 삽	185
非	아닐 비 (:)	450	獅	사자 사 (:)	269	澁	떫을 삽	250

Index 629

償 갚을 상	56	曙 새벽 서:	204	屑 가루 설	134
翔 날 상	335	西 서녘 서	382	雪 눈 설	447
傷 다칠 상	54	胥 서로 서	345	薛 대쑥, 성(姓)씨 설	501
常 떳떳할, 항상 상	142	嶼 섬 서 (:)	136	說 말씀 설 / 달랠 세	389
嘗 맛볼 상	97	緖 실마리 서:	327	設 베풀, 세울 설	387
像 모양 상	55	庶 여러 서:	147	卨 사람 이름 설	501
桑 뽕나무 상	215	恕 용서할 서:	161	泄 샐 설	240
床 상 상	146	鼠 쥐 서:	486	洩 샐 설 / 퍼질 예	241
祥 상서 상	303	序 차례 서:	146	渫 파낼 설	245
箱 상자 상	316	徐 천천할 서 (:)	157	舌 혀 설	355
賞 상줄 상	404	舒 펼 서:	501	纖 가늘 섬	330
想 생각 상:	162	敍 펼 서:	191	殲 다 죽일 섬	229
相 서로 상	295	抒 풀 서:	179	蟾 두꺼비 섬	502
霜 서리 상	448	潟 개펄 석	250	陝 땅 이름 섬	501
爽 시원할 상:	262	石 돌 석	299	閃 번쩍일 섬	437
尙 오히려 상 (:)	131	晳 밝을 석	501	暹 햇살 치밀, 나라 이름 섬	502
上 윗 상:	34	惜 아낄 석	168	涉 건널 섭	242
喪 잃을 상 (:)	96	昔 옛 석	201	攝 다스릴, 잡을 섭	190
詳 자세할 상	389	席 자리 석	142	燮 불꽃 섭	502
觴 잔 상	385	夕 저녁 석	110	醒 깰 성	427
商 장사 상	95	錫 주석 석	501	晟 밝을 성	502
裳 치마 상	379	析 쪼갤 석	212	星 별 성	202
象 코끼리 상	399	碩 클 석	300	省 살필 성 / 덜 생	294
庠 학교 상	501	奭 클, 쌍백 석	501	姓 성씨 성:	117
狀 형상 상 / 문서 장:	267	釋 풀 석	429	聖 성인 성:	340
孀 홀어미 상	120	選 가릴 선:	422	性 성품 성:	165
塞 변방 새 / 막힐 색	105	鮮 고울 선	474	盛 성할 성:	292
璽 옥새 새	273	璿 구슬 선	501	聲 소리 성	341
色 빛 색	360	繕 기울 선:	328	成 이룰 성	173
嗇 아낄 색	97	琔 도리옥 선	501	城 재 성	103
索 찾을 색 / 동아줄 삭	322	旋 돌 선	198	誠 정성 성	390
生 날 생	278	先 먼저 선	57	細 가늘 세:	323
甥 생질 생	278	銑 무쇠 선	432	稅 세금 세:	307
牲 희생 생	265	膳 반찬, 선물 선:	349	貰 세낼 세:	403
逝 갈 서:	418	船 배 선	357	洗 씻을 세:	241
薯 감자 서:	369	宣 베풀 선	124	世 인간, 세대 세:	35
書 글 서	206	羨 부러워할 선: / 무덤길 연:	334	歲 해 세:	226
黍 기장 서:	482	扇 부채 선	175	勢 형세 세:	75
棲 깃들일 서:	218	煽 부채질할 선	256	遡 거스를 소	422
暑 더울 서:	203	腺 샘 선	348	搔 긁을 소	186
署 마을, 관청 서:	332	禪 선 선	304	甦 깨어날 소	278
誓 맹세할 서:	391	仙 신선 선	45	蔬 나물 소	366
犀 무소 서	266	璇 옥 선	501	逍 노닐 소	419
壻 사위 서:	109	線 줄 선	327	蘇 되살아날 소	370
瑞 상서 서:	273	善 착할 선:	95	疏 드물, 성길 소	283

邵	땅 이름, 성(姓)씨 소	502	囚	가둘 수	100	孰	누구 숙	122
騷	떠들 소	466	酬	갚을 수	427	淑	맑을 숙	243
沼	못 소	502	收	거둘 수	191	叔	아재비 숙	84
所	바, 곳 소 :	175	髓	골수 수	468	肅	엄숙할 숙	342
昭	밝을 소	201	愁	근심 수	162	夙	이를, 새벽 숙	110
宵	밤 소	125	樹	나무 수	221	熟	익을 숙	259
素	본디, 흴 소 (:)	322	誰	누구 수	391	宿	잘 숙 / 별자리 수 :	126
召	부를 소	89	殊	다를 수	228	菽	콩 숙	364
消	사라질 소	242	修	닦을 수	51	馴	길들 순	465
燒	사를 소 (:)	257	遂	드디어 수	420	瞬	눈깜짝일 순	296
巢	새집 소	502	垂	드리울 수	103	循	돌 순	158
疏	소통할 소	283	隨	따를 수	443	巡	돌, 순행할 순	138
掃	쓸 소 (:)	183	首	머리 수	463	殉	따라 죽을 순	228
蕭	쓸쓸할 소	368	須	모름지기 수	455	盾	방패 순	294
梳	얼레빗 소	216	蒐	모을 수	367	淳	순박할 순	502
笑	웃음 소 :	314	壽	목숨 수	109	純	순수할 순	322
紹	이을 소	323	水	물 수	236	舜	순임금 순	502
小	작을 소 :	131	洙	물가 수	502	順	순할 순 :	455
少	적을 소 :	131	受	받을 수 (:)	84	旬	열흘 순	200
簫	퉁소 소	318	輸	보낼 수	414	珣	옥 이름 순	502
瘙	피부병 소	287	羞	부끄러울 수	334	脣	입술 순	346
訴	호소할 소	388	雖	비록 수	446	醇	전국술 순	427
塑	흙 빚을 소	106	秀	빼어날 수	306	筍	죽순 순	315
束	묶을 속	211	狩	사냥할 수	268	洵	참으로 순	502
屬	붙일 속	134	竪	세울 수	312	荀	풀 이름 순	502
速	빠를 속	419	數	셈 수 :	192	戌	개 술	173
贖	속죄할 속	405	袖	소매 수	380	術	재주 술	376
續	이을 속	329	手	손 수 (:)	176	述	펼 술	417
粟	조 속	319	隋	수나라 수	502	崇	높을 숭	135
俗	풍속 속	49	繡	수놓을 수 :	329	膝	무릎 슬	349
遜	겸손할 손 :	422	戍	수자리 수	173	瑟	큰거문고 슬	502
損	덜 손 :	186	粹	순수할 수	320	襲	엄습할 습	379
孫	손자 손 (:)	122	需	쓰일 수	447	習	익힐 습	335
悚	두려워할 송 :	167	瘦	여윌 수	286	濕	젖을 습	251
送	보낼 송 :	418	讎	원수 수	396	拾	주울 습 / 열 십	181
松	소나무 송	212	穗	이삭 수	309	繩	노끈 승	502
宋	송나라, 성(姓)씨 송	502	帥	장수 수	142	升	되 승	78
訟	송사할 송 :	387	銖	저울눈 수	502	昇	오를 승	201
誦	욀 송 :	390	睡	졸음 수	296	勝	이길 승	74
頌	칭송할, 기릴 송 :	456	授	줄 수	184	承	이을 승	176
碎	부술 쇄 :	300	守	지킬 수	123	丞	정승 승	35
灑	뿌릴 쇄 :	252	獸	짐승 수	267	僧	중 승	55
鎖	쇠사슬 쇄 :	434	搜	찾을 수	186	乘	탈 승	38
刷	인쇄할 쇄 :	69	嫂	형수 수	119	柿	감나무 시 :	214
衰	쇠할 쇠	378	塾	글방 숙	106	時	때 시	202

Index 631

侍	모실 시:	48	娠	아이 밸 신	118	安	편안 안	123
施	베풀 시:	198	腎	콩팥 신:	347	斡	돌 알	196
示	보일 시:	302	蜃	큰조개 신	373	閼	막을 알	503
視	볼 시:	383	申	펼 신	280	軋	삐걱거릴 알	412
始	비로소 시:	117	伸	펼 신	48	謁	아뢸, 뵐 알	392
柴	섶 시:	503	悉	다 실	161	巖	바위 암	136
匙	숟가락 시:	80	實	열매 실	127	闇	숨을 암:	438
豺	승냥이 시:	400	失	잃을 실	112	癌	암 암:	287
詩	시 시	389	室	집 실	124	庵	암자 암	147
猜	시기할 시	269	深	깊을 심	243	暗	어두울 암:	203
媤	시집 시	119	心	마음 심	159	壓	누를 압	107
試	시험할 시(:)	389	瀋	물 이름, 즙 낼 심:	503	押	누를 압	180
諡	시호 시:	392	審	살필 심(:)	127	鴨	오리 압	503
弑	윗사람 죽일 시:	151	甚	심할 심:	277	央	가운데 앙	112
是	이, 옳을 시:	202	尋	찾을 심	129	秧	모 앙	307
市	저자 시:	141	什	열 사람 십 / 세간 집	45	昂	밝을 앙	201
屍	주검 시:	134	十	열 십	78	仰	우러를 앙:	47
矢	화살 시:	298	雙	두, 쌍 쌍	446	怏	원망할 앙	165
飾	꾸밀 식	460	氏	각시, 성(姓)씨 씨	234	鴦	원앙 앙	475
湜	물 맑을 식	503	我	나 아	173	殃	재앙 앙	228
食	밥, 먹을 식	460	衙	마을 아	376	礙	막을, 거리낄 애:	301
殖	번식할 식	228	雅	맑을 아(:)	445	涯	물가 애	244
式	법 식	151	亞	버금 아(:)	41	愛	사랑 애(:)	162
熄	불 꺼질 식	256	啞	벙어리 아(:)	94	哀	슬플 애	93
軾	수레 앞 가로나무 식	503	芽	싹 아	361	艾	쑥 애	503
息	쉴 식	161	俄	아까 아	50	靄	아지랑이 애:	448
植	심을 식	217	兒	아이 아	58	崖	언덕 애	136
拭	씻을 식	181	牙	어금니 아	264	隘	좁을 애	442
識	알 식 / 기록할 지	394	阿	언덕 아	440	埃	티끌 애	503
蝕	좀먹을 식	373	訝	의심할 아	387	曖	희미할 애	204
神	귀신 신	302	餓	주릴 아:	461	腋	겨드랑이 액	347
紳	끈 띠 신:	323	愕	놀랄 악	169	縊	목맬 액	327
呻	끙끙거릴 신	92	惡	악할 악 / 미워할 오	161	厄	액 액	86
宸	대궐 신	125	握	잡을 악	184	額	이마 액	457
辛	매울 신	415	岳	큰 산 악	135	扼	잡을 액	179
身	몸 신	411	顎	턱 악	457	液	진 액	243
訊	물을 신:	387	堊	흰흙 악	104	鶯	꾀꼬리 앵	476
信	믿을 신:	49	雁	기러기 안:	445	櫻	앵두나무 앵	222
燼	불탄 끝 신:	257	按	누를 안(:)	181	倻	가야 야	503
迅	빠를 신	417	眼	눈 안:	295	野	들 야:	430
愼	삼갈 신:	169	晏	늦을 안:	202	夜	밤 야:	110
新	새 신	197	鞍	안장 안	452	爺	아비 야	261
晨	새벽 신	202	岸	언덕 안:	135	揶	야유할 야	185
薪	섶 신	368	顔	얼굴 안:	457	也	어조사 야	39
臣	신하 신	351	案	책상 안:	215	耶	어조사 야	340

惹 이끌 야ː	162	業 업 업	219	鹽 소금 염	477
冶 풀무 야ː	66	如 같을 여	115	厭 싫어할 염ː	86
若 같을 약	362	余 나 여	44	燁 빛날 엽	503
葯 꽃밥 약	366	予 나 여	40	葉 잎 엽	365
躍 뛸 약	410	餘 남을 여	461	營 경영할 영	257
約 맺을 약	321	汝 너 여ː	237	影 그림자 영ː	155
藥 약 약	369	與 더불, 줄 여ː	354	永 길 영ː	236
弱 약할 약	153	輿 수레 여ː	414	英 꽃부리 영	362
癢 가려울 양	287	逆 거스릴 역	418	零 떨어질 령	447
養 기를 양ː	461	亦 또 역	43	迎 맞을 영	417
揚 날릴 양	186	易 바꿀 역 / 쉬울 이ː	201	映 비출 영(ː)	201
襄 도울 양(ː)	503	譯 번역할 역	395	暎 비칠 영ː	504
樣 모양 양	220	役 부릴 역	156	嬰 어린아이 영	120
攘 물리칠 양ː	190	驛 역 역	467	榮 영화 영	219
楊 버들 양	219	疫 전염병 역	284	瑩 옥돌 영 / 밝을 형	504
恙 병, 근심할 양ː	161	域 지경 역	103	瑛 옥빛 영	503
陽 볕 양	442	繹 풀 역	329	詠 읊을 영	388
讓 사양할 양ː	396	硏 갈 연ː	299	盈 찰 영	503
釀 술 빚을 양ː	428	姸 고울 연ː	503	泳 헤엄칠 영ː	239
孃 아가씨 양	120	然 그러할 연	258	譽 기릴 예ː	396
羊 양 양	334	鉛 납 연	431	曳 끌 예ː	206
洋 큰바다 양	241	延 늘일 연	149	銳 날카로울 예ː	432
瘍 헐 양	286	筵 대자리 연	315	穢 더러울 예ː	309
壤 흙덩이 양ː	108	淵 못 연	503	芮 물가, 성(姓)씨 예	504
御 거느릴 어ː	157	沿 물 따라갈 연(ː)	239	預 미리 예ː	455
魚 물고기 어	474	捐 버릴 연ː	182	豫 미리 예ː	399
漁 고기 잡을 어	248	硯 벼루 연ː	300	睿 슬기 예ː	504
禦 막을 어ː	303	椽 서까래 연	219	詣 이를 예ː	389
語 말씀 어ː	390	鳶 솔개 연	475	藝 재주 예ː	369
於 어조사 어 / 탄식할 오	198	煙 연기 연	255	裔 후손 예ː	379
瘀 어혈질 어ː	286	軟 연할 연ː	412	濊 흐릴, 종족 이름 예ː	504
圄 옥 어	100	緣 인연 연	326	傲 거만할 오ː	54
臆 가슴 억	349	宴 잔치 연ː	125	誤 그르칠 오ː	390
抑 누를 억	178	燕 제비 연(ː)	259	奧 깊을 오(ː)	114
憶 생각할 억	171	燃 탈 연	257	烏 까마귀 오	258
億 억 억	55	衍 퍼질, 넓을 연ː	503	悟 깨달을 오ː	167
堰 둑 언	105	演 펼 연ː	248	吾 나 오	91
言 말씀 언	386	悅 기쁠 열	166	午 낮 오ː	78
彦 선비 언ː	503	熱 더울 열	259	五 다섯 오ː	41
諺 속담 언ː	392	閱 볼, 검열할 열	438	伍 다섯사람 오ː	46
焉 어찌 언	258	艶 고울 염ː	360	汚 더러울 오ː	237
掩 가릴 염ː	183	閻 마을 염	503	墺 물가 오ː	504
奄 문득 염ː	113	染 물들 염ː	213	嗚 슬플 오	97
儼 엄연할 엄	56	焰 불꽃 염	255	吳 오나라, 성(姓)씨 오	504
嚴 엄할 엄	98	炎 불꽃 염 / 아름다울 담	254	梧 오동나무 오(ː)	217

寤	잠 깰 오	127	窯	기왓가마 요	311	隅 모퉁이 우	442
娛	즐길 오:	118	饒	넉넉할 요	461	友 벗 우:	84
懊	한할 오:	171	謠	노래 요	393	祐 복, 도울 우:	505
玉	구슬 옥	271	邀	맞을 요	423	寓 부칠 우:	126
沃	기름질 옥	504	遙	멀 요	422	雨 비 우:	447
鈺	보배 옥	504	耀	빛날 요	504	嵎 산굽이 우	136
獄	옥 옥	267	曜	빛날 요:	204	禹 성(姓)씨 우	505
屋	집 옥	133	擾	시끄러울 요	190	牛 소 우	265
溫	따뜻할 온	246	姚	예쁠 요	504	愚 어리석을 우	163
蘊	쌓을 온:	370	凹	오목할 요	63	于 어조사 우	41
穩	평안할 온	309	要	요긴할 요(:)	382	迂 에돌 우	417
翁	늙은이 옹	335	妖	요사스러울 요	116	虞 염려할 우	371
甕	독 옹:	504	堯	요임금 요	505	右 오른쪽 우:	89
壅	막을 옹	107	僥	요행 요	54	郵 우편 우	425
邕	막힐 옹:	504	拗	우길 요	180	宇 집 우:	123
擁	안을 옹:	189	夭	일찍 죽을 요	112	偶 짝 우:	52
雍	화할 옹	504	腰	허리 요	347	昱 밝을 욱	505
訛	그릇될 와:	387	搖	흔들 요	186	煜 빛날 욱	505
瓦	기와 와:	276	浴	목욕할 욕	242	頊 삼갈 욱	505
臥	누울 와:	351	辱	욕될 욕	416	郁 성할 욱	505
蝸	달팽이 와	373	慾	욕심 욕	163	旭 아침 해 욱	505
渦	소용돌이 와	246	欲	하고자 할 욕	224	雲 구름 운	447
緩	느릴 완:	326	勇	날랠 용:	74	耘 김맬 운	339
莞	빙그레 웃을 완 / 왕골 관	504	熔	녹을 용	256	隕 떨어질 운:	442
阮	성(姓)씨, 나라 이름 완:	440	溶	녹을 용	505	運 옮길 운:	420
婉	순할, 아름다울 완:	119	庸	떳떳할 용	147	韻 운 운:	454
頑	완고할 완	455	踊	뛸 용:	409	云 이를 운	41
宛	완연할 완	123	涌	물 솟을 용:	243	殞 죽을 운:	229
完	완전할 완	123	聳	솟을 용:	341	芸 향풀 운	505
玩	즐길 완:	271	鎔	쇠 녹일, 거푸집 용	505	蔚 고을 이름 울	505
腕	팔 완(:)	347	鏞	쇠북 용	505	鬱 답답할 울	472
曰	가로 왈	206	用	쓸 용:	279	熊 곰 웅	505
往	갈 왕:	156	容	얼굴 용	125	雄 수컷 웅	445
枉	굽을 왕:	212	蓉	연꽃 용	366	瑗 구슬 원	505
汪	넓을 왕(:)	504	龍	용 룡	490	源 근원 원	246
旺	왕성할 왕:	504	瑢	패옥소리 용	505	苑 나라 동산 원:	362
王	임금 왕	271	茸	풀 날 용: / 버섯 이	363	援 도울 원:	185
歪	기울 왜 / 외	226	傭	품팔 용	54	園 동산 원	101
倭	왜나라 왜	504	憂	근심 우	163	圓 둥글 원	101
矮	작을 왜	298	羽	깃 우:	335	遠 멀 원:	421
巍	높고 클 외	136	優	넉넉할 우	56	袁 성(姓)씨 원	505
畏	두려워할 외:	280	尤	더욱 우	132	原 언덕 원	86
外	바깥 외:	110	佑	도울 우:	505	媛 예쁠, 계집 원	506
猥	외람할 외:	269	又	또 우:	84	怨 원망할 원(:)	160
窈	고요할 요:	311	遇	만날 우:	421	猿 원숭이 원	269

鴛	원앙 원	475	蹂	밟을 유	409	凝	엉길 응:	67
願	원할 원:	457	維	벼리 유	325	應	응할 응:	164
元	으뜸 원	57	癒	병 나을 유	287	儀	거동 의	55
員	인원 원	94	柔	부드러울 유	213	毅	굳셀 의	230
院	집 원	441	惟	생각할 유	167	意	뜻 의:	162
冤	원통할 원(:)	64	儒	선비 유	56	宜	마땅 의	124
越	넘을 월	407	諛	아첨할 유	392	擬	비길 의	189
月	달 월	208	幼	어릴 유	145	矣	어조사 의	298
韋	가죽 위	506	唯	오직 유	94	義	옳을 의:	334
僞	거짓 위	55	猶	오히려 유	269	衣	옷 의	378
魏	나라 이름 위	506	柚	유자 유	214	議	의논할 의	395
委	맡길 위	117	有	있을 유:	208	疑	의심할 의	283
渭	물 이름 위	506	乳	젖 유	39	醫	의원 의	427
胃	밥통 위	345	愉	즐거울 유	168	椅	의자 의	218
尉	벼슬 위	129	諭	타이를 유	392	依	의지할 의	48
萎	시들 위	365	游	헤엄칠 유	246	誼	정(情), 옳을 의	391
緯	씨 위	327	肉	고기 육	343	耳	귀 이:	340
違	어긋날 위	421	育	기를 육	344	珥	귀고리 이:	506
圍	에워쌀 위	101	尹	다스릴, 성(姓)씨 윤:	506	怡	기쁠 이	507
慰	위로할 위	163	允	맏 윤:	506	爾	너 이:	262
威	위엄 위	118	潤	불을, 윤택할 윤:	249	弛	늦출 이:	152
危	위태할 위	83	閏	윤달 윤:	437	異	다를 이:	281
謂	이를 위	393	胤	자손 윤	506	二	두 이:	41
位	사리 위	47	鈗	창 윤	506	貳	두, 짓은두 이.	403
衛	지킬 위	376	絨	가는 베 융	324	而	말이을 이	338
偉	클 위	53	戎	되 융	173	餌	미끼 이:	460
爲	할 위(:)	260	融	화할 융	374	痍	상처 이	285
庾	곳집 유	506	隱	숨을 은	443	以	써 이:	44
幽	그윽할 유	145	銀	은 은	432	夷	오랑캐 이	112
油	기름 유	240	殷	은나라 은	506	移	옮길 이	307
喩	깨우칠 유	96	恩	은혜 은	160	姨	이모 이	117
誘	꾈 유	390	垠	지경 은	506	已	이미 이:	140
揄	끌어당길 유	185	誾	향기 은	506	伊	저 이	506
愈	나을 유	162	乙	새 을	39	翼	날개 익	336
遺	남길 유	423	蔭	그늘 음	367	翌	다음날 익	335
宥	너그러울 유	124	陰	그늘 음	441	益	더할 익	292
裕	넉넉할 유:	380	飮	마실 음(:)	460	翊	도울 익	507
踰	넘을 유	506	音	소리 음	454	引	끌 인	152
遊	놀 유	421	吟	읊을 음	90	印	도장 인	83
鍮	놋쇠 유	434	淫	음란할 음	244	咽	목구멍 인 / 목멜 열 / 삼킬 연	92
楡	느릅나무 유	506	邑	고을 읍	424	湮	묻힐 인	246
酉	닭, 열째 지지 유	426	泣	울 읍	239	寅	범, 동방 인	125
兪	대답할 유	506	揖	읍할 읍	185	人	사람 인	44
由	말미암을 유	280	膺	가슴 응:	350	認	알 인	390
悠	멀 유	161	鷹	매 응(:)	506	仁	어질 인	45

Index 635

因	인할 인	100	鵲	까치 작	476	蔣	줄풀, 성(姓)씨 장	507
蚓	지렁이 인	372	綽	너그러울 작	326	漿	즙 장	236
靭	질길 인	452	爵	벼슬 작	260	杖	지팡이 장 (:)	211
忍	참을 인	159	灼	불사를 작	254	腸	창자 장	347
刃	칼날 인 :	68	酌	술 부을 작	426	璋	홀 장	507
姻	혼인 인	117	嚼	씹을 작	99	再	두 재 :	62
日	날 일	200	昨	어제 작	201	載	실을 재 (:)	413
溢	넘칠 일	247	作	지을 작	48	栽	심을 재 :	214
鎰	무게 이름 일	507	雀	참새 작	445	哉	어조사 재	93
佾	줄춤 일	507	炸	터질 작	255	裁	옷 마를 재	379
佚	편안할 일	47	芍	함박꽃 작	361	在	있을 재 :	102
逸	편안할, 달아날 일	420	棧	사다리 잔	218	齋	재계할, 집 재	488
一	한 일	34	盞	잔 잔	292	材	재목 재	211
壹	한, 갖은한 일	109	殘	잔인할 잔	228	財	재물 재	401
任	맡길 임 (:)	46	箴	경계 잠	316	宰	재상 재 :	125
壬	북방 임 :	109	蠶	누에 잠	374	災	재앙 재	254
妊	아이 밸 임 :	116	簪	비녀 잠	317	才	재주 재	177
賃	품삯 임 :	403	潛	잠길 잠	249	滓	찌끼 재	247
入	들 입	59	暫	잠깐 잠 (:)	204	爭	다툴 쟁	260
剩	남을 잉 :	71	雜	섞일 잡	446	錚	쇳소리 쟁	433
孕	아이 밸 잉 :	121	藏	감출 장 :	369	著	나타날 저	365
炙	구울 자 / 적	255	章	글 장	312	低	낮을 저 :	48
字	글자 자	121	長	길, 어른 장 (:)	436	舐	닿을 저 :	385
藉	깔 자 :	369	裝	꾸밀 장	379	抵	막을 저 :	179
恣	마음대로, 방자할 자 :	160	獐	노루 장	507	沮	막을 저 :	239
姿	모양 자 :	118	粧	단장할 장	319	躇	머뭇거릴 저	410
諮	물을 자 :	392	墻	담 장	107	底	밑 저 :	146
滋	불을 자	507	檣	돛대 장	222	猪	산돼지 저	399
瓷	사기그릇 자	276	場	마당 장	104	貯	쌓을 저 :	402
者	사람, 놈 자	337	障	막을 장	443	咀	씹을 저 :	92
慈	사랑할 자	162	張	베풀 장	153	狙	원숭이, 엿볼 저 :	268
蔗	사탕수수 자	367	掌	손바닥 장 :	176	詛	저주할 저 :	388
煮	삶을 자 (:)	258	莊	씩씩할 장	363	箸	젓가락 저	317
姉	손위 누이 자	116	丈	어른 장 :	34	邸	집 저 :	424
自	스스로 자	352	臟	오장 장 :	350	寂	고요할 적	126
子	아들 자	121	仗	의장 장	46	的	과녁 적	290
雌	암컷 자	445	醬	장 장 :	428	謫	귀양갈 적	394
玆	이, 검을 자	274	奬	장려할 장 (:)	267	績	길쌈 적	328
磁	자석 자	301	帳	장막 장	142	敵	대적할 적	193
仔	자세할 자	46	薔	장미 장	368	賊	도둑 적	403
紫	자줏빛 자	324	葬	장사지낼 장 :	365	摘	딸 적	187
資	재물 자	403	將	장수 장 (:)	129	適	맞을 적	422
刺	찌를 자 : / 찌를 척 / 수라 라	69	匠	장인 장	81	籍	문서 적	318
疵	허물 자	285	壯	장할 장 :	109	滴	물방울 적	248
勺	구기 작	76	庄	전장, 농막 장	507	跡	발자취 적	408

赤	붉을 적	406	店	가게 점:	146	靖	편안할 정 (:)	449
積	쌓을 적	309	粘	붙을 점	319	程	한도, 길 정	307
狄	오랑캐 적	268	點	점 점 (:)	483	穽	함정 정	310
迹	자취 적	418	占	점령할 점 : / 점칠 점	77	齊	가지런할 제	488
蹟	자취 적	410	漸	점점 점 (:)	249	濟	건널 제:	251
嫡	정실 적	120	霑	젖을 점	448	悌	공손할 제:	166
笛	피리 적	314	蝶	나비 접	373	蹄	굽 제	409
廛	가게, 터 전:	148	接	이을 접	184	提	끌 제	185
剪	가위, 자를 전 (:)	68	整	가지런할 정:	193	除	덜 제	441
甸	경기, 다스릴 전	507	丁	고무래, 장정 정	34	堤	둑 제	104
悛	고칠 전:	167	靜	고요할 정	449	諸	모두 제	393
轉	구를 전:	414	貞	곧을 정	401	梯	사다리 제	216
箋	기록할 전	316	楨	광나무 정	507	際	사이 제	443
煎	달일 전 (:)	258	幀	그림 족자 정	143	弟	아우 제:	152
錢	돈 전:	433	旌	기 정	507	劑	약제 제	72
輾	돌아누울 전:	414	淨	깨끗할 정	243	啼	울 제	96
顫	떨릴 전:	457	鄭	나라 정:	507	帝	임금 제:	142
栓	마개 전	214	睛	눈동자 정	295	制	절제할 제:	70
塡	메울 전	105	碇	닻 정	300	題	제목 제	456
氈	모전:	233	錠	덩이 정	433	祭	제사 제:	303
癲	미칠 전:	288	呈	드릴 정	91	製	지을 제:	379
田	밭 전	280	庭	뜰 정	147	第	차례 제:	315
電	번개 전:	447	情	뜻 정	167	條	가지 조	216
典	법 전:	60	晶	맑을 정	507	粗	거칠 조	319
餞	보낼 전:	461	停	머무를 정	53	調	고를 조	391
銓	사람 가릴 전 (:)	432	釘	못 정	431	繰	고치 켤 조	329
戰	싸움 전:	174	汀	물가 정	507	槽	구유 조	221
澱	앙금 전:	250	訂	바로잡을 정	386	趙	나라 조:	508
前	앞 전	70	正	바를 정 (:)	226	釣	낚시, 낚을 조:	431
纏	얽을 전	329	町	밭두둑 정	280	棗	대추 조	218
顚	엎드러질, 이마 전:	457	艇	배 정	357	助	도울 조:	73
專	오로지 전	129	挺	빼어날 정	182	措	둘 조	183
全	온전할 전	59	禎	상서로울 정	507	燥	마를 조	257
殿	전각 전:	230	鼎	솥 정	507	藻	마름 조:	370
篆	전자 전:	316	酊	술 취할 정	426	阻	막힐 조	440
傳	전할 전	54	偵	염탐할 정	53	遭	만날 조	422
奠	정할, 제사 전:	114	珽	옥 이름 정	507	曹	무리 조	206
展	펼 전:	134	井	우물 정 (:)	41	眺	바라볼 조:	295
箭	화살 전:	316	政	정사 정	191	漕	배로 실어 나를 조	247
折	꺾을 절	178	頂	정수리 정	455	祚	복조 조	508
截	끊을 절	174	亭	정자 정	43	肇	비롯할 조:	342
絶	끊을 절	324	精	정할 정	320	嘲	비웃을 조	98
切	끊을 절 / 온통 체	68	定	정할 정:	123	照	비칠 조:	258
節	마디 절	316	廷	조정 정	149	稠	빽빽할 조	308
竊	훔칠 절	311	征	칠 정	156	鳥	새 조	475

Index 637

彫	새길 조	155	株	그루 주	215	衆 무리 중:	375
曹	성(姓)씨 조	508	註	글뜻 풀 주	388	仲 버금 중 (:)	46
爪	손톱 조	260	柱	기둥 주	213	卽 곧 즉	83
凋	시들 조	66	晝	낮 주	202	櫛 빗 즐	222
朝	아침 조	209	走	달릴 주	407	葺 기울 즙	366
兆	억조 조	57	周	두루 주	92	汁 즙 즙	236
早	이를 조:	200	駐	머무를 주:	465	增 더할 증	106
操	잡을 조 (:)	188	躊	머뭇거릴 주:	410	憎 미울 증	171
躁	조급할 조	410	紬	명주 주	323	曾 일찍 증	207
弔	조상할 조:	152	輳	몰려들 주	413	贈 줄 증	405
詔	조서 조:	388	洲	물가 주	241	證 증거 증	395
租	조세 조	307	舟	배 주	357	症 증세 증 (:)	284
潮	조수 조	249	誅	벨 주	389	蒸 찔 증	366
糟	지게미 조	320	廚	부엌 주	148	之 갈 지	38
造	지을 조:	419	注	부을 주	240	枝 가지 지	212
組	짤 조	323	嗾	부추길 주	97	持 가질 지	181
祖	할아비 조	303	朱	붉을 주	210	止 그칠 지	226
族	겨레 족	198	呪	빌 주:	91	誌 기록할 지	390
簇	모일 족	317	住	살 주:	47	咫 길이, 여덟 치 지	93
足	발 족	408	鑄	쇠 불릴 주	435	只 다만 지	88
尊	높을 존	130	酒	술 주 (:)	426	遲 더딜, 늦을 지	423
存	있을 존	121	奏	아뢸 주 (:)	113	地 땅 지	102
猝	갑자기 졸	268	疇	이랑 주	508	旨 뜻 지	200
卒	마칠 졸	78	主	임금, 주인 주	37	志 뜻 지	159
拙	못날, 졸할 졸	180	胄	자손 주	345	池 못 지	237
慫	권할 종	163	週	주일 주	420	祉 복 지	302
宗	마루 종	124	紂	주임금 주	321	脂 비계 지	345
終	마칠 종	323	做	지을 주	52	指 손가락 지	181
綜	모을 종	325	宙	집 주	124	智 슬기, 지혜 지	203
踵	발꿈치 종	409	竹	대 죽	314	知 알 지	298
縱	세로 종	328	浚	깊게 할 준:	508	至 이를 지	353
鍾	쇠북 종	434	濬	깊을 준:	508	摯 잡을 지	177
種	씨 종 (:)	308	蠢	꾸물거릴 준:	374	紙 종이 지	321
琮	옥홀 종	508	埈	높을 준:	508	芝 지초 지	508
踪	자취 종	409	峻	높을 준:	508	支 지탱할 지	194
腫	종기 종:	348	竣	마칠 준:	312	枳 탱자 지 / 기	214
從	좇을 종 (:)	157	晙	밝을 준:	508	址 터 지	508
挫	꺾을 좌:	182	准	비준 준:	66	肢 팔다리 지	344
佐	도울 좌:	47	樽	술통 준	221	直 곧을 직	294
坐	앉을 좌:	102	遵	좇을 준:	423	稷 기장 직	508
左	왼 좌:	139	俊	준걸 준:	49	稙 올벼 직	508
座	자리 좌:	147	駿	준마 준:	508	職 직분 직	341
罪	허물 죄:	332	準	준할, 법도 준:	247	織 짤 직	328
州	고을 주	138	中	가운데 중	36	津 나루 진 (:)	241
珠	구슬 주	271	重	무거울 중:	430	進 나아갈 진:	420

盡 다할 진:	293	着 붙을 착	295	娼 창녀 창 (:)	119
振 떨칠 진:	182	錯 어긋날 착	433	昌 창성할 창 (:)	201
疹 마마 진	285	捉 잡을 착	182	菖 창포 창	365
陳 베풀 진: / 묵을 진	441	窄 좁을 착	311	滄 큰 바다 창	247
辰 별 진 / 때 신	416	搾 짤 착	186	蒼 푸를 창	366
珍 보배 진	271	讚 기릴 찬:	396	昶 해 길 창:	509
嗔 성낼 진	97	贊 도울 찬:	405	暢 화창할 창:	204
震 우레 진:	448	鑽 뚫을 찬	509	菜 나물 채:	364
陣 진 칠 진	441	纂 모을 찬:	329	寨 목책 채	127
秦 진나라 진	508	饌 반찬 찬:	462	債 빚 채:	54
晉 진나라 진:	508	餐 밥 찬	461	埰 사패지 채:	509
鎭 진압할 진 (:)	434	燦 빛날 찬:	508	彩 채색 채:	155
診 진찰할 진	388	篡 빼앗을 찬:	317	採 캘 채:	183
眞 참 진	295	璨 옥빛 찬:	509	蔡 풀숲, 성(姓)씨 채:	509
塵 티끌 진	106	瓚 옥잔 찬	509	采 풍채 채	509
迭 갈마들 질	417	撰 지을 찬:	188	策 꾀 책	315
跌 거꾸러질 질	408	擦 문지를 찰	189	責 꾸짖을 책	402
叱 꾸짖을 질	88	察 살필 찰	127	柵 울타리 책	214
窒 막힐 질	310	刹 절 찰	70	册 책 책	62
嫉 미워할 질	119	札 편지 찰	210	處 곳 처:	371
質 바탕 질	404	塹 구덩이 참	106	悽 슬퍼할 처:	167
疾 병 질	284	懺 뉘우칠 참	172	凄 쓸쓸할 처	66
膣 음도 질	349	斬 벨 참 (:)	197	妻 아내 처	116
姪 조카 질	117	慙 부끄러울 참	163	拓 넓힐 척	179
桎 차꼬 질	215	站 역마을 참 (:)	312	擲 던질 척	189
秩 차례 질	307	讖 예언 참	396	脊 등마루 척	346
帙 책갑 질	141	僭 주제넘을 참:	54	斥 물리칠 척	197
朕 나 짐:	208	讒 참소할 참	396	滌 씻을 척	249
斟 짐작할 짐	196	參 참여할 참 / 석 삼	87	瘠 여윌 척	287
輯 모을 집	413	慘 참혹할 참	170	陟 오를 척	509
集 모을 집	445	倉 곳집 창 (:)	45	隻 외짝 척	445
執 잡을 집	104	廠 공장 창	148	尺 자 척	133
澄 맑을 징	250	倡 광대 창:	52	戚 친척 척	174
徵 부를 징	158	漲 넘칠 창:	249	擅 멋대로 할 천:	188
懲 징계할 징	164	彰 드러날 창	155	川 내 천	138
遮 가릴 차:	422	猖 미쳐날뛸 창	268	穿 뚫을 천:	310
叉 갈래 차	84	艙 부두 창	357	闡 밝힐 천:	438
差 다를 차	139	唱 부를 창:	95	踐 밟을 천:	409
次 다음 차	224	瘡 부스럼 창	286	泉 샘 천	236
且 또 차	35	脹 부을 창:	347	喘 숨찰 천:	95
蹉 미끄러질 차	409	創 비롯할 창:	71	淺 얕을 천:	243
借 빌, 빌릴 차:	52	愴 슬플 창:	169	遷 옮길 천:	422
此 이 차	226	敞 시원할 창:	509	千 일천 천	78
嗟 탄식할 차:	97	槍 창 창	220	薦 천거할 천:	368
鑿 뚫을 착	435	窓 창 창	311	賤 천할 천:	404

Index 639

釧	팔찌 천	509	招	부를 초	180	樞	지도리 추	221
天	하늘 천	112	抄	뽑을 초	178	追	쫓을 추	418
撤	거둘 철	187	秒	시간 단위 초	306	鄒	추나라 추	509
澈	맑을 철	509	礁	암초 초	301	槌	칠 추 / 망치 퇴	219
轍	바퀴 자국 철	414	稍	점점 초	307	醜	추할 추	427
哲	밝을 철	94	礎	주춧돌 초	301	軸	굴대 축	412
喆	밝을 철	509	初	처음 초	68	祝	빌 축	302
凸	볼록할 철	63	醋	초 초	427	丑	소, 둘째 지지 축	35
鐵	쇠 철	435	楚	초나라 초	509	築	쌓을 축	317
綴	엮을 철	326	焦	탈 초	258	蓄	쌓을, 모을 축	366
徹	통할 철	158	憔	파리할 초	170	縮	줄일 축	328
僉	다, 여러 첨	45	蕉	파초 초	368	畜	짐승 축	281
添	더할 첨	244	草	풀 초	363	逐	쫓을 축	419
瞻	볼 첨	509	硝	화약 초	300	蹴	찰 축	410
尖	뾰족할 첨	131	蜀	나비 애벌레, 나라 이름 촉	509	春	봄 춘	202
諂	아첨할 첨 :	392	觸	닿을 촉	385	椿	참죽나무 춘	510
籤	제비 첨	318	囑	부탁할 촉	99	出	날 출	63
疊	거듭 첩	282	促	재촉할 촉	49	黜	내칠 출	483
帖	문서 첩	141	燭	촛불 촉	257	蟲	벌레 충	374
貼	붙일 첩	402	寸	마디 촌 :	129	衷	속마음 충	378
捷	빠를 첩	184	村	마을 촌 :	211	衝	찌를 충	376
諜	염탐할 첩	392	忖	헤아릴 촌	165	充	채울 충	57
妾	첩 첩	116	聰	귀 밝을 총	340	忠	충성 충	160
牒	편지 첩	263	總	다 총	328	沖	화할 충	510
晴	갤 청	203	叢	모을, 떨기 총	85	萃	모을 췌 :	365
廳	관청 청	148	塚	무덤 총	105	膵	췌장 췌 :	349
聽	들을 청	341	寵	사랑할 총 :	128	悴	파리할 췌 :	168
淸	맑을 청	243	銃	총 총	432	贅	혹 췌 :	405
請	청할 청	391	撮	사진 찍을 촬	187	取	가질 취 :	84
靑	푸를 청	449	最	가장 최 :	206	就	나아갈 취 :	132
遞	갈릴 체	422	崔	높을, 성(姓)씨 최	509	臭	냄새 취 :	352
涕	눈물 체	243	催	재촉할 최 :	54	趣	뜻 취 :	407
滯	막힐 체	248	楸	가래 추	509	聚	모일 취 :	510
締	맺을 체	327	秋	가을 추	306	炊	불 땔 취 :	254
體	몸 체	468	芻	꼴 추	361	吹	불 취 :	90
替	바꿀 체	206	趨	달아날 추	407	脆	연할 취 :	346
諦	살필 체	393	墜	떨어질 추	106	娶	장가들 취 :	118
逮	잡을 체	420	鰍	미꾸라지 추	474	醉	취할 취 :	427
梢	나뭇가지 끝 초	216	推	밀 추	183	翠	푸를, 비취빛 취 :	335
肖	닮을, 같을 초	343	抽	뽑을 추	179	側	곁 측	52
貂	담비 초	400	錐	송곳 추	433	惻	슬퍼할 측	168
樵	땔나무 초	221	鎚	쇠망치 추	434	測	헤아릴 측	245
超	뛰어넘을 초	407	椎	쇠몽치 추	218	層	층 층	134
哨	망볼 초	93	酋	우두머리 추	426	値	값 치	50
炒	볶을 초	254	錘	저울추 추	433	幟	기 치	143

雉	꿩 치	510	託	부탁할 탁	386	吐	토할 토 (:)	90
治	다스릴 치	238	擢	뽑을 탁	189	土	흙 토	102
馳	달릴 치	465	濯	씻을 탁	251	統	거느릴 통:	324
置	둘 치:	332	琢	쫄 탁	272	筒	대통 통	315
恥	부끄러울 치	161	濁	흐릴 탁	251	慟	서러워할 통:	170
嗤	비웃을 치	97	憚	꺼릴 탄	170	痛	아플 통:	286
緻	빽빽할 치	327	誕	낳을, 거짓 탄:	390	桶	통 통	216
侈	사치할 치	49	吞	삼킬 탄	91	通	통할 통	419
熾	성할 치	256	炭	숯 탄:	255	腿	넓적다리 퇴:	348
癡	어리석을 치	287	灘	여울 탄	510	頹	무너질 퇴	456
稚	어릴 치	308	歎	탄식할 탄:	225	退	물러날 퇴:	418
峙	언덕 치	510	彈	탄알 탄:	153	褪	바랠 퇴:	381
齒	이 치	489	綻	터질 탄:	326	堆	쌓을 퇴:	104
致	이를 치:	353	坦	평탄할 탄:	103	投	던질 투	178
痔	치질 치	285	脫	벗을 탈	346	透	사무칠 투	419
則	법칙 칙 / 곧 즉	70	奪	빼앗을 탈	114	妬	샘낼 투	116
勅	칙서 칙	74	眈	노려볼 탐	294	鬪	싸움 투	471
親	어버이, 친할 친	383	耽	즐길 탐	510	套	씌울 투	113
漆	옻 칠	248	探	찾을 탐	183	慝	사특할 특	163
七	일곱 칠	34	貪	탐낼 탐	402	特	특별할 특	265
砧	다듬잇돌 침:	299	搭	탈 탑	186	爬	긁을 파	260
針	바늘 침 (:)	431	塔	탑 탑	105	破	깨뜨릴 파:	299
枕	베개, 말뚝 침:	212	湯	끓을 탕:	245	巴	꼬리 파	140
寢	잘 침:	126	蕩	방탕할 탕:	368	罷	마칠 파:	332
沈	잠길 침 (:) / 성씨 심:	237	宕	호탕할 탕:	124	派	물갈래 파	240
浸	잠길 침: / 적실 침	242	殆	거의 태	228	波	물결 파	238
鍼	침 침	434	怠	게으를 태	160	琶	비파 파	272
侵	침노할 침	49	態	모습 태:	163	播	뿌릴 파 (:)	188
蟄	숨을 칩	374	兌	바꿀 태	510	坡	언덕 파	510
稱	일컬을 칭	308	跆	밟을 태	409	頗	자못 파	456
秤	저울 칭	307	台	별 태 / 나 이	510	把	잡을 파:	178
快	쾌할 쾌	165	笞	볼기칠 태	314	跛	절름발이 파 / 비스듬히 설 피:	408
惰	게으를 타:	168	胎	아이 밸 태	344	芭	파초 파	361
楕	길고 둥글 타:	219	苔	이끼 태	362	婆	할미 파	118
駝	낙타 타	465	汰	일 태	238	板	널조각 판	212
他	다를 타	45	太	클 태	112	阪	언덕 판	510
墮	떨어질 타:	106	泰	클 태	236	判	판단할 판	69
陀	비탈질, 부처 타	440	颱	태풍 태	458	版	판목, 널판 판	263
妥	온당할 타:	116	擇	가릴 택	188	販	팔 판	401
打	칠 타:	177	澤	못 택	251	辦	힘들일 판	415
唾	침 타:	94	宅	집 택 / 댁	123	八	여덟 팔	60
舵	키 타	357	撐	버틸 탱	188	悖	거스를 패:	166
卓	높을 탁	79	攄	펼 터	190	沛	비 쏟아질 패:	238
托	맡길 탁	177	兔	토끼 토	58	唄	염불소리 패:	94
鐸	방울 탁	435	討	칠 토 (:)	386	霸	으뜸 패:	448

貝	조개 패:	401	庖	부엌 포	146	逼	핍박할 핍	421
佩	찰 패:	49	暴	사나울 폭 / 모질 포:	204	霞	노을 하	448
牌	패 패	263	胞	세포 포 (:)	344	蝦	두꺼비, 새우 하	373
敗	패할 패:	192	袍	솜옷 포	380	遐	멀 하	421
稗	피 패:	307	包	쌀 포 (:)	76	荷	멜 하 (:)	363
澎	물소리 팽	250	抱	안을 포:	179	河	물 하	240
膨	부풀 팽	349	捕	잡을 포:	182	下	아래 하	34
彭	성(姓)씨 팽	510	鮑	절인 어물 포:	510	何	어찌 하	47
愎	강퍅할 퍅	168	圃	채마밭 포	101	夏	여름 하:	111
遍	두루 편	420	鋪	펼, 가게 포	432	賀	하례할 하:	403
騙	속일 편	466	脯	포 포	346	瑕	허물 하	273
編	엮을 편	327	葡	포도 포	510	壑	구렁 학	107
扁	작을 편	510	爆	불 터질 폭	257	虐	모질 학	371
片	조각 편 (:)	263	曝	쪼일 폭 / 포	205	學	배울 학	122
鞭	채찍 편	452	幅	폭 폭	142	鶴	학 학	476
篇	책 편	316	瀑	폭포 폭 / 소나기 포	252	瘧	학질 학	286
偏	치우칠 편	53	剽	겁박할 표	71	謔	희롱할 학	393
便	편할 편 (:) / 똥오줌 변	49	表	겉 표	378	旱	가물 한:	200
貶	낮출 폄	402	慓	급할 표	169	罕	드물 한:	332
萍	개구리밥 평	365	飄	나부낄 표	458	汗	땀 한:	237
坪	들 평	102	漂	떠다닐 표	248	澣	빨래할 한	251
平	평평할 평	144	杓	북두 자루 표	510	悍	사나울 한:	166
評	평할 평:	388	票	표 표	303	寒	찰 한	126
閉	닫을 폐:	437	豹	표범 표	400	翰	편지 한:	335
陛	대궐 섬돌 폐:	441	標	표할 표	220	恨	한 한:	166
蔽	덮을 폐:	367	品	물건 품:	93	閑	한가할 한	437
斃	죽을 폐:	193	稟	여쭐 품:	308	韓	한국, 나라 이름 한 (:)	453
弊	폐단 폐:	150	楓	단풍 풍	219	邯	땅 이름 한 / 사람 이름 감	511
廢	폐할, 버릴 폐:	148	風	바람 풍	458	漢	한나라 한:	248
肺	허파 폐:	343	馮	성(姓)씨 풍 / 탈 빙	510	限	한할 한:	440
幣	화폐 폐:	143	豊	풍년 풍	398	轄	다스릴 할	414
泡	거품 포	240	諷	풍자할 풍	393	割	벨 할	70
咆	고함지를 포	91	皮	가죽 피	291	檻	난간 함:	222
褒	기릴 포	379	被	입을 피:	380	咸	다 함	93
匍	길 포	76	彼	저 피:	156	含	머금을 함	90
砲	대포 포:	299	疲	피곤할 피	284	緘	봉할 함	327
抛	던질 포	178	避	피할 피:	423	陷	빠질 함:	441
逋	도망갈 포	419	披	헤칠 피	180	喊	소리칠 함:	95
怖	두려워할 포	165	弼	도울 필	510	銜	재갈 함	432
哺	먹일 포	93	畢	마칠 필	281	涵	젖을 함	244
浦	물가 포	242	必	반드시 필	159	鹹	짤 함	477
疱	물집 포:	285	筆	붓 필	315	艦	큰 배 함:	358
飽	배부를 포:	460	匹	짝 필	82	函	함 함	63
布	베, 펼 포 (:) / 보시 보:	141	疋	짝, 필 필 / 발 소	283	蛤	조개 합	372
蒲	부들 포	367	乏	가난할 핍	38	盒	합 합	292

合	합할 합	89	驗	시험 험:	467	兮	어조사 혜	60
巷	거리 항:	140	險	험할 험:	443	惠	은혜 혜:	161
抗	겨룰 항:	178	革	가죽 혁	452	扈	따를 호:	512
沆	넓을 항:	511	爀	불빛 혁	511	浩	넓을 호:	242
亢	높을 항	511	赫	붉을, 빛날 혁	511	澔	넓을 호:	511
航	배 항:	357	玄	검을 현	274	護	도울 호:	395
港	항구 항:	244	峴	고개 현:	511	胡	되 호	345
項	항목 항:	455	縣	고을 현:	328	戶	문 호:	175
肛	항문 항	343	現	나타날 현:	272	晧	밝을 호:	511
恒	항상 항	166	顯	나타날 현:	457	虎	범 호 (:)	371
缸	항아리 항	331	懸	달 현:	164	祜	복 호	512
該	갖출 해	389	絢	무늬 현:	324	呼	부를 호	92
懈	게으를 해:	171	炫	밝을, 빛날 현:	511	瑚	산호 호	272
咳	기침 해	92	鉉	솥귀 현	511	互	서로 호:	41
駭	놀랄 해	466	弦	시위 현	152	乎	어조사 호	38
亥	돼지 해	43	眩	어지러울 현	295	狐	여우 호	268
海	바다 해:	241	賢	어질 현	404	號	이름 호 (:)	371
楷	본보기 해	219	衒	자랑할 현:	376	好	좋을 호:	115
骸	뼈 해	468	絃	줄 현	323	毫	터럭 호	233
奚	어찌 해	113	穴	굴 혈	310	糊	풀칠할 호	320
邂	우연히 만날 해:	423	血	피 혈	375	昊	하늘 호:	511
解	풀 해:	385	嫌	싫어할 혐	119	壕	해자 호	512
偕	함께 해	52	峽	골짜기 협	135	濠	해자, 호주 호	251
害	해할 해:	125	挾	낄 협	182	豪	호걸 호	399
諧	화할 해	393	陜	좁을 협 / 땅 이름 합	511	鎬	호경 호:	512
劾	꾸짖을 핵	73	頰	뺨 협	456	琥	호박 호:	272
核	씨 핵	215	脅	위협할 협	346	湖	호수 호	245
行	다닐 행 (:) / 항렬 항	376	俠	의기로울 협	50	弧	활 호	153
幸	다행 행:	144	狹	좁을 협	268	皓	휠, 밝을 호	511
杏	살구 행:	511	協	화할 협	79	惑	미혹할 혹	162
嚮	길잡을, 향할 향:	98	荊	가시나무 형	363	酷	심할 혹	427
享	누릴 향:	43	馨	꽃다울 형	511	或	혹 혹	174
鄕	시골 향	425	形	모양 형	155	魂	넋 혼	473
響	울릴 향:	454	型	모형 형	103	混	섞을 혼:	244
饗	잔치할 향:	462	瀅	물맑을 형	511	昏	어두울 혼	201
香	향기 향	464	螢	반딧불 형	373	婚	혼인할 혼	118
向	향할 향:	89	炯	밝을, 빛날 형	511	渾	흐릴 혼:	245
噓	불 허	98	邢	성(姓)씨, 나라 이름 형	511	忽	갑자기 홀	160
虛	빌 허	371	衡	저울 형	376	笏	홀 홀	314
墟	터 허	107	兄	형 형	57	惚	황홀할 홀	168
許	허락할 허	387	刑	형벌 형	69	鴻	기러기 홍	475
獻	드릴 헌:	267	亨	형통할 형	43	洪	넓을 홍	241
憲	법 헌:	164	彗	살별 혜:	154	哄	떠들썩할 홍	93
軒	집 헌	412	慧	슬기로울 혜:	163	虹	무지개 홍	372
歇	쉴 헐	224	醯	식혜 혜	428	泓	물깊을 홍	512

紅	붉을 홍	321	慌	어리둥절할 황	169	薰	향풀 훈	512
訌	어지러울 홍	387	皇	임금 황	290	喧	지껄일 훤	95
弘	클 홍	152	徨	헤맬 황	158	喙	부리 훼	96
畫	그림 화 : / 그을 획	281	恍	황홀할 황	166	卉	풀 훼	78
花	꽃 화	361	誨	가르칠 회 :	390	毁	헐 훼 :	230
化	될 화 (:)	80	繪	그림 회 :	329	麾	기 휘	480
話	말씀 화	389	晦	그믐 회	202	諱	꺼릴, 숨길 휘	393
禾	벼 화	306	恢	넓을 회	165	彙	무리 휘	154
火	불 화 (:)	254	賄	뇌물, 재물 회 :	403	輝	빛날 휘	413
華	빛날 화	364	悔	뉘우칠 회 :	167	徽	아름다울 휘	512
靴	신 화	452	廻	돌 회	149	揮	휘두를 휘	185
樺	자작나무 화	512	回	돌아올 회	100	休	쉴 휴	47
貨	재물 화 :	402	徊	머뭇거릴 회	157	烋	아름다울 휴	513
禍	재앙 화 :	303	會	모일 회 :	207	携	이끌 휴	186
嬅	탐스러울 화	512	淮	물 이름 회	512	恤	불쌍할 휼	165
和	화할 화	92	灰	재 회	254	胸	가슴 흉	345
穫	거둘 확	309	檜	전나무 회	512	匈	오랑캐 흉	513
確	굳을 확	301	懷	품을 회	172	洶	용솟음칠 흉	241
擴	넓힐 확	190	膾	회 회 :	350	兇	흉악할 흉	57
環	고리 환 (:)	273	蛔	회충 회	372	凶	흉할 흉	63
桓	굳셀 환	512	劃	그을 획	71	黑	검을 흑	483
患	근심 환 :	161	獲	얻을 획	269	欣	기뻐할 흔	224
驩	기뻐할 환	467	橫	가로 횡	222	痕	흔적 흔	285
歡	기쁠 환	225	效	본받을 효	191	欽	공경할 흠	513
還	돌아올 환	423	爻	사귈, 본받을 효	262	欠	하품 흠 :	224
丸	둥글 환	37	酵	삭힐 효	427	歆	흠향할 흠	224
換	바꿀 환	185	曉	새벽 효	204	吸	마실 흡	90
宦	벼슬 환 :	124	嚆	울릴 효	98	洽	젖을 흡	240
喚	부를 환	95	哮	으르렁거릴 효	94	恰	흡사할 흡	166
煥	빛날 환	512	孝	효도 효	121	興	일 흥 (:)	354
幻	헛보일 환 :	145	候	기후 후	50	姬	계집 희	117
鰥	홀아비 환	474	嗅	냄새 맡을 후	97	憙	기뻐할 희	513
猾	교활할 활	269	厚	두터울 후	86	喜	기쁠 희	95
闊	넓을 활	438	後	뒤 후 :	156	戲	놀이 희	174
滑	미끄러울 활	246	逅	만날 후	418	稀	드물 희	307
活	살 활	241	喉	목구멍 후	96	希	바랄 희	141
荒	거칠 황	363	朽	썩을 후	210	禧	복 희	513
遑	급할 황	421	吼	울부짖을 후 :	90	羲	복희 희	513
滉	깊을 황	512	后	임금 후	512	熙	빛날 희	258
黃	누를 황	481	侯	제후 후	50	熹	빛날 희	513
惶	두려울 황	168	訓	가르칠 훈	386	嬉	아름다울 희	513
晃	밝을 황	512	勳	공 훈	75	噫	한숨 쉴 희 / 하품 애	98
凰	봉황새 황	65	暈	무리 훈	203	犧	희생 희	266
煌	빛날 황	256	熏	불길 훈	512	詰	꾸짖을 힐	388
況	상황 황 :	239	壎	질나팔 훈	512			